Wert- und Preislehre

Bearbeitet von Werner Hofmann

Sozialökonomische Studientexte

Herausgegeben von Werner Hofmann

Band 1

Wert- und Preislehre

Bearbeitet von

Werner Hofmann

DUNCKER & HUMBLOT · BERLIN

Dritte Auflage

Unveränderter Nachdruck der 1971 erschienenen 2. Auflage
Alle Rechte vorbehalten
© 1979 Duncker & Humblot, Berlin
Gedruckt 1979 bei fotokop, Darmstadt
Printed in Germany
ISBN 3 428 01511 8

„Die Wahrheit zu suchen und die Wahrheit zu sagen...
ist nirgendwo so unbequem wie in unserer Wissenschaft."

Adolf Weber

Vorwort

Die vorliegende Sammlung kommentierter Texte zur Wert- und Preislehre, der in kurzem Abstand weitere Bände (Einkommenslehre, Theorie des wirtschaftlichen Gesamtprozesses usw.) folgen sollen, eröffnet eine wissenschaftliche Publikationsreihe, mit der ein neuartiger Versuch der Vermittlung des nationalökonomischen Lehrgutes unternommen wird. Das in anderen Disziplinen einigermaßen selbstverständliche wissenschaftliche Prinzip des Arbeitens an den literarischen Quellen bedarf im nationalökonomischen Bildungsgang der praktischen Nachhilfe. Ein schöpferisches und zugleich kritisches, sichtendes Verhältnis zur Wirtschaftstheorie der Vergangenheit und Gegenwart kann nur durch unmittelbare Begegnung mit der ökonomischen Literatur gefunden werden. Die Schwierigkeiten, die sich dem Zugang zu den Autoren, ihrem Verständnis, der Einordnung ihrer Gedanken in einen größeren Zusammenhang der Lehrentwicklung entgegenstellen, sind bekannt. Hier besonders den Studierenden Anleitung und Hilfe zu geben ist der Zweck der vorliegenden Textsammlung. Die Auswahl von Leseproben kann dabei die umfassendere Lektüre der herangezogenen Schriften (und weiterer Literatur, auf die verwiesen wird) nicht ersetzen. Sie soll den Zugang zum Werke selbst nicht verstellen, sondern vermitteln.

Die Neuartigkeit des Unternehmens rechtfertigt einige Bemerkungen des Herausgebers (der zugleich Bearbeiter des ersten Bandes ist) zu den Gedanken, die bei der vorliegenden Sammlung leitend gewesen sind.

Die *Auswahl* der Texte geschah nach der theoriegeschichtlichen Bedeutung und Wirkung von Autor und Werk. Soweit bleibt die Auswahl im Rahmen der Lehrkonvention. Sie hält fest, was sich „durchgesetzt" hat und für die Entwicklung des Faches von Folgen gewesen ist. Besonderes Augenmerk galt dabei den Lehren unserer Zeit. Das Bedürfnis nach deutender Überschau ist hier besonders groß.

Den unvermeidlichen Mangel einer Auswahl soll der verbindende und kommentierende *Begleittext* heilen. Er will schwierigere Gedanken erläutern, den wiedergegebenen Text in den Zusammenhang des Gesamtwerkes eines Autors und schließlich dieses selbst in die größere Beziehung zum ökonomischen und gesellschaftlichen Denken der Zeit überhaupt stellen. So sollen nicht nur die wiedergegebenen Texte einer zugleich verständnisvollen und kritischen Würdigung erschlossen werden, sondern auch die Kriterien ihrer Auswahl dem Leser nachprüfbar bleiben: Er soll erproben können, wie weit die ins Licht gerückten Gedanken repräsentativ auch für Teile des Lehrgutes sind, die im Halbdunkel des Literaturverweises bleiben.

Die ökonomische Theorie ist nicht gelehrter Selbstzweck. Sie findet Rechtfertigung wie Maßstab an der Einsicht in die schwer zu durchschauende *Wirklichkeit*, die sie eröffnet — eine Wirklichkeit, die mehr ist als das Sinnfällig-Selbstverständliche, das auch der ungeschulte Geist befingern kann. Auf seinen *Erkenntniswert*, vor allem für unsere eigene Zeit, bleibt daher auch das aufgeschatzte Gut der Lehrgeschichte zu befragen — so lange die Gesellschaft selbst sich nicht *praktisch* von dem gelöst hat, was sie mit der Erfahrungswelt der älteren Theorie immer noch verbindet.

Zu der Frage nach dem *Wahrheits*gehalt, dem Erkenntniswert der Theorien aber gehört auch die weitere nach den *Bedingungen,* unter denen ökonomische Lehren entstehen, sich ausbreiten, sich durchsetzen, schließlich vielleicht sich auflösen. Ein *deutendes* Verständnis der Lehrgeschichte wird auch jene praktischen Fragen, gesellschaftlichen Erwartungen, ja Bedürfnisse einbeziehen, welche die Wirtschaftsgesellschaft an die Lehre jeweils richtet und die selbst dem geschichtlichen Fortgang der ökonomischen Ordnung unterworfen sind. Eine *denksoziologische Sicht* erschließt sich damit: Der lebendige Prozeß der Theorienbildung und der gesellschaftlichen Theorienselektion selbst wird thematisch. Erst hierdurch läßt sich die oft verwirrende Fülle einander bisweilen widerstreitender Auffassungen einer tieferen Einsicht in die *Sozialgeschichte* des ökonomischen Denkens und deren innere Folgerichtigkeit einordnen. So gilt es, mit unbefangenem Sinn nicht nur die Wirklichkeit der Wirtschaftsgesellschaft mit Hilfe der Theorie, sondern auch die Theorien mit Hilfe der begriffenen Wirklichkeit zu deuten. In der Pflege der Urteilskraft, des prüfenden, sichtenden, kritischen Verstandes würde auch die Ökonomie unserer Tage zu erweisen haben, wie weit sie eine *Bildungsfunktion* noch glaubhaft machen kann. An ihr wäre es, den Entwicklungsgang der Wirtschaftsgesellschaft wie auch den ihres eigenen Denkens im wachen Bewußtsein ihrer Verantwortung für das, was werden will, zu begleiten.

Im einzelnen ist folgendes zu bemerken: Der Textsammlung wurden nach Möglichkeit Buchveröffentlichungen, nicht Zeitschriftenaufsätze zugrunde gelegt. Herangezogen wurde hierbei im Zweifelsfall die vom Autor selbst noch besorgte Ausgabe letzter Hand. Die Texte der meisten in fremden Sprachen erschienenen Werke wurden vom

Bearbeiter selbst erstmals ins Deutsche übersetzt. Das gilt für die Proben von *Petty, Walras, Pareto, Hicks, Chamberlin, Fellner, Djatschenko, Brus*. Auch da, wo eine deutsche Übersetzung bereits vorliegt (wie bei den herangezogenen Schriften von *Locke, Smith, Ricardo, J. St. Mill, Jevons, Cournot*) wurde deren Text mit der Originalfassung verglichen und bisweilen umformuliert. Auch sämtliche Zitate aus weiteren unübersetzten fremdsprachigen Veröffentlichungen wurden in deutscher Sprache wiedergegeben, um dem Leser unnötige Schwierigkeiten zu ersparen. Wichtige Begriffe finden sich dabei in Klammern auch in der Originalsprache angeführt.

Hervorhebungen im Original wurden, wenn sie von geringerem Umfang waren, durch Kursivdruck wiedergegeben. Hervorhebungen, die ganze Sätze oder längere Satzteile umfassen, sind in Klammern durch die Abkürzung *H.* („Hervorhebung") gekennzeichnet worden.

Die in Kursivsatz in Klammern angeführten arabischen Ziffern beziehen sich auf den im Literaturregister aufgeführten Titel der herangezogenen Veröffentlichung.

Einer Reihe von Förderern der Schrift hat der Herausgeber lebhaften Dank zu sagen. Der freundlichen Durchsicht von Partien des Manuskripts sowie der Beratung des Bearbeiters haben sich unterzogen die Herren Prof. E. v. *Beckerath* (Bonn), Prof. M. *Dobb* (Cambridge; Mitherausgeber der Werke Ricardos), Prof. Ch. *Bettelheim* (Paris) und Ing. Commercial A. *Emmanuel* (Paris). Die von ihnen selbst stammenden Texte haben geprüft die Herren Prof. E. *Gutenberg* (Köln), Prof. W. *Fellner* (New Haven) und Prof. W. *Brus* (Warschau). Die Wiedergabe der Texte erfolgt im Einverständnis mit den Verlagen (soweit diese noch bestehen). — Die den Namen unseres unvergeßlichen Adolf *Weber* fortführende Stiftung hat durch finanzielle Zuwendungen dem Bearbeiter die Last der mühevollen Kleinarbeit erleichtert. Dankbar erwähnt sei auch die unverdrossene Mithilfe von Herrn cand. disc. pol. H. *Herzog*, besonders bei der Korrektur- und Registerarbeit.

Göttingen, Dezember 1963

Werner Hofmann

Inhalt

Einleitung   17

Erster Teil: Die Lehre von der Wertbildung   21

Erster Abschnitt: Die Heraufkunft der Lehre von der Wertbildung durch Arbeit (Vorklassik) 23
- A. *Die wertbildende Arbeit als Grundlage des Eigentums: John Locke* 24
  1. Das Aneignungsrecht auf Grund der persönlichen Arbeit 25
  2. Die Grenze des persönlichen Aneignungsrechts 26
  3. Das Bodeneigentum 27
  4. Die Gefährdung des Arbeitseigentums 28
  5. Die produktive Kraft der Arbeit 28
- B. *Die wertschaffende Arbeit als Grundlage der Preis- und Einkommensbildung: William Petty* 30
  1. Boden und Arbeit als Bedingungen der Wertbildung 30
  2. „Natürlicher" und „politischer" Preis 33
  3. Ableitung des Geldwertes aus der menschlichen Arbeit 33
  4. Die Nutzbarmachung der produktiven Arbeit als Aufgabe der Wirtschaftspolitik 35

Zweiter Abschnitt: Entfaltung und Verfall der klassischen Lehre von der Wertbildung durch die Arbeit 38
- A. *Der „natürliche Preis" und die Selbstordnung der Märkte: Adam Smith* 39
  1. Arbeitsteilung und Tauschtrieb 40
     a) Der Nutzen der Arbeitsteilung 40
     b) Der Tauschtrieb als Ursache der Arbeitsteilung 40
     c) Der Eigennutz als Band der Tauschgesellschaft 41
  2. Arbeit als Ursache und Maß der Wertbildung 43
     a) Gebrauchswert und Tauschwert 43
     b) Arbeit als Bestimmungsgrund des Tauschwerts 44
     c) Der Wert der Arbeitsstunde 46
  3. Verbindung der Wert- mit der Einkommenstheorie: Arbeitslohn, Profit und Rente als Komponenten des Warenwerts 49
  4. „Natürlicher" Preis und Marktpreis 50
  5. Wirtschaftspolitische Folgerungen aus der Lehre vom „natürlichen Preis" 53
  Zusammenfassung 54
- B. *Die Ableitung des Tauschwerts (relativen Werts) der Waren aus der Arbeit: David Ricardo* 54
  1. Geltungsbereich und allgemeiner Inhalt der Lehre von der Tauschwertbestimmung durch die Arbeit 58
  2. Nähere Bestimmung der Austauschverhältnisse 59
     a) Unterschiedliche Arten der Arbeit 60

      b) Wirkungen einer Steigerung der Arbeitsproduktivität 60
      c) Unmittelbare und vergegenständlichte Arbeit 62
      d) Einwirkung der unterschiedlichen Dauerhaftigkeit der Produktionsmittel und der unterschiedlichen Kapitalumschlagszeit auf den Tauschwert 64
      e) Einwirkung der Höhe von Lohn und Profit 65
   3. Der Tauschwert der Edelmetalle 68
   4. Wert und Preis. Der Ausgleich der Profitraten 69
      a) „Natürlicher Preis" und Marktpreis 69
      b) Die Wanderungen des Kapitals und der Ausgleich der Gewinne 70
   5. Ricardos Wertlehre im Meinungsstreit der Theoriegeschichte 71
   6. Würdigung der Werttheorie Ricardos 73
C. *Die Verkümmerung der klassischen Arbeitswertlehre zur Produktionskostentheorie: John Stuart Mill* 74
   1. Zusammenfassung der klassischen Wertlehre 74
   2. Der Beitrag zur Preislehre 79
      a) Die „Grenzkosten" als Preisbestimmungsgrund 79
      b) Die Bedeutung der Nachfrage-Elastizität 79
      c) Der Gedanke der opportunity costs 80

Dritter Abschnitt: **Die Vollendung der Arbeitswertlehre zur Theorie der volkswirtschaftlichen Wertschöpfung: Karl Marx** 81

A. *Der Wert in der „einfachen Warenproduktion"* 82
   1. Die „Doppelnatur" der Ware und der Arbeit 83
      a) Gebrauchswert und Wert 83
      b) „Konkrete" und „abstrakte" Arbeit 84
   2. Das Wertmaß 85
      a) Arbeitszeit als Maßstab 85
      b) Die „gesellschaftlich notwendige Arbeitszeit" 85
      c) Der unterschiedliche Charakter der Arbeitsstunde 86
   3. Das verdinglichte Bewußtsein: der „Fetisch-Charakter" der Ware 88
B. *Der Wert in der kapitalistischen Warenproduktion* 92
   1. Der Ausgleich der Profitraten und der „Produktionspreis" 92
      a) Die Konkurrenz der Kapitalien 92
      b) Der Ausgleich der Profitraten............................. 95
      c) Der Produktionspreis 101
   2. Produktionspreis und Marktpreis 103
C. *Würdigung der Marxschen Wertlehre* 105
   1. Unzutreffende Kritik 105
   2. Zutreffende Kritik 108

Zweiter Teil: Die Lehre von der Preisbildung   113

Erster Abschnitt: **Die Begründung der Lehre vom subjektiven „Wert"** 116

Einleitung 116

   1. Vorgeschichte 116
   2. Zur Erklärung des Durchbruchs der subjektivistischen „Wert"-Lehre 118
   3. Gemeinsame Grundzüge der Lehrauffassung 119

A. *Grundbedingungen des persönlichen Nutzenkalküls: die beiden Gesetze H. H. Gossens* 121
   1. Das allgemeine Prinzip der Genußsteigerung 122
   2. Das Gesetz des sinkenden Grenznutzens (Gesetz der Bedürfnissättigung 123
   3. Das Gesetz des Genußausgleichs 125
   4. Arbeit, Kosten, Einkommen 126

B. *Der Nutzwert als Grundlage des wirtschaftlichen Handelns: Carl Menger* 129
   1. Bedürfnisdeckung als Grundtatsache des menschlichen Wirtschaftens 130
     a) Der bedürftige Mensch 130
     b) Die Mittel der Bedürfnisstillung: die Güter 131
   2. Vom Bedürfnis zum Wert 133
     a) Bedürfnis und Bedarf 133
     b) Bedarf und Wert 134
     c) Das „ursprüngliche Maß des Güterwerts" 135
   3. Vom Wert zum Preis 136
     a) Die Auflösung der Lehre vom Äquivalententausch 137
     b) Der Preisbildungsvorgang 138
   4. Der Wert der „Güter höherer Ordnung" 141
     a) Die Ableitung des Wertes der „Nutzungsgüter" aus dem der „Verbrauchsgüter" 141
     b) Nähere Bestimmungen 142
   5. Würdigung 146
   6. Die Weiterentwicklung der „österreichischen Schule" 147

C. *Ausbau der Grenznutzenlehre zur Theorie der Märkte: W. St. Jevons* 148
   1. Die Lehre von Lust und Unlust 149
   2. Die Lehre vom Nutzen 151
     a) Die Begriffe „Gut" und „Nutzen" 151
     b) Gesamtnutzen und Grenznutzen. Das Gesetz des sinkenden Grenznutzens 151
   3. Die Lehre vom Tausch 155
     a) Zurückweisung der Theorie des objektiven Wertes 156
     b) Der Markt und das Gesetz der Unterschiedslosigkeit 157
     c) Die Theorie des Einzeltausches 159
     d) Nähere Bestimmungen 163
     e) Grenznutzen und individuelle Einkommensverwendung ... 168
   4. Konsequenzen der Preislehre von Jevons....................... 170
     a) Folgerungen für die Wirtschaftspolitik 170
     b) Folgerungen für weitere Seiten der Lehre von Jevons ... 171
   5. Abschließende Würdigung 171
   6. Die weitere Lehrentwicklung in England 173

D. *Die Wende zur funktionalistischen Preislehre: Léon Walras* 174
   1. Grundsachverhalte der Preisbildung 175
   2. Der Nutzen 176
   3. Das Verhältnis von Nutzen und Preisbildung 178
   4. Würdigung 180

E. *Abschließendes zur Grenznutzenlehre* 180

Inhalt

Zweiter Abschnitt: Die Fortbildung der Lehre von den Nachfrage-Faktoren der Preisbildung: Von der eigenbestimmten zur fremdbestimmten Nachfrage 184

   A. *Die Grundlegung der Lehre von den Wahlhandlungen: V. Pareto* 185
      1. Die Umdeutung des Nutzenbegriffs 187
      2. Die Skala der Präferenzen und die Indifferenzkurven 190
         a) Die Vorarbeit von F. Edgeworth und I. Fisher 190
         b) Die Indifferenzkurven der Verbraucher bei Pareto 191
         c) Würdigung 193
      3. Die Lehre vom Gleichgewicht 197
         a) Die „Hindernisse" der Bedürfnisstillung und ihre Überwindung durch die Produktion 197
         b) Die Indifferenzkurven der Produzenten 198
         c) Teil- und Gesamtgleichgewicht 200
         d) Die Preise und das Gesamtgleichgewicht der Märkte 204

   B. *Von der „reinen" zur „angewandten" Lehre vom Verbraucherverhalten: J. R. Hicks* 208
      1. Ausbau der Präferenzenlehre 209
         a) Die „Grenzrate der Substitution" 210
         b) Die „sinkende Grenzrate der Substitution" 212
         c) Das „Gleichgewicht" des Einzelkonsumenten 212
         d) Substitutionselastizität und Komplementarität zwischen den Gütern 213
      2. Die Ableitung der Nachfragekurve 214
         a) Wirkung von Einkommensänderungen auf die Präferenzenstruktur 215
         b) Wirkung von Preisänderungen auf die Präferenzenstruktur .. 216
         c) Komplexere Verhältnisse 219
      3. Würdigung 221
      4. Weiterentwicklung der Lehre von der Nachfrage 225

Dritter Abschnitt: Die Lehre vom Angebot 229

   A. *Ertragsgesetz und Preisbildung: Heinrich von Stackelberg* 230
      1. Das Ertragsgesetz 231
         a) Geschichte des Gesetzes 231
         b) Das Ertragsgesetz bei Stackelberg 232
      2. Die Kostenfunktion 233
         a) Gesamtkosten, Grenzkosten, Durchschnittskosten 233
         b) Das Betriebsoptimum 235
         c) Das Betriebsminimum 236
         d) Résumé 237
      3. Die Bestimmung des Produktionsumfangs 238
         a) Der Grundsachverhalt 238
         b) Die Bestimmung des Produktionsumfangs bei freier Konkurrenz 240
         c) Die Bestimmung des Produktionsumfangs bei Angebotsmonopol 241
      4. Die verbundene Produktion 242
      5. „Marktform und Gleichgewicht" 242

   B. *Die Korrektur des Ertragsgesetzes: Erich Gutenberg* 246
      1. Die Kombination der Einsatzfaktoren im Industriebetrieb 247
      2. Der Verlauf der Kostenkurven 249

Inhalt 15

Vierter Abschnitt: Die Lehre vom Preiszusammenhang 256

A. *Das Gleichgewichts-Preissystem von Léon Walras* 257
   1. Das Gleichgewicht der Produktenmärkte 258
   2. Das Gleichgewicht auf den Märkten der produktiven „Dienste" .. 261
   3. Das Gleichgewicht der Wirtschaftserweiterung 264
   4. Würdigung 266

B. *Das Gleichgewichtssystem Gustav Cassels* 268
   1. Allgemeine Bedingungen der Preisbildung 269
      a) Das „Knappheitsprinzip" 269
      b) „Supplementäre Prinzipien der Preisbildung" 271
   2. Das System der Gleichgewichtspreise 272
      a) Das Marktgleichgewicht in der „stationären Wirtschaft" ... 273
      b) Das Marktgleichgewicht in der „gleichmäßig fortschreitenden Wirtschaft" 284
      c) „Dynamische" Probleme der Preisbildung 285
   3. Würdigung 285
   4. Weiterentwicklung der „Gleichgewichts"-Konzeption 287

Fünfter Abschnitt: Die Lehre von der Preisbildung bei beschränkter Konkurrenz 289

A. *Das Monopol als Ausgangspunkt der Preistheorie: A. A. Cournot* 291
   1. Grundsachverhalte des Preisgeschehens 292
      a) Der Tauschwert 292
      b) Die Nachfrage-Funktion 293
   2. Die Preisbildung bei beschränkter Konkurrenz 294
      a) Der Monopolpreis 294
      b) Die Preisbildung im Dyopol 297

B. *Die monopolistische Konkurrenz als allgemeines Marktverhältnis: Edward H. Chamberlin* 299
   1. Die monopolistische Konkurrenz 300
   2. Die Rolle der Produktdifferenzierung 301
   3. Die Preisbildung unter den Bedingungen der monopolistischen Konkurrenz 303
      a) Allgemeines 303
      b) Produktdifferenzierung und Preisbildung 304
   4. Die veränderte Absatzpolitik und die Rolle der Verkaufskosten 307
   5. Folgerungen 308
      a) Monopolistische Preisbildung und „Gleichgewicht" 309
      b) Monopolistischer Wettbewerb und Grenzproduktivitätstheorie der Verteilung 310
   6. Würdigung 310

C. *Die Kooperation der Rivalen: William Fellner* 312
   1. „Spontane Koordination" als Mittel der „gemeinsamen Profitmaximierung" 313
   2. Wirtschaftspolitische Folgerungen 315

Zur allgemeinen Charakteristik der gegenwärtigen Preislehre 317

Inhalt

Dritter Teil: Die Verbindung von Wert- und Preislehre: Das Problem des „angewandten Wertgesetzes" in der sozialistischen Planwirtschaft   319

A. *Wertgesetz und Preisbildung: W. P. Djatschenko* 324
 1. Die Stellung des Wertgesetzes im Sozialismus 324
 2. Faktoren der Wertbildung und Wertveränderung 325
    a) Grundbedingungen 326
    b) Die Bedeutung des gesellschaftlichen Bedarfs für die Wertrechnung 327
    c) Produktionsleistungen in der Zirkulationssphäre: insbesondere der Transportaufwand 327
    d) Der Einfluß der Arbeitsproduktivität auf die Wertbildung 328
 3. Faktoren einer nicht wert-konformen Preisbildung 330
    a) Preisbildung und Betriebsgewinn 331
    b) Die Bedeutung von Substituierbarkeit und Komplementarität der Produkte für die Preisbildung 333
    c) Die Interdependenz der Glieder des Wirtschaftsprozesses 335
    d) Der Ausgleich von Angebot und Nachfrage 335
 4. Grenzen der Abweichung von Wert und Preis; die Rolle der Selbstkosten 337
 5. Zusammenfassung: Der Wert als Leitgröße der Preisbildung und das „richtige" Preissystem 339

B. *Wertgesetz und volkswirtschaftliche Gesamtplanung: Wlodzimierz Brus* 343
 1. Die Voraussetzungen des „Wertgesetzes" und die Erfordernisse der sozialistischen Planung 343
 2. Wertrechnung und Investitionsentscheid 345
 3. Zusammenfassung der Wertfrage. Das Kriterium der „Rationalität" der Planung 348

Schluß   351

Verzeichnis der zitierten Literatur   353

Personenregister   371

Sachregister   375

Einleitung

An der Geschichte der Wert- und Preistheorie erweist sich mit besonderer Deutlichkeit ein allgemeiner Sachverhalt der ökonomischen Lehrentwicklung: Es gibt nicht *eine*, sondern *zwei* sich geschichtlich klar voneinander abhebende Ökonomien: eine ältere, welche die Epoche der *Vorklassik* und *Klassik* umfaßt und schließlich im Werke von Karl *Marx* ausmündet, und eine neuere, die mit der *Grenznutzenlehre* anhebt und, ohne natürlich zur älteren gänzlich beziehungslos zu sein, doch in ihrer Fragestellung, ihren Methoden und Ergebnissen sich immer mehr von jener entfernt. Der Unterschied zwischen älterer *Wert-* und neuerer *Preis*lehre ist so groß, daß sich nicht einmal ein gemeinsamer übergreifender Obertitel für beide findet.

Die ältere Theorie fragt nach den allgemeinen *Ordnungsgesetzen* der Märkte; und diese Frage steht in mannigfachem Zusammenhang mit anderen Seiten des Wirtschaftsprozesses: Die vorklassische, *merkantilistische* Lehre (und noch die der Frühklassik, unter Einschluß von *Smith*) kreist um die große Frage nach den Quellen jenes „Reichtums der Nationen", worin sich zugleich die Bedingungen der Akkumulation des geschichtlich sich entfaltenden *Privatkapitals* zusammenfassen. Als die letzte Quelle des „Volkswohlstandes" aber erscheint die produktive menschliche Arbeit. Und die so sich ausbildende *Arbeitswerttheorie* ist ihrem Wesen nach nicht Lehre von der Einzelpreisbildung, sondern vielmehr Lehre von der *volkswirtschaftlichen* Wertschöpfung. In der Hochklassik wird diese Wertschöpfung — so unklar und mangelhaft die Vorstellung von ihr zunächst noch ist — zum Ausgangspunkt auch der *Verteilungs*lehre. Bei *Marx* schließlich spinnt sich aus der Lehre von der wertbildenden Kraft der menschlichen Arbeit die gesamte Theorie des volkswirtschaftlichen Verteilungs- und Reproduktionsprozesses heraus.

Die frühe Lehre von der *Markt*preisbildung entwickelt sich zunächst als ein Seitentrieb der weitergreifenden Auffassung von der Wertbildung im *Produktions*prozeß. Erst in der späteren, epigonalen Klassik (besonders bei J. St. *Mill*) wird die Werttheorie hauptsächlich als Preiserklärungsgrund nutzbar gemacht. Auch hier hält sie freilich als „*Produktionskostentheorie*" noch lose Verbindung zur Sphäre der Werterzeugung.

Die neuere Preislehre trennt sich nun — bei aller Unterschiedlichkeit der Richtungen, in welche sie in ihrem eigenen Weiterschreiten zerfällt — darin gründlich von der älteren Auffassung, daß sie das Preisgeschehen von der Sphäre der Produktion ablöst und damit der Marktwelt ein autonomes Dasein gegenüber der Produktion zuspricht. Die Preislehre verselbständigt sich hierdurch gegenüber der Theorie der volkswirtschaftlichen Wertschöpfung, die nun als Lehre vom Sozialprodukt und vom „Wirtschaftswachstum" für sich weiterzweigt.

Hat die *Grenznutzenlehre* jener Theorie des „objektiven" Wertes, die sich zur gesellschaftlichen Anklage der Ausbeutungstheorie von *Marx* auswuchs, zunächst noch auf gleicher werttheoretischer Ebene zu begegnen gemeint, indem sie von dem subjektiven „Wert" ausging, den die persönlichen Haushaltungen als Bedürfnisträger den „Gütern" beimessen, so zeigte sich allerdings bald die letztlich *preis*theoretische Orientierung dieser Lehre. Die subjektivistische „Wert"-Auffassung, die zu der unlösbaren Frage führte, wie die ganz verschiedene und nach den Umständen wechselnde Bedeutung, welche die Konsumenten den Waren beimessen, zu quantifizieren sei, wird schließlich als unnötiger Umweg zur direkten Erklärung der Preisvorgänge empfunden. Die Preislehre wird kataliaktisch, die kausale Frage nach dem Grund der Preisbildung tritt, durchaus folgerichtig, hinter der „*funktionalistischen*" Sicht des Wechselzusammenhangs der Preise zurück. Nicht nach allgemeinen „*Gesetzen*", sondern nach den fallweisen *Bedingungen* der Preisbildung wird nun gefragt. Unverkennbar ist hierbei der mehr und mehr *einzelwirtschaftliche* Zuschnitt, den die Aussagen erhalten.

Die Preislehre will dabei möglichst nahe der unmittelbaren Erfahrungswelt der Märkte sein; sie pocht auf ihren empirischen Gehalt. Um so mehr wirkt das Auskunftsverlangen einer sich wandelnden Wirklichkeit auf sie ein. In unserem Jahrhundert gewinnt angesichts der zunehmenden *Vermachtung* der Märkte die Frage der Preisbildung unter den Bedingungen der *beschränkten Konkurrenz*, in allen ihren Formen, immer größere Bedeutung. Der Wunsch nach Nähe zur — stets spezifischen — Marktwirklichkeit führt hierbei zu großer Verfeinerung der beschreibenden Verfahren. Was an der Theorie „allgemein" ist, geht ein in eine übergreifende Lehre vom menschlichen „Verhalten", die geradezu anthropologischen Charakter gewinnt.

Unterdessen haben die „zwei Ökonomien" in der Welt von heute sich in zwei getrennten Wirtschaftsräumen angesiedelt. Die Lehre vom Arbeitswert in der Gestalt, die ihr *Marx* gegeben hat, ist zu einem erklärten Ordnungsprinzip der *sozialistischen Planwirtschaft* unserer Tage geworden. Und damit entsteht die durchaus neuartige Frage, wie weit eine Lehre, die vor allem als *Wertschöpfungs*theorie und nur in „letzter" Instanz als ein Mittel der Preiserklärung entworfen worden ist, nun zum Instrument rationeller Preisgestaltung gemacht werden kann. Die *Theorie* des objektiven *Wertes* und die *Praxis* der *Preis*bildung treten hier in eigenartige neue Verbindung zueinander.

Erster Teil

Die Lehre von der Wertbildung

Als Lehre von der „Wertbildung" soll im folgenden einerseits die Theorie der volkswirtschaftlichen *Wertschöpfung* und ihrer Elemente (also die Lehre vom „absoluten" Wert), andererseits die Theorie der *Tausch*wertbildung (Lehre vom „relativen" Wert) verstanden werden, so wie beide uns in der älteren Lehrgeschichte begegnen.

Der Begriff des Wertes steht im Mittelpunkt der frühen „Politischen Ökonomie" überhaupt. Indem sie der Natur der wirtschaftlichen Wertbildung nachging, hat sich die junge ökonomische Lehre von einer bloßen Anleitung zur wirtschaftspolitischen Praxis (die sie in der Merkantilzeit weithin war) zur theoretischen Wissenschaft emporgearbeitet.

Für die frühe Ökonomie ist hierbei die Lehre vom Wertgeschehen mehr gewesen als ein Versuch, die *Preisbildung* zu erklären. Erst seit der Herrschaft der subjektivistischen „Wert"-Lehre hat man im Wert nichts anderes mehr sehen wollen als einen Preiserklärungsgrund. Hierdurch wurde freilich die Fragestellung der älteren Theorie verkannt. Diese hat sich vielmehr mit Hilfe der Wertlehre zu wichtigen Einsichten in Grundsachverhalte unserer Wirtschaft überhaupt vorgetastet:

1. Indem die Frage nach den „Gesetzen" der Preisbildung sich zum Begriff der *Wertschöpfung* vertiefte, gelangte man zu Vorstellungen vom *Sozialprodukt* und *Volkseinkommen* als ganzen.

2. In engstem Zusammenhang hiermit entwickelte sich der Begriff der *produktiven,* d. h. wertbildenden Arbeit. Zwischen *wertschaffender, werterhaltender* und schließlich *wertverzehrender* menschlicher Tätigkeit wurde nun unterschieden. Die Frage nach der ökonomischen Stellung der verschiedenen Gesellschaftsschichten der Zeit, die Frage, wer (im Sinne des späteren französischen Vorsozialisten *Saint-Simon*) zu den „Bienen" und wer zu den „Drohnen" in der Gesellschaft gehöre, wurde von großer Bedeutung für die Herausbildung eines ökonomisch fundierten Selbstbewußtseins zunächst des Bürgertums und später der Arbeiterschaft. — Wie wichtig die Lehre von der produktiven Arbeit ferner für die zeitgenössische *Steuertheorie* gewesen ist, sei hier nur am Rande vermerkt.

3. Die zunehmende Einsicht in das Wesen des Wertschöpfungsprozesses änderte auch die Vorstellung von den *Gewinneinkommen.* Erschienen diese den älteren Denkern als Ergebnis bloßer *Umverteilung* schon erzeugter Werte, als Resultat unsittlicher Übervorteilung auf den Märkten, der Bereicherung des einen zu Lasten des anderen Marktbeteiligten, so zeigte die

Lehre von der wertbildenden Arbeit, daß in einer „wachsenden" Wirtschaft mehr oder minder *alle* Erwerbswirtschafter gleichzeitig Gewinn machen (und obendrein etwa die Löhne steigen) können. Zugleich ward der Gewinn nun auf sein Entstehen in der *Produktion* untersucht und damit sowohl der Lehre vom *Kapital* wie von der *Einkommensverteilung* als ganzer eine eigentlich theoretische Grundlage gegeben.

4. Auch der *Außenverkehr* einer Wirtschaftsnation stellte sich nun als ein Vorgang der Wertverteilung im Großen, zwischen mehreren Ländern, als Teilhabe eines Landes an der Wertschöpfung eines anderen dar. Und für die aufgeklärten Schriftsteller der Zeit entsprang hieraus der Gedanke einer über die Ländergrenzen hinausgreifenden Kooperation, welche die Wohlfahrt aller Beteiligten erhöhen werde (Lehre vom Freihandel).

5. In der *Geldlehre* vermittelte die Theorie der Wertbildung das Verständnis dafür, daß Geld (auch als Gold) nicht selbst ein Wert, sondern bloße Darstellungsform und Mittler von Werten ist. (Klassische Lehre vom „neutralen" Geld.) Damit trennt sich die *volkswirtschaftliche* Frage nach der „richtigen" Geldmenge von der Sicht der personalen Wirtschaft, für die es nur ein „zu wenig", nie ein „zu viel" an Geld geben kann.

So hat mit der Ausbildung der Wertlehre die Politische Ökonomie zur Wissenschaft gefunden, ist sie zu einer theoretischen Disziplin geworden.

Eine im eben besprochenen Sinn als Theorie der Wertbildung verstandene Wertlehre kann nur Theorie des „objektiven" Wertes sein. Die Lehre von den subjektiven Nutzwertvorstellungen der Verbraucher (oder der Produzenten als Verbraucher), womit später allgemein die *Preisbildung* erklärt werden sollte, steht von vornherein nicht auf der Ebene der Vergleichbarkeit mit der älteren, eigentlichen Werttheorie. Ihr Erklärungsziel ist ein ganz anderes: Es wird sich zeigen, daß die Lehre vom sogenannten subjektiven „Wert" im Grunde von Anfang an Preisbildungslehre ist und auch sein will.

Erster Abschnitt

Die Heraufkunft der Lehre von der Wertbildung durch Arbeit (Vorklassik)

Die Wertlehre — das ist die Lehre von den wertbegründenden Umständen, von den produktiven Kräften. Und hier haben in der Theoriegeschichte ernstlich nur zwei Auffassungen miteinander rivalisiert: einmal die Vorstellung von der ursprünglichen Produktivität des *Bodens* — als Träger der Wirkkräfte der *Natur* verstanden (die „physiokratische" Schule in Frankreich), und zum zweiten die Auffassung von der Produktivität der menschlichen *Arbeit*. Freilich, auch die Naturkräfte wirken nicht ohne menschliches Zutun (wie auch die Physiokraten wußten). So ist es begreiflich, daß in der Theoriegeschichte schließlich die Lehre von der alleinigen wertbildenden Kraft der menschlichen Arbeit obsiegt hat. „Alles in der Welt wird mit Arbeit gekauft" (D. *Hume*). — Hierbei wurde der Wertbegriff selbst näher bestimmt und schließlich die wichtige Unterscheidung von *Güter-* und *Wert*produktivität der menschlichen Wirksamkeit getroffen.

Die Lehre von der wertbildenden Kraft der Arbeit ist so recht die Theorie eines aufstrebenden tätigen „*Dritten Standes*" gewesen. Mit ihr wendet sich das frühe Bürgertum gegen den grundbesitzenden *Adel:* Ihm wird nachgewiesen, daß er zur Mehrung des Volksreichtums nicht beitrage, sondern von diesem vielmehr in Gestalt der *Rente,* eines bloßen Besitz- und Machteinkommens, nutznießend zehre. Die Arbeitswerttheorie tritt auf den Plan als eine gesellschaftliche Kampflehre des arbeitenden Bürgertums gegenüber der Grundaristokratie. Mit der Arbeitswertlehre bekundet der tätige Teil der Gesellschaft, der „Dritte Stand" (zu dem natürlich auch die Bebauer des Bodens gehören), seinen Anspruch auf die Zukunft als Träger neuer produktiver Potenzen.

Die Lehre von der allein wertbildenden Kraft der Arbeit ist jedoch nicht nur von allgemein gesellschaftlicher, sondern auch von praktischer Bedeutung für die Zeitgenossen gewesen. In der Epoche des europäischen Frühkapitalismus ging es, wie heute in den jungen Industrialisierungsländern, um die große Frage: Wie wird der „Nationalreichtum" am raschesten vermehrt? Wie sichert man die ständige Ausdehnung der Produktionsgrundlagen? Eine Frage, die sich immer mehr mit der anderen verband: Wie gelangt man zur fortgesetzten *Neubildung privaten Kapitals?* — Alle Wirtschaftsmittel (in stofflicher oder in geldlicher Gestalt) müssen *erarbeitet* werden. Es war dabei in einer Epoche unentwickelter technischer Hilfsmittel (namentlich vor der technischen „Revolution" der zweiten Hälfte des 18. Jahrhunderts) und bei dementsprechend hohem Anteil der menschlichen Arbeitskraft am Produktionsaufwand geradezu sinnfällig für die Zeitgenossen, daß die Ausdehnung der Wirtschaftsgrundlagen nur das Ergebnis vermehrten Einsatzes menschlicher Arbeit sein könne. Die frühe Arbeitswertlehre verarbeitet diesen Sachverhalt. Sie fragt nach den Möglichkeiten, die menschlichen Wirksamkeiten voll in den Dienst der Kapitalbildung und der Wirtschaftserweiterung zu stellen.

Am weitesten war die Entwicklung zum neuen Industriesystem in *England* vorgeschritten. Hier hatte sich im siebzehnten Jahrhundert, als Ergebnis zweier vom Bürgertum getragener Revolutionen, jene dauerhafte Zusammenarbeit von Krone und Erwerbsinteressen hergestellt, deren angemessener Ausdruck im Verfassungsleben die konstitutionelle Monarchie war (Declaration of Rights, 1689) und die der frühzeitigen kapitalistischen Umwandlung der englischen Gesellschaft günstig gewesen ist. Hier hat sich denn auch die Arbeitswertlehre zuerst entwickelt: Auf sie stützt sich ebenso die Lehre vom „gerechten" Eigentum (John *Locke*) wie die Lehre vom äquivalenten Tausch, von Gewinn und Rente und schließlich von den Möglichkeiten vermehrter Kapitalbildung (William *Petty*).

A. Die wertbildende Arbeit als Grundlage des Eigentums: John Locke

Daß der ökonomische Inhalt der Arbeitswertlehre von allem Anfang an zugleich ein allgemein gesellschaftlicher gewesen ist, zeigt sich in der Lehre John Lockes (1632—1704). Jener große Philosoph und universale Gelehrte, der als der Vater der Aufklärungsphilosophie betrachtet werden darf, erweist sich in allen Stücken als ein Wortführer der anhebenden Gesellschaft des Gewerbefleißes: Wie er in der *Erkenntnistheorie* mit der Ableitung der menschlichen Einsicht aus der Erfahrung, letztlich aus der sinnlichen Wahrnehmung (Sensualismus) der spekulativen Metaphysik absagte, wie er den *Staat* auf eine rationale Grundlage gestellt hat (Lehre vom „Gesellschaftsvertrag"), so hat Locke auch das *Eigentumsrecht* vernunftgemäß zu begründen gesucht, indem er es aus der *produktiven Arbeit* ableitete. Die Lehre vom Eigentum und die Lehre vom Arbeitswert, zwei Grundelemente der frühen Selbstauffassung der anhebenden Erwerbsgesellschaft, haben also einen gemeinsamen Ursprung. — Obwohl John Lockes Hauptveröffentlichungen etwas später fallen als die von William *Petty* (der im Anschluß hieran gewürdigt werden wird), soll doch Locke hier als erster zu Wort kommen: Einerseits ist der allgemein gesellschaftliche Bezug der Arbeitswertlehre hier am deutlichsten, andererseits erscheint ihr ökonomischer Inhalt bei Locke noch in recht unentwickelter Gestalt. Der folgende Text ist dem zweiten der „Two Treatises of Government" von 1690 entnommen[1].

---

[1] Der Text wurde durch den Bearbeiter nach der englischen Ausgabe von 1698 neu übersetzt. Die in Klammern angegebenen Seitenzahlen beziehen sich auf die neue von Peter *Lazlett* besorgte kritische Ausgabe, Cambridge 1960.

1. Das Aneignungsrecht auf Grund der persönlichen Arbeit

Die Frage, von der Locke ausgeht, ist,

„... wie Menschen zu Sondereigentum (property) an verschiedenen Teilen dessen gelangen können, was Gott der Menschheit als ganzer zugewiesen hat — und dies ohne ausdrückliche Vereinbarung der gemeinsamen Eigentümer (of all the Commoners)" (S. 304).

Locke beantwortet die Frage dadurch, daß er das individuelle Sacheigentum aus einem ursprünglichen und unbestreitbaren Eigentum des Menschen an seiner eigenen *Person* und ihren Wirkkräften ableitet. So viel ein Mensch daher durch Betätigung dieses urtümlichen „Eigentums" der Natur entreißt, so viel darf er anderen gegenüber für sich beanspruchen:

„Obwohl die Erde und alle niederen Geschöpfe allen Menschen gemeinsam gehören, so hat doch jeder Mensch ein *Eigentum* an seiner eigenen *Person*. Auf dieses hat niemand ein Anrecht als er selbst. Wir können daher sagen, daß die *Arbeit* seines Körpers und das *Werk* seiner Hände ihm eigen sind. Was immer er daher aus dem Zustand herausführt, in dem es die Natur geschaffen und belassen hat, das hat er mit seiner Arbeit vermischt und mit etwas verbunden, das ihm angehört; so macht er es zu seinem Eigentum. Indem die Sache durch ihn aus dem naturhaften Zustand des Gemeinbesitzes herausgebracht wurde, hat sie durch diese Arbeit etwas hinzugewonnen, das den gemeinsamen Anspruch anderer ausschließt. Denn da diese *Arbeit* das unbestreitbare Eigentum des Arbeitenden ist, so kann niemand außer ihm selbst ein Anrecht auf das haben, was einmal hinzugesetzt ist; zumindest da, wo genug vorhanden ist und der Gemeinschaft verbleibt" (S. 305 f.).

An dieser (noch bei Adam *Smith* später wiederkehrenden) Ableitung des Rechts auf *Sachen* aus einem ursprünglichen Eigentum des Berechtigten an seiner *Person* ist vor allem folgendes bemerkenswert:

1. Ganz im Sinne des späteren durchaus unhistorisch eingestellten *Vernunftsrechts* des 18. Jahrhunderts wird der Begriff des Eigentums als geschichtlich fertig betrachtet und lediglich aus einem Bezirk, wo er mit Selbstverständlichkeit gelten soll, auf den Bereich der Sachgegenstände übertragen. — Indem freilich eine Eigenschaft der menschlichen Person, ihre Arbeitsfähigkeit, als Gegenstand eines dinglichen Rechtes gedeutet wird, erfährt der Beweisgang eine eigenartige Umkehrung: Während aus dem Recht der Person ein Anspruch auf Sachen abgeleitet werden soll, erhält unversehens das Verhältnis des einzelnen zu seiner Person selbst eine sachenrechtliche Deutung: Eine persönliche Qualität wird zur Sache des *Habens*. Die persönliche *Freiheit* ist daher die Freiheit des über sich selbst verfügenden *Eigentümers;* Freiheit wird zum Vorrecht, sich selbst (und

nicht einem anderen) zu eigen zu sein. Die spätere Lehre, wonach die Arbeitskraft selbst, einmal zum „Eigentum" geworden, als solche auch veräußerlich, zur „Ware" gemacht und auf besonderen Arbeitsmärkten angeboten werden könne (siehe Band II unserer „Texte"), ist daher bei John Locke schon angelegt.

2. Gleichzeitig bleibt es der Mangel der Beweisführung, daß sie von der persönlichen Arbeitsfähigkeit eigentlich gar nicht das moderne veräußerbare und verwertbare *Eigentum*, sondern vielmehr nur ein Recht des Arbeitenden auf *Besitz*, auf bloße Güter des persönlichen *Bedarfs*, auf alles das, was die persönliche Arbeitsfähigkeit aufrechterhält, ableiten kann. Die Verwechslung rein *güterwirtschaftlicher* Besitzverhältnisse mit den besonderen Eigentumsverhältnissen der kommerziellen Verkehrsgesellschaft ist freilich ein Kennzeichen auch der späteren Ökonomie geblieben. — So wird also das durchaus moderne Eigentumsrecht auch von Locke unmittelbar aus dem Naturzustand der menschlichen Gesellschaft begründet:

„Wir sehen bei Gemeinschaften (Commons), die durch Vereinbarung (Compact) in ihrem Zustand verbleiben, daß durch die Inbesitznahme (the taking) von Teilen dessen, was allen gehört, und durch deren Überführung aus dem Zustand, in welchem die Natur sie beließ, das Eigentum entsteht. Ohne diesen Vorgang wäre das, was allen gemein ist, ohne Nutzen. Und die Besitzergreifung von diesem oder jenem Teile hängt nicht von der ausdrücklichen Zustimmung aller am Gemeineigentum Beteiligten ab (S. 306 f.). Wenngleich das Wasser, das in der Quelle rinnt, jedermann gehört: wer kann bezweifeln, daß es im Kruge nur noch dessen ist, der es geschöpft hat? Seine Arbeit hat es aus den Händen der Natur genommen, in denen es gemeinsam war und allen Kindern der Natur gleicherweise gehörte, und hat es hierdurch sich angeeignet (appropriated it to himself)" (S. 307).

2. Die Grenze des persönlichen Aneignungsrechts

Gibt es eine „natürliche" Schranke solchen Eigentumsrechts? Hier argumentiert Locke ganz von jener güterwirtschaftlichen, an Arbeit und Bedarf orientierten Einstellung her, die schon seiner bisherigen Beweisführung eigen gewesen ist: Ein jeder hat auf so viel Anrecht, wie er durch seiner Hände Werk *erarbeiten* kann. Und diese Grenze deckt sich innerhalb der Wirtschaft, die Locke vor Augen hat, ungefähr mit der anderen, die Locke gegeben sieht: Jeder hat Anrecht auf so viel, wie seinem *Unterhaltsbedürfnis*, der Fristung seiner Existenz, entspricht:

„Es wird vielleicht eingewandt werden: Wenn das Sammeln von Eicheln oder anderen Früchten der Erde ein Recht auf diese verschafft, so mag ein jeder an sich reißen, so viel er will. Dem antworte ich: Nicht so! Dasselbe Gesetz der Natur, das uns Eigentum verschafft, begrenzt dieses auch. ... So viel, wie jemand für seine Lebenszwecke (advantage of life) nutzen kann, bevor es verdirbt, so viel darf er durch Arbeit zu seinem Eigentum machen. Was darüber hinausgeht, ist mehr als sein Anteil und gehört anderen" (S. 308).

3. Das Bodeneigentum

Der gleiche Umstand, der das Recht des einzelnen auf die *Früchte* seiner Arbeit schafft, begründet auch das Eigentum an den *Hilfsmitteln* der Arbeit. Das erste und ursprüngliche Produktionsmittel aber ist der Grund und Boden:

„Den Hauptgegenstand des Eigentums stellen jedoch heutigentags nicht mehr die Früchte der Erde und die Tiere dar, die auf ihr leben; vielmehr ist es die Erde selbst, die alles übrige einschließt. Es ist daher, wie ich denke, einleuchtend, daß ein Eigentum an der Erde auf dieselbe Weise wie das Eigentum an den erstgenannten Dingen erworben wird. So viel Land, wie ein Mensch bestellt, bepflanzt, verbessert, kultiviert, und so viel er vom Ertrag des Bodens gebrauchen kann, so viel ist sein Eigentum. Durch seine Arbeit grenzt er es gewissermaßen vom Gemeingut ab" (S. 308).

„Gott gab die Welt den Menschen gemeinsam; doch da er sie ihnen zur Nutzung und zu ihrer größtmöglichen Wohlfahrt gab, so kann man nicht annehmen, daß es in Seiner Absicht lag, die Erde solle immer Gemeingut und unbebaut bleiben. Er überantwortete die Welt zur Nutzung dem Regsamen und Findigen (und Arbeit begründete dessen Anspruch), nicht der Willkür und Begehrlichkeit des Streitsamen" (S. 309).

Locke entwirft hier das Bild einer Welt von *Kleineigentümern*, die ihren Boden selbst bestellen. Er setzt sich damit in scharfen Gegensatz zum rentenverzehrenden Feudaladel seiner Zeit. (Auch die von Locke erhobene Forderung einer einzigen Steuer, die auf den Grundbesitz fallen solle, richtete sich gegen die Aristokratie[2]).

Das natürliche Recht des Bodenbebauers auf das Arbeitseigentum, ein Recht, das bei Locke mit dem auf den Lebensunterhalt zusammenfällt, erscheint diesem auch durch die bisherige Geschichte als erwiesen:

„Das Maß des Eigentums hat die Natur richtig gesetzt durch den Umfang der menschlichen Arbeit und die Annehmlichkeiten des Lebens. Niemandes Arbeit hat alles bezwingen oder sich aneignen können, noch hat jemand für seine Befriedigung mehr als einen kleinen

---

[2] Der zeitgeschichtlichen Beziehung der frühen Auffassungen von der Grundrente wird in Band II der Texte (Einkommenslehre) weiter nachzugehen sein.

Teil verbrauchen können. So ist es für einen jeden unmöglich geblieben, in die Rechte eines anderen überzugreifen oder für sich selbst Eigentum zum Nachteil seines Nachbarn zu erraffen... Dieses Maß hat jedermanns Besitz auf einen recht bescheidenen Anteil beschränkt; auf so viel, wie in den frühen Zeiten der Menschheit der einzelne ohne Schaden für andere sich aneignen konnte... Und dasselbe Maß würde noch immer möglich sein, ohne daß irgend jemand geschädigt wäre, so bevölkert die Erde auch scheinen mag" (S. 310 f.).

4. Die Gefährdung des Arbeitseigentums durch das Geldwesen

Wenn dieser zufriedenen Welt des arbeitenden Kleineigentümers in neuerer Zeit dennoch Gefahren entstanden sind, so liegt die Ursache für Locke in der Entwicklung des *Geldes* als einer neuen Verkehrsform des Reichtums. Dieser unterliegt nun nicht mehr dem alsbaldigen Verzehr, er kann in Geldform beliebig lange aufbewahrt, ja über die Grenze des persönlichen Unterhaltsbedarfs hinaus [als Kapital!] ständig vermehrt werden:

„Ich wage kühn zu behaupten, daß die gleiche Regel des Eigentums, nämlich daß jedermann so viel haben sollte, wie er nutzen kann, noch in der Welt gelten und daß niemand in Bedrängnis leben würde (denn es gibt Land genug auf der Erde, um die doppelte Menschenzahl zu versorgen), hätte nicht die Erfindung des Geldes, und die stillschweigende Übereinkunft der Menschen darüber, ihm einen Wert beizumessen, ein größeres Besitztum und ein Recht darauf (durch Zustimmung [consent]) entstehen lassen..." (S. 311).

In seiner späteren Schrift „Some Considerations of the Lowering of Interest, and Raising the Value of Money" (2, S. 18 f.) hat Locke diesen Gedanken näher ausgeführt. Die ungleiche Verteilung des Geldes gibt dem Darlehensgeber die Möglichkeit, obwohl Geld selbst ein „unfruchtbares Ding" ist und nichts hervorbringt, vermittels des „Zinses" einen Teil des Einkommens eines anderen in die eigene Tasche zu bringen; genau so, wie der Grundbesitzer, infolge der dem Naturrecht widerstreitenden ungleichen Verteilung des Bodens, sich einen Teil des Ergebnisses fremder Arbeit anzueignen vermag. (Vgl. auch Band II der „Texte".)

5. Die produktive Kraft der Arbeit

„Es ist auch nicht so verwunderlich, wie es vielleicht erscheinen mag, bevor man darüber nachdenkt, daß das Arbeitseigentum über die Gemeinschaftlichkeit des Bodens zu obsiegen vermocht hat: Denn es ist in der Tat die Arbeit, welche die Verschiedenheit des Wertes aller Dinge setzt. Und jeder, der bedenkt, was den Unterschied zwischen einem Acre Land ausmacht, auf dem Tabak oder Zuckerrohr gepflanzt, Weizen oder Gerste gesät werden, und einem Acre gleichen Landes, das in Gemeinbesitz ist und unbestellt liegt, wird finden, daß die Anreicherung durch Arbeit den weitaus größten Teil des Wertes ausmacht (that the improvement of labour makes the far greater part of the value). Ich glaube, es ist eine sehr maßvolle Schätzung, wenn man von den Früchten der Erde, die dem Leben der Menschen dienen, neun Zehntel der Arbeit zurechnet. Ja, wenn wir die Dinge, so wie sie in unsere Nutzung eingehen, richtig einschätzen wollen und die verschiedenen Aufwendungen, die auf sie fallen, danach zusammenrechnen, was bei ihnen auf die Natur und was auf die Arbeit entfällt, so werden wir finden, daß bei den meisten neunundneunzig Hundertstel ganz auf Rechnung der Arbeit zu setzen sind" (S. 314).

„Es ist daher die Arbeit, welche dem Boden den größten Teil seines Wertes verleiht; ohne sie würde er schwerlich überhaupt etwas wert sein. Der Arbeit danken wir den größten Teil aller nützlichen Erzeugnisse des Bodens. Denn so viel, wie das Stroh, die Kleie, das Brot eines Acre Weizens mehr wert ist als das Erzeugnis eines Acre ebenso guten Landes, das brach liegt, ist das Ergebnis der Arbeit..." (S. 316).

„Aus alledem geht hervor, daß, obwohl die Naturdinge allen gemeinsam gegeben sind, der Mensch — als Herr über sich selbst und Eigentümer seiner eigenen Person (Proprietor of his own Person) und deren Handlungen oder Arbeitsverrichtungen — in sich selbst die fundamentale Ursache des Eigentums trug. Und was den größeren Teil der Dinge seiner Wohlfahrt ausmachte, nachdem Erfindergeist und Fertigkeit die Annehmlichkeiten des Lebens vermehrt hatten, war vollends sein Eigentum und gehörte nicht anderen gemeinschaftlich" (S. 316 f.).

Locke begründet das Sacheigentum also aus dem ursprünglichen Eigentum der Person an der wertbildenden Kraft ihrer Arbeit. Wert wird dabei noch durchaus im Sinne des späteren Begriffs von *Gebrauchswert* (value in use) verstanden: die wertschaffende Kraft der Arbeit betätigt sich in der Hervorbringung von nutzbaren Dingen. Von der Vorstellung der *nützlichen* Arbeit hat sich der Gedanke der Arbeit, welche *Verkehrswerte* und *Einkommen* schafft, noch nicht abgelöst. Doch tastet auch Locke nach diesem ganz anderen Begriff von Wert und wertbildender Arbeit. So spricht er in „Some Considerations of the Lowering of Interest, and Raising the Value of Money" von 1692 (2) immerhin schon von „Laws of Value", denen auch der Zins unterliege. Auch ist mit der Ableitung des Privateigentums aus der Arbeit der Gedanke des *Aequivalententausches* organisch verbunden: „Findet das Privateigentum seine Rechtfertigung in der Arbeit und nur in dieser, so liegt ... der Gedanke nahe, hieraus für den Güteraustausch unter den Menschen den Schluß zu ziehen, daß die Ergebnisse des Güteraustausches dem Naturrecht nur insoweit entsprechen, als die durch die ausgedehnten Güter vergegenständlichte Arbeit bei den tauschenden Personen als gleich betrachtet werden kann. Aus der Lockeschen Theorie des Privateigentums ergibt sich so ein *naturrechtliches Ideal* ...: das Ideal einer *Übereinstimmung von Tauschwert und Arbeitswert*. Bei Lockes Nachfolgern werden wir den Einfluß dieses Ideals wirksam in die Erscheinung treten sehen. Locke selbst verfolgte es nicht." (R. *Kaulla,* 1, S. 77.)

B. Die wertschaffende Arbeit als Grundlage der Preis- und Einkommensbildung: William Petty

Erscheint bei *Locke* der Gedanke, daß die Arbeit allein wertbildend sei, noch in ganz allgemeiner Form, so ist William Petty (1623—1687), ein umfassender Kopf seiner Zeit, den E. *Strauss* als einen „Pionier der Sozialwissenschaften" (*1,* S. 232) und K. *Marx* als „einen der genialsten und originellsten ökonomischen Forscher" bezeichnet hat, der eigentliche Begründer der Lehre von der Wertschöpfung durch die produktive Arbeit gewesen[3].

1. Boden und Arbeit als Bedingungen der Wertbildung

„Die Arbeit ist der Vater und das aktive Prinzip des Wohlstandes (Wealth), so wie der Boden seine Mutter ist."

Dieser in „A Treatise of Taxes and Contributions" (1662, hier *1*, I. Bd. der „Econ. Writings", S. 68) enthaltene Satz kehrt mehrfach in Pettys Schriften wieder. Petty geht (wie noch die Denker eines ganzen Jahrhunderts nach ihm) von den nutzbaren Gütern („Gebrauchswerten") aus. Da an deren Erzeugung die Natur ebenso beteiligt ist wie der arbeitende Mensch, so läßt sich der Wert eines bestimmten Produktquantums sinnfällig machen an der Größe der Bodenfläche und an der Menge von Arbeit, die zu seiner Hervorbringung erfordert werden. Und Petty sucht nun (wie unter Rückbeziehung auf ihn später noch Richard *Cantillon;* geb. um 1680, gest. 1734) nach einem „natürlichen" Umrechnungsmaßstab, der es erlaubt, eine Maßgröße in der anderen auszudrücken:

„Unser Silber und Gold bezeichnen wir mit mehreren Namen, so in England in Einheiten von Pfund, Shillings und Pence, wobei jede der drei in einer der anderen ausgedrückt werden kann. Was ich aber über diesen Gegenstand sagen möchte, ist, daß alle Dinge in zwei natürlichen Einheiten (natural Denominations) bemessen werden sollten,

---

[3] Die folgenden Partien sind von mir erstmals übersetzt. Die Seitenangaben beziehen sich auf „The Economic Writings of Sir William Petty", auf Grund der Originalausgabe neu herausgegeben durch Charles Henry *Hull*, Cambridge 1899 (2 Bände).

nämlich in Boden und in Arbeit. Wir sollten also sagen: ein Schiff oder ein Kleidungsstück ist ein bestimmtes Maß an Boden oder eine bestimmte Menge Arbeit wert. Denn Schiffe und Kleidungsstücke sind Produkte des hierauf verwandten Bodens und der Arbeit. Wenn dem so ist, dann sollten wir froh sein, wenn wir eine natürliche Einheit (a natural Par) zwischen Land und Arbeit finden, so daß wir den Wert ebenso durch jede der beiden Größen allein wie durch beide zusammen ausdrücken und das eine auf das andere ebenso leicht zurückführen können, wie wir Pence in Pfund umrechnen" *(1, Bd. I, S. 44 f.).*

Den gemeinsamen Maßstab erblickt Petty in der Größe des *Nahrungsertrages eines Tages*. Mit Hilfe dieser Recheneinheit beantwortet er auf recht originelle Art die (auch später wiederkehrende) Frage, in welcher Weise die verschiedenen Wirkkräfte der Produktion (bei Petty: Boden und Arbeit) an der Hervorbringung des Ertrages beteiligt sind:

Die „wichtigste Frage der Politischen Ökonomie (Political Oeconomies)" ist die, „wie sich ein Pari und eine Gleichung (a Par and Equation) zwischen Bodeneinheiten und Arbeit herstellen lassen, so daß der Wert eines jeglichen Dinges sich in einem von beiden allein ausdrücken läßt. Zu diesem Zweck wollen wir uns zwei Acres eingehegten Weidelandes denken und hier hinein ein entwöhntes Kalb setzen, das, wie ich unterstelle, in zwölf Monaten um 1 C. [ein Cental = 100 engl. Pfund] eßbaren Fleisches schwerer werden wird. Dann ist das Gewicht von 1 C. solchen Fleisches, das (der Annahme nach) 50 Tagen Nahrung entspricht, und der Zins vom Werte des Kalbes, der Wert oder die Jahresrente des Bodens. Wenn aber die Arbeit eines Mannes ... dazu führt, daß das besagte Landstück während eines Jahres mehr als 60[4] Tage Nahrung der gleichen oder einer anderen Art erbringt, dann ist dieser Mehrertrag (overplus) an Nahrung, in Tagen gerechnet, das Entgelt (the Wages) dieses Mannes; wobei beide sich in der Zahl der Tagesnahrung (days food) ausdrücken. Daß einige Menschen mehr als andere essen werden, ist hierbei unerheblich, da wir unter dem Tagesbedarf an Nahrung den hundertsten Teil dessen verstehen, was hundert Menschen aller Art und Größe essen werden, um leben, arbeiten und sich fortpflanzen zu können. Ebenso ist es unerheblich, daß der Tagesvorrat einer Nahrungsart mehr Arbeit erfordern mag als der einer anderen Art, da wir die auf einfachste Weise gewonnene Nahrung der jeweiligen Länder in der Welt meinen" (The Political Anatomy of Ireland, posthum veröffentlicht 1691; *3, Bd. I, S. 181).*

Das Wertmaß ist also schon für Petty die Arbeits*zeit*. Bei der Bestimmung des Nahrungsbedarfs eines Tages geht Petty, der die „politische

---
[4] Oben war von 50 Tagen die Rede.

Arithmetik" allenthalben als Lehre von dem Meß- und Wägbaren entwickelt hat, von dem statistisch berechneten Bedarf eines erwachsenen „Durchschnittsmenschen" aus; so wie er an anderer Stelle den „Ertragswert" der Arbeitsbevölkerung aus der Zahl der Arbeitsfähigen und ihrer „durchschnittlichen" Lebenserwartung zu ermitteln sucht (vgl. unten, S. 36). Der abstrakte Normalmensch der späteren Oekonomie kündigt sich an.

Die Einheit einer Tagesnahrung dient Petty ebenso zur Bemessung des „notwendigen" *Verbrauchs* des Arbeitenden (der Gedanke des Existenzlohns zeichnet sich ab) wie zur Bemessung seines Arbeits*ertrages*. Petty sieht hier ganz recht, daß die Frage der Wert*entstehung* nicht zu trennen ist von derjenigen der gesellschaftlichen Wert*verteilung;* und er ist auch darin Vorläufer und Bahnbrecher aller weiteren Wertschöpfungslehre, daß er seine Werttheorie zugleich als Einkommenstheorie entwickelt. Dies ist auch für Pettys *Steuerlehre* wichtig, die (wie bei den älteren Schriftstellern überhaupt) mit der Theorie der steuerbaren Einkommen die Lehre von den produktiven Kräften, ihrer Pflege und Förderung im Sinne einer nachhaltigen Erweiterung der Steuer*grundlagen* verbindet.

Freilich, wie Petty in dem Bemühen um eine unmittelbar *naturale*, in *Güterquanten* durchführbare *Wertrechnung* im Grunde Unvereinbares verbinden will, so sucht er auch die seitdem immer wieder gestellte Frage nach der „richtigen" oder „naturgemäßen" Zurechnung des Ertrages auf die Einkommensgruppen (hier: auf die Bezieher von Grundrente und von Arbeitseinkommen) und damit die Frage nach der gesellschaftlichen Einkommensverteilung rein *güterwirtschaftlich*, aus der produktiven Eigenart der mitwirkenden Produktionselemente zu beantworten. Es ergeht Petty hierbei wie allen Oekonomen bis hin zur Klassik: Seine Gedanken kreisen um einen *abstrakten* Wertbegriff; aber sobald er über Wert spricht, vermag er ihn nur *substantiell* zu fassen. — So tritt mit Petty das große *Doppelproblem aller weiteren Werttheorie* in die Lehrgeschichte ein:

1. Die Hervorbringung von *Gütern* (Nutzwerten) geht offenbar auf die Wirksamkeit von menschlicher Arbeit *und* Naturkräften (sowie, im Sinne der Späteren: der „produzierten Produktionsmittel" = „Kapitalgüter") zurück, die Hervorbringung von *Wert* und *Einkommen* dagegen nur auf die *Arbeit*.

2. Was die Arbeit selbst *erzeugt*, deckt sich in der wirklichen Welt nicht (wie noch *Locke* meinte) mit dem, was die Arbeitenden selbst *verzehren*. Der *Ertrag* der Arbeit übertrifft ihr *Entgelt*. In diesem Sinn ist auch für Petty „die durchschnittliche Tagesnahrung eines erwachsenen Mannes, und nicht seine Tagesarbeit, das allgemeine Maß des Wertes" (*3*, Bd. I, S. 181) — also der physische Arbeits*aufwand*, und nicht das Arbeits*ergebnis*.

Eine Lösung des hier bezeichneten Doppelproblems wird erst *Marx* unternehmen: Zwischen dem bloßen *Nutzwert*, den die Produkte als Güter haben, und dem *Wert*, der ihnen als Produkten menschlicher Arbeit zukommt, ist zu scheiden. Und ebenso hat auch die Arbeitskraft selbst einen Nutz- oder *Anwendungswert*, den sie im Arbeitsprozeß betätigt, und der ihren „Kosten"-Wert übertrifft; der „Wert der *Arbeit*" (= des Arbeitsergebnisses) ist größer als der „Wert der *Arbeitskraft*" (die Grundlage des Arbeitsentgelts), und die Differenz zwischen beiden stellt für Marx (unter den Bedingungen der kapitalistischen Lohnarbeit) den „Mehrwert" dar. So wird Marx jenen Widerspruch zwischen Wertbildungs- und Wertverteilungslehre auflösen, um den die politische Ökonomie von Petty an kreist.

2. „Natürlicher" und „politischer" Preis

Petty hat also die Arbeit nicht nur als einen *Faktor* der Wertbildung, sondern auch als einen *Maßstab* des Produktenwertes zu bestimmen gesucht. Für die Folgezeit ist auch seine Unterscheidung von eigentlichem „natural price" (oder: „true price current") der Ware und deren wechselndem „political price" von Bedeutung geworden:

„Hoher oder niederer Stand des natürlichen Preises hängen ab von der größeren oder kleineren Zahl der Hände, welche die Gewinnung des Lebensnotwendigen erfordert: So ist Korn dort billiger, wo ein Mann Getreide für zehn baut, als da wo er nur für sechs produziert. Überdies erfordert das Klima einen verschieden großen Aufwand. Politische Wohlfeilheit (political cheapness) hängt davon ab, daß sich möglichst wenige zusätzliche Verkäufer über die notwendige Zahl hinaus in den Handel drängen; denn das Getreide wird doppelt so teuer sein, wenn zweihundert Gewerbetreibende das Geschäft von hundert besorgen... (1, Bd. I, S. 90).

Fast alle Waren[5] können durch Substitute oder neue Erzeugnisse ersetzt, fast alle Nutzzwecke auf verschiedene Weise erreicht werden; und diese Umstände der Veränderung, der Überraschung, Verdrängung und ungewissen Erwartung erhöhen oder erniedrigen den Preis der Dinge. Auch diese unvorhergesehenen Umstände müssen wir neben den vorerwähnten ständig wirkenden betrachten; sie klug vorauszusehen und richtig einzuschätzen ist das, was den Kaufmann auszeichnet" (S. 90).

3. Ableitung des Geldwertes aus der menschlichen Arbeit

Petty ist auch darin der Klassik vorangegangen, daß er dieselben Prinzipien der Wertbildung, die er für die Produkte geltend gemacht hat, auf das Geldmaterial anwendet. Nach Erläuterung der Rente, die Petty als den

---

[5] Wir werden das englische Wort „commodity" bei allen Autoren bis zur Grenznutzenlehre (also bis zu *Jevons*) mit „Ware", nicht mit „Gut" übersetzen. Dies entspricht der älteren Auffassung: „Commodities are Moveables, valuable by Money." (J. *Locke*, 2, S. 73.)

Überschuß des Ertrags der Landarbeit über den Lebensunterhalt der Arbeitenden bestimmt (vgl. Bd. II der „Texte"), fährt er fort:

„Eine weitere, wenn auch am Rande liegende Frage ist: Wieviel ist dieses Korn oder die Rente in englischem Gelde wert? Ich erwidere: Soviel wie ein anderer einzelner Mann in der gleichen Zeit an Geld, nach seinen eigenen Ausgaben, übrig behalten kann, wenn er sich ganz darauf wirft, dieses zu produzieren. Angenommen also, ein anderer Mann suche ein Land auf, wo es Silber gibt; er grabe dort nach Silber, reinige es, bringe es an denselben Ort, wo der erste Mann sein Getreide baut, münze es aus, usw. Wenn dieser gleiche Mann während der ganzen Zeit, in der er das Silber gewann, sich auch die zu seinem Unterhalt notwendige Nahrung und Kleidung verschafft, so muß, sage ich, das Silber des einen an Wert dem Korn des andern gleichgesetzt werden. Das eine betrage vielleicht 20 Unzen, das andere 20 Bushels. Hieraus folgt, daß der Preis eines Bushel von diesem Getreide eine Unze Silber ist" *(1, Bd. I, S. 43).*

„Wenn ein Mann eine Unze Silber aus der Erde Perus nach London in der gleichen Zeit bringen kann, die er zur Erzeugung eines Bushel Getreide braucht, dann ist das eine der natürliche Preis (natural price) des anderen. Wenn nun durch Erschließung neuer und ergiebigerer Minen ein Mann zwei Unzen Silber ebenso leicht wie vorher eine gewinnen kann, so wird das Korn bei 10 Shillings für das Bushel ebenso wohlfeil sein wie zuvor unter sonst gleichen Umständen bei 5 Shillings" *(1, Bd. I, S. 50 f.).*

Petty will hier offenbar (was nicht ganz deutlich wird) sowohl den *Gesamtertrag* an Getreide, den die Arbeit eines Mannes innerhalb einer bestimmten Zeit erbringt, mit der *Gesamt*ausbeute an Geldmaterial, die in der gleichen Zeit gewonnen werden kann, vergleichen, als auch den Wert*überschuß*, den die eine wie die andere Arbeit erzeugt. So kommt er im einen Falle zum Geldausdruck des hervorgebrachten *Gesamt*wertes, im anderen Falle zum Geldausdruck der *Rente* — wobei in dem Gedanken, daß gleiche Aufwendungen — hier: an Arbeit — auch jeweils gleich große Überschüsse bringen müssen, schon die klassische Lehre vom „*Ausgleich der Profitraten*" leise anklingt. Stillschweigende Voraussetzung von Petty ist dabei, daß jede Art von Arbeit nur mit dem zum Leben „notwendigen" Lohn entgolten wird.

Auf dieselbe scharfsinnige Weise wie das Wertverhältnis zwischen Silber und Getreide bestimmt Petty das Verhältnis zwischen Silber und Gold. *(1,* Bd. I, S. 43 f.) — Durch Vergleich des jeweiligen Arbeitsertrages mit dem vorausgegangenen Aufwand an Arbeitstagen kommt Petty auch zu einer Umrechnung (einem „Pari") zwischen komplizierter und einfacher Arbeit („Art" und „Simple Labour"; *3,* Bd. I, S. 182).

So tritt uns Petty allenthalben als der große *Vorläufer der klassischen Werttheorie* entgegen. Die Fehlerhaftigkeit seiner einzelnen Gedankengänge nachzuweisen wäre heute allzu einfach und würde Pettys Bedeutung für die Lehrgeschichte verkennen lassen: Indem Petty überall von den zutage liegenden Verhältnissen der Marktwelt auf die großen Grundvorgänge der Wertschöpfung zurücktastet, hat er der „Politischen Ökonomie" als *theoretischer* Wissenschaft den Weg eröffnet. Alle Theorie beruht ja auf dem Wissen um den Unterschied von *Wesen* und *Erscheinung* der Sachverhalte, die daher einer deutenden Erschließung bedürfen. Der Unterschied zwischen dem, was in der Marktwelt sinnfällig geschieht, und dem, was erst mit den Mitteln der Theorie gefunden wird, ist Petty wohl bewußt gewesen:

„Dies ist, wie ich behaupte, die Grundlage der Gleichrechnung und Gleichgewichtung der Werte (of equallizing and ballancing of values). Allerdings besteht in den darauf aufbauenden Verhältnissen der praktischen Welt [gemeint: der Preisbildung], wie ich bekennen muß, die größte Vielfalt und Verwicklung" (*1*, Bd. I, S. 44).

4. Die Nutzbarmachung der produktiven Arbeit als Aufgabe der Wirtschaftspolitik

Die Einsicht in die wertbildende Kraft der menschlichen Arbeit führt Petty zu wirtschafts- und gesellschaftspolitischen Folgerungen, die kennzeichnend für die Epoche des frühen Kapitalaufbaues sind. So durchmustert Petty eine Reihe von Berufsgruppen daraufhin, wie weit sie die volkswirtschaftlichen Produktivkräfte mehren oder belasten. Besonders schlecht kommen dabei die Verwaltungsbeamten, die Advokaten, die Geistlichen, die Händler und die Ärzte weg:

„Wenn die zahlreichen Ämter und Sporteln, die mit Regierung, Rechtswesen und Kirche zusammenhängen, und wenn die Menge der Geistlichen, der Advokaten, Ärzte, Kaufleute und Krämer, die alle hohe Entgelte für geringe Arbeit erhalten, die sie der Gesellschaft leisten, gleichfalls herabgesetzt würde — wie viel leichter könnten die öffentlichen Ausgaben bestritten werden!" (*1*, Bd. I, S. 28 f.).

Ein Hundertstel der gegenwärtigen Zahl an Advokaten und Schreibern würde für den Bedarf des Landes ausreichen (S. 26 f.). Die *Händler* sind für Petty „nichts als eine Art von Spielern (Gamesters), die miteinander um die Arbeitsergebnisse der Armen spielen, ohne selbst etwas hervorzubringen" (S. 28). Besonders an den *Geistlichen* läßt sich sparen: Nicht nur könnten durch Zusammenlegung von Pfarrstellen viele Mittel erübrigt werden (S. 23 f.), die Diener Gottes in England sollten auch wieder zum Zölibat zurückkehren; dann könnten sie von der halben Pfründe leben, und die ersparten Ausgaben könnten wichtigeren gesellschaftlichen Zwecken dienen (S. 25; vgl. auch Pettys Polemik gegen den kirchlichen Zehnten, *1*, Kap. X, XII). Der Geist der „innerweltlichen Askese" (Max *Weber*) spricht uns an, der jene Epoche der „ursprünglichen Akkumulation des Kapitals" (*Marx*) durchweht.

Gleichzeitig soll die Masse der *produktiven Schichten* auf jede Weise vermehrt werden. Petty teilt die populationistischen Auffassungen aller merkantilistischen Schriftsteller, die so sehr im Gegensatz zu den späteren Lehren eines Robert *Malthus* (siehe Band II, „Einkommenslehre") stehen. Petty schreibt:

„Kleinheit der Bevölkerung ist wirkliche Armut; und eine Nation, in der acht Millionen Menschen leben, ist doppelt so reich wie ein Land gleicher Ausdehnung mit nur vier Millionen" *(1, Bd. I, S. 34)*.

Petty geht so weit, den „Vermögenswert", den die Arbeitsbevölkerung für den Staat darstellt, zu berechnen. Wie er (als erster) den Bodenwert als kapitalisierten Bodenertrag behandelt hat, so sucht er auch den Ertragswert der Arbeitsbevölkerung zu ermitteln, wobei er von einer „durchschnittlichen" Lebenserwartung ausgeht. (Vgl. etwa Political Arithmetick, 1690; 4, Bd. I, S. 267.) Die Arbeitenden werden von Petty also mit dem *Sachkapital* der anhebenden Erwerbswirtschaft auf eine und die gleiche Ebene gestellt.

Daß die frühe Kapitalbildung auf möglichster Nutzung der verfügbaren Arbeitskräfte beruhte, drückt sich in den zeitgenössischen Schriften allenthalben aus. In „Verbum sapienti" (veröffentlicht 1691) berechnet Petty: Wenn Menschen, die täglich zehn Stunden arbeiten und in der Woche zwanzig Mahlzeiten einnehmen, ihre Mittagszeit von zwei auf eineinhalb Stunden kürzten und obendrein freitags abends fasteten, so würden sie um ein Zwanzigstel ihrer Arbeitszeit länger arbeiten und um ein Zwanzigstel weniger verzehren. Ihr Arbeitsertrag würde hierdurch also um ein Zehntel steigen (2, Bd. I, S. 110). — Verbrecher sollte man nicht länger mit dem Tode bestrafen, sondern vielmehr zu Zwangsarbeit verurteilen:

„Als Zwangsarbeiter (slaves) können sie zu soviel Arbeit zu geringstem Lohn gezwungen werden, wie die Natur erträgt, und hierdurch gewissermaßen zwei Männer darstellen, um die das Gemeinwesen vermehrt wird, statt daß einer daraus entfernt wird. Denn wäre England unterbevölkert (sagen wir: um die Hälfte), so behaupte ich, daß es der Einfuhr von mehr Menschen [sic!] am nächsten kommt, wenn man die, welche schon vorhanden sind, ihre bisherige Arbeit verdoppeln läßt, d. h. einige zu Sklaven macht" *(1, Bd. I, S. 68)*[6].

Die bettelnden Vagabunden (supernumeraries) sollen zu einfachen Arbeiten im Straßen- und Kanalbau, in Bergwerken und Steinbrüchen herangezogen werden. Um sie an Arbeit zu gewöhnen, wäre es selbst besser, sie Pyramiden in der Ebene von Salisbury bauen zu lassen, als sie dem Müßiggang preiszugeben *(1, Bd. I, S. 31)*.

---

[6] In der Tat steht die systematische Entwicklung der modernen, eigenartig rationalisierten Strafe des *Freiheitsentzugs* im engsten Zusammenhang mit dem Verlangen der frühen Industrie nach billigen, stets verfügbaren Arbeitskräften. (Vgl. W. *Hofmann*, 4, S. 270.)

Freilich wohnt schon dem merkantilistischen Begriff der produktiven Arbeit ein Widerspruch inne, der die ganze moderne Epoche durchzieht: Einerseits sollen alle vom Standpunkt einer *Mehrung der nationalen Produktivkräfte* unerwünschten Ausgaben vermieden werden. Andererseits aber gibt es öffentliche Ausgaben, welche zwar nicht diesen produktiven Kräften, wohl aber der privaten Kapitalbildung dienen. *Krieg* und *höfischer Luxus* sind vielfach Bedingungen frühkapitalistischer Gewerbeentwicklung gewesen (vgl. W. *Sombart, 1*). Und jedenfalls der Luxus wird von den zeitgenössischen Schriftstellern, auch von Petty, als ein Mittel, die Wirtschaftstätigkeit anzuregen, begrüßt. Das Spannungsverhältnis zwischen Vermehrung des „Volkswohlstandes" und Vermehrung des Privatkapitals (das spätere Thema Lord *Lauderdales; 1*), zwischen „produktiver" Arbeit im *volks*wirtschaftlichen und im *einzel*wirtschaftlichen Sinne dämmert auf. Und die daraus entspringende ökonomische Doppelmoral wird in der „Bienenfabel" eines *Mandeville* (1670—1733) frühzeitig glossiert.

Alles in allem hat Pettys „Formulierung der Arbeitswertlehre, sowie deren Anwendung auf die Kategorien von Rente und Zins und auf die Frage des Geldes, wenngleich sie selbst innerhalb ihrer eigenen Fragestellung noch höchst unvollkommen war, immerhin den Ausgangspunkt für die Entwicklung der klassischen ökonomischen Wissenschaft geliefert, bis hin zu Adam Smith, David Ricardo und Karl Marx" (E. *Strauss, 1*, S. 217).

Zweiter Abschnitt

Entfaltung und Verfall der klassischen Lehre von der Wertbildung durch die Arbeit

Die Lehre von der produktiven Arbeit hat in merkantilistischer Zeit den gesellschaftlichen Anspruch des tätigen Bürgertums bekräftigt; zugleich entsprang aus ihr die Forderung, das vorhandene Arbeitspotential eines Landes möglichst vollständig und zweckmäßig zum Einsatz zu bringen. Auf die geistige Vorarbeit eines Jahrhunderts gestützt entwickelt nun die englische Hochklassik die Theorie der wertbildenden Arbeit zur Lehre von den *Gesetzen des Marktverkehrs* einer entfalteten Tauschwirtschaft als ganzer fort.

Schon gegen Ende des achtzehnten Jahrhunderts reckt in England das Riesenkind des neuen Fabriksystems machtvoll seine Glieder. Die anhebende Umwälzung der Technik zeigt an, daß die neue Ordnung nun nicht mehr von außen her, durch monarchisches Fiat, vorangebracht werden muß: sie hat selbst begonnen, ihre Umwelt umzuformen und die ihr gemäßen Bedingungen zu schaffen. Die Träger der neuen Wirtschaftsgesellschaft sind der jahrhundertelangen Hut der Staatsgewalt entwachsen. Im *ökonomischen Liberalismus* formuliert sich ihr Wunsch nach Absonderung der privaten gewerblichen Interessen vom Staat, von der Sphäre der Öffentlichkeit. Namentlich in seiner frühen Phase tritt der Liberalismus kämpferisch auf den Plan; scharf wendet er sich gegen die bisherige merkantilistische Wirtschaftspolitik. (Man vergleiche A. Smiths Zurückweisung des „commercial or mercantile system" im IV. Buch seines Hauptwerkes von 1776. Das übrigens ungerechte Urteil von Smith hat über rund 150 Jahre die populäre Meinung über den Merkantilismus beeinflußt.) Der Nachweis soll geliefert werden, daß die neue Marktgesellschaft, sich selbst überlassen, keineswegs in die Anarchie einander widerstreitender Einzelinteressen zerfallen wird. Vielmehr wird das Verhältnis der privaten Konkurrenz selbst von einer objektiven Vernunft durchwaltet: Die individuelle Interessenverfolgung vermittelt zugleich die gesellschaftliche Wohlfahrt; gerade vermöge der privaten Vorteilssuche verwirklicht sich das gemeine Beste. Die geheimnisvolle Kraft aber, welche den ökonomischen Streit schlichtet und die Marktwelt vermittels des Gleichgewichts disparater Elemente im Lote hält, Smiths „invisible hand", ist das *Wertgesetz*. So gründet sich auf die klassische Werttheorie die Lehre von der sich selbst ordnenden Marktgesellschaft.

Das Jahrhundert der klassischen Nationalökonomie, das wir etwa mit dem Erscheinen von David *Humes* „Political Discourses" (1752), der „ersten systematischen Vorführung der ‚klassischen Theorie'" (*Haberler*), beginnen und mit J. St. *Mills* „Principles of Political Economy" (1848) schließen lassen dürfen, ist daher zugleich die eigentliche Epoche der liberalistischen Lehre in der Nationalökonomie. Es ist etwas gänzlich Neues in der Geschichte, daß die „Gesetze" einer ihren eigenen Daseinbedingungen überlassenen Gesellschaft rein *ökonomisch* formuliert werden.

Die Zuversicht der Zeit spricht sich besonders in Adam *Smiths* Lehre vom „natürlichen Preis" als dem geheimnisvoll waltenden Ordner der Märkte aus. *Smiths* großzügig ansetzender Gedankenflug verstrickt sich freilich immer wieder im Netzwerk der bloßen Marktpraxis. — Das Wertkonzept wird später durch *Ricardo* analytisch bedeutend vertieft. Doch lassen sein Scharfsinn und seine intellektuelle Redlichkeit auch Ricardo die Grenzen seines Bemühens schmerzlich erkennen. — In der Tat ist die klassische Arbeitswerttheorie über bestimmte Widersprüche nicht hinweggekommen. Sie endet mit dem Absturz in die bloße *Produktionskostentheorie,* für die uns J. St. *Mills* Auffassungen Modell stehen werden.

A. Der „natürliche Preis" und die Selbstordnung der Märkte: Adam Smith

Adam Smith (1723—1790), dessen gefeiertes Hauptwerk „An Inquiry into the Nature and Causes of the Wealth of Nations" von 1776 geradezu Epoche gemacht hat (noch das 150. Jahr seines Erscheinens ist literarisch begangen worden), ragt als der große Verkünder eines geradezu sozialphilosophisch erhöhten ökonomischen Liberalismus weit in die Geistesgeschichte des neunzehnten Jahrhunderts hinein. Wie andere bedeutende Zeitgenossen (von denen der sensualistische Philosoph und Ökonom David *Hume* (1711—1776) und der Sozialphilosoph Adam *Ferguson* (1723—1816) ihm besonders nahe gestanden haben) hat auch Adam Smith die eudaimonistische Moralphilosophie eines *Shaftesbury* (1671—1713) sowie seines Lehrers *Hutcheson* (1694—1747) und der „Schottischen Schule" in sich aufgenommen. Für diese löst sich der alte Widerstreit von individuellem Glückstrieb und gesellschaftlicher Pflicht, von „Egoismus" und „Altruismus", von Utilität und Sittlichkeit im Sinne der Versöhnung beider, der wechselseitigen Verwirklichung des einen durch das andere in einer auf der allgemeinen „Sympathie" beruhenden harmonischen Gesellschaft (vgl. hierzu L. *Stephen, 1,* K. *Přibram, 1,* W. *Hasbach, 1*). In dieser Ethik resümiert sich die Hoffnung der Zeitgenossen auf den Anbruch einer vernunftgemäßen Ordnung der Gesellschaft; aus ihr speist sich ebenso J. *Benthams* (1748—1832) Lehre von der Happiness Maximation („das größte Glück der größten Zahl"; *1*) wie noch J. St. *Mills* ethischer Utilitarismus. Ja, selbst zum deutschen Idealismus (Schiller, Kant) ergeben sich Verbindungen (vgl. A. *Oncken, 1;* H. *Wolff, 1*). Smith, der als Professor für Logik an der Universität Glasgow (1751—1764) auch über Moralphilosophie las, hat der Überzeugung von der gesellschaftlichen Versöhnbarkeit der individuellen Triebe in seinem ersten Werk „The Theory of Moral Sentiments" (1759; *2*) reifen Ausdruck verliehen; Smith ist keineswegs jener hemdsärmelige „Manchesterliberalist" des brutalen Eigennutzes gewesen, als der er in Deutschland lange Zeit mißverstanden worden ist. In seiner Lehre von der Verwirklichung des Gemeininteresses durch die individuelle Vorteilssuche drückt die große gesellschaftliche Hoffnung des frühen Bürgertums sich aus.

1. Arbeitsteilung und Tauschtrieb

a) Der Nutzen der Arbeitsteilung

Smith beginnt sein Hauptwerk[7] mit dem Lob der Arbeitsteilung:

„Die größte Vervollkommnung der Produktivkräfte der Arbeit und die vermehrte Geschicklichkeit, Fertigkeit und Einsicht, womit die Arbeit überall geleitet oder verrichtet wird, scheint eine Wirkung der Arbeitsteilung gewesen zu sein" (I/1; S. 5 [II, S. 5]). — Die Arbeitsteilung „bringt... in jeder Tätigkeit (art) eine vergleichsweise Steigerung der Produktivkräfte der Arbeit zuwege. Die Sonderung der verschiedenen Gewerbe (trades) und Beschäftigungen scheint infolge dieses Vorteils entstanden zu sein. Auch geht diese Scheidung gewöhnlich in denjenigen Gegenden am weitesten, die sich auf der höchsten Stufe des Gewerbefleißes und der Kultur befinden..." (S. 7 f. [II, S. 9]).

In der Arbeitsteilung, die selbst nur vermöge der gleichzeitigen *Kooperation* der Beteiligten wirken kann, wird für Smith die gesellschaftliche Nützlichkeit der individuellen Tätigkeit sinnfällig. Die *organisatorisch* verbundene Arbeit von unselbständigen *Lohnarbeitern* in der Manufaktur und Fabrik (vgl. das bekannte Beispiel der Stecknadel-Fabrikation!) wird ihm dabei unter der Hand zum Anschauungsfall für die Vorteile des *marktverbundenen* Zusammenwirkens selbständiger *Kaufleute*.

b) Der Tauschtrieb als Ursache der Arbeitsteilung

„Diese Arbeitsteilung, aus der sich soviele Vorteile ergeben, ... entspringt einem gewissen Hang der menschlichen Natur (propensity in human nature)..., nämlich dem Hange, zu tauschen, zu handeln und eine Sache gegen eine andere hinzugeben (to truck, barter and exchange one thing for another)."

---

[7] Der Text lehnt sich an die deutsche Ausgabe an: Adam *Smith*, Eine Untersuchung über Natur und Ursache des Volkswohlstandes, unter Zugrundelegung der Übersetzung Max *Stirners* aus dem englischen Original nach der Ausgabe letzter Hand (4. Auflage 1786) ins Deutsche übertragen von Ernst *Grünfeld* und eingeleitet von Heinrich *Waentig*. Sammlung sozialwissenschaftlicher Meister, I. Bd. in 3. Aufl. Jena 1923, 2. Bd. in 2. Aufl. Jena 1923, 3. Bd. Jena 1923. Der Text wurde mit der englischen Ausgabe von 1786 verglichen. Die Ziffern in runden Klammern bezeichnen Buch/Kapitel sowie Seitenzahl der deutschen Ausgabe, die Ziffern in eckigen Klammern die Band- und Seitenzahlen der von D. *Stewart* besorgten Gesamtausgabe der Werke *Smiths*, 1811/12, wiederabgedruckt 1962 ff.

Dieser Hang „ist allen Menschen gemein und findet sich bei keiner Art von Tieren, die weder diese noch andere Verträge zu kennen scheinen" (I/2, S. 17 [II, S. 19 f.]).

Der Typus des modernen Kaufmanns wird hier zur anthropologischen Figur; so wie die neue Tauschordnung überhaupt den Zeitgenossen als die „natürliche" Ordnung erscheint, die bisher durch das staatliche Reglement in ihrer Entfaltung gehindert worden ist.

c) Der Eigennutz als Band der Tauschgesellschaft

Der Mensch befindet sich in einer zivilisierten Gesellschaft „jederzeit in der Zwangslage, die Mitwirkung (co-operation) und den Beistand einer großen Menge von Menschen zu brauchen, während sein ganzes Leben kaum hinreicht, die Freundschaft von einigen wenigen zu gewinnen. Fast bei jeder anderen Tiergattung [sic!] ist das Individuum, wenn es reif geworden ist, ganz unabhängig und hat in seinem Naturzustand den Beistand keines anderen lebenden Wesens nötig. Der Mensch dagegen braucht fortwährend die Hilfe seiner Nächsten; und er würde diese vergeblich von ihrem Wohlwollen allein erwarten. Er wird viel eher zum Ziele kommen, wenn er ihre Eigenliebe (self-love) zu seinen Gunsten gewinnen und ihnen zeigen kann, daß sie selbst Vorteil davon haben, wenn sie für ihn tun, was er von ihnen wünscht. Wer einem anderen einen Handel anträgt, macht ihm den folgenden Vorschlag: Gib mir, was ich will, und du sollst haben, was du willst. Das ist der Sinn jedes derartigen Anerbietens; und so erhalten wir voneinander den bei weitem größeren Teil der guten Dienste, die wir benötigen. Nicht von dem Wohlwollen (benevolence) des Fleischers, Brauers oder Bäckers erwarten wir unsere Mahlzeit, sondern von ihrer Bedachtnahme auf das eigene Interesse. Wir wenden uns nicht an ihre menschlichen Gefühle, sondern an ihren Eigennutz, und sprechen ihnen nie von unseren Bedürfnissen, sondern von ihren Vorteilen" (I/2, S. 18 f. [II, S. 21 f.]).

„Jedes Tier ist immer noch gezwungen, sich vereinzelt und unabhängig zu behaupten und zu verteidigen, und hat keinerlei Vorteil von den mannigfaltigen Anlagen, mit denen die Natur seinesgleichen ausgestattet hat. Bei den Menschen aber sind im Gegenteil die unähnlichsten Begabungen einander von Nutzen, indem die verschiedenen Erzeugnisse ihrer jeweiligen Fähigkeiten durch den allgemeinen Hang zum Tauschen, Handeln und Auswechseln sozusagen zu einem Gesamtvermögen (common stock) werden, woraus ein jeder den Teil des Produktes von anderer Menschen Fertigkeiten kaufen kann, für den er Bedarf hat" (I/2, S. 21 f.) [II, S. 25]).

Der Gedanke des gesellschaftlichen Interessenausgleiches stützt sich also auf den Sachverhalt des Tausches, auf die vermutete Äquivalenz von Leistung und Gegenleistung am Markt. Die ökonomische Lehre vom Äquivalententausch erhöht sich zum allgemeinen und anthropologisch begründeten Gedanken der Reziprozität[8], der Gegenseitigkeit; und dieser bezeichnet schlechthin die gesellschaftliche Ethik des tätigen frühen Bürgertums. Die Menschen, die einander als Käufer und Verkäufer begegnen, werden einander gleichbürtig, und das heißt hier: in gleicher Weise kontraktfähig. Das Prinzip der Gegenseitigkeit stiftet und wahrt die neue Gesellschaft der Gleich-Berechtigten: Aus ein und demselben Gedanken entspringt daher in der zeitgenössischen Sozialphilosophie die Lehre vom Gesellschaftsvertrag wie die Lehre von den gesellschaftlichen Pflichten des einzelnen. Das zeigt sich besonders rein bei dem großen deutschen Philosophen und Völkerrechtler Samuel v. *Pufendorf* (1632—1694), der übrigens auch seine Auffassung von der Wertbildung gelegentlich formuliert hat (vgl. *2*, S. 665 ff.). Das *do ut des*, die Pflicht, sich wechselseitig nützlich zu machen, wird nun zum obersten Gebot gesellschaftlicher Sittlichkeit der einzelnen: „Was ein jeder von anderen zu fordern oder zu erwarten vermag, das dürfen, unter gleichen Umständen, auch die anderen von dem einzelnen verlangen... Denn die Verpflichtung, zum Gemeinschaftsleben der Menschen beizutragen, bindet alle in gleicher Weise (aequaliter)" (*1,* 1. Buch, Kap. 7, S. 131 ff.[9]). „Wer die Arbeitsergebnisse (opera) anderer zu seinem Nutzen beanspruchen will, muß sich seinerseits für die anderen verfügbar halten. Denn wer verlangt, daß andere sich ihm nützlich erweisen, sich selbst aber davon ausnehmen will, setzt die anderen nicht sich selbst gleich (alios inaequales ducit)" (S. 132). — „Unter den wechselseitigen Pflichten, die um der Gemeinschaft willen erfüllt werden müssen, steht an dritter Stelle diese: Jedermann sei dem anderen nützlich, soviel er billigerweise vermag ..., so daß ein wechselseitiges Wohlwollen (benevolentia) zwischen den Menschen genährt werde" (Kap. 8, S. 138). „Als ein Verstoß gegen diese Pflicht ist es daher anzusehen; wenn jemand keinen ordentlichen Beruf (honestam artem) erlernt ... oder, zufrieden mit dem, was seine Vorfahren ihm hinterlassen haben, glaubt, ungestraft seiner Trägheit leben zu dürfen, weil der Fleiß anderer für ihn schon hinreichend gesorgt habe. So leben schließlich auch jene Schmarotzer, deren Tod nur eine Erleichterung für andere wäre, und manche, die eine Last für die Erde sind" (S. 139). — Die Entsprechung von Leistung und Gegenleistung gilt also nun als sittliche Maxime für das gesellschaftliche Zusammenleben überhaupt. Der Gedanke des Äquivalententausches weitet sich zum sozialethischen Prinzip.

Die Lehre vom Interessenausgleich wird nun zur Grundlage der Forderung nach *Marktfreiheit*. Schon der französische Ökonom *Boisguillebert*

---

[8] Bei *Hobbes* „verkauft" selbst Gott dem Menschen die Schätze der Natur gegen dessen Arbeit (Leviathan, 1651, Kap. XXIV).

[9] Die hier vorgeführten Zitate lehnen sich teilweise an die deutsche Textauswahl von 1948 (Frankfurt) an, die sich ihrerseits auf die von *Pufendorf* selbst besorgte deutsche Ausgabe von 1682 stützt.

(1646—1714), der in mancher Hinsicht Gedanken der Physiokratie vorweggenommen hat, staunt darüber, daß die Verfolgung eng beschränkter Eigeninteressen durch jeden einzelnen der Marktpartner und das Streben aller nach wechselseitiger Übervorteilung im ganzen doch zu einer gewissen Ordnung der Märkte führe. Dem verborgenen „Plan der Natur", wonach ein jedes Lebewesen seine Nahrung findet, soll darum auch in der Menschenwelt freier Lauf gelassen werden. Hierzu „ist es notwendig, daß ein jeder ebenso im Verkauf wie im Kauf gleichermaßen auf seine Rechnung komme (trouve également son compte), das heißt, daß der Profit (le profit) jedesmal gerecht verteilt werde" (1; 1712, S. 198). Obwohl ein jeder nach seinem unbedingten Vorteil strebt, hat die Natur oder die Vorsehung es so eingerichtet, daß jedermann ungefähr gleichmäßig auf Verkauf und Kauf angewiesen und so das vernünftige Maß einzuhalten gezwungen ist (vgl. S. 199). Läßt man die Natur der Dinge walten, so sind alle Bedarfsartikel (denrées) im Gleichgewicht (équilibre); sie wahren bestimmte Preisportionen untereinander sowie im Verhältnis zu den Kosten, die sie verursacht haben (vgl. S. 200). Es muß immer „ein Gleichgewicht von Kauf und Verkauf" (une parité égale de vente et d'achats) vorhanden sein (vgl. S. 200). Ist das Äquivalenzprinzip, das geradezu von der Art eines droit naturel ist (S. 202), irgendwo im Wirtschaftsleben gestört, so hat dies schlimme Wirkungen auf andere Bereiche der Wirtschaftstätigkeit. Dies ist vor allem dann der Fall, wenn der *Getreide*preis falsch (d. h. zu niedrig) angesetzt worden ist.

Man sieht: das Wirken von Adam Smiths „invisible hand" kündigt sich in der Lehrgeschichte beizeiten an. Die Theorie des Marktgleichgewichts wird in der Lehre vom *Ausgleich der Profitraten* seine rationale Begründung finden.

2. Arbeit als Ursache und Maß der Wertbildung

a) *Gebrauchswert und Tauschwert*

„Ich will nun daran gehen, zu untersuchen, welcher Art die Regeln sind, welche die Menschen beim Tausch von Gütern gegen Geld oder gegeneinander natürlicherweise beobachten. Diese Regeln bestimmen das, was man den relativen oder Tauschwert der Güter (the relative or exchangeable value of goods) nennen kann.

Das Wort *Wert* hat — was wohl zu beachten ist — zweierlei Bedeutung und drückt bald die Brauchbarkeit einer bestimmten Sache, bald die Möglichkeit (power) aus, mittels des Besitzes dieser Sache andere Güter zu erlangen. Das eine mag Gebrauchswert (value in use), das andere Tauschwert (value in exchange) genannt werden. Dinge, die den größten Gebrauchswert haben, besitzen oft wenig oder keinen Tauschwert; und umgekehrt: die, welche über den größten Tauschwert verfügen, haben oft wenig oder gar keinen Gebrauchswert. Nichts ist brauchbarer als Wasser, aber man kann kaum etwas dafür kaufen:

man kann fast nichts dafür eintauschen. Dagegen hat ein Diamant kaum einen Gebrauchswert, und doch ist oft eine Menge anderer Güter dafür im Tausch zu haben.

Um die Prinzipien zu erforschen, welche den Tauschwert der Waren regeln, werde ich zu zeigen suchen:

Erstens: was der wahre Maßstab (the real measure) dieses Tauschwertes ist, oder worin der wirkliche Preis (the real price) aller Waren besteht;

zweitens: welches die verschiedenen Teile sind, aus denen sich dieser wirkliche Preis aufbaut oder zusammensetzt;

schließlich: welcher Art die Umstände sind, die einige oder alle Preiselemente bald über ihren natürlichen oder gewöhnlichen Stand (their natural or ordinary rate) hinauftreiben, bald unter ihn hinabdrücken; oder die den Marktpreis (the market price), d. h. den tatsächlichen Preis (actual price) der Waren, daran hindern, genau mit dem, was man ihren natürlichen Preis (natural price) nennen kann, zusammenzufallen" (I/4, S. 35 f. [II, S. 41 f.]).

Erklärungsbedürftig ist für Smith also der Tauschwert, nicht der Gebrauchswert der Dinge. Hierin unterscheidet sich Smith von jenen am Nutzen als *Preis*bestimmungsgrund orientierten Zeitgenossen (*Condillac, Galiani* u. a.), auf die sich später die Theoretiker des „Grenznutzens" berufen sollten (vgl. unten).

Obwohl Smith nur vom *Tauschwert* der Waren spricht und es ihm nur um einen Maßstab des Austausches zu tun scheint, ist ihm der Tauschwert der Produkte doch Ausdruck dafür, daß jede Ware für sich allein schon, als Arbeitserzeugnis, Wert besitzt. Von diesem (stillschweigend angenommenen) „absoluten" Wert her gelingt es Smith die Brücke zur *Einkommenslehre* zu schlagen: Die einzelnen Einkommen sind nichts anderes als Elemente des Wertes (bzw. des Preises) der Waren. Auf die Schwierigkeit, die für Smith hierbei entsteht (und die sich schon im obigen Text andeutet): nämlich ob der Wert (Preis) der Waren in die einzelnen Einkommenselemente *zerfällt* oder sich aus ihnen *aufbaut*, wird noch zurückzukommen sein.

b) Arbeit als Bestimmungsgrund des Tauschwerts

„Jedermann ist in dem Grade reich oder arm, als er imstande ist, sich die notwendigen, die gewohnten und schließlich die angenehmen Dinge des menschlichen Lebens zu verschaffen. Nachdem jedoch die Arbeitsteilung allgemein Platz gegriffen hat, kann eines Menschen eigene Arbeit ihn nur mit einem sehr kleinen Teil dieser Dinge versorgen. Den bei weitem größeren Teil muß er von der Arbeit anderer beziehen, und er wird reich oder arm sein je nach der Menge von

Arbeit, die er sich dienstbar machen oder kaufen kann. Demnach ist der Wert einer Ware für denjenigen, der sie besitzt und nicht selbst zu gebrauchen oder zu verzehren, sondern gegen andere Waren auszutauschen gedenkt, der Quantität Arbeit gleich, die er dafür zu kaufen oder sich dienstbar zu machen vermag. Arbeit (labour) ist daher der wahre Maßstab des Tauschwerts aller Waren.

Der wirkliche Preis jedes Dinges, das, was ein Ding den wirklich kostet, der es erlangen will, ist die erforderliche Mühe und Beschwerde, es zu beschaffen (the toil and trouble of acquiring it). Was eine jede Sache dem wirklich wert ist, der sie erworben hat und darüber verfügen oder sie gegen irgend etwas anderes vertauschen will, ist die Mühe und Beschwerde, die sie ihm zu ersparen und dafür anderen Leuten zu verursachen vermag. Was für Geld oder Güter gekauft wird, ist ebenso durch Arbeit erworben, wie das, was wir uns durch die Anstrengung unseres eigenen Körpers verschaffen. Jenes Geld oder jene Güter ersparen uns in der Tat diese Anstrengung. Sie enthalten den Wert einer bestimmten Menge Arbeit, die man gegen etwas hingibt, wovon man vermutet, daß es derzeit den Wert einer gleichen Menge [Arbeit] enthalte. Arbeit war der erste Preis, das ursprüngliche Kaufgeld (the original purchase-money), das für alle Dinge gezahlt wurde. Nicht mit Gold oder Silber, sondern mit Arbeit wurden alle Reichtümer der Welt ursprünglich erworben; und ihr Wert ist für ihre Besitzer, die sie gegen neue Erzeugnisse eintauschen wollen, genau der Quantität Arbeit gleich, welche sie dafür kaufen oder sich dienstbar machen können" (I/5, S. 36 f. [II, S. 43 f.]).

Bemerkungen: 1. Der Gedanke, daß die „Mühe und Beschwerde" der Beschaffung den „wirklichen Preis" der Sache ausmacht, kann auch subjektivistisch im Sinne des Vergleichs von „Nutzen" und „Unnutzen" (utility und disutility) gefaßt werden; dann liegen die Vorstellungen der Nutzwertlehre (bis hin zum Gedanken der „opportunity costs") bei Smith nicht sehr fern. Smiths Arbeitswerttheorie ist nicht ganz ohne Beziehung zu einem subjektivistischen Lehransatz (vgl. hierzu F. X. *Weiß*, *1*, S. 10 f.).

2. Die „Mühe und Beschwerde", die man sich selbst erspart, und jene, welche die Herstellung des gleichen Produktes anderen verursachen kann, werden als gleich groß betrachtet. Das widerspricht dem vorausgegangenen Lob der Arbeitsteilung: Spezialisierung erlaubt gerade einem jeden, *sein* jeweiliges Produkt mit *geringerem* Aufwand herzustellen, als es anderen möglich wäre. Vollends bis zu *Ricardos* — schließlich auf das Verhältnis zwischen ganzen Wirtschaftsnationen übertragenen — Gedanken des *komparativen* Vorteils der Arbeitsteilung ist der Weg noch weit.

3. Die Vorstellung, daß die Arbeit Wert *hervorbringe*, und die andere, daß sie Werte (im Austausch) *messe*, gehen noch ineinander über; so wie Smith sich auch über den Unterschied zwischen „Wert" und „Tauschwert"

der Waren noch keine Gedanken gemacht hat. Hier, wie auch sonst, hat Smith sehr verschiedene Möglichkeiten einer künftigen Weiterbildung der Arbeitswerttheorie offengelassen; was sich später voneinander scheiden sollte, steht bei ihm, oft widersprüchlich, noch nebeneinander.

Wie für Smith die moderne Tauschgesellschaft seit eh und je bestanden hat, so haben die Menschen auch seit Olims Zeiten Warenaustausch nach Maßgabe der aufgewandten Arbeitszeit betrieben:

„In jenem frühen und rohen Zustande der Gesellschaft, welcher der Akkumulation von Kapitalbeständen (accumulation of stock) und der Aneignung von Land vorausgeht, scheint das Verhältnis zwischen den Arbeitsmengen, die für die Beschaffung der verschiedenen Dinge erforderlich sind, der einzige Umstand zu sein, der eine Regel für deren Austausch bieten kann. Wenn es z. B. bei einem Jägervolk zweimal soviel Arbeit kostet, einen Biber zu erlegen, als das Erlegen eines Hirsches erfordern würde, so müßte natürlicherweise ein Biber sich gegen zwei Hirsche tauschen oder zwei Hirsche wert sein. Es ist natürlich, daß dasjenige, was gewöhnlich das Produkt der Arbeit von zwei Tagen oder zwei Stunden ist, doppelt so viel wert sein müßte, wie das, was das Erzeugnis der Arbeit eines Tages oder einer Stunde Arbeit zu sein pflegt" (I/6, S. 59 f. [II, S. 70 f.]).

Das bekannte Hirsch-Biber-Beispiel mußte späteren Zeiten wie eine unfreiwillige Selbstironisierung der Arbeitswerttheorie erscheinen: Obwohl der Fleischertrag und daher der zu vermutende Nutzwert des Hirsches ungleich größer ist als der des Bibers, soll doch, entsprechend dem angenommenen größeren Zeitaufwand seiner Beschaffung, der Biber doppelt so viel im *Tausch* wert sein wie der Hirsch. In der Tat kann das Beispiel (das Smith selbst mit leisem Vorbehalt vorträgt) nur für fiktive Vorgänge primitivsten Tausches angeführt werden; und selbst hier müßte angenommen werden, daß die tatsächlichen „Preise" von Hirsch und Biber von ihren „Arbeitswerten" abweichen. Auch wäre die auf die Herstellung der jeweiligen Fanggeräte verwendete Arbeitszeit mit zu berücksichtigen. Smith selbst tut dies erst, wenn er auf die geschichtliche Stufe einer verfeinerten Arbeitsteilung zu sprechen kommt, wo Kapital (im Sinne von Sachvermögen, *stock*) verwendet wird.

c) Der Wert der Arbeitsstunde

Das Arbeitswerttheorem bedarf nun allerdings erheblicher Verfeinerungen. Eine Arbeitsstunde ist nicht der anderen gleichzusetzen:

„Ist auch die Arbeit der wirkliche Maßstab des Tauschwertes aller Waren, so wird deren Wert doch gemeinhin nicht nach diesem Maßstab geschätzt. Es ist oft schwer, das Verhältnis zwischen zwei verschiedenen Quantitäten Arbeit zu ermitteln. Die Zeit, die auf zwei verschiedene Arten von Arbeit verwendet wurde, wird nicht immer allein dieses Verhältnis bestimmen. Es muß auch der verschiedene Grad von Mühe, die dabei ertragen, und von Einsicht, die aufgeboten wurde, berücksichtigt werden. In der schweren Anstrengung einer Stunde wird mehr Arbeit liegen als in der leichten Tätigkeit zweier Stunden; oder auch in der einstündigen Beschäftigung mit einer Tätigkeit, deren Erlernung zehn Jahre erforderte, mehr als in einer gewöhnlichen und einfachen Beschäftigung, die nur den Fleiß eines Monats verlangte. Indessen ist es nicht leicht, einen genauen Maßstab für die aufgewandte Mühe oder Einsicht zu finden. Zwar wird beim Austausch der unterschiedlichen Produkte verschiedener Arbeitsarten gegeneinander auf beide Rücksicht genommen; doch geschieht dies nicht nach einem genauen Maßstab, sondern auf Grund des Feilschens und Handelns auf dem Markte, entsprechend jener ungefähren Ausgleichung, die, wenngleich nicht exakt, doch hinreichend ist, um die Fortsetzung der Alltagsgeschäfte zu ermöglichen" (I/5, S. 38 f. [II, S. 45 f]).

Die *Reduktionsskala* der verschiedenen Arbeiten wird also durch *Marktvorgänge* bestimmt. Die Wertsphäre kann sich hier von der Erscheinungswelt der Märkte nicht ganz frei halten.

Smith empfindet gelegentlich diese Schwierigkeit: Das Marktgeschehen verdeckt den tieferliegenden Sachverhalt; im Handelsverkehr werden die Waren nicht unmittelbar auf Arbeit, sondern vielmehr aufeinander und schließlich auf einen Generalnenner, das *Geld*, bezogen:

„So kommt es, daß der Tauschwert (exchangeable value) jeder Ware [besser wäre zu übersetzen: der *Wert* jeder Ware *im* Austausch] öfter nach der Quantität des Geldes geschätzt wird, als nach der der Arbeit oder einer anderen Ware, die dafür eingetauscht werden kann" (I/5, S. 39 f. [II, S. 47]).

Der hier anklingende Gedanke, daß der Schein der Marktverhältnisse die Einsicht in das eigentliche Wertgeschehen beirre, wird von *Marx* zur Lehre vom „Warenfetischismus" ausgebaut werden (vgl. unten, S. 88 ff.).

Bei alledem bleibt alleiniger und zugleich unveränderlicher Maßstab des Wertes die Arbeitsmenge:

„Von gleichen Quantitäten Arbeit kann man sagen, daß sie zu allen Zeiten und an allen Orten für den Arbeitenden (labourer) von gleichem Wert sind" (I/5, S. 40 [II, S. 48]).

Dieser Satz ist sinnvoll, wenn man ihn so versteht: Die *Arbeitsstunde* einer bestimmten Art von Arbeitenden ist, wenn sich die Tätigkeitsmerkmale dieser Gruppe nicht ändern, stets von gleicher wertbildender Kraft, d. h. sie erzeugt immer die gleiche Menge an Wert, gleichgültig auf wieviele *Produkte* sich dieser Gesamtwert einer Arbeitsstunde jeweils verteilt. *Ricardo* hat dann gefehlt, wenn er meinte, diesen Satz von Smith durch

Hinweis auf die Möglichkeit einer Steigerung der Arbeitsproduktivität entwerten zu können (Ricardo, 1, S. 12 f., 15 f.): Sieht man davon ab, daß eine Steigerung der Arbeitsproduktivität durchwegs die *Art* der aufgewandten Arbeit verändern wird, so berührt sie nur die Zahl der Produkteinheiten, auf welche sich die Wertbildung einer Arbeitsstunde nun verteilen wird, und daher natürlich den Tauschwert der Einzelware, nicht dagegen den gedachten „absoluten" Gesamtwert aller Produkte der Arbeitsstunde.

Was aber versteht nun Smith unter dem Wert der Arbeitsstunde? Wie bemißt er diesen selbst? Hier beginnt der Irrtum von Smith: Der „Wert der Arbeit" verwandelt sich nämlich unvermerkt in den „natürlichen Preis" oder besser: in den „natürlichen Lohn" der Arbeits*kraft* während einer bestimmten Arbeitszeit; und dieser „natürliche Lohn" wird obendrein als unveränderlich betrachtet:

„Immer und überall ist dasjenige teuer, was schwer zu bekommen ist, oder dessen Erwerbung viel Arbeit kostet, und dasjenige wohlfeil, was leicht oder mit sehr wenig Arbeit zu haben ist. Die Arbeit allein, die niemals in ihrem eigenen Werte schwankt, ist daher die letzte und wirkliche Einheit (the ultimate and real standard), durch die der Wert aller Waren immer und überall geschätzt und verglichen werden kann. Sie ist der wirkliche Preis (real price) der Waren; Geld ist nur ihr Nominalpreis (nominal price).

Obwohl aber gleiche Quantitäten Arbeit immer gleichen Wert für den Arbeitenden haben, so scheinen sie für dessen Beschäftiger bald von größerem, bald von geringerem Wert zu sein. Er kauft die Arbeitsmengen bald mit einer größeren, bald mit einer kleineren Menge von Gütern, und ihm scheint der Preis der Arbeit ebenso wie der aller anderen Dinge zu schwanken. Er scheint im einen Fall hoch, im anderen niedrig zu sein. In Wirklichkeit freilich sind es die Güter, die im einen Fall billig, im anderen Fall teuer sind.

In diesem landläufigen Sinne kann man daher sagen, die Arbeit habe gleich den Waren einen wirklichen und einen Nominalpreis. Ihr wirklicher Preis, kann man sagen, besteht in der Quantität der notwendigen und der üblichen Gegenstände des täglichen Lebens, die dafür gegeben werden, ihr Nominalpreis dagegen in der gezahlten Geldsumme. Der Arbeitende ist reich oder arm, gut oder schlecht entgolten je nach dem wirklichen, nicht nach dem Nominalpreise seiner Arbeit" (I/5, S. 41 [II, S. 48 f.]).

Man beachte die nachlässige Formulierung des Anfangssatzes dieser Textstelle, die offen läßt, ob Smith den Marktpreis oder den „wirklichen" Preis (Tauschwert) der Waren meint; sowie die höchst mangelhaft abgeleitete Behauptung: *weil* alle anderen Waren im Wert (Preise) schwanken, sei die Arbeit der wirkliche und unveränderliche Maßstab des Wertes. Man beachte ferner, wie sich der „Arbeitende" (labourer), der bis dahin als ein selbständig wirtschaftender und seine eigene Ware zum Markte bringender Produzent betrachtet wurde, unvermerkt in einen unselbständig beschäftigten *Lohn*arbeiter verwandelt! Das unveränderliche Wertmaß wird unter der Hand für Smith zum *notwendigen Reallohn*, mit dem der Unselbständige nun für eine bestimmte Arbeitszeit entgolten wird. Und der „Wert der Arbeit" wird unvermittelt zum „Wert der Arbeitskraft". — Selbstverständlich will Smith hierdurch nicht den ganzen Wert des Produkts in Arbeitslohn auflösen; zwischen dem Lohn als *Verteilungsgröße* und dem Lohnwert der Arbeitsstunde als *Maßstab* des Warenwerts ist streng zu scheiden. Freilich wird dabei „Wert zum Maßstab und Erklärungsgrund für Wert gemacht, also cercle vicieux" (*Marx, 2*, I, S. 36; ferner a.a.O. S. 62). Im übrigen wissen wir, daß auch der notwendige Reallohn (das „Existenzminimum") des Arbeiters sich langfristig mit den Arbeits- und den allgemeinen Lebensbedingungen ändert, also keineswegs unveränderlich ist.

3. Verbindung der Wert- mit der Einkommenstheorie: Arbeitslohn, Profit und Rente als Komponenten des Warenwerts

Alle Theorie des Arbeitswerts in der Lehrgeschichte hat nicht nur die Preisbildung, sondern auch die volkswirtschaftliche Wertschöpfung erklären wollen; das zeigt sich an ihrer engen Verbindung mit der Einkommenstheorie. — Während die Tauschgesellschaft für Smith immer bestanden hat, ist ihm die Tatsache der Lohnarbeit und daher die Aufteilung des Arbeitsertrages unter die drei großen Einkommensgruppen der Lohn-, Profit- und Grundrentenbezieher an bestimmte geschichtliche Voraussetzungen geknüpft, auf die sich Smith indes nicht näher einläßt. Unter den vermeintlich urwüchsigen Verhältnissen des Naturaltauschs gehörte jedenfalls noch das ganze Arbeitserzeugnis dem Produzenten selbst. Erst bei privatem Eigentum am Boden und bei Einsatz eines besonderen, nicht mehr dem Produzenten selbst gehörenden Sachvermögens (stock) muß dieser mit anderen teilen, die an seinem Arbeitsprodukt in Form von Grundrente und Kapitalgewinn partizipieren. Auch hierbei aber gilt:

„Der wirkliche Wert (the real value) aller verschiedenen Bestandteile des Preises wird, wie man beachten sollte, nach der Arbeitsmenge bemessen, die jeder von ihnen, den Beziehern verschiedener Einkommen, kaufen oder sich dienstbar machen kann. Nach Arbeit bemißt sich der Wert nicht nur jenes Teiles des Preises, der selbst wieder in Arbeit [gemeint: in Arbeitslohn; W. H.] aufgeht, sondern auch desjenigen, der sich in Rente sowie in Profit auflöst" (I/6, S. 63 [II, S. 75]).

Die Formulierung „Wert des Preises" stiftet unnötige Verwirrung. — Wenn auch Lohn, Profit und Rente als Elemente des Warenwertes, im Sinne von Smith, durch die gleiche Arbeit hervorgebracht sein müssen, die den Gesamtwert des Produkts erzeugt, so ist die hieraus gezogene Schlußfolgerung von Smith doch falsch, der *ganze* Wert des Produkts zerfalle in diese drei Einkommen. Smith fährt fort:

„In jeder Gesellschaft löst sich letztlich der Preis jeder Ware in den einen oder anderen oder in alle diese drei Teile auf; und in jeder entwickelten Gesellschaft gehen alle drei mehr oder minder als Bestandteile in den Preis des weitaus größten Teils aller Waren ein" (S. 63 [II, S. 75]).

Für Smith folgt hieraus ferner:

„Wie der Preis oder Tauschwert jeder einzelnen Ware, für sich genommen, in dem einen oder anderen, oder in allen diesen drei Teilen aufgeht, so muß die Summe der Preise aller Waren, welche das gesamte Jahresprodukt der Arbeit eines jeden Landes (the whole annual produce of the labour of every country) bilden, sich in dieselben drei Teile auflösen, und sich zwischen den verschiedenen Bewohnern des Landes entweder als Lohn ihrer Arbeit, als Profit ihres Kapitalstocks oder als Rente auf ihr Land aufteilen. So wird alles, was jährlich durch die Arbeit jeder Gesellschaft eingebracht oder erzeugt wird, oder was auf dasselbe hinauskommt: der ganze Preis hiervon zunächst unter die einzelnen Glieder dieser Gesellschaft verteilt. Lohn, Profit und Rente sind die drei ursprünglichen Quellen sowohl aller Einkommen als auch aller Tauschwerte. Jedes andere Einkommen ist letztlich von der einen oder anderen dieser Quellen abgeleitet" (I/6, S. 65 f. [II, S. 78]; ebenso nochmals in IV/2).

Bemerkungen: 1. Nachdem Smith zunächst aus dem Werte der Waren und aus der produktiven Arbeit die drei Einkommen *abgeleitet* hat, betrachtet er diese Einkommen wenig später ihrerseits als selbständige *Bestimmungsgründe* des Wertes; ein Widerspruch, auf den zuerst *Lauerdale* hingewiesen hat (1; ferner *Marx*, 2, Bd. I, S. 62 f., Bd. II, S. 208 ff.; *Böhm-Bawerk*, 2, Bd. I, S. 84 ff.).

2. Arbeitslohn, Profit und Rente machen nicht den vollen Wert der Ware aus. Der Wert der *Vorprodukte*, sowie der Wertanteil der im Produktionsprozeß vernutzten *Arbeitsmittel*, geht in den Gesamtwert der Ware ein.

3. Daher ist auch „das Gesamtjahresprodukt der Arbeit" nicht, wie Smith meint, gleich der *Neuwertschöpfung* einer Volkswirtschaft. Der Unterschied zwischen „Bruttonationalprodukt" (im modernen Sinn) und „Nettosozialprodukt" (= Neuwertschöpfung) der Gesamtwirtschaft findet sich bei Smith nur ganz ansatzhaft und widerspruchsvoll entwickelt.

4. „Natürlicher" Preis und Marktpreis

Wie schon *Petty* zwischen „natürlichem" und „politischem" Preis unterschieden hat (siehe oben, S. 33), so läßt auch Smith die Marktpreise in denen sich die zufälligen und wechselnden Konstellationen von Angebot und

Nachfrage auf den Einzelmärkten widerspiegeln, um den „natürlichen" Preis als ihr eigentliches Gravitationszentrum schwanken. Der „natürliche" Preis ist hierbei nichts anderes als der zuvor entwickelte *Wert*. Der „natürliche" Preis der Ware aber setzt sich nun einfach zusammen aus dem „natürlichen" oder „durchschnittlichen" Arbeitslohn, dem „natürlichen" Profit und der „natürlichen" Rente:

„Es gibt in jeder Gesellschaft oder in jeder Gegend einen gewöhnlichen oder Durchschnittssatz (an ordinary or average rate) sowohl für den Arbeitslohn wie für den Profit bei jeder der verschiedenen Beschäftigungen von Arbeit und Kapital. ...

Ebenso gibt es in jeder Gesellschaft oder Gegend einen gewöhnlichen oder Durchschnittssatz für die Rente ...

Diese gewöhnlichen oder Durchschnittssätze kann man für die Zeit oder den Ort, wo sie gemeinhin vorherrschen, die natürlichen Sätze von Arbeitslohn, Profit und Rente nennen.

Wenn der Preis einer Ware weder höher noch niedriger ist, als ausreicht, um die Grundrente, den Arbeitslohn und den Profit des Kapitals, das für die Erzeugung, die Bereitung und den Transport der Ware bis zum Markte aufgewandt wird, nach ihrem natürlichen Satze zu bezahlen, so wird die Ware für einen Preis, den man ihren natürlichen nennen kann, verkauft.

Die Ware wird dann genau für das gekauft, was sie wert ist, oder was sie dem, der sie zu Markte bringt, wirklich kostet. Denn obgleich im gewöhnlichen Sprachgebrauche das, was man den Selbstkostenpreis (prime cost) einer Ware nennt, nicht den Profit des Wiederverkäufers mit einschließt, so ist dieser doch bei dem Handel offenbar im Verlust, wenn er die Ware zu einem Preis verkauft, der ihm nicht den in seiner Gegend üblichen Profitsatz gewährt. Denn durch eine andere Anlage seines Kapitals hätte er diesen Profit machen können" (I/7, S. 69 f. [II, S. 82 f.]).

Bemerkungen: 1. Die hier versuchte Ableitung des „natürlichen" Preises der Ware aus dem „natürlichen" Arbeitslohn, dem „natürlichen" Profit und der „natürlichen" Rente erklärt den Warenwert nicht. Die Frage wird vielmehr nur verschoben: Wie bestimmen sich die „natürlichen" Größen der drei Einkommen selbst? Die Zirkelhaftigkeit des Beweises wird sinnfällig beim Arbeitslohn, dessen „natürliche" Höhe wieder vom („natürlichen") Preis der Lebensmittel als abhängig betrachtet wird.

2. Tatsächlich wird hier der Wert (= „natürlicher Preis") aus dem *Marktgeschehen* abgeleitet; er ist der *mittlere Marktpreis*. — Gerade diesen Ansatz zu einer Preislehre *ohne* Werttheorie haben spätere Autoren lebhaft begrüßt: *Schumpeter* nennt diesen Teil der Smithschen Preisbildungstheorie „bei weitem die beste Partie in Smiths ökonomischer Lehre" (*1*, S. 189; vgl. E. *Schneider, 1*, Bd. IV/1, S. 90 ff.).

Es versteht sich, daß um den „natürlichen" Preis die Marktpreise „pendeln": denn der natürliche Preis ist selbst aus den schwankenden Marktpreisen als deren Durchschnitt abgeleitet; er ist das, was später als „langfristiger Gleichgewichtspreis" bezeichnet werden wird.

„Den tatsächlichen Preis (the actual price), zu dem eine Ware gewöhnlich verkauft wird, nennt man ihren Marktpreis. Er kann über dem natürlichen Preise oder unter ihm stehen oder ganz gleich mit ihm sein.

Der Marktpreis jeder einzelnen Ware wird bestimmt durch das Verhältnis der Menge, die tatsächlich zum Markte gebracht wird, zur Nachfrage derer, welche willens sind, den natürlichen Preis zu zahlen, d. h. den ganzen Wert von Rente, Arbeit und Profit, der abgegolten werden muß, damit die Ware auf den Markt gebracht wird" (I/7, S. 71 [II, S. 84]).

„Die Menge jeder Ware, die angeboten wird, paßt sich natürlicherweise der effektiven Nachfrage an. ...

Wenn sie [die Angebotsmenge; W. H.] zu irgendeiner Zeit die wirksame Nachfrage übertrifft, so müssen Bestandteile ihres Preises unter ihrem natürlichen Satze bezahlt werden. Ist dies die Rente, so wird das Interesse der Grundbesitzer diese sogleich veranlassen, einen Teil ihres Bodens aus dieser Verwendung zurückzuziehen. Und wenn es der Arbeitslohn oder der Profit ist, so werden entweder die Arbeiter oder ihre Beschäftiger durch ihr Interesse veranlaßt werden, einen Teil ihrer Arbeit oder ihres Kapitals aus dieser Art der Verwendung herauszunehmen. Dann wird die angebotene Warenmenge bald nur noch hinreichen, um die wirksame Nachfrage zu befriedigen. Alle verschiedenen Bestandteile ihres Preises werden auf ihren natürlichen Satz steigen, und der ganze Preis wird auf den natürlichen Preis heraufgehen.

Wenn dagegen die feilgebotene Menge einmal hinter der wirksamen Nachfrage zurückbleiben sollte, so müssen einige Bestandteile ihres Preises über ihren natürlichen Satz steigen. Ist dies die Rente, so wird natürlicherweise das Eigeninteresse alle anderen Grundbesitzer veranlassen, mehr Land für die Erzeugung dieser Ware bereitzustellen. Ist es der Arbeitslohn oder der Profit, so wird das Interesse aller übrigen Arbeiter und Gewerbetreibenden sie bald dahin bringen, mehr Arbeit und Kapital auf die Erzeugung und den Verkauf dieser Ware zu werfen. Bald wird dann die angebotene Ware hinreichen, um der wirksamen Nachfrage zu entsprechen. Alle verschiedenen Bestandteile des Preises werden bald auf ihren natürlichen Satz sinken, und der Preis als ganzer wird auf den natürlichen Preis zurückgehen.

Demnach ist der natürliche Preis sozusagen der Zentralpreis (central price), gegen den die Preise aller Waren beständig gravitieren" (I/7, S. 73 f. [II, S. 86 f.]).

Dieser Ausgleich der Marktpreise zum „natürlichen" Preis kann Smith zufolge freilich durch mancherlei Hemmnisse verzögert und bei manchen Produkten ganz vereitelt werden. — Der natürliche Preis selbst unterliegt allmählicher Veränderung, entsprechend der Veränderung seiner Konstitutionselemente, der drei Einkommen. Auf lange Sicht hat der natürliche Preis die Tendenz, mit zunehmender Produktivität der Arbeit zu sinken; und zwar auch bei langfristig steigenden Löhnen oder bei anhaltend steigender Grundrente (vgl. I/11, S. 330, 336).

Die Lehre vom „Zentralpreis" hat lange fortgewirkt. Noch bei A. *Aftalion* oszillieren die prix courants um den prix normal (= prix d'équilibre) herum (*1*, Bd. II, S. 400 u. passim). Smiths Theorie des „Zentralpreises" hat der späteren gänzlich von der Werttheorie gelösten Betrachtung des „Gleichgewichtspreises" vorgearbeitet.

5. Wirtschaftspolitische Folgerungen aus der Lehre vom „natürlichen Preis"

Der Nachweis, daß die Märkte einer immanenten Gesetzlichkeit folgen, rechtfertigt die Forderung des klassischen Liberalismus, die Markt- und Erwerbsgesellschaft sich selbst zu überlassen. „Unbeschränkte Arbeits- und Kapitalfreiheit gehören für die Klassiker zu den angeborenen Menschenrechten" (W. *Hasbach*). Die deistische Auffassung der Aufklärer von der Welt als einem Uhrwerk, welchem der große himmlische Uhrmacher den Mechanismus seiner Wirksamkeit mitgegeben habe, überträgt sich auf die Betrachtung des Wirtschaftslebens: Le monde va de lui-même!

„Räumt man also alle Systeme der Begünstigung oder Beschränkung völlig aus dem Wege, so stellt sich das klare und einfache System der natürlichen Freiheit von selbst her. Jeder Mensch hat, solange er nicht die Gesetze der Gerechtigkeit verletzt, vollkommene Freiheit, sein eigenes Interesse auf seine eigene Weise zu verfolgen und seinen Fleiß sowie sein Kapital mit dem aller anderen in Wettbewerb zu bringen. Das Staatsoberhaupt wird dadurch gänzlich einer Pflicht enthoben, bei deren Ausübung es immer unzähligen Täuschungen ausgesetzt sein muß, und zu deren richtiger Erfüllung keine menschliche Weisheit und Kenntnis hinreichen würde: der Pflicht nämlich, den Gewerbefleiß der Privatleute zu überwachen und ihn auf das Gemeinwohl hinzulenken" (IV/9, S. 555 f. [IV, S. 42]).

Der Staat hat nach Smith nur drei Aufgaben: Schutz der Gesellschaft nach außen (Kriegswesen), Schutz des einzelnen gegenüber seinesgleichen (Rechtswesen), und wirtschaftliche Betätigung da, wo kein ausreichender privater Gewinn winkt (Unterhaltung von Straßen, Brücken, Hafenanlagen usw.). Dieser Gedanke der „*Subsidiarität*" der Staatstätigkeit ist dem klassischen Liberalismus allenthalben eigen (vgl. hierzu L. *Robbins, 1*). — In Deutschland hat der ökonomische Liberalismus einen beredten Wortführer in W. *v. Humboldt* gefunden (*1*). F. *Lassalle* wird später über die liberalistische Vorstellung vom „Nachtwächterstaat" die Schale seines Hohnes ausgießen.

Zusammenfassung

Bei Smith deuten alle Hauptrichtungen sich bereits an, in denen die Wert- und Preistheorie sich weiterentwickeln sollte (Theorie des absoluten Werts, des Tauschwerts, Produktionskostentheorie, schließlich: wert-freie Preistheorie). Smith hat ihnen allen Bauelemente geliefert, ohne diese selbst zu einem geschlossenen Gedankenwerk zusammenzufügen. Bei Smith erscheint noch widerspruchsvoll vereint, was in der weiteren Lehrgeschichte sich alsbald trennen sollte.

B. Die Ableitung des Tauschwerts (relativen Werts) der Waren aus der Arbeit: David Ricardo

Die Epoche Ricardos bezeichnet den Übergang der Politischen Ökonomie vom hoffnungsvollen zum skeptischen Liberalismus. Nicht mehr die frohgemute Erwartung einer prästabilierten Harmonie der sich selbst überlassenen Wirtschaftsgesellschaft spricht sich in der Wertlehre aus; die großen *Gesetze* der Tauschgesellschaft wandeln sich sacht zum *Bedingungsgefüge* ihres Funktionierens. Das Wirtschaftsleben der Zeit steht vor äußeren Schwierigkeiten (die Napoleonischen Kriege, die Kontinentalsperre, die Umstellungskrise nach deren Fortfall); hinzu aber treten in wachsendem Maße jene Probleme, welche die Wirtschaftsordnung aus sich selbst hervorbringt. Die Ludditenaufstände (1811—14) sowie die zeitgenössische Agrarbewegung in England sind Ausdruck der anhebenden „sozialen Frage" (vgl. W. *Hofmann, 1*, S. 8 ff., 22 ff.). „Die Erfahrung entschied gegen die sozialen Harmonien, gegen alle Metaphysik" (G. *Briefs, 1*, S. 216). Den denkgeschichtlichen Widerschein der gesellschaftlichen *Enttäuschung* lieferte die neue, fast alle Gebiete des europäischen Geisteslebens ergreifende Wendung zur *Romantik*. Auch auf sozialökonomischem Gebiet lassen sich, besonders in England, früh Stimmen der Sorge über die Zukunft (Th. Robert *Malthus, 1*, 1798; Lord *Lauderdale, 1*, 1804) und schließlich der sozialen Kritik (Robert *Owen, 1*, 1812/14) vernehmen. Die Werttheorie kann unter diesen Umständen nicht mehr Manifest eines frohgemuten und selbstgewissen ökonomischen Glaubens sein; nur noch durch *kritische Vertiefung* kann sie fortgebildet werden. Und die Kritik selbst kann nicht bei Adam *Smith* halt machen.

Der neuen Aufgabe hat sich, allen anderen voran, David Ricardo (1772 bis 1823) mit seinem großen Werk „On the Principles of Political Economy and

Taxation" (London 1817: *1*[10]) unterzogen. Das gilt unbeschadet der Tatsache, daß für Ricardo (wie namentlich dessen Briefwechsel mit James *Mill*, aber auch ein Vergleich der Fassung des 1. Kap. seines Hauptwerkes in der ersten mit derjenigen der dritten Auflage zeigt) nicht die *Wert*theorie, sondern die *Verteilungs*lehre Ausgangspunkt der Überlegungen gewesen ist, die in seinem Hauptwerk niedergelegt worden sind.

Ricardos Wertlehre ist immer wieder als die Grundlage der Werttheorie von *Marx* angesehen worden. Es ist daher für die Erhellung des theoriegeschichtlichen *Zusammenhangs* der Lehre, um den es uns ständig geht, sinnvoll, das Urteil von Marx über Ricardo und dessen Fortschritt gegenüber *Smith* kennenzulernen: „Die politische Ökonomie hatte in A. Smith sich zu einer gewissen Totalität entwickelt, gewissermaßen das Terrain, das sie umfaßt, abgeschlossen... Smith selbst bewegt sich mit großer Naivität in einem fortwährenden Widerspruch. Auf der einen Seite verfolgt er den inneren Zusammenhang der ökonomischen Kategorien oder den verborgnen Bau des bürgerlichen ökonomischen Systems. Auf der andren stellt er daneben den Zusammenhang, wie er scheinbar in den Erscheinungen der Konkurrenz gegeben ist und sich also dem unwissenschaftlichen Beobachter darstellt, ganz ebenso gut wie dem in dem Prozeß der bürgerlichen Produktion praktisch Befangenen und Interessierten. Diese beiden Auffassungsweisen — wovon die eine in den inneren Zusammenhang, sozusagen in die Physiologie des bürgerlichen Systems eindringt, die andre nur beschreibt, katalogisiert, erzählt und unter schematisierende Begriffsbestimmungen bringt, was sich in dem Lebensprozeß äußerlich zeigt... — laufen bei Smith nicht nur unbefangen nebeneinander, sondern durcheinander und widersprechen sich fortwährend. ... Die Nachfolger A. Smiths nun... können in ihren Detailuntersuchungen und Betrachtungen ungestört fortgehen und stets A. Smith als ihre Unterlage betrachten, sei es nun, daß sie an den esoterischen oder exoterischen Teil seines Werkes anknüpfen oder, was fast immer der Fall, beides durcheinander werfen. Ricardo aber tritt endlich dazwischen und ruft der Wissenschaft: Halt! zu. Die Grundlage, der Ausgangspunkt der Physiologie des bürgerlichen Systems — des Begreifens seines innren organischen Zusammenhangs und Lebensprozesses — ist die Bestimmung des *Werts durch die Arbeitszeit*. Davon geht Ricardo aus und zwingt nun die Wissenschaft, ihren bisherigen Schlendrian zu verlassen und sich Rechenschaft darüber abzulegen, wieweit die übrigen von ihr entwickelten, dargestellten Kategorien... dieser Grundlage, dem Ausgangspunkt entsprechen oder widersprechen, ...wie es sich überhaupt mit diesem Widerspruch zwischen der scheinbaren und wirklichen Bewegung

---

[10] Die folgenden Texte schließen sich an die nach der dritten (der letzten noch von Ricardo selbst besorgten) Auflage von 1821 ins Deutsche übersetzte Ausgabe von Heinr. *Waentig* (ursprünglich O. *Thiele*) an: David *Ricardo*, Grundsätze der Volkswirtschaft und Besteuerung, Sammlung sozialwiss. Meister, Bd. 5, dritte Auflage, Jena 1923. Die Übersetzung wurde an Hand des gleichfalls auf der dritten englischen Auflage basierenden Neudrucks in „The Works and Correspondence of David Ricardo" (2, Bd. I, Cambridge 1962) überprüft. Die Seitenangaben in eckiger Klammer beziehen sich auf diese neue englische Standardausgabe.

des Systems verhält. Dies ist also die große historische Bedeutung Ricardos für die Wissenschaft... Mit diesem wissenschaftlichen Verdienst hängt es eng zusammen, daß Ricardo den ökonomischen Gegensatz der Klassen — wie ihn der innre Zusammenhang zeigt — aufdeckt, ausspricht und daher in der Ökonomie der geschichtliche Kampf und Entwicklungsprozeß in seiner Wurzel aufgefaßt wird, endeckt wird" (Marx, 2, II, S. 156 f.).

Andererseits hat Marx seine eigene Werttheorie in kritischer *Auseinandersetzung* mit Ricardo entwickelt. Es ist daher falsch, wenn *Gide* und *Rist* meinen: „Der ganze Marxismus... baut sich unmittelbar auf seiner [Ricardos] Werttheorie auf" (1, S. 150). Da dies nicht zutrifft, ist auch mit der Kritik von Ricardos Wertlehre noch nicht die Werttheorie von Marx ausreichend widerlegt; sie bedarf vielmehr einer eigenen eingehenden Prüfung.

Bei aller Kritik an *Smith* hat Ricardos Wertlehre doch — um dies schon hier zu vermerken — eine dreifache Unklarheit von Smith übernommen:

1. Wie *Smith* gebraucht auch Ricardo, ohne sich hierüber volle Rechenschaft zu geben, *zwei* Wertbegriffe nebeneinander: einerseits den der *volkswirtschaftlichen* Wertschöpfung (also eines „absoluten" oder „Real"-Werts), der ihm Ausgangspunkt der *Verteilungs*theorie ist; und andererseits den des relativen oder *Tausch*werts, mit dessen Hilfe er die *Preis*bildung erklären will. Was Ricardo beschäftigt, ist nicht die Lehre von der Wert*schöpfung*: seine Ausführungen über das Sozialprodukt sind noch rudimentärer als die von *Smith*. So vermag Ricardo auch nicht Einkommens- und Preisbildungslehre organisch zu verbinden. Er beschränkt sich von vornherein auf die Aussage, daß die Waren *im Verhältnis* zu der in ihnen enthaltenen Arbeitsmenge sich tauschen. Ausdrücklich erklärt er:

„Ich habe nicht gesagt: weil auf eine Ware Arbeit verwandt worden ist, die 1000 £ kostet, und auf eine andere Arbeit, die 2000 £ kostet, müsse die eine Ware einen Wert von 1000 £, die andere einen Wert von 2000 £ haben. Vielmehr habe ich gesagt, daß sich ihr beiderseitiger Wert wie 2:1 verhalten wird und daß sie in diesem Verhältnis miteinander ausgetauscht werden dürften. Für die Wahrheit dieser Lehre ist es von keiner Bedeutung, ob die eine dieser Waren nun für 1100 £ und die andere für 2200 £ verkauft wird, oder die eine für 1500 £ und die andere für 3000 £. In diese Frage trete ich hier nicht ein; ich betone nur, daß ihre [der Waren] relativen Werte durch die relativen Arbeitsmengen bestimmt werden, die auf ihre Produktion verwandt wurden" (1 Kapitel, 6. Abschnitt, S. 47 [46 f.]).

Und doch schimmert, obwohl sich Ricardo dies nicht eingestehen will, immer wieder auch in der strengen *Tausch*wertlehre die Vorstellung von einem „absoluten" oder „Real"-Wert durch, der hinter dem relativen Wert steht (vgl. auch *Lipschitz*, 1, S. 62).

2. Das Nebeneinander von Tauschwert- und Realwertvorstellungen bei Ricardo entspringt selbst wieder einem weiteren Widerspruch: Für Ricardo ist, wie für *Smith*, „die Arbeit" sowohl Wert*ursache* als auch Wert*maß*-

stab. Als Wertmaß aber muß die auf eine Ware verwandte Arbeitsmenge irgendwie *beziffert* werden können. Ja, will man von den Werten her unmittelbar die *Preis*bildung erklären, so muß der Wert selbst in *Geld*einheiten übersetzbar sein, in denen sich ja auch die Marktpreise darstellen; eine bloße Rechnung in Arbeitszeiteinheiten genügt nicht. Damit aber wird die Frage nach dem Wertmaß für Ricardo vorrangig. *Smith* hat, ähnlich wie vor ihm *Petty*, den notwendigen Nahrungsverbrauch eines Arbeiters bzw. den Geldwert dieser Nahrungsmenge als Maßstab gewählt. Ricardo verwirft die Auffassung von *Smith* (der sich später *Malthus* angeschlossen hat), daß der („natürliche") Lohn einer Arbeitsstunde einen *unveränderlichen* Maßstab des Arbeitswertes biete (vgl. Ricardo *1*, S. 15 f., 46 f.; ferner Ricardos erst 1962 veröffentlichten Aufsatz „Absolute Value and Exchangeable Value" von 1823, *2*, Works Bd. IV, S. 357; sowie Briefwechsel, *3*, Works Bd. IV—IX). Gibt es also keinen absoluten *Maßstab* des Wertes, so kann nach Ricardo auch mit dem Begriff eines absoluten *Wertes* nicht gearbeitet werden. Die „Fleischwerdung" des Arbeitswertes in der Rechenwelt der Märkte muß scheitern. Vom „absoluten" Wert als solchen (der einer Ware als Produkt menschlicher Arbeit ganz ohne Rücksicht auf den Austausch zugesprochen werden müßte und auf den Ricardo stillschweigend seine Einkommenstheorie stützt) führt also keine Brücke zur Erklärung der Preisbildungsvorgänge. Daß Ricardo sich mit einer bloßen *Tausch*werttheorie bescheidet, entspricht also seiner Resignation in die Unmöglichkeit einer Lösung des Wertmaßstab-Problems.

3. Diese beiden Schwierigkeiten (der doppelte Wertbegriff und die Unstimmigkeit in der Auffassung der Arbeit als Wert*ursache* und als Wert*maßstab*) haben ihre letzte Wurzel, bei Ricardo wie bei *Smith,* in der ungenauen Begriffsbestimmung der Arbeit selbst. Wenn *Smith* und Ricardo nach der Arbeit als Maß der Werte fragen, so verwandelt sich ihnen die „Arbeit" in den Arbeitslohn. Ricardo empfindet zwar die Reduktion der „Arbeit" auf Arbeitskosten als unangemessen; aber da er zu einer anderen Bestimmung des Wertes der Arbeit nicht gelangt, verwirft er die Möglichkeit, den Arbeitswert einer einzelnen Ware zu bestimmen, überhaupt. *Marx* wird diese Schwierigkeit später durch die Unterscheidung von „Wert der Arbeit" und „Wert der Arbeitskraft" ausräumen.

Es entspricht Ricardos wissenschaftlicher Redlichkeit, daß er, da er keine Möglichkeit sieht, den Realwert der Waren ohne unerlaubten Rückgriff auf die Welt der Marktpreise und Marktkosten zu messen, sich auf eine Theorie des nur *verhältnismäßigen* Wertes und seiner Änderungen beschränkt. Freilich widerfährt der Wertlehre Ricardos eine Art tragischer Ironie: Gerade als bloße *Tausch*wertlehre kann sie sich vom störenden Einfluß der praktischen Tauschvorgänge nicht freihalten. Immer mehr Umstände müssen berücksichtigt werden, die den Tauschwert der Waren mit beeinflussen und die nicht auf die Wirksamkeit der Arbeit unmittelbar zurückzuführen sind. Schritt für Schritt nähert sich so die Tauschwerttheorie jener Marktwelt selbst wieder an, deren hintergründiges Ordnungsgesetz sie ursprünglich fassen wollte.

1. Geltungsbereich und allgemeiner Inhalt der Lehre von der Tauschwertbestimmung durch die Arbeit

Wie *Smith* geht auch Ricardo vom Unterschied zwischen Gebrauchswert (value in use) und Tauschwert (value in exchange) der Waren aus, um sich sogleich dem Tauschwert zuzuwenden:

„Nützlichkeit ist ... nicht der Maßstab des Tauschwerts, obgleich sie für ihn unabdingbar ist. ...

Sind Waren nützlich, so leiten sie ihren Tauschwert von zwei Quellen ab: von ihrer Seltenheit und von der Arbeitsmenge, die man zu ihrer Erlangung aufwenden muß.

Es gibt einige Waren, deren Wert allein durch ihre Seltenheit bestimmt ist. Keine Arbeit kann die Quantität solcher Güter vermehren, und darum kann ihr Wert nicht durch ein vermehrtes Angebot herabgesetzt werden. Einige seltene Statuen und Gemälde, seltene Bücher und Münzen, Weine von besonderer Güte, die nur aus Trauben hergestellt werden konnten, die auf einem besonderen Boden gewachsen sind — alles Gegenstände von beschränkter Menge, gehören zu dieser Gattung. Ihr Wert ist gänzlich unabhängig von der Arbeitsmenge, die ursprünglich notwendig ist, sie zu erzeugen, und wechselt mit einer Veränderung des Wohlstandes sowie der Neigungen derer, welche sie zu besitzen wünschen.

Doch bilden diese Waren einen sehr kleinen Teil der Warenmasse, die täglich auf dem Markte ausgetauscht wird. ...

Wenn wir daher von Waren, von ihrem Tauschwert und von den Gesetzen sprechen, die ihre relativen Preise bestimmen, so verstehen wir darunter immer nur Waren, deren Menge durch menschliche Arbeitsleistung vermehrt werden kann und auf deren Produktion die Konkurrenz ohne Beschränkung einwirkt.

Auf den frühen Entwicklungsstufen der Gesellschaft ist der Tauschwert dieser Waren, oder die Regel, welche bestimmt, wieviel von einem Gegenstand im Tausch für einen anderen hingegeben werden soll, fast ausschließlich[11] von der verhältnismäßigen Arbeitsmenge abhängig, die auf jedes Objekt verwandt worden ist" (Kap. 1, Abschn. 1, S. 10 f. [11 f.]).

Ricardo verwirft also ebenso wie Adam *Smith* den Nutzen, den die Waren stiften, als einen brauchbaren Maßstab des Tauschwerts. Er muß allerdings sogleich einräumen, daß bei „unvermehrbaren" Gütern die „Seltenheit" — also ein bestimmtes Verhältnis von Angebot und Nachfrage auf den *Märkten!* — den Tauschwert bestimme. Ricardo setzt hier,

---
[11] In der ersten und zweiten Auflage heißt es einfach: ausschließlich.

wie auch sonst, Ursache und Maßstab des Tauschwertes gleich: Da bei „seltenen" Gütern die Arbeit offenbar nicht Maßstab des Tauschwerts ist, so gilt sie ihm auch nicht als dessen Grundlage. Daß der relative Wert der Waren durch die Arbeit „bestimmt" sei (in jenem Doppelsinn von *verursacht* und *bemessen*) trifft nach Ricardo auf diejenigen Waren zu, die „durch menschliche Anstrengung" (by the exertion of human industry) vermehrt werden[12] und deren Angebot daher nicht einer natürlichen Beschränkung unterliegt. Von der ersten bis zur (hier zugrunde liegenden) dritten Auflage seines Hauptwerkes (1821) hat Ricardo immer mehr Vorbehalte gemacht. (Zur Entwicklung von Ricardos Werttheorie vgl. J. H. *Hollander*, 1.) Auf die Preisbildung im Falle einer Verknappung des Angebots durch ein *Monopol* kommt er im 30. Kapitel zurück:

„Waren, die entweder von einem einzelnen oder von einer Handelsgesellschaft monopolisiert sind, schwanken nach dem von Lord Lauderdale niedergelegten Gesetz: Sie sinken im Verhältnis, wie die Verkäufer ihre Menge vermehren, und steigen im Verhältnis zum Begehr der Käufer. Ihr Preis hat keine notwendige Beziehung zu ihrem natürlichen Wert. Dagegen werden die Preise von Waren, die der Konkurrenz unterliegen und deren Menge sich in auch nur mäßigem Umfang vermehren läßt, letztlich nicht vom Stande von Angebot und Nachfrage abhängen, sondern von den vermehrten oder verminderten Kosten ihrer Produktion" (S. 396 [385]).

In der Tat läuft Ricardos Arbeitswertlehre schließlich in der *Produktionskostentheorie* aus. — Selbst auf den „frühen Stufen der gesellschaftlichen Entwicklung", dem wiederkehrenden Demonstrationsfall der englischen Klassik, gilt die Wertbildung durch die Arbeit für Ricardo, wie wir gesehen haben, nur „fast ausschließlich".

2. Nähere Bestimmung der Austauschverhältnisse

Das Theorem, daß die Waren sich nach Maßgabe der auf sie verwandten Arbeitszeit tauschen, erscheint bei Ricardo wesentlich mehr verfeinert als bei *Smith*. Ricardo, der sich für eine strenge *Tauschwerttheorie* entschieden hat, muß eine Reihe von Umständen berücksichtigen, die auf den *verhältnismäßigen* Wert der Waren einwirken, auch wenn sie etwa den *absoluten* Wert nicht berühren.

---

[12] Diese Stelle ist immer wieder fälschlich mit „beliebig vermehrbare Güter" übersetzt worden, was zu viel unnötiger Kritik an Ricardo geführt hat. Völlig „beliebig vermehrbare" Güter gibt es natürlich auch für Ricardo nicht. Vielmehr hat er sich an vorausgehender Stelle viel vorsichtiger ausgedrückt, wenn er von Gütern spricht, die „fast ohne feststellbare Grenze" (almost without any assignable limit) vermehrt werden können. Selbst so gute Kenner Ricardos wie Karl *Diehl* (1, Bd. I, S. 17) und A. *Amonn* (1, S. 17) sind hier in ihrem Urteil das Opfer einer irreführenden Übersetzung geworden.

a) *Unterschiedliche Arten der Arbeit*

Zunächst entsteht, wie allemal in der Arbeitswerttheorie, die Notwendigkeit, qualitativ verschiedene Arbeit in Einheiten gleichartiger, nur noch *quantitativ* unterschiedener Arbeit auszudrücken:

„Wenn ich ... von der Arbeit als der Grundlage (foundation) allen Wertes spreche und von der relativen Arbeitsmenge als dem fast ausschließlichen[13] Bestimmungsgrund des verhältnismäßigen Werts der Waren, so darf man mir nicht unterstellen, ich bemerkte nicht die verschiedenen Qualitäten von Arbeit und die Schwierigkeit, die Arbeit einer Stunde oder eines Tages in einer Beschäftigung mit der Arbeit von der gleichen Dauer in einer anderen zu vergleichen. Die Wertschätzung, in der verschiedene Qualitäten von Arbeit stehen, stellt sich alsbald auf dem Markte mit einer für alle praktischen Zwecke genügenden Genauigkeit her. Viel hängt dabei von der verhältnismäßigen Geschicklichkeit des Arbeitenden und der Intensität der geleisteten Arbeit ab. Ist die Skala einmal gebildet, so unterliegt sie nur geringer Veränderung" (1, Abschn. 2, S. 19 [20]).

Die „Skala", die sich auf dem „Markte" bildet, ist nun freilich die Abstufung der auf den Arbeitsmärkten gezahlten Löhne. „Die verschiedenen Arten und Qualitäten von Arbeit lassen sich nicht aufeinander zurückführen und nicht miteinander vergleichen, außer einzig und allein durch den Wert oder Preis, den sie selbst auf dem Markte haben" (*Amonn*, 1, S. 100). Bereits hier gehen also in die Bestimmung des Tauschwerts reine *Markt*bedingungen ein. — Die Lohnbildung ist allerdings nicht nur durch Unterschiede in den Leistungsanforderungen, sondern auch durch die Verhältnisse wechselnder Dringlichkeit von Angebot und Nachfrage auf den Märkten bestimmt, also durch Umstände, die mit der Wertigkeit der Arbeit nichts zu tun haben; und insofern ist „die Schätzung der verschiedenen Arbeitsarten [auch] abhängig von der Schätzung der Güter, zu deren Herstellung sie erforderlich sind" (*Amonn*, 1, S. 30), — womit die Beweisführung zu ihrem Ausgangspunkt zurückkehrt. Ricardo sieht hierüber hinweg: Da die Lohnrelationen als langfristig konstant betrachtet werden dürfen, erscheinen sie ihm als ein brauchbarer Index der unterschiedlichen Wertigkeit der Arbeitsstunden (vgl. Ricardo, S. 21). Tatsächlich sind weder die Lohnproportionen unveränderlich (*Diehl*, 1, Bd. I, S. 30), noch ist es etwa die Beschäftigungsstruktur, also der verhältnismäßige Anteil der einzelnen Lohngruppen am Produktwert (*Stigler*, 1, S. 202). Das Problem der Reduktionsskala hat Ricardo also nicht befriedigend gelöst.

b) *Wirkungen einer Steigerung der Arbeitsproduktivität*

Gelingt es unter sonst gleichen Bedingungen, in einer Arbeitsstunde mehr Waren hervorzubringen als zuvor, so muß der Tauschwert der Einzelware

---

[13] Die Worte „fast ausschließlich" fehlen auch an dieser Stelle noch in der ersten und zweiten Ausgabe des Werkes.

als gesunken betrachtet werden, da der „Wert der Arbeitsstunde" unverändert geblieben ist und sich gleichzeitig auf eine größere Warenmasse verteilt:

„Wenn die in Waren sich darstellende (realized) Arbeitsmenge deren Tauschwert bestimmt, so muß jede Vermehrung des Arbeitsquantums den Wert der Ware, auf die sie verwendet wird, erhöhen, wie jede Verminderung ihn erniedrigen muß" (1. Kap., 1. Abschn., S. 12 [13]).

Von hier aus kommt Ricardo zu seiner Kritik von *Smiths* Auffassung, „die Arbeit" stelle einen unveränderlichen Wertmaßstab dar:

„... als ob, weil eines Mannes Arbeit doppelt so ergiebig geworden ist und er daher die doppelte Menge einer Ware herstellen kann, er notwendigerweise auch das Doppelte der früheren Menge im Tausche dafür erhalten würde" (S. 12 [14]).

„Ist nicht der Wert der Arbeit (the value of labour) ebenso veränderlich, da er nicht nur, wie alle übrigen Dinge, durch das Verhältnis von Angebot und Nachfrage berührt wird, das mit jeder Veränderung in der Lage des Gemeinwesens beständig wechselt, sondern obendrein durch den schwankenden Preis von Nahrung und anderen notwendigen Gegenständen, für welche die Arbeitslöhne verausgabt werden?" (S. 14 [15].)

Ricardo (der im übrigen *Smiths* begriffliche Ungenauigkeit übernimmt und wie dieser als „Wert der Arbeit" die Höhe des „natürlichen" Arbeitslohns versteht) macht *Smith* gegenüber geltend,

„... daß es die verhältnismäßige Menge von Waren, welche die Arbeit produzieren wird, ist, die deren gegenwärtigen oder früheren verhältnismäßigen Wert bestimmt, und nicht die vergleichsweise Warenmenge, die dem Arbeiter im Austausch für seine Arbeit gegeben wird" (S. 16 [17]).

Nicht der „Reallohn" der Arbeitenden (der „*Wert* der Arbeit", value of labour) bestimmt also den Tauschwert der Produkte, sondern vielmehr die aufgewandte Arbeits*menge* und deren Wechsel bei Änderung der Arbeitsproduktivität. Ausdrücklich sagt *Ricardo*:

„Ich werde ... alle die großen Veränderungen, die in dem relativen Wert der Waren Platz greifen, als hervorgerufen durch die zu deren Produktion jeweils erforderliche größere oder geringere Arbeitsmenge betrachten." (Kap. 1, Abschnitt 4, S. 36 [36 f.].)

Allerdings bleibt *Ricardo* im weiteren seiner Absicht nicht treu: Änderungen in den Tauschwerten der Waren werden auch auf Änderungen in den Arbeits*werten* (Löhnen) zurückgeführt. (Vgl. unten, S. 64 ff.) — Zunächst jedenfalls gilt, daß ein Wechsel im Austauschverhältnis von Waren regelmäßig auf eine entsprechende Verschiebung der Arbeitsproduktivität zurückgeht:

„Wir nehmen an, daß zwei Waren ihren verhältnismäßigen Wert wechseln; und wir wollen erfahren, bei welcher von beiden die Veränderung tatsächlich eingetreten ist. Wenn wir den augenblicklichen Wert der einen Ware mit Schuhen, Strümpfen, Hüten, Eisen, Zucker und allen anderen Waren vergleichen, so finden wir, daß sie sich für genau dieselbe Menge aller dieser Dinge wie zuvor austauschen wird. Vergleichen wir die andere Ware mit denselben Gegenständen, so finden wir, daß sie im Verhältnis zu diesen allen sich verändert hat. Wir können dann mit großer Wahrscheinlichkeit schließen, daß die Veränderung bei dieser Ware erfolgt ist, und nicht bei denen, mit welchen wir sie verglichen haben. Wenn wir in die einzelnen Umstände eindringen, die mit der Produktion dieser verschiedenen Waren verbunden sind, und dabei finden, daß genau dieselbe Menge von Arbeit und Kapital zur Herstellung der Schuhe, Strümpfe, Hüte, des Eisens, Zuckers usw. erforderlich ist, wie bisher, daß jedoch nicht mehr die gleiche Menge wie früher zur Erzeugung jener Einzelware notwendig ist, deren verhältnismäßiger Wert sich geändert hat, so geht die Wahrscheinlichkeit in Gewißheit über und wir dürfen mit Bestimmtheit die Veränderung der Einzelware zuschreiben. Wir entdecken dann auch die Ursache dieser Veränderung" (S. 16 [17 f.]).

c) *Unmittelbare und vergegenständlichte Arbeit*

Der Tauschwert der Waren ist nicht nur bestimmt durch die Arbeitsmenge, die zu deren Produktion unmittelbar aufgewandt wurde: Auch die in den mitwirkenden Arbeitsmitteln aller Arten verkörperte Arbeit muß hinzugerechnet werden. Das ist durchaus folgerichtig.

„Selbst in jenem frühen Zustande, auf den sich Adam Smith bezieht, würde für den Jäger etwas Kapital (capital), mag er es sich auch selbst beschafft und angesammelt haben, erforderlich sein, damit er sein Wild erlegen kann. Ohne Waffe könnte weder der Biber noch der Hirsch getötet werden. Und daher würde sich der Wert dieser Tiere nicht allein nach der Zeit und Mühe, die zu ihrer Erlegung notwendig ist, bestimmen, sondern auch durch die Zeit und Mühe, die zur Beschaffung des Kapitals des Jägers notwendig war — d. h. der Waffen, mit deren Hilfe sie erlegt wurden" (Kap. 1, Abschn. 3, S. 22 [22 f.]).

Mit größter Naivität erklärt hier Ricardo alle Sachmittel der Produktion ohne weiteres für „Kapital". So wird ihm denn auch „kapitalistische" Produktion unvermerkt zum Kennzeichen aller menschlichen Wirtschaft, die sich sachlicher Hilfsmittel bedient. Ricardo versteht daher auch seine Werttheorie als eine so allgemeine, „daß sie die allerverschiedensten Produktionsverhältnisse gleichmäßig umfaßt" (*Diehl*, 1, Bd. I, S. 19).

„Wenn man sich die gesellschaftlichen Tätigkeiten ausgedehnter vorstellt, so daß etliche Menschen Boote und Ausrüstungen für den Fischfang, andere das Saatgut und die rohen Geräte liefern, wie man sie anfänglich beim Ackerbau benutzte, so würde sich noch immer derselbe Grundsatz bewahrheiten, daß der Tauschwert der produzierten Waren im Verhältnis zu der Arbeit stehe, die auf ihre Erzeugung verwandt wurde — und zwar nicht nur auf ihre unmittelbare Erzeugung, sondern auch auf alle jene Geräte oder Maschinen, die erforderlich sind, um einer bestimmten Arbeit, für die sie gebraucht werden, Wirksamkeit zu verleihen" (S. 23 [24]).

„Wirtschaftlichkeit bei der Anwendung von Arbeit verfehlt niemals, den relativen Wert eines Gutes herabzusetzen; gleichgültig ob die Ersparnis nun in der Arbeit besteht, die zur Herstellung der Ware selbst erforderlich ist, oder in jener Arbeit, die für die Bildung des Kapitals notwendig ist, mit dessen Hilfe die Ware produziert wird. ...

Nehmen wir an, daß auf den frühen Stufen der Gesellschaft die Bogen und Pfeile des Jägers von gleichem Werte und gleicher Dauerhaftigkeit wie das Boot und die Geräte des Fischers seien, da sie beide das Produkt derselben Arbeitsmenge sind. Unter diesen Umständen würden der Wert des Wildbrets, der Ertrag der Tagesarbeit des Jägers, genau gleich dem Werte der Fische sein, des Ertrages der Tagesarbeit des Fischers. Der verhältnismäßige Wert des Fanges und des Wildbrets würde gänzlich durch die in jedem der beiden dargestellte Arbeitsmenge bestimmt werden, gleichgültig, wie groß die produzierte Menge oder wie hoch oder niedrig die allgemeinen Löhne oder Gewinne wären. ...

Wenn mit dem gleichen Arbeitsquantum eine geringere Menge Fisch oder eine größere Menge Wild gewonnen würde, so würde der Wert des Fanges im Vergleich zu dem des Wildbrets steigen. Wenn dagegen mit der gleichen Arbeitsmenge eine kleinere Menge an Wild oder eine größere Menge an Fisch erlangt würde, so würde das Wild im Vergleich zu den Fischen steigen" (Kap. 1, Abschn. 3, S. 25 ff. [26 f.]).

Also: Dem Tauschwert einer Ware sind auch die Werte der Vorprodukte, die an der Hervorbringung dieser Ware direkt oder indirekt beteiligt sind, anteilmäßig zuzurechnen. Daher ändert sich der Tauschwert dieser Waren auch mit dem Wert der Erzeugnisse früherer Produktionsperioden — bzw. mit deren Reproduktionswert.

Ricardos *Kapitalbegriff* ist durchaus schwankend: Bald betrachtet er als „Kapital" nur die Anlagegüter („fixes Kapital") bald auch die übrigen Sachmittel der Produktion, bald schließlich auch die Aufwendungen für Löhne. Der „technische" und der „tauschwirtschaftliche" Kapitalbegriff gehen bei Ricardo ständig durcheinander (*Amonn, 1*, S. 54; vgl. auch *Lipschitz, 1*, S. 54 f.). Die Unterscheidung von "fixem" und „zirkulierendem" Kapital übernimmt Ricardo von *Smith*. *Marx* wird später an die Stelle den Unterschied von (fixem oder zirkulierendem) *Sachkapital* einerseits („konstantem Kapital") und Lohnkapital („variablem Kapital") andererseits setzen.

d) Einwirkung der unterschiedlichen Dauerhaftigkeit der Produktionsmittel und der unterschiedlichen Kapitalumschlagszeit auf den Tauschwert

Ist der Tauschwert der Waren offenbar mitbestimmt durch den Umfang der aufgewandten „vorgetanen" Arbeit (Adolf *Weber*), so gehen auch die wechselnden und zwischen den Gewerbszweigen unterschiedlichen Größenverhältnisse von stehendem und umlaufendem Kapital und die entsprechend unterschiedlichen Umschlagszeiten des eingesetzten Gesamtkapitals in den relativen Wert ein, den die Waren im Austausch besitzen:

Bisher „haben wir angenommen, daß die Geräte und Waffen, die erforderlich sind, um den Hirsch und den Salm zu töten, gleich dauerhaft und das Ergebnis derselben Arbeitsmenge sind; und wir haben gesehen, daß die Veränderungen im relativen Werte von Hirsch und Salm allein von den wechselnden Arbeitsmengen abhängen, die nötig sind, um beide zu erlangen. Aber auf jeder gesellschaftlichen Entwicklungsstufe können die in verschiedenen Berufszweigen benutzten Werkzeuge, Geräte, Gebäude und Maschinen von verschiedener Dauerhaftigkeit sein und verschiedene Mengen von Arbeit zu ihrer Herstellung erfordern. Auch können dasjenige Kapital, das zum Unterhalt der Arbeit bestimmt ist, und das in Werkzeuge, Maschinen und Gebäuden investierte Kapital in verschiedenen Proportionen zueinander stehen. Dieser Unterschied im Grade der Dauerhaftigkeit des fixen Kapitals und diese Mannigfaltigkeit in den Proportionen, in denen die beiden Arten von Kapital verbunden werden können, lassen neben der größeren oder geringeren Menge von Arbeit, die zur Herstellung der Waren erforderlich ist, eine weitere Ursache für die Schwankungen ihres relativen Wertes eintreten. Diese Ursache ist das Steigen oder Fallen des Arbeitswerts (value of labour). [Gemeint ist das Steigen oder Sinken der Arbeitslöhne!] ...

Je nachdem Kapital sich schnell verbraucht [hier wird wieder nur an das Sachkapital gedacht, im Gegensatz zum obigen Text] und häufig wieder ersetzt werden muß oder einer langsamen Abnutzung unterliegt, bezeichnet man es als umlaufendes (circulating) oder festes (fixed) Kapital. Von einem Brauer, dessen Gebäude und Maschinen wertvoll und dauerhaft sind, sagt man, daß er einen großen Teil festen

Kapitals verwendet; wogegen man von einem Schuhmacher, dessen Kapital hauptsächlich zur Bezahlung der für Nahrung und Kleidung verausgabten Löhne verwendet wird, also für Waren, die sich schneller verbrauchen als Gebäude und Maschinen, sagt, daß er einen großen Teil seines Kapitals als umlaufendes verwendet. ...

Zwei Gewerbe können also dieselbe Menge von Kapital verwenden; aber dieses kann sich ganz unterschiedlich in festes und umlaufendes Kapital aufteilen. ...

Ein Steigen im Arbeitslohn muß daher Waren, die unter so verschiedenartigen Umständen produziert wurden, ungleich treffen" (Kap. 1, Abschn. 4, S. 29 ff. [30 ff.]).

„Der Grad der Veränderung im relativen Werte der Güter infolge eines Steigens oder Sinkens der Arbeit dürfte von dem Verhältnis abhängen, in welchem das feste zu dem gesamten verwendeten Kapitale steht" (S. 35 [35]).

„Steigen oder Sinken der Arbeit" kann sich hier ebenso auf den *Wert* der zugesetzten Arbeit wie auf den Arbeits*lohn* beziehen. Ricardo selbst meint, wie aus dem Zusammenhang hervorgeht, den Arbeitslohn. — Bemerkenswert ist wiederum, daß an dieser Stelle das *gesamte* Kapital, und nicht nur sein fixer Teil, als Kapital bezeichnet wird.

„Es zeigt sich also, daß die zwischen den einzelnen Gewerben unterschiedliche Teilung des Kapitals in fixes und zirkulierendes Kapital eine erhebliche Modifikation in die Regel einführt, die allgemein gilt, solange Arbeit fast ausschließlich in der Produktion verwendet wird; daß nämlich Waren sich niemals im Werte ändern, wenn nicht eine größere oder geringere Arbeitsmenge auf ihre Produktion verwandt wird. In diesem Abschnitt ist ja gezeigt worden, daß ohne irgendeine Veränderung der Arbeitsmenge das Steigen des Arbeitswertes nur ein Sinken im Tauschwerte jener Güter verursachen wird, zu deren Produktion fixes Kapital verwendet wird. Je größer der Umfang des fixen Kapitals, desto größer wird das [relative] Sinken sein" (1. Kap., 4. Abschn., S. 37 f. [37 f.]).

Der Gedanke, daß auch die Zusammensetzung der beteiligten Kapitalien den relativen Wert der Waren im Austausch bestimmt, ist im Sinne der *Tauschwertlehre* folgerichtig; zugleich zeigt er die Nähe dieser Tauschwerttheorie zur reinen Preisbildungslehre. Spätere Autoren haben schließlich in Ricardos Wertlehre überhaupt nichts anderes als eine *Produktionskostentheorie* sehen wollen. (So etwa C. A. V. *Stuart, 1*; G. *Cassel, 1*; K. *Diehl, 1*, Bd. I, S. 50 ff.)

e) Einwirkung der Höhe von Lohn und Profit

Beeinflußt die wechselnde Zusammensetzung des Produktionskapitals den Tauschwert der Waren, so ergibt sich eine weitere Modifikation der Tauschwertbestimmung durch die Arbeit: Je nach dem Anteil der Löhne am Gesamtkapitalaufwand muß ein Größenwechsel der *Lohnsumme* unter sonst gleichbleibenden Umständen die Gewinne sowie die Tauschwerte der Verkaufserzeugnisse unterschiedlich berühren.

„Ein Steigen in den Arbeitslöhnen dürfte Waren, die mit schnell sich abnutzenden Maschinen, und solche, die mit langsam vernutzten fabriziert werden, nicht gleichmäßig berühren. Bei der Produktion der ersteren würde viel Arbeit, bei der Produktion der letzteren sehr wenig Arbeit auf die erzeugte Ware übertragen werden. Daher würde jede Lohnsteigerung oder, was dasselbe ist, jedes Sinken des Profits, den relativen Wert derjenigen Waren, die mit einem Kapital dauerhafter Natur produziert wurden, vermindern, und den relativen Wert der anderen, die mit einem rascher vernutzbaren Kapital hergestellt wurden, verhältnismäßig erhöhen. Ein Sinken des Lohnes hätte genau die entgegengesetzte Wirkung" (Kap. 1, Abschn. 5, S. 39 f. [39 f.]).

Verdeutlichen wir uns dies an einem einfachen Zahlenbeispiel und vergleichen wir zwei Waren, wobei die Produktion der einen (A) „anlageintensiv", die der anderen (B) „lohnintensiv" sei, und betrachten wir die Wirkungen einer Lohnerhöhung um beispielsweise 20 %. Dabei haben wir im Sinne Ricardos zwei Voraussetzungen zu treffen: 1. Eine Erhöhung der Löhne berührt nicht die Wert*summe*, sondern nur das Tauschverhältnis der Waren. 2. Die Tendenz zum „Ausgleich der Profitraten" (s. unten S. 70 f.) bleibt gewahrt; d. h. die Gewinnsätze ändern sich bei A und B in gleicher Weise. So kommen wir zu dem in der Tabelle wiedergegebenen exemplarischen Fall (vgl. S. 67).

Eine gleichmäßige Erhöhung der Löhne bedeutet im Sinne Ricardos: a) Der Gewinnsatz sinkt; b) die Summe der Preise bleibt zwar die gleiche, aber die Einzelpreise (Tauschwerte) von A und B stehen jetzt in einem anderen Verhältnis zueinander, da die Lohnerhöhung sich bei der „arbeitsintensiv" hergestellten Ware B natürlich stärker ausgewirkt hat als bei der „anlageintensiv" produzierten Ware A.

Bemerkungen: 1. Ricardo sagt im 3. Abschnitt des 1. Kapitels: „Keine Veränderung in den Arbeitslöhnen könnte irgendeine Veränderung im *relativen* Wert dieser Waren hervorbringen. Denn angenommen, die Löhne stiegen, so würde doch keine größere Arbeitsmenge in einer dieser Beschäftigungen erforderlich sein; vielmehr würde sie zu einem höheren Preis bezahlt werden..." (S. 27 f. [28]; Hervorhebung durch mich, W. H.). Im oben vorgeführten Fall verändert aber eine Lohnerhöhung sehr wohl den „relativen" Wert, d. h. das Austauschverhältnis der Waren. Der Widerspruch löst sich indessen: Ricardo spricht an der angeführten Stelle des 3. Abschnitts zu Unrecht vom „Tauschwert"; er meint in Wahrheit den „Realwert", die hervorgebrachte Wert*summe* der Waren. Auch hier lugt hinter der Lehre von den bloßen Austauschrelationen der Waren die Vorstellung von einem absoluten Wert hervor.

Ausgangsverhältnisse

	1	2	3	4	5	6	7
	„Fixes Kapital"	Lohnsumme	Kosten 1 + 2	Gewinnsumme	Gewinnsatz	Preis 3 + 4	Tauschwertverwertverhältnis zwischen A und B
Ware A	75	25	100	20	20%	120	100:100
Ware B	25	75	100	20	20%	120	
Summe	100	100	200	40	20%	240	—

Ergebnisse einer Lohnerhöhung um 20 %

	1	2	3	4	5	6	7
Ware A	75	30	105	9,5	9,1%	114,5	100:109,6
Ware B	25	90	115	10,5	9,1%	125,5	
Summe	100	120	220	20	9,1%	240	—

2. Ricardo kennt im obigen Fall nur „fixes" Kapital und Lohnkapital; das zirkulierende Sachkapital fehlt.

3. An die Stelle der *Arbeit* sind die *Lohnkosten* als Bestimmungsgrund des Tauschwerts getreten. Dabei denkt Ricardo nicht einmal an eine Lohnsumme, die sich, wie bei Adam *Smith*, aus dem (langfristigen) „natürlichen" Lohnsatz ergeben würde. Vielmehr erhebt Ricardo unbekümmert den jeweiligen *Marktlohn*, so wie er frisch und aller theoretischen Bedenken spottend vor uns steht, zum Mitgestalter des Tauschwertes.

So macht Ricardo „immer mehr Konzessionen an die wirklichen Vorgänge des Wirtschaftslebens..." (*Diehl*, 1, Bd. I, S. 50). Immer mehr Umstände der Marktwelt wollen berücksichtigt werden. In einem Brief an *McCulloch* vom 13. 6. 1820 schreibt Ricardo:

„Genau genommen bestimmen die verhältnismäßigen Arbeitsmengen, die in die Waren eingehen, ihren relativen Wert, wenn nichts als Arbeit auf die Waren verwandt wurde, und dies in gleichen Zeiträumen. Wenn die Zeitperioden ungleich sind, so ist die verhältnismäßige Arbeitsmenge, die in die Waren eingegangen ist, noch immer das Hauptelement, das ihren verhältnismäßigen Wert reguliert, aber es ist nicht mehr das einzige. Denn neben dem Entgelt für die Arbeit muß der Preis [!] der Ware auch eine Entschädigung für den Zeitraum liefern, der verstreicht, bevor die Ware zum Markt gebracht werden kann. ...

Ich denke manchmal: Hätte ich das Kapitel über den Wert in meinem Buch noch einmal zu schreiben, so würde ich anerkennen, daß der relative Wert der Waren durch zwei Umstände statt durch einen allein bestimmt ist, nämlich durch die verhältnismäßige Menge an Arbeit, die für die Produktion der jeweiligen Waren notwendig ist, und durch die Profitrate für den Zeitraum, in dem das Kapital gebunden blieb (remained dormant), bis die Waren auf den Markt gebracht wurden" *(3, Bd. VIII, S. 193 f.).*

Aber Ricardo empfindet auch, daß diese Verselbständigung der Lehre von den *preisbestimmenden* Umständen mit der Theorie der Wert*verteilung*, die auf der Lehre von einem ganz anderen Wert beruht, nicht mehr zu vereinbaren ist. Er fährt fort:

„Bei alledem müssen die großen Fragen der Rente, der Löhne und der Gewinne vermittels der Proportionen erklärt werden, in denen sich das Gesamtprodukt [das Ergebnis der volkswirtschaftlichen *Wertschöpfung!*] zwischen Grundherren, Kapitalisten und Arbeitern aufteilt, und die im Grunde mit der Lehre vom [Tausch-!] Wert nicht verbunden sind" (ebenda).

Je folgerichtiger also die Theorie des Tauschwerts zu Ende geführt wird, desto mehr entfernt sie sich von jenem „*Real*wert", den sie doch zur unausgesprochenen Grundlage hat, und nähert sie sich einer reinen Marktpreislehre an.

3. Der Tauschwert der Edelmetalle

Das Tauschwertprinzip von Ricardo gilt geradezu exemplarisch für jene Geld-„Ware", die von vornherein für den ständigen Austausch produziert wird:

„Gold und Silber sind, wie alle anderen Waren, wertvoll nur nach Maßgabe der Arbeitsmenge, die erforderlich ist, um sie zu produzieren und zu Markte zu bringen. Gold ist ungefähr fünfzehnmal teurer als Silber, nicht weil eine größere Nachfrage nach ihm besteht oder weil das Angebot von Silber fünfzehnmal größer ist als das des Goldes, sondern einzig, weil zur Produktion einer bestimmten Menge davon die fünfzehnfache Arbeitsmenge notwendig ist" *(1, Kap. 27, S. 360 f. [352]; vgl. auch Kap. 13, S. 190 [193]).*

Daraus ergibt sich, daß auch die Edelmetalle denselben Wertschwankungen unterworfen sind wie alle anderen Waren, und daher auch ihrerseits keinen „unveränderlichen" Maßstab für die Werte der Tauschgüter abgeben:

„Wenn wir z. B. das Gold als Normalmaß festsetzen wollten, so wäre doch offensichtlich, daß Gold eine Ware ist, die unter den gleichen Zufälligkeiten wie jede andere gewonnen wird und zu ihrer Produktion Arbeit und fixes Kapital erfordert. Bei seiner Produktion können, wie bei jeder anderen Ware, Verbesserungen den Arbeitsaufwand herabsetzen; und infolgedessen kann das Gold im relativen Wert zu anderen Dingen schon auf Grund günstigerer Produktionsbedingungen sinken" (Kap. 1, Abschn. 6, S. 44 [44]).

„So kann weder Gold noch irgendeine andere Ware jemals einen vollkommenen Wertmaßstab der Dinge liefern" (S. 45 [45]).

4. Wert und Preis
Der Ausgleich der Profitraten

a) „Natürlicher Preis" und Marktpreis

Der Lehre vom relativen Wert widerspricht es nicht, daß auch Ricardo, wie Adam *Smith*, zwischen „natürlichem" und Marktpreis der Waren unterscheidet. Das 4. Kapitel der „Principles" beginnt:

„Wenn wir die Arbeit zur Grundlage des Wertes der Waren und die zu ihrer Produktion erforderliche verhältnismäßige Arbeitsmenge zum Prinzip machten, das die Tauschmengen der jeweiligen Güter bestimmt, so darf man uns doch nicht unterstellen, daß wir die zufälligen und zeitweiligen Abweichungen des augenblicklichen oder Marktpreises (of the actual or market price) der Waren von diesem ihren ursprünglichen und natürlichen Preis (primary and natural price) leugneten.

Im gewöhnlichen Lauf der Dinge gibt es keine Ware, die während eines beliebigen Zeitraumes dauernd genau in dem bedarfsgerechten Umfang angeboten würde; und daher gibt es keine Ware, die nicht gelegentlichen und vorübergehenden Preisschwankungen unterworfen wäre" (S. 76 [88]).

Im 30. Kapitel kehrt der gleiche Gedanke, zur Produktionskostentheorie hin gewandt, wieder:

„Es sind die Produktionskosten (the cost of production), welche den Preis der Waren letztlich bestimmen müssen; und nicht, wie oftmals gesagt worden ist, die Verhältnisse von Angebot und Nachfrage. Das Verhältnis zwischen Angebot und Nachfrage mag zwar den Marktwert (market value) [im Sinne von Markt*preis*] einer Ware eine Zeitlang beeinflussen, bis diese in größerer oder geringerer Menge beschafft ist, je nachdem sich die Nachfrage vermehrt oder vermindert haben mag; aber diese Wirkung wird nur von vorübergehender Dauer sein.

Man verringere die Produktionskosten von Hüten, und der Preis wird schließlich auf deren neuen natürlichen Preis sinken, auch wenn sich die Nachfrage verdoppelt, verdreifacht oder vervierfacht haben sollte. Man verringere die Kosten für den Lebensunterhalt der Menschen durch Herabsetzung des natürlichen Preises der notwendigen Nahrung und Kleidung, und die Löhne werden schließlich sinken, wenngleich die Nachfrage nach Arbeitern sehr erheblich zunehmen mag.

Die Meinung, daß der Warenpreis einzig und allein von dem Verhältnis des Angebots zur Nachfrage oder der Nachfrage zum Angebot abhängt, ist in der politischen Ökonomie fast zu einem Axiom geworden und ist in dieser Wissenschaft die Quelle vielen Irrtums gewesen" (S. 392 f. [382]).

b) *Die Wanderungen des Kapitals und der Ausgleich der Gewinne*

Daß die Marktpreise um den „natürlichen" Preis schwanken, gilt (wie bei *Smith*) zunächst für jede einzelne Warengattung. Die verborgene Kraft aber, die eine solche Bewegung auf *allen* Märkten hervorruft, ist das (schon durch *Smith* von den Physiokraten entlehnte) Gesetz des *Ausgleichs der Profitraten*. (Zur Geschichte der Lehre vom Renditenausgleich siehe unten, S. 94 ff., 100.) Dieses Gesetz hat in der klassischen Arbeitswertlehre eine wichtige Beweisfunktion: Der Ausgleich der Profitraten führt die Marktpreise immer wieder an die „natürlichen" Preise heran; er sichert das System der „Gleichgewichtspreise" in der Gesamtwirtschaft. Der Profitratenausgleich besorgt also das Geschäft des *Wertes* innerhalb der *Markt*welt. Ricardo hat der Lehre eine besonders prägnante Form gegeben. Nach den oben (S. 69) zitierten Ausführungen über das unvermeidliche Schwanken der Marktpreise fährt er fort:

„Nur infolge solcher Schwankungen wird das Kapital genau in der erforderlichen Menge und nicht darüber hinaus auf die Produktion der verschiedenen Waren verteilt, nach denen gerade Bedarf ist. Mit dem Steigen oder Sinken des Preises werden die Profite über ihren allgemeinen Stand gehoben oder unter ihn herabgedrückt; und hierdurch wird das Kapital entweder ermuntert, in eine bestimmte Anlagesphäre einzutreten, oder zum Ausscheiden aus ihr veranlaßt.

Solange es jedermann frei steht, sein Kapital nach Belieben einzusetzen, wird er natürlich die vorteilhafteste Verwendungsart aufsuchen. Er wird selbstverständlich mit einem Profit von 10 % unzufrieden sein, wenn er durch Verlegung seines Kapitals einen Profit von 15 % erzielen kann. Dieses rastlose Bemühen aller Kapitalverwerter (employers of stock), ein weniger gewinnbringendes Geschäft mit einem vorteilhafteren zu vertauschen, wirkt nachhaltig darauf hin, die Profitraten aller auszugleichen..." (S. 76 f. [88]).

„Es ist daher das Streben eines jeden Kapitalbesitzers, seine Mittel aus einer weniger vorteilhaften Anlage in eine gewinnbringendere zu überführen, das den Marktpreis der Waren daran hindert, für eine längere Zeit bedeutend über oder unter deren natürlichem Preise zu verharren" (Kap. 4, S. 79 f. [91]; vgl. auch Kap. 6, S. 109).

Zweierlei Ausgleichsbewegungen finden also statt, die den „natürlichen" Preis zum Schwankungszentrum der Marktpreise machen: einmal die sich selbst korrigierenden vorübergehenden Ausschläge der Marktpreise selbst; zweitens, bei *länger* anhaltenden Preisverschiebungen, die Bewegungen des Kapitals zwischen den Anlagefeldern, sein „Wandern" von der Sphäre des niedrigeren zu der des vermutlich höheren Gewinns — jedenfalls soweit die freie Zu- und Abwanderung des Kapitals (bzw. die Umstellung der Produktion) jeweils möglich ist. Stillschweigende Voraussetzung ist hierbei, daß die Veränderungen der Preise von entsprechenden Veränderungen der Profite tatsächlich begleitet sind. Auch gibt es einen Renditenausgleich natürlich nur auf der Grundlage *wirklicher* Preise und Kosten, nicht bloßer Preis*relationen;* diese werden vielmehr, im Sinne Ricardos, selbst durch den Profitratenausgleich und die Verteilung des Kapitals über die Produktionsphären mitbestimmt. Wiederum wird hier deutlich, daß Ricardos Tauschwertlehre die Vorstellung von realen Werten, deren Vergleich erst die Tausch*relation* ergibt, ständig zur stillschweigenden Voraussetzung hat.

Die Lehre vom Profitratenausgleich hat später *Marx* übernommen. Sie wird im Zusammenhang mit der Werttheorie von Marx ausführlicher gewürdigt werden (S. 98 ff.).

5. Ricardos Wertlehre im Meinungsstreit der Theoriegeschichte

Die Lehre von der Arbeit als dem Bestimmungsgrund und Maßstab des Tauschwerts der Waren hat schon Ricardos Zeitgenossen lebhaft bewegt; zumal sie in Verbindung mit dem praktischen Problem gebracht wurde, ob die während der Napoleonischen Kriege in England eingetretene Steigerung der Preise Ergebnis eines Steigens des (auf Arbeit beruhenden) Goldwertes oder Ausdruck einer Entwertung des Papiergeldes sei. Die Tauschwertlehre Ricardos wurde durch James *Mill* (1), *McCulloch* (1), *de Quincey* (1; 2) in einer freilich bisweilen etwas rigiden Weise gegenüber frühen Kritikern wie *Torrens* und *Malthus* verteidigt. Torrens empfand die von Ricardo angeführten „modifizierenden" Umstände als unvereinbar mit dem Arbeitswerttheorem. Malthus ging von der *Tauschwertlehre* zurück auf den absoluten Wert im Sinne von Ad. *Smith* und suchte für diesen Wert erneut einen „unveränderlichen Maßstab"; zeitweilig glaubte er, einen solchen (ähnlich wie vor ihm *Petty* und *Cantillon*) in einem „Mittelwert von Getreide und Arbeit" gefunden zu haben (2). Ricardos letzte Aufsätze haben nochmals dem großen Gegenstand und der Zurückweisung von Malthus gegolten (Ricardo 2; vgl. ferner Briefwechsel Ricardos mit McCulloch, Mill und Malthus, 3).

Die Zeit unmittelbar nach Ricardos Tod ist gekennzeichnet durch eine „ungewöhnliche Eile, mit der die Grundgedanken Ricardos von der Tagesordnung der ökonomischen Erörterungen entfernt wurden" (R. L. *Meek, 1*, S. 54 f.). Auch da, wo man Ricardo weiterhin Tribut zollte, war „die Grundvoraussetzung seines Systems über Bord geworfen worden" (S. 55). Die Überspitzung von Ricardos Lehre besonders durch *McCulloch* (1, S. 69 ff.) gab der Kritik dabei leichtes Spiel. Samuel *Bailey* (1, 1825) suchte gegenüber Ricardo eine Tauschwertlehre ohne arbeitstheoretische Begründung aufzustellen; er wollte Marktumstände aller Art wie die „Seltenheit" der Ware, die mannigfachen Zukunftserwägungen der Marktpartner usw. als „wert"-bildende Faktoren mit berücksichtigt sehen (S. 229 und passim; über Bailey siehe R. M. *Raumer, 1*). Ähnlich haben in Richtung auf eine reine *Preisbildungslehre* W. *Atkinson*, W. *Whewell*, Sir E. *West*, N. W. *Senior* (1), der Amerikaner H. Ch. *Carey* (1) und andere Epigonen der englischen Klassik gewirkt (vgl. auch *Kaulla, 1*, S. 170 ff.; W. *Liebknecht, 1*, S. 52 ff.; M. *Paglin, 1*). Dabei tritt mehr und mehr jene schon früh in der Lehrgeschichte angelegte Unterströmung der *subjektivistischen* „Wert"-Theorie zutage, die schließlich mit *Jevons* in England sowie mit *Menger* und *Walras* auf dem Kontinent zur herrschenden Richtung werden wird.

Die Gründe für dieses auffällige Abrücken von Ricardo, das sich bereits in spätklassischer Zeit ankündigt, wird man nicht nur in den unverkennbaren Mängeln von Ricardos Wertlehre zu suchen haben. Sehr bald wurde das Arbeitswerttheorem — was durchaus nicht im Sinne Ricardos lag — zu einem Mittel der anhebenden *Sozialkritik:* Die Folgerungen, welche die „Ricardian Socialists" (im Sinne eines Rechtes der Arbeitenden auf den „unverkürzten Arbeitsertrag") aus der Arbeitswertlehre zogen (vgl. dazu etwa M. *Blaug, 1*, S. 140 ff.), und vollends deren Fortbildung zur Theorie des „Mehrwerts" durch *Marx*, haben alle Arbeitswertlehre bald der gesellschaftlichen Verpönung anheimfallen lassen; wobei die Kritik abwechselnd die Theorie von Marx durch Widerlegung von Ricardo und die von Ricardo durch Widerlegung von Marx erledigte. (Zum gesellschaftlichen Charakter der Ricardo-Kritik vgl. besonders *Meek, 1*, S. 57 ff.; 2. S. 124 f.) — Wieweit vollends unsere Zeit sich von Ricardo (trotz aller Prätentionen der sog. „Neoklassik") entfernt hat, zeigt der Umstand, daß der Name Ricardos für Gedankengänge in Anspruch genommen wird, die Ricardos Absicht gänzlich fremd gewesen sind. So meint etwa *Samuelson*, Ricardo sei eigentlich kein Arbeitswerttheoretiker, sondern wider eigenes Wissen vielmehr ein quasi-physiokratischer *Boden*werttheoretiker gewesen: „Nachdem wir die Arbeit als absoluten Wertstandard zerstört (demolished) haben, können wir Ricardo umkehren (turn Ricardo upside down) und in seinem einfachsten langfristigen Modell eine ‚Bodenwerttheorie' (land theory of value) entdecken" (1, S. 19). Ferner wird unterstellt, Ricardo habe nie etwas anderes im Sinn gehabt als den bloßen Marktpreis: „Wie Ricardo wohl wußte, sind es Mangel und Knappheit, die den Wert entstehen lassen" (a.a.O., S. 20). So ist weithin schon das bloße Verständnis für Ricardos theoretische Absicht verlorengegangen.

6. Würdigung der Werttheorie Ricardos

Ricardo, der scharfsinnigste Theoretiker der klassischen Nationalökonomie, ist in der Wertlehre über einen von ihm selbst empfundenen Widerspruch nicht hinweggekommen: Einerseits will er in redlicher wissenschaftlicher Selbstbescheidung nur eine Theorie des *Tauschwerts* geben; er hat hierbei insbesondere die Lehre vom Kapitalumschlag gegenüber *Smith* sehr vertieft. Andererseits erfordert aber seine *Einkommens*theorie den Begriff eines anderen, „absoluten" Werts. Ricardo ist es nicht gelungen, jenen Wert, der seiner Preisbildungslehre, und denjenigen, der seiner Einkommenstheorie zugrunde liegt, zu einer geschlossenen Theorie der *Wertschöpfung* zu vereinigen. Das lag daran, daß auch er die „Arbeit" als die Ursache aller Wertbildung nicht in ihrer Zwitternatur begreifen konnte. Ricardos ungeschichtliche Sicht der Wirtschaftsgesellschaft hat ihn über den Unterschied zwischen Arbeit schlechthin als Betätigung einer menschlichen Gattungskraft und der *Lohnarbeit* als einer besonderen sozialen Weise, diese Gattungskraft in Wirksamkeit zu bringen, hinwegsehen lassen. Mit Adam *Smith* teilt Ricardo daher die Unklarheit über den „Wert der Arbeit", worunter er bald den Wert des ganzen Arbeits*produkts*, bald den Wert der Arbeits*kraft* (= den „natürlichen" Arbeitslohn) versteht. — Seine Einkommenstheorie mußte Ricardo immer wieder auf einen „absoluten" oder „Realwert" hinlenken. Aber auch seine Preisbildungslehre, die reine Tauschwerttheorie sein will, kann sich von diesem nicht gänzlich freihalten. (Das ist der Grund zum Argwohn eines S. *Bailey* gewesen, der in Ricardo immer noch einen verkappten Wert-„Absolutisten" gesehen hat.)

Aus dieser Schwierigkeit, zwei verschiedene Wertbegriffe zu einer in sich schlüssigen Theorie zu verbinden, entspringen alle weiteren Mängel von Ricardos Wertlehre:

1. Schon das Untersuchungsziel einer auf *Preis*erklärung allein beschränkten Werttheorie mußte sich verschieben: Ricardo tastet, wie alle Klassiker, nach einem (mindestens dem Gedanken nach) *bezifferbaren* Wert — ein Trachten, das immer zur *Produktionskosten*theorie hinführen muß. — Im Zusammenhang hiermit steht, daß für Ricardo (wie für *Smith*) die Frage nach dem *Bestimmungsgrund* des Wertes mit der nach dem *Maßstab* des Wertes sich ständig verschlingt. Von einer solchen Fragestellung aus war in der Tat nur zu einer Theorie des *Tausch*werts zu gelangen; wie denn auch schon *Smith* immer dann, wenn er vom Maßstab des Wertes spricht, mit „Wert" den Tauschwert meint.

2. Die mangelnde Übereinstimmung von Einkommens- und Preistheorie zeigt sich (wie stets in der Nationalökonomie) bei der Erklärung des *Unternehmensgewinns*. Dieser ist ja sowohl Einkommensgröße als auch Element der Wert- und Preisbildung. Da Ricardo so wenig wie *Smith* und alle anderen Klassiker sich den Unternehmungsgewinn (oder auch die Bildung

des Arbeitslohns) auf der Grundlage eines gleichzeitigen *Äquivalententauschs* erklären kann, macht er die Mitwirkung des „Kapitals" (als Sachmittel der Produktion verstanden) zu einem *selbständigen* Faktor der Wertbildung *neben* der Arbeit. Wenn dies auch Ricardos beschränkte Fragestellung nicht weiter stört, da der Tauschwert ja der Gesamtwert der Waren ist, nicht nur deren *neugebildeter* Wertteil, so ist doch die Berücksichtigung der „vorgetanen Arbeit" als eines *besonderen* Produktionselementes ein Schritt zur Aufweichung der klassischen Arbeitswerttheorie gewesen. In J. B. *Says* Lehre von den *drei Produktionsfaktoren,* auf die das Sozialprodukt zurückgeführt wird, ist dieser Vorgang bereits zu einem gewissen Abschluß gelangt.

Das unbewältigte Problem der Bahnbrecher wird zum Verhängnis der Epigonen. J. St. *Mills* Lehre von den Produktionskosten ist nur noch die Parodie jenes großen Ansatzes, an dem die Theoriegeschichte von *Petty* bis Ricardo gearbeitet hat.

C. Die Verkümmerung der klassischen Arbeitswertlehre zur Produktionskostentheorie: John Stuart Mill

Mit dem englischen Nationalökonomen und Sozialphilosophen John Stuart Mill (1806—1873), einem der letzten großen Wortführer des philosophischen Utilitarismus und eines mit dem Gedanken der Sozialreform sich verbindenden Liberalismus, vollzieht sich die schon bei *Smith* und *Ricardo* angelegte und für die weitere Theoriegeschichte so bedeutungsvolle *Verselbständigung der Preislehre gegenüber der Wertschöpfungstheorie* — mit der Folge, daß die Preistheorie sich einseitig in katallaktischer und schließlich funktionalistischer Richtung fortentwickelt. Während Mill in seiner Wertlehre alle Widersprüche der vorangegangenen Theorie kritiklos zusammengehäuft hat, gehört sein eigentliches Interesse bereits der Preistheorie; hier hat er der späteren Lehre in mancherlei Hinsicht vorgearbeitet.

1. Zusammenfassung der klassischen Wertlehre

Der Gegenstand der Wertlehre ist für Mill bereits „theoretisch abgeschlossen" (complete) (*1*, Bd. I, S. 641[14]). Das zeigt sich schon äußerlich darin, daß in seinem Hauptwerk die Lehre vom Wert erst im dritten der insgesamt fünf Bücher (nach „Produktion" und „Verteilung") erscheint,

---

[14] John Stuart *Mills* Hauptwerk „Principles of Political Economy with Some of Their Applications to Social Philosophy", 1. Auflage London 1848, wird im folgenden wiedergegeben im Anschluß an die von Heinr. *Waentig* in der Sammlung sozialwissenschaftlicher Meister herausgebrachte deutsche Ausgabe: Grundsätze der politischen Ökonomie mit einigen ihrer Anwendungen auf die Sozialphilosophie; nach der Ausgabe letzter Hand (7. Aufl. 1871) übersetzt von W. *Gehrig,* 1. Bd. in zweiter Auflage, Jena 1924, 2. Bd., Jena 1921. Die deutsche Übersetzung wurde an Hand der zugrundeliegenden 7. englischen Auflage überprüft und teilweise geändert. Die Seitenangaben in eckiger Klammer beziehen sich auf diese englische Ausgabe.

und zwar unter dem Titel „Tausch". Die Vorstellung vom „Wert" nähert sich dem, was später ganz ohne werttheoretische Umschweife als „Gleichgewichtspreis" bezeichnet werden wird. — Mill hat seine theoriegeschichtliche Spätlese der „Wert"-Lehre im 6. Kapitel des 3. Buches seiner „Principles" folgendermaßen zusammengefaßt:

„I. Wert ist ein relativer Ausdruck. Der Wert einer Sache bedeutet die Menge an anderen Dingen oder an Dingen allgemein, gegen die jene ausgetauscht wird. Die Werte aller Güter können daher niemals zu gleicher Zeit fallen oder steigen. ..." (S. 701 [588]).

Wert ist also für Mill zunächst Tauschwert. Zwischen diesem und dem (unten näher bezeichneten) *Kostenwert* der Ware trifft er nirgends eine eindeutige Scheidung.

„II. Der zeitweilige oder Marktwert (market value) einer Sache hängt von Angebot und Nachfrage ab... Die Nachfrage jedoch schwankt mit dem Wert; im allgemeinen ist sie größer, wenn die Sache billig ist, als wenn sie teuer ist; und der Wert (value) gleicht sich immer in der Weise aus, daß die Nachfrage dem Angebot gleich ist" (S. 701 [588]).

Der Marktwert ist hier einfach der Markt*preis*. Einzig bemerkenswert ist, daß die Nachfrage selbst als eine Funktion des Marktpreises angedeutet wird.

„III. Außer ihrem zeitweiligen Werte haben die Dinge auch einen dauernden oder, wie er genannt werden kann, einen natürlichen Wert (permanent or ... Natural Value), zu dem der Marktwert nach jeder Abweichung zurückzukehren immer die Tendenz hat; die Oszillationen gleichen sich aus, so daß durchschnittlich die Waren ungefähr zu ihrem natürlichen Wert ausgetauscht werden" (S. 701 [588]).

Alles, was wir wissen wollen, bleibt hier offen: Für wie lange Zeit können die Marktpreise, die „nach jeder Abweichung" zu ihrem natürlichen Wert zurückstreben, sich von diesem entfernen? Gilt die Tendenz überhaupt für jede einzelne Ware oder nur für alle Waren zusammen? Innerhalb welchen Zeitraums tauschen sich die Waren (wiederum: jede Warenart oder nur alle in ihrer Gesamtheit) „im Durchschnitt" „ungefähr" (wie ungefähr?) zu ihrem „natürlichen Werte" aus? Wie weiß man das überhaupt? Ist der natürliche Wert selbst unveränderlich? — Die bedenkenlose und unkritische Wiederholung dessen, was den großen Klassikern immerhin ein Problem gewesen war, kennzeichnet den Rückschritt von Mill hinter *Smith* und *Ricardo*; sie zeigt, daß die Arbeitswertlehre ihm nur noch ein dogmatischer Restposten der bereits erstarrten liberalistischen Lehrtradition ist. Auch zu den „unsettled questions" der politischen Ökonomie (vgl. Mill, 2) gehören für ihn Fragen der Arbeitswertlehre nicht mehr.

„IV. Der natürliche Wert einiger Dinge ist ein Seltenheitswert (scarcity value); doch werden die meisten Güter natürlicherweise gegeneinander ausgetauscht nach dem Verhältnis ihrer Produktionskosten (cost of production), oder, wie es bezeichnet werden kann, nach ihrem Kostwert (Cost Value).

V. Die Gegenstände, die ihrer Natur nach und dauernd einen Seltenheitswert haben, sind diejenigen, deren Angebot überhaupt nicht vermehrt werden kann, oder nicht genügend, um die ganze Nachfrage zu befriedigen, die beim Kostenwert nach ihnen bestehen würde.

VI. Monopolwert bedeutet Seltenheitswert. Ein Monopol kann keinem Gute einen Wert geben, außer durch Beschränkung des Angebots" (S. 701 f. [588 f.]).

Es fällt auf, daß nach Mill die *Beschränkung* des Angebots einer Ware Wert verleiht — eine Folgerung, die in dem Zugeständnis, bei manchen Waren sei die „Seltenheit" für ihren „Wert" maßgeblich, von vornherein angelegt war. Die spätere Lehre brauchte den Geltungsbereich solcher Seltenheitswerte nur auszudehnen, um schließlich zu *Cassels* universalem „Knappheits"-Prinzip als einem ausreichenden Erklärungsgrund der Preisbildung zu gelangen.

Ebenso wie *Smith* geht auch Mill vom Tauschwert über die Eselsbrücke der „Produktionskosten" sacht zum *absoluten* Werte über; wobei der Kostenwert sich selbstverständlich wiederum aus den einzelnen Kostenelementen (bei Mill unter Einschluß des Gewinns, der also zu den Kosten gerechnet wird) zusammensetzt. Die Sonderstellung, die Mill dabei, scheinbar im Unterschied zu *Smith* und *Ricardo,* der Rente einräumt, hebt er selbst sogleich wieder auf:

„VIII. Die Produktionskosten bestehen aus mehreren Elementen; von ihnen treten einige ständig und allgemein, andere gelegentlich auf. Die allgemeinen Bestandteile der Produktionskosten sind Arbeitslohn und Kapitalprofit. Die gelegentlichen Elemente sind Steuern sowie etwaige Sonderkosten, die durch den Knappheitswert einiger Güter verursacht sind.

IX. Rente ist kein Element bei den Produktionskosten der Ware, die eine Rente abwirft; außer in den (eher vorstellbaren als tatsächlich vorkommenden) Fällen, in denen die Rente aus einem Seltenheitswert entspringt und einen solchen darstellt. Aber wenn Grund und Boden, der in der Landwirtschaft Rente abwerfen kann, zu einem anderen Zweck verwandt wird, so ist die Rente, die er gewährt haben würde, ein Element in den Produktionskosten der Ware, an deren Erzeugung er beteiligt gewesen ist.

X. Übergehen wir die gelegentlichen Elemente! Güter, die eine unbegrenzte Vermehrung zulassen, werden natürlicherweise und dauernd gegeneinander ausgetauscht entsprechend den verhältnismäßigen (comparative) Löhnen, die bei ihrer Produktion gezahlt werden mußten, und den vergleichsweisen Gewinnsummen, welche die Kapitalisten, die den Lohn zahlen, erhalten müssen.

XI. Der *vergleichsweise* Lohnbetrag hängt nicht davon ab, wie hoch die Löhne an und für sich sind. Hohe Löhne schaffen keine hohen Werte, noch niedrige Löhne niedrige Werte. Der relative Lohnbetrag hängt zum Teil von den verhältnismäßigen Mengen der erforderlichen Arbeit ab und zum Teil von den relativen Sätzen für ihre Vergütung.

XII. Ebenso hängt die verhältnismäßige Profitrate nicht von der absoluten Größe der Profite ab (on what profits are in themselves); auch schaffen hohe oder niedrige Gewinne nicht hohe oder niedrige Werte. Sie [die vergleichsweise Profitrate; W. H.] hängt zum Teil von der relativen Länge der Zeit ab, während deren das Kapital beschäftigt ist, und zum Teil von der vergleichsweisen Profitrate bei den verschiedenen Beschäftigungen" (S. 702 f. [589 f.]).

Man beachte die zirkelhafte Beweisführung in XII sowie die unbestimmte Ausdrucksweise hinsichtlich der (verhältnismäßigen) Gewinn*rate:* Diese wird obendrein in unzulässiger Weise als reine *Verhältniszahl* der *absoluten* Größe der (vergleichsweisen) Lohn*summe* zur Seite gestellt. Was bei *Smith* und *Ricardo* „natürlicher" Lohn und Gewinn war, wird also bei Mill zum „vergleichsweisen" (Gesamt-)Lohn und zur „vergleichsweisen" Profitrate; wobei im Grunde jeder Einzellohn und jede Einzelgewinnrate aus den anderen Löhnen und Gewinnraten erklärt wird. Auch im folgenden ist eine bloße Beschreibung von *Preis*bildungsprozessen werttheoretisch verbrämt:

„XIII. Wenn zwei Güter durch dieselbe Menge an Arbeitsaufwand hergestellt sind und diese Arbeit zum gleichen Satz entgolten worden ist, und wenn die Arbeitslöhne für den gleichen Zeitraum zu zahlen sind und die Natur der Beschäftigung nicht erfordert, daß ein dauernder Unterschied in der Höhe der Profite besteht, dann werden diese beiden Güter, mögen die Löhne und Profite hoch oder niedrig und die aufgewandten Arbeitsmengen groß oder klein sein, im Durchschnitt sich gegeneinander austauschen" (S. 703 [590]).

Gemeint ist offenbar: Unter den genannten Voraussetzungen werden die beiden Waren einander *gleichwertig* sein. Dabei ist die Klausel, daß bei zwei Waren, die gleichen Arbeitsaufwand enthalten, die Arbeit auch gleich hoch entgolten sein und die Profitrate eine gleiche sein muß, damit die Waren einander äquivalent sind, im Sinne der Arbeitswerttheorie ganz unnötig. Sie zeigt, daß Mills Produktionskostentheorie nichts anderes sein will als Lehre von den Marktpreisen und Marktkosten. Mill selbst hat darüber keinen Zweifel gelassen:

„Ich muß ein für allemal bemerken, daß in den Fällen, die ich betrachte, Wert und Preis allein durch die Konkurrenz bestimmt sind.

78 2. Abschnitt: Klassische Arbeitswertlehre

Nur soweit sie hierdurch bestimmt werden, können sie auf ein entsprechendes Gesetz zurückgeführt werden. Es muß unterstellt werden, daß die Käufer ebenso bemüht sind, billig zu kaufen, wie die Verkäufer, teuer zu verkaufen. Die Werte und Preise, auf welche unsere Betrachtungen sich beziehen, sind daher kaufmännische (mercantile) Werte und Preise..." (I. Bd., 3. Buch, 1. Kap. § 5, S. 647 [539 f.]).

Das Zentrum aber, um das Mill diese kaufmännischen „Werte und Preise" schwanken läßt, ist einfach der durchschnittliche *Marktpreis:*

„Wenn die Herstellung einer Ware das Ergebnis von Arbeit und Aufwand ist [wieder die laxe Ausdrucksweise: als wenn Arbeit nicht auch ein „Aufwand" wäre!], so gibt es, mag die Ware unbeschränkt vermehrbar sein oder nicht, einen Minimalwert, der wesentliche Bedingung dafür ist, daß sie dauernd produziert wird. Zu jedem bestimmten Zeitpunkt ist der Wert das Ergebnis von Angebot und Nachfrage; und es ist immer derjenige, der notwendig ist, um einen Markt für das bestehende Angebot zu schaffen. Aber wenn dieser Wert nicht ausreicht, um die Produktionskosten abzudecken und außerdem den gewöhnlich erwarteten Gewinn zu bringen, so wird die fragliche Ware nicht länger hergestellt werden. ... Die Produktionskosten zusammen mit dem gewöhnlichen Gewinn (ordinary profit) können daher als der *notwendige* Preis oder Wert (necessary price or value) aller durch Arbeit und Kapital hergestellten Dinge bezeichnet werden" (3. Kap., § 1, S. 662 f. [555]).

„Demnach tendieren die Güter allgemein dahin, sich gegenseitig zu solchen Werten auszutauschen, die jeden Produzenten instand setzen, die Produktionskosten mit dem Normalgewinn wieder hereinzubringen; mit anderen Worten: zu einem solchen Wert, bei dem alle Produzenten die gleiche Gewinnrate auf ihre Auslagen erhalten" (S. 664 [556 f.]).

Die Theorie des *Profitratenausgleichs* bekräftigt hier die Lehre von den im Grunde autonomen Bewegungen der Marktpreise: Nicht mehr die Preise werden aus einem hintergründigen Wertgeschehen abgeleitet, sondern vielmehr die „Werte" aus den Bewegungen der Preise, deren langfristiger Durchschnitt sie sind. — So hat Mill „die Konfusion, die schon den geläufigen Postulaten der Ricardianischen Werttheorie innewohnte, zu einer fortdauernden gemacht" (Blaug, 1, S. 174). Zu Recht konnte später *Jevons* feststellen, daß Mills Produktionskostentheorie nie die Gesetze von Angebot und Nachfrage verlassen habe (Jevons, 1, S. 187).

Die Produktionskostentheorie erklärt einen Preis aus dem anderen. Sie beruft sich damit ständig auf die schon *hergestellten* ökonomischen Verhältnisse der Zeit, während die Wertlehre bei *Smith* noch voller ordnungspolitischer Verheißung war. Die Produktionskostentheorie bewegt sich hierbei in einem ständigen Beweiszirkel. Das wird da sinnfällig, wo der Preis eines

Produkts in dessen eigene Produktionskosten eingeht: So erscheint der Preis früher geförderter Kohle wieder im Preis der unter Aufwand von Kohle erzeugten Produktionsmittel, die wiederum der Kohlenförderung dienen. Die konsequente Produktionskostentheorie führt daher weiter zur Lehre von der allgemeinen *Interdependenz der Preise (Walras, Cassel* usw., s. unten).

2. Der Beitrag zur Preislehre

Hat Mill also die Arbeitswerttheorie wider Willen abzutragen geholfen, so hat er andererseits manche Elemente der reinen Preislehre theoriegeschichtlich vorweggenommen.

a) Die „Grenzkosten" als Preisbestimmungsgrund

Die Produktionskostenlehre wird bei Mill unvermerkt zur Lehre von den *Grenz*produktionskosten:

„VII. Jede Ware, deren Angebot durch Arbeit und Kapital unbeschränkt vermehrt werden kann, tauscht sich gegen andere Güter proportional zu den Kosten, die notwendig sind, den kostspieligsten Teil des erforderlichen Angebots zu produzieren und auf den Markt zu bringen. Der natürliche Wert ist synonym mit dem Kostenwert (Cost Value), und der Kostenwert eines Gutes bedeutet den Kostenwert seines kostspieligsten Teiles" (I. Bd., 3. Buch, 6. Kap., § 1, S. 702 [589]).

Diese frühe Formulierung des Grenzkostenprinzips enthält freilich auch schon dessen Grundschwierigkeit: Das „erforderliche Angebot" muß schon bekannt sein, damit sein „kostspieligster Teil" ermittelt werden kann. — Im übrigen ist zur Erklärung der *Preisbildung* auf den Märkten die Betrachtung der Angebots- und Kostenseite allein natürlich unzureichend. Ferner setzt das Grenzkostenprinzip hier, wie allemal, eine universale Geltung jenes „Gesetzes" abnehmender Erträge voraus, das Mill selbst nur für die Urproduktion in Anspruch genommen hat (vgl. 1. Buch, Kap. 12 und 13) und dessen Allgemeingültigkeit auch Mills Vorstellung von den „beliebig vermehrbaren" Gütern widerspricht.

b) Die Bedeutung der Nachfrage-Elastizität

Nehmen wir an, daß die Nachfrage zu einem bestimmten Zeitpunkt das Angebot übersteigt:

„Es ergibt sich auf seiten der Käufer Konkurrenz und der Wert steigt; aber wie hoch? Einige werden annehmen: im Verhältnis zum Mangel. Wenn die Nachfrage das Angebot um ein Drittel übersteigt, so steigt der Wert um ein Drittel. Keineswegs trifft dies zu: Denn wenn der Wert um ein Drittel gestiegen ist, so kann die Nachfrage das Angebot noch weiter übertreffen. Es mag selbst bei diesem höheren Wert eine größere Menge verlangt werden, als zu erhalten ist, und die Konkurrenz der Käufer kann fortgehen. Wenn die Ware von lebensnotwendiger Natur ist, und die Leute sie lieber zu jedem Preis zu kaufen bereit sind, um nicht darauf verzichten zu müssen, so kann der Ausfall eines Drittels den Preis verdoppeln, verdreifachen oder vervierfachen. Oder umgekehrt kann die Konkurrenz aufhören, bevor der Wert selbst im Verhältnis des Ausfalls gestiegen ist. Eine Preiserhöhung von höchstens einem Drittel kann die Ware den Mitteln und den Wünschen der Käufer vollständig entziehen" (3. Buch, 2. Kap., § 4, S. 656 [550]).

c) Der Gedanke der opportunity costs

Daß in die Berechnung eines Preises der bei anderweitiger Verwendung der respektiven Kapitalelemente zu erwartende Ertrag (Gewinn) eingehe, findet sich bei Mill wiederholt ausgedrückt; so etwa in der oben wiedergegebenen These IX für die Rente. Der Gedanke entspringt dem des allgemeinen Profitratenausgleichs und besagt, daß auch die Einzelpreisbildung sich stets im Rahmen der jeweils bestehenden Gesamtmärkte vollzieht; eine eigentlich kausale Preiserklärung kann und soll damit nicht gegeben werden.

Innerhalb der Millschen „Wert"-Lehre bleiben alle diese Gedanken freilich noch Marginalien. Sie deuten immerhin an, in welcher Richtung sich die nachklassische Preisbildungslehre fortentwickeln wird.

Dritter Abschnitt

Die Vollendung der Arbeitswertlehre zur Theorie der volkswirtschaftlichen Wertschöpfung: Karl Marx

Mit der Idee, daß alle Wertbildung auf menschlicher Arbeit beruhe, hatte der tätige „Dritte Stand" sich geschichtlich von der grundbesitzenden Rentner-Aristokratie abgegrenzt. Die Rückführung des Marktgeschehens auf immanente Gesetze der Tauschgesellschaft hatte später die Wortführer des klassischen Liberalismus nach jener umfassenden Wirtschaftsfreiheit rufen lassen, durch die erst die Verselbständigung der neuen Ordnung sich vollenden sollte. Freilich, um die vermeintliche Einheit des Dritten Standes war es bald getan: Die „soziale Frage" wurde vordringlich; die Gesellschaftskritik regte sich, und sie bemächtigte sich der Arbeitswerttheorie.

Die Fehlerhaftigkeit der klassischen Werttheorie lenkte dabei auch die Sozialkritik zunächst in falsche Richtung: Wenn alle Produkte nur durch die menschliche Arbeit Wert erhalten und daher „nichts als Arbeit kosten" (C. *Rodbertus-Jagetzow*, *1*, S. 23 f.), so sind Gewinn und Rente ein Abzug vom „natürlichen" Arbeitslohn; sie sind ein „Raub" (J. *Gray*) an dem aus der Alleinproduktivität der Arbeit entspringenden *unverkürzten Arbeitsertrag*, der den Arbeitenden zusteht. Während fast des ganzen 19. Jahrhunderts wird diese Anklage wiederkehren: von Robert *Owen* (1771—1858), dem großen englischen Sozialreformer (*1, 2, 3*) über P. *Ravenstone* (*1*), W. *Thompson* (1785—1833; *1*), J. *Gray* (1790—1850; *1, 2*), Th. *Hodgskin* (*1, 2*), T. R. *Edmonds* (*1*) bis hin zu F. *Lassalle* (1825—1864; *1*) und Anton *Menger* (*1*). Das große Mittel, jenes Recht auf den vollen Arbeitsertrag zu verwirklichen, ist den Sozialreformern (namentlich der ersten Jahrhunderthälfte) die Produktivassoziation der Arbeitenden (*Owen, Fourier, Blanc, Lassalle;* vgl. W. *Hofmann, 1*; siehe auch Bd. II der Texte).

Sind freilich schon die großen Stifter der klassischen Arbeitswerttheorie über den Widerspruch nicht hinweggekommen, wie sich die Erzielung von Gewinn mit dem Austausch der Waren nach dem Prinzip der Äquivalenz von Leistung und Gegenleistung vereinbare, so haben vollends die Verfechter des Rechts auf den vollen Arbeitsertrag die Arbeitswertlehre einseitig ausgelegt; sie dient ihnen zur Rechtfertigung eines *moralischen* Anspruchs, den sie im Namen der Arbeitenden erheben.

Erst der Begründer des „wissenschaftlichen Sozialismus", Karl Marx (1818—1883), hat die Lehre von dem Gewinneinkommen, vom *„Mehrwert"* mit der Lehre vom Äquivalententausch in Übereinstimmung gebracht und damit die bisherige Antinomie von Wert- und Einkommenstheorie überwunden. Dies bleibt, bei allen Bedenken, von denen auch seine Wertlehre nicht frei ist (vgl. unten, S. 108 ff.), anzuerkennen. Die Werttheorie von Marx unterscheidet sich von der Ricardos (wie *Diehl* hervorgehoben hat, *1*, Bd. I, S. 97 ff.) vor allem a) durch ihren Bezug auf eine bestimmte historische Produktionsweise, b) durch die klare Scheidung von „Wert" und „Tauschwert", c) durch ihre Fortbildung zur Theorie des „Mehrwerts".

Die Lehre vom Wert ist die wissenschaftliche Grundlage der Marxschen Kritik der kapitalistischen Gesellschaft; sie ist ihm „der Ausgangspunkt der Physiologie des bürgerlichen Systems, des Begreifens seines inneren Zusammenhangs und Lebensprozesses" (*2*, Bd. II, S. 157). Wie aber geschichtliche Voraussetzung der kapitalistischen Produktionsweise für Marx die Ausbildung einer kommerziellen Tauschwirtschaft überhaupt ist, so greift auch die Analyse von Marx auf die vorkapitalistische Formation der „einfachen Warenproduktion" zurück. Das „Wertgesetz" hat seine Geschichte.

A. Der Wert in der „einfachen Warenproduktion"

Die Verfahrensweise von Marx ist die des zugleich analytischen und historischen Zurückgehens von den komplexen Erscheinungen der Wirtschaftsgesellschaft zu einfachen Grundsachverhalten ihres materiellen Lebensprozesses, die zugleich als die geschichtlich vorausgegangenen nachgewiesen werden. Bestimmte Elementarformen des kapitalistischen Wirtschaftsverkehrs (Ware, Geld, Kredit) findet Marx schon in der „einfachen Warenproduktion" entwickelt, wo bereits regelmäßiger Tausch stattfinde, wenn auch noch ohne freie Lohnarbeit und ohne Kapitalakkumulation. Bevor Marx also der besonderen Natur der „kapitalistischen Produktionsweise" nachgeht, fragt er nach den allgemeinen Merkmalen, die sie als kommerzielle Ordnung mit vorausgegangenen Wirtschaftsformationen teilt. Seine Untersuchung hebt daher bei der Grundkategorie jeder kommerziellen Wirtschaft, der Ware, an; das große Hauptwerk „Das Kapital" (Bd. 1, 1867[15]) beginnt:

„Der Reichtum der Gesellschaften, in welchen kapitalistische Produktionsweise herrscht, erscheint als eine ‚ungeheure Warensammlung', die einzelne Ware als seine Elementarform. Unsere Untersuchung beginnt daher mit der Analyse der Ware" (S. 49 [I/3]).

---

[15] Zitiert wird im allgemeinen nach der neuen Ausgabe der „Werke" von Marx und Engels (Berlin, 1957 ff.), unter Einschluß der Neuauflage der „Theorien über den Mehrwert" (Berlin 1956/59/62). Bei Texten aus dem „Kapital" wird außerdem auf die von Hans-Joachim *Lieber* herausgebrachte Studienausgabe der Werke von Marx (Stuttgart 1960 ff.) zurückgegriffen. Bei Zitaten aus dem „Kapital" bezeichnen die Ziffern in runden Klammern Buch/Titel/Nummer sowie Seitenzahl nach der Berliner Ausgabe, die Ziffern in eckigen Klammern die Band- und Seitenzahl der Stuttgarter Ausgabe. Da bis zum Abschluß der vorliegenden „Texte" Band III der neuen Berliner Ausgabe des „Kapital" (bzw. der zweite Halbband des III. Bandes nach der Stuttgarter Ausgabe) noch nicht erschienen ist, wird bei Zitaten aus dem III. Band auf die erste deutsche Nachkriegsausgabe, Berlin 1949, zurückgegangen.

1. Die „Doppelnatur" der Ware und der Arbeit

a) *Gebrauchswert und Wert*

Wie die englischen Klassiker, so unterscheidet auch Marx zwischen Gebrauchswert und Tauschwert der Ware, um sogleich vom Tauschwert als der bloßen „Darstellungsform" des Wertes auf diesen selbst zurückzugehen:

„Die Nützlichkeit eines Dinges macht es zum *Gebrauchswert* ... Gebrauchswerte bilden den *stofflichen Inhalt des Reichtums*, welches immer seine *gesellschaftliche Form* sei. In der von uns zu betrachtenden Gesellschaftsform bilden sie zugleich die stofflichen Träger des *Tauschwerts*.

Der Tauschwert erscheint zunächst als das *quantitative Verhältnis*, die Proportion, worin sich Gebrauchswerte einer Art gegen Gebrauchswerte anderer Art austauschen, ein Verhältnis, das beständig mit Zeit und Ort wechselt" (I/1/1, S. 50 [I/4 f.]).

Da aber ein und die gleiche Ware sich mit den verschiedensten anderen Waren vergleichen läßt, so ...

„... folgt erstens: die gültigen Tauschwerte derselben Ware drücken ein Gleiches aus. Zweitens aber: der Tauschwert kann überhaupt nur die Ausdrucksweise, die ‚Erscheinungsform' eines von ihm unterscheidbaren Gehalts sein. ...

Sieht man nun vom Gebrauchswert der Warenkörper ab, so bleibt ihnen nur noch eine Eigenschaft, die von Arbeitsprodukten. Jedoch ist uns auch das Arbeitsprodukt bereits in der Hand verwandelt. Abstrahieren wir von seinem Gebrauchswert, so abstrahieren wir auch von den körperlichen Bestandteilen und Formen, die es zum Gebrauchswert machen. Es ist nicht länger Tisch oder Haus oder Garn oder sonst ein nützlich Ding. Alle seine sinnlichen Beschaffenheiten sind ausgelöscht. Es ist auch nicht länger das Produkt der Tischlerarbeit oder der Bauarbeit oder der Spinnarbeit oder sonst einer bestimmten produktiven Arbeit. Mit dem nützlichen Charakter der Arbeitsprodukte verschwindet der nützliche Charakter der in ihnen dargestellten Arbeiten, es verschwinden also auch die verschiedenen konkreten Formen dieser Arbeiten, sie unterscheiden sich nicht länger, sondern sind allzusammen reduziert auf gleiche menschliche Arbeit, abstrakt menschliche Arbeit" (S. 51 f. [I/6 f.]). Sie sind „... eine bloße Gallerte unterschiedsloser menschlicher Arbeit, d. h. der Verausgabung menschlicher Arbeitskraft ohne Rücksicht auf die Form ihrer Verausgabung" (S. 52 [I/7]).

„Das Gemeinsame, was sich im Austauschverhältnis oder Tauschwert der Ware darstellt, ist also ihr Wert. Der Fortgang der Untersuchung wird uns zurückführen zum Tauschwert als der notwendigen Ausducksweise oder Erscheinungsform des Werts, welcher zunächst jedoch unabhängig von dieser Form zu betrachten ist" (S. 53 [I/7]).

„Ein Ding kann *Gebrauchswert* sein, ohne *Wert* zu sein. Es ist dies der Fall, wenn sein Nutzen für den Menschen nicht durch Arbeit vermittelt ist. So Luft, jungfräulicher Boden, natürliche Wiesen, wildwachsendes Holz usw. Ein Ding kann nützlich und Produkt menschlicher Arbeit sein, ohne *Ware* zu sein. Wer durch sein Produkt sein eigenes Bedürfnis befriedigt, schafft zwar *Gebrauchswert* aber nicht *Ware*. Um Ware zu produzieren, muß er nicht nur Gebrauchswert produzieren, sondern *Gebrauchswert für andere, gesellschaftlichen Gebrauchswert*. ... Endlich kann kein Ding Wert sein, ohne Gebrauchsgegenstand zu sein. Ist es nutzlos, so ist auch die in ihm enthaltene Arbeit nutzlos, zählt nicht als Arbeit und bildet daher keinen Wert" (S. 55 [I/10]).

„Das Arbeitsprodukt ist in allen gesellschaftlichen Zuständen Gebrauchsgegenstand, aber nur eine historisch bestimmte Entwicklungsepoche, welche die in der Produktion eines Gebrauchsdinges verausgabte Arbeit als seine ‚gegenständliche' Eigenschaft darstellt, d. h. als seinen Wert, verwandelt das Arbeitsprodukt in Ware" (I/1/3, S. 76 [I/35]).

„Kein Produzent, der Industrielle so wenig wie der Ackerbauer, isoliert betrachtet, produziert Wert oder Ware. Sein Produkt wird nur Wert und Ware in bestimmtem gesellschaftlichen Zusammenhang. Erstens, soweit es als Darstellung gesellschaftlicher Arbeit erscheint, also seine eigene Arbeitszeit als Teil der gesellschaftlichen Arbeitszeit überhaupt; zweitens: dieser gesellschaftliche Charakter seiner Arbeit erscheint als ein seinem Produkt aufgeprägter gesellschaftlicher Charakter, in seinem Geldcharakter und in seiner durch den Preis bestimmten allgemeinen Austauschbarkeit" (III/37, S. 689).

Als nutzbare Dinge haben die *Güter* also *Gebrauchswert*, aber nur als *Waren* (unter den geschichtlichen Bedingungen einer *kommerziellen* Wirtschaft) Wert und Tauschwert. Die „Wertformen" selbst entwickeln sich Marx zufolge geschichtlich.

b) „Konkrete" und „abstrakte" Arbeit

Wie die Ware Doppelcharakter als Träger von Gebrauchswert und Wert hat, so ist die Waren erzeugende Arbeit selbst von zwieschlächtiger Natur:

„Alle Arbeit ist einerseits Verausgabung menschlicher Arbeitskraft im physiologischen Sinn und in dieser Eigenschaft gleicher menschlicher oder abstrakt menschlicher Arbeit bildet sie den wahren Wert.

Alle Arbeit ist andererseits Verausgabung menschlicher Arbeitskraft in besonderer zweckbestimmter Form, und in dieser Eigenschaft konkreter nützlicher Arbeit produziert sie Gebrauchswerte" (I/1/2, S. 61 [I/17]).

Die Grenze zwischen überzeitlichem, rein *güter*wirtschaftlichem Inhalt der menschlichen Arbeit schlechthin und ihrem geschichtlich besonderen Inhalt als *Waren* produzierende ist hiermit sehr scharf gezogen. — Als *Gebrauchswerte* („Güter") sind Produkte Teile des „Volksreichtums", als *Tauschwerte* („Waren") Partikel des Nationalprodukts; als *Güter* sind sie Ergebnis des Zusammenwirkens von Produktivkräften *aller* Art, als *Werte* dagegen Ergebnis der menschlichen Arbeit allein. Daher hat Marx die von *Lassalle* erhobene und in das „Gothaer Programm" der „Sozialistischen Arbeiterpartei Deutschlands" (1875) übernommene Forderung zurückgewiesen, wonach die Arbeitenden in den Genuß des ihnen zustehenden „unverkürzten Arbeitsertrags" gebracht werden sollten, da die Arbeit „Quelle alles Reichtums" sei. „Arbeit ist ... nicht die einzige Quelle der von ihr produzierten Gebrauchswerte, des stofflichen Reichtums", heißt es schon im „Kapital" (I/1/2, S. 58 [I/13]; vgl. auch Marx 3). Infolgedessen ist aber auch *Kapital* nach Marx nicht güterwirtschaftlich zu bestimmen (etwa als „produziertes Produktionsmittel", worunter der Jagdspeer des Primitiven ebenso fallen würde wie die elektronisch gesteuerte Produktionsapparatur eines kaufmännisch betriebenen Unternehmens), sondern vielmehr wiederum historisch-soziologisch, als ein „gesellschaftliches Verhältnis".

2. Das Wertmaß

a) *Arbeitszeit als Maßstab*

„Ein Gebrauchswert oder Gut hat also nur einen Wert, weil abstrakt menschliche *Arbeit* in ihm vergegenständlicht oder materialisiert ist. Wie nun die *Größe* seines Werts messen? Durch das Quantum der in ihm enthaltenen ‚wertbildenden Substanz', der Arbeit. Die Quantität der Arbeit selbst mißt sich an ihrer *Zeitdauer*, und die *Arbeitszeit* besitzt wieder ihren Maßstab an *bestimmten Zeitteilen* wie Stunde, Tag usw."(I/1/1, S. 53 [I/7]).

Folgt Marx hier der Spur der englischen Hochklassik, so muß er, wie diese, sogleich einige nähere Bestimmungen treffen.

b) *Die „gesellschaftlich notwendige Arbeitszeit"*

Wie alle Produktion für den Markt, Marx zufolge, von vornherein gesellschaftlichen Charakter hat, so ist auch der Warenwert durch einen gesellschaftlichen Ausgleichsprozeß bestimmt:

„Es könnte scheinen, daß, wenn der Wert einer Ware durch das während ihrer Produktion verausgabte Arbeitsquantum bestimmt ist, je fauler oder ungeschickter ein Mann, desto wertvoller seine Ware, weil er desto mehr Zeit zu ihrer Verfertigung braucht" (S. 53 [I/7 f.]).

In Wahrheit zählt jedoch nur die gesellschaftlich notwendige Arbeitszeit:

„Gesellschaftlich notwendige Arbeitszeit ist Arbeitszeit, erheischt, um irgendeinen Gebrauchswert mit den vorhandenen gesellschaftlich-normalen Produktionsbedingungen und dem gesellschaftlichen Durchschnittsgrad von Geschick und Intensität der Arbeit darzustellen" (S. 53 [I/8]).

„Es ist also nur das *Quantum gesellschaftlich notwendiger Arbeit* oder die zur *Herstellung eines Gebrauchswerts gesellschaftlich notwendige Arbeitszeit*, welche seine Wertgröße bestimmt. Die einzelne Ware gilt hier überhaupt als Durchschnittsexemplar ihrer Art. Waren, worin gleich große Arbeitsquanta enthalten sind, oder die in derselben *Arbeitszeit* hergestellt werden können, haben daher *dieselbe Wertgröße*" (S. 54 [I/8 f.]).

„Allgemein: je größer die Produktivkraft der Arbeit, desto kleiner die zur Herstellung eines Artikels erheischte Arbeitszeit, desto kleiner die in ihm kristallisierte Arbeitsmasse, desto kleiner sein Wert. ... Die *Wertgröße* einer Ware wechselt also *direkt* wie das *Quantum* und *umgekehrt* wie die *Produktivkraft* der sich in ihr verwirklichenden Arbeit" (S. 55 [I/10]; vgl. auch III/37, S. 685).

In dem Prozeß der Nivellierung rein „individueller" Werte zu Durchschnittswerten kommt also der gesellschaftliche Zusammenhang der Einzelproduktion zum Ausdruck.

c) Der unterschiedliche Charakter der Arbeitsstunde

Auch für Marx ergibt sich, wie für die Klassiker, die Notwendigkeit, qualitativ unterschiedliche Arbeit in homogene und daher nur noch *quantitativ* unterschiedene Arbeit zu übersetzen. Arbeit, die höhere Anforderungen stellt, wird als entsprechend vermehrte „einfache Durchschnittsarbeit" betrachtet. So bleibt die Einheit des Arbeitszeitmaßes gewahrt:

Die menschliche Arbeit „ist Verausgabung *einfacher* Arbeitskraft, die im Durchschnitt jeder gewöhnliche Mensch, ohne besondere Entwicklung, in seinem leiblichen Organismus besitzt. *Die einfache Durchschnittsarbeit* selbst wechselt zwar in verschiedenen Ländern und Kulturepochen ihren Charakter, ist aber in einer vorhandenen Gesellschaft gegeben. Kompliziertere Arbeit gilt nur als *potenzierte* oder vielmehr *multiplizierte* einfache Arbeit, so daß ein kleineres Quantum komplizierter Arbeit gleich einem großen Quantum einfacher Arbeit. Daß diese Reduktion ständig vorgeht, zeigt die Erfahrung. Eine Ware mag das Produkt der kompliziertesten Arbeit sein, ihr *Wert* setzt sie dem Produkt einfacher Arbeit gleich und stellt daher selbst nur ein bestimmtes Quantum einfacher Arbeit dar. Die verschiedenen Proportionen, worin verschiedene Arbeitsarten auf einfache Arbeit als ihre Maßeinheit reduziert sind, werden durch einen gesellschaftlichen Prozeß hinter dem Rücken der Produzenten festgesetzt und scheinen ihnen daher durch das Herkommen gegeben" (I/1/2, S. 59 [I/14 f.]).

Der Verweis auf einen geheimnisvollen „gesellschaftlichen Prozeß hinter dem Rücken der Produzenten" entspricht ganz *Ricardos* Gedankengang (siehe oben, S. 60). Gemeint ist offenbar jene „konstituierende Bewegung" (4) der Kräfte der *Konkurrenz*, welche auch die gesellschaftliche Gesamtarbeit zwischen den Produktionsbereichen durch Zu- und Abwanderung des Kapitals proportioniert (siehe auch unten, S. 96 ff.). — Die modernen Bemühungen um eine „analytische Arbeitsplatzbewertung" in den Betrieben haben uns heute einer Objektivierung der Reduktionsskala unterschiedlicher Arbeit näher gebracht.

Marx erschließt den Wert als die gesellschaftliche Grundkategorie der Warenproduktion zunächst analytisch. Sodann verfolgt er die Darstellungsform des Wertes, den Tauschwert, in ihren geschichtlichen Erscheinungen. (Ansätze hierzu finden sich übrigens schon bei *Turgot*, 1, S. 58 ff.) Der Weg geht hier vom „gelegentlichen" über den „gewohnheitsmäßigen" zum „entwickelten" Tausch, und damit zur absichtsvollen Produktion von Waren als „Gebrauchswerte für andere". Dabei hebt sich aus der Masse der Gebrauchswerte, die einander zunächst wechselseitig als Vergleichsmaßstab dienen, schließlich eine Ware geschichtlich heraus, deren besonderer Gebrauchswert darin besteht, allgemeiner *Tauschwert*maßstab zu sein: das *Geld*. Als „Geldausdruck des Wertes" wird der Tauschwert in der entfalteten Warenwirtschaft schließlich zum *Preis*.

Dabei gilt:

„Die Waren werden nicht durch das Geld kommensurabel. Umgekehrt. Weil *alle* Waren als *Werte vergegenständlichte menschliche Arbeit,* daher an und für sich kommensurabel sind, können sie ihre Werte gemeinschaftlich in derselben spezifischen Ware messen und diese dadurch in ihr gemeinschaftliches Wertmaß oder Geld verwandeln. Geld als Wertmaß ist *notwendige* Erscheinungsform des *immanenten* Wertmaßes der Waren, der Arbeitszeit" (I/3/1, S. 109 [I/74 f.]).

Die Erscheinungsform des Wertes, der Preis, fällt in der entwickelten Tauschwirtschaft größenmäßig nur noch höchst zufällig mit dem Werte selbst zusammen. Daß die Preisbewegungen durch das „Wertgesetz" regiert sind, gilt jetzt Marx zufolge nur noch für die Waren in ihrer *Gesamtheit* und auf längere Sicht betrachtet. Die Übereinstimmung oder Abweichung der Preise gegenüber dem Wert der Waren ist dabei im Einzelfall niemals rechnerisch nachzuweisen. Hierdurch aber bleibt das Wertgeschehen überhaupt für die Einzelbeteiligten, die im Netzwerk ihrer

Märkte verstrickt sind, unbegriffen, und damit der gesellschaftliche Zusammenhang ihrer Einzeltätigkeiten. — So gelangt Marx von der Analyse des Wertes zur Deutung des in der Erscheinungswelt der Märkte befangenen Bewußtseins; seine ökonomische Untersuchung verbindet sich mit der soziologischen.

3. Das verdinglichte Bewußtsein: der „Fetisch-Charakter" der Ware

„Eine Ware scheint auf den ersten Blick ein selbstverständliches, triviales Ding. Ihre Analyse ergibt, daß sie ein sehr vertracktes Ding ist, voll metaphysischer Spitzfindigkeit und theologischer Mucken. Soweit sie *Gebrauchswert*, ist nichts Mysteriöses an ihr..." Erst als Ware wird die Sache zu einem „sinnlich übersinnlichen Ding" (I/1/4, S. 85 [I/46]).

„Gebrauchsgegenstände werden überhaupt nur Waren, weil sie *Produkte voneinander unabhängig betriebener Privatarbeiten* sind. Der Komplex dieser Privatarbeiten bildet die gesellschaftliche Gesamtarbeit. Da die Produzenten erst in gesellschaftlichen Kontakt treten durch den Austausch ihrer Arbeitsprodukte, erscheinen auch die spezifisch gesellschaftlichen Charaktere ihrer Privatarbeiten erst innerhalb dieses Austauschs. Oder die Privatarbeiten betätigen sich in der Tat erst als Glieder der gesellschaftlichen Gesamtarbeit durch die Beziehungen, worin der Austausch die Arbeitsprodukte und vermittels derselben die Produzenten versetzt. Den letzteren *erscheinen* daher die gesellschaftlichen Beziehungen ihrer Privatarbeiten als das was sie *sind*, d. h. nicht als unmittelbar gesellschaftliche Verhältnisse der Personen in ihren Arbeiten selbst, sondern vielmehr als *sachliche Verhältnisse* der Personen und *gesellschaftliche Verhältnisse der Sachen*" (S. 87 [I/48 f.]).

„Die Menschen beziehen also ihre Arbeitsprodukte nicht aufeinander als *Werte*, weil diese Sachen ihnen als *bloß sachliche* Hüllen gleichartig menschlicher Arbeit gelten. Umgekehrt. Indem sie ihre verschiedenartigen *Produkte einander* im Austausch *als Werte* gleichsetzen, setzen sie ihre verschiedenen Arbeiten einander als menschliche Arbeit gleich. Sie wissen das nicht, aber sie *tun* es. Es steht daher dem Werte nicht auf der Stirn geschrieben, *was* er ist. Der Wert verwandelt vielmehr jedes Arbeitsprodukt in eine gesellschaftliche Hieroglyphe" (S. 88 [I/50]).

„Woher entspringt also der rätselhafte Charakter des Arbeitsprodukts, sobald es *Warenform* annimmt? Offenbar aus dieser Form selbst. Die Gleichheit der menschlichen Arbeiten erhält die sachliche **Form** der gleichen Wertgegenständlichkeit der Arbeitsprodukte, das

Maß der Verausgabung menschlicher Arbeitskraft durch ihre Zeitdauer erhält die Form der Wertgröße der Arbeitsprodukte, endlich die Verhältnisse der Produzenten, worin jene gesellschaftlichen Bestimmungen ihrer Arbeiten betätigt werden, erhalten die Form eines gesellschaftlichen Verhältnisses der Arbeitsprodukte.

Das Geheimnisvolle der Warenform besteht also einfach darin, daß sie den Menschen die gesellschaftlichen Charaktere ihrer eigenen Arbeit als gegenständliche Charaktere der Arbeitsprodukte selbst, als gesellschaftliche Natureigenschaften dieser Dinge zurückspiegelt, daher auch das gesellschaftliche Verhältnis der Produzenten zur Gesamtarbeit als ein außer ihnen existierendes gesellschaftliches Verhältnis von Gegenständen. Durch dieses quid pro quo werden die Arbeitsprodukte Waren, sinnlich übersinnliche oder gesellschaftliche Dinge" (S. 86 [I/47 f.]).

Dabei „hat die Warenform und das Wertverhältnis der Arbeitsprodukte, worin sie sich darstellt, mit ihrer physischen Natur und den daraus entspringenden dinglichen Beziehungen absolut nichts zu schaffen. Es ist nur das bestimmte gesellschaftliche Verhältnis der Menschen selbst, welches hier für sie die phantasmagorische Form eines Verhältnisses von Dingen annimmt. Um daher eine Analogie zu finden, müssen wir in die Nebelregion der religiösen Welt flüchten. Hier scheinen die Produkte des menschlichen Kopfes mit eigenem Leben begabte, untereinander und mit den Menschen in Verhältnis stehende selbständige Gestalten. So in der Warenwelt die Produkte der menschlichen Hand. Dies nenne ich den Fetischismus, der den Arbeitsprodukten anklebt, sobald sie als Waren produziert werden, und der daher von der Warenproduktion unzertrennlich ist" (S. 86 f. [I/48]).

Die Erscheinungswelt der Märkte wirkt also auf das Bewußtsein der Beteiligten in doppelter Weise ein: 1. Der wirkliche Ort der Wertbildung wird verdunkelt. Für die Warenbesitzer erlangen die Dinge nicht Wert in der *Produktion*, sondern vielmehr im *Verkauf*, wo sie ihren Wert nach Marx erst „realisieren"; sie sind ihren Verkäufern bis dahin nicht Träger von Wert, sondern von *Kosten*, die ihnen vorweg entstanden sind, und die sie (mit Gewinn) wieder hereinbringen wollen. Der Markt triumphiert in der kommerziellen Gesellschaft über die Produktion; er bestimmt deren Ausmaß und Richtung und beherrscht den rechnenden Verstand der Beteiligten.

2. Die Marktbeteiligten selbst treten in ein „Verhältnis wechselseitiger Fremdheit" (I/2, S. 102 [I/67]) zueinander:

„Die Personen existieren hier nur füreinander als Repräsentanten von Ware und daher als *Warenbesitzer*. Wir werden überhaupt im Fortgang der Entwicklung finden, daß die ökonomischen Charaktermasken der Personen nur die Personifikationen der ökonomischen Verhältnisse sind, als deren Träger sie sich gegenübertreten" (I/2, S. 99 f. [I/64]).

„Ihre eigene gesellschaftliche Bewegung besitzt für sie die Form einer Bewegung von Sachen, unter deren Kontrolle sie stehen, statt sie zu kontrollieren" (I/1/4, S. 89 [I/51]).

In den früheren, vorkommerziellen Ordnungen der Geschichte dagegen waren die gesellschaftlichen Verhältnisse als unmittelbar persönliche durchschaubar geblieben. Die mittelalterliche Feudalität etwa beruhte auf direkter persönlicher Abhängigkeit; und ...

„... eben weil persönliche Abhängigkeitsverhältnisse die gegebene gesellschaftliche Grundlage bilden, brauchen Arbeiten und Produkte nicht eine von ihrer Realität verschiedene phantastische Gestalt anzunehmen. Sie gehen als Naturaldienste und Naturalleistungen in das gesellschaftliche Getriebe ein. Die Naturalform der Arbeit, ihre Besonderheit, und nicht, wie auf Grundlage der Warenproduktion, ihre Allgemeinheit, ist hier ihre unmittelbar gesellschaftliche Form. Die Fronarbeit ist ebensogut durch die Zeit gemessen wie die Waren produzierende Arbeit, aber jeder Leibeigene weiß, daß es ein bestimmtes Quantum seiner persönlichen Arbeitskraft ist, die er im Dienst seines Herrn verausgabt. Der dem Pfaffen zu leistende Zehnten ist klarer als der Segen des Pfaffen. Wie man daher immer die Charaktermasken beurteilen mag, worin sich die Menschen hier gegenübertreten, die gesellschaftlichen Verhältnisse der Personen in ihren Arbeiten erscheinen jedenfalls als ihre eigenen persönlichen Verhältnisse, und sind nicht verkleidet in gesellschaftliche Verhältnisse der Sachen, der Arbeitsprodukte" (S. 91 f. [I/54]).

Ebenso würde in einer künftigen Gesellschaft „freier Menschen, die mit gemeinschaftlichen Produktionsmitteln arbeiten und ihre vielen individuellen Arbeitskräfte selbstbewußt als eine gesellschaftliche Arbeitskraft verausgaben" (S. 92 [I/55]), die „gesellschaftlichen Beziehungen der Menschen zu ihren Arbeiten und Arbeitsprodukten" wieder „durchsichtig einfach in der Produktion sowohl als in der Distribution" sein (S. 93 [I/56]).

Der „Warenfetischismus" bleibt also der Tauschgesellschaft eigen.

In der Lehre vom verdinglichten Verhältnis der Marktwelt erscheint bei Marx analytisch vertieft, was heute in Formeln wiederkehrt wie: „Versachlichung" der zwischenmenschlichen Beziehungen, „Herrschaft des Marktes", der „Zwecke" oder der „Interessen", usw. Man vergleiche auch Max *Weber:* „Die Marktgemeinschaft als solche ist die unpersönlichste praktische Lebensbeziehung, in welche Menschen miteinander treten können. Nicht weil der Markt einen Kampf unter den Interessenten einschließt. ... Sondern weil er spezifisch sachlich, am Interesse an den Tauschgütern und nur an diesen orientiert ist. Wo der Markt seiner Eigengesetzlichkeit überlassen ist, kennt er nur Ansehen der Sache, kein Ansehen der Person, keine Brüderlichkeits- und Pietätspflichten, keine der urwüchsigen von den persönlichen Gemeinschaften getragenen menschlichen Beziehungen" (Wirtschaft und Gesellschaft, 1, 2. Teil, 5. Kap., S. 364 f.).

Sind also, wie Marx ausführt, die Marktbeteiligten im Schein der Verhältnisse befangen, so trifft dasselbe auch für die ökonomische Theorie zu: Sie nimmt die verdinglichte Form, in welcher die gesellschaftlichen Beziehungen der Produzenten an den Märkten erscheinen, für deren schlechthin naturgemäße und damit den geschichtlich *besonderen* Charakter der Tauschgesellschaft für einen unwandelbaren Sachverhalt des Wirtschaftslebens überhaupt:

„Was nur für diese besondere Produktionsform, die Warenproduktion, gültig ist, daß nämlich der spezifisch gesellschaftliche Charakter der voneinander unabhängigen Privatarbeiten in ihrer Gleichheit als menschliche Arbeit besteht und die Form des Wertcharakters der Arbeitsprodukte annimmt, erscheint, vor wie nach jener Entdeckung, den in den Verhältnissen der Warenproduktion Befangenen ebenso endgültig, als daß die wissenschaftliche Zersetzung der Luft in ihre Elemente die Luftform als eine physikalische Körperform fortbestehen läßt" (S. 88 [I/50 f.]).

„Das Nachdenken über die Formen des menschlichen Lebens, also auch ihre wissenschaftliche Analyse, schlägt überhaupt einen der wirklichen Entwicklung entgegengesetzten Weg ein. Es beginnt post festum und daher mit den fertigen Resultaten des Entwicklungsprozesses. Die Formen, welche Arbeitsprodukte zu Waren stempeln und daher der Warenzirkulation vorausgesetzt sind, besitzen bereits die Festigkeit von Naturformen des gesellschaftlichen Lebens, bevor die Menschen sich Rechenschaft zu geben suchen, nicht über den historischen Charakter dieser Formen, die ihnen vielmehr bereits als unwandelbar gelten, sondern über deren Gehalt" (S. 89 f. [I/52]).

Es ist dabei besonders die „Geldform..., welche den gesellschaftlichen Charakter der Privatarbeiten und daher die gesellschaftlichen Verhältnisse der Privatarbeiter sachlich verschleiert statt sie zu offenbaren" (S. 90 [I/52]).

„Derartige Formen bilden eben die *Kategorien* der bürgerlichen Ökonomie. Es sind gesellschaftlich gültige, also objektive Gedankenformen für die Produktionsverhältnisse *dieser historisch bestimmten* gesellschaftlichen Produktionsweise, der Warenproduktion" (S. 90 [I/52]

Auch die klassische Werttheorie blieb in der unhistorischen Verallgemeinerung der Gesetze der Tauschgesellschaft befangen:

„Es ist einer der Grundmängel der klassischen politischen Ökonomie, daß es ihr nie gelang, aus der Analyse der Ware und spezieller des Warenwerts die Form des Werts, die ihn eben zum Tauschwert macht, herauszufinden. Gerade in ihren besten Repräsentanten, wie A. Smith und Ricardo, behandelt sie die Wertform als etwas ganz Gleichgültiges oder der Natur der Ware selbst Äußerliches. Der Grund ist nicht allein, daß die Analyse der Wertgröße ihre Aufmerksamkeit ganz absorbiert. Er liegt tiefer. Die Wertform des Arbeitsprodukts ist die abstrakteste, aber auch allgemeinste Form der bürgerlichen Produktionsweise, die hierdurch als eine besondere Art gesellschaftlicher Produktion und damit zugleich historisch charakterisiert wird. Versieht man sie daher für die ewige Naturform gesellschaftlicher Produktion, so übersieht man notwendig auch das Spezifische der Wertform, also der Warenform, weiterentwickelt der Geldform, Kapitalform usw." (Fußnote S. 95 [I/59]).

Die Lehre vom entstellenden Schein der Verhältnisse in der Warengesellschaft ist wesentlich nicht nur für die Ideologienlehre von Marx überhaupt sowie für seine Theorie der menschlichen *Entfremdung* (vgl. über die „entäußerte Arbeit" Marx, 5, S. 96 ff.), sondern auch für seine Deutung des Mißverständnisses, dem die *kapitalistische* Wirtschaft ausgesetzt ist: Bleibt schon unter den Bedingungen der einfachen Warenproduktion der eigentliche Ort der Wertbildung verborgen, so vollends in der kapitalistischen Ordnung die Herkunft des „Mehrwerts". Überall gilt es daher für Marx nicht nur Grundsachverhalte bloßzulegen, sondern zugleich den beirrenden Augenschein zu durchdringen und zu deuten.

B. Der Wert in der kapitalistischen Warenproduktion

Wie alle Wertlehre, so hat auch die Werttheorie von Marx zwei Aufgaben zu lösen: Als *Wertschöpfungslehre* ist sie Ausgangspunkt der Theorie des Volkseinkommens und seiner Verteilung; bei Marx führt sie hinüber zur Theorie des „Mehrwerts". Als Lehre vom Äquivalententausch zielt sie auf die „Gesetze" des *Preisbildungs*prozesses. — Marx entwickelt zunächst die Kategorie des Wertes, als Grundlage für beides. Sodann geht er zur Deutung des „Mehrwerts" über, der ihm der Angelpunkt des ganzen kapitalistischen Systems ist. Die regelmäßige Produktion von „Mehrwert" wandelt nun Marx zufolge auch die Gesetze des Warentauschs; die Lehre vom Kapitalgewinn verbindet sich erneut mit der vom Produktenaustausch. Das vermittelnde Glied dabei ist die Theorie des „Ausgleichs der Profitraten".

1. Der Ausgleich der Profitraten und der „Produktionspreis"

a) Die Konkurrenz der Kapitalien

Daß die Arbeitsmenge, die auf die Produkte verwandt worden ist, deren Austauschverhältnis bestimmt, gilt nach Marx auf jeder Stufe der geschichtlichen Entwicklung in verschiedenem Sinne: Beim ursprünglich rein gelegentlichen Tausch habe der spezifische („individuelle") Arbeitswert eines jeden einzelnen Produkts unmittelbar den Austausch bestimmt. (Vgl. auch F. *Engels, 2*, S. 333. Hier wäre also wohl *Smiths* Hirsch-Biber-Beispiel unterzubringen; vgl. oben S. 46.) Haben sich dagegen regelmäßige Märkte, mit einer größeren Zahl von Anbietern, Nachfragern und Waren, herausgebildet, so erfahren die *„individuellen"* Werte einen gewissen Ausgleich zu einem mittleren *„Marktwert"*: Nicht jedermanns Arbeitsaufwand zählt nun, sondern nur der bei jeder Produktart jeweils gesellschaftlich „notwendige" Arbeitsaufwand, im oben besprochenen Sinne. Erst auf der kapitalistischen Stufe aber vollendet sich die Tauschwirtschaft selbst zum *allseitigen* Zusammenhang der Märkte, entfalten sich schließlich die *Weltmärkte*. Der Ausgleich der Marktpreise zu „ihren" Werten gilt nun überhaupt nicht mehr für die einzelnen Warengattungen (und für jeden Zeitpunkt), sondern nur noch für die Waren*gesamtheit* (und für die Dauer eines ganzen konjunkturellen Gesamtzyklus mit seinem periodischen Auf und Ab der Preise). Nicht mehr der „individuelle" oder der „Marktwert" sondern vielmehr der *„Produktionspreis"* der Waren ist nun das Gravitationszentrum der Marktpreise.

Dieser Produktionspreis kommt dadurch zustande, daß den Produktionskosten der Waren (ihrem „Kostpreis") nicht mehr derjenige „Mehrwert" zugeschlagen wird, der in der Produktion der Einzelwaren jeweils erarbeitet worden ist, sondern vielmehr ein mittlerer Gewinnsatz, den alle Unternehmungen im Durchschnitt auf den Märkten tatsächlich erzielen („Durchschnittsprofitrate")[16]. Die Verwandlung von Wert in Produktionspreis kommt also vermittels des „Ausgleichs der Profitraten" zustande.

Im Falle der kapitalistischen Wirtschaft kommt „die ganze Schwierigkeit dadurch hinein, daß die Waren nicht einfach als Waren ausgetauscht werden, sondern als Produkte von Kapitalen, die im Verhältnis zu ihrer Größe, oder bei gleicher Größe gleiche Teilnahme an der Gesamtmasse des Mehrwerts beanspruchen" (III/10, S. 200 [II/795]).

„Was die Konkurrenz, zunächst in einer Sphäre, fertigbringt, ist die Herstellung eines gleichen Marktwerts und Marktpreises aus den verschiedenen individuellen Werten der Waren. Die Konkurrenz der Kapitale in den verschiedenen Sphären aber bringt erst hervor den Produktionspreis, der die Profitraten zwischen den verschiedenen Sphären egalisiert. Zu dem letzteren ist höhere Entwicklung der kapitalistischen Produktionsweise erheischt als zu dem früheren (S. 205 f. [II/801]).

---

[16] „Mehrwert" ist für *Marx* der Zusatzwert (surplus value bei W. *Thompson, 1*, 1824), den die Arbeitskraft über ihren eigenen sowie den auf die Ware übertragenen Wert der angewandten Produktionsmittel hinaus im Produktionsprozeß hervorbringt. Dieser Mehrwert zerfällt in Grundrente und gewerblichen Profit (sowie u. U. in Darlehenszins auf das Leihkapital), er „realisiert" sich auf den Märkten. Das Verhältnis des erzielten Profits zum eingesetzten Gesamtkapital drückt sich aus in der „Profitrate".

Daß in der entfalteten Erwerbswirtschaft das „Wertgesetz" nur noch auf der Ebene der Gesamtwirtschaft gilt (und als solche könnte schließlich die Weltwirtschaft als ganze betrachtet werden, was Marx offenläßt) rührt von dem Zusammenhang aller Sphären des Kapitaleinsatzes, die von den Kapitalverwertern auf der Suche nach dem höchstmöglichen Gewinn ständig abgetastet werden. Indem freies Kapital aus dem Bereich mit niedrigeren zu dem mit höheren Gewinnen „bewegt" wird, entsteht eine Tendenz zur allgemeinen Annäherung der Gewinnsätze innerhalb der Gesamtwirtschaft:

Es gilt nun, „daß die Konkurrenz die Profitraten der verschiedenen Produktionssphären zur Durchschnittsprofitrate ausgleicht und eben dadurch die Werte der Produkte dieser verschiedenen Sphären in Produktionspreise verwandelt. Und zwar geschieht dies durch fortwährende Übertragung von Kapital aus einer Sphäre in die andere, wo augenblicklich der Profit über dem Durchschnitt steht. ... Diese ununterbrochene Aus- und Einwanderung des Kapitals, die zwischen verschiedenen Sphären der Produktion stattfindet, erzeugt steigende und fallende Bewegungen der Profitrate, die sich gegenseitig mehr oder weniger ausgleichen und dadurch die Tendenz haben, die Profitrate überall auf dasselbe gemeinsame und allgemeine Niveau zu reduzieren" (III/12, S. 234 [II/835]).

„Werden die Waren ... zu ihren Werten verkauft, so entstehen ... sehr verschiedene Profitraten in den verschiedenen Produktionssphären, je nach der verschiedenen organischen Zusammensetzung der darin angelegten Kapitalmassen. Das Kapital entzieht sich aber einer Sphäre mit niedriger Profitrate, und wirft sich auf die andere, die höheren Profit abwirft. Durch diese beständige Aus- und Einwanderung, mit einem Wort durch seine Verteilung zwischen den verschiedenen Sphären, je nachdem dort die Profitrate sinkt, hier steigt, bewirkt es solches Verhältnis der Zufuhr zur Nachfrage, daß der Durchschnittsprofit in den verschiedenen Produktionssphären derselbe wird, und daher die Werte sich in Produktionspreise verwandeln. Diese Ausgleichung gelingt dem Kapital mehr oder minder, je höher die kapitalistische Entwicklung in einer gegebenen nationalen Gesellschaft ist ..." (III/10; S. 222 [II/821]).

„Der Austausch von Waren zu ihren Werten, oder annähernd zu ihren Werten, erfordert also eine viel niedrigere Stufe als der Austausch zu Produktionspreisen, wozu eine bestimmte Höhe kapitalistischer Entwicklung nötig ist." Es ist also „durchaus sachgemäß, die Werte der Waren nicht nur theoretisch, sondern historisch als das prius der Produktionspreise zu betrachten. Es gilt dies für Zustände, wo dem Arbeiter die Produktionsmittel gehören ..." (S. 202 [II/796 f.]).

„Bei der kapitalistischen Produktion handelt es sich nicht nur darum, für die in Warenform in die Zirkulation geworfene Wertmasse eine gleiche Wertmasse in anderer Form — sei es des Geldes oder einer anderen Ware — herauszuziehen, sondern es handelt sich darum, für das der Produktion vorgeschossene Kapital denselben Mehrwert oder Profit herauszuziehen wie jedes andere Kapital von derselben Größe, oder pro rata seiner Größe, in welchem Produktionszweig es auch angewandt sei; es handelt sich also darum, wenigstens als Minimum, die Waren zu Preisen zu verkaufen, die den Durchschnittsprofit liefern, d. h. zu Produktionspreisen. Das Kapital kommt sich in dieser Form selbst zum Bewußtsein als eine *gesellschaftliche Macht*, an der jeder Kapitalist teilhat im Verhältnis seines Anteils am gesellschaftlichen Gesamtkapital" (S. 221 f. [II/820]).

b) *Der Ausgleich der Profitraten*

1. *Vorgeschichte des Theorems:* Die Lehre von der Nivellierungstendenz der Gewinnsätze ist uns schon bei *Smith* und *Ricardo* begegnet (S. 51 f., 70 f.). Daß die Unternehmer ihr Kapital auf die jeweils rentabelste Anlage werfen, haben schon Merkantilisten wie J. *Child* (*1,* S. 149), *North* (*1,* S. 13), *Davenant* (*1,* S. 98) vermerkt. (Weiteres hierzu bei F.-U. *Willecke, 1,* S. 45 ff.) Der eigentliche Gedanke eines hieraus entspringenden allgemeinen Profitratenausgleichs findet sich aber erst bei einigen *Physiokraten.* Schon hier erscheint er eng verbunden mit der Überzeugung der Zeitgenossen von der harmonischen Selbstordnung der Märkte durch die freie Konkurrenz, und daher mit der Lehre vom „natürlichen Preis". „Die Durchschnittsprofitrate ist für die konsequenten Physiokraten ein unumgängliches Konstruktionselement für das ganze System: Sie bietet jene feste Handhabe, auch den unbotmäßigen Unternehmergewinn auf eine glatte runde Formel naturrechtlich zu fixieren." (G. *Briefs, 1,* S. 32.) Dies zeigt sich ganz besonders bei *Mercier de la Rivière (1,* S. 324), einem leidenschaftlichen Wortführer des frühen ökonomischen Liberalismus in Frankreich, der die Lehre vom Profitratenausgleich allerdings noch mehr implizit als explizit vorgebracht hat; und sodann bei dem nicht weniger entschiedenen Verfechter der Handelsfreiheit A. R. J. *Turgot* (*1*), der das Gesetz der Profitratennivellierung so formuliert hat: „Die verschiedenen Verwendungsarten der Kapitalien erzielen sehr ungleiche Erträge (produits); allein diese Ungleichheit verhindert nicht, daß sie sich wechselseitig beeinflussen, und daß sich zwischen ihnen eine Art Gleichgewicht herstellt... Sobald die Gewinne aus irgendeiner Verwendungsart des Geldes steigen oder fallen, fließen die Kapitalien derselben zu, indem sie sich aus der anderen zurückziehen, oder sie ziehen sich daraus zurück, um sich dafür den anderen Verwendungsarten zuzuwenden; was notwendigerweise in jeder dieser Verwendungsarten das Verhältnis des Kapitals zum jährlichen Ertrag ändert" (*1,* § 87, S. 102 f.).

Von den Physiokraten wandert der Gedanke des Profitratenausgleichs in das System von *Smith* und *Ricardo;* wobei freilich schon Smith, wie auch bei der Lehre vom Ausgleich der Marktpreise zum „natürlichen Preis", störende Umstände (darunter etwa: mangelnde Publizität der Gewinne), die der glatten Verwirklichung der Tendenz im Wege stehen, sowie Abweichungen (Monopolpreise, behördlich festgesetzte Preise usw.) berücksichtigt. Vom Ausgleich der Profitraten wird ferner in der Theoriegeschichte sehr bald die *Grundrente*, sowie auch die Höhe des *Leihzinses*, ausgenommen (vgl. Bd. II der „Texte").

Von Ricardo haben den Gedanken des Profitratenausgleichs nicht nur dessen Epigonen (James *Mill*, *McCulloch*, John Stuart *Mill*) übernommen, sondern auch Ökonomen, die an Ricardo im übrigen Kritik geübt haben, wie *Torrens*, H. C. *Macleod* und andere. Das Theorem war gemeinsame Auffassung der Zeit (vgl. hierzu auch Briefs, 1, S. 82 ff.).

2. *Der Profitratenausgleich bei Marx:* Den Waren wird Marx zufolge in jedem Erwerbsunternehmen zunächst durch die Arbeit ein bestimmter „Mehrwert" zu ihrem „Kostpreis" (d. h. zu dem in ihnen jeweils enthaltenen Wertaufwand) zugesetzt. Insofern schließen zunächst „gleich große Stücke des Gesamtkapitals in den verschiedenen Produktionssphären ungleich große Quellen des Mehrwerts ein" (III/8, S. 173 [II/763]). Die Konkurrenz der Kapitalien zwischen den verschiedenen Anlagesphären aber bewirkt, daß in der Tendenz nicht jeder Kapitalverwerter „seinen" Mehrwert, sondern daß er in einer bestimmten Periode je nach Größe seines Kapitals einen gleichen aliquoten Teil des Gesamtmehrwerts bezieht. Unter diesen Umständen gilt also,

„... daß die Profite sich verhalten wie die Größen der Kapitale, und daher gleich große Kapitale in gleichen Zeiträumen gleich große Profite abwerfen" (III/8, S. 178 [II/768]).

Es „sind die Profitraten, die in verschiedenen Produktionszweigen herrschen, ursprünglich sehr verschieden. Diese verschiedenen Profitraten werden durch die Konkurrenz zu einer allgemeinen Profitrate ausgeglichen, welche der Durchschnitt aller dieser verschiedenen Profitraten ist. Der Profit, der entsprechend dieser allgemeinen Profitrate auf ein Kapital von gegebener Größe fällt, ... heißt der Durchschnittsprofit. Der Preis einer Ware, welcher gleich ist ihrem Kostpreis plus dem im Verhältnis ihrer Umschlagsbedingungen auf sie fallenden Teil des jährlichen Durchschnittsprofits auf das in ihrer Produktion angewandte (nicht bloß das in ihrer Produktion konsumierte) Kapital, ist ihr Produktionspreis" (III/9, S. 182 [II/773]).

„Obgleich daher die Kapitalisten der verschiedenen Produktionssphären beim Verkauf ihrer Waren die in der Produktion dieser Waren verbrauchten Kapitalwerte zurückziehen, so lösen sie nicht den in ihrer eigenen Sphäre bei der Produktion dieser Waren produzierten Mehrwert und daher Profit ein, sondern nur soviel Mehrwert und daher Profit, als vom Gesamtmehrwert oder Gesamtprofit, der vom Gesamtkapital der Gesellschaft in allen Produktionssphären zusammengenommen in einem gegebenen Zeitabschnitt produziert wird, bei gleicher

Verteilung auf jeden aliquoten Teil des Gesamtkapitals fällt" (S. 183 [II/774]).

„Es ist jetzt nur noch Zufall, wenn der in einer besonderen Produktionssphäre wirklich erzeugte Mehrwert und daher Profit mit dem im Verkaufspreis der Ware enthaltenden Profit zusammenfällt" (S. 192 f. [II/794]).

Für Marx löst sich damit die Schwierigkeit, vor der noch *Ricardo* gestanden hat, daß nicht Kapitalien mit gleichem Anteil der allein wertbildenden *Arbeitskraft*, sondern vielmehr Kapitalien von gleicher *Gesamtgröße* einen gleich hohen Profit *erzielen*, obwohl doch nur die Arbeit den Profit *erzeugt*. Der Unterschied zwischen „Mehrwertrate" (Verhältnis des Mehrwerts zum *Lohn*kapital) und „Profitrate" (Verhältnis des Mehrwerts zum *Gesamt*kapital, also zum Lohn- *und* Sachkapital) fehlt bei Ricardo noch.

Allerdings verwirklicht sich die Tendenz zur Angleichung der Profitraten auch nach Marx nur unter ständigen mehr oder minder erheblichen Reibungsschwierigkeiten:

„Es finden innerhalb jeder besonderen Produktionssphäre Wechsel statt, Abweichungen von der allgemeinen Profitrate, die sich einerseits in einem bestimmten Zeitraum ausgleichen und daher nicht auf die allgemeine Profitrate zurückwirken; und die andererseits wieder nicht auf sie zurückwirken, weil sie durch andere gleichzeitige lokale Schwankungen aufgehoben werden. Da die allgemeine Profitrate bestimmt ist nicht nur durch die Durchschnittsprofitrate in jeder Sphäre, sondern auch durch die Verteilung des Gesamtkapitals auf die verschiedenen besonderen Sphären, und da diese Verteilung beständig wechselt, so ist dies wieder eine beständige Ursache des Wechsels in der allgemeinen Profitrate..." (S. 194 [II/788]).

Ferner: „Innerhalb jeder Sphäre ist ein Spielraum gegeben für kürzere oder längere Epoche, wo die Profitrate dieser Sphäre schwankt, bevor sich dieses Schwanken, nach Steigen oder Fallen, hinreichend konsolidiert, um Zeit zu gewinnen zur Einwirkung auf die allgemeine Profitrate, und daher zur Erreichung von mehr als lokaler Bedeutung" (S 195 [II/788]).

So besteht in der Wirklichkeit „immer nur Annäherung; aber diese Annäherung ist um so größer, je mehr die kapitalistische Produktionsweise entwickelt und je mehr ihre Verunreinigung und Verquickung mit Resten früherer ökonomischer Zustände beseitigt ist" (III/10, S. 200 [II/794]).

Der tendenzielle Ausgleich der Profitraten schließt also *Umverteilung* des „Mehrwerts" zwischen den Kapitalverwertern ein. — Hieraus entspringt für Marx eine bedeutungsvolle soziologische Folgerung: Da alle Einzelunternehmer wie Aktionäre einer großen Handelsgesellschaft am erzielten *Gesamt*mehrwert nach Maßgabe ihrer Kapitalgröße teilnehmen (vgl. III/9, S. 183 [II/774]), so haben sie ein gemeinsames Interesse an der Erhaltung jener ökonomischen Gesamtordnung, vermöge deren allein sie auch ihre individuellen Anteile am gesellschaftlichen „Mehrwert" beziehen (III/10, S. 223 [II/822]).

In der Summe sind die auf jedes Einzelkapital entfallenden Profite nach Marx gleich dem Gesamtmehrwert (S. 198 [II/792]); so wie die Summe der Produktionspreise mit der Summe der Werte zusammenfällt (s. unten, S. 101). Auch würde es „nichts ändern, wenn Kapitale in bestimmten Produktionssphären aus irgendwelchen Gründen nicht dem Prozeß der Ausgleichung unterworfen würden. Der Durchschnittsprofit wäre dann berechnet auf den Teil des Gesellschaftskapitals, der in den Ausgleichsprozeß eingeht" (S. 199 [II/793]). Monopolgewinne (etwa in der Landwirtschaft; vgl. Marx' Lehre von der „absoluten" Rente; Texte Band II) würden also die für die übrigen Kapitalverwerter bleibende „Mehrwert"-Masse entsprechend schmälern, die Durchschnittsprofitrate ermäßigen. Denn eine Monopolrente bedeutet gemäß der Arbeitswerttheorie keine *Vermehrung* der Gesamtgröße des einzig durch die Arbeit hervorgebrachten Mehrwerts, sie *verteilt* diesen nur anders zwischen den Beteiligten.

3. *Würdigung:* Wir haben hier einerseits auch die (bisher aufgeschobene) Beurteilung des *klassischen* Gedankens des Renditenausgleichs nachzuholen. Andererseits kann Abschließendes auch zu Marx' Lehre von der Nivellierung der Profitraten erst bei Gesamtwürdigung seiner Wertlehre gesagt werden (s. unten, S. 105 ff.).

a) Das Theorem ergibt sich zwingend aus dem Grundcharakter unseres erwerbswirtschaftlichen Systems, wo Kapitalien unter dem Gesichtspunkt der Gewinn*maximierung* über die Anlagesphären verteilt und umverteilt werden. Die Annahme einer Angleichung der Gewinne auf mittlerem Niveau ist daher eine legitime Hypothese, jedenfalls unter der Voraussetzung freier Konkurrenz der Kapitalien.

b) Die Tendenz zum Renditenausgleich liefert den eigentlichen Bestimmungsgrund der *allgemeinen Proportionierung der Preise* und zugleich das Kriterium der langfristigen „Richtigkeit" solcher Proportionen im Sinne der „Gleichgewichts"-Theorie. In der Tat ist der „Gleichgewichtspreis" nichts anderes als derjenige Preis, bei dem ein *Durchschnittsgewinn* erzielt wird und daher kein Anlaß vorliegt, den Kapitaleinsatz (und infolgedessen, cet. par., das Warenangebot) zu ändern. Die Konkurrenz der Anlagekapitalien liefert die rationale Erklärung für die von den Klassikern gefeierte Selbstordnungstendenz der Märkte; sie ist *Smiths* geheimnisvoll wirkende „invisible hand". So versteht auch Marx unter dem „Produktionspreis", der durch den Profitratenausgleich gebildet wird, „dasselbe, was A. Smith *natural price* nennt, Ricardo *price of production, cost of production,* die Physiokraten *prix nécessaire* nennen — wobei keiner von ihnen den Unterschied des Produktionspreises vom Wert entwickelt hat —..." (S. 225 [II/824]). — Man wird sehen, wie die späteren Theoretiker, von *Walras* und *Cassel* an, eine

Bestimmung des „Gleichgewichtspreises" ohne Rückgriff auf die Lehre vom Profitratenausgleich unternehmen werden.

c) Der Gedanke einer ausgleichenden „Bewegung" der Kapitalien ist nicht buchstäblich zu nehmen. Es versteht sich, daß Änderungen in der Richtung des Kapitaleinsatzes nicht nur durch das „Wandern" von freiem Kapital aus einem Anwendungsbereich in einen anderen, sondern auch durch die Änderung des Produktionszwecks in ein und dem gleichen Unternehmen oder Wirtschaftssektor (innerhalb gewisser technisch gesetzter Grenzen) vonstatten gehen können. Zum Teil geschieht die Anpassung im übrigen von selbst, dadurch daß Unternehmungen mit dauerndem unternormalen Gewinn oder gar Verlust ihre Tätigkeit einschränken oder ganz vom Markt verschwinden, während Unternehmungen oder Wirtschaftszweige mit überdurchschnittlichen Profiten sich rascher ausdehnen (vgl. hierzu J. St. *Mill, 1,* Bd. I, S. 607).

d) Bei alledem kann selbst unter der Voraussetzung relativ unbeschränkter Konkurrenz immer nur von einer *Tendenz* zum Renditenausgleich die Rede sein. Sie wird gestört durch den fortwährenden Wechsel der Preise, der Erzeugnisse, der Produktionsbedingungen, der Renditen, durch das ungenügende Bekanntwerden der wirklichen Gewinne und ihrer Schwankungen, durch die immer nur beschränkte Versetzbarkeit des Kapitals, das überwiegend ja in bestimmter Sachgestalt für mehr oder minder lange Zeit festliegt, durch die mangelnde Beweglichkeit oder Umstellbarkeit der Arbeitskräfte usw. Das ganze *Konjunktur*geschehen beruht gerade darauf, daß die Gewinnsätze sowohl zwischenzeitlich als auch zwischen den einzelnen Wirtschaftszweigen von *unterschiedlicher* Höhe sind.

e) Vollends kann von einem allgemeinen Profitratenausgleich unter den Bedingungen *beschränkter* Konkurrenz, wie sie in unserem Jahrhundert vorherrschen, nicht mehr gesprochen werden. Dies ist auch von marxistischer Seite festgestellt worden (vgl. R. *Hilferding, 2,* sowie Lenins „Gesetz der ungleichmäßigen Entwicklung", das sowohl für das Verhältnis zwischen den einzelnen Wirtschaftszweigen als auch für das zwischen den Wirtschaftsnationen in Anspruch genommen wird; *1*). Die Möglichkeit, Angebots- (oder auch Nachfrage-) Macht auf den Märkten wahrzunehmen, mit dem Ergebnis entsprechender Vorzugsgewinne, ist heute in der Tat unterschiedlich verteilt. Hinzu kommt, daß auch der freien Übertragung von Investitionskapital aus einer Anlagesphäre in eine andere Hindernisse entgegenstehen: Die fortschreitende Produktion im großen macht in vielen Bereichen ein so erhebliches Anfangskapital zur Neuaufnahme der Produktion notwendig, daß den „kleineren" Kapitalverwertern ein Hinüberwechseln in die rentablere Produktion kaum möglich ist. Nicht einmal auf den Wertpapiermärkten, wo das Geldkapital im höchsten Maße fungibel ist, kann eine Angleichung der (realen) Renditen heute festgestellt werden.

Das offensichtliche Fehlen eines konkurrenzbedingten Gewinnausgleichs in unserem Jahrhundert (mit entsprechender höchst ungleicher Verteilung der *Akkumulationskraft* zwischen den einzelnen Wirtschaftbereichen) macht verständlich, daß der Gedanke des Profitratenausgleichs in der jüngeren Lehrgeschichte immer mehr zurückgetreten ist.

4. *Das Theorem in der Zeit nach Marx:* Die neuere Nationalökonomie hat den Gedanken des Profitratenausgleichs teils abgewandelt, teils gänzlich abgelehnt. Letzteres hing damit zusammen, daß der zunächst als Einheit betrachtete Kapitalgewinn in eine Reihe von Sonderkategorien zerlegt wurde (Bd. II der „Texte"). Dennoch hat die Vorstellung von einer Durchschnittsrendite in vielfältigen neuen terminologischen Einkleidungen unterschwellig bis heute fortgelebt. W. St. *Jevons* spricht von einer Tendenz zur „Geichförmigkeit" (uniformity) des „Zinsfußes" für „freies Kapital" in den verschiedenen Anlagesphären (*1*, S. 230). A. *Marshall* (der ebenso wie Cliffe *Leslie, 1,* die Realität eines Profitratenausgleich bestritten hat) kennt immerhin „normal profits" (die freilich nur noch einen Teil des Gesamtgewinns darstellen; *1,* 6. Buch, 8. Kap., S. 506 ff.). Für F. H. *Knight* ist ein Gleichgewichtszustand bei „vollständiger Gleichheit der Rate der Nettoerträge (net yields) aller Investitionen" erreicht (*1*). Auch in dem „Gesetz" des (horizontalen sowie des vertikalen) „Ausgleich der Grenzerträge" (R. *Liefmann, 1,* Bd. I, S. 302, 397 ff. und passim; H. v. *Stackelberg, 1,* S. 338 f.) kehrt das alte Theorem in veränderter Gestalt ebenso wieder wie in der Lehre vom „Ausgleich der Werte der privaten Netto-Grenzprodukte" (equality among values of marginal private net products; A. C. *Pigou, 1,* S. 142 f. u. passim) bzw. vom „Ausgleich der Grenzprodukte der Geldeinheit" (P. A. *Samuelson, 2,* S. 517). Mit dem Begriff des Normalgewinns arbeitet, neben vielen anderen, auch J. *Robinson:* „Normalgewinn stellt jenes Profitniveau dar, bei dem keine neuen Unternehmungen in den Wirtschaftszweig eintreten und keine alten ausscheiden" (*1,* S. 92). Selbst in der Auffassung der gegenwärtigen Preislehre, daß ein „Gleichgewichtspreis" dann gegeben sei, wenn die Preise der Produkte gleich ihren Kosten sind, ist noch der Gedanke eines Durchschnittsgewinns enthalten: Die Gleichheit von Kosten und Preis kommt hierbei dadurch zustande, daß der Normalgewinn als eine konkurrenz*notwendige* Durchschnittsgröße einfach zu den *Kosten* geschlagen wird. So verfährt z. B. ausdrücklich E. *Preiser:* „Bezeichnen wir Kapitalzins und Unternehmerlohn als ‚Normalprofit', so läßt sich dieser also unter die Kosten subsumieren" (*1,* S. 97). In diesem Sinn hat E. *Schmalenbach* als „produktives Kapital" nur jenes Kapital verstanden, das mindestens den „geltenden allgemeinen Zinsfuß" (im Sinne von Kapitalertrag) erwirtschaftet, das also wiederum mindestens auf den konkurrenzüblichen Gewinn kommt (*1,* S. 24). Denselben Gedanken enthält implicite *Schumpeters* Annahme, daß im stationären Gleichgewicht der Gesamtwirtschaft die Gewinne überall gleich Null seien (*1,* S. 113 und passim); auch hier ist der Normalgewinn einfach den Kosten zugeschlagen und lebt in dieser Gestalt verborgen fort.

So ist ein Postulat, das bis in die Frühzeit der politischen Ökonomie zurückreicht, als Arbeitshypothese in immer neuer Form bis auf unsere Tage erhalten geblieben. In der Tat gibt es notwendige Annahmen in der Nationalökonomie, wie den „Gleichsgewichts"-Begriff (dessen realer Kern der Gedanke des Renditenausgleichs ist) — Annahmen, die wir brauchen, und sei es um nachzuweisen, wann sie im Wirtschaftsleben *nicht* zutreffen.

c) Der Produktionspreis

„Die Preise, die dadurch entstehen, daß der Durchschnitt der verschiednen Profitraten der verschiednen Produktionssphären gezogen und dieser Durchschnitt den Kostpreisen der verschiednen Produktionssphären zugesetzt wird, sind die *Produktionspreise*. Ihre Voraussetzung ist die Existenz einer allgemeinen Profitrate, und diese setzt wiederum voraus, daß die Profitraten in jeder besonderen Produktionssphäre für sich genommen, bereits auf ebensoviel Durchschnittsraten reduziert sind. ... Der Produktionspreis der Ware ist also gleich ihrem Kostpreis plus dem, entsprechend der allgemeinen Profitrate, prozentig ihm zugesetzten Profit, oder gleich ihrem Kostpreis plus dem Durchschnittsprofit" (III/9, S. 182 [II/773]).

Der „Produktionspreis" ist damit für Marx nichts anderes als der verwandelte Wert:

„Wir hatten es in Buch I und II nur mit den *Werten* der Waren zu tun. Einerseits hat sich jetzt abgesondert als ein Teil dieses Werts der *Kostpreis*, andererseits hat sich entwickelt als eine verwandelte Form des Werts der *Produktionspreis* der Ware" (S. 188 [II/780]).

„In dieser Weise herrscht also notwendig die Tendenz, die Produktionspreise zu bloß verwandelten Formen des Werts zu machen, oder die Profite in bloße Teile des Mehrwerts zu verwandeln, die aber verteilt sind, nicht im Verhältnis zum Mehrwert, der in jeder besonderen Produktionssphäre erzeugt ist, sondern im Verhältnis zur Masse des in jeder Produktionssphäre angewandten Kapitals, so daß auf gleich große Kapitalmassen, wie immer zusammengesetzt, gleich große Anteile (aliquote Teile) der Totalität des vom gesellschaftlichen Gesamtkapital erzeugten Mehrwerts fallen.

Für die Kapitale von mittlerer oder annähernd mittlerer Zusammensetzung fällt der Produktionspreis also mit dem Wert ganz oder annähernd zusammen, und der Profit mit dem von ihnen erzeugten Mehrwert. Alle anderen Kapitale, welches immer ihre Zusammensetzung, streben unter dem Druck der Konkurrenz, sich mit diesen auszugleichen" (III/10; S. 198 [II/792 f.]).

Da der „Produktionspreis" nichts anderes als der unter kapitalistischen Bedingungen erzeugte Wert ist, so ist innerhalb der *Gesamt*wirtschaft „die Summe der Produktionspreise der produzierten Waren gleich der Summe ihrer Werte" III/9, S. 184 [II/776]).

Was für den „Produktionspreis" als ganzen gilt, nämlich daß er vom individuellen Wert der Ware (sowie von ihrem Marktwert) in der Regel abweicht, das gilt auch für den „Kostpreis", d. h. für den *Wert* des Einsatzkapitals:

„Ursprünglich wurde angenommen, daß der Kostpreis einer Ware gleich sei dem *Wert* der in ihrer Produktion konsumierten Waren. Der Produktionspreis einer Ware ist aber für den Käufer derselben ihr Kostpreis, und kann somit als Kostpreis in die Preisbildung einer anderen Ware eingehen. Da der Produktionspreis abweichen kann vom Wert der Ware, so kann auch der Kostpreis einer Ware, worin dieser Produktionspreis anderer Ware eingeschlossen, über oder unter dem Teil ihres Gesamtwerts stehen, der durch den Wert der in sie eingehenden Produktionsmittel gebildet wird" (III/9, S. 189 f. [II/782]).

Der Produktionspreis kommt also durch den Vorgang einer *doppelten Vereinheitlichung der Werte* zustande: 1. Ausgleich der verschiedenen „individuellen Werte" der Waren zu einem durchschnittlichen „Marktwert" für jede Produktart, und hierdurch rechnerische Angleichung der unterschiedlichen Arbeitsaufwendungen der einzelnen Produzenten an den „gesellschaftlich notwendigen" Arbeitsaufwand; 2. Verwandlung der „Marktwerte" jeder Warengattung, mit denen sich hypothetisch zunächst ganz verschiedene Profitraten verbinden, in „Produktionspreise" vermöge der Kapital-„Be-

Ausgleich der „individuellen Werte" zu „Produktionspreisen"

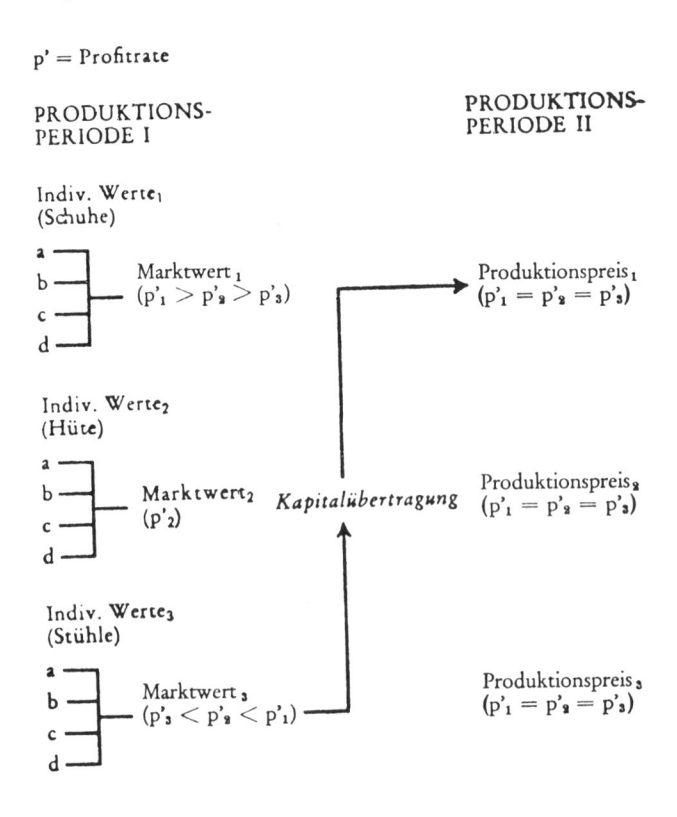

p' = Profitrate

PRODUKTIONS-PERIODE I PRODUKTIONS-PERIODE II

Indiv. Werte$_1$
(Schuhe)

a
b — Marktwert$_1$ ——→ Produktionspreis$_1$
c   ($p'_1 > p'_2 > p'_3$)   ($p'_1 = p'_2 = p'_3$)
d

Indiv. Werte$_2$
(Hüte)

a
b — Marktwert$_2$ *Kapitalübertragung*   Produktionspreis$_2$
c   (p'_2)   ($p'_1 = p'_2 = p'_3$)
d

Indiv. Werte$_3$
(Stühle)

a
b — Marktwert$_3$ ————→ Produktionspreis$_3$
c   ($p'_3 < p'_2 < p'_1$)   ($p'_1 = p'_2 = p'_3$)
d

wegungen" zwischen den Wirtschaftszweigen und des hierdurch bedingten Ausgleichs der Profitraten (Schaubild). Bei dieser Betrachtungsweise unterstellen wir allerdings, daß die Verwandlung von „individuellen Werten" über „Marktwerte" in „Produktionspreise" erstmalig geschieht. Für die entwickelten Verhältnisse der Erwerbswirtschaft werden wir im Sinne von Marx die „Verwandlung" der Werte in Produktionspreise schon als annähernd hergestellt anzunehmen haben; so daß nur noch *Veränderungen* im Renditengefüge und in den Größenverhältnissen der gedachten „Produktionspreise" in die Betrachtung fallen.

2. Produktionspreis und Marktpreis

„Der Produktionspreis ist ... das Zentrum, worum sich die täglichen Marktpreise drehen und wozu sie sich in bestimmten Perioden ausgleichen" (III/10, S. 204 [II/800]).

Für die Gesamtwirtschaft, über einen längeren Zeitraum betrachtet, gilt also:
Summe der Marktpreise = Summe der Produktionspreise = Summe der Werte.

Eine Erklärung der *Einzelpreisbildung* hat Marx nicht zu geben versucht. Hier wirken Angebot und Nachfrage. Freilich sind für Marx auch Zufuhr und Begehr auf den Einzelmärkten letzlich Resultat der allgemeinen *gesellschaftlichen* Wertbildung, die sich einerseits in verkaufbaren Produkten, andererseits in nachfragekräftigen Einkommen niederschlägt:

„Der einzelne wirkt hier nur als Teil einer gesellschaftlichen Macht, als Atom der Masse, und es ist in dieser Form, daß die Konkurrenz den *gesellschaftlichen* Charakter der Produktion und Konsumtion geltend macht" (S. 220 [II/818]).

Angebot und Nachfrage für sich allein vermögen nicht einmal die Preisbildung hinreichend zu erklären:

„Nachfrage und Zufuhr decken sich, wenn sie in solchem Verhältnis stehen, daß die Warenmasse eines bestimmten Produktionszweigs zu ihrem Marktwert verkauft werden kann, weder darüber noch darunter. Das ist das erste, was wir hören.

Das zweite: Wenn die Waren zu ihrem Marktwert verkaufbar, decken sich Nachfrage und Zufuhr.

Wenn Nachfrage und Zufuhr sich decken, hören sie auf zu wirken, und eben deswegen wird die Ware zu ihrem Marktwert verkauft. Wenn zwei Kräfte in entgegengesetzter Richtung gleichmäßig wirken, heben sie einander auf ... Wenn Nachfrage und Zufuhr sich gegenseitig aufheben, hören sie auf irgend etwas zu erklären, wirken sie nicht auf den Marktwert, und lassen uns erst recht im dunklen darüber, weshalb der Marktwert sich gerade in dieser Summe Geld ausdrückt und in keiner anderen. Die wirklichen inneren Gesetze der kapitalistischen Produktion können offenbar nicht aus der Wechselwirkung von Nachfrage und Zufuhr erklärt werden..." (S. 215 [II/812 f.]).

„Bestimmt Nachfrage und Zufuhr den Marktpreis, so andererseits der Marktpreis und in weiterer Analyse der Marktwert die Nachfrage und Zufuhr. ... Zu dieser Konfusion — Bestimmung der Preise durch Nachfrage und Zufuhr und daneben Bestimmung der Nachfrage und Zufuhr durch die Preise — kommt hinzu, daß die Nachfrage die Zufuhr, und umgekehrt die Zufuhr die Nachfrage bestimmt, die Produktion den Markt und der Markt die Produktion" (S. 217 [II/814 f.]).

Wiederum tritt hier der beirrende Schein der Marktverhältnisse ein und verdunkelt das zugrundeliegende Gesetz des Wertes:

Die „Bewegung der Kapitale wird in erster Linie stets verursacht durch den Stand der Marktpreise, die die Profite hier über das allgemeine Niveau des Durchschnitts erhöhen, dort sie darunter hinabdrücken. ...

Was aber die Konkurrenz *nicht* zeigt, das ist die Wertbestimmung, die die Bewegung der Produktion beherrscht; das sind die Werte, die hinter den Produktionspreisen stehn und sie in letzter Instanz bestimmen. Die Konkurrenz zeigt dagegen: 1. die Durchschnittsprofite, die unabhängig sind von der organischen Zusammensetzung des Kapitals [d. h.: vom Verhältnis zwischen Sachkapital und Lohnkapital] in den verschiedenen Produktionssphären...; 2. Steigen und Fallen der Produktionspreise infolge von Wechsel in der Höhe des Arbeitslohns — eine Erscheinung, die dem Wertverhältnis der Waren auf den ersten Blick durchaus widerspricht; 3. Schwankungen der Marktpreise, die den Durchschnittsmarktpreis der Waren in einer gegebnen Zeitperiode reduzieren, nicht auf den Markt*wert,* sondern auf einen von diesem Marktwert abweichenden, sehr verschiednen Marktproduktionspreis. Alle diese Erscheinungen *scheinen* ebensosehr der Bestimmung des Werts durch die Arbeitszeit, wie der aus unbezahlter Mehrarbeit bestehenden Natur des Mehrwerts zu widersprechen. *Es erscheint also in der Konkurrenz alles verkehrt.* Die fertige Gestalt der ökonomischen Verhältnisse, wie sie sich auf der Oberfläche zeigt, in ihrer realen Existenz, und daher auch in den Vorstellungen, worin die Träger und Agenten dieser Verhältnisse sich über dieselben klar zu werden suchen, sind sehr verschieden von, und in der Tat verkehrt, gegensätzlich zu ihrer innern, wesentlichen, aber verhüllten Kerngestalt und dem ihr entsprechenden Begriff" (III/12, S. 234 f. [II/835 f.]).

Diese verkehrte Sichtweise entspricht nach Marx der „anarchischen", ungeordneten Natur einer „Gesellschaftsformation, worin der Produktionsprozeß die Menschen, der Mensch noch nicht den Produktionsprozeß bemeistert..." (I/1/4, S. 95 [I/59]).

„Es ist überhaupt bei der ganzen kapitalistischen Produktion immer nur in einer sehr verwickelten und annähernden Weise, als nie festzustellender Durchschnitt ewiger Schwankungen, daß sich das allgemeine Gesetz als die beherrschende Tendenz durchsetzt" (III/9, S. 186 [II/778]).

C. Würdigung der Marxschen Wertlehre

War schon vor Marx der Gedanke, daß allein die menschliche Arbeitskraft gesellschaftliche Werte hervorbringe, auf Widerspruch gestoßen, so mußten vollends die Folgerungen, die Marx mit seiner Mehrwert-Lehre zog, die Arbeitswerttheorie zum sozialen Ärgernis machen. Es sind keineswegs nur sachliche Gründe gewesen, welche die Kritik an der Wertlehre von Marx auf den Plan gerufen haben. — Diese Kritik hat mittlerweile selbst mehrere lehrgeschichtliche Phasen durchlaufen: Zunächst wird der Theorie des *objektiven* Wertes eine Lehre vom *subjektiven*, durch die Schätzungen der Verbraucher bestimmten „Wert" entgegengesetzt („Grenznutzen"-Lehre; seit den siebziger Jahren des 19. Jahrhunderts; repräsentativ für diese Richtung der Marx-Kritik ist vor allem E. v. *Boehm-Bawerk, 1, 2, 3)*. Später (etwa um die Jahrhundertwende) wird jeglicher werttheoretische Umweg zur Erklärung des Marktpreisphänomens verworfen (G. *Cassel, 1, 2;* F. v. *Gottl-Ottlilienfeld, 1, 2;* H. *Dietzel, 1;* vgl. auch unten). An Marx wird dabei vor allem ausgesetzt, daß seine Lehre die *Preisbildung* nicht erkläre (K. *Diehl, 2)*. Die neuere Lehre schließlich ist der Fragestellung der einstigen Werttheorie so fern gerückt, daß sie auch zu ihrer Kritik nichts Neues mehr beigesteuert hat, sondern sich mit der Feststellung begnügt, daß die Arbeitswertlehre überhaupt (gleichgültig in welcher Version) seit langem widerlegt sei. — Unter solchen Umständen wird eine kritische Würdigung der Wertlehre von Marx auch die bisherige herkömmliche Kritik selbst zu überprüfen haben.

1. Unzutreffende Kritik[17]

Als nicht stichhaltig erscheinen die folgenden wiederkehrenden Einwendungen:

1. Marx vernachlässigt über dem Arbeitsaufwand andere, allen „Gütern" eigene Merkmale, wie Nützlichkeit oder Seltenheit (vgl. E. v. *Böhm-Bawerk, 2,* Bd. I, S. 519 ff.). — Dazu ist zu bemerken: a) Nützlichkeit („Gebrauchswert") und Seltenheit (mit Bezug auf Märkte: Verhältnis von Angebot und Nachfrage) erscheinen bei Marx als Umstände, welche die *Preis*bildung, nicht die *Wert*bildung, berühren. Sie für schlechthin bestimmend erklären heißt das Wert-Theorem nicht widerlegen, sondern vielmehr von ihm absehen. — b) Nützlichkeit könnte nur dann Wertbildung erklären (und

---
[17] Das Folgende im Anschluß an W. *Hofmann, 1,* S. 109 ff.

hierdurch dem Ausgangspunkt der Arbeitswertlehre auf gleicher Ebene begegnen), wenn an die Stelle der Marxschen „abstrakten Arbeit" eine ebenso „abstrakte Nützlichkeit" als Maßeinheit gesetzt werden könnte. Eine „Nützlichkeit schlechthin" aber gibt es nicht; Nützlichkeit ist immer die eines bestimmten Objekts, und sie ist obendrein für jedermann (und hier wieder: je nach den Umständen) verschieden. — Vollends liefert die „Seltenheit" keinen Maßstab, da sie selbst Ergebnis des Verhältnisses zweier anderer Größen (vorhandene Warenmenge und darauf gerichteter Begehr) ist; als bloße Verhältnisgröße kann sie nicht konstitutiv sein für eine absolute Größe. Sowohl der Begriff der „Nützlichkeit" als auch derjenige der „Seltenheit" ist also schlechthin inkommensurabel mit dem des Arbeitsaufwands und kann ihn nicht vertreten. — c) Es ist nicht nur zu erklären, wie es zu bestimmten Preisen kommt, sondern auch, woher die volkswirtschaftliche *Kaufkraft* stammt, aus der die Preise bezahlt werden. Hierzu bedarf es einer Theorie, die als Lehre von der volkswirtschaftlichen *Wertschöpfung* auch die Bildung der kaufkräftigen Einkommen erklärt; und unter diesem Gesichtspunkt wird auch jede Alternativlehre zur Wertschöpfungstheorie von Marx auf ihren Erkenntniswert zu prüfen sein. — d) Dem Vorwurf, den „Gebrauchswert" zu vernachlässigen, ist Marx zuvorgekommen: Es sei vielmehr die kommerzielle Gesellschaft selbst, die den Nutzen, den die Waren stiften sollen, hintanstelle, indem jeder einzelne nur das anbiete, was Gewinn verspreche. Dagegen werde erst eine künftige Ordnung der Gemeinwirtschaft die gesellschaftliche Produktion nach den Bedürfnissen bestimmen (vgl. hierzu auch R. *Rosdolsky*, 1).

2. Der „Gütervorrat" einer Volkswirtschaft geht nicht nur auf Arbeitsleistung zurück; Boden (allgemein: die Naturkräfte) und Kapital (im Sinne von „Kapitalgütern") sind mit im Spiel. — Es ist allerdings auch die Auffassung von Marx gewesen (vgl. 3), daß die Arbeit nicht als einzige *Gebrauchswerte* hervorbringe; sie allein bilde vielmehr *Wert*. Zwischen den Gütern in ihrer physischen Gestalt und in ihrer Verkehrsform als Waren hat Marx also streng geschieden.

3. Der Arbeitswert ist nicht meßbar. Sobald man ihn beziffern will, muß man auf die Rechengrößen zurückgreifen, die der Markt bietet, d. h. auf die *Preise*. — Dies ist zutreffend; es stellt eine besondere Schwierigkeit der sozialistischen Wirtschaft dar, die das „Wertgesetz" erklärtermaßen „bewußt anwenden" will (siehe unten, 3. Hauptteil). Freilich ist auch die Größe irgendeines „subjektiven" Wertes (des „Grenznutzens", der „Befriedigung", oder negativ: des „Grenzleids" etwa der Arbeit usw.) nicht meßbar, ohne daß dies doch als eine Widerlegung der *Hypothese* vom Nutzwert betrachtet worden ist. Die mangelnde Meßbarkeit des Arbeitswertes trifft nicht den hypothetischen Gedanken als solchen. Auf Arbeitsstunden als Maßstab der Wertbildung haben auch neuere Nationalökonomen gelegentlich zurückgegriffen: So etwa J. M. *Keynes*, der es für zweckmäßig hielt, mit „Arbeitseinheiten" (labour units) zu rechnen *(1, IV. Kap.)*. Auch E. *Carrel* (1) geht vom Arbeitstag als gedachter Grundlage seiner hypothetischen Austauschverhältnisse aus. Ferner haben J. B. *Clark*, I. *Fisher*, *Hawtrey* u. a. sich solcher Arbeitswerteinheiten gelegentlich für ihre Ableitungen bedient.

4. Wie die Messung des Arbeitsaufwands allgemein, so bereitet auch die Umrechnung von „komplizierter" Arbeit auf „einfache" Arbeit ohne unerlaubte Zuhilfenahme der Lohnproportionen, die sich auf dem Arbeitsmarkte gebildet haben, die größten Schwierigkeiten. — Ist auch ein *absoluter* Maßstab der Arbeitsverausgabung (der zugleich auf die verschiedensten Formen der menschlichen Arbeits*ermüdung*, sowohl der physischen wie der mentalen, anwendbar wäre) nicht zu finden, so haben doch die modernen Wissenschaften der Arbeitsphysiologie und Arbeitspsychologie die *verhältnismäßige* Beanspruchung der Arbeitenden in den verschiedenen Tätigkeiten bedeutend aufhellen können. Hierauf stützen sich die Verfahren der „*analytischen Arbeitsplatzbewertung*", die immer weitere Verbreitung in der Industrie gefunden haben und mit deren Hilfe um der Objektivierung der Lohngrundlagen willen die Unterschiede in den Arbeitsanforderungen sorgfältig bestimmt werden. Hierdurch hat sich das Problem der Reduktionsskala sehr vermindert. (Allerdings ist zu beachten: Auch die „analytische Arbeitsplatzbewertung" dient einer „richtigen" Proportionierung der Arbeits*entgelte* und nicht einer unmittelbaren Feststellung von Arbeits*erträgen*, die im übrigen immer nur sehr unvollständig den einzelnen Beschäftigten zugerechnet werden können.)

Bei alledem bleibt es freilich bei der Unberechenbarkeit der Arbeitswerte.

5. Es gibt Waren, die einen Preis erzielen, ohne Arbeitsprodukte und daher Träger von Wert zu sein. E. v. *Böhm-Bawerk* nennt als Beispiele: Grund und Boden, Holz auf dem Stamm, Wasserkräfte, ruhende Bodenschätze. „Die tauschwerten Güter, die nicht Arbeitsprodukte sind, bei der Suche nach dem dem Tauschwert [!] zugrunde liegenden Gemeinsamen auszuschließen, ist unter diesen Umständen eine methodische Todsünde" (2, Bd. I, S. 514; ferner S. 517). „Die Erfahrung zeigt, daß der Tauschwert [!] nur bei einem Teile der Güter, und auch bei diesem nur beiläufig im Verhältnis zu der Menge der Arbeit steht, welche die Erzeugung derselben kostet" (S. 523; *H.*). Es zeigt sich, „daß ... durch die Schwankungen von Angebot und Nachfrage der Tauschwert häufig über, häufig unter dasjenige Niveau verschoben wird, welches der in den Gütern verkörperten Arbeitsmenge entspräche. Letztere bezeichnet nur den Gravitationspunkt, keinen Fixpunkt des Tauschwertes" (S. 526). — Hierbei ist zu bemerken: 1. *Böhm-Bawerk* erweckt den Anschein, als wisse er, wieviel „Arbeitsmenge" in einem Produkt verkörpert sei; er beruft sich hierbei obendrein auf eine „Erfahrung", die dies unmittelbar anzeige. Er betrachtet damit das schwierigste Problem der Arbeitswerttheorie einfach als gelöst. 2. *Böhm-Bawerk* argumentiert, wie seine Ausdrucksweise zeigt, unversehens von der Ebene des *Tauschwerts*, also der Einzelpreisbildung aus. Er polemisiert damit in Wahrheit gegen *Ricardos* Lehre vom *relativen*, nicht gegen Marx' Auffassung vom *absoluten* Wert. Für Marx hat es keine Schwierigkeit gemacht, bei der allgemeinen Nichtübereinstimmung von Einzelwerten und Einzelpreisen, die er postuliert, auch den Fall vorzusehen: „Ein Ding kann formell einen Preis haben, ohne einen Wert zu haben" (I/3/1, S. 117 [I/84] vgl. auch III/37, S. 683, III/38, S. 698, III/39, S. 719). Das *Einkommen* allerdings, aus dem ein solcher Preis gezahlt wird, muß im Zusammenhang mit der

Produktion anderer Waren entstanden sein. Das gilt auch für den Preis von unkultiviertem Boden, in dem sich für Marx (ebenso wie für die Verkehrsauffassung von heute) vorweggenommener kapitalisierter Ertrag darstellt.

6. Nach dem (posthumen) Erscheinen des III. Bandes des „Kapital" (1894) hat die Kritik ein weiteres Argument gefunden: Zwischen der Wert- und der Preistheorie von Marx, zwischen Band I und Band III des „Kapital" klafft ein unüberbrückbarer Gegensatz. In Band I wird fingiert, daß die Waren sich zu ihren Werten verkaufen; in Band III dagegen wird zugestanden, daß die Waren zu Marktpreisen getauscht werden, die mit den Werten in aller Regel nicht übereinstimmen (vgl. *Böhm-Bawerk, 1, K. Diehl, 1,* S. 9, 17). — Den Einwand mangelnder Übereinstimmung von Wert- und Preislehre hat freilich Marx selbst schon vorweggenommen: „Es scheint also, daß die Werttheorie hier unvereinbar ist mit der wirklichen Bewegung, unvereinbar mit den tatsächlichen Erscheinungen der Produktion, und daß daher überhaupt darauf verzichtet werden muß, die letzteren zu begreifen" (III/8, S. 178 [II/768]). Im übrigen findet sich die „Möglichkeit quantitativer Inkongruenz zwischen Preis- und Wertgröße, oder der Abweichung des Preises von der Wertgröße" schon in Band I selbst (S. 117 [I/84]) ausgesprochen. Diese Möglichkeit sieht Marx von vornherein in der „Preisform" der Ware angelegt; sie entspricht „einer Produktionsweise, worin sich die Regel nur als blindwirkendes Durchschnittsgesetz der Regellosigkeit durchsetzen kann" (ebenda). Was für Marx ein „dialektischer" *Widerspruch* der Verhältnisse selbst ist, versteht die Kritik als unversöhnlichen *Gegensatz* widerstreitender *Aussagen*. (Zur Kritik der Auffassung vom Widerspruch zwischen Wert- und Preistheorie bei Marx vgl. *Vornberg, 1; R. Hilferding, 1.* Über die Frage der „Transformation" von Werten in Preise ferner *R. Meek, 3; F. Seton, 1; Morishima* und *Seton, 1; Winternitz,* 1).

Es wird deutlich, daß die landläufige Kritik der Marxschen Wertlehre diese zumeist schon in ihrem Ansatz mißverstanden hat. Befangen im einzelwirtschaftlichen Denken hat sie nur gefragt, ob die Werttheorie die *Einzelpreisbildung* erkläre. Und da dies bei Marx allerdings nicht der Fall ist, schien die Wertlehre als solche verfehlt. Daß sie vor allem Theorie der *Wertschöpfung* und daher des *Volkseinkommens* ist, blieb unberücksichtigt. Mit Recht hat *Hilferding* gegen *Böhm-Bawerks* Abfertigung der Marxschen Werttheorie geltend gemacht: Für Marx ist die Wertlehre „nicht das Mittel, um zur Feststellung der Preise zu gelangen, sondern das Mittel, die Bewegungsgesetze der kapitalistischen Wirtschaft zu finden" *(1,* S. 16). Und ferner: Die subjektivistische Werttheorie ist schon in ihrem Ansatz zur Kritik an der Arbeitswertlehre fehlgegangen; denn sie „geht aus von einem individuellen Verhältnis zwischen einem Ding und einem Menschen, statt von den gesellschaftlichen Verhältnissen der Menschen zueinander" (S. 11). Sie bleibt also selbst in dem von Marx gekennzeichneten „Warenfetischismus" befangen.

2. Zutreffende Kritik

Das Versagen der bislang besprochenen Marx-Kritik beweist natürlich noch nicht die Richtigkeit der Marxschen Theorie. Hier wird man scharf zu scheiden haben (was auch von der neueren marxistischen Theorie verabsäumt wird) zwischen der Lehre von der Wertschöpfung und der Lehre von den Wertgrößen.

Daß alle Wertschöpfung auf menschliche Arbeit zurückgeht, kann schwerlich in Zweifel gezogen werden. Völker, die etwa durch einen vernichtenden Krieg verarmt sind oder die den Weg zur Industrie heute noch vor sich haben, wissen recht wohl, daß jede Vermehrung des Realprodukts nur durch menschliche Arbeitsleistung zu erreichen ist. Die moderne Theorie des Volkseinkommens deckt sich mit der von Marx, wonach der Neuwert einer Periode gleich ist der Summe aller Lohn- und Gewinneinkommen (in der Sprache von Marx: Größe des „variablen Kapitals" plus Größe des „Mehrwerts"). Auch vermag nur eine umfassende Theorie der volkswirtschaftlichen Wertschöpfung, die von den gesellschaftlichen Bedingungen des menschlichen Arbeitens ausgeht, zu erklären, wie es nicht nur zu verkaufbaren Waren kommt, sondern gleichzeitig auch zu den kaufkräftigen Einkommen, die den Waren nachfragend gegenübertreten — ein Aspekt, der in der gängigen Lehre von der Einzelpreisbildung gänzlich fehlt. Als Ausgangspunkt aller Theorie der volkswirtschaftlichen Wertschöpfung ist die Arbeitswertlehre niemals widerlegt worden.

Anders steht es mit der Wertbildung als dem von den Märkten selbst vermeintlich *unabhängigen* „letzten" Bestimmungsgrund des *Preisgeschehens:*

Zwar ist alle Wertbildung Ergebnis menschlicher Arbeit. Die Weise aber, wie menschliche Arbeitskraft eingesetzt und über die verschiedenen Felder der Wirtschaftstätigkeit verteilt wird, ist nicht unabhängig von den *Markt*verhältnissen. Das Niveau der „gesellschaftlich notwendigen Durchschnittsarbeitszeit" ist durch den Stand der Technik bezeichnet. Aber in welchem Maße und in welchen Produktionssphären die Technik fortentwickelt wird, hängt selbst ab von dem Interesse, das die Industriellen dem technischen Fortschritt überhaupt sowie der Entfaltung der einzelnen Produktionszweige jeweils zuwenden, sowie von der Höhe der Mittel, die für Forschung, für Rationalisierungsinvestitionen usw. den beteiligten Unternehmungen zur Verfügung stehen — und mit alledem: von der Höhe ihrer *Renditen*. Diese aber sind die Differenz zwischen *Erlösen* und *Kosten* der Unternehmungen. Beide Größen drücken sich in *Marktpreisen* aus. Der Profit kann daher im Sinne von Marx nur für die Gesamtwirtschaft (innerhalb eines konjunkturellen Gesamt-„Zyklus") als identisch mit dem „Mehrwert" (und daher auch der „Kostpreis" nur in der Summe aller Unternehmungen als identisch mit dem „Wert" oder besser „Produktionspreis" des Einsatzkapitals) betrachtet werden; für jedes einzelne Unternehmen ist der Profit die Differenz nicht zwischen *Wert*-, sondern zwischen *Preisgrößen*. Zu Recht hat daher L. v. *Bortkiewicz (1)* bemerkt, daß bei Berechnung der „Profitrate" die Größe des Sach- und Lohnkapitals („konstantes" und „variables" Kapital, $c + v$) in *Preisen* und nicht in — obendrein unbekannten — *Werten* angesetzt werden muß. Ein Gedanke, der bei *Winternitz (1)* fortgeführt wird: Da die Elemente des Sachkapitals verschiedenen vorausgegangenen Produktionsperioden angehören, muß die Profitrate auf die zugehörigen *früheren* Preise der Kapitalelemente bezogen werden. Für die kalkulierenden Unternehmungen versteht sich das übrigens von selbst. Fatalerweise ist die Begriffsbestimmung von Marx bei der Darstellung des „Kostpreises" im III. Band des „Kapital" höchst ungenau: Bald wird der Kostpreis als die Wert-, bald als die *Preis*größe des Kapitals betrachtet.

Über den Gewinn und damit über die Kapitalbildungskraft der Unternehmungen und über die Verteilung der Kapitalien zwischen den Wirtschaftsbereichen entscheiden also die *Marktpreis*verhältnisse selbst. Die Gewinne schwanken mit der Konjunktur, sie schwanken von Ort zu Ort und von Wirtschaftszweig zu Wirtschaftszweig. Diese Schwankungen bestimmen den Entwicklungsschritt der Unternehmungen, der Wirtschaftsbereiche und der Gesamtwirtschaft. Sie wirken damit über die Bedingungen künftiger Nutzbarmachung von Arbeit und Sachmitteln auf die weitere volkswirtschaftliche Wertschöpfung selbst aktiv zurück. Es muß also selbst für die Zeiten relativ freier Konkurrenz, auf die sich auch die Marxsche Werttheorie bezieht, ein Verhältnis „dialektischer" Wechselwirkung zwischen den Vorgängen der Marktwelt und denen der Wertschöpfung in der Produktion angenommen werden.

2. Das Verhältnis zwischen Wert- und Preisbildung wird höchst problematisch, wenn wir zu unserer Epoche der *beschränkten* Konkurrenz übergehen. Nach den Voraussetzungen der Arbeitswerttheorie müßte eine fortgesetzte Steigerung der Arbeitsproduktivität, wie sie auch unser Jahrhundert aufweist, den „Produktionspreis" der jeweiligen Waren ständig senken und damit auch die Marktpreise tendenziell sinken lassen, wenn das „Wertgesetz" ihre Bewegungen beherrscht. Tatsächlich haben die Verhältnisse der obligopolistischen Konkurrenz in allen wichtigen Industrieländern unseres Ordnungskreises seit rund 70 Jahren das allgemeine Preisniveau tendenziell *steigen* lassen (vgl. W. *Hofmann*, 2). Auch von einem zyklischen Ausgleich der Preise zu ihren gedachten, tendenziell sinkenden „Werten" kann offenbar keine Rede sein — zumal die zyklische Natur der neuen Konjunkturen selbst zweifelhaft geworden ist. Natürlich stellt eine bloße Erhöhung der Preise, für sich genommen, noch keine Vermehrung des *Realprodukts* dar. Aber auch die „schleichende Inflation" unserer Epoche wirkt auf den Prozeß der weiteren volkswirtschaftlichen Wertschöpfung, auf die Erweiterung der Produktionsgrundlagen, auf Umfang und Proportionen der Erzeugung, auf das Konjunkturgeschehen und die Beschäftigungslage nicht neutral ein. — Hat Marx selbst vermerkt, daß „das Gesetz des Wertes zu seiner völligen Entwicklung die Gesellschaft der großen industriellen Produktion und der *freien Konkurrenz* ... voraussetze" (*6*, S. 46; H. durch mich, W. H.), so findet sich bei späteren Marxisten die Auffassung, daß das „Wertgesetz" im Kapitalismus der beschränkten Konkurrenz mehr oder minder deformiert werde. (Vgl. *Lenin*, 1, S. 785; ferner N. W. *Hessin* in „Wertgesetz", 1, S. 51. — Die offizielle Version des Sowjet-Marxismus läßt das „Wertgesetz" freilich noch dergestalt weitergelten, daß die Monopole *über*, die Nichtmonopolisten *unter* dem „Produktionspreis" ihre Waren verkaufen [vgl. „Politische Ökonomie", *1*, S. 270 f.] — was freilich eine Verlegenheitslösung darstellt.)

So wird alles in allem zu sagen sein: Die menschliche Arbeit ist als die Quelle aller Wert*erzeugung* in der Wirtschaftsgesellschaft zu betrachten. Aber die Weise, der Umfang, die Richtung, in denen unter bestehenden Bedingungen die Arbeit in *Wirksamkeit* versetzt wird, ist bestimmt durch die realisierten und erwarteten Gewinne; und diese sind ihrerseits nicht unabhängig vom Marktgeschehen und von den Ordnungsbedingungen, unter denen es verläuft.

Zweiter Teil

Die Lehre von der Preisbildung

Alle Theorie der Marktprozesse ist entweder Lehre von der volkswirtschaftlichen *Wertschöpfung* und sucht von dieser her das Preisgeschehen in seinen Grundzügen zu erklären; oder sie ist Lehre von der Marktpreisbildung allein, ohne nach „dahinter" liegenden Umständen zu fragen. — Die Arbeitswertlehre kennzeichnet jene Epoche, in der nach den allgemeinen „Gesetzen" der neuen Wirtschaftsweise gefragt wird. Dabei geht es allerdings schon bei den Klassikern, wie gezeigt, ohne Zugeständnisse an das sinnfällige Marktgeschehen nicht ab. In der zweiten großen Epoche, die vom Beginn der siebziger Jahre des vorigen Jahrhunderts bis in unsere Tage reicht, ändert sich die Fragestellung gänzlich: Die Werttheorie wird mehr und mehr als ein unnötiger Umweg zu dem verworfen, was einzig erklärungsbedürftig bleibt: die Bildung der Einzelpreise auf den Märkten. Damit wird implizit auch die Wertentstehung auf den Markt verlegt.

Dieser bedeutungsvolle theoriegeschichtliche Wandel ist auf eine Reihe von Umständen zurückzuführen:

1. Das epochale Ringen um die Durchsetzung des erwerbswirtschaftlichen Systems ist in den wichtigsten Ländern zum Abschluß gelangt, und mit ihm die Zeit der großen bürgerlichen Gesellschaftskonzeption. Die hochfliegenden Ideen von naturgewollter Ordnung, von menschlichem Fortschritt und immanenter Gesetzlichkeit des Wirtschaftslebens als einem Unterpfand großer gesellschaftlicher Hoffnungen weichen einer pragmatischen Sicht des Bestehenden. Der *Positivismus* ergreift nicht nur die Nationalökonomie, sondern *alle* Zweige der Gesellschaftslehre.

2. Diese Hinwendung zum unmittelbar *Vorfindlichen* ist freilich in der Nationalökonomie keine unbefangene. Die Träger des entfalteten „Hochkapitalismus" sehen sich einem neuen Widersacher gegenüber: der Sozialkritik aller Richtungen, einer wachsenden Arbeiterbewegung, schließlich der Lehre des „wissenschaftlichen Sozialismus". Die Arbeitswertlehre, die in der Theorie des „Mehrwerts" ausmündete, erscheint als verderblich; sie verfällt dem gesellschaftlichen Verdikt. Der Bruch nicht nur mit der Arbeitswertlehre von *Marx*, sondern mit *jeglichem* Arbeitswertansatz wird vollzogen. Dies wird dadurch erleichtert, daß die Klassiker die Werttheorie in einem recht unbefriedigenden Zustand hinterlassen haben. Den späteren Ökonomen wird schließlich die bloße *Fragestellung* sowohl von *Marx* als auch von *Ricardo* fremd. Vor die Tradition der Wertlehre schiebt sich die Tradition ihres Mißverständnisses. (Zur gesellschaftlichen Bedeutung der Abkehr von der Arbeitswertlehre vgl. auch P. *Sering*, 1, S. 539 f.)

3. Es kommt hinzu, daß die neuere Entwicklung des Marktgeschehens einer werttheoretischen Erklärung der Preisbildung in der Tat widerstrebt. Immer mehr haben, schon seit Ende des vorigen Jahrhunderts, *machtgesetzte* Preise um sich gegriffen, haben private oder auch öffentliche Gewalten die Marktverhältnisse bewußt zu gestalten unternommen. Von einem „Ausgleich der Profitraten" als einem eingebauten Regulativ der Märkte kann keine Rede mehr sein. Die „säkulare" schleichende Inflation unseres Jahrhunderts hat die Beziehungen zwischen der Entwicklung der Arbeitsproduktivität und der des allgemeinen Preisniveaus zerstört. Eine immanente Selbstordnung der Märkte kann nicht mehr erlebt, ein „Wertgesetz" als Preisbestimmungsgrund nicht nachgewiesen werden.

4. Zugleich hat die allgemeine Vermachtung der Märkte neue, rein *praktische* Fragen an die Wirtschaftslehre herangetragen, die durchwegs auf der Ebene der *Marktpreisgestaltung* liegen: Wie groß ist der Spielraum für planvolle Preisstrategie, über den einzelne oder Gruppen von Anbietern oder Nachfragern (oder auch öffentliche Stellen) verfügen? Was kann der Gegenseite am Markt jeweils zugemutet werden; wie weit kann sie ausweichen? Welche Rücksichtnahme auf rivalisierende Unternehmungen des gleichen oder eines nahestehenden Erzeugungszweigs, zu denen Nachfrage oder Angebot abwandern können, ist geboten? Allgemein: wie sind Kosten und Erlöse der Einzelunternehmungen zueinander in das günstigste Verhältnis zu bringen, so daß die Gewinne auf kurze und auf lange Sicht maximiert werden? Fragestellungen, die den neuen Verhältnissen *oligopolistischer* und zugleich immer *umfassenderer* und *intensivierter* Konkurrenz entspringen. — Die Preislehre erhält mit alledem eine zunehmend *einzelwirtschaftliche* Wendung. Sie arbeitet der *Betriebswirtschaftslehre* zu, die sich, gleichfalls als Ergebnis einer härter werdenden Konkurrenz und der Notwendigkeit, alle Faktoren der privaten Gewinnerzielung systematisch zu durchforschen und zu gestalten, nach der Jahrhundertwende als selbständige „Kunstlehre" (E. *Schmalenbach*) entwickelt.

So haben eine Reihe praktischer und denkgeschichtlicher Umstände zusammengewirkt, um der Lehre von den Marktprozessen eine neue Richtung zu geben. Der Unterschied zur älteren Theorie ist dabei ein tiefgreifender:

1. Die verselbständigte Preislehre löst jene Verbindung zur Theorie des Sozialprodukts und der Einkommensverteilung, auf welche die ältere Theorie der Wertschöpfung — freilich mit oft unzulänglichen Mitteln — hingezielt hat. Nicht nur der Gegenstand der Preislehre selbst ändert sich hierdurch, indem *Einzelvorgänge* auf den Märkten in den Vordergrund treten — es ändern sich auch Gegenstand und Betrachtungsweise der *anstoßenden* ökonomischen Lehrbereiche, zu denen die verselbständigte Preislehre in ganz neue Beziehung tritt. So verschiebt sich in der Einkommenstheorie das Interesse gleichfalls auf die Bildung der *Einzeleinkommen*, die als ein Anwendungsfall der allgemeinen Lehre von der Marktpreisbildung durch Angebot und Nachfrage betrachtet wird. Auch die Sicht des volkswirtschaftlichen Gesamtprozesses wird mit Begriffen durchsetzt, die der Verhaltenswelt der Individualwirtschaft entlehnt sind. („Sparen", „Investieren", „Horten", „Produktionsfunktion" usw.; vgl. Bd. II und III der „Texte".)

2. Mit dem Untersuchungs*ziel* ist auch die Untersuchungs*methode* geändert: Die Werttheorie fragt nach *Gesetzen*, die Preislehre nach *Bedingungen* der Preisbildung. Die *Wert*theorie verfährt daher lehrgeschichtlich zunächst *spekulativ*, dann *explikativ*, schließlich *analytisch;* die *Preis*lehre arbeitet *konstruktivistisch* und *beschreibend.* Der Wertlehre geht es um die *Bestimmungsgründe* der Marktvorgänge, der Preislehre um die *Wechselwirkung* dieser Vorgänge. Die Wertlehre fragt nach *kausalen*, die Preislehre schließlich nach *funktionalen* Verhältnissen auf den Märkten.

Auch die Preistheorie hat eine weitläufige lehrgeschichtliche Entwicklung genommen. Der von *Marx* zum Abschluß gebrachten Arbeitswerttheorie begegnet die zeitgenössische Lehre zunächst auf vermeintlich gleichfalls „wert"-theoretischer Ebene. Es zeigt sich jedoch bald, daß die Lehre vom „subjektiven", durch die Verbraucherschätzungen begründeten „Wert" im Grunde eine Nachfrage-Erklärung der *Marktpreis*bildung ist. Vor allem in späterer Zeit wird einsichtig, daß „vieles, das als Nutzwerttheorie gilt, in Wahrheit objektive Preistheorie ist, der die Terminologie der subjektiven Lehre untergeschoben wird" (J. *Viner*, 1, S. 657). So wird verständlich, daß um die Jahrhundertwende (vor allem im deutschen Sprachraum) die Abkehr von jeglichem „wert"-theoretischen Ansatz geschieht. In der Folgezeit wird einerseits die Auffassung von den Umständen, welche die Nachfrage bestimmen, weiter verfeinert; andererseits wendet sich, nicht zuletzt unter dem Anstoß der neuen Betriebswirtschaftslehre und der einzelwirtschaftlichen Bedürfnisse, das Interesse auch den zeitweilig vernachlässigten *Angebots*-Faktoren der Preisbildung wieder zu. Dabei spricht sich die Auffassung von der *Gestaltbarkeit* der Märkte und Preise durchwegs auch da aus, wo die Preislehre sich nicht ausdrücklich als Theorie der Preisbildung bei *beschränkter Konkurrenz* deklariert. — Die anfangs noch fortgebildete Lehre vom *Gesamtzusammenhang* der Preise tritt später zurück. Infolgedessen löst sich auch die Beziehung der Preislehre zur „Wachstums"- und Konjunkturtheorie und verschiebt sich der Begriff des Markt-„*Gleichgewichts*": An die Stelle eines allgemeinen Gleichgewichts*systems* der Preise tritt allmählich das einzelwirtschaftlich verstandene Gleichgewicht von Kosten und Erlösen.

Im ganzen einerseits eine zunehmende Verfeinerung der Aussagen über die Preisbildung, andererseits ein unverkennbarer Verlust der großen gesamtwirtschaftlichen Perspektiven.

Erster Abschnitt

Die Begründung der Lehre vom subjektiven „Wert"

Einleitung

1. Vorgeschichte

Wenn auch der eigentliche Beitrag, den die klassische und vorklassische Markttheorie in die Nationalökonomie eingebracht hat, in der Ausbildung der Lehre vom *objektiven* Wert beruht, so zieht sich doch der Versuch, vom *Gebrauchswert* (value in use) der Waren aus die Bedingungen ihres Austauschs zu erklären, als eine Unterströmung schon durch die frühe Lehrgeschichte hindurch. Nützlichkeit und Seltenheit sind ja die nächstliegenden, unmittelbar sinnfälligen Faktoren der Preisbildung; auch ohne theoretische Anstrengung stößt man auf sie. Der *subjektiv* bestimmte „Wert" erscheint daher überhaupt als der lehrgeschichtlich ursprüngliche (vgl. L. *Brentano*, 1). *Aristoteles*, die Scholastiker, die italienischen merkantilistischen Schriftsteller B. *Davanzati* (1529 bis 1606), G. *Montanari* (1633 bis 1687), A. *Genovesi*, *Verri*, ferner F. *Galiani* (1728 bis 1787; *1)*, der vom Nutzen her nicht nur den „Wert" der Konsumgüter, sondern auch den der Produktionsgüter zu bestimmen unternimmt, sowie A. R. J. *Turgot* (1727 bis 1781; *2)* und E. B. *de Condillac* (1715 bis 1780; *1, 2)* haben den Gebrauchswert der tauschbaren Gegenstände zur Grundlage ihrer Preislehre gemacht.

Selbst Gedanken der klassischen Arbeitswerttheorie erhalten bisweilen unvermerkt eine subjektivistische Wendung; die Lehren vom Tauschwert und vom Gebrauchswert haben sich noch nicht feindlich geschieden. Hat Adam *Smith* den Wert der Waren auf die „Mühe und Beschwerde" (the toil and trouble) zurückgeführt, die ihre Beschaffung verursache (vgl. oben, S. 45), so kann später St. *Jevons* diese Erklärung von Smith als „wesentlich richtig" für seine ganz anders geartete Lehre vom subjektiven „Arbeitsleid" nutzbar machen *(1, S. 158 f.)*. Umgekehrt hat ein so sensualistisch-subjektivistisch orientierter Denker wie *Condillac* den Nutzen selbst eines freien Gutes wie Luft und Wasser aus dem *Müheaufwand* erklären wollen, den auch das Einatmen der Luft, das Trinken von Wasser usw. bereite. Epigonen der großen englischen Klassiker, wie etwa J.-B. *Say* und *McCulloch* vermischen Arbeitswert und Nutzwert der Waren eklektisch miteinander. So meint McCulloch: Dinge, die unter gleichen Opfern verfügbar gemacht worden sind, stehen in gleicher Wertschätzung (esteem) und erhalten hierdurch ein und denselben Realwert (real value) (vgl. *1*, S. 216 f.). Subjektivistisch ist auch *Seniors* Lehre vom Unternehmergewinn als einem „Preis" für die „Enthaltsamkeit" des Kapitalbesitzers, der sein Vermögen nicht aufzehre, sondern produktiv einsetze. Frühe Vertreter einer konsequent subjektivistisch gefaßten Preislehre sind A. A. *Walras*, der Vater von Léon *Walras (1,* 1831), in Frankreich und M. *Longfield (1,* 1834) in England.

Im deutschen Sprachraum hat Carl *Menger,* der Begründer der österreichischen Grenznutzen-Schule, sich auf die Vorarbeit von B. *Hildebrand, Knies, Friedlaender,* A. *Schaeffle,* L. *v. Stein* berufen können (Menger, *1,* S. 133 ff.); aber auch *Lotz, v. Soden, Hufeland, v. Hermann, v. Mangoldt (1, 2,* S. 34) dürfen hier genannt werden.

In England insbesondere (aber auch in Frankreich und anderen außerdeutschen Ländern) wurden die Vorstellungen vom Nutzwert durch die (namentlich durch J. *Locke* entwickelte) *sensualistische* Lehre von den Sinnen als den Trägern der menschlichen Wahrnehmung genährt. Der hierauf sich stützende sozialphilosophische *Hedonismus* erlebte seinen Höhepunkt mit J. *Bentham* (1748 bis 1832). Dieser versuchte Lust und Unlust quantitativ zu bestimmen und nach den vier Dimensionen der Intensität, der Dauer, der Gewißheit, der Nähe oder Ferne (propinquity) meßbar zu machen. So wollte Bentham nicht nur zu einem „moralischen Budget" des einzenen gelangen, zu einer Art hedonistischer Aufwands- und Ertragsrechnung aller Individuen, sondern auch zu einem interpersonalen Vergleich von Lust und Pein als der Voraussetzung dafür, das von Bentham proklamierte Ziel der allgemeinen „happiness maximation" („das größte Glück der größten Zahl") zu erreichen *(1,* 1789).

Hatte bis dahin der absolute („kardinale") Nutzen, den die Wirtschaftsgüter stiften, die Überlegungen beherrscht, so entsprang der Gedanke des *„Grenznutzens",* d. h. des („ordinalen") Nutzens der „letzten" jeweils neu hinzukommenden Guteinheit, einer Verbindung der Begriffe von Nützlichkeit und Seltenheit: Ein wirtschaftliches Gut ist hiernach seinem Erwerber um so wichtiger, je nützlicher oder notwendiger es ist und je knapper es zugleich ist (je geringer also auch der Vorrat, über den der einzelne bereits verfügt). Das Arbeiten mit dem Begriff des „Grenznutzens" war notwendig, um das schon von den Klassikern vermerkte *„Wert-Paradoxon"* zu lösen: „Dinge, die den größten Gebrauchswert haben, besitzen oft wenig oder keinen Tauschwert; und umgekehrt: die, welche den größten Tauschwert haben, besitzen oft wenig oder gar keinen Gebrauchswert" (A. Smith, *1,* S. 35; vgl. oben, S. 43). Die Lehre vom Grenznutzen erklärt diesen Widerspruch damit, daß der Gesamtnutzen (der „kardinale" Nutzen) eines Gutes zwar mit dessen wachsender Verfügbarkeit zunimmt, aber der *Zuwachs* an Nutzen (der „ordinale" Nutzen) gleichzeitig abnimmt. Die Zuwachsgröße des Nutzens, d. h. der Nutzen der „letzten" neu dem Vorrat hinzugefügten Gütereinheit, bestimmt nun den *Tauschwert* jeder einzelnen Partikel des Gesamtvorrats. Da aber je nach der Seltenheit eines Gutes die Befriedigung des mit seiner Hilfe gestillten Bedürfnisses jeweils bei einem höheren oder niedrigeren Zuwachsnutzen abgebrochen werden muß, so ist auch der Preis der „Güter" ein sehr verschiedener. Erst mit Hilfe des *Grenznutzenprinzips* schien also eine konsequent subjektivistische Erklärung der Preisvorgänge möglich. (Freilich stehen hinter den „Seltenheiten" von Waren auch wieder verschiedene *Kosten,* die ihre Produktion bei bereits gegebener oder erwarteter Nachfrage nur in bestimmtem Umfang als lohnend erscheinen lassen. — Vgl. dazu J. *Neubauer, 1,* S. 664. — Man sieht: sobald man sich auf das Gebiet der reinen Preisbildung begibt, kann folgerichtig nicht mehr nach *einer* Preis*ursache*, sondern nur noch nach dem *Wechselzusammenhang* einander bedingender Umstände gefragt werden.)

Daß nicht nur die Nützlichkeit, sondern auch die Seltenheit eines Wirtschaftsobjektes dessen Preis bestimmt, war frühzeitig bekannt. Man beobachtete, daß z. B. der Getreidepreis bei einer Verminderung des Getreideangebots überproportional zur Mengenänderung stieg und bei einer Vergrößerung des Angebots wiederum unverhältnismäßig stark sank. Diesen Sachverhalt brachte Gregory *King* (1648 bis 1712) zum Ausdruck („*Kingsche Regel"). Jevons* fand hierfür später die Formel: Bei einer Änderung der Getreidemenge im arithmetischen Maßstab verändert sich der Getreidepreis (in umgekehrter Richtung) in geometrischem Maßstab. Und *Bouniatian* hat allgemein geltend gemacht: Der „Grenznutzen eines Gutes ändert sich in geometrischer Proportion bei einer arithmetischen Änderung der Besitzmengen" (*1,* S. 204). Man erinnerte sich nun wieder, daß schon der Mathematiker Daniel *Bernoulli* (1700 bis 1782) das „Gesetz" des mit steigender Versorgung fallenden Zuwachsnutzens näher bestimmt hatte, und zwar am Beispiel eines Glücksspiels: Der Erfolg zweier Personen mit ungleichem Ausgangsvermögen ist nicht gleichmäßig zu bewerten; vielmehr steht der „Wert" des erzielten Spielgewinns im umgekehrten Verhältnis zu dem schon vorhandenen Vermögen (*1,* 1738). Der Gedanke des mit wachsender Versorgung des einzelnen sinkenden Grenznutzens („*Erstes Gossensches Gesetz*") ist im 19. (und schon im 18.) Jahrhundert wieder und wieder formuliert worden: in England durch W. F. *Lloyd (1,* 1833), N. W. *Senior (1,* 1836), R. *Jennings (1,* S. 98 f., 119, 233; 1855), *Longfield,* u. a.; in Frankreich durch *Condillac (1,* 1776), J. *Dupuit (1,* 1844). Keinem dieser Denker ist es jedoch in den Sinn gekommen, aus diesem eigentlich trivialen Sachverhalt die Grundlage eines ganzen ökonomischen Systems zu machen, wie dies später geschehen ist. (Zur Vorgeschichte der subjektivistischen Theorie vgl. O. *Weinberger, 1;* L. *Brentano, 1;* R. *Kaulla, 1;* R. *Zuckerkandl, 1;* G. J. *Stigler, 2;* E. *Kauder, 1.)*

2. Zur Erklärung des Durchbruchs der subjektivistischen „Wert"-Lehre

Sind also Gebrauchswert und „Grenznutzen" längst bekannt gewesen, so erstaunt man mehr darüber, daß spätere Zeiten so viel Wesens hiervon machen konnten, als darüber, daß frühere Denker es *nicht* getan haben. Gebrauchswert und Grenznutzen schienen den früheren Denkern zu wenig herzugeben, als daß sie diese selbstverständlichen Sachverhalte weiter verfolgt hätten. Nicht, daß die Vorläufer „vergessen" wurden, sondern vielmehr, daß sie eines Tages förmlich entdeckt wurden, ist daher verwunderlich. Und ferner, daß zu Beginn der siebziger Jahre drei Forscher, die drei verschiedenen Ländern angehörten, unabhängig voneinander und ungefähr gleichzeitig in verblüffender Übereinstimmung das Grenznutzen-Prinzip zur Grundlage eines ganzen Lehrsystems gemacht haben, nämlich C. *Menger* in Österreich, W. St. *Jevons* in England, L. *Walras* in der französischen Schweiz.

Will man dieses ungewöhnliche lehrgeschichtliche Zusammentreffen erklären, so genügt es offenbar nicht, darauf hinzuweisen, daß jene Jahre den Höhepunkt der Ära des Freihandels und der Gewerbefreiheit bezeichneten und daher dem Entstehen einer Lehre günstig sein mochten, die sich zum ökonomischen Laissez-faire bekannte und gerne als „neoklassisch" angesehen werden wollte (vgl. hierzu L. *v. Bortkewitsch* [= *Bortkiewicz*] 2). Eine befriedigende Erklärung liefert auch nicht der Impuls, der von anderen zeitgenössischen akademischen Disziplinen zweifellos ausgegangen ist: Die Psychophysik (G. T. *Fechner*, 1, 2; Joh. *Müller*, H. *v. Helmholtz*, E. H. *Weber*) hatte es unternommen, subjektive Empfindungen zu messen und zu den sie bewirkenden Reiz-„Größen" in Beziehung zu setzen. Dies hat Wirkungen auf die philosophischen Ansätze eines zugleich subjektivistisch und naturwissenschaftlich begründeten Idealismus (*Meinong, Mach, Avenarius*) ebenso wie auf den künstlerischen *Impressionismus* der Zeit gehabt. An der von Fechner formulierten „psycho-physischen Maßformel", wonach die Empfindung sich im Verhältnis zum Logarithmus des Reizes ändert, der sie hervorruft, ist schon dem zeitgenössischen Philosophen F. A. *Lange* (1) die Übereinstimmung mit dem ökonomischen „Marginalismus" eines J. H. *v. Thünen* aufgefallen. Der österreichische Grenznutzentheoretiker F. *v. Wieser*, für den „die Wertdoktrin ... angewandte Psychologie" ist *(1,* S. 39), hat das „psychophysische Grundgesetz" ebenso gekannt wie etwa *Edgeworth* in England. Doch ist das Wesentliche an der subjektivistischen „Wert"-Theorie nicht ihre psychologische Ambition, von der sie sich im übrigen später getrennt hat (vgl. hierzu auch M. *Weber,* 2).

Der eigentliche Grund zum Ausbau einer subjektivistischen „Wert"-Lehre ist vielmehr in jenem verborgen wirkenden *gesellschaftlichen Bedürfnis* zu sehen, das schon zuvor zur Ablehnung der klassischen Arbeitswertlehre, mit ihren sozialkritischen Folgerungen, geführt hatte. Der Theorie des objektiven Werts sollte eine Werttheorie ganz anderer Art entgegengesetzt werden. In der Tat hat die subjektivistische Wertauffassung aus ihrer Abwehrhaltung gegenüber der Arbeitswertlehre nie ein Hehl gemacht; wobei zunächst die Kritik an der Wertlehre *Ricardos*, die „auch nicht einen Augenblick haltbar" sei *(Jevons),* später (etwa von *Boehm-Bawerk* vielfach äußerst polemischem Werk „Geschichte und Kritik der Kapitalzinstheorien", 1884, ab) die Kritik der sozialistischen Wertlehre, an der „so ziemlich alles falsch" sei (F. v. *Wieser,* 2, S. 66), voransteht. Auch in späterer Zeit ist es immer wieder als ein besonderes Verdienst der subjektivistischen Lehre gewertet worden, daß sie die alte Arbeitswerttheorie aus dem Felde geschlagen habe. (Vgl. etwa O. *Weinberger,* 2, S. 578 f.) So erscheint auch hier eine allgemeine gesellschaftliche Tendenz in der Lehrgeschichte am Werk.

3. Gemeinsame Grundzüge der Lehrauffassung

Der den Grenznutzen-Theoretikern nahestehende österreichische Nationalökonom Emil *Sax* (1845 bis 1927) schreibt in seiner „Grundlegung der Theoretischen Staatswirtschaft" (1887, 1, S. 308): „Der Apfel fällt vom Baum und die Sterne bewegen sich nach einem und demselben Gesetz: dem der Gravitation. Ein Robinson und ein Hundert-Millionen-Reich befolgen bei ihren wirtschaftlichen Handlungen ein und dasselbe Gesetz: das des Wertes." — Hier sprechen sich wesentliche Grundauffassungen aus, die allen Vertretern der neueren subjektivistischen Theorie, über den Unterschied ihrer Einzelpositionen hinweg, mehr oder minder gemeinsam sind:

1. *Die naturwissenschaftliche Analogie:* Das ökonomische Wertgesetz wird einem physikalischen gleichgestellt. Die subjektivistische Theorie will (wie alle weitere Lehre) „exakt" in demselben Sinne, wie es die Naturwissenschaften vermeintlich sind, und im Sinne mindestens hypothetischer Durchrechenbarkeit ihrer Aussagen sein. Was ihre Postulate an gesellschaftlicher Bestimmtheit verlieren, sollen sie an quasi-naturwissenschaftlicher Bestimmtheit gewinnen. Hatte schon die vorklassische Sozialphilosophie und Sozialökonomie nach einer „sozialen Physik" des gesellschaftlichen Körpers getrachtet, so soll dieser alte Wunschtraum nun endlich in Erfüllung gehen. Dem zunehmenden Zug zu einer mechanistischen und funktionalistischen Sicht der Preisbildung sowie anderer Wirtschaftsvorgänge — äußerlich häufig kenntlich in der Wahl einer mathematischen Darstellungsweise — entspricht es, daß so mancher Nationalökonom seit etwa der Mitte des vorigen Jahrhunderts (trotz zunehmender Professionalisierung der nationalökonomischen Lehre) von Haus aus Naturwissenschaftler, Mathematiker oder Ingenieur gewesen ist *(Dupuit, Cournot, Jevons, Walras, Pareto,* I. *Fisher,* W. *Launhardt).*

2. Die Gleichsetzung von individual- und sozialwirtschaftlichen Sachverhalten (die *einzelwirtschaftliche Analogie*): Der Robinson-Haushalt steht der Lehre von der gesellschaftlichen Wirtschaft Modell. Die ökonomischen Kategorien werden zunächst in der Einzelwirtschaft erschlossen und sodann auf die Gesamtwirtschaft übertragen. Es ist bemerkenswert, daß die subjektivistische Theorie den „Wert" zunächst überhaupt ganz ohne den *Tausch* begründet, der immer schon einen *überindividuellen* Zusammenhang bezeichnet.

3. Die Verallgemeinerung bestimmter gesellschaftlich-historischer Erscheinungen zu schlechthin menschlichen (die *anthropologische Analogie):* „Im wesentlichen bleibt sich die Natur des Menschen ... immer gleich und ist stets als konstante Ursache wirksam. Es gibt daher eine allgemeine ökonomische Theorie und nicht etwa eine Theorie der Wirtschaft, betreffend die Menschen in diesem oder jenem konkreten Staate, dieser oder jener Zeit..." (E. *Sax,* 2, S. 10). — In dieser Tendenz zur *Entgesellschaftung, Enthistorisierung* der Wirtschaftslehre, welche die neuere Nationalökonomie seit Anheben der Grenznutzenlehre überhaupt durchwaltet, ist der tiefere Grund jenes *„Methodenstreits"* zu erblicken, der in den achtziger Jahren zwischen österreichischer Grenznutzenschule (C. *Menger)* und jüngerer historischer Schule (G. *Schmoller)* ausgetragen worden ist.

Mit alledem zeigt sich ein wiederkehrender Zug der neueren Ökonomie überhaupt: der *Regreß auf das Allgemeine, Urtümliche, Primitive,* auf die überwundene Einfachheit früherer Wirtschaftsepochen (vgl. hierzu E. *Korner, 2,* S. 46). Freilich werden in dieses Bild einer archaisierten Wirtschaftsform alle Besonderheiten der *modernen* Wirtschaftsgesellschaft unversehens mit übernommen, wie sich im weiteren noch zeigen wird.

Die Periode einigermaßen unangefochtener Herrschaft der subjektivistischen Werttheorie reicht von den siebziger Jahren bis zur Jahrhundertwende. Drei Richtungen dürfen dabei unterschieden werden: die österreichische, auf C. *Menger* zurückgehende Schule; die anglo-amerikanische Richtung, deren Begründer W. St. *Jevons* gewesen ist, und die „Lausanner" Variante, die sich von L. *Walras* herleitet (vgl. zu den Richtungen der subjektivistischen Theorie O. *Morgenstern, 1*). Alle drei hier genannten Ökonomen werden, im Anschluß an den „wiederentdeckten" deutschen Vorläufer H. H. *Gossen,* im folgenden zu Worte kommen. Eine zusammenfassende Würdigung der Grenzwerttheorie als ganzer soll erst abschließend unternommen werden.

Zur Terminologie: Der Begriff des „Grenznutzens" ist erst durch F. v. *Wieser* eingeführt worden (*1*, 1884, S. 128), der sich dabei an *Jevons'* Begriff des „final degree of utility" oder der „terminal utility" anschloß. Der Begriff wurde später durch *Wicksteed* als „marginal utility" ins Englische rückübertragen, und bei diesem Begriff ist es geblieben. — H. H. *Gossen* hatte vom „Wert des letzten Atoms" gesprochen, C. *Menger* vom „Wert der am wenigsten wichtigen Teilquantität" (*1*, S. 127; vgl. unten, S. 136. Menger hat den Begriff des Grenznutzens selbst bei Vorbereitung der zweiten Auflage seiner „Grundsätze" 1923 nicht übernommen). *Walras* bedient sich des Terminus der „rareté", gleich „intensité du dernier besoin satisfait"; J. B. *Clark* spricht von „effective specific utility", I. *Fisher* von „‚want-for-one-more' unit of any economic good" (*2*, S. 157). Da alle Autoren letztlich übereinstimmend das gleiche meinen, nämlich „marginal utility", so erscheint es gerechtfertigt, aus dem Abstand von heute als *„Grenznutzenschule"* nicht nur die österreichische Richtung, sondern *alle* Varianten der subjektivistischen Lehre vom Grenzwert zu bezeichnen.

A. Grundbedingungen des persönlichen Nutzenkalküls: die beiden Gesetze H. H. Gossens

„Was einem Kopernikus zur Erklärung des Zusammenseins der Welten im Raum gelang, das glaube ich für die Erklärung des Zusammenseins der Menschen auf der Erdoberfläche zu leisten. ... Und wie die Entdeckungen jenes Mannes es möglich machten, die Bahnen der Weltkörper auf unbeschränkte Zeit zu bestimmen; so glaube ich mich durch meine Entdeckungen in den Stand gesetzt, dem Menschen mit untrüglicher Sicherheit die Bahn zu bezeichnen, die er zu wandeln hat, um seinen Lebenszweck in vollkommenster Weise zu erreichen."

Mit einer solch schellenlauten Vorrede hat Hermann Heinrich Gossen (1810—1858) sein Buch „Entwicklung der Gesetze des menschlichen Verkehrs und der daraus fließenden Regeln für menschliches Handeln"[1], die Frucht „zwanzigjährigen Nachdenkens", der Öffentlichkeit übergeben. Man mußte freilich im zeitgenössischen Deutschland schon selbst die Werbetrommel rühren, wenn man ein ökonomisches Buch nicht als wohlbestallter Universitätsprofessor, sondern als „königlich-preußischer Regierungsassessor außer Diensten" publizierte. Freilich blieb das Werk dieses Sonderlings bis zu seiner Rehabilitierung durch W. St. *Jevons* (*1*, Vorwort, S. XLVII ff.) und L. *Walras* (*2*) gänzlich unbeachtet; es wurde vom Autor selbst 1858 aus dem Verkehr gezogen. In der Tat war der deutschen Ökonomie die hedonistische Auffassung, nach der es der Zweck der Nationalökonomie sei, „... dem Menschen zur größten Summe des Lebensgenusses zu verhelfen" (*1*, S. 34), bisher fremd gewesen.

1. Das allgemeine Prinzip der Genußsteigerung

Das Buch beginnt:

„Der Mensch wünscht sein Leben zu genießen und setzt seinen Lebenszweck darin, seinen Lebensgenuß auf die möglichste Höhe zu steigern" (S. 1).

Dabei gilt es, Genuß und hierzu notwendigen Müheaufwand in das dauerhaft günstigste Verhältnis zueinander zu bringen:

„Es muß das Genießen so eingerichtet werden, daß die Summe des Genusses des ganzen Lebens ein Größtes werde *[H.]*.

Nach diesem Grundsatz sehen wir denn von der Wiege bis zum Grabe alle Menschen ohne Ausnahme handeln, den König wie den Bettler, den frivolen Lebemann wie den büßenden Mönch, und wenn dennoch die Handlungsweise der Menschen, wie wir sie im Leben wahrnehmen, so außerordentlich verschieden erscheint, so hat dieses lediglich in der verschiedenen Ansicht über die Größe der verschiedenen Lebensgenüsse (eine Größe, die auch unzweifelhaft nach der Bildungsstufe des Menschen verschieden ist) und über die Größe der Hinderung seinen Grund, die der Genuß später zu erwartenden Genüssen in den Weg legen werde. Darüber, daß jeder seinen Lebensgenuß zum Größten bringen will, sind alle einig" (S. 1 f.).

Selbst der Asket verzichtet auf irdischen Genuß nur um des größeren und dauerhafteren willen, den er sich im Jenseits verspricht:

„Der Ascet unterscheidet sich in Beziehung zu jenem Grundsatz vom Lebemann ... nur darin, daß er ein weit ungenügsamerer Egoist ist; was die Erde bietet, genügt ihm nicht als Summe des Genusses,

---
[1] Im folgenden stets nach der Erstausgabe von 1854 zitiert. (Eine dritte Auflage ist, photomechanisch nach der ersten Auflage reproduziert, 1927 [Berlin] erschienen.)

er will mehr haben, und glaubt, dieses durch sein Verfahren sich verdienen zu können" (S. 2).

„Aber nicht bloß, daß dieses [nämlich Maximierung des Lebensgenusses; W. H.] von allen Menschen ohne Ausnahme als Lebenszweck betrachtet wird; es ist auch unzweifelhaft der wahre Lebenszweck des Menschen, derjenige, den sein Schöpfer gewollt hat" (S. 2).

„Für die Handlungsweise des Menschen folgt aus diesem Lebenszweck die eine und darum Hauptregel:
Der Mensch richte seine Handlungen so ein, daß die Summe seines Lebensgenusses ein Größtes werde..." *[H.]* (S. 3).

Wie der Schöpfer „durch die Gesetze der Schwerkraft seinen Welten ihre Bahnen ewig und unabänderlich vorschrieb, so schrieb er durch die Gesetze der Kraft zu genießen dem Menschen ewig und unabänderlich seine Bahn im Zusammenleben mit Seinesgleichen vor" (S. 3 f.).

Hierdurch erklärt es sich für Gossen, daß ein jeder in Verfolg seines eingenen Wohles das Beste der anderen mitbesorgt.

2. Das Gesetz des sinkenden Grenznutzens (Gesetz der Bedürfnissättigung)

Das „Erste Gossensche Gesetz" lautet nun:

„Die Größe eines und desselben Genusses nimmt, wenn wir mit Bereitung des Genusses ununterbrochen fortfahren, fortwährend ab, bis zuletzt Sättigung eintritt" (S. 4 f.; *H.*).

Ebenso ist bei der Wiederholung des gleichen Genusses dieser schon bei Beginn niedriger. Diese Regel ist in der Tat von entwaffnender Simplizität. Das hat einen R. *Liefmann* nicht abgehalten, sie als das „wichtigste Gesetz der nationalökonomischen Theorie überhaupt" zu feiern (2, S. 315). Mit W. *Waffenschmidt* (1, S. 53) kann man sich a) die abnehmende „Größe" des Nutzens jeder einzelnen Guteinheit, b) die erst relativ, dann absolut abnehmende „Größe" des Nutzens der Gesamtgütermenge entsprechend der beigefügten Skizze veranschaulichen.

Das scheinbar selbstverständliche Gesetz des sinkenden Grenznutzens hat später vielfache *Kritik* erfahren:

1. Der *Grenznutzen gewisser Güter* weist bei vergrößertem Vorrat offenbar nicht sinkende, sondern — mindestens zeitweilig — *steigende* Tendenz auf (K. E. *Boulding*, 1, S. 638 f. [hier nach der 1. Aufl. v. 1941]; F. W. *Taussig*, 1, I. Bd., S. 117; E. E. *Slutsky*, 1, S. 17 f.). Auch ist die Bedürfnisperiode zu berücksichtigen (J. *Neubauer*, 1, S. 685 ff.).

2. Auch der *Grenznutzen der Geldeinheit* wird bei steigendem Einkommen des einzelnen zunehmen (S. *Chapman*, 1, S. 25 ff.; E. B. *Fagan*, 1, S. 462). —

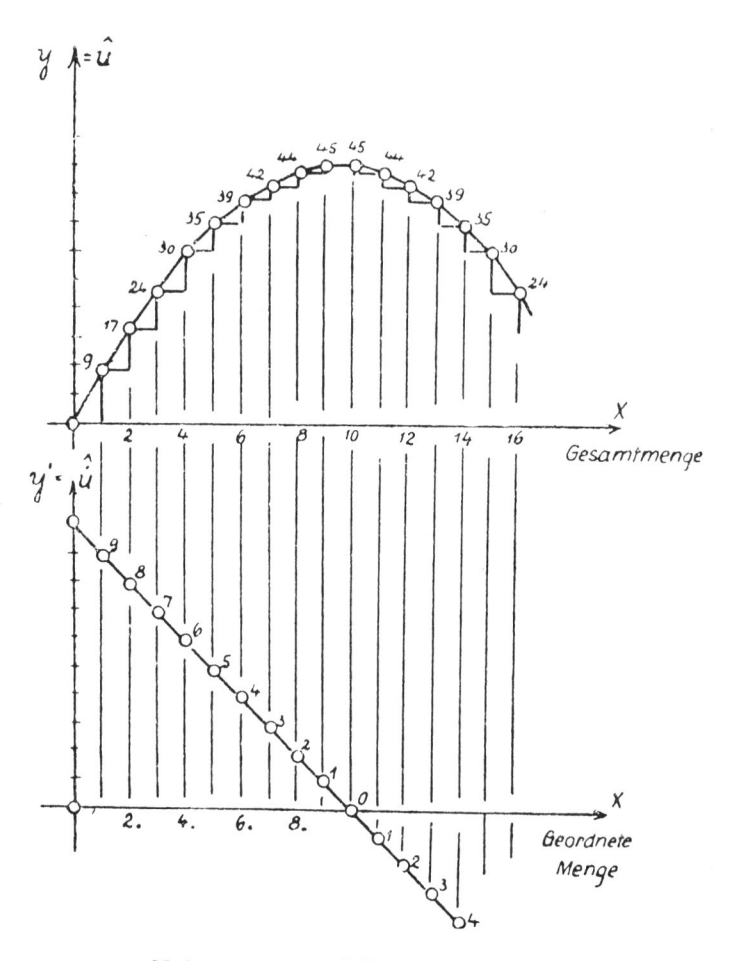

Nutzensumme und Grenznutzen

Besonders wird hier geltend gemacht: Ein höheres Einkommen ermöglicht es seinem Träger vielfach erst, zu jenem „*verbundenen Nutzen*" (complementary utility) zu gelangen, der ihm vorher unzugänglich war und der den Nutzen der zusätzlichen Geldeinheiten steigen läßt (G. P. *Watkins, 1*, S. 101 f.; R. T. *Norris, 1*, S. 204 ff.). Dieselbe Wirkung wird eine Senkung der Preise haben (vgl. W. R. *Scott, 1*, S. 42 ff.).

3. Vollends gibt es im Bereiche der *Kapitalbildung* keinen sinkenden subjektiven „Nutzen" der Geld- oder Wareneinheit; die Kapitalakkumulation geschieht nicht zum Zwecke persönlicher Bedarfsbefriedigung der Kapitalverwerter. *Pareto* hat diesen Sachverhalt — freilich etwas schief — zum Ausdruck gebracht, wenn er feststellt: „Allgemein hat die Ersparnis-

bildung ihre eigene Ophelimität[2] — unabhängig von dem Nutzen, den die Sparsumme abwirft, wenn sie Früchte trägt. Diese Ophelimität wächst mit dem gesparten Betrag bis zu einem gewissen Punkte, um dann erst — außer im Falle des Geizhalses — zu sinken" (Pareto, *3*, S. 254).

4. Die unterstellte *Rechenbarkeit* des Nutzens ist später preisgegeben worden. H. v. *Stackelberg* hat daher das erste Gossensche Gesetz nur noch als lehrgeschichtliche Durchgangsstufe der Ökonomie gelten lassen wollen: Das Gesetz bleibt, da sein Inhalt „auf der absoluten Höhe des Grenznutzens oder auf dem Vergleich von Grenznutzengrößen verschiedener Versorgungsniveaus beruht, noch im Bereich der Fiktion. ... Es ist in der Tat für die volkswirtschaftliche Theorie ohne Bedeutung und nur vom lehrgeschichtlichen Standpunkt aus wichtig. Gemäß dem gegenwärtigen Stand der Wissenschaft tritt an die Stelle des ersten Gossenschen Gesetzes das Gesetz der abnehmenden Grenzrate der Substitution" (*3*, S. 116). Mit der Unmöglichkeit, den Grenznutzen zu messen, entfällt natürlich für *Stackelberg* auch das zweite Gossensche Gesetz. — Was die abnehmende „Grenzrate der Substitution" anlangt, so wird sich noch zeigen, daß sie selbst das Meßbarkeitsproblem nicht etwa ersetzt oder gar löst, sondern vielmehr als gelöst stillschweigend voraussetzt.

3. Das Gesetz des Genußausgleichs.

Aus dem Prinzip des sinkenden Zuwachsnutzens leitet sich das — seit W. *Lexis* (*1*, S. 426 f.) so bezeichnete — *Zweite Gossensche Gesetz* ab:

„Der Mensch, dem die Wahl zwischen mehreren Genüssen frei steht, dessen Zeit aber nicht ausreicht, alle vollaus sich zu bereiten, muß, wie verschieden auch die absolute Größe der Genüsse sein mag, um die Summe seines Genusses zum Größten zu bringen, bevor er auch nur den größten sich vollaus bereitet, sie alle teilweise bereiten, und zwar in einem solchen Verhältnis, daß die Größe eines jeden Genusses in dem Augenblick, in welchem seine Bereitung abgebrochen wird, bei allen noch die gleiche bleibt" (S. 12; *H.*).

Daraus folgt:

Wenn des Menschen Kräfte „nicht ausreichen, alle möglichen Genußmittel sich vollaus zu verschaffen, muß der Mensch sich ein jedes so weit verschaffen, daß die letzten Atome bei einem jeden noch für ihn gleichen Wert behalten" (S. 33; *H.*).

Weit einfacher als Gossen hat später *Jevons* denselben Gedanken formuliert: „Die Theorie drückt die Tatsache aus, daß eine Person ihr Einkommen auf solche Weise verteilt, daß der Nutzen der letzten Zuwachsstücke aller verbrauchten Güter (the final increments of all commodities consumed) ein gleicher wird. Wie das Wasser in die Röhren rinnt, bis es sie zu der

---

[2] Zu *Paretos* Begriff der Ophelimität vgl. unten, S. 188.

gleichen Höhe ausfüllt, so fließt das Einkommen in alle Ausgabenzweige" (*1*, S. 132; vgl. auch unten, S. 168).

Das „*Zweite Gossensche Gesetz*" bezeichnet also den „horizontalen" Ausgleich der Grenznutzen — dasselbe, was bei R. *Liefmann* als „Ausgleich der Grenzkonsumerträge" erscheint; *1*, Bd. I, S. 397 ff. —, und zwar bei einem Individuum allein. Die Frage, ob es einen solchen Ausgleich auch *zwischen* den Wirtschaftssubjekten geben könne, wird später die „*Welfare Economics*" beschäftigen.

Es ist immer wieder hervorgehoben worden, daß der Ausgleich sich — auch im Sinne von Gossen — natürlich nur zwischen den mit den *Preisen* der resp. Produkte *gewogenen* Grenznutzen vollziehen kann. (Vgl. Paretos *ofelimita elementare ponderata*, unten S. 188. — Siehe im übrigen J. *Neubauer, 1,* S. 666 f.; *2,* S. 751 f.)

Es bleibt wichtig, daß mit der durch das „Zweite Gossensche Gesetz" bezeichneten hypothetischen Proportionalitätsregel — die natürlich von der Voraussetzung einer Gültigkeit des ersten Gesetzes abhängt — schon der Ansatz für die spätere *funktionalistische* Darstellung gegeben ist: Das zweite Gesetz bezeichnet ja die Interdependenz der Nutzen. Und hier ist im Kerne schon die Lehre von den Wahlakten, den indifferenten Versorgungslagen und Substitutionsverhältnissen (siehe unten, *Pareto* und *Hicks*) schon als Möglichkeit angelegt.

4. Arbeit, Kosten, Einkommen

Bis hierhin haben wir nur die Welt des Genusses, des Schlaraffenlandes kennengelernt. Nun erst folgt die der Arbeit: Da die Beschaffung aller Gegenstände Mühe macht, so verringert sich deren Wert um die Größe der Beschwerde:

„Das Vornehmen von Bewegung ... in der Absicht, etwas neues Genußbringendes, d. h. Wertvolles zu schaffen, nennen wir nun bekanntlich ‚arbeiten', und es folgt denn hieraus, daß wir durch Arbeit die Summe unseres Lebensgenusses so lange zu erhöhen imstande sind, als der Genuß des durch Arbeit Geschaffenen höher zu schätzen ist, als die durch die Arbeit verursachte Beschwerde" (S. 38; *H.*).

Demnach wäre auch der *Unselbständige,* dessen „Genuß" durch den ihm gezahlten Lohn vermittelt wird, immer überbezahlt: anderenfalls hätte er im Sinne von Gossen keinen Anlaß, zu arbeiten.

Das (in seiner sozialen Beziehung nicht näher bezeichnete) Gossensche Individuum hat seine Arbeit nun nach folgender Regel einzuteilen:

„Um ein Größtes von Lebensgenuß zu erhalten, hat der Mensch seine Zeit und Kraft auf die Bereitung der verschiedenen Genüsse der Art zu verteilen, daß der Wert des letzten bei jedem Genuß geschaffenen Atoms der Größe der Beschwerde gleich kommt, die es ihm verursachen würde, wenn er dieses Atom in dem letzten Moment der Kraftentwicklung schaffte" (S. 45; H.).

Der „Wert des letzten Atoms" ist nichts anderes als der Grenznutzen. Die Arbeit ist also bis zu dem Punkte zu treiben, wo der „Grenznutzen" des Gutes gleich wird der „Grenzanstrengung" seiner Bereitung. Mit Wendung zur kommerziellen Unternehmung hin wird man hier später vom Ausgleich zwischen „Grenzerlösen" und „Grenzkosten" sprechen.

Das alte Prinzip der Äquivalenz im Tausch findet sich nun bei Gossen ins Subjektive gewandt:

„Damit ein Größtes von Wert entsteht", ist folgendes notwendig: „Es muß jeder der beiden Gegenstände nach dem Tausche unter A und B der Art sich verteilt finden, daß das letzte Atom, welches jeder von einem jedem erhält, beiden gleich großen Wert schafft" (S. 85; H.).

Mit dieser Subjektivierung ist freilich die Lehre vom Äquivalententausch inhaltlich schon aufgelöst. Die Vermehrung der Werte, die alle Beteiligten beim Austausch erzielen,

„...macht den Tausch fast ohne Ausnahme auch dann noch vorteilhaft, wenn nicht jeder Tauschende die ganze Masse vollaus erhält, die sein Mittauschender hinzugeben geneigt ist, sondern unter Umständen statt deren einen sogar nur sehr kleinen Teil derselben [bis hierhin H.], da ja, wenn er nach dem Tausch noch seinen vollen Bedarf behält, jede noch so kleine Quantität, die er von dem fremden Gegenstande bekommt, für ihn eine Wertsvermehrung mit sich bringt" (S. 89).

Es bleibt dem einzelnen also die „Möglichkeit...", auf einen Teil des eingetauschten Gegenstandes verzichten zu können, ohne die Vorteile des Tausches für sich ganz aufzuheben... Der Eintauschende gewinnt dann bei diesem Tausch doch noch so lange, als die Arbeit, welche er darauf zu verwenden hat, um das im Tausch Hingegebene zustande zu bringen, geringer ist als die Arbeit, welche es ihn kosten würde, das Eingetauschte an seinem Wohnorte zu verfertigen" (S. 89).

Das so verstandene Äquivalenzprinzip wird zur bequemen Formel des guten Privatgewissens:

„... jeder einzelne erhält ... genau den Anteil von dieser Summe des Gesamtprodukts, auf welchen er billigerweise Anspruch machen kann" (S. 90; H.).

„Was du genießest, verdienst du zu genießen, denn was du anderen an Wert geschaffen hast, überwiegt vielfach die Beschwerde, die das Hervorbringen deiner Genußmittel ihnen verursacht" (S. 102; H.).

Ein so gearteter Austausch schließt nicht aus, daß die „Arbeitsteilung" das Entstehen von „Renten" zur Folge hat. Eine solche Rente „zahlt" der Arbeiter jemandem, der sich im Besitz eines „günstigeren Ortes" für die Produktion befindet:

„Sehr natürlich muß also der Besitz des Ortes so hoch geschätzt werden, als die Vergrößerung es Lebensgenusses durch diesen Besitz wird, und Folge davon, daß also der Besitzer eines solchen Ortes denselben einem andern nur gegen eine entsprechende Entschädigung zur Benutzung überlassen wird, d. h. nur, wenn ihm für die Überlassung des Orts zur Arbeit eine dem günstigern Resultat der Arbeit entsprechende Rente bezahlt wird" (S. 102; größtenteils *H.*).

„Die zahlbare Rente wächst unausgesetzt:

1. mit der größeren Zweckmäßigkeit der bestimmten Örtlichkeit zur Produktion...;
2. mit Vermehrung der Geschicklichkeit... und
3. der Arbeitskraft... des Arbeiters" (S. 110; *H.*).

Der „Besitz des Ortes" (genauer der Wirtschaftsmittel, die sich allerdings zumeist in der Fabrik konzentriert finden) kann von dem unselbständig Beschäftigten nicht so hoch „geschätzt" werden wie die „Vergrößerung des Lebensgenusses", die aus dem Gebrauch des „Ortes" entspringt. Denn die „Vergrößerung des Lebensgenusses" ist bestimmt durch die Höhe des Lohnes, und würde diese der „Wertschätzung" des „Ortes" entsprechen, so gäbe es keine Rente. Im übrigen handelt es sich beim Arbeitslohn (vollends unter den Bedingungen der Mitte des 19. Jahrhunderts) nicht um „Genußvergrößerung", sondern um Sicherung des Unterhalts, und dazu ist in aller Regel *zwingende* Bedingung das Arbeiten an fremdem „Ort", in der Fabrik. Das Verhältnis der fremden Zwecken unterworfenen Arbeit wird durch Gossen in ein Verhältnis zwischen Gleichen umgedeutet: Die Meinung, Rente „zahle" jemand dem Besitzer eines „günstigeren Ortes" zum Zwecke der „Vergrößerung" seines eigenen „Lebensgenusses", paßt viel eher auf den Gewinn, der einem Spielbankinhaber aus dem Besuch seiner Lokalität oder einem Grundbesitzer aus der Bodenpacht zuwächst.

In auffallendem Gegensatz zu dieser Umdeutung des Arbeitsverhältnisses in ein Verhältnis von Selbständigen steht Gossens Vorstellung von einer durchaus *paternalistischen* Ordnung des *Betriebslebens*. Hier darf selbst „körperliche Gewalt" gegenüber den Gehorsamspflichtigen angewandt werden (S. 131). Für Gossen macht es keinen Widerspruch aus, in Fragen der *Marktverfassung* liberalistisch zu denken — eine Politik des Gewährenlassens gegenüber den Gewerbetreibenden würde die Erde zum „vollendeten Paradiese" machen (S. 276) —. in Fragen der *Arbeitsverfassung* dagegen sich streng konservativ zu zeigen. „Liberalismus" ist seit langem keine sozialethische Maxime mehr; und Freiheit der *Kapitalverwertung* schließt die Freiheit des *Arbeitsmarktes*, wie die Geschichte gezeigt hat, nicht notwendig ein.

B. Der Nutzwert als Grundlage des wirtschaftlichen Handelns: Carl Menger

Die Bedeutung des österreichischen Nationalökonomen Carl Menger (1840—1921), den J. *Schumpeter* als den „Überwinder der Ricardianischen Theorie" gefeiert hat (Schumpeter, 2, S. 123), für die weitere Theoriegeschichte darf in folgendem gesehen werden:

1. C. Menger hat eine Lehre von den „*Güterordnungen*" entwickelt, durch die vor allem die ältere Auffassung vom Kapital und Kapitalverhältnis gründlich geändert sowie der Lehre vom Preiszusammenhang der Waren (*komplementäre* und *substitutive Güter*) vorgearbeitet worden ist.

2. Auf den solcherart revidierten Ansatz der Preislehre werden *alle* Seiten des Wirtschaftsgeschehens zurückgeführt. Der Theorie von Menger „liegt die Erkenntnis zugrunde, daß das, was an der Volkswirtschaft im Gegensatz zu allen anderen soziologischen, historischen und technischen Momenten spezifisch wirtschaftlich ist, in der Preiserscheinung liegt, und daß alles spezifisch wirtschaftliche Geschehen in das Schema des Preises gefaßt werden kann. Rein wirtschaftlich betrachtet ist die Volkswirtschaft nichts wie ein System zusammenhängender Preise, alle Spezialprobleme, mögen sie heißen, wie sie wollen, lassen sich letztlich unter dem Gesichtspunkt der Preiserscheinung sehen, sind nur Spezialfälle eines und desselben wiederkehrenden Grundvorganges, und alle spezifisch wirtschaftlichen Gesetzmäßigkeiten gehen auf Gesetze der Preisbildung zurück" (*Schumpeter, 2,* S. 121 f.). So ist nun etwa der *Geldwert* das Resultat der allgemeinen Güterwertschätzung. Auch die *Einkommenslehre* wird zum Unterfall der Preisbildungstheorie — womit denn die Sicht der *Einzeleinkommen* diejenige der größeren gesellschaftlichen Gesamteinkommensverteilung zurückdrängt. (Zur Bedeutung Mengers für die neuere Ökonomie vgl. auch F. *v. Wieser, 6.*)

Methodisch hat sich Menger zur „theoretischen" gegenüber der „historischen" Wissenschaft bekannt; und hier wieder zur streng „exakten" Betrachtungsweise, die allgemein gültige Gesetze erschließe, gegenüber der „realistisch-empirischen" Sicht, die auf die Einzelsachverhalte gerichtet sei. Die exakte Richtung...

„... sucht die *einfachsten Elemente* alles Realen zu ergründen, Elemente, welche, eben weil sie die einfachsten sind, streng typisch gedacht werden müssen" (Menger, 2, S. 41).

„Das Wesen dieser, der exakten Richtung der *theoretischen* Forschung auf dem Gebiete der ethischen Erscheinungen besteht ... darin, daß wir die Menschheitsphänomene auf ihre ursprünglichsten und einfachsten konstitutiven Faktoren zurückführen, an diese letzteren das ihrer Natur entsprechende Maß legen und endlich die Gesetze zu erforschen suchen, nach welchen sich aus jenen einfachsten Elementen, in ihrer Isolierung gedacht, *kompliziertere* Menschheitsphänomene gestalten" (S. 43).

130   1. Abschnitt: Begründung der subjektivistischen Lehre

Als Fernziel erhofft Menger eine Wissenschaft,

„... die Menschheitserscheinungen in ähnlicher Weise verstehen lehren wird, wie jene theoretischen Wissenschaften, welche das Ergebnis einer analogen Betrachtung der Naturerscheinungen sind, uns das Verständnis dieser letzteren eröffnet haben" (S. 44) — also eine Art von „*Anatomie* und *Physiologie* der ‚sozialen Organismen'" (S. 142).

Auch wirtschaftliche Vorgänge werden von Menger auf anthropologische Grundsachverhalte zurückgeführt. Dem entspricht der Gedankengang von Mengers frühem Hauptwerk „Grundsätze der Volkswirtschaftslehre" (1871), dem wir im weiteren folgen werden[3].

1. Bedürfnisdeckung als Grundtatsache des menschlichen Wirtschaftens

„Der Ausgangspunkt aller wirtschaftstheoretischen Untersuchungen ist die bedürftige Menschennatur. Ohne Bedürfnisse gäbe es keine Wirtschaft, keine Volkswirtschaft, keine Wissenschaft von derselben. Die Bedürfnisse sind der letzte Grund, die Bedeutung, welche ihre Befriedigung für uns hat, das letzte Maß, die Sicherstellung ihrer Befriedigung das letzte Ziel aller menschlichen Wirtschaft. Die Lehre von den Bedürfnissen (die Erkenntnis und das Verständnis ihres Wesens) ist von grundlegender Bedeutung für die Wirtschaftswissenschaften und zugleich die Brücke, welche von den Naturwissenschaften, speziell der Biologie, zu den Geisteswissenschaften überhaupt und den Wirtschaftswissenschaften insbesondere führt" (S. 1).

In demselben anthropologisch verstandenen Sinn wird später einem L. v. Mises „das Vorziehen" zu einem „Grundelement des menschlichen Verhaltens" werden (1, S. 77). — Daß in der modernen Gesellschaft in Wahrheit nicht nur die spezifischen Richtungen, in denen die Befriedigung vorhandener Bedürfnisse gesucht wird, sondern vielfach die Bedürfnisse selbst von der Umwelt bestimmt sind, und daß die Nachfrage keineswegs unabhängig vom Angebot ist, hat neben vielen anderen H. *Albert* nachdrücklich hervorgehoben (1, S. 77 f.).

a) Der bedürfende Mensch[4]

Der Ausgangspunkt Mengers ist zunächst ein physiologischer Tatbestand, der sich in einen trieb-psychologischen umsetzt und insofern nicht nur dem Menschen, sondern auch dem *Tiere* eigen ist:

---

[3] Zugrunde liegt die aus dem Nachlaß des Autors von seinem Sohn Karl *Menger* herausgegebene Zweitauflage (Wien-Leipzig 1923). Sie hat etwa den doppelten Umfang der ersten, nimmt aber von der bis dahin eingetretenen Fortbildung der Grenzwertlehre kaum Notiz. Wichtige Änderungen werden im folgenden angegeben. (Vgl. dazu auch F. X. *Weiß*, 2.)

[4] Die „Lehre von den Bedürfnissen" ist erst der Zweitauflage der „Grundsätze" von 1923 eingefügt worden.

Der „Lebensprozeß" ist „von einem Komplex von qualitativ und quantitativ ... bestimmten Bedingungen abhängig" (S. 1).

Sind diese in größerem Umfange beeinträchtigt, so gelangt die Störung „durch Nervenreiz oder Hemmungen des normalen Nervenlebens in unsere höheren Nervenzentren..." (S. 1). Dort ruft sie Unlustgefühle aller Art hervor, und zugleich den Wunsch nach Beseitigung der Unlustursache (vgl. S. 1 f.).

„Diesen Drang, ... zu unserem natürlichen Zustand und zu unserer natürlichen Entwicklung zurückzukehren, nennen wir *Trieb*" (S. 2).

Werden uns die Mittel zur Beseitigung des Unbehagens bewußt, so ...

„... entsteht in uns die *Begierde,* d. i. der Drang, uns der zur Stillung unserer Triebe als tauglich erachteten Dinge zu bemächtigen und dieselben auf uns wirken zu lassen" (S. 2).

Werden solche Begierden rationalisiert, z. B. vorausgesehen, gegeneinander abgewogen usw., so gewinnen sie die Qualität von *Bedürfnissen* (S. 3). Auch diese Bedürfnisse verleugnen aber nicht ihre Heraufkunft aus dem dunklen psychophysischen Nebelheim der Reize und Triebe:

„Die menschlichen Bedürfnisse sind kein Produkt der Willkür, sondern durch unsere Natur und die Sachlage, in die wir uns gestellt finden, gegeben" (S. 4).

b) *Die Mittel der Bedürfnisstillung: die Güter*

„... *Güter* im Sinne unserer Wissenschaft sind ... zur Befriedigung menschlicher Bedürfnisse als tauglich erkannte und für diesen Zweck verfügbare Dinge" (S. 10).

Dies „gilt zunächst und unmittelbar für die verkehrslose Wirtschaft. ... In der Verkehrswirtschaft können auch Dinge, deren wir nicht derart bedürfen, doch Güter für uns werden, insofern wir sie gegen Dinge, die für uns Güter sind, einzutauschen vermögen" (S. 16).

Es folgt eine Klassifikation der Güter, bei der zwei Begriffsbildungen in die spätere Lehrtradition eingegangen sind:

1. *Güter niederer und höherer Ordnung:* „Die Befriedigung unserer Bedürfnisse ist gesichert, wenn wir jeweilig über die *unmittelbar* hierfür tauglichen Güter verfügen. ... Diese Güter, welche wir unmittelbar zur Befriedigung unserer Bedürfnisse heranzuziehen vermögen (z. B. Speisen, Getränke, zubereiteten Tabak usf.), werde ich in Hinkunft *Güter erster Ordnung* nennen" (S. 21).

Dinge, „die, ohne die Tauglichkeit zu besitzen, in unmittelbarer Weise menschliche Bedürfnisse zu befriedigen, doch zur Hervorbringung von Gütern erster Ordnung dienen und solcherart dem Zweckbewußtsein der Menschen sich *mittelbar* als Güter darstellen ...",

... bezeichnet Menger als „Güter zweiter Ordnung" (S. 21). Ein Gut erster Ordnung ist etwa das Brot, ein Gut zweiter Ordnung das Mehl. Die Werkzeuge, die der Brotbereitung dienen, ferner die menschlichen Arbeitsleistungen, schließlich die vorausgegangene Tätigkeit des Ackerbauern usw. stellen Güter dritter, vierter und noch höherer Ordnung dar. Je weiter entfernt also vom Endverbrauch, desto höherer Ordnung sind die Güter. — Schon *Gossen* hatte von „Gegenständen erster Klasse" gesprochen im Unterschied zu den Gegenständen zweiter und dritter Klasse (*Gossen, 1*, S. 26 f.).

„Wir haben zunächst und unmittelbar nur einen Bedarf an Gütern erster Ordnung. Wo ein solcher nicht vorhanden ist, dort kann für uns selbstverständlich auch kein Bedarf an Gütern höherer Ordnung, d. i. kein mittelbarer Güterbedarf entstehen" (S. 33).

Es gilt daher, „daß die Güter höherer Ordnung in Rücksicht auf ihre Güterqualität durch jene der Güter niederer Ordnung bedingt sind, zu deren Hervorbringung sie dienen *[H.]*. Die Güterqualität der Güter niederer Ordnung ist die *Ursache*, nicht die *Wirkung* derjenigen der Güter höherer Ordnung (der Produktionsmittel, die zu ihrer Hervorbringung dienen)" (S. 27).

„Während wir indes von den ersteren *sofort* Gebrauch zur Befriedigung unserer unmittelbaren Bedürfnisse machen können, gewähren uns die letzteren den obigen Gebrauch erst nach Ablauf eines gewissen, je nach der Natur des Falles bald längeren bald kürzeren Zeitraums. Güter höherer Ordnung erlangen und behaupten ihre Güterqualität nicht mit Rücksicht auf die Bedürfnisse der unmittelbaren Gegenwart, sondern lediglich im Hinblick auf Bedürfnisse einer mehr oder minder entfernten Zukunft" (S. 29).

2. *Das Ergänzungsverhältnis bei den „Produktionsfaktoren" und das Ge-„Gesetz der komplementären Güter"*: Um Brot zu backen, müssen wir mindestens Mehl und Ingredienzien, Arbeitskraft, einen Backofen verfügbar haben. Fehlt eines dieser wesentlichen Elemente, so sind auch die anderen für unsere Zwecke nutzlos. In diesem Sinne gilt,

„... daß die Güterqualität der einzelnen Produktionsfaktoren dadurch bedingt ist, daß wir über die komplementären Güter derselben verfügen" (S. 24; *H.*).

„Es ergibt sich aus dem Gesagten das Gesetz, daß unser effektiver Bedarf an den Gütern höherer Ordnung dadurch bedingt ist, daß wir über die entsprechenden Quantitäten der komplementären Güter höherer Ordnung zu verfügen vermögen" (S. 42; *H.*).

Da die komplementären Güter selbst verschiedenen Ordnungen anzugehören pflegen, so wird es für eine vorausschauende Wirtschaftsführung notwendig, die Güter der höheren Ordnung zeitlich schon vor den Gütern der niederen Ordnung in richtiger Proportion bereit zu haben:

„Die Quantitäten von Gütern niederer Ordnung, über welche wir mittelbar verfügen, sind somit dadurch bedingt, daß wir die entsprechenden komplementären Quantitäten von Gütern höherer Ordnung in unserer Gewalt haben" (S. 43; *H.*).

Das *Ergänzungs*verhältnis zwischen den „Gütern" wird allerdings dadurch gelockert, daß bestimmte Bedürfnisse nicht selten mit Gütern verschiedener Art, die sich also zueinander *substitutiv* verhalten, befriedigt werden können (S. 35 f.).

Die Lehre von den „komplementären Gütern" hat erhebliche Bedeutung für die Auffassung vom gesellschaftlichen Zusammenwirken der Wirtschaftsbeteiligten gehabt: Die rein *dingliche* Systematik der Güter hat zur Folge, daß das „Kapital" nur noch als Summe von „Kapitalgütern" (Produktionsinstrumenten) Platz findet. Zugleich erscheint die persönliche Arbeitsleistung nun gleichfalls als ein „Gut", wenn auch als ein immaterielles, neben den materiellen Kapitalgütern. Da hierbei auch der Unterschied zwischen der Arbeitsleistung etwa eines selbständigen Arztes und der unselbständigen Tätigkeit eines Hilfsarbeiters entfällt, sind „Kapital" und „Arbeit" nur noch durch das Moment wechselseitiger Ergänzung bezeichnet. Die Träger von materiellen und von personalen „Gütern" erscheinen als gleichbürtig (vgl. hierzu besonders auch *Böhm-Bawerk*, 4, S. 47, 93 f.). Der neueren Lehre von der wesentlichen Übereinstimmung auch der gesellschaftlichen Einkommen — und daher dem Gedanken der „*Partnerschaft*" — ist hier schon vorgearbeitet (siehe Bd. II der „Texte").

2. Vom Bedürfnis zum Wert

a) *Bedürfnis und Bedarf*

Damit das *Bedürfnis* zur Bildung von Wert führt, muß es sich in kaufkräftigen *Bedarf* verwandelt haben. Nur dieser, nicht das menschliche Bedürfnis als solches, zählt für alle Privatwirtschafter, wie Menger wohl bewußt ist:

„Der Bedarf eines Volkes ... umfaßt die Gesamtheit jener Güter, welche zur quantitativ und qualitativ vollständigen Befriedigung der (individuellen und sozialen) Bedürfnisse sämtlicher Glieder der Gesellschaft erforderlich sind" (S. 48).

„Unter unseren heutigen sozialen Verhältnissen ist der Bedarf des Volkes ... nur in seltenen Ausnahmefällen und auch da nur partiell der Gegenstand praktischen Interesses, da es in Wahrheit in keinem Volke ein wirtschaftendes Subjekt gibt, das die Deckung des Volksbedarfes im obigen Sinne zur Aufgabe seiner Wirtschaft machen würde. ... Nicht der *wahre*, nur der *zahlungsfähige und zahlungswil*-

lige Bedarf des Volkes sind bei unserer gesellgen Organisation Gegenstand der eifrigen Evidenzhaltung der Geschäftswelt" (S. 49).

„Angebot und die zahlungsfähige Nachfrage sind zunächst und unmittelbar Gegenstände des Interesses der wirtschaftenden Individuen, der Bedarf und die verfügbare Güterquantität in dem obigen Sinne nur insofern, als sie eben die beiden obigen Größen beeinflussen. Gäbe es dagegen eine wahre Volkswirtschaft, so ist es klar, daß die Evidenzhaltung der dem Volke verfügbaren Güter an sich ein Gegenstand des höchsten Interesses der Leiter derselben und geradezu eine der wichtigsten Grundlagen für ihre diesbezügliche Tätigkeit wäre" (S. 53).

Daß der kaufkräftige Bedarf allemal hinter den Bedürfnissen zurückbleibt, ist nun für Menger Ausdruck der elementaren *Knappheit* an Versorgungsgütern, die es...

„... undenkbar erscheinen läßt, daß die einzelnen Gesellschaftsmitglieder, zumal die große Menge derselben, ... die Deckung des Bedarfes an Genußgütern ... vollständig zu erreichen vermöchten.

Die vollständige Deckung unseres unmittelbaren Güterbedarfes kann nur das ideale, das praktisch allein in Betracht kommende Endziel der menschlichen Wirtschaft lediglich die bei der jeweilig gegebenen Sachlage ... *erreichbare* Vollständigkeit der Deckung unseres Bedarfes an Genußgütern sein" (S. 76).

Allerdings, wird man hier einwenden, entspringen die modernen *Absatzstockungen* nicht dem Mangel, sondern vielmehr einem periodischen *Überfluß* an Produkten gegenüber dem kaufkräftigen Bedarf. — Für Menger ergibt sich übrigens aus dem natürlichen Mangel und der damit verbundenen menschlichen Habgier die Notwendigkeit eines Besitzschutzes — und damit das *Eigentum* als rechtlich gesicherte Form des Besitzes (vgl. S. 80 ff.).

b) *Bedarf und Wert*

Aus dem Verhältnis des Mangels entspringt nun auch der Wert, das heißt...

„... die Bedeutung, welche konkrete Güter oder Güterquantitäten für uns dadurch erlangen, daß wir in der Befriedigung unserer Bedürfnisse von der Verfügung über dieselben abhängig zu sein uns bewußt sind" (S. 103).

„Der Güterwert ist in der Beziehung der Güter zu unseren Bedürfnissen begründet, nicht in den Gütern selbst. Mit dem *Wechsel dieses Verhältnisses* muß auch der Wert entstehen oder vergehen" (S. 108).

„Der ‚*Gebrauchswert*' sowohl als der ‚*Tauschwert*' sind ... beide in Wahrheit nur besondere Formen der einen generellen Erscheinung des

‚Wertes', jener oben dargelegten subjektiven Bedeutung, welche Güter für unser Leben und unsere Wohlfahrt haben" (S. 109, Fußnote).

In der entwickelten Marktwirtschaft ist natürlich auch dasjenige Objekt für den einzelnen wertvoll, das ihm nicht direkt, sondern erst durch Eintausch gegen das eigentlich begehrte Gut Befriedigung seiner Bedürfnisse bringt. Nur in diesem untergeordneten Sinne läßt Menger noch den „Tauschwert" der Erzeugnisse gelten:

„Der Tauschwert ... ist die Bedeutung, welche Güter dadurch für uns erlangen, daß durch den Besitz derselben der gleiche Erfolg unter gleichen Verhältnissen in indirekter Weise gesichert wird" (S. 112).

c) Das „ursprüngliche Maß des Güterwerts"

„Um die Verschiedenheit der Größe des Wertes der einzelnen Güter, wie wir dieselbe im Leben zu beobachten vermögen, auf ihre letzten Ursachen zurückzuführen, wird unsere Aufgabe ... eine doppelte sein. Wir werden zu untersuchen haben:

erstens inwiefern die Befriedigung verschiedener konkreter Bedürfnisse für die Menschen eine verschiedene Bedeutung hat (subjektives Moment) und

zweitens welche konkreten Bedürfnisbefriedigungen in jedem einzelnen Falle von unserer Verfügung über ein bestimmtes Gut abhängig sind (objektives Moment)" (S. 119).

Hier findet nun Menger selbständig zu der gleichen Regel, die wir bereits als „Erstes Gossensches Gesetz" kennengelernt haben:

„Fragen wir nun, welchen Wert für einen wirtschaftenden Menschen, der sich im Besitze einer Güterquantität befindet, irgendeine Teilquantität hiervon hat, so präzisiert sich die Frage mit Rücksicht auf das Wesen des Wertes dahin: Welche Bedürfnisbefriedigung würde nicht erfolgen, wofern das wirtschaftende Subjekt über jene Teilquantität nicht verfügen könnte, d. i. nur die ihm verfügbare Gesamtquantität nach Abzug jener Teilquantität in seiner Gewalt hätte? Die Antwort hierauf ergibt sich aus der obigen Darlegung des Wesens der Wirtschaftlichkeit und lautet dahin, daß eine jede wirtschaftende Person in diesem Falle mit der ihr dann noch erübrigenden Güterquantität jedenfalls ihre wichtigeren Bedürfnisse mit Hintansetzung der minderwichtigen befriedigen würde und demnach nur jene *der bisher gesicherten* Bedürfnisbefriedigungen nicht erfolgen würden, welche für dieselbe die geringste Bedeutung haben" (S. 127).

Von hier aus gelangt Menger zu seiner Bestimmung des *Grenznutzens* (ohne diesen Begriff allerdings je zu gebrauchen). Er fährt fort:

„Es ist demnach in jedem konkreten Falle von der Verfügung über eine bestimmte Teilquantität der einer wirtschaftenden Person verfügbaren Gütermenge nur jene der durch die Gesamtquantität noch gesicherten Bedürfnisbefriedigungen abhängig, welche für diese Person die geringste Bedeutung unter diesen letzteren haben, und der Wert einer Teilquantität der verfügbaren Gütermenge ist für jene Person demnach gleich der Bedeutung, welche die am wenigsten wichtigen der durch die Gesamtquantität noch gesicherten und mit einer gleichen Teilquantität herbeizuführenden Bedürfnisbefriedigungen für sie haben" (S. 127; H.).

Zur Demonstration dient, wie so oft in der Nationalökonomie, das Verhalten eines „isoliert wirtschaftenden Subjekts" auf einer Meeresinsel. Und was für diesen Robinson gilt, das wird auch für die Gesellschaft als ganze in Anspruch genommen (S. 128 ff.).

Wie der Wert des Gutes, so ist auch das Wertmaß ein streng subjektives: Ein jeder mißt einer bestimmten Gutsmenge unterschiedliche Bedeutung zu:

„Der Wert ist demnach nicht nur seinem Wesen, sondern auch seinem *Maße* nach subjektiver Natur. Die Güter haben ‚Wert' stets *für* bestimmte wirtschaftende Subjekte, aber auch nur für solche einen *bestimmten* Wert" (S. 142).

3. Vom Wert zum Preis

Damit es zur Preisbildung kommt, ist *Tausch* notwendig. Dieser entspringt aus der Erfahrung, daß hierdurch die Bedürfnisse beider Seiten besser befriedigt werden können als bei bloßer Selbstversorgung (S. 169). Für den Austausch produzierte Güter werden zu *Waren* (S. 220). Die Güter nehmen allerdings nur vorübergehend, bis zum Abschluß des Tausches, Waren-Charakter an (S. 221 f.). Es bleibt also dabei, daß nicht der Erwerb, sondern die reine Versorgung der Zweck des Wirtschaftens ist, wobei der Tausch nur vermittelt. Demgemäß sind auch...

„... die Preise, d. i. die im Tausche gegeneinander hingegebenen Güterquantitäten, ... nichts weniger als das Wesentliche der ökonomischen Erscheinungen des Tausches. Dieses liegt vielmehr in der durch den Tausch herbeigeführten besseren Vorsorge für die Befriedigung der Bedürfnisse der beiden Tauschenden. ... Die Preise sind hierbei ... lediglich akzidentielle Erscheinungen, Symptome des ökonomischen Ausgleiches zwischen den menschlichen Wirtschaften und für die wirtschaftenden Subjekte somit von sekundärem Interesse" (S. 182).

Die Preise und ihre Schwankungen sind, gleich dem Spiel der Meereswellen, nur Oberflächenerscheinungen des Wirtschaftsgeschehens:

„Die Kraft, die sie aber an die Oberfläche der Erscheinung treibt, ist die letzte und generellste Ursache aller wirtschaftlichen Bewegung, das Bestreben der Menschen, ihre Bedürfnisse möglichst vollständig zu befriedigen, ihre ökonomische Lage zu verbessern. Weil aber die Preise die einzigen sinnlich wahrnehmbaren Erscheinungen des ganzen Prozesses sind..., so war bei der Scheu, welche unsere Wissenschaft bisher vor jeder Vertiefung in die psychologischen Grundlagen der wirtschaftlichen Erscheinungen empfand, der Irrtum naheliegend, die Preise, ihre Höhe und ihren Wechsel als das Wesentliche an der Erscheinung des Tausches und in weiterer Konsequenz dieses Irrtums die im Austausch erscheinenden Güterquantitäten als *Äquivalente* zu betrachten..." (S. 182 f.).

a) Die Auflösung der Lehre vom Äquivalententausch

Es war ein schwerer „Nachteil für unsere Wissenschaft..., daß sich die Forscher auf dem Gebiete der Preiserscheinungen auf die Lösung des Problems verlegten, die angebliche *Gleichheit* zwischen den im Tausche zur Erscheinung gelangenden zwei Güterquantitäten auf ihre Ursachen zurückzuführen..., während eine solche ‚Gleichheit des Wertes' zweier Güterquantitäten (eine Gleichheit im objektiven Sinne) in Wahrheit überhaupt nicht besteht. Die Lösung eines der wichtigsten Probleme unserer Wissenschaft wurde solcherart von vornherein auf eine gänzlich falsche Grundlage gestellt" (S. 183 f.).

„... das tiefere Verständnis der Ursachen, welche zum Gütertausche und zum menschlichen Verkehre überhaupt führen, lehrt uns, daß solche Äquivalente durch die Natur des Verhältnisses selbst völlig ausgeschlossen sind und in Wirklichkeit gar nicht bestehen können" (S. 185).

Der polemische Eifer gegenüber der klassischen Lehre von der Tauschgleichheit ist unverkennbar. Die Auffassung vom Äquivalententausch war freilich mehr als eine bloß ökonomische, sie erhöhte sich zur Gleichheitsethik des frühen „Dritten Standes" überhaupt (vgl. oben, S. 42 f.). Der Ausgleich der hingegebenen Werte erfordert, daß auch die Tauschpartner auf gleichem Fuße miteinander markten. Die Idee der „égalité" findet ihr Unterpfand in der *Marktgleichheit*. Eine solche aber ist nur verwirklicht, wenn keine Seite der anderen am Markte von vornherein überlegen ist — also unter den Verhältnissen der vollständigen Konkurrenz. Die Auflösung des Äquivalenzprinzips in der neueren Nationalökonomie bereitet daher ebenso der Lehre von der *Machtpreisbildung* wie auch *herrschaftlichen* Auffassungen von der Wirtschaftsgesellschaft als solcher den Weg. In der zunehmenden tatsächlichen Vermachtung der Wirtschaftsbeziehungen findet dieser Wandel der Lehre seine Bestätigung.

b) Der Preisbildungsvorgang

Wie alle Vertreter der subjektivistischen Preistheorie beginnt auch Menger mit der Preisbildung unter den Bedingungen des „isolierten Tausches".

„Setzen wir z. B. den Fall, es wäre die ökonomische Sachlage für den Landwirt A eine solche, daß 100 Maß seines Getreides für ihn einen ebenso großen Wert hätten als 40 Maß Wein, welche neu in seine Verfügung treten würden, so ist zunächst sicher, daß A unter keinen Umständen mehr als 100 Maß Getreide für jene Quantität Wein im Austausche hinzugeben bereit sein wird, da nach einem solchen Tausche für seine Bedürfnisse schlechter vorgesorgt sein würde als vor demselben; ja er wird sich sogar nur dann zu dem Austausche verstehen, wenn er durch denselben für seine Bedürfnisse besser vorzusorgen vermag, als dies ohne den Austausch der Fall sein würde. Er wird deshalb nur dann bereit sein, Wein gegen sein Getreide einzutauschen, wenn er für 40 Maß Wein weniger als 100 Maß Getreide hinzugeben hätte. Wie immer sich demnach der Preis von 40 Maß Wein bei einem allfälligen Austausche des Getreides des A gegen den Wein irgendeines anderen wirtschaftlichen Subjektes stellen wird, soviel ist sicher, daß er in unserem Falle, schon um der ökonomischen Lage des A willen, 100 Maß Getreide nicht wird erreichen dürfen.

... Findet aber A ein zweites wirtschaftendes Subjekt B, für welches z. B. schon 80 Maß Getreide einen ebenso hohen Wert haben als 40 Maß Wein, so ist, wofern die beiden hier in Rede stehenden Subjekte dies Verhältnis erkennen und dem Vollzuge des Tausches keine Hindernisse entgegenstehen, für A und B allerdings die Voraussetzung eines ökonomischen Tausches vorhanden, damit aber zugleich eine zweite Grenze für die Preisbildung gegeben. Folgt nämlich aus der ökonomischen Lage des A, daß der Preis für 40 Maß Wein sich unter 100 Maß Getreide wird stellen müssen (indem A sonst keinen ökonomischen Nutzen aus dem Tauschgeschäft ziehen würde), so folgt in gleicher Weise aus jener des B, daß ihm für seine 40 Maß Wein eine größere Quantität Getreide als 80 Maß geboten werden muß. Wie immer demnach in unserem Falle der in Getreide zu entrichtende Preis von 40 Maß Wein zwischen den beiden in Rede stehenden Subjekten sich stellen wird, soviel ist sicher, daß er sich zwischen den Grenzen von 80 und 100 Maß Getreide, und zwar jedenfalls über 80 und unter 100 Maß Getreide wird bilden müssen" (S. 186 f.).

Dies ist das wiederkehrende Modell des Tausches zwischen Partnern, von denen unterstellt wird, daß sie Produzenten und Konsumenten in einer Person sind. „Beim isolierten Tausch zweier Tauschlustiger setzt sich der Preis innerhalb eines Spielraumes fest, dessen Obergrenze die subjektive Wertschätzung der Ware durch den Käufer, dessen Untergrenze ihre Wertschätzung durch den Verkäufer bildet" (E. v. *Böhm-Bawerk*, 2, 2. Abt., I. Bd., S. 270 H). Diese allgemeine Tauschregel hat Böhm-Bawerk auch auf das Verhältnis *mehrerer* Tauschbewerber auf beiden Marktseiten angewandt und hierbei das bekannte „*Gesetz der Grenzpaare*" formuliert, das am Beispiel eines Pferdemarktes vorgeführt wird (Voraussetzung u. a.: Vollkommene Konkurrenz und Marktübersicht der Beteiligten, vollständige Gleichwertigkeit der angebotenen Pferde): Ein einzelnes Pferd wird hierbei von den beteiligten Kauf- und Verkauflustigen je nach deren wirtschaftlicher Lage usw. verschieden hoch eingeschätzt. Wir denken uns diese verschiedenen Schätzungen in einer Tabelle angeordnet. (Siehe S. 140.) Dann wird sinnfällig, daß der Preis sich schließlich in Höhe der Schätzung bilden wird, bei der auf beiden Seiten die „tauschfähigsten Bewerber" zum Zuge kommen, d. h. alle die Tauschpartner-Paare, bei denen „jeder Kontrahent das zu Empfangende höher schätzt als das dafür Hinzugebende. Ausgeschlossen vom Tausch bleiben dagegen alle Paare, innerhalb deren das nicht mehr der Fall ist" (S. 277). Im vorliegenden Beispiel stellen A_6 und B_6 das Grenzpaar dar, und der Preis wird sich innerhalb des Spielraumes von 210 und 215 fl. bilden. „Bei beiderseitigem Wettbewerb stellt sich der Marktpreis innerhalb eines Spielraumes fest, der nach oben begrenzt wird durch die Wertschätzungen des letzten noch zum Tausche kommenden Käufers und des tauschfähigsten ausgeschlossenen Verkaufsbewerbers, nach unten durch die Wertschätzung des mindest tauschfähigen noch zum Tausche gelangenden Verkäufers und des tauschfähigsten vom Tausche ausgeschlossenen Kaufbewerbers" (S. 278 H). Hieraus ergibt sich „folgende einfachste Formel des Preisgesetzes: Die Höhe des Marktpreises wird begrenzt und bestimmt durch die Höhe der subjektiven Wertschätzungen der beiden Grenzpaare" (S. 279 H). — Bemerkt sei hierzu: Einerseits wird unterstellt, daß der Preis eines Pferdes sich *erstmals* bildet, daß also nicht auf frühere Marktabschlüsse zurückgegriffen werden kann, und daß daher alle Beteiligten noch mit ihren eigenen unbestimmten Schätzungen auf den Markt treten. Andererseits aber nehmen die Tauschlustigen ihre Schätzungen bereits in *Geldeinheiten* vor, was eine gewisse Markterfahrung doch wieder voraussetzt. „Dem unbefangenen Beobachter mag es merkwürdig erscheinen, daß hier der Ordnungszusammenhang der wirtschaftlichen Leistungen am Beispiel des Pferdehandels — losgelöst von der industriellen Produktionsweise — beschrieben wird. Es ist auch nicht ganz einfach, von dieser Betrachtung eines einzelnen Marktes aus den Ansatzpunkt dazu zu finden, den Gesamtzusammenhang des wirtschaftlichen Rechnungssystems zu verstehen. Dazu kommt, daß in diesem Beispiel die Möglichkeit, den Nutzen eines Gegenstandes in abgezogenen Geldeinheiten zu schätzen, vorausgesetzt wird. Darin liegt — vom Denkansatz der finalen Preistheorie aus gesehen — eine petitio principii. Man setzt etwas voraus, was erst erklärt werden soll. Will man doch die Entstehung von Preisen aus den unmittelbaren Nutzenschätzungen ableiten" (S. *Wendt*, 1, S. 114).

Der Grundgedanke des „Gesetzes der Grenzpaare", wonach der Tausch sich bei vollständiger Konkurrenz so vollzieht, daß für beide Seiten der Tauschnutzen sich optimiert, kehrt in abgewandelter Form bei den Zeitge-

Böhm-Bawerks Tabelle zum „Gesetz der Grenzpaare"

Kauflustige	Verkaufslustige
A_1 schätzt ein Pferd = 300 fl.	B_1 schätzt sein Pferd = 100 fl.
A_2 schätzt ein Pferd = 280 fl.	B_2 schätzt sein Pferd = 110 fl.
A_3 schätzt ein Pferd = 260 fl.	B_3 schätzt sein Pferd = 150 fl.
A_4 schätzt ein Pferd = 240 fl.	B_4 schätzt sein Pferd = 170 fl.
A_5 schätzt ein Pferd = 220 fl.	B_5 schätzt sein Pferd = 200 fl.
A_6 schätzt ein Pferd = 210 fl.	B_6 schätzt sein Pferd = 215 fl.
A_7 schätzt ein Pferd = 200 fl.	B_7 schätzt sein Pferd = 250 fl.
A_8 schätzt ein Pferd = 180 fl.	B_8 schätzt sein Pferd = 260 fl.
A_9 schätzt ein Pferd = 170 fl.	
A_{10} schätzt ein Pferd = 150 fl.	

nossen ständig wieder. (Vgl. *Jevons*, unten S. 159; *Walras*, unten S. 178; *Pareto*, 7, S. 1104, sowie unten S. 204; *Edgeworth*, 2.)

Je nach Konkurrenzlage wird sich allerdings der Preis verschieden bilden. Im Falle eines Angebotsmonopols bei gleichzeitiger Konkurrenz mehrerer Nachfrager gilt nach Menger:

„1. Ein unteilbares Monopolgut fällt bei der Konkurrenz mehrerer wirtschaftender Subjekte um dasselbe ökonomischerweise demjenigen Konkurrenten zu, für welchen dasselbe das Äquivalent der größten Quantität des im Austausche dagegen zu bietenden Gutes ist.

2. Die Preisbildung erfolgt in diesem Falle innerhalb der Grenzen, welche durch die Äquivalente des in Rede stehenden Monopolgutes für die beiden tauschlustigsten, beziehungsweise tauschkräftigsten Konkurrenten gegeben sind" (S. 193).

Nur in diesem *subjektiven* Sinne läßt Menger den Begriff der „Äquivalenz" noch gelten. — Es kündigt sich hier übrigens schon die spätere Auflösung des bisherigen *Monopolbegriffes* an: das Verhältnis *beschränkter* Konkurrenz wird als ein solches der (natürlicherweise) *unvollkommenen* Konkurrenz verstanden:

„Jeder Handwerksmann, der sich in einem Orte, wo seinesgleichen noch nicht bestehen, etabliert, jeder Kaufmann, Arzt oder Rechtsanwalt, der sich in einem Orte niederläßt, wo bisher noch niemand sein Gewerbe oder seine Kunst ausübt, ist in einem gewissen Sinne Monopolist, denn die von ihm der Gesellschaft zum Austausch angebotenen Güter können, zu mindesten in einer Anzahl von Fällen, eben nur bei ihm erstanden werden" (S. 206).

4. Der Wert der „Güter höherer Ordnung"

a) Die Ableitung des Wertes der „Nutzungsgüter" aus dem der „Verbrauchsgüter"

Gemäß der Darstellung des isolierten Tausches sind die Tauschpartner Produzenten und Konsumenten in einem und treten nur zur Deckung ihrer eigenen *Verbrauchswünsche* an den Markt heran. Es herrschen also nach Mengers Annahmen eigentlich *vorindustrielle* Verhältnisse. — Nun gibt es aber noch andere Waren als die fertigen Endverbrauchsprodukte: einmal Konsumwaren selbst im Zustande von Halbfabrikaten usw.; sodann die Produktionsmittel aller Art (Rohstoffe, Hilfsstoffe, Betriebsstoffe, Werkzeuge, Maschinen, Fabrikgebäude, Grund und Boden), schließlich die menschliche Arbeitskraft. Man hat schon gesehen (S. 131 f.), daß alle diese Waren für Menger unterschiedslos „Güter höherer Ordnung" sind. Die Werte dieser „Nutzungsgüter" leiten sich nun nach Menger (wie schon bei *Gossen*, *1*, S. 26 f.) von den Werten der „Güter niederer Ordnung" (= „Verbrauchsgüter") ab:

Es „ist unser Bedarf an Gütern höherer Ordnung durch den ökonomischen Charakter der entsprechenden Güter niederer Ordnung bedingt" (S. 71; *H.*).

Auch das Kapital wird streng güterwirtschaftlich betrachtet:

„Unter *Kapital* überhaupt werden wir aber alle wie immer gearteten ökonomischen Güter zu verstehen haben, deren Stamm, sei es nun *technisch* oder *ökonomisch*, nicht dem Verbrauche, sondern der bloßen Nutzung gewidmet ist" (S. 89 f.).

„Kapital" in diesem Sinne hat es natürlich bei allen Völkern und zu allen Zeiten gegeben.

Die allgemeine Tatsache der „Güterknappheit" versetzt nun die Wirtschaftspersonen vor die Wahl, in welchem Verhältnisse sie auf sofortige und auf spätere Bedarfsdeckung Bedacht nehmen wollen:

„Einen ... Teil der Produktionsmittel ... müssen die wirtschaftenden Menschen ... dem Konsum der Gegenwart, bzw. der nächsten Zukunft entziehen und denselben für den Produktionsprozeß verwenden; ... die Fortschritte in der Wohlfahrt der wirtschaftenden Subjekte sind somit dadurch bedingt, daß dieselben *nach Deckung ihres Bedarfes an ökonomischen Gütern in Rücksicht auf die Gegenwart* auch noch *Quantitäten von ökonomischen Gütern* für den gedachten Produktionsprozeß, bzw. *für künftige Zeitperioden* übrigbehalten oder, mit anderen Worten, *Kapital* besitzen. Wir sind aber damit zu einer der wichtigsten Wahrheiten unserer Wissenschaft gelangt, zu dem Satze von der ‚Produktivität des Kapitals', indem wir zeigten, daß die Verfügung über Quantitäten ökonomischer Güter für kommende Zeiträume eine der notwendigen Voraussetzungen der vollständigeren Befriedigung des einzelnen und der Steigerung der menschlichen Wohlfahrt überhaupt ist" (S. 100 f.).

Von einer solchen güterwirtschaftlichen „Produktivität des Kapitals" ist immer wieder der „Kapitalzins" abgeleitet worden. Unversehens ist man damit, inmitten der reinen Güterwirtschaft, bei Erscheinungen der modernen *erwerbswirtschaftlichen* Welt angelangt.

Für die „Werte" der „Güter höherer Ordnung" gilt nun Menger zufolge die fundamentale Regel:

„Der Wert der Güter höherer Ordnung ist ... bedingt durch den voraussichtlichen Wert der Güter niederer Ordnung, zu deren Hervorbringung sie dienen *[H.]*, und es ist klar, daß Güter höherer Ordnung nur insoferne Wert erlangen, den erlangten aber auch nur insolange behaupten können, als sie zur Hervorbringung solcher Güter niederer Ordnung dienen, welche voraussichtlich Wert für uns haben. Der Wert der Güter höherer Ordnung ist nicht primärer, sondern sekundärer Natur, er ist keine ursprüngliche, sondern eine von dem (voraussichtlichen) Werte der Güter erster Ordnung, zu deren Hervorbringung sie dienen, abgeleitete Größe und es kann somit der erstere weder an sich, noch seinem Maße nach verstanden werden, ohne daß wir vorher über den Wert der Güter erster Ordnung und das Maß desselben zur Klarheit gelangt sind" (S. 144 f.).

Menger stellt diese Auffassung strikt der älteren *Produktionskostentheorie* entgegen, die ihm zum Popanz der Lehre vom objektiven Wert überhaupt wird: Es gehört zu den „grundlegenden Irrtümern", daß „die Güter deshalb Wert für uns erlangen, weil zur Hervorbringung derselben Güter von uns verwendet wurden, welche Wert für uns hatten". Diese Meinung widerstreitet „jeder kritischen Erfahrung", wie „auf den ersten Blick ersichtlich" ist. „Kein Ding erlangt schon deshalb Wert, weil Güter (höherer Ordnung) zu dessen Produktion verwendet wurden, welche Wert hatten." „Der obige Grundsatz widerstreitet so sehr aller Erfahrung, daß derselbe unbedingt auch dann verworfen werden müßte, wenn das Problem der Feststellung eines Prinzips des Güterwertes durch denselben eine formell richtige Lösung fände" (!) (Fußnote S. 144 f.). — Dazu E. *Quittner-Bertolasi*: „So ist die Einheit des Erklärungsprinzips zwar aufrechterhalten, aber die Produktionskosten sind bei Bestimmung des Wertes der Produktivmittel überhaupt nicht berücksichtigt" (1, S. 38).

b) Nähere Bestimmungen

1. Da die „Verbrauchsgüter" mit Hilfe der „Nutzungsgüter" hervorgebracht werden, müssen die Nutzungsgüter vor den Verbrauchsgütern hergestellt werden. Daher kann der gegenwärtige Wert der „Nutzungsgüter" nur durch den *voraussichtlichen* Wert der mit ihrer Hilfe später produzierten „Verbrauchsgüter" bestimmt werden:

„Der Wert der Güter höherer Ordnung ist demnach keineswegs durch den *gegenwärtigen* Wert der Güter niederer Ordnung, sondern durch den *voraussichtlichen* Wert der Güter niederer Ordnung bedingt, zu deren Hervorbringung die ersteren ökonomischerweise dienen, und er findet sein Maß in diesem letzteren" (S. 148).

Daher gilt: „Der Wert der komplementären Güter höherer Ordnung ... findet sein Maß in dem voraussichtlichen Werte der Güter niederer Ordnung, zu deren Hervorbringung sie dienen..." (S. 148; *H.*).

„Der Wert, welchen komplementäre Produktionselemente *in der Gegenwart* aufweisen, kann demnach auch nur gleich sein dem Werte, welchen das uns durch dieselben erst in einem *künftigen Zeitpunkte verfügbare Produkt bereits in Rücksicht auf die Gegenwart für uns hat*" (S. 150).

Die Lehre von der Preisbildung bei den „Gütern höherer Ordnung" verbindet sich, im Falle der „Produktionsfaktoren" unter ihnen, natürlich mit der *Einkommenslehre*, da die Preise dieser „Faktoren" die Einkommen ihrer Träger sind:

„Die Frage, um deren Lösung es sich hier zunächst handelt, präzisiert sich dahin: Welchen Wert hat ein uns erst in der Zukunft disponibles Gut von bestimmtem voraussichtlichem Werte in der Gegenwart für uns? Die Bedeutung dieses Problems für die Lehre von den Kapitalzinsen, vom Unternehmergewinne, von der Amortisation, vom Kapitalwerte bestimmter Rentenbezüge usf. bedarf für den Sachkundigen wohl keines besonderen Hinweises" (S. 151).

„Wer über bereits in der Gegenwart disponible ökonomische Güter (Vermögensbestandteile) verfügt, die er doch für die Deckung seines gegenwärtigen Bedarfes zu entbehren vermag und die ihm demnach je nach seiner Wahl auch für einen bestimmten oder unbestimmten künftigen Zeitpunkt verfügbar sind, befindet sich ... im Gegenhalte zu einem wirtschaftenden Subjekte, welches zwar über gleiche, jedoch nicht sofort, sondern erst in einem kommenden Zeitpunkte disponible Güter verfügt, in einer nicht unwesentlich verschiedenen ökonomischen Lage...: Der erstere verfügt gleich dem letzteren über Güter, die ihm in der Zukunft verfügbar sind, der erstere aber zugleich noch über eine Kapitalnutzung, d. i. über die Nutzung der in Rede stehenden Vermögensbestandteile von dem gegenwärtigen Zeitpunkte bis zu jenem, wo dieselben auch dem letzteren verfügbar sein werden.

Dem Werte der sofort disponiblen Güter muß demnach der Wert der in einem kommenden Zeitpunkte verfügbaren Vermögensbestandteile gleicher Art in der Gegenwart vermehrt um den Wert der Nutzung dieser letzteren Vermögensbestandteile von der Gegenwart bis zu dem in Rede stehenden Zeitpunkte gleichgesetzt werden. Nun repräsentieren uns die zur Hervorbringung eines Gutes niederer Ordnung verfügbaren Produktionselemente lediglich in der Zukunft verfügbare Güter und es ist der Wert derselben in der Gegenwart nicht an und für sich, sondern vermehrt um den Wert der Nutzung dieses Kapitales innerhalb jenes Zeitraumes, welchen der Produktionsprozeß erfordert, dem voraussichtlichen Werte des Produktes gleichzusetzen" (S. 151 f.).

„Setzen wir, um zu einem exakten Ausdruck des oben Gesagten zu gelangen, den voraussichtlichen Wert des nach einem Jahre verfügbaren Produktes gleich 100, den Wert der Verfügung über die Quantität der bezüglichen ökonomischen Güter höherer Ordnung innerhalb eines Jahres (den Wert der Kapitalbenützung) gleich x, so ist klar, daß der Wert, welchen die Gesamtheit der komplementären, zur Hervorbringung des obigen Produktes erforderlichen Quantitäten von Gütern höherer Ordnung mit Ausschluß der in Rede stehenden Kapitalnutzung für das wirtschaftende Subjekt mit Rücksicht auf die Gegenwart hat, nicht gleich 100, sondern nur gleich 100 — x ist" (S. 152).

Die Käufer solcher „Güter höherer Ordnung" zahlen daher nicht den vollen Preis dieser Güter, sondern weniger; ein Vorgang, der „eine gewisse Ähnlichkeit mit dem Eskomptieren hat" (S. 152 f). So kommt es zu einer subjektivistisch begründeten Lehre von den *Gewinneinkommen* — wobei übrigens die „Unternehmertätigkeit" als ein „ebenso notwendiges Element der Gütererzeugung wie die technischen Arbeitsleistungen" selbst den Charakter eines „Gutes höherer Ordnung" hat, das bezahlt werden muß (S. 153 f.).

2. Da „ein Gut höherer Ordnung nicht für sich allein, sondern nur im Vereine mit anderen (den komplementären) Gütern höherer Ordnung zur Befriedigung menschlicher Bedürfnisse herangezogen werden kann", so gilt, „daß nur die *Gesamtheit* der zur Hervorbringung eines Gutes erster Ordnung erforderlichen (die komplementären) Güter höherer Ordnung, niemals aber ein einzelnes Gut dieser Art oder eine konkrete Quantität desselben Wert für uns erlangen könnte" (S. 155).

Es ergibt sich hieraus „als allgemeines Gesetz, daß der Wert eines konkreten Gutes höherer Ordnung gleich ist der Differenz zwischen der Bedeutung jener Bedürfnisbefriedigungen, welche im Falle unserer Verfügung über dasselbe und jener, welche im entgegengesetzten Falle, bei jedesmaliger ökonomischer Verwendung der Gesamtheit der uns verfügbaren Güter höherer Ordnung, erfolgen würden" (S. 157).

Also auch hier das Gesetz des „Grenznutzens", das bei Menger noch die spätere Lehre von den „opportunity costs" vertritt.

3. Streng genommen sind es „nicht die Nutzungsgüter selbst, sondern lediglich die zeitlich begrenzten Nutzungen derselben, welche wir

zur Befriedigung unserer Bedürfnisse heranziehen und *verbrauchen*" (S. 158).

„Wo immer wir somit nach dem Werte von Nutzungsgütern fragen, dort werden wir uns gegenwärtig halten müssen, daß derselbe lediglich in dem Werte der Nutzungen wurzelt und der Wert der Nutzungsgüter demnach in Wahrheit nichts anderes ist als der Wert der Gesamtheit ihrer Nutzungen. Der Wert eines Nutzungsgutes ist gleich dem Werte der Totalität seiner Nutzungen" (S. 159).

Die Nutzung des Bodens (sowie der Arbeitskraft) steht dabei gleichrangig neben der Nutzung aller anderen „Güter":

„Die Bodennutzungen stehen demnach rücksichtlich ihres Wertes unter keinen anderen allgemeinen Gesetzen als z. B. die Nutzungen von Maschinen, Werkzeugen, Wohnhäusern, Fabriken, ja als alle übrigen ökonomischen Güter, welcher Art sie auch immer sein mögen" (S. 164).

Im Falle der Arbeit dient diese Auffassung einer Zurückweisung der klassischen Lehre vom *Existenzlohn*:

„In Wahrheit regelt sich denn auch der *Preis* konkreter Arbeitsleistungen ... gleich jenem aller anderen Güter nach ihrem *Werte*. Dieser letztere aber regelt sich, wie oben dargelegt wurde, nach der Größe der Bedeutung jener Bedürfnisbefriedigungen, welche wir entbehren müßten, wofern wir über die betreffenden Arbeitsleistungen nicht zu verfügen vermöchten..." (S. 166).

Die Frage, wie vom „Grenznutzen" der Endprodukte auf den „Grenznutzen" der sogenannten Produktionselemente zu kommen sei, und damit auch auf die Bildung des Lohnes sowie des Unternehmensgewinnes, ist eines der Probleme geblieben, an denen die subjektivistische Preiserklärung scheitern mußte: Da die „Güter höherer Ordnung" allgemein nicht nur *einer* Verwendung, sondern sehr vielen Verwendungen dienen können, und da andererseits ein bestimmtes Endprodukt mit Hilfe verschiedener einander vertretender Produktionselemente und Produktionsmittel hergestellt werden kann, ist das Problem der „*Zurechnung*" schlechterdings nicht zu bewältigen. Die „Differenzmethode" C. *Mengers* und *Böhm-Bawerks* (von H. *Mayer* als Verfahren der „ausscheidenden Zurechnung" bezeichnet 2, S. 1214) ist ebensowenig praktikabel wie F. v. *Wiesers* System simultaner Gleichungen („aufteilende Zurechnung") sowie die angelsächsische Variationsmethode auf Grundlage der „Grenzproduktivitäts"-Theorie. Schließlich hat man sich aus der Affäre gezogen, indem man auf die schon gegebenen Marktverhältnisse retirierte: „Es sind ... die Preise, welche die *Grenzunternehmungen* ... noch zahlen können, welche die Marktpreise der Produktionsmittel mit Wirksamkeit für alle Unternehmungen festsetzen" (H. *Mayer*, 2, S. 1226). Allerdings ergibt sich erst nach Abschluß der

Preisbildung (selbstverständlich auch auf den Märkten der Produktionsmittel), welches Unternehmen „Grenzunternehmen" nach seiner Kosten- und Ertragslage ist. Die Beweisführung bewegt sich also im Kreise. Die Zurechnungstheorie bezeichnet einen „Irrweg der nationalökonomischen Forschung" (W. *Mohrmann*, 1, S. 110).

5. Würdigung

Das Hauptwerk Mengers konzentriert sich auf zwei Gegenstände: die Lehre von den „Gütern" und die Lehre von den subjektiven Nutzenschätzungen. — Indem Menger mit dem Hobel seines „Güter"-Begriffs über alle geschichtlichen und gesellschaftlichen Besonderheiten des Wirtschaftslebens hinweggefahren ist (vgl. insbesondere seine Umdeutung des „Kapitals"), hat er zur Auflösung der ökonomischen Theorie in eine Lehre von der Allerweltswirtschaft beigetragen. Auch seine Darstellung des subjektiven Wertes selbst läßt wesentliche Fragen teils ganz beiseite, teils offen. Die Einseitigkeit der Sichtweise Mengers zeigt sich besonders in folgendem:

1. Menger vernachlässigt über der Erklärung der subjektiven Nutzenschätzungen jenen *Objektivations*prozeß, den die individuellen Wertungen im Prozeß der *Preis*bildung erfahren. Er gelangt dahin nicht, „weil man keine vollständige theoretische Erklärung des Preises geben kann, wenn man sich nur an die Wirtschaftserwägungen der Individuen hält. Auf der Ebene der Preise, mit denen auf einem gegebenen Markt zu einem bestimmten Zeitpunkte gearbeitet wird, wirkt etwas Objektives, das den Horizont der Einzelwirtschafter überschreitet und sich diesen aufdrängt, und das daher nicht vollständig aus der bloß subjektiven Sicht der ökonomischen Wirklichkeit erklärt werden kann" (G. *Pirou*, 1, S. 63).

2. Menger liefert keine *Theorie der Produktion*. „Dies ist eine fatale und notwendige Folge des Standpunkts, auf den er sich stellt. Da Menger meint, daß alles für die ökonomische Analyse Wesentliche in der Annahme des isolierten Individuums schon gegeben ist, da er die Arbeitsteilung und den gesellschaftlichen Vorgang des Tausches beiseite läßt, so muß ihm die Produktion selbst als etwas Nebensächliches erscheinen, bei dem man sich nicht lange aufzuhalten hat" (*Pirou*, 1, S. 64).

3. Weitere wesentliche Teile des Lehrwerks von Menger bleiben im ersten Ansatz hängen; sie wurden selbst in der (hier zugrundeliegenden und Jahrzehnte nach der ersten vorbereiteten) Zweitauflage der „Grundsätze" kaum weitergeführt. Dies gilt für die Lehre vom Kapital, für die gesamte Einkommenslehre, insbesondere für die Theorie des Arbeitslohns, aber auch des Kapitalzinses, der Rente. Die ganze Problematik der Preisbildung bei den „Gütern höherer Ordnung" hat Menger einfach auf sich beruhen lassen. Seine Geldlehre bleibt konventionell. Eine Theorie des gesellschaftlichen Gesamtprozesses und der Konjunkturen fehlt gänzlich.

So war es der ungelösten Fragen übergenug, vor welche die folgende Generation der Lehrgeschichte sich gestellt fand.

6. Die Weiterentwicklung der „österreichischen Schule"

Mengers „Grundsätze" blieben (ebenso wie noch in den achtziger Jahren v. Wiesers Veröffentlichungen, 1, 2) in der zeitgenössischen Nationalökonomie des deutschen Sprachraums, wo die historische Schule vorherrschte, zunächst wenig beachtet. Menger selbst lag es fern, eine Schule zu stiften. Auch mit den übereinstimmenden Gedanken, die *Jevons* und *Walras* gleichzeitig vorlegten, hat er sich nie ausdrücklich solidarisiert. Nimmt man die umständliche und weitläufige Sprache seines Hauptwerkes hinzu, so muß man sagen: Selten war ein Werk weniger geeignet und sein Autor weniger gewillt, in der Nationalökonomie Schule zu machen. Wenn dies dennoch geschah, so zeigt sich hierin wiederum die durchaus *überindividuelle* Natur der lehrgeschichtlichen Wende: Der neue Durchbruch war fällig geworden. (Vgl. oben, S. 113 f., 118 f.)

Die eigentliche Heraufkunft einer „österreichischen" Schule haben erst Ökonomen bewirkt, die lehrgeschichtlich im zweiten Glied standen: Im Jahre 1886 veröffentlichte E. v. *Böhm-Bawerk* (1851—1914), ein höchst streitbarer Gelehrter, der übrigens mehrmals österreichischer Finanzminister war, seinen viel beachteten Aufsatz „Grundzüge der Theorie des wirtschaftlichen Güterwerts" (6), der eine knappe Zusammenfassung des bis dahin erreichten Standes der Grenznutzenlehre bot. Im übrigen ist Böhm-Bawerk vor allem mit seiner Erklärung des *Kapitalzinses* („Agio-Theorie", siehe Bd. II der „Texte") in die Lehrgeschichte eingegangen. Sein gleichaltriger Freund F. v. *Wieser* (1851—1926), Professor der Nationalökonomie in Prag und Wien, hat die allgemeine Lehre vom Wert als der „Rechenform des Nutzens" (2, S. 33) später mit den Tatsachen der modernen Tauschgesellschaft und die neuere ihrer Natur nach gänzlich unsoziologische Auffassung des Wirtschaftsgeschehens mit den Anforderungen der Soziologie in bessere Übereinstimmung zu bringen gesucht (3): „Die Güter werden nicht einfach nach Maßgabe des Nutzens (d. h. Grenznutzens), den sie ihrem Erwerber geben, sondern außerdem nach Maßgabe der Kaufkraft bezahlt, womit die Grenzkäufer jenen Nutzen vergelten können" (2, S. 44). „Die Produktion ordnet sich infolgedessen statt der bloßen Bedürftigkeit auch noch dem Reichtum unter. Statt der Dinge, die am meisten nutzen könnten, werden diejenigen erzeugt, die am besten bezahlt werden" (2, S. 57). F. v. Wieser hat auch die *Herstellungskosten* der Produkte in die subjektivistische „Wert"-Theorie einzubauen gesucht, wobei er die Kosten als den in anderen möglichen Verwendungen der resp. „Produktionsfaktoren" entgangenen Nutzen bestimmt — eine Deutung, die später als Lehre von den „*opportunity costs*" auftritt. Auf die Werte der Produktivmittel will Wieser durch ein besseres Verfahren der „*Zurechnung*" des Wertes der mit ihrer Hilfe erzeugten Produkte schließen (vgl. oben, S. 145). Ferner ist v. Wieser mit einer streng subjektivistischen *Geldtheorie* hervorgetreten: „Der Tauschwert des Geldes ist der antizipierte Gebrauchswert der für das Geld anzuschaffenden Dinge" (2, S. 46; vgl. auch 5,; ferner *Jevons*, 1, S. 133). Hierbei bedeutet allerdings eine bestimmte Geldsumme jedem Wirtschaftsbeteiligten nach der Höhe seines Einkommens oder Vermögens sehr verschiedenes („*Einkommenstheorie*" des Geldwertes; besonders *4*, S. 549 und passim).

Im dritten Generationengliede der österreichischen Grenznutzenschule schließlich haben neben vielen anderen gewirkt: Hans *Mayer* (1879—1955), der sich besonders dem Problem der „Zurechnung" gewidmet hat (*1*, *2*); Ludwig *v. Mises* (geb. 1881), der, ähnlich wie später F. A. *v. Hayek* (geb. 1899; *1*, *2*) und R. *v. Strigl* (*1*) eine monetär orientierte Konjunkturtheorie entwickelt hat (*2*); auch Joseph A. *Schumpeter* (1883—1950), F. *Machlup*, G. *Haberler*, O. *Morgenstern* haben der österreichischen Grenznutzenschule nahegestanden oder sind aus ihr hervorgegangen. Bei allem Unterschied der Einzelauffassungen eint sie zumeist ein streitbarer Eifer für die „freie Marktwirtschaft".

C. Ausbau der Grenznutzenlehre zur Theorie der Märkte: W. St. Jevons

Der englische Nationalökonom William Stanley Jevons (1835—1882) ist vor allem in folgender Hinsicht für die Lehrgeschichte wichtig geworden:

1. „Jevons war der erste bedeutende Schriftsteller, der bewußt den englischen Utilitarismus mit den Theorien der abstrakten Ökonomie verbunden hat" (A. A. *Young*, *1*, S. 582). Er hat als erster eine konsequente, thematisch weit über *Menger* hinausgehende Lehre von der Preis- und Einkommensbildung auf der Grundlage der Nutzenschätzungen und des nun verallgemeinerten „*Marginalprinzips*" geliefert:

a) Im Unterschied zu *Menger* (und der späteren österreichischen Schule) will Jevons von Anfang an nicht irgendeine „Wert"-Theorie neu fassen, sondern die Vorgänge der *Preisbildung* erklären. Die Kategorie des „Grenznutzens" wird zum Werkzeug der *Katallaktik*. Die Fragestellung ist, zu Recht, von vornherein funktionalistisch, nicht kausal gerichtet. Mit dem alten Begriff des „Wertes" macht Jevons folgerichtig tabula rasa. — Überhaupt streben die außerdeutschen Richtungen der Grenznutzenlehre, im Unterschied zur österreichischen Variante, die nach dem Preisbildungs*grund* fragt, von vornherein nach Darstellung der unmittelbaren *Markt*verhälnisse (vgl. hierzu H. *Mayer*, *3*). Nur im deutschen Sprachraum konnte es daher später (um die Jahrhundertwende) zum eigentlichen *Durchbruch* einer nun erklärtermaßen wert-freien Preislehre kommen, durch den der Anschluß an die fortgeschrittene Lehrentwicklung der übrigen Welt wiederhergestellt wurde.

b) Jevons macht den Begriff des „*Grenznutzens*" (final degree of utility), den er in die Wirtschaftstheorie eingebracht hat, zur Grundlage nicht nur der Lehre von der *Nachfrage* auf den Märkten, sondern auch von den *Kosten* auf der Angebotsseite, indem er diese als negativen Nutzen (disutility) und die Grenzkosten als negativen Grenznutzen der Erzeuger versteht. Zugleich verbindet er die Lehre vom *Grenznutzen* mit der Lehre von der *Grenzproduktivität* und macht das solcherweise erweiterte „*Marginalprinzip*" auch für die *Einkommenstheorie* nutzbar.

2. Mit Jevons bricht sich nicht nur die marginalistische Preislehre gegenüber der werttheoretischen Hinterlassenschaft von *Ricardo* und *J. St. Mill* in England Bahn (zur Aufnahme seines Hauptwerkes in England vgl. *A. A. Young, 1; R. S. Howey, 1,* S. 61 ff.), sondern auch die besondere methodische *Verfahrensweise,* der die Preistheorie seither im allgemeinen gefolgt ist:

a) Mit seiner Auffassung, die Wirtschaftstheorie solle darüber Aussagen machen, wie die Menschen mit Hilfe der Wirtschaftsgüter sich unter möglichst geringem Müheaufwand möglichst große Annehmlichkeiten verschaffen, also ihre „Lust - Unlust - Bilanz" nach Möglichkeit verbessern (vgl. *1,* S. 22), knüpft Jevons unverkennbar an die alte englische sensualistisch-utilitaristische Denktradition *Benthamscher* Observanz an (vgl. hierzu auch *W. C. Mitchell, 2).* Zugleich soll auch der alte Anspruch der Ökonomie, eine *empirische* und ebenso *„exakt"* wie die *Naturwissenschaften* arbeitende Disziplin zu sein, nun verwirklicht werden. Es geht um eine „Mechanik von Nutzen und Selbstinteresse" *(1,* S. 20; ebenso *4,* S. 199). Die Methode der ökonomischen Theorie ist daher „so sicher und anschaulich wie jene der Kinematik und Statik, ja fast so selbstverständlich wie die Elemente Euklids, wenn der richtige Sinn der Formeln voll begriffen wird" *(1,* S. 20; vgl. hierzu kritisch *W. Boehmert, 1).*

b) Ihren naturwissenschaftlich-exakten Charakter erweist die politische Ökonomie für Jevons an ihrer *mathematischen* Verfahrensweise: „Es kann keinem Zweifel unterliegen, daß jede Wissenschaft, je mehr sie fortschreitet, immer mehr von quantitativer Art wird" *(2,* S. 273). Da auch die Ökonomie es mit Quanten zu tun hat, so muß sie, „wenn sie überhaupt Wissenschaft sein will, eine mathematische Wissenschaft sein" *(1,* S. 2; vgl auch *2,* S. 759). Spätere Autoren werden allerdings die Anwendung mathematischer Verfahren in der ökonomischen Theorie nicht mehr davon abhängig machen, daß bestimmte behauptete Sachverhalte tatsächlich numerisch durchrechenbar sind; es genügt ihnen vielmehr, daß diese *„mathetische* Struktur" besitzen (vgl. *Kade, 1,* S. 160 und passim).

Die Darstellung der Preistheorie von Jevons folgt im weiteren dem Hauptwerk des Autors, der „Theorie der Politischen Ökonomie" (Theory of Political Economy, 1. Auflage 1871)[5].

1. Die Lehre von Lust und Unlust

Ebenso wie *Menger* beginnt Jevons mit einem urtümlichen und schlechthin anthropologischen Sachverhalt: dem Spannungsverhältnis von Vergnügen und Beschwerde (pleasure and pain) im menschlichen Leben. Jevons

---

[5] Der Text wurde nach der 2. von W. St. Jevons selbst besorgten Auflage letzter Hand (1879), gelegentlich in Anlehnung an die als Bd. 23 der „Sammlung sozialwissenschaftlicher Meister" von H. *Waentig* herausgegebene deutsche Ausgabe (Jena 1923), von mir neu übersetzt. Die Seitenzahlen beziehen sich auf die erwähnte deutsche Ausgabe, die übrigens von Fehlern nicht frei ist. In eckiger Klammer ist die Seitenzahl der zweiten englischen Ausgabe von 1879 beigefügt.

schließt sich dabei an *Bentham* an, will aber Lust und Unlust nur nach den beiden Dimensionen der Intensität und der Zeitdauer messen:

„Jedes Gefühl muß irgendeine kürzere oder längere Zeit dauern; und während es anhält, kann es mehr oder weniger stark und heftig sein. Wenn in zwei Fällen die Dauer des Gefühls die gleiche ist, so wird in jenem Fall die größere Menge (quantity) davon entstehen, in dem das Gefühl das stärkere ist. Wir können auch sagen, daß bei gleicher Dauer [des Gefühls] das Quantum der Intensität proportional sein wird. Andererseits wird, wenn die Stärke eines Gefühls konstant bleiben sollte, das Gefühlsquantum mit der Dauer zunehmen. Zwei Tage des gleichen Grades von Glück (degree of happiness) werden zweimal so stark begehrt werden wie ein Tag, und zwei Tage des Unglücks zweimal soviel gefürchtet wie einer" (S. 28 f. [31 f.]).

Unlust ist als negatives Lustgefühl zu bestimmen:

„Es wird sicherlich eingeräumt werden, daß Mühe das Gegenteil des Vergnügens ist, so daß Verringerung der Beschwerde gleichbedeutend ist mit Vergrößerung des Vergnügens, und Vermehrung der Beschwerde gleichbedeutend mit Verringerung des Vergnügens. So können wir Freud und Leid wie positive und negative Größen in der Algebra behandeln. Man gewinnt die algebraische Summe einer Serie von Lust- und Unlustgefühlen, indem man die Lustgefühle sowie die Unlustgefühle addiert und dann den Unterschied durch Subtraktion der kleineren Summe von der größeren errechnet. Unser Trachten wird es stets sein, die Summe der Lustgefühle auf ein Maximum zu bringen; diese Richtung können wir passend als die positive bezeichnen" (S. 31; vgl. auch S. 63 [34 f.]).

„Vergnügen und Plage sind ohne Zweifel die letztendlichen Gegenstände der ökonomischen Rechnung. Unsere Wünsche möglichst vollständig mit der geringsten Anstrengung zu erfüllen, d. h. die größtmögliche Menge des Begehrenswerten mit einem möglichst geringen Aufwand an Unerwünschtem zu erlangen, mit anderen Worten: *das Vergnügen zu maximieren*, ist das Problem der Wirtschaftslehre" (S. 36 [40]).

Wieder finden wir also die Aufwands- und Ertragsrechnung des kalkulierenden Unternehmers zu einer allgemein-menschlichen Verhaltensweise erhöht. So ruht denn die ganze politische Ökonomie „auf den Gesetzen des menschlichen Genusses" (upon the laws of human enjoyment; S. 38). — Abermals begegnet uns auch die unvermeidliche Fiktion, daß Lust- und Unlustgefühle als Quanten zu denken seien, obwohl Jevons selbst noch zu Beginn seiner Überlegungen sie als unmeßbar betrachtet hat (vgl. S. 12).

2. Die Lehre vom Nutzen

a) Die Begriffe „Gut" und „Nutzen"

Der Erzeugung von Vergnügen dienen *Güter:*

„Unter einem *Gute* (commodity[6]) werden wir jeden Gegenstand, jede Substanz, Handlung oder Dienstleistung verstehen, welche Vergnügen bereiten oder Unbill abwenden kann" (S. 36 f. [41]).

An Güter heftet sich, entsprechend ihrer Eignung, menschlichen Bedürfnissen zu dienen, *Nutzen,* das heißt...

„...die abstrakte Eigenschaft eines Gegenstandes, durch welche er unseren Zwecken dient und daher als Gut rangiert. Was immer Lust zu verursachen oder Unlust abzuwenden vermag, *kann* Nutzen besitzen" (S. 37 [41]).

Es gibt aber nicht nur Nutzen, sondern auch „Unnutzen" stiftende Güter. Jevons spricht daher von „disutility" und „discommodity" (S. 55 f.). — Ferner ist zwischen gegenwärtigem (actual), voraussichtlichem (prospective) und nur möglichem (potential) Nutzen sowie zwischen direktem und indirektem Nutzen der Güter zu unterscheiden (S. 66 ff.). — Den Unterschied von gegenwärtigem und voraussichtlichem Nutzen macht auch Jevons (wie mehr oder minder alle Grenznutzentheoretiker) für die Lehre vom *Kapitalzins* nutzbar (vgl. unten, S. 155). Indirekten Nutzen haben für ihn diejenigen Güter, die dem einzelnen erst auf dem Tauschwege das eigentlich gewollte Objekt seiner Wahl vermitteln.

b) *Gesamtnutzen und Grenznutzen*
Das Gesetz des sinkenden Grenznutzens

Es ist das Verdienst von Jevons, den Begriff des Grenznutzens besonders exakt bestimmt zu haben:

„Wir sind nun in der Lage, den Unterschied voll zu würdigen, der zwischen dem *Gesamtnutzen* (total utility) und dem *Nutzensgrad* (degree of utility) einer Ware an irgendeinem Punkte besteht. Es sind dies in der Tat Größen von ganz verschiedener Art: die eine wird durch eine Fläche, die zweite durch eine Linie dargestellt. Wir müssen sehen, wie wir diese Begriffe in einer angemessenen mathematischen Sprache ausdrücken können.

Bezeichnen wir mit x, wie solches in mathematischen Büchern üblich ist, die unabhängige Variable — in diesem Falle die Menge des Gutes. Ferner soll u den *Gesamtnutzen* bezeichnen, der beim Verbrauch von x entsteht. Dann wird u, wie die Mathematiker sagen, *eine Funktion von x* sein; das heißt, es wird sich in stetiger und regelmäßiger, aber

---

[6] Das Wort „commodity" werden wir bei den neueren Autoren nicht mehr mit „Ware", sondern mit „Gut" übersetzen. (Vgl. Fußnote S. 33.)

wahrscheinlich unbekannter Weise verändern, wenn x geändert wird. Indessen ist es jetzt unsere wichtigste Aufgabe, den *Grad des Nutzens* auszudrücken.

Die Mathematiker verwenden das Zeichen Δ, welches einem Mengensymbol, zum Beispiel x, vorangestellt wird, um zu bezeichnen, daß eine Größe derselben Art wie x, aber klein im Verhältnis zu x, betrachtet wird. So bedeutet Δx einen kleinen Teil von x, und $x + \Delta x$ ist deshalb eine etwas größere Einheit als x. Stellt nun x eine Güterquantität dar, so wird der Nutzen von $x + \Delta x$ regelmäßig größer sein als der von x. Bezeichnen wir den ganzen Nutzen von $x + \Delta x$ mit $u + \Delta u$, so ist klar, daß der Nutzenszuwachs Δu zum Gutszuwachs Δx gehört. Und wenn wir der Einfachheit halber annehmen, daß sich der Grad des Nutzens über das ganze Stück Δx gleichförmig verteilt, was mit Rücksicht auf dessen Kleinheit annähernd richtig ist, so finden wir den entsprechenden Nutzensgrad durch Division von Δu durch Δx. ...

So ist der *Grenzwert* des Bruches $\frac{\Delta u}{\Delta x}$, oder, wie man es gewöhnlich ausdrückt, $\frac{du}{dx}$, der Grad des Nutzens, welcher der Gutsquantität x entspricht. Mathematisch ausgedrückt: *Der Nutzensgrad ist der Differentialkoeffizient von u, als Funktion von x betrachtet;* er ist selbst wieder eine andere Funktion von x.

Wir werden selten den Nutzensgrad betrachten müssen, außer im Falle des letzten Zuwachses eines verbauchten Gutes, oder — was auf dasselbe hinauskommt — des nächsten Zuwachsstückes, das zum Verbrauch kommen soll. Ich werde deshalb gewöhnlich den Ausdruck *Grenznutzensgrad* (final degree of utility) gebrauchen und verstehe darunter den Grad des Nutzens des letzten (oder auch des nächstmöglichen) Zusatzes einer sehr kleinen oder unendlich kleinen Quantität zur vorhandenen Gütermenge" (S. 48 ff. [53 ff.]).

„Es wird sich zeigen, daß der Grenznutzensgrad jene Funktion ist, um die sich die ganze Wirtschaftstheorie bewegt" (S. 50 [56]).

Der „Grenznutzensgrad", wie ihn Jevons hier entwickelt, ist, genau genommen, nicht identisch mit dem Grenznutzen. Er bezeichnet vielmehr das *Verhältnis* des Grenznutzens, (des Nutzens der letzten Zusatzeinheit, zu der Größe dieser Zusatzeinheit; also kurz den Grenznutzen im Verhältnis zum Grenzprodukt.

Indem Jevons zwischen Gesamtnutzen und Grenznutzensgrad wirtschaftlicher Güter streng unterscheidet, löst sich ihm das alte „Wert-Paradoxon" auf, wonach gerade die wichtigsten Bedarfsobjekte, wie etwa Wasser, wenn sie reichlich vorhanden sind, einen sehr geringen Gebrauchswert und Preis haben: Nicht der Gesamtnutzen des Vorrats sondern nur der Nutzen, welcher von der „letzten" hinzukommenden Einheit des Gesamtbestandes erwartet wird, bestimmt die Wertung des ganzen Bestandes und damit den Preis (vgl. S. 50 f.).

Jevons kommt nun auf eigenen Wegen sehr rasch zum Inhalt der beiden „Gossenschen Gesetze" vom fallenden Zuwachsnutzen sowie vom Ausgleich der Grenznutzen bei der Bedarfsdeckung des einzelnen:

„Ein Pfund Brot pro Tag, das einem Menschen zur Verfügung gestellt wird, rettet ihn vor dem Verhungern und hat den denkbar größten Nutzen. Ein zweites Pfund pro Tag hat gleichfalls keinen geringen Nutzen: es erhält ihn in einem Zustande verhältnismäßiger Sättigung, obgleich es nicht völlig unentbehrlich ist. Ein drittes Pfund würde beginnen, überflüssig zu sein. Daraus geht hervor, daß der *Nutzen dem Gute* [gemeint: der Gutsmenge; W. H.] *nicht proportional ist:* Ganz die gleichen Gegenstände sind von wechselndem Nutzen, je nach der Menge, die wir hiervon schon besitzen. Ähnliches gilt von anderen Dingen" (S. 43 [48]).

„Wir können das allgemeine Gesetz aufstellen, daß sich der Grad des Nutzens mit der Menge des Gutes ändert und schließlich abnimmt, wie diese Menge zunimmt" (S. 51 [57]; *H.).*

c) *Der Zusammenhang der Güternutzen für den einzelnen*

Die meisten Güter sind nicht nur einer, sondern mehreren Verwendungsweisen zugänglich. Wie geschieht ihre Aufteilung auf unterschiedliche Gebrauchszwecke? Hier formuliert Jevons den „ersten Grundsatz der Lehre von der Konsumtion", wonach ...

„... die Befriedigung jedes niedrigeren [im Sinne von ursprünglicheren; W. H.] Bedürfnisses auf der Stufenleiter ein Verlangen höherer Art hervorruft" (S. 41 [46]; *H.).*

Es gilt daher, die verschiedenen Verwendungsweisen der Güter ins richtige Verhältnis zueinander zu bringen:

„Es sei s der ganze Vorrat eines Gutes, das nach unserer Annahme in zweifacher Weise verwendet werden kann. Dann können wir die beiden Mengen, die auf jede der zwei Gebrauchsweisen entfallen, mit x_1 und y_1 bezeichnen, wobei $x_1 + y_1 = s$. Ein Individuum verbrauche nach und nach kleine Mengen des Gutes. Nun ist es das unausweichliche Streben der menschlichen Natur, jenen Weg zu wählen, welcher im Augenblick offenbar den größten Vorteil verheißt. Wenn daher unser Individuum mit der von ihm getroffenen Aufteilung zufrieden ist, so folgt, daß ihm keine Änderung mehr Vergnügen schaffen würde; das heißt, ein Gutszuwachs würde genau so viel Nutzen in dem einen oder in dem anderen Gebrauche stiften. Es seien Δu_1, Δu_2 der jeweilige Nutzenszuwachs, der aus der zwiefältigen Verwendung eines

Gutszuwachses entspringt. Ist die Aufteilung vollendet, so müßte $\Delta u_1 = \Delta u_2$ sein. D.h. an der Grenze ergibt sich die Gleichung

$$\frac{du_1}{dx} = \frac{du_2}{dy}$$

Dies muß zutreffen, wenn x und y jeweils gleich x_1 und y_1 sind. Mit anderen Worten: die *Grenznutzensgrade* müssen in beiden Verwendungsweisen einander gleich sein.

Was für die zwei Verwendungsweisen eines Gutes gilt, trifft selbstverständlich auf beliebige doppelte Verwendungsarten zu, und daher auf alle Gebrauchsweisen zugleich. Wir erhalten infolgedessen eine Reihe von Gleichungen, die um eine Einheit kleiner als die Zahl der Gebrauchsweisen des Guts ist. Das allgemeine Ergebnis ist, daß ein Gut, wenn von einem vollendet weisen Wesen verwendet, hierbei ein Höchstmaß an Nutzen bringen müßte" (S. 57 f. [64 f.]).

Es ist dies wieder das Gesetz des („horizontalen") *Ausgleichs der Grenznutzen* bei ein und dem gleichen Wirtschaftssubjekt. Eigentlich zielt es ab auf ein Gut mit nicht nur zwei Nutzungsarten, sondern mit universeller Verwendbarkeit: das *Geld*. Daß jemand im übrigen mit einer bestimmten Aufteilung eines Einkommens auf verschiedene Zwecke dann „zufrieden" ist, wenn diese ihm den höchstmöglichen Zuwachs an Gesamtbefriedigung verschafft, ist wie H. *Mayer* zu Recht vermerkt hat, eine petitio principii: „Die letzten Zuwächse in allen Bedürfniszweigen bzw. Güterarten müssen gleiche Grenznutzensgrade haben, *sonst würde man eben anders disponiert haben!*" (H. Mayer, 3, S. 172) Auch ist hierbei über die *Art* der jeweiligen Aufteilung von Gütern auf verschiedene Verwendungszwecke nichts ausgesagt. Jevons selbst erwähnt das Beispiel der Belagerung von Paris im Kriege von 1870/71, während deren ein großer Bestand an Pferden von der hungernden Stadt verzehrt und mithin die bisherige Weise des Gebrauchs von Pferden sehr geändert wurde; und er stellt mit Genugtuung fest, daß auch dieser Fall von seiner Regel gedeckt sei, „so daß die Gleichung der Nutzensgrade niemals vollständig versagte" (S. 59).

So inhaltsarm die Lehre vom Ausgleich der Grenznutzen (zunächst: beim Individuum) also ist, so bedeutungsvoll ist sie doch als Grundlage der ganzen weiteren Lehre vom *Marktgleichgewicht* geworden. „In der Tat, dieses ‚Gesetz' ist für alle Gleichgewichtstheorien fundamental, denn es konstituiert, *wenn es gilt*, das *Verhältnis* der Nachfragen nach den verschiedenen Gütern, die von jedem Wirtschaftssubjekt ausgehen..." (H. *Mayer, 3*, S. 169). Da aber die Summierung aller Einzelnachfrage-Größen die Gesamtnachfrage auf allen Teilmärkten ergibt, so ist soweit das Preisgleichgewicht auf dem Markte „tatsächlich bereits durch die auf dem Gesetze des Ausgleichs der Grenznutzen beruhenden Individualgleichgewichte der Nachfragen prädestiniert" (ebenda). — Jevons schreitet damit über die vermeintlich *kausale* Frage der Österreicher nach den „Gründen" des Güterwertes weiter zum Ansatz einer *funktionalistischen* Sicht des *Preissystems*. A. A. *Cournot,* dessen Werk Jevons in der wissenschaftlichen Welt erst zur Geltung gebracht hat, ist ihm hierin in Frankreich vorangegangen. In der Tat ist die funktionalistische Betrachtung des reinen Wechselverhältnisses der Märkte einer Lehre angemessen, die letztlich auf die Bildung der Einzelpreise allein abzielt.

Dem Ausgleich der (individuellen) Grenznutzen zu einem gegebenen Zeitpunkt stellt Jevons den Ausgleich der Grenznutzen bestimmter Gutsmengen in der *Zeit* zur Seite:

„Wir haben gesehen: Wenn ein Gut zu verschiedenen Zwecken dienen kann, so regeln bestimmte Prinzipien seine Verwendung zu diesen Zwecken. Eine ähnliche Frage entsteht, wenn man über einen Gutsvorrat verfügt und dieser über eine mehr oder weniger feststehende Zeitspanne hin verausgabt werden muß. Die Wirtschaftswissenschaft muß etwas über die vorteilhafteste — d. h. den Nutzen maximierende — Weise seiner Verwendung aussagen. Wenn wir alle künftigen Genüsse und Beschwerden so rechnen, als ob sie gegenwärtig wären, so wird die Lösung die gleiche sein wie im Falle verschiedener Gebrauchsweisen. Wenn die Nutzung eines Gutes über n Tage verteilt werden soll, und wenn v_1, v_2 usf. die Grenznutzensgrade eines Tagesverbrauchs bezeichnen, so haben wir offensichtlich:

$$v_1 = v_2 = v_3 = \ldots v_n \text{" (S. 68 f. [77]).}$$

Natürlich gilt auch:

„Wenn dasselbe Gut während einer längeren Zeit aufgebraucht wird, so wird der Grenznutzen höher sein, weil der Bedarf des Verbrauchers in geringerem Maße befriedigt wird" (S. 65 [73 f.]).

Wichtig ist hierbei:

„Ein künftiges Bedürfnis übt stets einen geringeren Einfluß aus als ein gegenwärtiges" (S. 70 [78]).

Aus dieser Minderschätzung künftiger Bedürfnisse entspringt auch bei Jevons (wie bei mehr oder minder allen Grenznutzentheoretikern) die *Zeitspannen-Theorie des Kapitalzinses* (siehe Band II der „Texte").

3. Die Lehre vom Tausch

Auch für Jevons ist es kennzeichnend, daß er eine ganze Theorie wirtschaftlicher Wahlentscheidungen entwickelt, bevor er noch auf die Märkte und damit auf unsere besondere kommerzielle Wirtschaftsweise zu sprechen kommt. Von einer Allerweltswirtschaft her, die ohne Tausch, ohne Unternehmer, ohne Kapitalbildung, ohne Lohnarbeit gedacht ist, und die dabei doch selbst den Verbrauchern die ganze „Rechenhaftigkeit" einer modernen Erwerbswirtschaft zuweist, werden die Regeln der bestehenden Ordnung selbst abgeleitet. Diese entlehnen hierdurch den Schein des Immer-Gültigen von jener fiktiven „natürlichen" Wirtschaft, die in Wahrheit selbst wieder die hypostasierte bestehende ist. — Daß dieser Rückgriff auf das Urtümlich-Allgemeine auch bei Jevons gesellschaftliche Tendenz hat (vgl. hierzu auch unten, S. 170 f.), zeigt seine Polemik gegen die ältere Lehre vom objektiven Wert.

a) Zurückweisung der Theorie des objektiven Wertes

„Beim üblichen Gebrauche des Wortes Wert scheint man nicht weniger als drei verschiedene, obgleich miteinander im Zusammenhang stehende Bedeutungen durcheinander zu bringen; nämlich:
1. den Gebrauchswert;
2. die Schätzung oder die Dringlichkeit des Begehrs;
3. das Austauschverhältnis. ...

Man kann nicht erwarten, daß wir einen Gegenstand wie volkswirtschaftliche Lehrmeinungen mit Nutzen erörtern können, solange die Grundbegriffe selbst in einem mehrdeutigen Worte so zusammengeworfen werden. Die einzige gründliche Abhilfe besteht darin, an die Stelle der gefährlichen Vokabel *Wert* einen der drei erwähnten Begriffe zu setzen, der jeweils gemeint ist. Deshalb werde ich in diesem Buche den Gebrauch des Wortes Wert überhaupt vermeiden. Wenn ich aber, wie es im weiteren häufig der Fall sein wird, auf die dritte Bedeutung zurückgreifen muß, von den Volkswirten oft *Tauschwert* (exchange or exchangeable value) genannt, so werde ich hierfür den ganz unzweideutigen Ausdruck *Tauschrelation* (Ratio of Exchange) setzen und gleichzeitig angeben, was die *zwei* ausgetauschten *Gegenstände* sind" (S. 75, 77 f. [85, 87 f.]).

Ganz und gar abzulehnen ist die *Arbeitswerttheorie*:

„Es hat nicht an Volkswirten gefehlt, welche die Arbeit als die *Ursache des Wertes* vorgebracht und behauptet haben, daß alle Dinge ihren Wert von dem Umstande herleiten, daß Arbeit auf sie gewendet worden ist. Und hierbei wird impliziert, wenn nicht gar zum Ausdruck gebracht, daß der Wert der Arbeit proportional sein wird. Das ist eine Lehre, welche auch nicht einen Augenblick haltbar ist, da sie den Tatsachen direkt widerspricht" (S. 154 [176]).

Beweis: Auch „seltene Bücher, Münzen, Antiquitäten", die vielleicht überhaupt nicht mehr hergestellt werden können, besitzen einen Wert (gemeint: Preis) als Handelsobjekte. Ferner „bewertet" der Handel je nach den Marktaussichten seine Waren ständig neu; er selbst schafft oder vernichtet insoweit also „Werte".

Natürlich muß auch Jevons irgendwie die *Produktion* in seine Preislehre einbauen. Er tut dies auf folgende Weise:

„Obgleich aber Arbeit niemals die Ursache des Wertes ist, so ist sie doch in einer großen Reihe von Fällen der entscheidende Umstand, und zwar auf folgende Weise: Der Wert hängt allein vom Grenznutzensgrad ab. Wie können wir diesen Grad des Nutzens verändern?

Dadurch, daß wir mehr oder weniger vom Gute zum Verbrauch haben. Und wie sollen wir mehr oder weniger davon erhalten? Dadurch, daß wir mehr oder weniger arbeiten, um einen Vorrat zu erhalten *[H.]*. So betrachtet, gelangt man erst durch zwei Schritte von der Arbeit zum Wert. Die Arbeit bestimmt die Angebotsmenge, und die Angebotsmenge bestimmt den Nutzensgrad, der wiederum den Wert oder die Tauschrelation regiert. Um jedes mögliche Mißverständnis über diese höchst wichtige Beziehungskette auszuschließen, will ich sie in folgender tabellarischer Form wiederholen:

Die Produktionskosten bestimmen die Angebotsmenge.
Die Angebotsmenge bestimmt den Grenznutzensgrad.
Der Grenznutzensgrad bestimmt den Wert" (S. 156 f. [178 f.]; *H.*).

Bemerkungen: 1. Jevons läßt erst die „Arbeit", dann die „Produktionskosten" das Güterangebot bestimmen; er wiederholt damit die werttheoretische Konfusion der Klassiker. Sein Schwanken zwischen der menschlichen Produktions*tätigkeit* als solcher und den Produktions*kosten* als Bestimmungsgrund der Angebotsmenge ist allerdings erklärlich: Denn was bestimmt den Umfang, in dem die Produktion selbst stattfindet? In unserer Wirtschaft: der Entscheid der Unternehmensleitungen. Und was bestimmt diesen Entscheid? Der erwartete Gewinn, d. h. der positive Unterschied von *Erlösen* und Produktionskosten. Vom Unternehmensgewinn spricht Jevons freilich hier nicht. Immerhin aber zeigt die „Tabelle" an: die Produktionsentscheide der Unternehmungen selbst „bestimmen" den „Grenznutzen" und damit den „Wert" (sprich: Preis) der Produkte. Daß Jevons hier den „Grenznutzen" in Abhängigkeit von der Produktion selbst sieht, zeichnet ihn, gegenüber Menger, aus.

2. Wenn die Verursachungsreihe, wie sie Jevons aufstellt, zuträfe, „so würde es nicht viel schaden, die Zwischenstufen wegzulassen und zu sagen, daß die Produktionskosten den Wert bestimmen" (A. *Marshall, 1*; hier zit. nach dem Neudruck der 8. engl. Aufl., 1952, S. 673). Zutreffend müßte es allerdings im Sinne von Jevons heißen:

„Der Nutzen bestimmt die zu liefernde Menge.
Die zu liefernde Menge bestimmt die Produktionskosten.
Die Produktionskosten bestimmen den Wert" (*Marshall*, a.a.O., S. 674).

b) *Der Markt und das Gesetz der Unterschiedslosigkeit*

„Unter einem Markte werde ich zwei oder mehrere Personen verstehen, die mit zweien oder mehreren Gütern handeln, deren Vorräte an jenen Gütern und deren Tauschabsichten allen bekannt sind. Wichtig ist auch, daß die Tauschrelation, die zwischen irgendwelchen Partnern zustandegekommen ist, allen anderen bekannt sei. Nur soweit sich diese gemeinsame Kenntnis erstreckt, reicht auch der Markt" (S. 82 [92 f.]).

Wird der Markt von vorherein als überschaubare Einheit definiert, so versteht sich die nachfolgende Regel eigentlich von selbst, daß es auf einem solchen Markte für gleichartige Produkte zu gleicher Zeit nur *einen* Preis geben kann:

„Wenn ein Gut von vollständig homogener Beschaffenheit ist, so kann jeder Teil unterschiedslos an Stelle eines gleich großen anderen Teiles dienen: Daher müssen sich auf dem gleichen Markte und zur selben Zeit alle Teile im gleichen Verhältnisse austauschen. ... Wenn ein Kaufmann beim Verkaufe einer Menge vollständig gleichartiger Tonnen Mehl willkürlich verschiedene Preise für sie festsetzte, so würde ein Käufer natürlich die billigeren wählen; und wenn der gekaufte Gegenstand überhaupt keinen Unterschied aufwiese, so würde schon ein Mehrpreis von einem Penny bei einem Gegenstandswert von tausend Pfund ein zureichender Grund zur Wahl sein. Hieraus folgt ..., daß auf demselben offenen Markte zu jedem Zeitpunkte nicht zwei Preise für eine gleichartige Ware bestehen können *[H.]*. ...

Diese Regel ist ein allgemeines Gesetz von höchster Wichtigkeit in der Wirtschaftslehre, und ich schlage vor, es *das Gesetz der Unterschiedslosigkeit* (The Law of Indifference) zu nennen..." (S. 87 f. [98 f.]).

„Dieses Gesetz der Unterschiedslosigkeit bezeichnet in der Tat nur mit einem anderen Namen das Prinzip der Konkurrenz, das dem ganzen Mechanismus der Gesellschaft zugrunde liegt" (3, S. 60).

Das Gesetz der Unterschiedslosigkeit ist im Grunde schon in der Definition des Marktes enthalten: Soweit wie ein Markt reicht, gibt es nur einen Preis; und umgekehrt reicht der als Einheit anzusehende Markt ebenso weit, wie es einen einheitlichen Preis gibt. Die spätere Lehre von der „unvollkommenen Konkurrenz" setzte sich daher nicht in Widerspruch zum Gesetz der Unterschiedslosigkeit, wenn sie den Begriff des einheitlichen Marktes sehr viel enger faßte: Sowohl die Unterschiedlichkeit des Verkaufsortes — auch da, wo keine Transportkostenunterschiede auftreten — wie die Möglichkeiten der Produktdifferenzierung lassen den als Einheit zu betrachtenden Markt als sehr beschränkt erscheinen. Mehr oder minder hat jedes Produkt und jeder Anbieter (und Nachfrager) seinen eigenen „Markt".

Die Folgerung, die Jevons aus seinem Gesetze ableitet, ist zwingend:

„Aus dem selbstverständlichen Satze ..., daß auf demselben Markte zur selben Zeit nicht zwei verschiedene Preise für das nämliche gleichartige Gut bestehen können, ergibt sich, daß *sich die letzten Zuwachsstücke bei einem Tauschakte in dem gleichen Verhältnisse wie die ganzen ausgetauschten Quantitäten austauschen müssen.* ... Dieses Ergebnis können wir auch so ausdrücken: Die Zuwachsstücke (the increments) müssen sich auf dem Markte entsprechend der Gleichung austauschen:

$$\frac{dy}{dx} = \frac{y}{x}.\text{" (S. 90 f. [102 f.])}$$

Dieser — später von F. Y. *Edgeworth* (2, S. 110 f.) einer kritischen Würdigung unterzogene — Satz ist der Ausgangspunkt der Tauschlehre von Jevons. Auch dieser bedient sich hierbei zunächst der Fiktion des isolierten Tausches, der wir schon bei *Menger* und *Böhm-Bawerk* begegnet sind; wobei allemal die Tauschpartner als Konsumenten und Produzenten in einer Person vorgestellt werden.

c) Die Theorie des Einzeltausches

„Den Eckstein der ganzen Tauschlehre und der Hauptfragen der Ökonomie liefert der folgende Satz: *Die Tauschrelation zweier Güter wird das umgekehrte Verhältnis der Grenznutzensgrade der Gutsmengen sein, die nach Vollzug des Austausches zur Konsumtion zur Verfügung stehen*" (S. 91 [103]).

Die so bezeichnete Tauschgleichung „bleibt Jevons' wichtigster Beitrag zur streng mathematischen Wirtschaftstheorie" (A. A. *Young*, 1, S. 584). Man beachte, daß der Grenznutzensgrad hierbei nicht eine absolute *Größe*, sondern vielmehr eine *Proportion* bezeichnet.

„Denken wir uns einen Handelskörper (trading body), der nur Korn besitzt, und einen anderen, der nur über Fleisch verfügt. Es ist gewiß, daß unter solchen Umständen ein Teil des Kornes gegen einen Teil des Fleisches mit einem beträchtlichen Nutzenzuwachs in Tausch gegeben werden kann. Wie können wir feststellen, an welchem Punkte der Tausch aufhören wird, vorteilhaft zu sein? Die Frage muß sowohl die Tauschrelation als auch die Nutzensgrade berühren. Nehmen wir für einen Augenblick an, daß die Tauschrelation ungefähr die von zehn Pfund Korn gegen ein Pfund Fleisch ist. Dann wird, wenn für den kornbesitzenden Handelskörper zehn Pfund Korn weniger nützlich sind als ein Pfund Fleisch, dieser Handelskörper den Tausch fortzusetzen wünschen. Sollte der andere, fleischbesitzende Handelskörper ein Pfund Fleisch für weniger nützlich ansehen als zehn Pfund Korn, so wird auch dieser Körper das Verlangen zeigen, den Austausch fortzusetzen. Der Tausch wird deshalb so lange fortgehen, bis jede Partei jeden möglichen Vorteil erlangt hat und bei Fortsetzung des Tausches ein Verlust an Nutzen eintreten würde. Dann verharren beide Parteien in Befriedigung und Gleichgewicht, und die Nutzensgrade halten sich sozusagen die Waage" (S. 91 f. [103 f.]).

Es ist dies die gleiche Beweisführung, wie sie bei späteren Autoren wiederkehrt (vgl. *Böhm-Bawerks* „Gesetz der Grenzpaare", oben, S. 139 f.; sowie K. *Wicksell*, 2, S. 36 ff.). Ebenso wird uns immer wieder das Postulat begegnen, daß im Punkte des „Gleichgewichts" die Beteiligten zugleich auf ihren jeweils höchstmöglichen Tauschnutzen kommen.

Der Gedanke, daß die Preise der Waren ihrem relativen Grenznutzen entsprechen, besagt, auf seine einfachste Form gebracht, nichts weiter, als daß die Preise mit dem Begehr übereinstimmen müssen, der das Angebot aufnimmt. „Aber die Frage bleibt offen: Was bestimmt den Grenznutzen selbst? Die Antwort hierauf lautet: das verfügbare Angebot. Das läßt wiederum die nächste Frage entstehen: Was bestimmt den Umfang des Angebots? Wären alle Dinge in unbegrenztem Maße vorhanden, so gäbe es kein ungestilltes Begehren, keinen Grenznutzen und keinen Preis. Ein Preis kann daher nur infolge der Schranken entstehen, welche die Begrenztheit der zur Produktion erforderlichen Faktoren dem Warenangebot auferlegt. Diese Beschränkung findet ihren Ausdruck in Gestalt der Kosten" (M. *Dobb, 1,* S. 159). — Jevons selbst hätte durch seine (auf S. 157 wiedergegebene) „Tabelle" der Bestimmungsfaktoren des Preises (der „Tauschrelation") zu einer ganz anderen, kausalen Sichtweise gelangen können. So aber schneidet er die Kette der Bestimmungsgründe des Preises kurzerhand beim letzten Gliede ab, um lediglich den Sachverhalt umständlich zu umschreiben, daß jemand vernünftigerweise solange zu Markte gehen wird, als er hiervon einen Vorteil hat (oder zu haben vermeint). Es entfällt die Frage nach den *Umständen,* die ihm die Marktteilnahme jeweils *ermöglichen, auferlegen* oder auch *verwehren:* In welchem Maße *muß* der einzelne, etwa um leben oder auch seine spezifische soziale und ökonomische Rolle wahren zu können, zu Markte gehen, sei es nun als Anbieter seines Arbeitstalents, sei es als Nachfrager von Konsumgütern, oder auch als unternehmerischer Anbieter und Nachfrager von Fertigerzeugnissen und Produktionselementen! Ferner: in welchem Maße sind einzelne oder viele *gegen* ihren dringlichen Willen vom Markte *ausgeschlossen,* als Verkäufer wegen Überfüllung der Märkte, als Arbeitswillige wegen Mangels an Arbeitsgelegenheit, als Nachfrager wegen unzureichender Kaufkraft, die sie mitbringen? Ferner: wie *verteilt* sich der Tauschnutzen auf die Marktparteien unter den Bedingungen *einseitiger* Angebots- oder Nachfragemacht? Von allen diesen Verhältnissen der wirklichen Wirtschaft darf die „reine" Theorie — die mit Jevons anhebt, auch wenn er den Begriff noch nicht gebraucht — absehen: denn sie sind stets durch deren allgemeine Formel mitgedeckt. So ist auch der Satz, daß im „Gleichgewicht" der größte den Beteiligten *jeweils erreichbare* Nutzen verwirklicht sei, gegen Widerspruch von vornherein gefeit: Unter gegebenen Umständen (etwa einer bestimmten Konstellation auf den Märkten) ist ein anderer, etwa höherer „Nutzen" für eine der beiden Seiten eben *nicht* erreichbar; und die Beteiligten selbst bestätigen dies durch ihr natürlich stets auf die *gegebenen* Bedingungen eingestelltes Verhalten.

Die einfachen Grundaussagen gilt es, bei Jevons wie bei der neueren Preislehre überhaupt, im Sinne zu behalten, damit man sich nicht in den oft unnötig komplizierten Ausführungen verliert. Die folgende Textprobe aus dem Hauptwerk von Jevons enthält eine mathematische Demonstration des oben schon Entwickelten und liefert keine eigentlich weiterführenden

Gedanken. Sie wird hier wiedergegeben, um eine angemessene Vorstellung von dem Denkstil unseres Autors zu vermitteln:

„Nehmen wir an, daß die Linie pqr einen kleinen Abschnitt der Nutzenkurve eines Gutes darstellt, während die punktierte Linie p' q r' die entsprechende Kurve eines anderen Gutes bezeichnet, die in umgekehrter Richtung verläuft. Entsprechend dieser Umkehrung werden die Mengen des ersten Gutes entlang der Grundlinie von a gegen b gemessen, während die des zweiten Gutes in der entgegengesetzten Richtung gemessen werden müssen. Die Mengeneinheiten beider Güter sollen durch gleiche Längen dargestellt werden. Dann zeigt die kleine Linie a'a einen Zuwachs des ersten und eine Abnahme des zweiten Gutes an. Nehmen wir an, die Tauschrelation sei: eine Einheit gegen eine andere, oder 1 : 1. Dann wird jemand durch Erhalt der Gutsmenge a'a den Nutzen a d gewinnen und den Nutzen a'c verlieren, d. h. er wird einen reinen Nutzensgewinn entsprechend der Verbindungslinie von c d haben. Er wird daher den Tausch fortzusetzen wünschen. Würde er bis zum Punkte b' fortfahren und noch weiter gehen, so würde er beim nächsten kleinen Tauschschritt den Nutzen b e gewinnen und den Nutzen b'f verlieren, d. h. er würde einen Reinverlust von e f haben. Er würde also zu weit gegangen sein. Es ist ziemlich einleuchtend, daß der Schnittpunkt q die Stelle bezeichnet, wo er mit dem größten Vorteile abbrechen würde. An dieser Stelle würde sich ein Reingewinn in einen Reinverlust verwandeln; oder genauer: hier ergibt sich für eine unendlich kleine Menge weder Gewinn noch Verlust. Es ist natürlich unmöglich, eine unendlich kleine oder auch nur äußerst geringe Quantität auf einem Diagramm darzustellen. Doch habe ich auf jeder Seite der Linie m q die Nutzensgrößen einer kleinen hinzukommenden oder abgehenden Gutsmenge dargestellt; und es ist offensichtlich, daß der Reingewinn oder -verlust beim Tausche dieser Mengen [beim Punkte q; W. H.] unbedeutend ist" (S. 92 ff. [104 ff.]; vgl. Abb. 1).

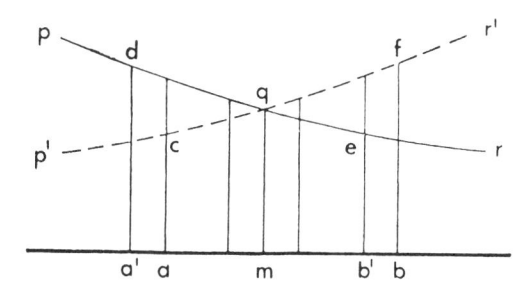

Abb. 1: Bestimmung des Tauschgleichgewichts

Von der geometrischen geht Jevons sodann zur algebraischen Demonstration über:

„Um diesen Gedankengang in Symbolen auszudrücken, wollen wir mit Δx einen kleinen Zuwachs von Korn und mit Δy einen kleinen Zuwachs an Fleisch bezeichnen, der dagegen eingetauscht wird. Nun macht sich unser Gesetz der Unterschiedslosigkeit geltend. Da sowohl das Korn als auch das Fleisch homogene Güter sind, so können auf demselben Markte keine Teile davon in einem von den anderen Teilen abweichenden Verhältnis getauscht werden. Wenn daher x die ganze Menge Korn bezeichnet, die für y, die ganze Menge des dafür empfangenen Fleisches, hingegeben wird, so muß Δy zu Δx in derselben Tauschrelation stehen wie y zu x. Es gilt demnach:

$$\frac{\Delta y}{\Delta x} = \frac{y}{x}, \text{ oder } \Delta y = \frac{y}{x} \Delta x.$$

Im Zustande des Gleichgewichts müssen die Nutzensgrößen dieser Zuwachsstücke bei jeder Partei gleich sein, so daß weder mehr noch weniger Tausch wünschenswert wäre. Nun ist das Zuwachsstück Fleisch, Δy, um $\frac{y}{x}$ mal so groß wie das Zuwachsstück Korn, Δx. Daher muß, damit die Nutzensgrößen beider gleich sind, der Nutzensgrad des Fleisches $\frac{x}{y}$ mal so groß sein wie der Nutzensgrad des Kornes. So gelangen wir zu dem Satze, daß *sich die Nutzensgrade der ausgetauschten Güter umgekehrt verhalten wie die Größen der getauschten Zuwachsstücke.*" (S. 94 f. [106 f.])

Man wird hier unschwer die schon auf Seite 154 bezeichnete Regel wiedererkennen. — Jevons fährt fort, wobei er die Verhältnisse des isolierten Einzeltauschs auf eine Kollektivität von Anbietern und Nachfragern („Handelskörper", trading body) überträgt:

„Nehmen wir nun an, daß der erste Handelskörper, A, ursprünglich die Quantität a an Korn besaß, und der zweite Körper, B, die Quantität b an Fleisch. Da der Tausch darin besteht, daß x Mengen Korn für y Mengen Fleisch hingegeben werden, so werden die Dinge nach dem Tausche wie folgt stehen:

A hat a — x an Korn und y an Fleisch.
B hat x an Korn und b — y an Fleisch.

Es soll $\varphi_1(a-x)$ den Grenznutzensgrad des Korns für A und $\varphi_2 x$ die entsprechende Funktion für B darstellen. Ferner soll $\psi_1 y$ den Grenznutzensgrad des Fleisches für A und $\psi_2(b-y)$ die entsprechende Funktion für B bezeichnen. Dann wird, wie auf S. 92 [in unserem Band auf S. 161] erklärt wurde, A erst befriedigt sein, wenn folgende Gleichung

gilt:
$$\varphi_1(a - x) \cdot dx = \psi_1 y \cdot dy \ ;$$
oder
$$\frac{\varphi_1(a - x)}{\psi_1 y} = \frac{dy}{dx}$$

Wenn wir nun für das zweite Glied, die auf S. 91 [hier S. 159] gegebene Gleichung heranziehen, so erhalten wir:
$$\frac{\varphi_1(a - x)}{\psi_1 y} = \frac{y}{x}$$

Was für A gilt, wird auch, mutatis mutandis, für B gelten. Auch B muß aus den letzten Zuwachsstücken genau den gleichen Nutzen ziehen, sonst wird es in seinem Interesse sein, entweder mehr oder weniger zu tauschen; und er wird die Bedingungen des Tausches stören. Dementsprechend muß die folgende Gleichung lauten:
$$\psi_2(b - y) \cdot dy = \varphi_2 x \cdot dx \ ;$$
oder, indem wir wie vorher einsetzen:
$$\frac{\varphi_2 x}{\psi_2(b - y)} = \frac{y}{x} \ .$$

Wir kommen also zu dem Schlusse: Immer wenn zwei Güter gegeneinander ausgetauscht werden und *es kann davon mehr oder weniger in unendlich kleinen Mengen gegeben oder empfangen werden*, genügen die ausgetauschten Mengen zwei Gleichungen, die in knapper Form so bezeichnet seien:
$$\frac{\varphi_1(a - x)}{\psi_1 y} = \frac{y}{x} = \frac{\varphi_2 x}{\psi_2(b - y)}$$

Die beiden Gleichungen reichen hin, um das Ergebnis des Tausches zu bestimmen; denn sie enthalten nur zwei Unbekannte, nämlich x und y, die gegebenen und empfangenen Mengen." (S. 95 f. [107 f.])

Da der „Handelskörper" eine Mehrzahl von Marktbewerbern umfaßt, müßte eine „durchschnittliche" Nutzenvorstellung der Beteiligten fingiert werden; eine Annahme, die zwar zwingend, aber unrealistisch ist.

Die allgemeine Regel des Tausches (in der Jevons eine Analogie zum *Hebelgesetz* der Mechanik erblickt) soll nun auf die komplexe Wirklichkeit angewandt werden; wobei Jevons mit einem kühnen Sprung von den Verhältnissen des Naturaltausches in die kommerzielle Unternehmenswirtschaft unserer Tage hinübersetzt:

d) *Nähere Bestimmungen*

1. *Rolle der Transport- und anderer Kosten:* „Wir haben bislang die Theorie des Tausches so betrachtet, als wenn die Tauschhandlung ohne Störung oder Kosten durchgeführt werden könnte. In Wirklichkeit sind

die Zufuhrkosten fast immer von Bedeutung und oft das entscheidende Element. Zu den bloßen Transportkosten muß man eine Reihe von Gebühren für Vermittler, Agenten, Packer, Dock-, Hafen-, Leuchtgebühren usf. hinzuschlagen, wozu noch Ein- oder Ausfuhrzölle aller Art kommen. Alle diese Lasten, ob sie nun notwendig oder willkürlich sind, bedeuten ebensoviele Hindernisse für den Handel und neigen seine Vorteile herabzusetzen." (S. 102 [115])

Jevons baut diese Art von Kosten in seine Gleichung ein, indem er zunächst die gezahlten Geldbeträge in Gutseinheiten übersetzt, die an Dritte gegeben werden müssen. Es folgt dann:

„Wenn also A die Menge x in Tausch gibt, so ist dies nicht die Menge, die B erhält. Ein Teil von x wird vorher abgezogen, so daß B nur noch, sagen wir, mx erhält, das kleiner ist als x; und die Bedingungen des Tausches müssen auf seiner Seite so berichtigt werden, daß sie mit diesem Umstande übereinstimmen. Daher wird die zweite Gleichung lauten:

$$\frac{y}{mx} = \frac{\varphi_2(mx)}{\psi_2(b-y)}.$$

Ebenso wird A, obwohl er x hingibt, nicht das ganze y erhalten, sondern, sagen wir, ny, so daß seine Gleichung entsprechend lauten wird:

$$\frac{\varphi_1(a-x)}{\psi_1(ny)} = \frac{ny}{x}.$$

Das Ergebnis ist, daß nun nicht mehr eine Tauschrelation, sondern zwei Tauschrelationen bestehen. Und je mehr diese voneinander abweichen, desto geringer wird der Tauschvorteil sein. Es ist klar, daß A sich entweder mit weniger von dem zweiten Gute als zuvor zufrieden geben oder beim Kaufe mehr von dem eigenen dafür hingeben muß. Durch einfache Einschiebung der Faktoren m und n können wir die Gleichungen des behinderten Tausches in ihrer zusammengezogenen Form so ausdrücken:

$$\frac{\varphi_1(a-x)}{n \cdot \psi_1(ny)} = \frac{y}{x} = \frac{m \cdot \varphi_2(mx)}{\psi_2(b-y)}.\text{"}\quad \text{(S. 102 [116 f])}$$

Was Jevons für die Transportkosten, Zölle usw. geltend macht trifft in Wahrheit auf alle Kosten zu, die ein Unternehmen zu zahlen hat. Nur in Ausnahmefällen bezieht ein Unternehmen überhaupt Waren seiner eigenen Abnehmer und dann nur höchst zufällig im Umfang seiner eigenen Verkäufe. Damit aber bricht das ganze Modell nicht nur des isolierten Naturaltausches, sondern vielmehr des Naturaltausches überhaupt zusammen: Nicht, in welchem Umfange ein „Handelskörper" vom „Austausch" mit einem anderen „Nutzen" hat, sondern in welchem Maße er bei *allen* seinen „Tausch"-Akten *Erfolg* hat, ist die Frage. Und dieser Erfolg läßt sich überhaupt nicht in Nutzeneinheiten, sondern nur in *Gelderlösen* und *Geldkosten* und deren positiver Differenz, dem *Geldgewinn*, ausdrücken.

Die Zwischenkunft Dritter setzt daher nicht den „Tauschnutzen" herab, wie Jevons meint, sondern verteilt ihn um; ja, die immer weiterschreitende arbeitsteilige Kooperation der Wirtschaftsglieder stellt eine Produktivkraft eigener Art dar, welche den *Güterreichtum* einer Volkswirtschaft schlechthin *bedingt* und fortgesetzt zu steigern vermag. Es ist eigentümlich, daß Jevons gerade die *wirklich* güterwirtschaftliche Seite der ganzen Frage, die *Produktion* und ihre soziale Organisation, vernachlässigt und statt dessen nur individuelle „Tauschnutzen" sieht. Seine Sichtweise ist (wie in der neueren Preistheorie allgemein) diejenige der *Einzelwirtschaften*.

2. *Mehrzahl von Tauschbeziehungen:* Natürlich weiß Jevons um die Vielfalt der wirklichen Marktverflechtungen, in der jeder Tauschträger steht. Aber sein Schema erlaubt ihm nur, diese in lauter zweiseitige Naturaltauschbeziehungen aufzulösen:

„Wir haben die Theorie des Tausches bisher nur in Bezug auf zwei Handelskörper betrachtet, die zwei Güter besitzen und tauschen. Genau dieselben Regeln gelten aber, wie zahlreich und verwickelt auch die Bedingungen sein mögen. Der Hauptpunkt, den man bei den Ergebnissen unserer Theorie im Auge behalten sollte, ist, daß das gleiche Güterpaar auf demselben Markte bloß eine Tauschrelation haben kann. Diese muß daher zwischen allen Handelskörpern gelten, wobei die Transportkosten gleich Null gesetzt werden. Die Gleichungen werden rasch zahlreicher, sobald man weitere Handelskörper und Güter betrachtet. Wir können diese Fälle aber am Beispiel dreier Handelskörper und dreier Güter darstellen. Nehmen wir also an, daß

A den Vorrat a an Baumwolle besitzt und hiervon x_1 dem B, x_2 dem C gibt;

B den Vorrat b an Seide besitzt und davon y_1 dem A, y_2 dem C gibt;

C den Vorrat c an Wolle besitzt und davon z_1 dem A, z_2 dem B gibt.

Wir haben hier zusammen sechs unbekannte Größen: x_1, x_2, y_1, y_2, z_1, z_2; wir haben aber auch genügend Mittel, um sie zu bestimmen. Sie [die verschiedenen Produkte; W. H.] werden wie folgt ausgetauscht:

A gibt x_1 für y_1 und x_2 für z_1

B gibt y_1 für x_1 und y_2 für z_2

C gibt z_1 für x_2 und z_2 für y_2

Diese Tauschakte können als voneinander unabhängig angesehen werden; jeder Handelskörper muß bei jeder seiner Tauschhandlungen befriedigt sein, und wir müssen deshalb die Nutzensfunktionen oder Grenznutzensgrade berücksichtigen, die jedes Gut für jeden Handelskörper hat. Wir wollen diese Funktionen folgendermaßen ausdrücken:

$\varphi_1\ \psi_1\ \chi_1$ sind die jeweiligen Nutzensfunktionen für A.

$\varphi_2\ \psi_2\ \chi_2$ sind die jeweiligen Nutzensfunktionen für B.

$\varphi_3\ \psi_3\ \chi_3$ sind die jeweiligen Nutzensfunktionen für C.

1. Abschnitt: Begründung der subjektivistischen Lehre

Nun wird A nach dem Tausche $a-x_1-x_2$ an Baumwolle und y_1 an Seide besitzen; und B wird x_1 an Baumwolle und $b-y_1-y_2$ an Seide besitzen. Die Tauschrelation y_1 gegen x_1 wird deshalb durch das folgende Gleichungspaar bestimmt sein:

$$\frac{\varphi_1(a-x_1-x_2)}{\psi_1\, y_1} = \frac{y_1}{x_1} = \frac{\varphi_2\, x_1}{\psi_2(b-y_1-y_2)}$$

Desgleichen wird der Tausch zwischen A und C durch das Verhältnis der Nutzensgrade der Wolle und der Baumwolle bestimmt sein, das auf beiden Seiten nach Vollzug des Tausches bestehen wird. Wir erhalten demnach:

$$\frac{\varphi_1(a-x_1-x_2)}{\chi_1\, z_1} = \frac{z_1}{x_2} = \frac{\varphi_3\, x_2}{\chi_3(c-z_1-z_2)}.$$

Ferner wird ein Austausch zwischen B und C stattfinden, der sich unabhängig von den anderen nach denselben Regeln ordnet.

So wird unser System durch ein weiteres Gleichungspaar vervollständigt; nämlich:

$$\frac{\psi_2(b-y_1-y_2)}{\chi_2\, z_2} = \frac{z_2}{y_2} = \frac{\psi_3\, y_2}{\chi_3(c-z_1-z_2)}.$$

Auf die gleiche Weise könnten wir die Tauschbedingungen zwischen einer größeren Zahl von Handelskörpern entwickeln, doch wären die Grundregeln genau die gleichen. Für jede Güterquantität, die zum Tausche gegeben wird, muß eine Gegenleistung empfangen werden. Und wenn Teile derselben Güterart im Tausch von verschiedenen Parteien erworben werden, dann können wir die Gutsmenge, die dafür gegeben wird, uns in ebensoviele Einzelteile zerlegt denken. So können die komplexesten Tauschhandlungen stets in einfache Tauschakte aufgelöst werden; und jeder Tausch wird zwei Gleichungen entstehen lassen, die zur Bestimmung der jeweiligen Tauschmengen hinreichen. Ebenso kann verfahren werden, wenn sich zwei oder mehrere Güter im Besitze jedes Handelskörpers befinden." (S. 109 ff. [124 ff.])

Hier deutet sich die spätere Lehre von der *Interdependenz der Preise* an. (Vgl. unten.) Jevons selbst behandelt zwei Fälle unmittelbarer Interdependenz: das Verhältnis zwischen einander vertretenden (substitutiven) und ergänzenden (komplementären) Gütern:

3. *Substitutive Güter:* „Immer wenn verschiedene Güter zum gleichen Zwecke verwendet werden können, sind die Bedingungen, unter denen sie nachgefragt und getauscht werden, nicht unabhängig voneinander. Die wechselseitige Tauschrelation dieser Güter kann sich nicht stark ändern; denn sie ist fest bestimmt durch die Relation der Nutzen. Rind- und Hammelfleisch zum Beispiel unterscheiden sich voneinander so wenig, daß die Leute beides fast unterschiedslos essen. Die Großhandelspreise des Hammelfleisches übersteigen aber durchschnittlich jene des Rindfleisches im Verhältnis von 9 zu 8; und wir müssen deshalb schlie-

ßen, daß die Leute im allgemeinen Hammelfleisch in diesem Verhältnis höher einschätzen als Rindfleisch, da sie sonst das teurere Fleisch nicht kaufen würden. Daraus folgt, daß die Grenznutzensgrade dieser Fleischarten in diesem Verhältnis stehen; oder daß, wenn φx der Nutzensgrad des Hammelfleisches und ψy jener des Rindfleisches ist, wir die Gleichung:
$$8 \cdot \varphi x = 9 \cdot \psi y$$
erhalten." (S. 127 f. [145 f.])

Weil also die Preise von Hammel- und Ochsenfleisch im Verhältnis 9 zu 8 zueinander stehen, nimmt man an, daß ihr „Nutzensgrad" sich gleichfalls wie 9 zu 8 verhalte! Die „Nutzensgrade" *erklären* also nicht die Preise, sondern dienen nur noch als gelehrte Floskel, um die einmal gegebenen Preisrelationen als „richtig" zu behaupten. Es ist daher nur folgerichtig, wenn die Preislehre alsbald den Rekurs auf Nutzenschätzungen überhaupt als einen überflüssigen Umweg betrachten wird.

4. *Verbundene Erzeugung:* In der Regel werden nicht Einzelprodukte, sondern mehrere Produkte zugleich in einem Erzeugungsgang gewonnen (Beispiel: Korn und Stroh, Schweinefleisch und Schweineschmalz). Solche Fälle von Koppelproduktion — die Jevons als einer der ersten Ökonomen berücksichtigt — können der Preistheorie dadurch eingefügt werden,

„... daß man einfach die Nutzwerte der Zuwachsstücke der Koppelprodukte zusammenzählt. Wenn dx nicht ohne dy erzeugt werden kann, da sie Produkte desselben Zusatzes an Arbeit dl sind, dann kann das Verhältnis des Produktes zur Arbeit geschrieben werden:
$$\frac{dx + dy}{dl}$$
Es ist dabei unmöglich, die Arbeit aufzuteilen und zu sagen, daß soviel zur Erzeugung von X und soviel zur Erzeugung von Y verwendet wird. Wir müssen vielmehr die Nutzwerte von dx und dy gesondert schätzen, indem wir sie mit ihren Nutzensgraden $\frac{du_1}{dx}$ und $\frac{du_2}{dy}$ multiplizieren[7]; wir erhalten dann die erweiterte Relation des Nutzens zur Arbeit:
$$\frac{du_1}{dx} \cdot \frac{dx}{dl} + \frac{du_2}{dy} \cdot \frac{dy}{dl}."$$ (S. 189 [217])

Grenznutzen und Grenzarbeit sind natürlich nur miteinander vergleichbar, wenn d l den Grenz-„Unnutzen" (das „Grenzleid") der Arbeit bezeichnet. Innerhalb der modernen *erwerbswirtschaftlichen Großindustrie,* wo mit *Kosten* und *Erlösen* gerechnet wird und Produkt-„Nutzen" und „Arbeitsleid" ganz verschiedenen Personen zufallen, also schon wegen der fehlenden Einheit der abwägenden Person nicht vergleichbar sind, würde ein Rechnen

---

[7] Die beiden Brüche sind in der oben erwähnten deutschen Übersetzung unrichtig wiedergegeben.

mit den „Gößen" von Produkt-„Nutzen" und Arbeits-„Unnutzen" sich etwa so ausnehmen wie ein Lehrbuch der Nationalökonomie, das in Nibelungenstrophen verfaßt wäre. Der Regreß in die unnatürliche Einfachheit vorgestellter präkommerzieller Verhältnisse, der die ganze Preislehre von Jevons kennzeichnet, fällt da in die Augen, wo Fragen gelöst werden sollen, die der modernen Produktion eigen sind.

e) Grenznutzen und individuelle Einkommensverwendung

„Das allgemeine Ergebnis des Tausches ist, daß alle Güter sich hinsichtlich ihrer letztverbrauchten Teile sozusagen auf das gleiche Niveau des Nutzens einstellen.

In der Lehre vom Tausch finden wir: Der Besitzer eines teilbaren Gutes wird ein solches Quantum davon tauschen, daß das nächste Teilstück genau den gleichen Nutzen haben würde wie die Zusatzeinheit des dafür erlangten Produkts." (S. 131 [149 f.])

Hieraus folgt die allgemeine Regel der Einkommensverwendung; sie stellt eine erweiterte Fassung der oben (S. 154) schon vorgeführten Tauschformel dar:

„*Jemand wird sich Güter in solchem Umfang beschaffen, daß die Grenznutzensgrade jedes Güterpaares in umgekehrtem Verhältnis zu dessen Tauschrelation stehen.*

Es seien x_1, x_2, x_3, x_4 usw. die Teile von jemandes Einkommen, die dieser jeweils zum Erwerb von p, q, r, s usw. hingibt. Dann muß gelten:

$$\frac{\varphi_2 p}{\varphi_1 x} = \frac{x_1}{p} \, , \, \frac{\varphi_3 q}{\varphi_1 x} = \frac{x_2}{q} \, , \, \frac{\varphi_4 r}{\varphi_1 x} = \frac{x_3}{r} \quad \text{usw.}$$

Unsere Theorie stellt so die Tatsache dar, daß jemand sein Einkommen auf solche Weise verteilt, daß der Nutzen der letzten Zuwachsstücke aller verbrauchten Güter ein gleicher wird. Wie das Wasser in die Röhren rinnt, bis es sie zur gleichen Höhe ausfüllt, so fließt das Einkommen in alle Ausgabenzweige. Diese Aufteilung wird bei verschiedenen Personen sehr verschieden sein; aber es versteht sich von selbst, daß das Bedürfnis, welches eine Person im Augenblick am heftigsten empfindet, jenes sein wird, für das sie den nächsten Einkommensteil ausgeben wird. Daraus folgt von selbst: *Wenn das Einkommen einer Person mit dem größten Vorteil ausgegeben wird, so wird die algebraische Summe der empfangenen oder hingegebenen Güterquantitäten, eine jede mit ihrem Grenznutzensgrade vervielfacht, Null sein*" (S. 132 f. [151]).

Man findet hier wieder jene Fiktion einer *Rechenbarkeit des Grenznutzens,* von der sich die Theoretiker des Nutzwertes so schwer haben trennen können.

Es begegnet uns auch wieder das nun fortentwickelte „Zweite Gossensche Gesetz" (vgl. oben, S. 125 f.): Eine Person hat ihr Einkommen auf die verschiedenen möglichen Verwendungsarten im Sinne einer „Maximierung" ihres Gesamtnutzens dann verteilt, wenn die (nach Preisen gewogenen) „Grenznutzen" der hierdurch erlangten Güter einander gleich sind. — Allerdings wird man von einer gegebenen Verwendung des Einkommens eines Verbrauchers immer vermuten dürfen, sie entspreche den im übrigen höchst persönlichen Vorstellungen dieses Individuums von der Maximierung „seines" Nutzens. Denn: „Der Preis eines Gutes ist die einzige Probe, die wir über den Nutzen eines Gutes für den Käufer haben..." (S. 138). Ist also jemand bereit, zu gegebenen Bedingungen zu kaufen oder zu verkaufen, so kann angenommen werden, daß er hierin seinen Vorteil sieht. Auch hier dreht sich also die Beweisführung im Kreise, indem Annahme und Folgerung wechselweise vertauscht werden.

Einen Ausgleich der Grenznutzen zwischen *verschiedenen* Personen — und damit die Fragestellung der späteren *„Welfare Economics"* — kennt Jevons noch nicht. Er weiß sehr wohl, daß hierzu schon die Voraussetzung eines Ausgleichs der *Vermögen* fehlt:

„Das allgemeine Ergebnis des Tausches besteht demnach darin, eine bestimmte Gleichheit des Nutzens zwischen verschiedenen Gütern bei ein und der gleichen Person hervorzubringen. Zwischen verschiedenen Personen wird allerdings keine derartige Angleichung geschehen. In der Ökonomie betrachten wir nur Handelsgeschäft und lassen einen charitativ begründeten Wohlstandsausgleich beiseite. Der Nutzensgrad, den das Vermögen eines sehr reichen Mannes diesem verschafft, wird durch den Nutzensgrad in jenem Ausgabezweig bestimmt sein, in welchem er das größte Verlangen nach weiterem Besitze zu empfinden fortfährt. Sein Grundbedarf wird schon seit langem vollständig gedeckt worden sein: Er könnte, wenn nötig, Nahrung für tausend Menschen vorfinden, und er wird daher hiermit so gut versehen sein, daß er hiernach das geringste Verlangen trägt[7a]. Soweit es aber mit der Ungleichheit des Vermögens in jedem Gemeinwesen verträglich ist, werden alle Güter durch den Tausch so verteilt, daß sie ein Höchstmaß an Nutzen hervorbringen. Jedermann, dessen Begehr nach einem bestimmten Gegenstande seinen Wunsch nach anderen Dingen übertrifft, erhält, was er will, vorausgesetzt, daß er ein hinlängliches Opfer anderer Art machen kann. Von niemanden wird jemals verlangt, etwas, das er höher schätzt, um etwas hinzugeben, das er geringer schätzt. Die vollständige Freiheit des Tausches muß also zum Vorteile aller gereichen" (S. 133 f. [152 f.]).

Mit schlichten Worten gesagt: Niemand ist gezwungen, etwas zu kaufen, das ihm die Gegenleistung nicht lohnt, ihm also zu teuer ist; oder auch (da, wie uns Jevons schon belehrt hat, der bezahlte Kaufpreis selbst die

---

[7a] Wörtlich: er wird davon so viel haben, als er zum mindesten verlangt.

Probe auf den Grenznutzen ist): hat jemand eine Sache erworben, so war sie ihm eben nicht zu teuer. Daher gilt auch: Niemand muß das „Opfer" seiner Arbeit bringen, wenn er in seinem Entgelt nicht ein hinreichendes Äquivalent seines Müheaufwandes sieht. Da allerdings der „Grenznutzen" der Dinge steigt, je mehr das Einkommen auf den Erwerb des Lebensnotwendigen beschränkt ist, so findet eben auch der niedrige Lohn seine Arbeiter. Wie also auch die wirklichen Umstände liegen mögen — die These vom jeweils *möglichen* größten Tauschnutzen hat immer Recht. Auf inhaltlose Leerformeln freilich, welche die reine Faktizität des Marktgeschehens nur noch gelehrt umschreiben, mußte sich ein ideologisch gewordener *Liberalismus* zurückziehen, den die Wirklichkeit der Wirtschaftsgesellschaft selbst nicht mehr beglaubigte.

Wie sehr sich die allgemeine und unverbindliche Formel von der gesellschaftlichen Wohlfahrtsmaximierung vermöge des freien Tausches mit sozial höchst konservativem Inhalt füllen läßt, und wie weit sich damit der neuere ökonomische Utilitarismus von dem egalitären Pathos der Zeit eines *Bentham* entfernt hat, zeigt die (auf Jevons sich stützende) Hauptschrift von F. Y. *Edgeworth* (2, 1881) — so wie später das Lehrwerk V. *Paretos* —. Edgeworth will von Anfang an mit der Vorstellung aufräumen, „Gleichheit sei im Utilitarismus einbeschlossen" (Vorwort). Vielmehr sei in der Gesellschaft sowohl die Fähigkeit, zu genießen (the capacity for happiness), als auch die Fähigkeit, zu arbeiten (the capacits for work), durchaus ungleich verteilt (S. 57 ff.); woraus folgt, daß die zum Genuß besser Befähigten nach den Regeln der allgemeinen Wohlfahrtssteigerung hierzu auch besser instand gesetzt und am allgemeinen Fortschritt am meisten beteiligt sein sollen (S. 64, 88). „In der Tat mag das Wohlergehen (the happiness) einiger Angehöriger der unteren Klassen dem der höheren Klassen aufgeopfert werden" (S. 74) — wobei die äußerste Grenze allerdings durch die Gefahr von Unruhen oder eines Absterbens der arbeitenden Klasse gegeben wäre (S, 75). Das Postulat *Benthams vom* „größten Glück der größten Zahl" ist zu kritisieren: „Dürfte nicht die Gesamtsumme des Wohlergehens dann am größten sein, wenn der größte — oder jedenfalls ein größerer — Teil dieser Summe bei einigen wenigen liegt?" (S. 118). — Die Annahme einer höheren Genußfähigkeit gilt übrigens auch für den *Mann* gegenüber der *Frau*, und die „Aristokratie des Geschlechts" (the aristocracy of sex) erscheint daher *Edgeworth* ebenso gerechtfertigt wie die „aristokratische" Ordnung der Gesellschaft überhaupt. Diesem Verhältnis würde am besten ein *Pluralstimmrecht* nach Maßgabe nicht nur der Intelligenz (wie dies z. B. J. St. *Mill* befürwortet hatte) sondern auch der unterschiedlichen Genußfähigkeit der Gesellschaftsglieder entsprechen.

4. Konsequenzen der Preislehre von Jevons

a) Folgerungen für die Wirtschaftspolitik

Nach dem Vorausgegangenen versteht sich die Forderung nach möglichst vollständiger Selbstordnung der Märkte von selbst; denn...

„... vollkommene Freiheit des Austauschs tendiert den Nutzen zu maximieren" (S. 137 [157]).

„Es ist kein Zweifel daran möglich, daß die Maxime des Laissez-faire, richtig verstanden, das wahre und heilsame Prinzip darstellt" (4, S. 203).

So wiederholt denn Jevons auch, den Tatsachen der zurückliegenden Konjunkturgeschichte zum Trotz, das alte *„Saysche Theorem":*

„Überproduktion ist in allen Zweigen des Gewerbefleißes auf einmal nicht möglich, sondern nur in einzelnen in ihrem Verhältnis zu anderen" (S. 191 [220]).

b) Folgerungen für weitere Seiten der Lehre von Jevons

Die subjektivistisch begründete Preislehre liefert die Möglichkeit, *alle* Verhältnisse unserer Wirtschaftsgesellschaft als solche von Käufern und Verkäufern, von wesentlich gleichgestellten und in ihren Interessen gleichgerichteten Marktpartnern also, zu deuten. So wird den *Arbeitenden* der gleiche „Nutzen" - „Unnutzen" - Kalkül bei der entgeltlichen Bereitstellung ihrer Arbeitsleistung imputiert, wie ihn alle anderen Marktbeteiligten als *Selbständige* gemäß der Preislehre von Jevons vornehmen. Die Lohntheorie wird so — wie die Einkommenslehre überhaupt — zu einem Unterfall der Preistheorie (vgl. hierzu L. *Amoroso,* 2, S. 97). — Die Dehnbarkeit des Theorems von der Äquivalenz von Lohn-Nutzen und Arbeits-Unnutzen zeigt sich darin, daß auch der *Existenzlohn,* dessen Bedeutung natürlich von den Empfängern sehr hoch veranschlagt werden muß, da er der nackten Lebensfristung dient, der bequemen Formel von der Gleichheit von Leistung und Gegenleistung genügt. Die Grenznutzenlehre erweist sich so immer wieder als eine „kommode Religion" des guten sozialen Gewissens.

Da sowohl die Ausgaben der Unternehmungen für die benötigten Sachmittel der Produktion als auch ihre Lohnzahlungen dem gleichen Erklärungsprinzip unterworfen sind, stellen sich auch die *Produktionskosten* der Unternehmungen nun gewissermaßen als die Objektivierung ursprünglich subjektiver Nutzenerwägungen dar. Für den Verlauf der „Produktionsfunktion" wird allerdings auch die Wirksamkeit des Gesetzes vom sinkenden Ertragszuwachs geltend gemacht. So verbindet bereits Jevons das Grenz*nutzen*theorem mit dem der Grenz*produktivität*. Er hat hierdurch einen Ansatz für die künftige Fortbildung der Einkommenslehre geliefert.

5. Abschließende Würdigung

Bei aller Bedeutung, die der Preistheorie von Jevons für den Fortgang der ökonomischen Doktrinen zukommt (vgl. oben, S. 148 f.), hat doch auch Jevons wesentliche Sachverhalte der modernen Wirtschaft entweder überhaupt nicht oder gänzlich entstellt behandelt:

1. *Kapital* ist für Jevons nur noch ein „*Subsistenzmittelfonds*", aus dem der Bedarf der Beschäftigten während der Zeit ihres Wirkens bis zur Fertigstellung der durch „Umwegproduktion" erzeugten Endverbrauchsgüter gedeckt wird. Das stellt einen lehrgeschichtlichen Rückfall noch hinter *Ricardo* dar, für den der „Subsistenzmittelfonds" immerhin nur einen *Teil* des gesamten Kapitalbestandes ausgemacht hat.

2. Infolge dieser Umdeutung des Kapitalbegriffes fehlt auch gänzlich eine Theorie des *Unternehmungsgewinns*. Die Bemerkungen von Jevons über den „Kapitalzins" liefern keinen Ersatz dafür.

3. Es fehlt infolgedessen auch eine Lehre von der ständigen *Neubildung von Kapital*, die einen Grundzug unserer Wirtschaftsgesellschaft darstellt, und daher auch eine Theorie des wirtschaftlichen Gesamtprozesses. (Die *Konjunkturschwankungen* hat Jevons auf die periodisch gehäuft auftretenden *Sonnenflecken*, mit ihren Rückwirkungen auf den Ernteausfall und hierdurch auch auf die Ausschläge der gewerblichen Märkte zurückgeführt — ein ebenso aberwitziges wie vom Eifer der Rechtfertigung zeugendes Unterfangen.)

4. In der *Preislehre* ist Jevons beträchtlich weiter gekommen als C. *Menger*. Sein System drängt bereits auf den *Zusammenhang* der Preise hin. Doch sind die Überlegungen von Jevons hier noch ansatzhaft geblieben. Hätte er sie weiter verfolgt, so wäre — wie bei *Walras*, siehe unten — von der subjektivistischen Verbrämung seiner Preistheorie kaum mehr viel übrig geblieben.

5. Jevons behandelt den wechselweisen Austausch von *Konsumgütern*. Er braucht dazu Personen, die zugleich Erzeuger und Verbraucher der Produkte sind. Auf den Verkehr mit *Produktionsmitteln* zwischen den Unternehmungen selbst läßt sich seine Konstruktion im Grunde nicht anwenden. Bezieht etwa eine Hüttengesellschaft Kokskohle, während sie andererseits Roheisen verkauft, so kann erstens von einem naturalen Zug-um-Zug-Tausch, wie ihn Jevons fingiert, keine Rede sein, da die liefernden und abnehmenden Unternehmungen nur ganz ausnahmsweise die gleichen sind — und noch viel seltener die „getauschten" Mengen sich dabei rechnerisch die Waage halten würden. Und zweitens können die beiden Seiten hierbei unmöglich „ihren" (Verbraucher-)„Nutzen" in Vergleich setzen. Sie können nur an den vermuteten Nutzen fernabgelegener, erst über viele Zwischenstufen der Produktion erreichbarer Konsumenten denken. Doch liefert ihnen dieser keine verläßliche Rechengrundlage zur Ermittlung ihrer eigenen „Tauschrelation". Wären die Verhältnisse der Endnachfrage — ja selbst der zwischenunternehmerischen Nachfrage — hinlänglich bekannt, so gäbe es nicht die Wechselfälle und Überraschungen der Märkte, gäbe es kein Unternehmens-Risiko, keine Konjunkturen. Immer wieder zeigt sich, daß dem ganzen Modell des Naturaltauschs Vorstellungen zugrundeliegen, die einer vorindustriellen, ja vorkommerziellen Wirtschaftswelt entlehnt sind.

6. Selbstverständlich geschieht in jeder kommerziellen Gesellschaft nicht Tausch von „Gut" gegen „Gut", sondern *Kauf* und *Verkauf* von *Waren* unter Vermittlung eines *allgemeinen* Tauschberechtigungsmittels, des *Geldes*. Der

(subjektive) „Nutzen" des Geldes ist aber für jeden Wirtschaftsbeteiligten von der Summe *aller* Verwendungsmöglichkeiten (und nicht nur jeweils einer) abhängig, die das Geld dem einzelnen nach Maßgabe seiner Stellung im Wirtschaftsprozeß sowie der Höhe seines Einkommens und etwa seines Vermögens bietet. Man muß anerkennen, daß gerade diese Seite der Grenznutzenlehre mit besonderer Konsequenz von der „Österreichischen Schule" entwickelt worden ist. (Vgl. zum „Einkommenswert" des Geldes C. *Menger*, 1, S. 241 ff.; F. *v. Wieser*, 4, 5; O. *v. Zwiedineck-Südenhorst*, 1; ferner auch A. *Aftalion*, 2.)

7. Die Auffassung von der *Rechenbarkeit* des *„Grenznutzens"* ist lehrgeschichtlich abgetan.

6. Die weitere Lehrentwicklung in England

Der Fortgang der Preistheorie in England (bis ins erste Viertel des 20. Jahrhunderts hinein) ist vor allem mit den Namen *Edgeworth*, *Wicksteed* und *Marshall* verbunden.

Bei Francis Ysidro *Edgeworth* (1845—1926) wird der Gedanke des „calculus of pleasure" (2, S. 6) im Sinne einer universellen „Hedonimetrie" (2, S. 8) geradezu auf die Spitze getrieben. Der Mensch ist für Edgeworth schlechthin ein „Lust-Getriebe" (pleasure machine; 2, S. 15). Mit Hilfe der Infinitesimalrechnung sucht Edgeworth schon in seinem Erstlingswerk „New and Old Methods of Ethics" (1, 1877) die utilitaristische Ethik H. *Sidgwicks* rechenbar zu machen. In seiner Schrift „Mathematical Psychics" (1881), die teilweise auf Jevons aufbaut, rückt Edgeworth als einer der ersten von der Vorstellung einer direkten Meßbarkeit der „Intensität" des Nutzens ab; bestimmbar sei nur, inwieweit ein Nutzen „größer" oder „kleiner" als der andere sei (2, S. 8). Als erster verwandte er zur Darstellung solcher Nutzenproportionen *Indifferenzkurven* (vgl. auch unten). „Indem er dabei den individuellen Nutzen als Funktion aller Güter und nicht als Summe der Funktionen einzelner Güter beschrieb, bereitete er unbewußt dem später von Vilfredo *Pareto*, John Richard *Hicks*, Roy George D. *Allen* und Paul A. *Samuelson* vollzogenen Ausschluß des Nutzenkonzepts aus der Theorie des Haushalts den Weg" (H. G. *Johnson*, 1, S. 25).

Philip Henry *Wicksteed* (1844—1927) hat das Grenznutzentheorem mit der von ihm selbst (2) sowie von dem amerikanischen Nationalökonomen John Bates *Clark* (1847—1938; 1) fortentwickelten *Grenzproduktivitätstheorie* zu einer einheitlichen Lehre von den „Erträgen" (returns) verbunden. Die Erträge sind bald psychischer Art (bei den Konsumenten), bald geldwirtschaftlicher Natur (bei den Unternehmern). Dementsprechend gilt das „Ertragsgesetz" für die Verbraucherhaushalte (diminishing psychic returns; vgl. 1, S. 37 ff., 527 ff. und passim) ebenso wie für die Produktion. Mit dieser Vereinheitlichung der Ertragslehre kommt Wicksteed dem deutschen Ökonomen Robert *Liefmann* (1874—1941) nahe, der im übrigen freilich eigene Wege gegangen ist (1; vgl. auch oben, S. 123, 126).

Alfred *Marshall* schließlich (1842—1924) faßt noch einmal den Stand der Preistheorie seiner Zeit in seinem großen Werke „Principles of Economics" (1890, *1*) zusammen, wobei er Produktionskostentheorie und Grenznutzenlehre (vgl. das seither üblich gewordene „Marshallsche Diagramm"), die Gleichgewichtsbildung auf kurze und auf lange Sicht („stabiles" und „labilies" Gleichgewicht), das Momentanbild und das Bewegungsbild der Märkte miteinander verbunden hat. Darüber zu streiten, ob der Nutzen oder die Kosten den Wert des Produkts bestimmen, erscheint Marshall ebenso sinnlos wie die Frage, „ob bei einer Schere das obere oder das untere Blatt ein Stück Papier durchschneidet" (*1*, S. 360). „Als *allgemeine* Regel können wir ... aufstellen, daß man den Einfluß der Nachfrage auf den Wert umso mehr in Betracht ziehen muß, je kürzer die betrachtete Periode ist; je länger aber die Periode ist, von desto größerer Bedeutung wird der Einfluß der Produktionskosten auf den Wert sein" (S. 361). „So bestimmen sich Produktionskosten, Dringlichkeit der Nachfrage, Produktionsgrenze und Produktenpreis wechselseitig, und man begeht keinen Zirkelschluß, wenn man sagt, jeder dieser Faktoren sei zum Teil durch die anderen bestimmt" (S. 402).

So sehr Marshalls umfassende Deutung der Preisbildungsvorgänge in der Folgezeit die Lehrkonvention, vor allem an den Hochschulen, für Jahrzehnte geprägt hat, so bezeichnet seine enzyklopädische Leistung doch eher den *Abschluß* einer Periode in der Geschichte der Preistheorie als den Beginn einer neuen. Auch die Ökonomen der auf Marshall sich berufenden „*Schule von Cambridge*", (A. C. *Pigou*, 1877—1959); D. H. *Robertson*, R. J. *Hawtrey* u. a.) sind bald eigene Wege gegangen. Die Preistheorie hat freilich die Weite, Offenheit und Unbefangenheit des Marshallschen Systems später nicht mehr erreicht. (Zu Marshalls Stellung in der Geschichte der Preistheorie vgl. vor allem P. *Sering*, *1*; G. F. *Shove*, *1*. Kurze Textauszüge aus der deutschen Ausgabe der „Principles" bringt E. *Schneider*, *1*, Bd. IV/1, 1962, S. 332 ff.)

D. Die Wende zur funktionalistischen Preislehre: Léon Walras

Léon Walras (1834—1910), auf den sich die „*Schule von Lausanne*" zurückführt (an der Universität Lausanne lehrte Walras von 1870—1892), dankt, wie er selbst geäußert hat, seinem Vater Auguste *Walras* (vgl. oben, S. 117), die Grundprinzipien der eigenen Lehre sowie A. A. *Cournot* (vgl. unten) der Gebrauch des *Funktionenkalküls* (*1*, S. VIII). Mit ihm wird die „*reine Ökonomie*" (économie politique pure), die mit ihrer streng konstruktivistischen Arbeitsweise von der „angewandten Ökonomie" (économie politique appliquée) scharf geschieden sein will, in der Lehrgeschichte heimisch. Die theoretische Ökonomie ist auch für Walras eine „physisch-mathematische Wissenschaft", da sie Quantenbeziehungen zum Gegenstand habe (*2*, S. 3; vgl. auch dort, S. 29). In seinem Werke „liegt der erste und in seiner bewundernswerten Geschlossenheit bis heute unübertroffene Versuch vor, ein *mathematisches System der ganzen Wirtschaftstheorie* auf der neuen, von ihm unabhängig von *Jevons, Gossen* und *Menger* entdeckten Grundlage des subjektiven Nutzwertes zu errichten". (H. *Mayer, 3,* S. 189; vgl. auch das überschwengliche Lob *Schumpeters, 4,* sowie *3,* S. 827.)

Mit Walras setzt bereits jene (später von *Pareto* geradezu programmatisch verfolgte) *Objektivation* der ursprünglich subjektivistischen und (vor allem bei den Österreichern) psychologisch begründeten Lehre ein. (Vgl. hierzu E. *Leone, 1,* S. 63 f.) Er selbst stellt seine auf die „Seltenheit" (rareté) gestützte Preislehre der Arbeitswerttheorie der englischen Klassiker sowie der von der „Nützlichkeit" (utilité) ausgehenden Auffassung *Condillacs* und *Says* entgegen (*1,* § 157, S. 164). Die Darstellung des Preisgeschehens ist bei Walras eine durchaus funktionalistische und katallaktische; sie will das Beziehungsgefüge der Marktgrößen beschreiben. Die Preislehre von Walras gipfelt in den Überlegungen zu einem gesamtwirtschaftlichen *Gleichgewichtssystem,* auf das weiter unten zurückzukommen sein wird. Aber schon der (hier allein zu erörternde) *Ansatz* seiner Preislehre zeigt den künftigen bedeutungsvollen Wandel der Preistheorie an: Der „Grenznutzen" (bei Walras: die Seltenheit, rareté) wird nicht mehr unabhängig von den Preisen selbst, als deren Erklärungsgrund betrachtet. Das Grenzwerttheorem erscheint daher in Walras' Hauptwerk „Eléments d'économie politique pure"[8] überhaupt erst, nachdem die Grundlagen der Preistheorie bereits entwickelt worden sind.

1. Grundsachverhalte der Preisbildung

Der Ausgangspunkt von Walras stimmt der Sache nach genau mit dem von *Jevons* überein. Auch hier wird zunächst das Verhältnis des isolierten Naturaltausches angenommen, wobei eine Ware der anderen jeweils als Preismaßstab dient:

„Die Preise oder Tauschwertrelationen sind gleich den umgekehrten Verhältnissen der ausgetauschten Warenmengen" *(1,* § 44, S. 49; H.).

Werden also z. B. drei Einheiten der Ware A gegen eine Einheit der Ware B getauscht, so ist der Preis der Einzelware A $1/3$ in Einheiten der Ware B, und der Preis der Ware B gleich 3 in Einheiten der Ware A. (Vgl. die „Tauschrelation" bei Jevons, oben, S. 156, 159.) Nichts selbstverständlicher als dies. Man kann also sagen:

„Die wirksame Nachfrage nach oder das wirksame Angebot von einer Ware gegenüber einer anderen ist gleich dem wirksamen Angebot von oder der wirksamen Nachfrage nach dieser anderen Ware,

---

[8] Das Werk, das den Untertitel trägt „Théorie de la richesse sociale", erschien in erster Auflage 1874—1877. Es wird hier wiedergegeben nach dem Neudruck der 5. Auflage (1926), Paris 1952, die wiederum auf der vom Autor selbst bearbeiteten letzten Fassung des Werkes in der 4. Auflage von 1900 beruht. Die Übersetzung stammt von mir, W. H. Eine zum Teil wörtlich mit dem Hauptwerk übereinstimmende Zusammenfassung des Systems von *Walras* bietet *2,* wo auch einige zwischen *Walras* und *Jevons* ausgetauschte Briefe wiedergegeben sind.

multipliziert mit ihrem Preis in [Einheiten] der ersteren" *(1, § 45, S. 50; vgl. auch 2, S. 10; H.).*

Natürlich stehen Angebot und Nachfrage bei diesem Zug-um-Zug-Tausch in unlöslichem Zusammenhang miteinander:

„Sind zwei Waren gegeben, so steht die wirksame Nachfrage nach der einen zu ihrem wirksamen Angebot im gleichen Verhältnis wie das effektive Angebot der anderen zu der effektiven Nachfrage nach ihr" *(1, § 46, S. 51; H.).*

So kommt es zu einer ersten elementaren „Gleichgewichts"-Aussage:

„Sind zwei Waren gegeben, so ist es für das Obwalten eines Marktgleichgewichtes oder eines stationären Austauschverhältnisses zwischen ihnen (pour qu'il y ait équilibre du marché à leur égard, ou prix stationnaire de l'une contre l'autre) notwendig und ausreichend, daß die wirksame Nachfrage nach einer jeden gleich ist ihrem wirksamen Angebot" *(1, § 60, S. 64; H.).*

Der „Gleichgewichtspreis" ist also der Preis, bei dem wirksame Nachfrage und wirksames Angebot einander gleich werden. Was aber sind „wirksame" Nachfrage und „wirksames" Angebot?

„Wir werden als *wirksame Nachfrage* (demande effective) die Nachfrage nach einer bestimmten Warenmenge zu einem bestimmten Preise bezeichnen" *(1, § 42, S. 46; ebenso 2, S. 6).*

Entsprechendes gilt für das „wirksame Angebot". In der Tat können die zahllosen Punkte einer Nachfrage- oder Angebotskurve, wie sie *Walras* im Nachfolgenden entwirft, natürlich nicht ohne zugehörige *Preise* gedacht werden. Der Schnittpunkt dieser Kurven, bei dem wirksame Nachfrage und wirksames Angebot einander „gleich" werden, erfüllt zunächst immer die „Gleichgewichts"-Bedingung, wenn nicht nähere Zusätze gemacht werden (etwa: der Gleichgewichtspreis ist nur ein solcher, von dem keine Tendenz zur Änderung für längere — wie lange? — Zeit ausgeht).

2. Der Nutzen

Walras fragt nun, was „hinter" dem wechselseitigen Begehr nach Ware A und B steht. Es ist dies zunächst die Nützlichkeit oder das Bedürfnis (utilité, besoin), die eine Person mit der Sache verbindet. Der „*extensive Nutzen*" bezeichnet dabei den Umfang des absoluten Bedarfs, der sich auf den resp. Gegenstand richten würde, wenn dieser ein freies Gut ohne Preis wäre. Der „*intensive Nutzen*" hingegen drückt die *Dringlichkeit* des individuellen Begehrs nach einem Objekte aus, und daher die Bereitschaft, für die Erlangung dieses Gegenstandes Opfer zu leisten, d. h. hier: einen Preis zu zahlen. Dieser intensive Nutzen — *Jevons'* „Nutzensgrad", degree of utility

— ist eigentlich nicht meßbar. Dennoch muß er als Größe *gedacht* werden, damit eine „exakte" Rechnung möglich wird:

„Diese Analyse ist unvollständig, und es scheint zunächst unmöglich, sie weiterzuführen, weil eine absolute Größe des intensiven Nutzens (l'utilité absolue d'intensité) uns nicht zugänglich ist: Der intensive Nutzen steht nicht, wie der extensive Nutzen und die verfügbaren Warenmengen, in unmittelbar meßbarer Beziehung zu Zeit und Raum. Immerhin, diese Schwierigkeit ist nicht unüberwindlich: Setzen wir voraus, daß diese Beziehung besteht, und sogleich können wir uns exakte mathematische Auskunft darüber verschaffen, welchen Einfluß der extensive Nutzen, der intensive Nutzen und die verfügbare Menge jeweils auf den Preis haben" (§ 74, S. 74).

Walras bedient sich nun eines Koordinatenkreuzes, dessen Ordinate die Mengen bezeichnet, welche der Bedürfnisträger (1), der nur über die Ware A verfügt, von der Ware B zu erlangen wünscht — oder mit anderen Worten: den „extensiven Nutzen" der Ware B für den Bedürfnisträger (1), oder die „Ausdehnung" des Bedürfnisses, das (1) nach der Ware B empfindet. Die Werte der Abszisse stellen dagegen den „intensiven Nutzen" dar, d. h, die *Dringlichkeit* des Begehrs, das (1) nach der Ware B trägt, und daher seine Bereitschaft, für den Erhalt der Ware B auf ein Quantum von A zu verzichten. Die Dringlichkeit des Begehrs nimmt mit wachsender Menge von B ab (S. 75). Das kann man sich dadurch veranschaulichen, daß man eine Reihe von Punkten innerhalb des Koordinatenkreuzes denkt, die jeweils den „Genuß" als Funktion des Vorrats von B für den Bedürfnisträger (1) bezeichnen. Verbindet man diese Punkte miteinander, so entsteht eine Kurve, die entsprechend der Tatsache des sinkenden Grenznutzens als zum Ursprung konvex verlaufend gedacht werden muß. Die Fläche, welche dadurch entsteht, daß von einem beliebigen Punkte der Nutzenkurve aus die Lote auf die Achsen des Koordinatenkreuzes gefällt werden, bezeichnet dann den *Gesamtnutzen* (utilité effective) eines Gutsvorrats, die Kurve selbst die „Seltenheit als Funktion des Vorrats von B" für dessen Erwerber (2, S. 13). Die „Seltenheit" (rareté), auf die man somit kommt, ist die „Intensität des letzten Bedürfnisses, das durch den Verbrauch einer bestimmten Warenmenge befriedigt wird" (l'intensité du dernier besoin satisfait par une quantité consommée de marchandise; *1*, S. 76) — also der *Grenznutzen* (bei *Jevons*: the *final* degree of utility).

„Die Seltenheit ist *persönlicher* oder *subjektiver* Art; der Tauschwert ist von *realer* oder *objektiver* Natur" (*1*, § 101, S. 103).

Die beiden Achsen des Koordinatensystems können nun auch einfach als „Mengenachse" und „Seltenheitsachse" bezeichnet werden (*1*, S. 76). — Die „axe des raretés" ist hierbei eigentlich nichts anderes als die Preisachse des üblichen Koordinatensystems[9], wobei Walras vom heutigen Gebrauch nur

---

[9] Auf die Unstimmigkeit der Definition von *rareté*, die damit bei *Walras* gegeben ist, hat G. *Pirou* zu Recht aufmerksam gemacht (2, S. 109).

dadurch abweicht, daß er als Mengenachse die Ordinate und als Preisachse die Abszisse verwendet. — Man sieht: Hinter der etwas eigenwilligen und kruden Terminologie von Walras, der man die Mühe des Entdeckens anmerkt, bergen sich Aussagen, die uns heute durchaus vertraut sind.

Verfügt ein Bedürfnisträger jeweils nur über *eine* Ware, so wird es für ihn nach dem Vorausgegangenen vorteilhaft sein, nicht seinen ganzen Vorrat von dieser Ware selbst zu verbrauchen, sondern einen Teil davon gegen eine andere Ware einzutauschen, deren erste Einheiten ihm einen höheren Grenznutzen bringen als die letzten Einheiten der Ware, über die er selbst im Überfluß verfügt (vgl. 1, S. 77). Bestimmte Preisrelationen zwischen den beiden Waren sind dabei von Walras ausdrücklich vorausgesetzt. (Wir haben es also stets mit den mit Preisen *gewogenen* Grenznutzen zu tun.)

Die sich anschließende mathematische Bestimmung des Tauschverhältnisses ist der von *Jevons* (vgl. oben, S. 161 ff.) zu sehr verwandt, als daß sie hier weitläufig wiedergegeben werden müßte. Nur das Ergebnis sei festgehalten:

„Sind zwei Waren auf einem Markte gegeben, so ist die maximale Befriedigung der Bedürfnisse (oder das Maximum an effektivem Nutzen) für beide Wareninhaber erreicht, wenn das Verhältnis der Dringlichkeiten der letzten noch befriedigten Bedürfnisse, also das Verhältnis der Seltenheiten [Grenznutzen; W. H.], dem Preise gleich ist. Solange diese Gleichheit nicht erreicht ist, bleibt es für den Inhaber derjenigen Ware, deren Seltenheit geringer ist als das Produkt ihres Preises mit der Seltenheit der anderen Ware, vorteilhaft, von dieser Ware zu verkaufen, um von der anderen Ware solange zu kaufen, wie deren Seltenheit größer ist als das Produkt ihres Preises mit der Seltenheit der ersten Ware" (§ 80, S. 82; *H.*; vgl. auch 2, S. 14).

Es ist dies wiederum das „Gesetz der Grenzpaare" *Böhm-Bawerks*, dem wir auch bei *Menger, Jevons, Pareto* und anderen begegnen (vgl. S. 138 ff.).

3. Das Verhältnis von Nutzen und Preisbildung

Bis hierhin hat Walras (vor allem gegenüber den Österreichern) den Vorzug, daß er die Nutzenerwägungen der einzelnen nicht als Kausalerklärung der Preisbildung selbst, sondern vielmehr als eine Antwort seiner hypothetischen Nachfrager auf jeweils vermutete Preise betrachtet; die spätere Fortbildung der Lehre von der Verbrauchernachfrage zur reinen *Verhaltensforschung* deutet sich hier schon an.

Dann aber erfolgt ein unvermuteter Umschlag: Zu seiner Bestimmung des maximalen Tauschnutzens war Walras nur gelangt, indem er die Grenznutzen als meßbar fingierte und die Preise als gegeben ansah. Dies vergißt er im weiteren, um nun umgekehrt von dem nur mit Hilfe seiner Preis-Annahme gewonnenen Theorem die Preise selbst abzuleiten[10]:

„Die Kurven der Nützlichkeit und die Gutsmengen: dies sind also letztlich die notwendigen und auch hinreichenden Elemente zur Gewinnung der Markt- oder Gleichgewichtspreise. Von diesen Elementen leiten sich mathematisch in erster Linie die Kurven der Teil- und Gesamtnachfrage ab, und zwar auf Grund des Umstands, daß jeder Bedürfnisträger die maximale Befriedigung seiner Wünsche zu erreichen sucht. Aus den Kurven der Teil- oder Gesamtnachfrage aber ergeben sich als zweites die Markt- oder Gleichgewichtspreise, und zwar, weil es auf dem Markte nur einen Preis geben kann: nämlich den, bei dem die wirksame Gesamtnachfrage dem wirksamen Gesamtangebot gleich ist — oder mit anderen Worten: weil jeder im Verhältnis zu dem empfangen muß, was er gibt, und geben im Verhältnis zu dem, was er empfängt" *(1,* § 99, S. 99; vgl. auch *2,* S. 15).

Die allgemeine Preisformel heißt daher:

„Die Markt- oder Gleichgewichtspreise sind gleich den Verhältnissen der Seltenheiten.

Oder in anderer Form:

Die Tauschwerte sind proportional den Seltenheiten" (*1,* § 100, S. 101; vgl. auch *2,* S. 16).

Auch für Walras bezeichnet der so bestimmte „Gleichgewichtspreis", wie schon gezeigt, zugleich den Punkt der jeweils möglichen optimalen Bedürfnisstillung auf beiden Tauschseiten. Inhaltlich bleibt diese Aussage freilich ganz unbestimmt: „Dieses Maximum an Befriedigung, das bei jedem denkbaren Preise besteht, verwirklicht sich beim Käufer ebenso gut mit Hilfe der kleinsten Menge, die zum höchsten Preise erworben wird, wie durch die größte Menge, die zum niedrigsten Preise gekauft wird. So kann ein solcher Käufer zum Gesamtwert von 200 fr. sein Verlangen nach Käse mit 10 Einheiten hiervon stillen, die er zu je 20 fr. erwirbt, oder zum Preise von 1 Milliarde, zu dem er den hundertmillionsten Teil kauft. Und da diese Menge ihm jeweils das Maximum an Befriedigung *zu diesem Preise* verschafft, so sagt man, er habe sein Maximum an Bedürfnissättigung erreicht. Aber es ist offensichtlich, daß ein solches Maximum an individueller Befriedigung ebenso für die Hypothese des Monopols wie für die der Konkurrenz gilt und daß sie keinerlei Inhalt für das hedonistische Theorem hat" (B. *Nogaro, 1,* S. 194 f.).

---

[10] Das Umgekehrte widerfährt *Walras,* offenbar wiederum unbeabsichtigt, in 2, wo zuerst die Nachfragekurven aus der „Nützlichkeit" und dem „Vorrat" abgeleitet werden sollen, dann aber unversehens die Nachfragekurve als Funktion der Preise betrachtet wird. Auf diese „Zirkelerklärung" hat H. *Mayer* zu Recht hingewiesen (*3,* S. 191 f.). Diese fortwährende Umkehrung des Beweisganges ist freilich kein Zufall: Sie zeigt die rein funktionalistische Betrachtungsweise von *Walras* an.

4. Würdigung

Im Grunde sind die Begriffe des „extensiven" und „intensiven" Nutzens bei Walras nur Umschreibungen für Menge und Nachfrage-Preis der Waren, so daß die Grenznutzenkurve, die Walras aufstellt, zugleich die hypothetische Nachfragekurve eines einzelnen Tauschpartners bei einem bestimmten Preis ist. So ist es verständlich, daß M. *Friedman* später das Grenzwerttheorem bei Walras überhaupt als eine entbehrliche Zutat angesehen hat (*1*, S. 901); und J. R. *Hicks* hat Walras wegen seiner Betonung der Katallaktik in die Nähe von A. *Marshall* gerückt (*1*, S. 338 ff.). In der Tat setzen die „Nutzen"-Erwägungen der einzelnen innerhalb unserer gegebenen Wirtschaft die objektiven Prozesse der Preisbildung, die den Beteiligten die Daten ihres Kalküls in Gestalt von Kosten und Preisen in der Regel fertig liefern, und damit den Markt, allemal schon voraus.

Bis hierhin haben wir nur die allgemeinen Voraussetzungen dessen kennen gelernt, was den eigentlichen Beitrag von Walras zur Wirtschaftstheorie ausmacht: Sein *Gleichgewichtssystem* wird uns an seinem systematischen Ort noch beschäftigen (vgl. unten).

E. Abschließendes zur Grenznutzenlehre

Der lehrgeschichtliche Durchbruch der Grenzwerttheorie ist nicht nur für die Auffassung vom Preisgeschehen bedeutungsvoll geworden: Jene methodische Haltung, die schon oben (S. 119 ff.) als eine wesentliche a-historische und unsoziologische, vom vorgestellten Wirtschaftssubjekt ausgehende, dem Anspruch nach zugleich „exakt"-naturwissenschaftliche gekennzeichnet worden ist, setzt sich in der Folgezeit allgemein in der Ökonomie durch. Auch „schuf die Grenznutzenanalyse ein analytisches Werkzeug von allgemeiner Anwendbarkeit auf ökonomische Probleme" (J. *Schumpeter*, *3*, S. 912). Wenngleich die weitere *Preislehre* über die besonderen Postulate der frühen subjektivistischen Theorie hinausgegangen ist, so kennzeichnet es doch ihre innere Verhaftung an deren Sichtweise, daß sie die Grenznutzenlehre als solche eigentlich nie kritisch hinter sich gebracht hat. (So hat J. *Schumpeter* sich noch 1927 befugt gesehen, die Grenznutzenlehre als die „präponderierende deutsche Theorie" seiner Zeit zu bezeichnen; *5*, S. 24.)

Im einzelnen ist vor allem folgendes problematisch geblieben:

1. „Nicht Begehr an sich, sondern: *kaufkräftiger* Begehr nach Nutzleistungen regelt durch Vermittlung der Kapitalrechnung *material* die erwerbsmäßige Güterbeschaffung. Es ist also die Grenznutzen-Konstellation bei der letzten jeweils nach der Art der *Besitzverteilung* [H. durch mich, W. H.] noch für eine bestimmte Nutzleistung typisch kaufkräftigen und kaufgeneigten Einkommensschicht maßgebend für die Richtung der Güterbeschaffung" (M. *Weber*, *1*, S. 59). Die Grenzwertlehre kann also von der gesellschaftlichen *Verteilung* der *Kaufkraft*, mithin von den jeweiligen *Einkommens*verhältnissen nicht absehen. Hieraus entspringt die Fragestellung der späteren „*Welfare Economics*", für die das formelle „Gleichgewichts-

system" der *Preise* nicht mehr (wie noch bei *Jevons, Walras, Pareto, Cassel* u. a.) schlechthin gleichbedeutend ist mit der Verwirklichung eines allgemeinen gesellschaftlichen „Nutzenmaximums". Es entspricht dies den zunehmenden Anforderungen, die in unserer Zeit an eine korrigierende *Sozialpolitik* gestellt werden.

Überhaupt wird bei den späteren Autoren die Einsicht allgemein, daß die Unvergleichbarkeit der persönlichen Bedürfnisse es nicht erlaubt, von den Nutzenverhältnissen einzelner auf die Wohlfahrt größerer gesellschaftlicher Einheiten zu schließen. (Frühzeitig ist diese Schwierigkeit von K. *Wicksell* vermerkt worden, der allerdings noch seine Hoffnungen auf die Fortschritte der Psychophysik gesetzt hat; *1,* S. 579 f.)

2. Die Grenznutzenlehre liefert *keine befriedigende Kausalerklärung des Preisgeschehens.* Sie will die Preise auf die Wertvorstellungen der Verbraucher zurückführen und verfällt dabei regelmäßig in eine petitio principii, indem sie die Preise stillschweigend oder auch ausdrücklich als schon gegeben annimmt. Anders kann es unter den Voraussetzungen der Grenznutzenlehre auch nicht sein: „Eine abstrakte, in irgendeiner Rechnungsskala ausgedrückte Schätzung des Nutzens der verschiedenen Stufen der Bedürfnisbefriedigung in allen ihren Zweigen ist dem wirtschaftlichen Menschen nicht möglich. Er braucht für solche Schätzungen zum mindesten die Stütze der gegebenen Preislage und kann höchstens diejenige Veränderung seiner Nachfrage, die durch Veränderung *eines* Preises hervorgerufen werden würde, mit einiger Wahrscheinlichkeit beurteilen. Seine ganze Schätzungsskala ist nämlich notwendig an die bestehende Preislage gebunden" (G. *Cassel, 3,* S. 70 [hier zit. nach der 4. Aufl. von 1927]). Es „bestimmt der Preis, wieweit die Bedürfnisse befriedigt werden sollen, und also welches das letzte Bedürfnis oder das Grenzbedürfnis ist" (a.a.O., S. 71). Im Grunde sagt die Grenznutzenlehre also nicht mehr, als „daß ein Bedürfnis, für welches der bestehende Preis bezahlt wird, immer wichtiger erachtet wird, als ein Bedürfnis, für welches derselbe Preis nicht bezahlt wird. Die Tauschwirtschaft mißt also die Wichtigkeit der verschiedenen Bedürfnisse nach den Geldsummen, die für die Befriedigung derselben geboten werden". (a.a.O., S. 73; vgl. auch *Cassel, 2,* S. 431, 435 f.)

Damit bleibt die Grenzwertlehre im bloßen *Konstatieren,* in der gelehrten Umschreibung allgemeiner Sachverhalte hängen, die — freilich nur noch in ihrer blassen Allgemeinheit — als immer noch vernüftig erklärbar und daher als „sinnvoll" ausgewiesen werden. So hat die Grenznutzendoktrin schon jenen *deskriptiven Formalismus* in die Wirtschaftslehre eingebracht, der in der Folgezeit Früchte tragen sollte: „Die Entwicklung führt allmählich zu einer leeren Formel, in der der psychologische Erkenntnisinhalt gleich Null ist. Mit großem Aufwand theoretischen Scharfsinns bringt man schließlich auf der Basis reiner Zirkeldefinitionen nichts anderes zustande als eine umständliche Formulierung einer begrifflichen Tautologie" (G. *Myrdal, 1,* S. 20). — „Was von der ganzen logisch so differenzierten und mit einem ungeheuren Aufwand von Scharfsinn ausgearbeiteten Nutzentheorie übrig bleibt, wenn man sie auf ihren Gehalt an echter Erkenntnis überprüft, ist lediglich die *Faktizität der Entscheidung,* die ja eigentlich durch sie erklärt werden sollte, und ein *Begriffsapparat*, der bei einiger Geschicklichkeit zur *nachträglichen Interpretation* jeder Wahlhandlung verwendet werden kann, niemals aber zur *Vorhersage* von Handlungen... Der Umstand, daß die Nutzenrechnung bei der post factum erfolgenden Analyse immer aufgeht, beruht lediglich darauf, daß man dem Maximum-Axiom der Ökonomik — der Behauptung, daß jedes Individuum danach strebe, seinen individuellen Nutzen zu maximieren — durch *tautologische* Formulierung den Charakter einer empirischen Aussage nahm (eigentlich: gab; W. H.), wie das oftmals zu geschehen pflegt, wenn man unhaltbare synthetische Urteile aus irgendwelchen Gründen retten zu müssen glaubt" (H. *Albert, 1*, S. 72 f.). — Es führt daher auch ein folgerichtiger Weg von der Grenznutzenlehre weiter zur reinen Verhaltens- und Entscheidungslehre in der Ökonomie, dem Korrelat des „*Dezisionismus*" in der Philosophie.

3. *Die Preisbildung der „Produktionsfaktoren"* und damit die *Einkommensbildung* der „Faktor"-Träger ist durch die Grenznutzenlehre nicht ausreichend erklärt worden. Die Ableitung des Nutzwertes der „Produktionsfaktoren" (= „Güter höherer Ordnung" bei *Menger*) aus dem der Verbrauchsgüter, zu deren Erzeugung sie (unmittelbar oder mittelbar) dienen, scheitert an dem Umstand, daß die einzelnen „Produktionsfaktoren" zur Bereitstellung sehr verschiedener Güter sowie Dienste taugen, und daß sie untereinander sowohl im Verhältnis der Komplementarität als auch der Substituierbarkeit stehen. Es gibt also die vielfältigsten (und überdies mit zunehmendem Abstand der „Güter höherer Ordnung" vom Endprodukt wachsende) Möglichkeiten, einerseits zum gleichen Produktionszweck verschiedene konkrete Arten von Arbeitskraft und Sachmitteln aller Art heranzuziehen, und andererseits gleiche Arten von Arbeitskraft und Sachmitteln für verschiedene Zwecke zu verwenden. Das macht die Frage der richtigen „Zurechnung" (vgl. oben, S. 145 f.) im Grunde unlösbar. Im übrigen fallen die wirklichen Entscheidungen in der Wahl der Zwecke und Mittel bei den Unternehmungen mit Rücksicht auf die *gegebenen* Preisverhältnisse, welche die „Zurechnungstheorie" erst erschließen will. Dieser Umstand mußte immer von der vermeintlich kausalen zu einer rein funktionalistischen Betrachtung der Preiserscheinungen als solcher hindrängen, wie sie im außerdeutschen Sprachraum von Anfang an im Vordergrund gestanden hat.

Die Schwierigkeit, das Prinzip des Verbrauchernutzens auch für die Unternehmensentscheidungen als maßgeblich zu betrachten, entstand, weil unterstellt wurde, daß der Zweck der modernen erwerbswirtschaftlichen Produktion die maximale Befriedigung von Verbraucherwünschen und nicht vielmehr der maximale *Unternehmensgewinn* ist. Die Gleichsetzung des modernen Unternehmers, der für *fremden* Bedarf (und hierbei im übrigen keineswegs nur für den Endbedarf von Letztverbrauchern) produziert, mit dem ausschließlich zum Zwecke der *eigenen* Bedarfsbefriedigung auf den Markt tretenden (oder überhaupt selbstgenügsamen) Kleinproduzenten früherer Zeiten fällt hinter die Epoche unserer Erwerbswirtschaft zurück.

Vor der späteren Preistheorie stand also die Aufgabe, der Unterschiedlichkeit der Zielsetzungen, welche die Marktbeteiligten mit ihrem Tun verbinden, wieder Rechnung zu tragen, und neben den Umständen, welche auf die Nachfrage einwirken, auch die besonderen Bedingungen wieder zur Geltung zu bringen, die den Kalkül der gewerblichen *Anbieter* bestimmen.

4. Die älteren Schriftsteller haben mit der von *Bentham* entlehnten Fiktion einer *Meßbarkeit der individuellen Grenznutzen* gearbeitet. Je mehr allerdings die Preistheorie in der Folgezeit den Anschluß an die nachprüfbaren Marktfakten suchte und damit den Preis wieder als Ergebnis *kollektiver* Nachfrage und *kollektiven* Angebots (bei sehr verschiedenen „Grenznutzen"-Vorstellungen der Einzelbeteiligten) verstehen mußte, desto mehr mußte die tatsächliche Unmeßbarkeit der individuellen „Grenznutzen" die Glaubwürdigkeit der theoretischen Konstruktion belasten. Das hat dazu geführt, daß einerseits (etwa seit der Jahrhundertwende) der „Lehrwert" der subjektiven „Wert"-Lehre überhaupt bestritten und eine unmittelbare Betrachtung der Preiserscheinungen allein, ohne „wert"-theoretischen Umweg, unternommen wurde (*Cassel, Dietzel* und viele andere), und daß andererseits Ersatzverfahren entwickelt wurden, damit das Axiom einer quantitativen Bestimmbarkeit der Verbraucherentscheidungen gewahrt werden konnte (*Fisher, Pareto, Hicks, Frisch* u. a.; siehe im folgenden).

Es ist alles in allem, nach dem einseitig subjektivistischen und individualistischen Ansatz der frühen Grenzwertlehre, das *Objektivationsproblem*, vor das sich die weitere Preislehre gestellt sah. Indem sie diesem Rechnung zu tragen suchte, hat sie die Position der frühen Grenznutzenschule *tatsächlich* — auch ohne sich von ihren Denkvoraussetzungen, namentlich vom „Marginalismus", zu trennen — Schritt für Schritt aufgelöst.

Zweiter Abschnitt

Die Fortbildung der Lehre von den Nachfrage-Faktoren der Preisbildung: Von der eigenbestimmten zur fremdbestimmten Nachfrage

Um die Jahrhundertwende war es unverkennbar geworden, daß die Wert- und Preistheorie sich in einer offenen Krise befand. Eine vehemente Kritik an dem inhaltlosen, tautologischen Charakter der Grenznutzenlehre setzte ein (vgl. hierzu J. *Viner, 1,* S. 369 ff.). Die subjektivistische „Wert"-Theorie hatte der Abwehr der Auffassungen vom objektiven Wert gedient und das Axiom von der Vernunft des Marktes zu wahren gesucht. Was man brauchte, war aber nicht allein Rechtfertigung, sondern auch *Erklärung* des Marktgeschehens. Namentlich die Unmeßbarkeit des Grenznutzens, jener Hauptkategorie der subjektivistischen Preislehre, mußte als Mangel einer Theorie erscheinen, die auf ihre naturwissenschaftliche „Exaktheit" im Sinne allgemeiner Quantifizierbarkeit ihrer Aussagen pochte. Man suchte nach einer Theorie mit größerer *Erfahrungsnähe,* nach einer Preislehre, die *Auskunft* gab.

Und zwar Auskunft in einem ganz bestimmten Sinn. Hier muß die Lehrgeschichte sich wiederum auf die Veränderungen der Erfahrungswelt selbst zurückbeziehen: Die seit Ende des 19. Jahrhunderts immer weiter greifende *Ballung der Kapitalverfügungsmacht,* in all ihren Formen, und im Zusammenhang hiermit die allgemeine *Vermachtung der Märkte* und der Preisbildungsvorgänge konnte die Auffassung vom Preisgeschehen nicht unbeeinflußt lassen:

1. Die Lehre vom „Gleichgewicht" der Märkte wird zwar noch aufrecht erhalten; doch verliert sie immer mehr an inhaltlicher Bestimmtheit und verflüchtigt sich schließlich zu einer allgemeinen Vorstellung von einem „Gleichgewicht" der bestehenden Gesellschaft als ganzer. (Vgl. hierzu etwa T. *Parsons, 1,* S. 297 und passim; siehe auch unten.)

2. Nicht mehr allgemeine *Bedingungen,* sondern praktische *Regeln* der Preisbildung werden aufgesucht; nicht mehr Markt*verhältnisse,* sondern bestimmte Weisen des Markt*verhaltens* der Einzelbeteiligten. Die kausale Betrachtung, die Frage nach dem, was „hinter" den Preisen stehe, tritt vollends zurück. Es vollzieht sich die „*positivistische" Überwindung der Wertlehre.* Ihr hat bereits die Grenznutzenlehre zugearbeitet, die unter einem dünnen theoretischen Firnis im Grunde nur eine rechtfertigende Beschreibung des Vorfindlichen geliefert hat.

3. Es entspricht auch der veränderten Wirklichkeit, daß die zentrale Figur der Grenznutzenlehre, der Konsument, eine allmähliche Umdeutung erfährt. Die Fiktion von der Einperson des Konsument-Produzenten wird fallengelassen; Konsumentenhaushalte und Produktionswirtschaft erscheinen von vornherein getrennt. Auch die Fiktion des Naturaltauschs wird aufgegeben. — Eine *realistische* Wendung liegt ferner darin, daß der Endverbraucher mit seinem Begehr nicht mehr einseitig als der bestimmende, sondern vielmehr als der seinerseits determinierbare Faktor des Marktgeschehens betrachtet wird. Aus dem *initiativen* wird so das *respondierende* Subjekt, aus dem einsichtsvoll Entscheidenden der Fremd-Beschiedene, schließlich aus dem bedürfnisgelenkten Menschen das menschengelenkte Bedürfnis. Eine Lehre, welche einmal die „Wahlakte" zu ihrem Gegenstand erklärt hat, muß zur Lehre von der *Bestimmbarkeit* der Wahlakte fortschreiten.

Die Wiederannäherung der Preislehre an die Wirklichkeit ist mit alledem Annäherung an die *monopolistische* Wirklichkeit der *gestalteten* Märkte, der *gestalteten* Nachfrage. Freilich ist die Preislehre hierin „realistisch", ohne es selbst ganz zu wissen: Sie ist — wie sich zeigen wird — auch da, wo sie sich hierüber keine volle Rechenschaft gibt, Lehre von der *Macht*preisbildung. Indem sie das Treiben der Praxis in ihren „Modellen" zu beschreiben sucht, hat sie den gestaltenden *Willen* der Praxis sich als eine fraglose Voraussetzung zu eigen gemacht.

A. Die Grundlegung der Lehre von den Wahlhandlungen: V. Pareto

Vilfredo Pareto (1848—1923), als Nachfolger von Léon *Walras* auf dessen Lehrstuhl in Lausanne (1894—1906) der markanteste Kopf der *„Lausanner Schule"*, ist einer der letzten Denker gewesen, die ein theoretisches Gesamtkonzept von der Wirtschaftsgesellschaft entworfen haben. Seine (in Deutschland immer noch unterschätzte) Bedeutung für die neuere Soziologie und Ökonomie darf vor allem in folgendem gesehen werden:

1. In *methodischer* Hinsicht hat Pareto, ebenso in der Soziologie wie in der Nationalökonomie, jener vermeintlich „voraussetzungslosen", unspekulativen und quasi-naturwissenschaftlichen Arbeitsweise des *formalen Objektivismus* Bahn gebrochen, die seither, vor allem in der Nationalökonomie, vorherrschend geworden ist. Nur durch die „Erfahrung und die Beobachtung" (l'esperienza e l'osservazione) will sich Pareto leiten lassen. (Vgl. 4, Bd. I, § 6, S. 4; sowie die methodischen Einleitungen zu fast allen Buchveröffentlichungen Paretos.) Durch „analytische" Vertiefung der vorgefundenen Einzelphänomene gelangt man zu bestimmten „Gesetzen" (uniformità), d. h. zu wiederkehrenden Sachverhalten gleicher Art. Auch aus dem Begriff des „Gesetzes" ist also nun der Kausalgedanke verbannt.

2. Auf *soziologischem* Gebiet hat Pareto, viel entschiedener als die deutsche „Wissenssoziologie" (M. *Scheler*, K. *Mannheim*), die gesellschaftliche *Rolle der Illusionen* bezeichnet, die auch den Irrtum zu einer gestaltenden

und u. U. nützlichen Kraft machen könne. Seine Lehre von den „nichtlogischen" Handlungsanstößen (Residuen), von welchen die ins Bewußtsein tretenden, oft den Charakter der *Rechtfertigung* tragenden Vorstellungen deriviert seien (vor allem: *4*, 2. Kap. und passim; ferner *2*, besonders Einleitung; *3*, 2. Kap.) hat die neuere Auffassung von der Lenkbarkeit menschlichen Verhaltens (vgl. W. *Hofmann*, *3*) mitgeprägt. Die Ideologien werden bei Pareto zu Mitteln einer *Herrschaftstechnik*, durch die sich regierende „Eliten" behaupten. Denn: „Es ist die Gewalt (la force), wodurch gesellschaftliche Einrichtungen geschaffen werden, und es ist die Gewalt, wodurch sie sich erhalten" (*2*, Bd. I, S. 40). Dekadente Eliten, deren Machtwillen erlahmt, verfallen der Ablösung durch die nachdrängende Oberschicht der bisher beherrschten Klasse; so vollzieht sich ein *Kreislauf der Eliten* (succession des élites in *2*, S. 28; circolazione delle aristocrazie in *3*, S. 126 ff.; circolazione della classe eletta in *4*, Bd. III, § 2042, S. 259). Das Herrenrecht herrschender Klassen, das aller moralischen Rücksichten bei der Lenkung gefügiger Massen spottet, sollten alsbald Diktaturen vom faschistischen Typus für sich beanspruchen. — Geistige Querbeziehungen Paretos zu *Le Bon*, G. *Sorel*, G. *Mosca*, R. *Michels* sind unverkennbar.

3. Zur Fortentwicklung der *ökonomischen* Lehren hat Pareto vor allem auf *preistheoretischem* Gebiet beigetragen: a) durch *Umdeutung des „Nutzen"-Begriffs*; b) durch Umgehung der Schwierigkeit, den Nutzen zu messen, mit Hilfe der *Indifferenzkurvenmethode*; c) durch Weiterbildung der Lehre vom wirtschaftlichen „*Gleichgewicht*". (Hierbei ist Pareto über seinen Vorgänger an der Universität Lausanne, *Walras*, dadurch hinausgegangen, daß er auch das Gleichgewicht bei *unvollständiger* Konkurrenz zu bestimmen gesucht hat — allerdings unter Beschränkung auf den einen Fall eines Angebotsmonopols, bei gleichzeitiger Nachfrage-Konkurrenz von Endverbrauchern. — Zur Würdigung Paretos vgl. G. *Eisermann*, *2*, sowie zahlreiche weitere Veröffentlichungen desselben.)

Das wirtschaftliche Gleichgewicht, das Pareto als eine wesentliche Bedingung des wünschenswerten gesamtgesellschaftlichen Gleichgewichts betrachtet, steht im Mittelpunkt von Paretos reifem ökonomischen Werk „*Manuale di economia politica*" von 1906, dem wir im weiteren folgen[11]:

„Hauptgegenstand unserer Untersuchung ist das ökonomische Gleichgewicht. Wir werden bald sehen, daß ein solches Gleichgewicht aus dem Wechselverhältnis zwischen den Wünschen (gusti) der Menschen und den Hindernissen (ostacoli) ihrer Befriedigung entspringt. Unsere Untersuchung umfaßt daher drei voneinander klar geschiedene Fragenkreise: 1. das Studium der Wünsche; 2. das Studium der Hindernisse; 3. das Studium der Weise, in der sich diese beiden Elemente miteinander zum Gleichgewicht verbinden" (3. Kap., § 14, S. 147).

---

[11] Hier zitiert nach der zweiten Auflage, Milano 1921, und verglichen mit der französischen Ausgabe „Manuel d'économie politique", Paris 1909. Übersetzung durch mich, W. H. Die wiedergegebenen Graphiken sind dem Werke Paretos entnommen.

Die Preise sind hierbei „nur Mittel und nicht Zweck...; ein Mittel, um Beziehungen zwischen Genüssen und Widerständen herzustellen" (7, S. 1115).

Damit ist der Ausgangspunkt der „reinen" und zunächst „statisch" arbeitenden Ökonomie gegeben, wie sie Pareto im folgenden entwickelt.

1. Die Umdeutung des Nutzenbegriffs

Auch Pareto geht von den wirtschaftenden Einzelnen aus. Anders als die älteren Vertreter der Grenznutzenlehre trifft er aber von Anfang an einige grundlegende Unterscheidungen:

1. Die Konsumentennachfrage ist inhaltlich etwas anderes als die Nachfrage der Unternehmungen nach Produktionselementen aller Art; sie unterliegt nicht den gleichen „Nutzen"-Überlegungen, die ja in der Tat beide Male ganz Verschiedenes bedeuten.

2. Es gibt Marktteilnehmer, die sich gegebenen Preisen mit ihren Wünschen und Berechnungen *anpassen* müssen (Typ I), und andere, die von sich aus Preise zu setzen vermögen (Typ II). Typ I (der in aller Regel auf die Verbraucher zutrifft) bezeichnet die Verhältnisse der freien Konkurrenz, Typ II Verhältnisse des Monopols (3. Kap., § 42 ff., S. 160 ff.).

3. Die Nutzen-*Vorstellung*, die ein einzelner von einer Sache hat, muß keineswegs in einer objektiven *Nützlichkeit* der Sache selbst begründet sein. Der subjektive Nutzenwahn reicht aber schon aus, um Nachfrage hervorzurufen. Es bedarf daher eines neuen wertungsfreien Begriffs für das, was zu einem Kaufbegehren führt:

„Wenn eine Sache Bedürfnisse oder Wünsche des Menschen befriedigt, so sagte man bisher, sie habe einen *Gebrauchswert* (valore d'uso), eine *Nützlichkeit* (utilità).

Dieser Begriff war in mehrfacher Hinsicht unvollkommen und zweideutig: 1. Es wurde nicht hinreichend klar gemacht, daß dieser Gebrauchswert, diese Nützlichkeit, ausschließlich eine Beziehung zwischen einem Menschen und einer Sache bezeichnete. Daher sprachen viele, wenn auch ohne sich dessen recht bewußt zu sein, davon wie von einer objektiven Eigenschaft der Dinge selbst. ... 2. Man berücksichtigte nicht, daß jener Gebrauchswert ... von der verbrauchten Menge abhängt. ... 3. Der Begriff der Nützlichkeit kann in der politischen Ökonomie etwas ganz anderes bedeuten als in der Umgangssprache. So ist das Morphium nicht nützlich im gewöhnlichen Sinne, vielmehr ist es für den Süchtigen schädlich, ökonomisch gesehen dagegen ist es ihm *nützlich*, da es ihm ein Bedürfnis stillt, und sei es auch ein verderbliches" (3. Kap., § 28 ff., S. 153 f.).

Auf die ethische Indifferenz des ökonomischen Nutzenbegriffs hat schon *Walras* hingewiesen. Pareto geht weiter: er verwirft den Begriff des Nutzens ganz und ersetzt ihn im „Manuale" (wie schon im „Cours d'économie politique", 1896/97, *1*, Bd. I, S. 3) durch den der „Ophelimität" (italienisch ofelimità, französisch ophelimité; vom griechischen ωφελιμος, was freilich wiederum „nützlich" heißt, da die Griechen in ihrer vorkapitalistischen Unschuld den subtilen Unterschied von nützlicher und nicht nützlicher, aber dennoch angebotener und begehrter Ware noch nicht zu sehen vermochten). Die Ophelimität bezeichnet einfach die Nutzen*vorstellung*, die jemand mit einem Gegenstand verbindet — gleichgültig, ob eine solche Vorstellung sachlich gerechtfertigt ist oder nicht. Man sieht: der streng subjektivistisch verstandene Begriff der Ophelimität bezeichnet einen Anwendungsfall der Lehre Paretos von der gesellschaftlichen Wirksamkeit der Illusionen.

„Die Ophelimität, die ein Mensch mit einer bestimmten Gutsmenge verbindet, welche einem anderen Vorrat, über den er schon verfügt — dieser kann auch gleich Null sein — hinzugefügt wird, bezeichnet das Vergnügen (il piacere), das diese bestimmte Menge ihm bereitet.

Wenn diese Menge unendlich klein ist und das Vergnügen, das sie verschafft, durch eben diese Menge geteilt wird, so ergibt sich die *Grenzophelimität* (ofelimità elementare).

Wird schließlich die Grenzophelimität durch den Preis geteilt, so ergibt sich die *gewogene Grenzophelimität* (ofelimità elementare ponderata)" (3. Kap., § 32 ff., S. 155).

„Wenn man mit dem Begriff der Ophelimität arbeitet, so muß man sich gegenwärtig halten, daß ein Unterschied zu machen ist zwischen *Gesamtophelimität* (ofelimità totale) — bzw. ihrem Index — und Grenzophelimität (ofelimità elementare) — bzw. deren Index —. Die erstere bezeichnet das Vergnügen — oder den Index des Vergnügens —, das die Gesamtmenge der Ware A, über die jemand verfügt, ihm bereitet; die zweite ist der Quotient des Vergnügens — oder seines Index —, das eine neue sehr kleine Einheit von A verschafft, geteilt durch diese Menge" (4. Kap., § 32, S. 251 f.).

Bemerkungen: 1. Die Definition der Ophelimität weckt die Vorstellung von quantitativer Bestimmbarkeit der Wertungen. Pareto selbst hat noch im „Cours" diese Illusion gehegt und erst im „Manuale" die Konsequenz aus seinem Begriffswechsel zu ziehen versucht — keineswegs folgerichtig, wie schon die obige Definition der Grenzophelimität zeigt — indem er von dem immer wieder als extensive Größe („Menge") vorgestellten Sachnutzen zu den Intensitätsgrößen der persönlichen Wertungen überging. Letztere kann man offenbar nicht messen, sondern nur miteinander vergleichen (skalieren). Man kann zwar fragen, „wie groß" ein *Nutzen* sei; aber man kann offenbar nicht mehr fragen, „wie groß" eine *Wertung* ist, sondern nur noch: ob eine bestimmte Menge der Ware A von der gleichen Person höher oder geringer veranschlagt wird als eine bestimmte Menge der Ware B. Die entsprechende Weise, hierauf eine Antwort zu finden, ist die der *Indifferenzkurvenmethode* (siehe unten, S. 190 ff.). — Freilich ist Pareto, wie wir auch im folgenden sehen werden, immer wieder in die Vorstellung einer Rechenbarkeit der Ophelimität zurückgefallen.

2. Die Ersetzung des „Nutzens" durch den Begriff streng subjektiver Wertungen bedeutet mehr als einen bloßen Wechsel der Bezeichnungsweise (wie immer wieder gemeint worden ist); sie ist nicht eine Gelehrtenschrulle, vielmehr ist nun die Verbraucherwertung, die bisher als Ergebnis eines rationalen, quasi unternehmerischen Vorteilskalküls betrachtet worden ist, auch als Ergebnis *„nicht logischer"* Impulse denkbar. Diese freilich sind um so mehr dem Einfluß *Dritter* zugänglich, je weniger sie von den Einzelbeteiligten selbst kontrolliert werden. Die Lehre von den *Wahlhandlungen*, für die Paretos Theorie grundlegend geworden ist, führt folgerichtig weiter zur angewandten Lehre unserer Tage von der *Technik der Verhaltenssteuerung*.

3. Damit ist zugleich das Verhältnis der ökonomischen Doktrin zur *Psychologie* gründlich verändert. Auch die höchstpersönlichen Präferenzen der Individuen beruhen zwar auf „psychischen" Entscheidungen, aber sie müssen nicht mehr als psychische „Größen" gemessen werden. Die Ökonomie ist nicht mehr eine „psychologische Wissenschaft", als die sie vor allem einige Vertreter der frühen österreichischen Grenznutzenschule betrachtet wissen wollten. Oder richtiger: sie verzichtet nun darauf, länger vergeblich auf die Auskünfte einer anderen Disziplin (der Psychologie bzw. Psychophysik) zu warten, und will als „reine" Theorie ihre Aussagen wieder ganz aus den eigenen Voraussetzungen entwickeln (vgl. Pareto, 7, S. 1112). Indem nicht mehr „der Mensch" im allgemeinen, sondern vielmehr die einzelnen, mit ihren jeweiligen Güterausschnitten, ihren Einkommensverhältnissen, ihrer Begehrsintensität und den „Daten", die auf all dies einwirken, betrachtet werden sollen (freilich in der „reinen" Ökonomie sehr in abstracto), sagt sich die Wirtschaftslehre von ihrer Hoffnung auf die anthropologisch orientierte Psychologie los und bereitet schließlich der empirischen *Einzelforschung* methodisch den Weg.

Das Abrücken der ökonomischen Theorie von ihrer nicht erhörten Liebe zur Psychologie ist um die Jahrhundertwende ein allgemeines und drückt sich im Wechsel des Nutzenbegriffes aus. So ersetzt auch A. *Marshall* in den späteren Auflagen seiner „Principles" das Wort *utility* durch *satisfaction*, nachdem schon *Jevons utility* im Sinne von höchstpersönlichem *pleasure* verstanden hat. In Frankreich schlägt bereits 1883 Ch. *Gide* vor, von *désidérabilité* zu sprechen (1, Bd. I, S. 55); wenig später (1888) verwendet *Wicksteed* den Begriff *desiredness* (3, S. 8). Auch I. *Fisher* strebt fort von den pseudo-psychologischen Aussagen und empfiehlt, das Wort *utility* durch *desirability* zu ersetzen (1, S. 11, 23).

Die neuere Auffassung vom Konsumentenverhalten als einem nur teilweise vernünftigen und daher um so besser von außen lenkbaren trifft sich später auf ganz anderer Ebene wieder mit der Psychologie: nämlich mit der angewandten, die selbst in den Dienst planvoller Marktstrategie getreten ist.

2. Die Skala der Präferenzen und die Indifferenzkurven

Die Umdeutung des Nutzen-Begriffs in einen solchen der persönlichen *Präferenz* liefert nun den Ansatz dazu, das Meßbarkeitsproblem, an dem die Grenznutzenlehre gescheitert ist, zu *umgehen:* Nicht mehr um die *absolute* („kardinale") „Größe" eines Nutzens (bzw. Nutzenzugangs), geht es, sondern vielmehr um den *relativen* („ordinalen") Stellenwert, den die Individuen den Gütern bestimmter Menge nach der Rangskala ihrer Präferenzen beimessen, also um das „Mehr", „Weniger" oder „Gleichviel" an Bedeutung, das sie einer Gütereinheit im *Verhältnis* zu einer anderen zuweisen. Dabei konstatiert Pareto, daß eine Ware nicht unabhängig von anderen nachgefragt wird, sondern vielmehr zu diesen in mannigfachen Ergänzungs- und Vertretungsverhältnissen steht. (Vgl. *3, 4.* Kap., § 8 ff., S. 239 ff.) Im weiteren vernachlässigt er allerdings (was u. a. H. *Mayer* und J. *Neubauer* zu Recht vermerkt haben; *3,* S. 213, bzw. *1,* S. 669) ganz die Komplementärverhältnisse zwischen den Waren und beschäftigt sich nur noch mit der Ersetzbarkeit einer Ware durch eine andere. Den Stellenwert, den ein Gut in der Präferenzenskala eines einzelnen einnimmt, sucht Pareto durch den paarweisen *Vergleich* von Waren zu gewinnen, deren wechselnde Mengenverbindungen jeweils gleiche „Befriedigungen" gewähren. So gelangt man zu der Lehre von den *Indifferenzverhältnissen.*

a) Die Vorarbeit von F. Edgeworth und I. Fisher

Die Indifferenzkurvenmethode dankt Pareto dem englischen Nationlökonomen F. Y. *Edgeworth* (*2,* S. 20 ff.; vgl. auch oben, S. 173). Pareto hat dabei allerdings einen anderen methodischen Weg gewählt:

„Edgeworth und die anderen *gehen* von dem Grenznutzenbegriff *aus* und *gelangen* von dort zur Bestimmung der Indifferenzkurven... Ich lasse nun den Grenznutzen ganz beiseite und gehe von den Indifferenzkurven aus. Hierin allein liegt das Neue.... Bis zur Stunde haben die Prinzipien der reinen Ökonomie ihre Grundlage im Grenznutzen, der rareté, der ofelimità usw. Das ist jedoch unzweckmäßig. Man kann von den Indifferenzkurven ausgehen, *die ein unmittelbares Ergebnis der Erfahrung sind"* (Brief an *Pantaleoni* vom 28. 12. 1899; *6,* Band II, S. 288; vgl. auch *3,* S. 165, 497 f.; *7,* S. 1108).

Wie es um die „Erfahrungs"-Grundlage der Indifferenzkurven bestellt ist, werden wir noch sehen. Immerhin dienen die Indifferenzkurven bei Pareto dazu, mit den Verbraucherschätzungen in einem streng *relationistischen* und nicht mehr kausalen Sinn weiterzuarbeiten (vgl. hierzu schon *8,* S. 307).

In diesem Bestreben kommt Pareto der Fragestellung des amerikanischen Ökonomen Irving *Fisher* (1867—1947) nahe (dessen bedeutungsvolle Dissertation von 1892, *1,* Pareto in *7,* zitiert hat): Die Rolle eines für Fisher selbst nur fiktiven Nutzenmaßstabs (des „*util*") sollen die Güter selbst vertreten, indem sie einander wechselseitig als Maßstab dienen. So sucht Fisher den unterschiedlichen Individualnutzen von verschiedenen Mengen Milch in Einheiten von Bier, den von Bier in Einheiten von Brot, den von Brot wieder in Einheiten von Milch zu bestimmen. Auf diese Weise sollen die *Proportionen* der Dringlichkeit des Begehrs erschlossen werden, wobei sich auch Fisher, unabhängig von Edgeworth, des Darstellungsmittels der von ihm so benannten „indifference curves" bedient (vgl. *1*, S. 70). Durch diesen Übergang von der Theorie des Grenznutzens zu derjenigen der Präferenzen ist Fisher, wie es R. *Frisch* ausgedrückt hat (*1*, S. 1), zu einem „Pionier" der Lehre von den Wahlakten geworden.

Nimmt man hinzu, daß auch die beiden Österreicher Rudolf *Auspitz* und Richard *Lieben* in ihren (allerdings zu ihrer Zeit noch wenig beachteten) „Untersuchungen über die Theorie des Preises" (*1*, 1889) in ähnlicher Weise der Theorie der Präferenzen vorgearbeitet haben (vgl. ihre „Kurven vorteilhaftester Betriebs- und Lebensweise", S. 110 ff.), so wird deutlich, daß der Übergang von der Theorie des Grenznutzens zur Lehre von den Wahlhandlungen eine folgerichtige Fortbildung der subjektivistischen Preistheorie darstellt.

b) Die Indifferenzkurven der Verbraucher bei Pareto

„Nehmen wir an, daß ein Mensch sich ausschließlich durch seine Wünsche (gusti) leiten läßt und daß er über 1 kg Brot und 1 kg Wein verfügt. Er ist, immer entsprechend seinen Wunschvorstellungen, geneigt, auf etwas Brot zu verzichten, um etwas mehr Wein zu haben, oder umgekehrt. Er willigt beispielsweise darein, nur 0,9 kg Brot zu besitzen, um über 1,2 kg Wein zu verfügen. Mit anderen Worten: die beiden Kombinationen 1 kg Brot und 1 kg Wein sowie 0,9 kg Brot und 1,2 kg Wein laufen für diesen Menschen auf dasselbe hinaus; er zieht weder die erste Verbindung der zweiten noch die zweite der ersten vor. Unser Individuum wüßte daher nicht, welche der beiden es wählen sollte; es verhält sich *indifferent* hinsichtlich der einen oder der anderen Verbindung.

Gehen wir von jener Kombination 1 kg Brot und 1 kg Wein aus, so stoßen wir auf eine Reihe von anderen, deren Wahl indifferent ist; etwa:

Brot:	1,6	1,4	1,2	1,0	0,8	0,6
Wein:	0,7	0,8	0,9	1,0	1,4	1,8

Eine solche Reihe, die wir beliebig verlängern können, wollen wir eine *Indifferenzreihe* (serie di indifferenza) nennen.

Die Darstellung vereinfacht sich sehr, wenn sie graphisch vorgeführt wird.

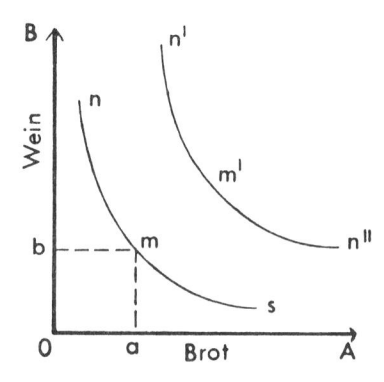

Abb. 1: Einfache Indifferenzkurven der Verbraucher

Zeichnen wir zwei rechteckige Achsen OA und OB [siehe Abb. 1]. Auf OA tragen wir die Mengen Brot ab, auf OB die Mengen Wein. Oa bezeichnet z. B. eine Einheit Brot, Ob eine Einheit Wein. Der Punkt m, der diesen beiden Koordinaten zugeordnet ist, zeigt die Kombination 1 kg Brot/1 kg Wein an.

So können wir selbstverständlich die ganze obige Reihe darstellen; indem wir die Punkte dieser Reihe zu einer kontinuierlichen Linie verbinden, gelangen wir zu der Linie n m s, die wir *Indifferenzlinie* oder *Indifferenzkurve* nennen.

Jeder Kombination weisen wir einen Index zu, der den folgenden beiden Bedingungen genügen muß, im übrigen aber willkürlich ist: 1. Zwei Kombinationen, zwischen denen die Wahl indifferent ist, müssen den gleichen Index haben. 2. Von zwei Kombinationen muß diejenige, die der anderen vorgezogen wird, einen größeren Index haben.

Diese Indices sind die *Indices der Ophelimität*, oder des Vergnügens, das der einzelne empfindet, wenn er von einer Güterverbindung mit einem gegebenen Index Gebrauch macht.

Aus dem oben Gesagten folgt, daß alle Kombinationen einer Indifferenzreihe den gleichen Index haben, oder auch: daß alle Punkte einer Indifferenzkurve den gleichen Index haben.

Der Index der Kurve n m s in der Skizze [1] sei 1. Wir können aber auch eine andere Kombination m' finden (z. B. 1,1 kg Brot und 1,1 kg Wein), die unser Individuum der Kombination m vorziehe, und weisen ihr den Index 1,1 zu. Indem wir von dieser Kombination m' ausgehen, gelangen wir zu einer anderen Indifferenzkurve n' m' n". Auf diese Weise können wir fortfahren, indem wir selbstverständlich nicht nur die Kombinationen betrachten, die für den einzelnen besser als die Kombination m sind, sondern auch diejenigen, die ungünstiger sind.

So ergeben sich unzählige Indifferenzreihen, eine jede mit ihrem Index; d. h. wir bedecken jenen Teil der Fläche OAB, den wir betrachten wollen, mit einer ungezählten Schar von Indifferenzkurven, jede mit ihrem Index" *(3,* Kap. 3, § 52 ff., S. 164 ff.).

Auf diese Weise erhalten wir die „Photographie der Wünsche" des einzelnen. Wie die Höhenlinien auf Landkarten, so bezeichnet jede Indifferenzkurve den „Lusthügel" (colle del piacere; dilettoso monte; vgl. S. 167, sowie die „Lebensgenußkurve" bei *Auspitz* und *Lieben, 1,* S. 139 ff. und passim) eines gedachten Individuums, das zwischen den verschiedenen ihm zugänglichen Indifferenzkurven den „Pfad" (il sentiero) zur Maximierung seines Vergnügens ertasten wird. (Paretos „dilettoso monte" gemahnt an den „Läuterungsberg" — monte del purgatorio — in der „Divina comedia"; vgl. dort Canto IV/69).

c) Würdigung

1. Die Indifferenzkurven-Methode will nicht mehr Nutzen-„Größen" *messen,* sondern vielmehr Präferenzen *ordnen* (skalieren):

„Wir brauchen ... nicht zu wissen, ob der Genuß (die Nützlichkeit, die Ophelimität) eine meßbare Größe im mathematischen Sinne des Wortes ist oder nicht, noch weniger benötigen wir ein exaktes Maß des Genusses; die Kenntnis der Indifferenzlinie genügt. Die einzigen meßbaren Größen, die der Betrachtung zugrunde liegen, sind die Waren selbst.

Damit wird der Gedankengang, der zu den Grundgleichungen führt, streng. Dasjenige, was dieser Strenge im Wege stand, war überflüssig" (Pareto 7, S. 111).

„Man erhält also eine ganz besonders geartete Gleichung, die die quantitative Analyse eines ausgesprochen qualitativen Vorganges ermöglicht, ohne daß die Qualitäten auf beiden Seiten der Gleichung an sich irgendwie kommensurabel wären" (E. *Quittner-Bertolasi, 1,* S. 24). Damit hat Pareto „einen Weg zu neuen Ergebnissen von weiter ökonomischer Bedeutung erschlossen" (J. R. *Hicks, 3,* S. 16).

Um so eigenartiger ist es, daß Pareto dennoch immer wieder explizit oder implizit eine *Meßbarkeit seiner Ophelimität* unterstellt. (Vgl. *3,* S. 221 f., 253, 499; *7,* S. 1111; sowie oben, S. 188.) Ganz gegen seinen Vorsatz unterläuft es ihm, daß er „in den von ihm so gerügten Fehler der Meßbarkeit der Ophelimität verfällt, zu dessen Vermeidung ja das ganze System der Indifferenzlinien konstruiert wurde" (H. *Mayer, 3,* S. 204).

Dieser Irrtum erklärt sich allerdings letztlich aus einem Sachverhalt, der *wissenschaftssoziologisch* zu erschließen ist: Auch Paretos Konzept von den Wahlakten der Verbraucher lebt, ihm selbst nicht bewußt, ebenso wie die ältere Vorstellung von der Meßbarkeit des Verbrauchernutzens, aus der *Gleichsetzung der Konsumentenhaushalte mit der Welt der kalkulierenden*

Unternehmungen. Das Modell der Verbraucherpräferenzen ist dem der Wahlhandlungen der Unternehmungen nachgebildet, die unter dem Gesichtspunkt ihres Ertrags-Aufwands-Optimums die zweckmäßigste Kombination ihrer Kapitalelemente aufsuchen müssen. Und dieses geheime Leitbild des kalkulierenden Unternehmens schlägt in der Lehre vom Verbraucherverhalten nicht nur bei Pareto, sondern vielmehr in der neueren Theoriegeschichte überhaupt, immer wieder durch.

2. In Wahrheit freilich können sich die *Konsumentenhaushalte* überhaupt *nicht streng rechenhaft* verhalten, wie dies in der Unternehmenswelt der Fall ist. Sie können keinen Aufwands- und Ertragsvergleich anstellen, keine Unternehmensbilanz, mit Gewinn- und Verlustsaldo, aufmachen. Hierin beruht der gründliche und unverwischbare Unterschied zwischen dem Erwerbssektor der modernen Wirtschaft und den persönlichen Haushaltungen. Der den Verbrauchern unterstellte quasi-unternehmerische Rationalkalkül ist eine Fiktion. Die Wirklichkeit ist anders: „Oft werden sich die Käufer erst im Laden über ihre Wünsche klar, angesichts der dort ausgestellten Waren. ... Die Vorstellungen so vieler ökonomischer Lehrbücher, die Käufer kämen zum Markte fest entschlossen, was sie kaufen und welchen Preis sie für die erste, zweite usw. Einheit jedes Gutes bewilligen wollen, — diese Vorstellung ist ein unverdientes Kompliment an die geistige Energie der Menschheit. ... Die psychologischen Kategorien, nach denen sich die Nachfrage der Konsumenten verstehen läßt, sind Gewohnheit, Nachahmung und Suggestion — nicht überlegte Auswahl" (W. C. *Mitchell*, 1, S. 156; vgl. auch O. *Lange*, 1 S. 293, 295 f.). Die Konstruktion von Präferenzskalen ist schon aus diesem Grunde eine bloß hypothetische: „Von einer Ermittlung der Indifferenzlinien durch die Erfahrung oder gar das Experiment, wie Pareto behauptet, kann keine Rede sein" (H. *Mayer*, 4, S. 374).

3. Im übrigen scheitert ein „experimenteller" Nachweis von Indifferenzkurven, wie ihn Pareto und spätere Denker gesucht haben, an weiteren *Schwierigkeiten:*

a) „Es wird den befragten Individuen eine unendliche Zahl von Erfahrungen, betreffend die Indifferenz einer unendlichen Zahl von Güterkombinationen, von welchen ihnen in Wahrheit nur einige geläufig sind, zugemutet; und es wird den befragten Individuen überdies noch zugemutet, daß sie diese unendliche Zahl von (nicht vorhandenen) Erfahrungen in ihren Antworten richtig, mit mathematischer Genauigkeit reproduzieren. Beides sind ganz offensichtlich reine Fiktionen..." (H. *Mayer*, 3, S. 208). „Um zu ermessen, wie sehr diese ‚experimentelle' Methode von V. Pareto den Erfahrungstatsachen widerspricht, genügt es, die konkrete Frage zu stellen: um wieviel muß die konsumierte Menge eines Automobils oder Klaviers vergrößert werden, um genau den um ein Kilogramm verminderten Konsum an Brot oder Fleisch zu kompensieren? Wir bemerken, daß es sich dabei, wie schon hervorgehoben wurde, um die *individuelle* ‚Indifferenzlinie' handelt, nicht etwa um den Massenkonsum. Ebenso ist nicht eine Zunahme des *Preises* des Automobils oder Klaviers gemeint, sondern eine Zunahme der *physischen Menge* dieser Güter. Schließlich ist auch nicht eine Zunahme dieser Güter im Sinne einer Verbesserung ihrer *Qualität* gemeint, denn ein

Automobil oder Klavier besserer Qualität ist schon ein *neues* Gut, gemeint ist aber eine Mengenzunahme *desselben* Gutes.

Im wirklichen Leben gibt es gewöhnlich eine so genaue Kompensation überhaupt nicht und gewöhnlich auch keine gleichgültigen Güterkombinationen. Alle diese Begriffe sind im allgemeinen irreal. Unter mehreren *gleichgültigen* Güterkombinationen könnte man überhaupt keine Auswahl treffen, man stünde da wie ‚Buridans Esel', während die wirklichen Wirtschaftssubjekte gewöhnlich immer eine Wahl treffen." (A. Bilimovič, 1, S. 157; ferner J. *Neubauer, 1,* S. 671; A. *Mahr, 1,* S. 203; G. *Rittig, 2,* S. 233, 234 u. passim.)

b) „Nicht einmal post factum wäre man ... in der Lage, die für die Entscheidung maßgebenden Indifferenzlinien zu konstruieren; denn die vollzogene Wahl würde ja lediglich *einen* Punkt liefern, den man in das Koordinatensystem einzeichnen könnte; die anderen Punkte zur Darstellung der nicht realisierten Möglichkeiten könnten niemals bestimmt werden, es sei denn, das Individuum wäre in der Lage, die dazu notwendigen Angaben zu liefern" (H. *Albert, 1,* S. 74; im selben Sinne J. *Neubauer, 1,* S. 671).

Pareto betrachtet nur Bedürfnis*gattungen*, die alternativ befriedigt werden. In Wirklichkeit lassen sich die Menschen aber von jeweils sehr spezifischen, differenzierten Bedürfnissen leiten, „für deren Realisierung eben nur je *bestimmte* Arten und Qualitäten von Gütern tauglich sind" (H. *Mayer, 3,* S. 215). Eine entsprechende Verfeinerung des Bildes müßte freilich die Zahl der Indifferenzkurven rasch ins Unübersehbare wachsen lassen.

d) Die Voraussetzung unendlicher Teilbarkeit der Güter trifft durchwegs nicht zu. Nicht auf technische, sondern auf ökonomische Teilbarkeit kommt es hierbei im übrigen an (A. *Bilimovič, 1,* S. 146, 148 ff).

e) Auch die Vorstellung einer „*grenzenlosen Substituierbarkeit*" der verschiedenen Güter für die Bedürfnisbefriedigung" (H. *Mayer, 3,* S. 211), und dementsprechend die Annahme einer „unendlichen Variationsmöglichkeit der die indifferenten Kombinationen bildenden verschiedenen Güter" (H. *Mayer,* 4, S. 374) ist unzutreffend. (Vgl. auch G. *Rittig, 2,* S. 72 f.) Streng genommen gibt es solche Ersetzbarkeit von Gütern zur Erzielung des gleichen Erfolges nur bei den *Produktivgütern* (also in der Produktionswirtschaft!); nur sehr selten dagegen bei den „Genußgütern" (H. *Mayer, 3,* S. 211; A. *Mahr, 1,* S. 201). Hier ist das Verhältnis der *Komplementarität*, das Pareto (im Unterschied etwa zu I. *Fisher*) gänzlich vernachlässigt hat, ungleich bedeutungsvoller (vgl. J. *Neubauer, 1,* S. 669 ff.). Pareto dagegen schlägt selbst Güter, die nur *verbunden* mit anderen Nutzen stiften, über den Leisten seiner Vertretbarkeitsskalen (vgl. hierzu H. *Mayer, 3,* S. 212).

f) Jedermann hat (wie natürlich auch Pareto wußte) seine eigenen Präferenzen; und diese sind vor allem abhängig von der Höhe des *Einkommens,* wodurch schon ein gewisser Vorentscheid über den Ausschnitt der überhaupt in den Vergleich eintretenden Waren getroffen ist (Paretos Polenta oder Perlen, 3, S. 244 f.). Die „Hierarchie der Waren" (S. 245 f.) wiederholt insofern die Stufung der Einkommen in der Gesellschaft.

g) Die Präferenzen *wechseln* (S. 248 f.). Die dahinterstehenden Bedürfnisse kehren im übrigen mit ganz unterschiedlicher Häufigkeit wieder (z. B. das

Verlangen nach einem Hochzeitskleid und das Verlangen nach Brot), und ebenso die Möglichkeiten ihrer Befriedigung. Das bedeutet, daß zu jedem Zeitpunkt der einzelne überhaupt immer nur einen kleinen und wechselnden Ausschnitt selbst der ihm *zugänglichen* Präferenzen betätigen kann.

h) Die Präferenzen sind von den *Preisen* nicht unabhängig, sie können also die Preis*bildung* nicht erklären.

i) Überhaupt ist jede einzelne Präferenzenfunktion das Ergebnis sehr *vieler* Wirkungsfaktoren, wie schon Pareto in allgemeiner Form festgestellt hat (vgl. 7, S. 1103). Spätere Denker haben diese Abhängigkeitsverhältnisse näher bestimmt. Etwa: „Eine Vermehrung von X mag nicht nur Einfluß auf den Grenznutzen von X, sondern auch auf den von Y haben. ... Nehmen wir an, daß die Vermehrung von X den Grenznutzen von Y senkt, und daß eine Verminderung von Y den Grenznutzen von X hebt, und daß solche Kreuz-Effekte ins Gewicht fallen. Dann können die Kreuzwirkungen die direkten Wirkungen tatsächlich aufheben; und eine Bewegung auf der Indifferenzkurve nach rechts kann die Neigung der Kurve verstärken. ... Abnehmender Grenznutzen und Konvexität der Indifferenzkurven sind nicht das gleiche" (J. R. *Hicks, 3,* S. 14 f.; vgl. auch die neuere Lehre von der *Kreuzpreis-Elastizität* der Nachfrage). — Ferner: „Zumeist wird die Nachfragefunktion eines einzelnen nicht nur als abhängig von den gedachten Werten aller *Variablen* des verwendeten theoretischen Modells zu sehen sein, sondern auch als betont abhängig von der Natur der verschiedenen *Relationen* (d. h. von den Parametern dieser Relationen), aus denen das Modell besteht. Das bedeutet: die Werte der Präferenzfunktion werden von der Art dieser Relationen in einer so komplexen Weise abhängen, daß es nicht genügt, nur das Ergebnis der Relationen aufzuzeigen, d. h. die Werte der verschiedenen Variablen, wie sie *tatsächlich* bestehen" (R. *Frisch, 2,* S. 39 f.).

4. Es bleibt immer zu berücksichtigen, daß das Modell zunächst nur die vermuteten Indifferenzlagen eines *einzelnen* widergibt. Von da bis zu der eigentlich gesuchten Kurve der *gesamten Nachfrage* nach einer Ware ist noch immer ein weiter Weg. (Um Indifferenzkurven größerer Gruppen von Marktteilnehmern haben sich besonders T. *de Scitovsky, 1,* und P. A. *Samuelson, 4,* bemüht.)

Alles in allem stellen die Indifferenzkurven ein rein hypothetisches und keineswegs mit Werten der unmittelbaren Erfahrung zu füllendes *Reaktionsmodell* (hier: für die Verbraucher) dar, das eine bestimmte Einkommensverteilung und ein gegebenes Preissystem voraussetzt. Die Indifferenzkurven demonstrieren damit ein gedachtes Ergebnis, ohne sagen zu wollen, wie es zustande kommt. (Dies hat auch *Pantaleoni* gegen seinen Freund Pareto gelegentlich kritisch hervorgehoben.) — Noch im „Cours" hatte Pareto die Zuversicht bekundet: „Unter den Sozialwissenschaften hat allgemein die Wissenschaft von der Ophelimität Ergebnisse gebracht, die an Genauigkeit und Gewißheit den Lehren der anderen [!] Naturwissenschaften, wie der Chemie, der Physik usw., vergleichbar sind" (*1,* Bd. I, S. 6). Weder der „Cours" noch der „Manuale" noch eine andere ökonomische Schrift Paretos haben freilich diesen Anspruch einzulösen vermocht. Und man fragt sich, was mit einem Modell gewonnen ist, das mit seinen hypothetischen Ziffern die Vorstellung empirischer Genauigkeit suggeriert, die es, um wirkliche Auskunft befragt, nicht wahrmachen kann (vgl. auch die kritische Würdigung der Theorie der Wahlakte im Zusammenhang mit *Hicks*, unten S. 221 ff.).

Allerdings hat der rein formale und rein hypothetische Charakter der Indifferenzkurven-Methode diese nicht daran gehindert, sich innerhalb einer ohnehin *im ganzen* zunehmend formalisierten Wirtschaftslehre wachsende Beliebtheit zu verschaffen. Pareto selbst hat sie auch auf die Wahlakte der Unternehmungen ausgedehnt (wo sie eigentlich hingehört; siehe unten, S. 198 ff.; vgl. ferner die *„Isoproduktkurven"*, *„Isoquanten"*, *„Isokostenlinien"* in der späteren Theorie). Selbst in der Finanzwissenschaft haben Indifferenz- bzw. Präferenzüberlegungen Eingang gefunden; man vgl. etwa R. A. *Musgraves* System des Vergleichs einer Befriedigung „sozialer" und „privater" Bedürfnisse vermittels der öffentlichen Wirtschaft (*1*, S. 122, 144; zur Fortbildung der Indifferenzkurven-Methode vgl. im übrigen R. *Frisch, 2*; W. *Krelle, 1*, S. 109 ff.; ferner J. R. *Hicks*, unten S. 212 ff.).

3. Die Lehre vom Gleichgewicht

a) Die „Hindernisse" der Bedürfnisstillung und ihre Überwindung durch die Produktion

Einer vollen Befriedigung der Verbraucherwünsche stehen Widerstände (ostacoli) aller Art im Wege. Vor allem erfordern die natürlichen Schranken der Bedürfnisstillung eine Auswahl unter den Wünschen. Auf eine allerdings etwas gezwungene Weise kommt hier Pareto zur Lehre von der *Produktion:*

„Allgemein gilt: Wenn ein einzelner auf eine bestimmte Menge Ware verzichtet, um sich eine andere dafür zu beschaffen, so sagen wir: Er *transformiert* die erste Ware in die zweite. So kann er im Tausche verfahren, indem er anderen die erste Ware gegen die zweite überläßt: er kann ebenso in der Produktion verfahren, indem er von sich aus tatsächlich die erste Ware in die zweite umwandelt. Er kann sich zu diesem Zweck auch an jemand anders wenden, der die Waren transformiert — d. h. an einen Produzenten" (Kap. 3, § 70, S. 171 f.).

Arten solcher „objektiven Produktion" oder „objektiven Transformation" sind: a) materielle Transformation (etwa von Getreide in Brot), b) Transformation im Raum (Transport von einem Ort zu einem anderen), c) Transformation in der Zeit (sie ergibt sich schon bei a) und b) infolge des bei jedem „Umwandlungsprozeß" verstreichenden Intervalls). Die so bezeichnete dreifache „Transformation" ist bei Pareto ein verwässerter Ausdruck für den Tatbestand des *Kapitalumschlags*. Und da in der Erwerbswirtschaft nicht nur im Zusammenhang mit der eigentlichen *Wertschöpfung* in der Produktion, sondern auch beim bloßen Verkauf von Waren Kapital in Tätigkeit gesetzt (und Gewinn gemacht) wird, so fällt für Pareto natürlich auch die ganz andersartige „Umwandlung einer Ware in eine andere" (d. h. in *Geld*) unter den von ihm gewählten Oberbegriff der „Transformation". — Paretos Vorstellung von der „Transformation in der Zeit" leitet zur Lehre vom *Kapital* hinüber: Kapital stellen für Pareto alle Objekte dar, die geeignet sind, die Zeitspanne zwischen dem Beginn der Produktion und dem Vorliegen der Erzeugnisse zu überbrücken. Der *Zins* ist demgemäß ein Betrag, den jemand einem anderen zu zahlen bereit ist, der ihm Wirtschaftsobjekte sofort verfügbar macht, welche er unter anderen Umständen erst später besitzen würde (vgl. Kap. 5, § 17 ff., S. 280; § 40, S. 292 f.; § 48 ff., S. 298 ff.).

b) Die Indifferenzkurven der Produzenten

„Für die Hindernisse... gibt es gewisse Linien, die den Indifferenzlinien der Wünsche entsprechen.

Nehmen wir an, daß eine Ware A in eine andere Ware B umgewandelt werde, wobei die Mengen von B bekannt seien, die sich beim Einsatz von 1, 2, 3 Einheiten usw. der Ware A ergeben.

Ziehen wir zwei Koordinatenachsen und tragen wir für jede Einheit Oa von A die zugehörige Menge a b von B ein, die produziert wurde. So erhalten wir eine Kurve b b' usw., die wir *Indifferenzlinie der Hindernisse* nennen wollen. Wir geben ihr den Index Null, da die Umwandlungen sich auf dieser Linie vollziehen, ohne daß ein Rest (residuo) bleibt [vgl. Abb. 2].

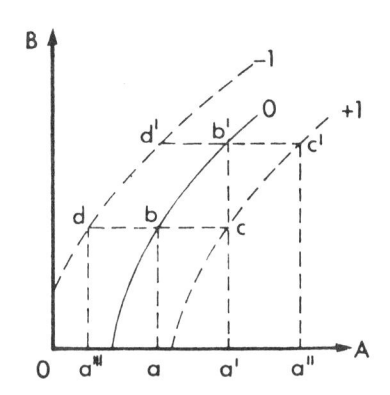

Abb. 2: Indifferenzkurven der Produzenten

Setzen wir die Abschnitte b c, b' c' usw. auf den Parallelen zur Achse OA gleich 1, so gelangen wir zu einer anderen Indifferenzlinie c c' usw., der wir den Index 1 geben. Wenn die Menge O a" von A vorhanden ist und eine Umwandlung geschieht, die a" c' an Einheiten B ergibt, so bleiben noch a' a" Einheiten von A übrig, d. h. ein Rest von A, der gleich 1 ist; und so kommen wir dazu, der Kurve c c' usw. den Index 1 zuzuweisen.

Setzen wir desgleichen b d, b' d' usw. gleich 1 und verbinden wir die Punkte d d' usw. miteinander, so erhalten wir eine weitere Indifferenzkurve, der wir den Index minus 1 geben; denn bei ihr fehlt genau eine Einheit, statt übrig zu sein, wenn bei Umwandlung von Oa Einheiten von Ware A in a b Einheiten von Ware B sich nur O a''' Mengen von A ergeben. So können wir fortfahren und die ganze Fläche mit Indifferenzkurven bedecken, die zum Teil positive, zum Teil negative Indices haben und durch die Linie mit dem Index Null voneinander getrennt sind. Diese Linie verdient besondere Beachtung und soll auch *Linie der vollständigen Transformationen* (linea delle trasformazioni complete) genannt werden, da auf ihr die Umwandlungen sich ohne positiven oder negativen Rest vollziehen.

Betrachten wir einen einzelnen Produzenten, so sind die oben bezeichneten Linien auch Indifferenzlinien des Produzenten, da er auf einer jeden von ihnen den gleichen Nutzen [*utile* in der italienischen, *bénéfice* in der französischen Ausgabe des Textes] hat, wenn der Index positiv ist; oder den gleichen Verlust *(perdita; perte)*, wenn der Index negativ ist; oder schließlich weder Nutzen noch Verlust, wenn der Index Null ist, d. h. wenn er auf der Linie der vollständigen Transformationen liegt. Bei einer Mehrzahl von Produzenten jedoch kann die Zahl der Produzenten selbst ein Hindernis sein; und in diesem Falle ändern sich die Indifferenzlinien" (3. Kap., § 75 f., S. 173 ff.).

Der Kapitalumschlag wird also hier rein güterwirtschaftlich dargestellt, so daß auch Gewinn und Verlust der Unternehmungen zunächst als Plus oder Minus an Produkten erscheinen. — Allerdings zeigt die Erfahrung, daß Unternehmungen, die dazu in der Lage sind, gerade durch nicht „vollständige Transformation", d. h. durch planvolle Hintanhaltung der Produktion (vermittels eines übernormalen „Unterprodukts", wie das Paretos Landsmann A. *Loria* genannt hat; *1*, besonders S. 287), nicht nur „normalen", sondern sogar überdurchschnittlichen Gewinn machen können. (Die Erklärung, die Pareto selbst im weiteren für Monopolgewinne gibt, ist eine sehr gezwungene; siehe unten S. 203 f.) — Verständlich wird Paretos Gedankengang überhaupt erst, wenn als „Ware A" *Geldkapital* betrachtet wird, das entweder mit Gewinn oder Verlust im Unternehmen „umgewandelt" (richtiger: auf dem Wege über Einkauf von Waren, Produktion und Verkauf des Produzierten in Geldkapital *zurück*verwandelt) wird. Diese „Transformation", d. h. der *Umschlag* von (Geld-)Kapital beschränkt sich allerdings keineswegs auf die *Produktion* (von Ware B): Gewinn und Verlust eines Unternehmens stehen erst fest, wenn die Produkte (zu bestimmten *Preisen*) auch *verkauft* worden sind. Im übrigen ist der positive oder negative „Rest" der Unternehmenstätigkeit auch abhängig von den Bedingungen des *Einkaufs* — wobei nicht etwa nur *eine* Ware, sondern vielmehr *alle* für den

Produktionsprozeß benötigten Kapitalelemente beschafft und daher in die Betrachtung einbezogen werden müssen. Daß Pareto auch in der Lehre von der Produktion dieses Verhältnis des *verbundenen Einsatzes* von „Waren" (richtiger: Kapitalelementen) *aller* Art vernachlässigt, führt zu einer sehr einseitigen Sicht der Unternehmenstätigkeit.

Es ist also unzulässig, den Gewinn oder Verlust eines Unternehmens a) in bloßen *Gütereinheiten* und (im Zusammenhang hiermit) b) nur als Resultat der *Produktionstätigkeit* des Unternehmens zu fassen. — Pareto hat mit seinen Indifferenzkurven der Verbraucher den Konsumenten zunächst einen kaufmännischen Vorteilskalkül unterstellt (die Indifferenzkurven wurden ja zunächst unter der Voraussetzung entwickelt, daß die Tauschpartner Konsumenten sind, die ihre Tauschgüter selbst produzieren); nun überträgt er umgekehrt jenen Typus *vorkapitalistischer* Tauschpartner auf die erwerbswirtschaftlichen Unternehmungen und verkennt dabei das Wesen des Kapitalprozesses. Freilich entspricht dieses quid pro quo jener in der neueren Theorie allenthalben postulierten *Übereinstimmung der gesellschaftlichen Zwecke*, wonach zwischen den wirtschaftlichen Zielsetzungen eines Verbraucherhaushaltes und eines modernen Erwerbsunternehmens kein wesentlicher Unterschied besteht.

c) Teil- und Gesamtgleichgewicht

Aus dem Wechselspiel der menschlichen „Wünsche" mit den „Hindernissen", auf die sie stoßen, entspringt für Pareto der Begriff des Gleichgewichts. Das allgemeine Gleichgewicht verwirklicht sich dabei vermittels der beiden partialen Gleichgewichte der Verbraucher und der Produzenten (die ihrerseits wieder auf zahlreiche Einzelgleichgewichte zurückgeführt werden können):

1. *Gleichgewicht beim Einzelkonsumenten:* „Betrachten wir einen Menschen, dessen Wünsche die Indifferenzkurven von t, t′, t″ ... darstellen; die Indices seiner Ophelimität steigen dabei von t zu t″ [vgl. Abb. 3]. Dieser Mensch verfügt jede Woche über eine Menge Om der Ware A. Nehmen wir an, er verfolge bei seinem Wunsche, Einheiten von A in B zu verwandeln, den geradlinigen Pfad mn. Im Punkte a, wo sein Pfad die Indifferenzkurve t schneidet, besteht kein Gleichgewicht, weil es für das Individuum vorteilhaft ist, sich vom Punkt a zum Punkt b auf der Kurve t′ vorzubewegen, wo sein Ophelimitätsindex größer sein wird.

Dies kann man für alle Punkte wiederholen, an denen der Pfad die einzelnen Indifferenzkurven schneidet — mit Ausnahme des Punktes c″, wo dieser Pfad zur Tangente einer Indifferenzkurve wird. In der Tat kann unser Individuum sich von c″ nur in Richtung b oder b′ bewegen; in beiden Fällen aber sinkt der Index seiner Ophelimität. Seine Wünsche verbieten ihm daher alle weitere Veränderung nach Erreichen des Punktes c″ auf dem Pfade mn, denn c″ ist ein Gleich-

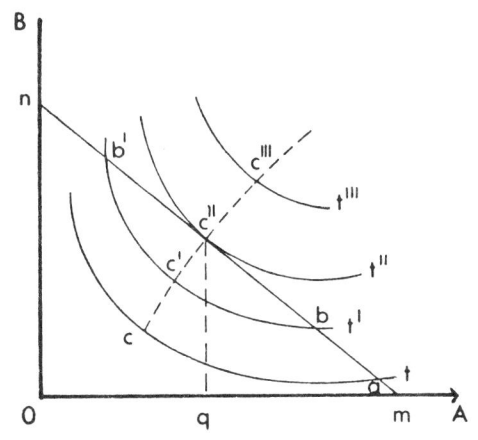

Abb. 3: Der Gleichgewichtspfad des Einzelkonsumenten

gewichtspunkt. Dasselbe gilt für die Punkte c, c′, c″, c‴, die sich auf anderen denkbaren Pfaden befinden, welche das Individuum durchlaufen könnte. Werden diese Punkte miteinander verbunden, so ergibt sich die Gleichgewichtskurve der Wünsche oder die *Tauschlinie* (linea dei baratti; ligne des échanges)" (Kap. 3, § 97, S. 179 f.).

2. *Gleichgewicht beim Einzelproduzenten:* „Der Produzent erstrebt den maximalen Vorteil [*utile*, wie bisher, in der italienischen, *profit* nunmehr in der französischen Ausgabe]; er wird daher, wenn nichts ihn daran hindert, den Nutzenhügel (il colle dell' utile) so weit wie möglich emporsteigen. Verfolgt er den Pfad O l, so kann er den Punkt c erreichen, an dem dieser Pfad eine Indifferenzkurve der Hindernisse tangiert [vgl. Abb. 4]. Dieser Punkt kann einen Index des höchsten

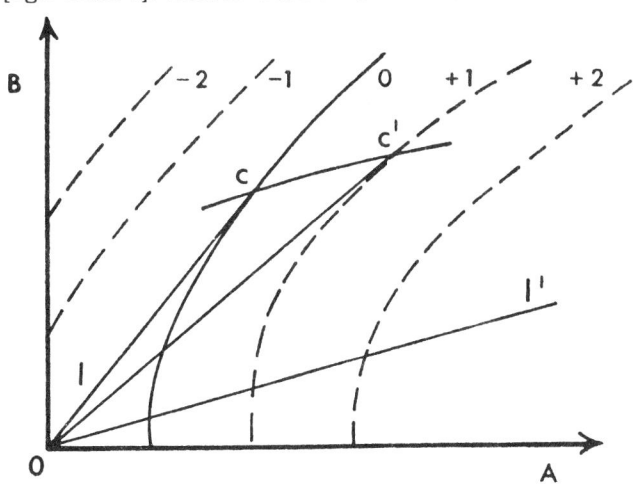

Abb. 4: Der Gleichgewichtspfad des Einzelproduzenten

aller auf diesem Pfade gelegenen Punkte haben; dann ist das Gleichgewicht des Produzenten im Punkte c auf dem Pfade O 1 erreicht — ganz entsprechend dem, was für den Konsumenten gilt. Wir werden diesen Fall als einen der unvollständigen Konkurrenz zu bezeichnen haben.

Es kann aber auch eintreten, daß ein Pfad, etwa von der Richtung O 1', überhaupt keine Indifferenzkurve der Hindernisse tangiert; oder auch, daß bei dem Pfade O 1, der eine dieser Kurven im Punkte c tangiert, der Index c niedriger ist als die Indices benachbarter Punkte auf diesem Pfade. In diesen Fällen ist die Konkurrenz eine vollständige (completa).

Der Produzent wird seinen Weg auf dem Pfade O 1 bis zu einem bestimmten Endpunkte fortzusetzen trachten, der ihm durch die weiteren Bedingungen des Problems gesetzt wird" (3. Kap., § 100 f., S. 181 f.).

Natürlich sind auch hier, wie Pareto ausführt, weitere Pfade denkbar; etwa der mit dem Tangentialpunkt c'.

„Verbindet man die Tangentialpunkte cc'..., so erhält man eine Linie, die als *Linie des größten Nutzens* (linea di massimo utile; ligne du plus grand profit) bezeichnet werden soll. Sie entspricht der Tauschkurve, die aus den Indifferenzkurven der Wünsche entspringt. Das Gebiet der Indifferenzkurven mit positivem Index ist gewöhnlich die Zone eines möglichen Gleichgewichts. Es ist jedoch offensichtlich, daß der Produzent, wenn er hierzu in der Lage ist, auf der Kurve des größten Nutzens innehalten wird. Die Konkurrenz ist bei Waren dieser Art eine unvollständige" (3. Kap., § 105, S. 183).

Man hat hiermit die Grundelemente von Paretos Theorie der Produktion kennengelernt. (Vgl. zu dieser R. *d'Addario*, 1; zu den Präferenzen der Unternehmungen neuerdings W. *Krelle*, 1, S. 94 ff.) — Dabei gilt, daß die „Gleichgewichte" immer neu ertastet werden müssen. Denn es schwanken a) die „Produktionskoeffizienten", d. h. die Proportionen. in denen die zur Erzeugung einer Ware erforderlichen „Produktionsfaktoren" eingesetzt werden (S. 290, 313, 317 f.; den Begriff der „Produktionskoeffizienten" hat Pareto von *Walras* übernommen); b) die jeweils gegebenen Preise (S. 313 f., 318). Je nachdem, ob hierbei eine der beiden Tauschseiten die Bewegungen der Preise hinnehmen muß oder sie von sich aus beeinflussen kann, handelt sie unter Bedingungen der vollständigen (Typ I) oder der unvollständigen Konkurrenz (Typ II, vgl. oben S. 187). Entsprechend diesen Bedingungen wird auch das *allgemeine* Gleichgewicht, das Pareto aus den beiden Partialgleichgewichten der Konsumenten und der Produzenten herleitet, von unterschiedlicher Natur sein.

3. *Allgemeines Gleichgewicht:* „Wenn Konsumenten mit solchen Produzenten in Marktverkehr treten, die über eine Kurve des größten Nutzens verfügen, so werden die Schnittpunkte dieser Kurve mit der Tauschkurve der Konsumenten die Gleichgewichtspunkte liefern. In diesen Punkten aber sind die Pfade Tangenten der Indifferenzkurven der Wünsche sowie der Indifferenzkurven der Hindernisse, denn gerade unter dieser Bedingung ist die Kurve des größten Nutzens bestimmt worden. ...

Wenn keine Tangentialpunkte vorhanden sind, so ist das Theorem unanwendbar. An seine Stelle tritt das folgende, das allgemeiner ist und das erste umschließt:

Das Gleichgewicht ist bezeichnet durch die Schnittpunkte der Gleichgewichtskurve der Wünsche und der Gleichgewichtskurve der Hindernisse. Auf diesen Kurven liegen die Tangentialpunkte der Pfade zu den Indifferenzkurven bzw. die Endpunkte dieser Pfade" (3. Kap., § 113 f., S. 186; letzter Absatz *H.*).

Dies gilt unter der Voraussetzung vollständiger Konkurrenz auf beiden Seiten. Ist diese auf einer Seite nicht mehr gegeben, so gilt das Theorem:

„Wenn ein Individuum, das unter den Bedingungen des Typs II verfährt, mit anderen in Marktverkehr tritt, die unter den Bedingungen des Typs I stehen, so ergibt sich das Gleichgewicht an dem Punkt, der für das erste Individuum am vorteilhaftesten ist. Dieser Punkt wird dabei unter jenen ausgewählt, bei denen die Pfade die Kurve der möglichen Gleichgewichtspunkte schneiden" (3. Kap., § 115, S. 186; *H.*).

Die Bestimmung eines solchen „Gleichgewichts", das selbst bei Ungleichheit der Marktpartner noch bestehen soll, zeigt die zunehmende *Formalisierung des Gleichgewichtsbegriffes* an, welche die weitere Entwicklung der Preislehre kennzeichnen wird. — Der Begriff des Gleichgewichts ist seit den Tagen des klassischen Liberalismus gleichgesetzt worden mit dem des jeweils größten beiderseitigen *Vorteils* der Marktparteien. Im Falle einseitiger Ausübung von Marktmacht aber wählt nun die überlegene Seite den Punkt *ihres* Vorteils (= ihres „Gleichgewichts"), zu Lasten der anderen Seite. Mit den Worten Paretos:

„Die Weise, wie der Gleichgewichtspunkt gefunden wird, ist eine verschiedene. Unter Verhältnissen des Typs I werden die einzelnen durch die Konkurrenz zu diesem Punkt gebracht; unter Bedingungen des Typs II wählt einer der Beteiligten den Punkt nach seinem Belieben unter jenen aus, bei denen ein Gleichgewicht möglich ist" (3. Kap., § 128, S. 194).

Dieser Punkt bezeichnet für die unterlegene Marktseite — Pareto denkt unwillkürlich an die Verbraucher — nur noch den eines *relativ* höchsten

Ophelimitätsindex unter den verbliebenen möglichen; er liegt unter dem „Gleichgewichts"-Punkt der vollständigen Konkurrenz (vgl. 3, S. 194).

Freier Wettbewerb ist zum größten Nutzen der Verbraucher, während die Unternehmungen hierbei auf die Kurve der *„vollständigen Transformation"* (= „Indifferenzkurve der Hindernisse", = Kurve der gewinnlosen Produktion) gedrängt werden. Im Falle von Angebotsmacht der Unternehmungen dagegen bestimmen diese ihr „Gleichgewicht", d. h. ihren größten Vorteil, und dieser liegt nun auf der Kurve des *„größten Nutzens"*:

Bei unvollständiger Konkurrenz der Anbieter „... tritt das Gleichgewicht am Schnittpunkt der Kurve des größten Nutzens mit der Tauschkurve [der Verbraucher] ein. Wenn aber etwa das Auftreten neuer Produzenten möglich ist [so daß vollständige Konkurrenz der Anbieter hergestellt wird; W. H.] und hierdurch die Kurve des größten Nutzens sich so verschiebt, daß sie die Tauschkurve nicht mehr schneidet, so tritt das Gleichgewicht da ein, wo die Tauschkurve die Kurve der vollständigen Transformationen schneidet" (3. Kap., § 150, S. 203).

„Es ist unverkennbar, daß da, wo die Konkurrenz die Unternehmungen auf die Kurve der vollständigen Transformationen hindrängt, hierdurch, im Durchschnitt und auf lange Sicht betrachtet, schließlich der größte Verbrauchernutzen aus diesen Bestrebungen der Unternehmungen entspringt.

Auf solche Weise gelangen die konkurrierenden Unternehmungen dahin, wohin sie am allerwenigsten gehen wollten: Eine jede zielte nur auf den eigenen Gewinn und ließ sich die Konsumentenwünsche nur soweit angelegen sein, als sie diese nutzbar machen konnte. Und doch schlägt schließlich vermöge der fortgesetzten Anpassungsvorgänge, welche das Konkurrenzverhältnis erzwingt, all dieses Trachten der Unternehmungen zur Wohlfahrt der Verbraucher aus" (5. Kap., § 74, S. 314 f.; vgl. auch S. 337).

Auch für Pareto (wie für *Walras* und *Jevons*) verbürgt das „Gleichgewicht" der Konsumenten- und Produzentenwünsche zugleich ein Maximum an allgemeiner *Wohlfahrt*; auch für ihn entspringt hieraus das Gebot, die Märkte selbst zu ihrem Gleichgewicht finden zu lassen und ernste Eingriffe in die Einkommensverteilung zu unterlassen. (Vgl. etwa 7, S. 1119; ähnlich E. Barone, 2.) Was hierbei für Pareto noch subjektive Gewißheit ist, wird den späteren „Welfare Economics" zum Problem. (Zur Frage der *allgemeinen* „Ophelimität" vgl. A. *Bordin, 1*; V. *Dominedò, 1*. Zu Paretos Gleichgewichtslehre ferner L. *Amoroso, 1*, besonders S. 47 ff.; A. *de Pietri-Tonelli, 1*.)

d) Die Preise und das Gesamtgleichgewicht der Märkte

Nun erst führt Pareto im „Manuale" die Preisbildung in sein System ein (im „Cours" wird sie noch mehr vernachlässigt). Allerdings war von Preisen implizit schon ständig die Rede. Sie sind ein Ergebnis des Ausgleichs zwischen „Wünschen" und „Hindernissen" (Kap. 3, § 152, S. 204) und bezeichnen einfach jenen Tauschwert (valore di cambio) zweier Güter, der im Vorausgehenden schon entwickelt worden ist — und zwar nun ausgedrückt in *Geldeinheiten*. Der Aufwand zur Erlangung einer Ware, in Geld gerechnet, stellt sich nun als Produktionskosten dar (Kap. 3 § 117, S. 215). Die Tauschlinie bezeichnet jene Kurve, auf der sich Angebot und Nachfrage der Tauschgegner bewegen; und durch Zusammenfassung der einzelnen Tauschkurven ergeben sich das Gesamtangebot und die Gesamtnachfrage auf den einzelnen Märkten (§ 180 ff., S. 216 ff.). Hierbei ist das Gleichgewicht der Produktion (wie schon oben vermerkt, S. 204) da gegeben, wo die „Tauschkurve" entweder die Kurve der „vollständigen Transformation" schneidet, auf der die Unternehmensgewinne gleich Null sind (oder richtiger: auf der diese nicht über den konkurrenzüblichen *Durchschnittsprofit* hinausgehen; Fall der vollständigen Konkurrenz), oder aber die Kurve des höchsten Nutzen", wo *(überdurchschnittliche)* Unternehmensgewinne erzielt werden (Fall der unvollständigen Konkurrenz).

Das System des Gesamtgleichgewichts aller Märkte baut sich hierbei einfach aus den Gleichgewichten der Teilmärkte auf; so wie überhaupt von den Einzelverhältnissen unmittelbar auf die Verhältnisse der Gesamtwirtschaft geschlossen wird. Den Zustand eines allgemeinen Gleichgewichts kennzeichnet Pareto zusammenfassend folgendermaßen:

„Unter den Bedingungen des Typs I, bei vollständiger Konkurrenz und bei Preisen, die von einem bestimmten kontinuierlichen Handlungsablauf nicht berührt werden, können wir ... das folgende Theorem aufstellen:

Ein Gleichgewichtspunkt ist durch folgende Bedingungen gekennzeichnet: (A) Für jedes Individuum Gleichheit der gewichteten Ophelimitäten. (B) Für jedes Individuum Gleichheit der Einnahmen und Ausgaben. Ferner beim Austausch: (C) Gleichheit der vor und nach dem Tausche vorhandenen Summe aller Waren. Im Falle der Produktion treten an die Stelle der obigen Bedingungen die folgenden: (D) Gleichheit von Produktionskosten und Verkaufspreisen für alle produzierten Waren. (E) Gleichheit der Warenmengen, die zur Transformation nachgefragt werden, und der Warenmengen, die tatsächlich transformiert werden. [Dieser Abschnitt hervorgehoben.]

Hierbei ist von Bedingungen (B) und (C) eine jeweils überflüssig; und ebenso verhält es sich mit den Bedingungen (B), (D) und (E)" (Kap. 3, § 208 f. S. 226).

Wir wollen im Anschluß an dieses Résumé das Gleichgewichtskonzept Paretos als ganzes würdigen. Selbstverständlich bietet es nur ein „Modell", das nicht mit Erfahrungswerten gefüllt werden kann. Aus einer Reihe von Gründen bleibt allerdings Paretos Gleichgewichtskonstruktion unbefriedigend:

1. Das Gleichgewichtssystem ist *unvollständig:* Pareto betrachtet nur Märkte, auf denen anbietende Unternehmungen nachfragenden *Letztverbrauchern* gegenüberstehen; er vernachlässigt die *zwischenunternehmerischen* Märkte. Es fehlt ferner der Einbau der *Einkommen* in die Gleichgewichtsbestimmung (wie denn überhaupt die Einkommenslehre sowohl im „Manuale" wie schon im „Cours" ein recht kümmerliches Dasein fristet). Beides bedeutet einen Rückschritt hinter das System von *Walras* (vgl. unten). — Daß seine Grundgleichungen eine bestimmte Einkommensverteilung als gegeben voraussetzen, ist Pareto bewußt gewesen (vgl. 7, S. 1114). Hier genügt ihm freilich das schon im „Cours" aufgestellte Erfahrungsgesetz, daß die gesellschaftliche Einkommensverteilung sowohl über längere Zeiträume als auch zwischen den verschiedenen Nationen durchaus konstant bleibe (*1*, Bd. II, S. 299 ff.). Dieses *Gesetz der stabilen Einkommensverteilungskurve* hat sowohl hinsichtlich der methodischen Grundlagen (Pareto stützt sich auf die Aussagen der Steuerstatistik) als auch hinsichtlich der Folgerungen berechtigte Kritik durch *Bortkewitsch* erfahren (*2*, besonders S. 1209).

2. Das System ist *methodisch unkorrekt* aufgebaut: Von den Einzelverhältnissen, die Pareto zum Ausgangspunkt wählt, ist keineswegs so einfach, wie Pareto annimmt, zu den Durchschnittswerten und Summen zu gelangen, die das Gesamtgleichgewicht konstituieren. „Sollte Pareto ... wirklich übersehen haben, daß das Operieren mit *statistischen Mittelwerten* die Problemstellungen der reinen Theorie, die dahin gehen, die *ökonomischen Phänomene aus den Wirkungen und Rückwirkungen von Individuellem* (Bedürfnisse, individueller Güterbesitz, subjektive Wertungen) *auf die Bildung von Gesellschaftlichem (Preise) und umgekehrt* zu erklären, geradezu aufgehoben werden? Warum dann nicht gleich ausgehen vom durchschnittlichen Grenznutzen einer Gesamtheit, von durchschnittlichen Indifferenzlinien, durchschnittlicher Nachfrage, durchschnittlichem Einkommen usw., um daraus den durchschnittlichen Preis abzuleiten? Der Weg zum ‚Normalpreis' der klassischen Theorie wäre dann nicht mehr so weit! Sollte es Pareto entgangen sein, daß der resultierende Preis bei einer von einer Summe von Individuen nachgefragten Gesamtmenge eines Gutes ein ganz verschiedener sein muß, je nach der *Verteilung* dieser Gesamtnachfrage innerhalb dieser Summe von Einzelnachfragen; ein anderer, wenn diese Gesamtnachfrage sich konzentriert bei einem oder wenigen oder sich verteilt auf alle, und wieder verschieden, je nachdem sie sich gleichmäßig oder ungleichmäßig auf alle verteilt?" (H. *Mayer, 3*, S. 209 f.). „Imaginäre Elementarrelationen, die Indifferenzlinien, werden durch eine irreale Gesamtrelation ... zu einem postulierten irrealen Gleichgewichtszustande verbunden, und es ist dann nur selbstverständlich, daß die aus dieser Konstruktion abgeleiteten Preise und Preiszusammenhänge der Güter nicht die Preiszusammenhänge der Wirklichkeit sein können" (a.a.O., S. 216).

3. Das System liefert keine *Erklärung der Preisbildung*, sondern setzt vielmehr die Preise als gegeben voraus, nach denen sich die Verbraucher und Produktionsunternehmungen mit ihren Präferenzen richten. — Daher bleiben auch die von Pareto formulierten Bedingungen des Gleichgewichts

(besonders etwa B) und C)) inhaltlich unbestimmt. „Die Behauptung, daß, wenn ich 100 Lire ausgegeben habe, ich dann für 100 Lire Waren erhalten habe, erklärt durchaus nicht, warum ich diese Waren mit 100 Lire bezahlen mußte, und nicht bloß mit 90 oder mit 110; zu sagen, daß sich diese Güter gegen 100 Lire vertauschen, heißt konstatieren, registrieren, *definieren*, aber nicht den Preis *erklären*" (G. *Masci, 1*, S. 79).

4. Die Bestimmung des Gleichgewichts ist eine rein *statische*. Dies gilt unbeschadet der Tatsache, daß Pareto neben dem „stabilen" ein „labiles" Gleichgewicht kennt und gelegentlich nach Ansätzen zu einer „dynamischen" Gleichgewichtstheorie getastet hat (vgl. 5, 1901; 7, S. 1119 f.). Vor allem die Bedingungen B) und D) des obigen Textes schließen, strenggenommen, jegliche *Kapitalbildung* aus. Das würde bedeuten, daß auch die Produktionskosten nicht einmal den Durchschnittsgewinn, sondern überhaupt keinen Profit enthalten, aus dem investiert werden könnte. Die Vorstellung einer modernen Erwerbswirtschaft ohne Unternehmensgewinn und ohne Kapitalbildung zielt freilich am Wesen unserer Wirtschaftsordnung vorbei. — Mit der Fiktion einer kapitallosen Wirtschaft hängt das von *Wicksell* vermerkte Fehlen einer Theorie der *Investitionsperiode* zusammen; die „Transformation in der Zeit" dient Pareto nur zur Erklärung des Kapitalzinses, findet aber keine Berücksichtigung in dessen Gleichgewichtssystem (vgl. *Wicksell, 3*, S. 146).

5. Wie der Begriff des Kapitalprozesses, so fehlt überhaupt die Vorstellung von der *volkswirtschaftlichen Wertschöpfung*. Dies zeigt vor allem die Formulierung der Bedingung E): Es ist gerade der *Inhalt* der Produktion, Güter nicht nur in andere Gestalt zu bringen, zu „transformieren", sondern hierbei „wertvoller" (sowohl für den menschlichen Gebrauch als auch für den Austausch) zu machen. Güterwirtschaftlich betrachtet aber macht die „Umwandlung" Waren vor und nach der Produktion miteinander als rein physische Einheiten in aller Regel unvergleichbar (Beispiel: Kohle, die in elektrischen Strom „umgewandelt" wird).

Mit alledem hat die Preislehre Paretos — die natürlich keineswegs das umfassende Lebenswerk dieses Denkers erschöpft — nicht so sehr unsere Einsicht in die wirklichen Verhältnisse bereichert, als vielmehr die *Weise* des Nachdenkens über sie für die folgende Zeit mitbestimmt. Pareto ist, wie O. *Lange* zu Recht bemerkt hat, ein Bahnbrecher jener „*praxeologischen*" Fortentwicklung der neueren Wirtschaftstheorie geworden, die sich in gewisser Weise schon bei J. St. *Mill* angekündigt hat. „Die subjektivistische Richtung in der politischen Ökonomie verzichtet in ihrer praxeologischen Version auf alle psychologischen Überlegungen und verwandelt sich in eine Logik zweckmäßiger Wahlhandlungen (une logique du choix rationel), die auf Maximierung der Präferenzen gerichtet sind" (O. *Lange, 1*, S. 269).

Die damit eingeleitete Wende in der Geschichte der Volkswirtschaftslehre läßt die alte Streitfrage um die Rolle von *Verbraucherbedürfnissen* und *Produktionskosten* bei der Bestimmung der Preise verblassen. Pareto selbst empfindet seine Lehre als eine Überwindung des überlebten Gegensatzes:

„Der Preis oder *Tauschwert* bestimmt sich zugleich mit dem ökonomischen Gleichgewicht, und dieses resultiert aus dem Gegensatz der Wünsche und der Widerstände. Wer einseitig die Wünsche betrachtet, glaubt, daß sie allein den Preis bestimmen, und erblickt den *Grund* des Wertes in der Nützlichkeit (Ophelimität). Wer andererseits nur die Hindernisse betrachtet, meint, daß sie ausschließlich den Preis bestimmen, und verlegt den Grund des Wertes in die Produktionskosten. Und wer unter den Hindernissen nur die Arbeit gelten lassen will, sieht die Ursache des Wertes ausschließlich in der Arbeit. ...

Was wir als Tauschwert, als Tauschgrund, als Preis bezeichnet haben, hat nicht nur *eine* Ursache; und es ist nunmehr an der Zeit, daß jeder Ökonom, der nach der *Ursache* des Wertes fragt, schon damit zum Ausdruck bringt, daß er sich nicht die synthetische Gesamterscheinung des wirtschaftlichen Gleichgewichts zum Ziel gesetzt hat.

In der Vergangenheit war die Meinung allgemein, daß es nur *eine* Ursache des Wertes geben könne; und man stritt nur darum, was die Ursache sei. ... Demgegenüber führen diejenigen Theorien am weitesten, die das wirtschaftliche Gesamtgleichgewicht betrachten und untersuchen, wie es aus dem Gegensatz der Wünsche und ihrer Begrenzung entspringt" (3, Kap. 3, § 225 ff., S. 234 ff.; vgl. auch 7, S. 1115).

B. Von der „reinen" zur „angewandten" Lehre vom Verbraucherverhalten: J. R. Hicks

Neue ökonomische Gedanken müssen, wie Münzen, in größerer Zahl in Umlauf gesetzt werden, um Geltung zu erlangen, die sie dann freilich fast unbesehen behalten. So ist auch jene Wendung von den alten „Gefühlsquanten" der Verbraucher zu den einfachen Präferenzen mit ihrem nur noch relativen Stellenwert in der Nutzenskala der Konsumenten, die Wendung vom „kardinalen" zum „ordinalen" Nutzen von mehreren Denkern nach *Pareto* abermals vollzogen worden. Hier sind zunächst W. E. *Johnson* und E. E. *Slutsky* zu nennen. Im Jahre 1913 schrieb Johnson: „Die Unmöglichkeit der Messung berührt keines der ökonomischen Probleme. Auch braucht die Wirtschaftstheorie den Grenznutzen eines Gutes nicht zu kennen. Erforderlich ist nur die Wiedergabe der *Relation* zwischen einem Grenznutzen und einem anderen. Und diese Relation ist in der Tat genau bezeichnet durch die Durchbeugung der Nutzenkurve" (1, S. 490). Und zwei Jahre später wiederholte der russische Nationalökonom Slutsky unter Berufung auf Pareto dessen Bekenntnis zur Ökonomie als strenger Erfahrungswissenschaft: „Wenn wir die ökonomische Wissenschaft auf eine verläßliche Grundlage stellen wollen, so müssen wir sie gänzlich unabhängig von psychologischen Annahmen und philosophischen Hypothesen machen" (1, S. 1). Slutsky hat insbesondere die Verbrauchernachfrage in ihrer Abhängigkeit von der *Einkommenshöhe* sowie von den *Preisen* (sowohl der spezifischen Ware selbst als auch weiterer, mit ihr verbundener Waren) untersucht. Mit seinem Beitrag zur Preislehre „hört die nach innen gewandte Sicht [d. h. die Grenznutzenlehre] auf, für die Nutzentheorie noch eine bedeutende Rolle zu spielen" (G. J. *Stigler*, 2, S. 382 f.).

In den Vereinigten Staaten geht während der zwanziger Jahre I. *Fisher* vom Versuch einer Messung der Nützlichkeit (utility) über zu dem der Messung der „Wünschbarkeit" (wantability) von Waren (vgl. auch oben, S. 190 f.), wobei als Maßeinheit das von Fisher ersonnene „wantab" dienen soll und umfangreiche statistische Untersuchungen über die Kleinhandelspreise sowie die Familienhaushaltsrechnungen, also die Beobachtung von Massenphänomenen, die Grundlage liefern (2, 1927, besonders S. 159 ff.).

Auch innerhalb der „österreichischen Schule" bricht sich die Überzeugung allmählich Bahn, daß eine absolute Messung des Grenznutzens nicht möglich, aber auch nicht erforderlich sei; es genüge, zu wissen, ob Nachfrage I größer oder kleiner sei als Nachfrage II, III usw. (vgl. O. *Morgenstern*, 1, 1931, S. 14). Nicht der Theoretiker sei befugt, Nutzwertrechnungen aufzutun, die unvermeidlich rein imaginativ bleiben müssen. Nur die Wirtschaftenden selbst seien dazu imstande, und hier habe ein jeder seine eigene Wirtschaftsrechnung. (L. *Illy*, 1, 1948, S. 146 ff., S. 194; zur neueren Auffassung von der Meßbarkeit des Grenznutzens vgl. im übrigen E. C. F. J. *Schröder*, 1, S. 49 ff., sowie die Literaturangaben bei W. *Krelle*, 1, S. 139.)

Den wohl bekanntesten Versuch, die Präferenzenlehre Paretos konsequent zu Ende zu führen, zu verfeinern und auf weitere ökonomische Sachverhalte anzuwenden, hat in neuerer Zeit J. R. *Hicks* (geb. 1904, Professor in Oxford) unternommen. Sein Beitrag zur Lehre vom Konsumentenverhalten bezeichnet in gewisser Weise den Übergang der neueren Nachfragelehre zu den rein praktischen Fragen der unternehmerischen *Marktstrategie*[12].

1. Ausbau der Präferenzenlehre

Hicks schließt an *Pareto* sowie an *Slutsky* an, dessen Gedanken er dem Vergessen entrissen hat: Der Übergang vom absoluten Nutzen zur bloßen Reihenfolge der Verbraucher-Wertungen sei von weittragender Bedeutung gewesen. Er habe eine „allgemeine Logik der Wahlhandlungen" (a general logic of choice) möglich gemacht, die auf viele Gebiete des menschlichen Verhaltens angewandt werden könne (2, S. 54; ferner 4, S. 19). Ausdrücklich wendet Hicks sich gegen die „reine Ökonomie", die eine bemerkenswerte

---

[12] Die folgenden Zitate entstammen zum Teil dem von *Hicks* gemeinsam mit R. G. D. *Allen* in „Economica" 1934 veröffentlichten, damals viel beachteten Aufsatz „A Reconsideration of the Theory of Value" (2; der erste, hier allein zitierte Teil ist von *Hicks* geschrieben), zum Teil dem 1939 in erster Auflage erschienenen Buch von *Hicks*: „Value and Capital" (3), zum Teil schließlich der Schrift des gleichen Autors: „A Revision of Demand Theory" (1956, 4). Von 2 zu 3 und vor allem zu 4 haben die Vorstellungen von *Hicks*, wohl auch unter dem Einfluß schwerwiegender Kritik, einen erheblichen Wandel erfahren. Die weitere Darstellung schließt sich vor allem an den in 3 erreichten Stand an, der am nachhaltigsten auf die neuere Lehre von der Nachfrage gewirkt hat. (Die Übersetzung aller drei erwähnten Schriften verantworte ich; W. H.)

2. Abschnitt: Fortbildung der Nachfragelehre

Fertigkeit entwickelt habe, „Kaninchen aus einem Hut zu zaubern". Er selbst formuliert seine letztlich praktische Zielsetzung:

„Wir wollen Gesetze des Marktverhaltens ... ableiten — Gesetze, welche die Reaktion der Konsumenten auf Änderungen in den Marktverhältnissen zum Gegenstand haben" (3, S. 23; vgl. auch 4, S. 5).

a) Die „Grenzrate der Substitution"

Zunächst reinigt Hicks den Sprachgebrauch der Preislehre; sowohl der Begriff des „Grenznutzens" wie auch der (mit diesem immer wieder gleichgesetzte) Begriff der „Ophemilität" wird verworfen und durch den der „Grenzrate der Substitution" ersetzt:

„Wenn der Gesamtnutzen nicht quantitativ zu bestimmen ist, so ist es ebensowenig der Grenznutzen. Die Werttheorie bedarf allerdings überhaupt keines bestimmten Begriffes des Grenznutzens. Was sie braucht, ist nur das folgende: Wenn das System der Wünsche eines einzelnen gegeben ist und dieser über einen gegebenen Bestand an Gütern X, Y, Z... verfügt, so müßten wir die *Grenzrate der Substitution* (marginal rate of substitution) zwischen jeweils zweien seiner Güter kennen. Die Grenzrate der Substitution eines Gutes Y gegenüber einem Gute X wird definiert als Menge des Gutes Y, die den einzelnen für die Preisgabe einer Grenzeinheit des Gutes X gerade entschädigen würde. Wenn er von Y weniger als diese Menge erhielte, so wäre er schlechter daran als vor der Substitution; wenn er mehr erhielte, so wäre er besser daran. Es muß daher eine Menge geben, die ihn genau gleich gut stellen würde wie zuvor.

Der Leser sieht, daß diese Grenzrate der Substitution nichts anderes ist, als was wir üblicherweise die Relation des Grenznutzens von X zu dem von Y nennen; wir hätten auch von ‚relativem Grenznutzen' sprechen können" (2, S. 55).

Diesen Sachverhalt drückt Hicks mit der Formel aus:

$$\frac{\text{„Zuwachs von Y}}{\text{Verlust von X}} = \frac{\text{Grenznutzen von X}}{\text{Grenznutzen von Y"}}$$

(3, S. 14).

Es sind dies vertraute Gedanken, und die Formel versteht sich von selbst: Wird eine Einheit von X durch beide Tauschseiten für doppelt so viel „wert" gehalten wie eine Einheit Y, so müssen für eine Einheit X natürlich zwei Einheiten Y gegeben werden. Oder auch: Sind zwei Einheiten Y gegen eine Einheit X getauscht worden, so ist anzunehmen, daß X doppelt so viel gilt wie Y. Dieser seit der Grenznutzenlehre sattsam bekannte Satz (vgl. schon oben, *Walras*, S. 175), ist ebenso inhaltsreich wie der folgende, daß jemand sein Einkommen bei gegebenen Preisen so verteilt, wie ihm das nützlich dünkt:

„Der ideale Verbraucher ... wählt diejenige Alternative von allen ihm offenen Möglichkeiten, die er am meisten bevorzugt oder am höchsten stellt" (4, S. 18).

In der Tat ist dann nicht zu bezweifeln:

„Die Präferenz reicht immer aus, die Wahl zu erklären" (4, S. 20).
„Gehen wir von einem Konsumenten mit einem gegebenen Geldeinkommen aus, der sein ganzes Einkommen ausschließlich für zwei Güter X und Y verausgabt. Nehmen wir ferner an, daß die Marktpreise dieser Waren gegeben sind. Dann können wir die Mengen, die der Konsument kaufen wird, unmittelbar von seinem Indifferenzmodell ablesen, ohne irgendwelche Auskunft über die Nutzengrößen, die er von diesen Gütern gewinnt" (3, S. 16).

Kennen wir das Einkommen des Konsumenten, die Waren, auf die es sich verteilt, deren Preise und schließlich die zwischen ihnen bestehende „Grenzrate der Substitution", so ist in der Tat nichts einfacher zu errechnen, als der Geldbetrag, der unter diesen Umständen auf die beiden Waren entfällt. So ist es um den Wirklichkeitsanspruch der „Grenzrate der Substitution" bestellt, die — nach der Versicherung *Stackelbergs, 3,* S. 116 — gegenüber dem „fiktiven" Grenznutzen eine unmittelbar „reale" Größe darstellt! Die ganze Konstruktion ist auf die Vorstellung vom *Tausch-Gleichgewicht* genauso im Vorhinein entworfen wie die der älteren Grenznutzenlehre. Vom „Grenznutzen" wird dabei zwar nicht mehr *gesprochen,* doch kann der einzelne nach wie vor nur nach seinem höchstpersönlichen Gefühl ermessen, ob er nach einer vollzogenen „Substitution" (d. h. nach geschehenem Tausch) etwa „schlechter" oder „besser" gestellt sei als vorher, und ob daher sein „Gleichgewicht" gestört sei. Es zeigt sich: Auch an der Lehre von der „Grenzrate der Substitution" braucht man nur zu kratzen, und die ganze leidige „Psychologie". die man in den Orkus verbannen wollte, ist wieder da. „Die Bestimmtheit der Substitutionsrate ... ist so psychisch wie irgend eine Nutzengröße im alten Sinn." (G. *Rittig, 2,* S. 233 f., *H.* — Daß Hicks versteckt mit dem alten Nutzenkonzept weiterarbeitet, haben auch P. A. *Samuelson* [3, bes. S. 61 f.] und B. B. *Seligman* [1, S. 407, 411] vermerkt; siehe im übrigen auch D. *Robertson, 2,* S. 665) — Hicks selbst ist später (in 4) zum Gebrauche einer „Grenzwertungskurve" (marginal valuation curve; S. 86 u. passim) zurückgekehrt. Dabei ist auch bemerkenswert: Ist schon der Sachverhalt, der mit der „Grenzrate der Substitution" dargestellt wird, eigentlich der Sphäre der *Produktion* entlehnt (vgl. darüber auch H. v. *Stackelberg, 3,* S. 117 ff.), so betont Hicks selbst, daß auch seine Grenzwertungskurve sich wie eine Grenzproduktkurve (marginal product curve) verhalte. „Es besteht daher im Prinzip genaue Übereinstimmung zwischen dem Verhalten des Konsumenten bei vollständiger Konkurrenz und dem Verhalten des Unternehmens bei vollständiger Konkurrenz" (4, S. 88). Wiederum begegnet man also der behaupteten gesellschaftlichen Gleichartigkeit von Verbraucherhaushalt und Erwerbsunternehmen.

b) Die „sinkende Grenzrate der Substitution"

„Wenn der Begriff des Grenznutzens keinen präzisen Sinn hat, so muß dasselbe auch für den sinkenden Grenznutzen gelten. Doch wie ist er zu ersetzen?

Durch die Regel, daß die Indifferenzkurven konvex zu den Achsen verlaufen müssen. Dies darf ... als das Prinzip der sinkenden Grenzrate der Substitution (the principle of Diminishing Marginal Rate of Substitution) bezeichnet werden. Wir können es in folgender Weise darstellen: Beginnen wir mit einer gegebenen Menge Güter und erhöhen wir fortgesetzt den Bestand an X bei gleichzeitiger Verringerung der Menge Y, und zwar so, daß der Konsument im ganzen dabei weder besser noch schlechter fährt. Dann wird die Menge an Y, die abzuziehen ist, um einer zweiten Einheit von X die Waage zu halten, kleiner sein als die, welche abgezogen werden muß, um die erste Einheit [von X] auszugleichen. Mit anderen Worten: Je mehr Y durch X ersetzt wird, desto niedriger wird die Grenzrate der Substitution von Y durch X sein" (3, S. 20 f.).

In 2 hat Hicks von einer *steigenden* Grenzrate der Substitution von X durch Y gesprochen. Um seine Aussage mit dem altem Theorem vom sinkenden Grenznutzen in bessere Übereinstimmung zu bringen, hat er später das Substitutionsverhältnis umgekehrt. In 4 schließlich ist weder von einer sinkenden noch von einer „Grenzrate der Substitution" überhaupt mehr die Rede. Hier erscheint nur noch das blasse allgemeine „Gesetz der Nachfrage", wonach das Sinken des Preises einer Ware die Nachfrage nach dieser hebt, und die Nachfragekurve demzufolge konvex zum Ursprung verläuft. Obwohl sich also der Autor selbst von dem Begriff der „Grenzrate der Substitution" gelöst zu haben scheint, hat dieser sich in der gängigen Wirtschaftslehre mittlerweile eingebürgert.

c) Das „Gleichgewicht" des Einzelkonsumenten

„Soll ein Individuum sich bei einem bestimmten System von Marktpreisen im Gleichgewicht befinden, so ist unmittelbar einleuchtend, daß seine Grenzrate der Substitution für zwei Güter der Relation ihrer Preise gleich sein muß" (3, S. 20; ebenso 2, S. 56).

„Der Konsument befindet sich im vollen Gleichgewicht nur, wenn die Grenzrate der Substitution zwischen zwei Gütern der Relation ihrer Preise gleich ist" (3, S. 24).

Es ist dies wiederum nichts anderes als der Satz, dem wir schon bei *Jevons* (sowie in leicht gewandelter Form bei *Walras*) begegnet sind und wonach die „Tauschrelation" zweier Güter im umgekehrten Verhältnis zu ihren „Grenznutzensgraden" steht (vgl. oben, S. 159).

Die erweiterte Formel des Gleichgewichts eines Konsumenten ist nun leicht abzuleiten:

„Damit das Gleichgewicht ein stabiles ist, wenn die Ausgaben sich auf viele Güter aufteilen, ist es erforderlich, daß keine mögliche Substitution gleicher Marktwerte den Verbraucher in eine bessere Position bringt. ... Wir können dies auch dadurch ausdrücken, daß wir sagen: Die Grenzrate der Substitution muß bei Substitutionen in jeder Richtung abnehmen." Das wird zu „Folgerungen von großer Bedeutung führen" (3, S. 25).

d) Substitutionselastizität und Komplementarität zwischen den Gütern

Hicks hat das Konzept *Paretos* auch dadurch ergänzt, daß er das Verhältnis von Substitution und Komplementarität zwischen den Gütern schärfer bestimmt und die von Pareto gegenüber dem bloßen Substitutionsverhältnis zurückgestellte Komplementarität zwischen den Produkten in seine Lehre einbaut:

„Die Definition von komplementären und konkurrierenden Gütern, wie sie Edgeworth und Pareto ... liefern, ist die folgende: Y verhält sich im Verbrauchsplan des Konsumenten komplementär zu X, wenn eine größere Versorgung mit X (bei unverändertem Y) den Grenznutzen von Y erhöht. Y steht in Konkurrenz zu X (d. h. es ist Ersatzgut für X), wenn eine größere Versorgung mit X (bei unverändertem Y) den Grenznutzen von Y senkt" (3, S. 42).

Diese Definition ist, wie Hicks bemerkt, schon deswegen zu kritisieren, weil sie gegen das von Pareto selbst vertretene Theorem der Unmeßbarkeit des Nutzens verstößt (vgl. 3, S. 43; 2, S. 59 f.).

Die von Hicks selbst eingeführten neuen Begriffe müssen sich hier nun bewähren:

„Y ist ein Ersatzgut für X, wenn die Grenzrate der Substitution von Y gegen Geld sinkt, während gleichzeitig X in der Weise gegen Geld substituiert wird, daß der Konsument nicht besser gestellt ist als vorher. ... Y ist ein Ergänzungsgut zu X, wenn die Grenzrate der Substitution von Y gegen Geld bei der Substitution von X gegen Geld steigt. Diese Definition ist frei von der Abhängigkeit gegenüber einem quantitativen Maßstab der Nützlichkeit ..." (3, S. 44).

Mit schlichten Worten: Y ist *Ersatzgut* für X, wenn ein vermehrter Kauf von X einen sinkenden Kauf von Y zur Folge hat. Y ist *Ergänzungsgut* zu X, wenn ein vermehrter Kauf von X einen vermehrten Kauf von Y nach sich zieht. Auch hier besteht der Unterschied zu *Pareto* sowie auch zur Grenznutzenlehre nur darin, daß man von den Wertungen nicht mehr spricht. Und dies ist um so eher möglich, als die Grenznutzenlehre mit ihrem Nutzenbegriff ja selbst nur eine Umschreibung des bloßen Handlungsvorgangs, eine Scheindeutung für ihn geboten hat. Der *Behaviorismus* der neueren Preislehre kann versteckt psychologistisch bleiben, weil die psychologistische Preislehre selbst versteckt schon „behavioristisch" gewesen ist.

2. Die Ableitung der Nachfragekurve

Bis hierhin hat Hicks nur durch Einführung neuer Begriffe für altbekannte Axiome die Konsequenzen aus der von *Pareto* eingeleiteten Wendung zur „wert"-freien Nachfragelehre gezogen. Doch tritt die letztlich *praktische Zielsetzung* von Hicks dabei von Anfang an stärker hervor. Sie zeigt sich nun vollends in dem Bemühen, an die wirklichen Verhältnisse der Nachfrage näher heranzukommen. Auch die Bestimmung des „Gleichgewichts" ist nur ein Mittel zu dem eigentlichen Zweck:

„Wir haben nun ... die Gesetze des Marktverhaltens abzuleiten — d. h. Aussagen darüber zu finden, wie der Verbraucher reagieren wird, wenn die Preise sich ändern. Die Erörterung der Gleichgewichtsbedingungen ist stets ein Mittel zum Zweck. Wir suchen nach Auskunft über die Bedingungen, unter denen zu gegebenen Preisen bestimmte Mengen gekauft werden, um auf diese Weise entdecken zu können, wie die gekauften Mengen sich ändern werden, wenn die Preise geändert werden" (3, S. 26; vgl. auch 4, S. 16, 17).

Es versteht sich, daß diese Frage vor allem für die *Preissteller* auf den Märkten von eminent praktischem Interesse ist. Während Hicks sein Modell, und namentlich seine Bestimmung des „Gleichgewichts", ganz wie die älteren Grenznutzentheoretiker, auf Verhältnisse der unbeschränkten Konkurrenz zu entwerfen vermeint, schiebt sich in die Durchführung unvermerkt die Fragestellung der *monopolistischen* Wirklichkeit ein: Unter den Bedingungen allseits sich entfaltender Marktmacht mit ihrem erweiterten Spielraum für planvolle *Preisstrategie* wird es wichtig, zu wissen, welcher Preis der Nachfrage zugemutet werden kann, wie weit sie hierbei auszuweichen vermag (Frage der „Nachfrage-Elastizität", der „substitutiven Güter" einerseits, der verbundenen Nachfrage andererseits), welche noch ruhenden Nachfrage-Reserven erschlossen werden können, wie die „Präferenzenskala" der Verbraucher mit den Mitteln der modernen Konsumentenbeeinflussung selbst geändert werden kann, usw. Es entspricht der gewandelten Wirklichkeit, daß ganz im Gegensatz zur Grenznutzenlehre (vor allem in ihrer österreichischen Variante), welche in den Verbraucherbedürfnissen den *Erklärungsgrund* der Preise gesucht hat, die neuere Preislehre die Letztnachfrage immer mehr als ein *Resultat* der Preisbildung, als eine *anpaßbare* Größe betrachtet.

Hicks beschäftigt (in 2 und 3 ebenso wie in 4) vor allem die Doppelfrage: Wie ändert sich die Präferenzstruktur, und damit die Nachfrage, wenn ein Wechsel eintritt a) im *Einkommen* der Nachfrager oder b) in den *Preisen* der Waren:

a) Wirkung von Einkommensänderungen auf die Präferenzenstruktur

Hicks geht, wie *Pareto*, vom Substitutionsverhältnis zwischen zwei Waren, X und Y, aus, das er mit demselben Mittel der Indifferenzkurven veranschaulicht, das wir bei Pareto schon kennengelernt haben. Wie wird nun eine Erhöhung des Einkommens sich auf die Nachfrage eines Einzelverbrauchers auswirken?

„Wir wollen, wie bisher, annehmen, daß die Preise von X und Y gegeben sind; aber das Einkommen des Verbrauchers ändere sich nun.

Wir haben schon gesehen: Wenn sein Einkommen O L (gemessen in Einheiten von X) oder O M (gemessen in Einheiten von Y) darstellt, so wird der Gleichgewichtspunkt bei P liegen, wo L M eine Indifferenzkurve berührt [Abb. 1]. Wenn nun sein Einkommen steigt, so wird sich LM nach rechts verschieben, aber die neue Linie L'M' wird immer noch parallel zu LM verlaufen, solange die Preise von X und Y unverändert bleiben. ... Der neue Gleichgewichtspunkt wird bei P' liegen, wo L'M' eine Indifferenzkurve berührt.

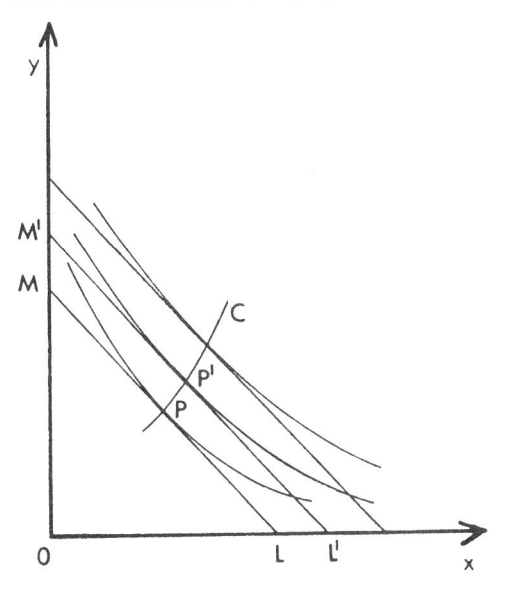

Abb. 1: Die Einkommens-Verbrauchskurve

Wenn das Einkommen weiter steigt, so verschiebt sich L'M' weiter nach rechts, und der Punkt P' setzt sich in einer Kurve fort, die wir die *Einkommens-Konsum-Kurve* (income-consumption-curve) nennen können. Sie zeigt an, in welcher Weise der Verbrauch sich ändert, wenn das Einkommen wächst und die Preise unverändert bleiben" (*3*, S. 27).

Die „Einkommens-Verbrauchs-Kurve von Hicks — in 2 wird sie als „Ausgabekurve" (expenditure curve) bezeichnet — entspricht der „Tauschkurve" der Konsumenten bei *Pareto* (vgl. oben, S. 200 f.). Allerdings geht Hicks darin über Pareto hinaus, daß er nicht nur positiv geneigte Kurven kennt. Denn das vermehrte Einkommen muß sich nicht auf die beiden Waren gleichmäßig verteilen:

„Wenn die Ausgabekurve [= Einkommens-Verbrauchs-Kurve] positiv geneigt ist, so bedeutet dies, daß ein Zuwachs des Einkommens den Verbrauch von beiden Waren (X und Y) steigern wird. Wenn die Ausgabekurve [= Einkommens-Verbrauchs-Kurve] nach unten verläuft, so erhöht eine Vermehrung des Einkommens den Verbrauch von X, senkt aber den von Y. Wenn die Kurve nach rückwärts geneigt ist, so wird X vermindert und Y vergrößert. Die beiden letzten Fälle können unabhängig davon eintreten, ob die Güter leicht substituiert werden können oder nicht; sie sind jedoch weit weniger wahrscheinlich, wenn die Substitutionselastizität gering ist" (*2*, S. 63).

„Wenn das Einkommen steigt und das vermehrte Einkommen verausgabt wird, so muß der Verbrauch nach bestimmten Richtungen — vielleicht nach vielen oder allen — zunehmen. Es ist aber durchaus möglich, daß der Verbrauch einer begrenzten Anzahl von Gütern dabei tatsächlich sinkt" (*3*, S. 29).

b) Wirkung von Preisänderungen auf die Präferenzenstruktur

„Wir wollen nun zu den Wirkungen eines Preiswechsels übergehen. Auch hier beginnen wir mit dem Fall zweier Waren. Das Einkommen soll nun als fix betrachtet werden, und ebenso der Preis von Y, während der Preis von X schwankt. Die Verbrauchsmöglichkeiten, die sich nun eröffnen, sind auf dem Diagramm [Abb. 2] durch Geraden bezeichnet, welche M mit den Punkten auf der OX-Achse verbinden; diese Punkte sind verschieden je nach der Änderung des Preises von X. (OM bezeichnet das Einkommen, gemessen in Einheiten von Y, und ist daher unveränderlich.) Jeder Preis von X bestimmt eine Linie LM, wobei die Entfernung OL mit sinkendem Preise zunimmt.

Der Gleichgewichtspunkt, der jedem Preise entspricht, wird da liegen, wo LM eine Indifferenzkurve berührt. Die Kurve MPQ, welche diese Punkte verbindet, kann als *Preis-Konsum-Kurve* (price consumption-curve) bezeichnet werden. Sie zeigt an, in welcher Weise der Verbrauch sich ändert, wenn unter sonst gleichen Umständen der Preis von X geändert wird (*3*, S. 29 f.).

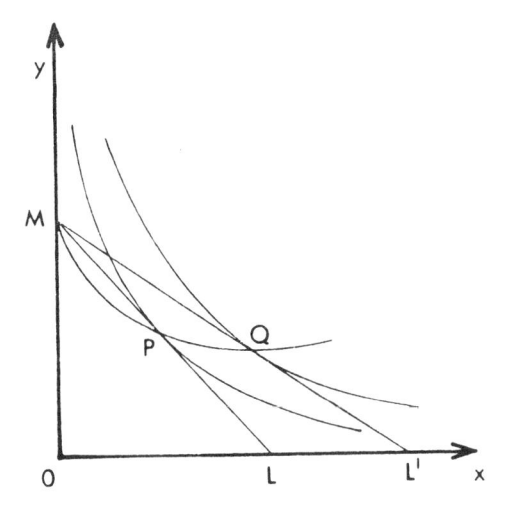

Abb. 2: Wirkung einer Preisänderung auf die Präferenzen: einfaches Schema

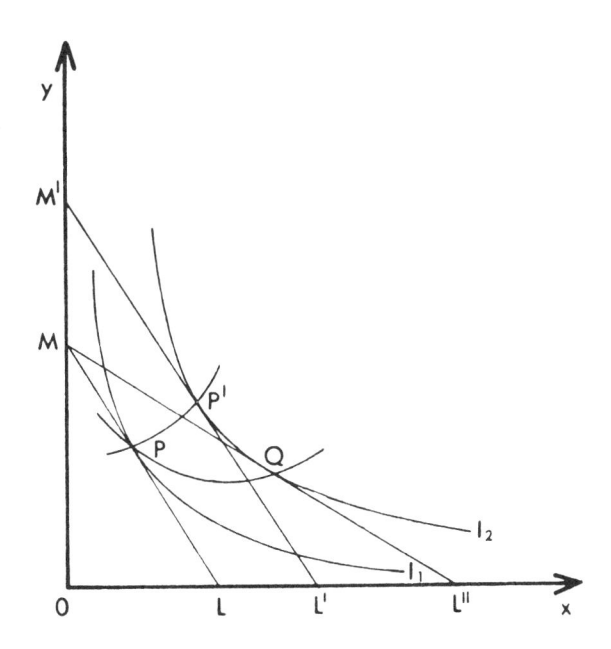

Abb. 3: Wirkung einer Preisänderung auf die Präferenzen: erweitertes Schema

Ein Sinken des Preises von X ist also darin einer Vergrößerung des Einkommens vergleichbar, daß es den Übergang zu einer vom Ursprung weiter entfernten Indifferenzkurve ermöglicht; allerdings nun nicht entlang der Einkommens-Konsum-Kurve von P nach P', sondern auf der Preis-Konsum-Kurve von P nach Q (wobei die Preis-Konsum-Kurve durch den Punkt P stets rechts von der Einkommens-Konsum-Kurve durch P liegen muß; vgl. das kombinierte Diagramm, Abb. 3).

„Wenn der Preis von X fällt, so bewegt sich der Konsument auf der Preis-Konsum-Kurve von P nach Q. Wir sehen nun, daß diese Bewegung von P nach Q einer Bewegung von P nach P' auf der Einkommens-Konsum-Kurve und einer Bewegung von P' nach Q auf einer Indifferenzkurve gleichkommt. Wir werden den Gedanken sehr auskunftsreich finden, daß die Wirkung eines Preises [gemeint: einer Preisänderung] auf die Nachfrage in diese beiden getrennten Teile zerfällt.

Die Senkung des Preises einer Ware berührt in der Tat die Nachfrage nach dieser Ware auf zweierlei Weise. Auf der einen Seite stellt sie den Verbraucher besser, indem sie sein ‚Realeinkommen' erhöht; und diese Wirkung gleicht derjenigen einer Erhöhung seines Einkommens. Auf der anderen Seite ändert sie das Preisverhältnis. Und daher wird neben der Änderung des Realeinkommens die Neigung eintreten, der Ware, deren Preis gesenkt worden ist, vor anderen Waren den Vorzug zu geben. Die Gesamtwirkung auf die Nachfrage setzt sich aus diesen beiden Tendenzen zusammen.

Die relative Bedeutung dieser Tendenzen hängt, wie des weiteren gezeigt werden kann, von den Proportionen ab, in denen der Konsument seine Ausgaben zwischen der Ware X und anderen Gütern aufgeteilt hat. Denn der Umfang, in dem ihn eine Preissenkung bei X besser stellt, hängt von der Menge X ab, die er ursprünglich gekauft hat. Wenn diese Menge einen großen Teil seines Einkommens ausmachte, wird er bedeutend gewonnen haben, und der erste Effekt (wir wollen ihn Einkommens-Effekt nennen) wird wichtig sein. War die Menge jedoch gering, so ist der Vorteil gering, und der Einkommenseffekt kann durch den Substitutionseffekt überwogen werden" (3, S. 31 f.; vgl. auch 2, S. 66, 4, S. 64 f., 66 f.; in 4 wird übrigens das Modell der „Einkommens-Konsum-Kurve" und „Preis-Konsum-Kurve" nicht mehr verwandt).

Das sind alles sehr einleuchtende Sachverhalte. Gewisser ist hierbei, wie Hicks meint, die Substitutionswirkung als die Einkommenswirkung. Immerhin genügt ihm fürs erste,

„... daß die Einteilung der Wirkungen eines Preises [gemeint: eines Preiswechsels] auf die Nachfrage in Einkommenswirkungen und Substitutionswirkungen ebenso wie das Gesetz, daß zumindestens die Substitutionswirkung immer die Nachfrage zu mehren neigt, wenn der Preis fällt, gültig ist, wie immer der Verbraucher seine Einkommen verausgaben mag" (3, S. 34).

„Ein Sinken des Preises von X berührt (bei unveränderten sonstigen Preisen) sowohl die Nachfrage nach X als auch die Nachfrage nach anderen Gütern vermittels eines Einkommenseffekts und eines Substitutionseffekts.

Was die Nachfrage nach X angeht, so muß der Substitutionseffekt sie vergrößern; und der Einkommenseffekt wird dasselbe ausrichten, sofern nicht X ein Gut von niederer Ordnung ist.

Betrachtet man die Nachfrage nach allen anderen Gütern zusammengenommen ..., so wird der Substitutionseffekt sie vermindern und der Einkommenseffekt sie vermehren. Diese Wirkungen werden sehr wahrscheinlich von annähernd gleicher Stärke sein, so daß die Gesamtnachfrage nach anderen Gütern zunehmen oder abnehmen kann.

Was die Nachfrage nach einem bestimmten anderen Gute Y angeht, so wird der Substitutionseffekt sie herabsetzen, wenn nicht Y mit X komplementär ist. Der Einkommenseffekt wird die Nachfrage erhöhen, sofern Y nicht ein Gut niederer Ordnung ist. Mehrere Fälle lassen sich daher unterscheiden" (3, S. 48).

Diese Ergebnisse sind mittlerweile in den gesicherten Lehrbestand der Preistheorie eingegangen.

c) Komplexere Verhältnisse

Es entspricht dem empirischen Trachten des Modells, daß es so nahe wie möglich an die verwickelten Verhältnisse der Wirklichkeit herangeführt werden soll:

1. *Wirkungen einer Preisänderung auf die Nachfrage nach einer Gruppe von Waren*: „Ein gleichmäßiges Sinken der Preise einer jeden Ware innerhalb einer ganzen Gütergruppe muß eine Substitution zugunsten der Gruppe als ganzer hervorrufen. ...

Doch das bedeutet nicht, daß eine Substitutionswirkung zugunsten jeder einzelnen Ware innerhalb der Gruppe eintreten muß, so daß die Nachfrage nach jeder einzelnen Warenart wächst. ... Ferner ist auch der Einkommenseffekt zu berücksichtigen; und wenn die Gruppe groß ist, so daß der Verbraucher einen erheblichen Teil seines Einkommens darauf verwendet, wird die Einkommenswirkung beträchtlich sein. Allerdings sind negative Einkommenswirkungen für eine große Gruppe unwahrscheinlich; es ist nicht anzunehmen, daß der Verbraucher im ganzen weniger Geld auf eine große Gruppe von Gütern verausgaben wird, wenn sein Einkommen wächst" (3, S. 51).

Kehrt man das Beispiel um und betrachtet die Wirkungen einer *Erhöhung* der Preise einer ganzen Warengruppe, so ist die Beziehung zum Fall eines kollektiven *Angebotsmonopols* leicht herzustellen. Auch hier schimmert die praktische Fragestellung durch: Man will wissen, wie weit ein gemeinsames Vorgehen auf den Märkten miteinander verwandter Produkte die Konkurrenzlage zwischen den Partnern zu verschieben geeignet ist.

2. *Übergang vom Zwei-Güter- zum Viel-Güter-Schema und vom Naturaltausch zum Warenkauf:* Natürlich verausgabt ein Verbraucher sein Einkommen nicht nur auf zwei Waren, sondern auf viele. Hicks will diesem Umstand (vor allem in 4; vgl. S. 108 ff.) gerecht werden — ohne allerdings zu einem allgemeinen Gleichgewichtssystem zu finden; dazu ist seine Fragestellung zu sehr empiristisch und einzelwirtschaftlich orientiert und auch das Indifferenzkurvensystem seiner Natur nach ungeeignet.

Von der „Substitution" von Gut gegen Gut geht Hicks zur wirklichen „Substitution" von Geld gegen Ware, d. h. zu den Verhältnissen von *Kauf* und *Verkauf* über, indem er an die Stelle des einen der beiden Tauschgüter das Geld setzt. Nimmt man dann an, daß die Preise aller anderen Waren unverändert bleiben, so läßt sich die Wirkung einer Preisänderung bei einer Einzelware isoliert betrachten. Wie dies geschieht, ist nach dem oben Entwickelten klar.

3. *Kompensatorische Bewegung von Preisen und Einkommen:* Wird der Preis eines Konsumgutes erhöht, während gleichzeitig das Verbrauchereinkommen steigt, so kann die Wirkung der Preiserhöhung durch den Einkommenszuwachs ausgeglichen werden. („Compensated demand curve"; vgl. 4, S. 69 ff.) — Dieser Fall ist wichtig für die Preisstrategie von Anbietern unter den eingespielten Verhältnissen von Preis- und Einkommenssteigerung, wie sie die schleichende Inflation unserer Tage zeigt.

4. *Von der Einzelnachfrage zur Gesamtnachfrage:* Was zunächst für den exemplarischen Einzelnachfrager gilt, wird auch auf die Gesamtnachfrage nach bestimmten Waren bezogen:

„Die Nachfrage auf einem [Gesamt-]Markt hat fast genau die gleichen Merkmale wie die Einzelnachfrage. ... Die Änderung in der Nachfrage einer Gruppe ist die Summe der Änderungen in der Nachfrage der einzelnen" (3, S. 34).

„Wir sind daher in der Lage, das Gesetz der Nachfrage zusammenzufassen: Die Kurve der Nachfrage nach einer Ware muß sich nach unten neigen, denn es wird mehr verbraucht, wenn der Preis fällt — jedenfalls immer dann, wenn das Gut nicht von niederer Ordnung ist. Selbst wenn es ein niederes Gut ist, so daß der Einkommenseffekt negativ ist, wird die Nachfragekurve noch in derselben konventionellen

Weise verlaufen, so lange der Einkommensteil, der auf dieses Gut verwandt wird, und daher auch der Einkommenseffekt gering ist. Selbst wenn keiner dieser Bedingungen entsprochen ist, die Ware also zwar ein niederes Gut ist, gleichzeitig aber eine große Rolle in der Rechnung der Verbraucher spielt, so folgt doch nicht mit Notwendigkeit, daß ein Sinken des Preises die Nachfrage schmälern wird. Denn selbst ein großer negativer Einkommenseffekt kann überwogen werden durch einen großen Substitutionseffekt" (*3*, S. 35).

„So zeigt sich, wie wir erwarten konnten, das einfache Gesetz der Nachfrage — die Abwärtsbiegung der Nachfragekurve — in seiner Geltung als nahezu unfehlbar" (S. 35).

Daß die Nachfrage-Kurve nach rechts unten geneigt zu denken sei, wußte man allerdings schon lange. Im Grunde bleibt das Modell von Hicks, trotz seines theoretischen Anspruchs, elementar untheoretisch. Es liefert, wie jedes Modell, einen deskriptiven Rahmen für das Studium von Massenphänomenen an den konkreten Einzelmärkten. So ist denn die Huldigung an die *Ökonometrie* in *4* (1956), der sich die Theorie der Nachfrage nützlich zu machen habe, die letzte Konsequenz, die in der Nachfragelehre von Hicks schon lange angelegt war:

„Die erste Erwartung, die wir in den Ökonometriker setzen, ist sicherlich, die Wirkungen abzuschätzen, die den verschiedenen Anstößen der Marktpreise zugerechnet werden können. ... Um aber solche Schätzungen anstellen zu können, bedarf der Ökonometriker einer Technik, um die Wirkungen bestimmter Marktpreise von denen der anderen abzusondern. Solch eine Technik [!] kann nicht ohne Theorie bereitgestellt werden. Der ökonometrische Zweck der Theorie der Nachfrage ist es, bei dieser Aufbereitung mitzuwirken" (*4*, S. 16 f.).

3. Würdigung

1. Will man Hicks gerecht werden, so wird man von dem Ziel auszugehen haben, das er selbst sich gesteckt hat: Es geht, wie schon bei *Pareto* — dessen Indifferenzkurven den Gedanken der „Grenzrate der Substitution" implizit enthalten —, um die *Objektivation von Präferenzen*, wodurch eine *direkte Nutzenmessung* vermieden werden soll. Zu fragen ist also zunächst, wie weit der neue Ansatz über die Grenznutzenlehre und insbesondere über deren Problem der Nutzenmessung hinausführt.

Hierbei zeigt sich freilich: Auch Hicks kommt ohne die *Quantenfiktion* nicht aus, wie schon die Begriffe „margin" und „rate" zum Ausdruck bringen. Unterstellt ist auch, daß eine Person *weiß*, ob die Veränderung einer Güterkombination ihr Versorgungsniveau „gleich" läßt oder „herauf-" oder „herab"-setzt. Stets wird also an *Größen* gedacht, und das Meßbarkeitsproblem ist nicht etwa abgetan, sondern nur beiseitegeschoben.

Wie hinter *Ricardos* Lehre vom *relativen* Wert die Vorstellung eines *absoluten* Wertes steht, so schließt die Auffassung von den geordneten *relativen* „Größen" der Verbraucherschätzungen die stille Voraussetzung *absoluter* Nutzengrößen ein. „Das ganze Verfahren hätte keinen Sinn ..., wenn nicht eine quantitative Beziehung zwischen Gütermenge und Nutzengröße subsumiert[13] werden würde, gewiß keine so einfache wie bei der naiven Nutzentheorie, aber eben doch eine. Und dazu eine, deren Gesetzmäßigkeit man nicht kennt und nicht kennen will, von der man aber annimmt, daß sie dem Individuum *im Ergebnis* bekannt ist. Daß diese quantitative Beziehung keine einfach algebraische ist, ändert nichts an ihrer quantitativen Natur. Es wird also subsumiert, daß das Individuum allen Variationen seiner Nutzenempfindungen (Nutzenvorstellungen) einen quantitativen Ausdruck geben kann... Das ist und bleibt eine Fiktion der Quantifizierbarkeit von Qualitativ-Psychischem... Die alten Nutzwerttheoretiker glaubten, mit Hilfe ihrer (fiktiven) Nutzeneinheit vorführen zu können, wie das Individuum seinen Nutzenkosmos durchrechnet, wie es zu seinen Ergebnissen kommt, die Indifferenzkurventheorie [und die „Theorie der Wahlakte" überhaupt; W. H.] führt dies nicht vor, verlangt aber das fertige ... Ergebnis. Das ist der ganze Unterschied. Die Indifferenzkurventheorie schiebt den ganzen Güter-Nutzenzusammenhang dem Individuum zu und kümmert sich nicht weiter darum, wie es damit fertig wird, sie nimmt aber an, daß es damit fertig wird... Darin besteht der sogenannte Hinauswurf der Psychologie aus der wirtschaftswissenschaftlichen Theorie" (G. *Rittig*, 2, S. 240; teilweise H.). Es geschieht ein „formaler Trick, der das Grundproblem weder ausschaltet noch löst noch erledigt" (a.a.O., S. 84).

Auch das Theorem des „*abnehmenden Grenznutzens*", also der *Richtung* der Größenveränderung, ist, im modischen Kostüm der „abnehmenden Grenzrate der Substitution", wieder da. Der „Grenznutzen" erhält in Gestalt der „Grenzrate der Substitution" nur eine relationistische Wendung. „Der Kardinalismus lebte unter der Decke fort; denn war einmal zugestanden, daß die Verbraucher ihren Nutzen zu maximieren wünschten, so blieb ein Rückgriff auf die Meßbarkeit notwendig" (B. B. *Seligman*, 1, S. 407; ferner 411; vgl. auch R. F. *Harrod*, 1, S. 297; D. H. *Robertson*, 1, S. 39 und passim). Auch in seiner neuen „behavioristischen" Einkleidung geistert der Grenznutzen fort. So konnte denn *Schumpeter* über die Indifferenzkurven als Mittel der Demonstration gedachter Präferenzen allgemein urteilen: „Sie sind eleganter und methodologisch sicherer als die alte Nutzenanalyse; doch haben sie uns nicht zu Ergebnissen verholfen, welche die ältere nicht hätte erreichen können. Und keine Erkenntnis der älteren ist durch sie definitiv als falsch erwiesen worden" (3, S. 1066 f.).

Damit soll nicht das subjektive Bemühen des Autors und sein Streben, die Preislehre realistischer zu machen, verkannt werden. Ein durchaus über-individueller Sachverhalt erweist sich vielmehr, welcher der neueren Wirtschaftstheorie überhaupt eigen ist: Die Lehrentwicklung kann sich von älteren Auffassungen nicht wirklich trennen, bringt nichts wirklich hinter

---

[13] Gemeint wohl: supponiert.

sich. Immer neue Vokabeln und Darstellungsweisen werden für schon erschlossene Sachverhalte gefunden. Und während die mit viel Lärm verkündeten „bahnbrechenden Entdeckungen" und „Revolutionen" in der Wirtschaftstheorie der Gegenwart einander jagen, bleiben die nur dünn überlagerten Schichten der vermeintlich überwundenen Auffassung erhalten. Auch die Kritik läßt, bei allem Scharfsinn im Detail, die *Grundlagen* des Kritisierten unangefochten; sie teilt die Denkweise und will weniger den Irrtum aufdecken als vielmehr Fehler bessern. Auch Hicks hat die bisherige Lehre in einer Weise fortgeführt, „die kaum — wenn überhaupt — das Rahmenwerk der überkommenen Wirtschaftslehre erschüttert hat" (*Seligman*, S. 421). Der Lehre von der Nachfrage, einmal zum „Modell" erstarrt, widerfährt das Mißgeschick aller modellhaften Betrachtung in ihrem „abstracted empiricism" (Ch. W. *Mills*): Sie bleibt hangen zwischen der nichtssagenden Allgemeinheit der Grundvorstellung und der hoffnungslosen Verzettelung an die Einzeltatsachen der Erfahrungswelt, die eintritt, sobald der Anspruch eingelöst werden soll, daß man der unmittelbaren Wirklichkeit gerecht werden wolle.

2. Die Konstruktion von Hicks teilt mit derjenigen *Paretos* eine gewisse *Unwirklichkeit der Annahmen:*

a) Die (jedenfalls explizite) *Voraussetzung freier Konkurrenz* entspricht nicht unseren Verhältnissen (vgl. dazu B. F. *Haley,* 1, S. 560; R. F. *Harrod,* 1, S. 296).

b) Die Vorstellung *streng rational kalkulierender Konsumenten,* die in ihren Entschlüssen nicht festgelegt sind, ist eine Fiktion. Bei den meisten Verbrauchern unterliegt der größte Teil des Einkommens überhaupt keiner freien Verausgabungswahl und ist mindestens in der allgemeinen Verwendungsrichtung von vornherein bestimmt (vgl. *Seligman,* 1, S. 406; *Norris,* 1, S. 74, 98 ff.). „Die Annahme eines mit eindeutig feststehenden Bedürfnissen und Nachfragewünschen auf dem Markte erscheinenden Konsumenten, der durch seine klar geäußerte Nachfrage die Produktion lenkt, ist eine irreale Konstruktion" (E. *Egner,* 1, S. 193). „Der *orientierungslose Konsument,* nicht der Souverän des Marktes ist die Wirklichkeit des 20. Jahrhunderts" (a.a.O., S. 195).

c) Die Methode des *paarweisen Gütervergleichs* ist ungeeignet zur Veranschaulichung der *multiplen Verhältnisse* der Wirklichkeit. Selbst beim Vergleich von Erzeugnissen wie Schuhen und Hüten haben wir es in Wahrheit mit einem ganzen Bündel von Waren verschiedener Art und daher mit ebenso vielen Teilmärkten zu tun. — Auch ist zu berücksichtigen: Mit wechselndem Einkommen der einzelnen oder wechselnden Marktpreisen ändern sich nicht nur die Substitutionsverhältnisse zwischen gegebenen Mitteln der Befriedigung gegebener Bedürfnisse, sondern auch die Bedürfnisse selbst. Es geschieht nicht nur „Substitution von Gütern", sondern auch „Substitution von Zwecken" (*Rittig,* S. 225, 65). So zeigt sich eine „Interdependenz des ganzen Nutzensystems, die *neben* der Interdependenz des ganzen Preissystems besteht" (a.a.O., S. 225; H.). Ferner gibt es Interdependenz im *zeitlichen* Ablauf der Bedürfnisstillung: „Das gegenwärtige Nutzensystem ist so, wie es ist, nicht nur von vergangenen Nutzensystemen abhängig, sondern auch von dem Grad der Befriedigungsrealisierung dieser vergangenen Nutzensysteme und diese wieder von den damals herrschenden Preisen" (*Rittig*, S. 228). — Kein Wunder, wenn unter diesen Umständen die Verbraucher es äußerstenfalls zu nicht mehr als „*Teilgleichgewichten*" bringen, da sie nicht unaufhörlich mit den sich ändernden Umständen ihre Entschlüsse revidieren können (vgl. *Norris, 1*, S. 73 f.). Es gilt auch hier, was G. *Cassel* gelegentlich von dem „armen Geschöpf" des kalkulierenden Konsumenten sagt, das uns die Grenznutzentheorie vorführt: „Seine Aufgabe im Leben ist es, genau zuzusehen, daß sein Grenznutzen überall derselbe wird, und hat es für einen Augenblick dieses herrliche Ziel erreicht, so bedarf es nur einer kleinen Erhöhung des Zuckerpreises, so muß es wieder mit der Ausarbeitung eines ganz neuen Wirtschaftsplanes von vorne anfangen" (*2*, S. 417).

d) „*Wir erwerben* in Wirklichkeit *nur sehr wenige Waren mehr als einmal.* Die meisten Güter, über die wir verfügen ... sind unverwechselbar und nur einmal in unserem Besitz. Wenn diese realistische Sicht der Zusammensetzung unseres Verbrauchs akzeptiert wird, so erweist sich die — für das Vorgehen von Hicks so grundlegende — Vorstellung eines Vorrats homogener Güter, die man auf zwei Achsen verteilen und zwischen denen man Indifferenzkurven konstruieren kann, als sehr abstrakt. Wir besitzen oder erwerben in der Tat praktisch keine Bestände an homogenen Gütern, aus denen wir Indifferenzkurven *aufbauen* könnten." (*Norris, 1*, S. 45; ferner S. 205 ff.) Die Indifferenzkurven würden sich also mehr oder weniger auf einen *Punkt* (den Tangentialpunkt der „Bilanzgeraden") zusammenziehen (vgl. *Norris, 1*, S. 50; sowie auch oben, bei *Pareto*, S. 194 f.).

e) Auf kurze Sicht *fallen Kauf* und *Konsumtion* von Waren *nicht* zusammen; Begehrens- und Nachfragekurve sind nicht streng korreliert. (Ausnahme: rasch verderbliche Erzeugnisse.) „Wie das Güterangebot eines Verkäufers aus einem festen Vorrat uns nichts über die Produktionspolitik sagt, so besagen auch Käuferentscheide jeweils nichts darüber, in welchem Umfang der Konsument die Güter zu nutzen gedenkt. ... Den Grund dafür, daß gewöhnlich (auf kurze Sicht) eine negativ geneigte Nachfragekurve vorliegt, liefert nicht das Gesetz des sinkenden Grenznutzens, sondern vielmehr der Umstand, daß bei niedrigeren Preisen mehr Leute ... zum Kaufe geneigt sind ..." (*Norris*, S. 104 f.; vgl. hierzu auch J. *Viner, 1*, S. 379 ff.)

f) In Wahrheit vergleichen die Konsumenten eine Ware nicht mit einer anderen Ware, sondern mit ihrem *Preis*. Die Grenzrate der Substitution einer Ware ist also die Grenzrate ihrer Substitution gegen *Geld*. Statt von Anbeginn hiervon auszugehen, behandelt Hicks diesen Sachverhalt wie einen Unterfall seiner Arche Noah von Naturalienpaaren: „Solange die Preise anderer Konsumgüter als gegeben angenommen werden, können diese zu einer einzigen Ware ‚Geld' oder ‚Kaufkraft im allgemeinen' zusammengefaßt werden" (*Hicks, 3*, S. 33). Im Augenblick der „Wahl" sind aber *alle* Preise, einschließlich desjenigen der spezifischen Ware, jeweils gegeben. Dann ist man freilich wieder bei der Binsenwahrheit, daß eine Ware gekauft wird, weil sie von ihrem Erwerber eben einer anderen zu den bestehenden Preisen vorgezogen wird. Die „Präferenzenskala" bezeichnet also keineswegs vom Markte unabhängige „Kausal"-Bedingungen der Nachfrage, aus denen sich die Nachfragekurve „ableiten" ließe. Und wenn Hicks meint, eine Präferenzenordnung gefunden zu haben, „die ihrerseits unabhängig von den Preisen ist" (*3*, S. 55; *H.*), so vergißt er, von welchen Voraussetzungen er selber ausgegangen ist.

g) Von den individuellen Nachfragekurven kommt man nicht auf die *Gesamtnachfragekurve* (E. J. Mishan, *1*, S. 10).

3. Die *gesellschaftliche Bedeutung* des „behavioristischen Ordinalismus" (*Seligman*) von Hicks (wie schon von *Pareto*) darf darin gesehen werden, daß noch einmal die alte Vorstellung vom möglichen „Gleichgewicht" (vor allem: der Verbraucher) mit neuen Mitteln verteidigt worden ist. „Die Theorie des ordinalen Nutzens ... konnte sich mit einer extrem individualistischen Position verbinden, während der Kardinalismus, jedenfalls in seiner späteren Version, wie sich zeigte, die Notwendigkeit größerer sozialer und ökonomischer Gleichheit betonte. Das große Verständnis, das *Robertson* und *Pigou* für die allgemeinen sozialen Probleme an den Tag legten, scheint ein unmittelbarer Widerschein ihrer biegsameren Auffassung vom menschlichen Wirtschaftsgeschehen zu sein. Dem Ordinalisten konnte zum Vorwurf gemacht werden, er wolle den status quo erhalten ..." (*Seligman*, S. 409).

4. Weiterentwicklung der Lehre von der Nachfrage

Was der Preis- (und insbesondere der Nachfrage-) Lehre von Hicks im Entwicklungsgang der neueren Lehre Bedeutung verleiht, ist — bemerkenswerterweise — ihr innerer *Widerspruch*. Und hierin liegt zugleich ihr denkgeschichtlicher *Übergangscharakter* begründet: Hicks selbst will (vor allem in *3*, 1939) der langen Tradition der „Gleichgewichts-Analyse" eine neue, angemessene Ergänzung geben; seine Beweisführung fußt, wie die der älteren Autoren, auf der Annahme freier Konkurrenz. Und doch ist es nicht die freie Konkurrenz selbst, welche das „Gleichgewicht" bei Hicks *herbeiführt*, sondern vielmehr der planvolle Wille der Preissetzer. Während die Vorstellung immer noch gewahrt bleiben soll, daß unter unseren Bedingungen der allseits ausgreifenden „économie dominante" (F. *Perroux*) „Gleichgewicht" noch möglich sei, schiebt sich unter der Hand die Wirklichkeit der *manipulierten Nachfrage* ein. Die ganze Konstruktion von Hicks erhält ihren eigentlichen Sinn erst, wenn sie als Anleitung zur Erforschung bestimmter Wirkungen von *Machtpreispolitik* verstanden wird: Der „Einkommenseffekt" bezeichnet die Belastbarkeit eines auf sehr viele Märkte sich zerteilenden Konsumentenbudgets durch das Vorgehen der Anbieter auf einem dieser Märkte — wobei die Anbieter gewissermaßen den strategischen Vorteil der „inneren Linie" haben, weil eine Heraufsetzung *ihres* Preises für sie in der Regel einen größeren positiven „*Einkommenseffekt*" hat, als bei der Streuung der Ausgaben auf seiten der Nachfrage deren negativer „Einkommenseffekt" auf die Verbraucher ausmacht. Auch die von Hicks (im Anschluß an A. *Marshall*) weiter verfolgte „*Konsumentenrente*" (consumer's surplus) wird nun wichtig als Kaufkraftreserve. Der „*Substitutionseffekt*" bezeichnet das Risiko des Anbieters, daß ein Teil der Nachfrage bei einer Heraufsetzung seines Preises abwandert — ein Risiko, das um so kleiner ist, je weniger substituierbar eine Ware (je geringer also die Preiselastizität der Nachfrage) ist.

Es kennzeichnet diesen Übergangscharakter der Preislehre von Hicks, *welche* Seite seiner Darstellung von Folge für die weitere Nachfragelehre geworden ist: Während die Vorstellung vom „Gleichgewicht" sich in blasse Allgemeinheiten verflüchtigt (vgl. unten), wird gerade die Lehre von den Handlungsentscheiden und ihrer Beeinflussung fortgebildet:

1. Einmal soll die empirische Brauchbarkeit des Modells, das bei Hicks — wie es manchen scheint — noch eine „Übung in reiner Theorie" (*Seligman*, S. 405) geblieben ist, durch *Verfeinerung* erhöht werden. Wichtige Arbeit hat hier, neben vielen anderen, R. T. *Norris* geleistet (1):

a) *Der* „*Datenkranz*" wird erweitert: Nicht nur die Höhe des Einkommens, sondern auch die des Vermögens, nicht nur gegenwärtige, sondern auch für die Zukunft erwartete Einkommen und Preise gehen in die Präferenzen der Verbraucher ein. Auch die gesellschaftlichen Bedingungen, unter denen die einzelnen als Konsumenten handeln, sind zu berücksichtigen. (Hierzu neben *Norris* auch *Duesenberry*, 1, S. 27 f., 112.)

b) Die *Änderung* von Präferenzen, Preisen, Einkommen im Zeit*ablauf* wird einbezogen, nachdem der Versuch von Hicks selbst, sein System zu „dynamisieren", wenig befriedigend ausgefallen ist. Nicht nur die direkten, sondern auch die indirekten Wirkungen einer Preisänderung sind hierbei zu berücksichtigen (vgl. etwa H. *v. Stackelberg*, 3, 1948, S. 150 ff.).

c) Die Wirklichkeit der *Marktmacht* wird berücksichtigt. Das bedeutet, daß die Nachfrage nicht länger als unabhängig vom Angebot betrachtet werden kann: „Unter den Bedingungen monopolistischer Konkurrenz sind die Produzenten in erheblichem Maße damit beschäftigt, Nachfrage hervorzubringen, zu bewahren, zu mehren und zu lenken" (*Norris*, 1, S. 95).

d) Dem Umstand wird Rechnung getragen, daß die Wahl eines Verbrauchers in der Regel zwischen einander nahestehenden Gütern (*related goods* bei Norris) getroffen wird. Auch dies entspricht den neuen Marktbedingungen: „Das Entstehen einer Nachfragetheorie, die den Hauptakzent auf die einander nahestehenden Güter legt, ist kein Zufall ... Sie entspringt aus der Analyse der neuen monopolistischen Konkurrenz" (*Norris*, S. 149).

Im gleichen Maße, wie man sich solcherweise den wirklichen Verhältnissen nähert, muß natürlich die Konzeption des „Gleichgewichts" (der Verbraucher), jener ideologisch gewordene Erinnerungsposten der „reinen" Theorie der Nachfrage, weichen; die Betrachtung wird empiristisch und findet ihre Erfüllung schließlich in der praktischen *Einzelmarktforschung*.

2. Auch die alte Suche nach dem Schlüssel zur *Nutzenmessung* erhält einen empiristischen Zug. Man forscht (im Anschluß an I. *Fisher*) nach statistischen Möglichkeiten einer Nutzenbestimmung (siehe hierüber R. *Frisch*, 1). Oder man sucht die Präferenzen durch genauere Bestimmung der Intervalle in den Präferenzskalen „fast" numerisch zu machen. Einen bemerkens-

werten Versuch haben hierbei J. v. *Neumann* und O. *Morgenstern* unternommen (1): Gilt Ware A mehr als Ware B und B mehr als C, so kann man weitergehen, indem man ¹/₂ A und ¹/₂ C miteinander verbindet und hierbei prüft, ob diese Verbindung höher oder niedriger als B geschätzt wird (S. 20). Man sieht, wie die Meßbarkeits-Hoffnung auch die neuere Theorie nicht losläßt.

3. Die Aussagen über die Wahlakte der Konsumenten (und Unternehmungen) weiten sich zu einer *allgemeinen Lehre vom ökonomischen Entscheiden*. Hicks selbst betrachtet die Lehre von der Nachfrage als einen „ökonomischen Anwendungsfall der logischen Theorie des Ordnens" (4, S. 19): „Was als eine Analyse der Wahl des Verbrauchers zwischen Konsumgütern beginnt, endet als eine Theorie der wirtschaftlichen Wahl überhaupt. Ein einigendes Prinzip für die Ökonomie als ganze ist in Sicht" (3, S. 24).

Auch das Darstellungsmittel der Indifferenzkurven erreicht nun allgemeine Anwendung: sowohl auf einzelne als auch auf Gruppen von Wirtschaftsbeteiligten (vgl. hierzu W. *Stolper, 1*), auf den Staat, auf eine Nation im Außenhandel (vgl. *Leontief, Scitovsky*). „Nicht nur Bedürfnisse im alten Sinn, sondern alle denkbaren Zwecke des Menschen und der menschlichen Gesamtheiten können die Basis für die verschiedenen Mittelkombinationen abgeben. Die Werttheorie weitet sich zur reinen Theorie der Zweck-Mittel-Beziehungen aus" (H. *v. Stackelberg, 5*, S. 16 f.). Sie wird damit zum allgemeinen Ausdruck eines seinerseits allgemein gewordenen *Verwertungsverhältnisses*, in welchem Sachen und Menschen stehen.

In ihrer zum „Entscheidungsmodell" geweiteten Form wird schließlich die Lehre von der Nachfrage auch den *irrationalen*, richtiger: den von den Verbrauchern selbst nicht kontrollierten Antrieben offen, auf welche die neuere Lehre (eigentlich schon seit *Pareto*) so großes Gewicht legt, und die wirkungsvoll von den „geheimen Verführern" benutzt werden. (Zur Lehre von den Wahlakten vgl., neben vielen anderen, R. M. *Thrall*, C. H. *Coombs* und R. L. *Davis, 1*; J. M. *Buchanan, 2*; G. *Gäfgen, 1, 2* [mit weiteren Literaturangaben].)

4. Eine solcherart zugerichtete Lehre von der Nachfrage tritt in den Dienst der absatzpolitischen „*Humantechniken*" der Anbieterseite, einer immer raffinierteren Kunst des „*Marketing*", der „wissenschaftlichen" Verkaufs- und Werbepsychologie, der „Strategie" der Wunscherzeugung, der Psychotechnik des Verkaufs — kurzum: der „Expansion der Produzenteninteressen über die Konsumenteninteressen" (E. *Egner, 1*, S. 196). Reklame etwa wird nun als ein Mittel verstanden, „induzierte Veränderungen der Präferenzstruktur" zu bewirken (W. *Krelle, 1*, S. 118 ff.; ähnlich G. *Eisermann, 1*, S. 269, 287 und passim; allgemein zur Nachfragelenkung unter vielen anderen E. *Dichter, 1*; R. *Berth, 1*; I. W. *Newman, 1*; J. S. *Bain, 2*).

Hierzu war es allerdings notwendig, von der nur konstatierenden und beschreibenden Präferenzlehre zur „*Motivforschung*" überzugehen. „Die Analyse des Präferenzsystems im Verhalten des Konsumenten stellt einen gewissen Kraftakt dar. Sie scheint etwas über das Konsumentenverhalten auszusagen, ohne etwas von den Motiven der Verbraucher zu verraten"

(J. S. *Duesenberry, 1,* S. 17). Die neuere „Motivforschung" wirft selbstverständlich nicht mehr die alte „kausale" Frage der Grenznutzentheorie auf, sondern arbeitet rein praktisch und ist auf Massenphänomene gerichtet. Sie weist der ebenso empirisch gewordenen Psychologie, mit der sie sich nun auf ganz anderer Ebene wieder trifft, neue Aufgaben zu.

Damit ist die Lehre von der Nachfrage, die in den Tagen der Grenznutzenschule mit der Verkündung der *Hoheit* des Verbrauchers über Produktion und Markt angehoben hatte, ausgelaufen in die Lehre von der *Unterwerfung* der Nachfrage unter die Mächte des Angebots.

Dritter Abschnitt

Die Lehre vom Angebot

Die alte Arbeitswertlehre war eine Theorie der Wertschöpfung, der Produktion, der Kostenseite der Märkte gewesen. Dem hatte die Lehre vom subjektiven „Wert" eine strenge Nachfrage-, genauer Konsumenten-Theorie der Preisbildung entgegengesetzt. Die Frage der Produktion, der Kosten, überhaupt der Umstände, die das Angebot bestimmen, blieb lange Zeit vernachlässigt.

Das Vordringen von Verhältnissen der beschränkten Konkurrenz und damit von neuen Formen des Wettbewerbs (vor allem: Konkurrenz um die niedrigeren *Kosten*, neben und oft anstelle von *Preis*wettbewerb) bringt nun etwa seit Beginn unseres Jahrhunderts eine Wende: Es wird notwendig, *alle* Seiten des betrieblichen Kapitalumschlags systematisch zu rationalisieren. Ausdruck hierfür ist (neben vielem anderen) das Vordringen der *Verbesserungsinvestition* (gegenüber der bloßen Erweiterungsinvestition), das Auftreten der „wissenschaftlichen Betriebsführung" (Rationalisierung des Arbeitskräfteeinsatzes; F. *Taylor*) sowie der modernen *Arbeitswissenschaft*, die systematische Durchforschung der Produktions-, Kosten-, Absatzbedingungen usw. der Unternehmungen durch die neue *Betriebswirtschaftslehre*, bis hin zum „Linear Programming" unserer Tage.

Die neue Entwicklung läßt die Preistheorie nicht unberührt. Nachdem von der Produktionskostensicht die Last der älteren Lehrtradition genommen ist, läßt vor allem A. *Marshall* in England der Kostenseite des Marktes wieder Gerechtigkeit widerfahren, wobei sich die künftige *einzelwirtschaftliche* Orientierung der Angebotslehre deutlich ankündigt (Marshalls „Representative Firm"). Auch die subjektivistisch fundierte Preislehre, die nach größerer Wirklichkeitsnähe trachtet, muß die Angebotsseite der Märkte wieder in Rücksicht ziehen, wie wir dies bei *Pareto* schon gesehen haben. Der Streit darum, ob Bedarf oder Kosten den Preis bestimmen, weicht der Verbindung beider Sichtweisen zu einer streng katallaktischen Betrachtung der Marktabläufe (vgl. Pareto, oben, S. 207 f.).

Hierbei fällt auf, daß die Theorie der Produktion (namentlich zu Beginn des Jahrhunderts) als Lehre vom „Unternehmer-Nutzen" um möglichste Analogie mit der Lehre vom „Verbraucher-Nutzen" bemüht ist. Dies entspricht der immer wieder geäußerten Meinung, auch der Verbraucherhaushalt sei nicht anderes als ein Unternehmen, das, gewissermaßen als das Endglied der Produktionskette, ein Erzeugnis hervorbringt, nämlich „Lust" (vgl. hierzu etwa K. E. *Boulding, 1,* S. 613 f.; H. *v. Stackelberg, 2,* S. 10 f.). Diese Gleichsetzung wird dadurch erleichtert, daß der dem Haushalt immer wieder zugeschriebene Vorteilskalkül in Wirklichkeit seinen Ort in der Produktion selbst hat (vgl. oben, S. 193 f.). Der Gedanke der Nutzenrechnung ist also in Wahrheit von der Produktion auf die Haushalte *übertragen* worden; und er läßt sich natürlich auf die Produktion rückbeziehen, wo er erst seinen eigentlichen Sinn erhält.

Die neue Lehre von der Produktion hat den Bezug zur Theorie der volkswirtschaftlichen Wertschöpfung gelöst. Sie findet ihren Gegenstand in den Verhältnissen der Einzelwirtschaft; ihre Betrachtungsweise unterscheidet sich insofern nicht von derjenigen der Betriebswirtschaftslehre. Die erstrebte Nähe zur Praxis bringt es auch mit sich, daß von Anfang an die Verhältnisse der *beschränkten* Konkurrenz Berücksichtigung finden, ja, daß sie geradezu exemplarisch werden. Aber auch wenn nicht ausdrücklich monopolistische und oligopolistische Bedingungen angenommen werden, betrachtet die neuere Theorie des Unternehmens die Erlöse und Kosten (sowie deren Differenz: den Gewinn) als *planvoll gestaltbar*. So ist die moderne Lehre vom Angebotspreis, auch wo sie sich nicht etwa als Monopolpreistheorie versteht, weithin jedenfalls *Macht*preislehre; und sie kann auch in der Tat unter den Bedingungen unserer heutigen Wirtschaft kaum anderes sein.

A. Ertragsgesetz und Preisbildung: Heinrich von Stackelberg

Den Übergang der Preistheorie zur konsequenten Machtpreislehre — und zugleich die *Rechtfertigung* solcher Machtpreisbildung — bezeichnet das Lebenswerk Heinrichs von Stackelberg (1905—1946). Dieser früh verstorbene ungewöhnlich scharfsinnige Denker gehört zu den wenigen Köpfen, welche die neuere deutsche Nationalökonomie der angelsächsischen zur Seite zu stellen hat (welch letztere freilich von Stackelberg noch kaum Notiz genommen hat). Seine mit großer Prägnanz und Folgerichtigkeit entwickelten Gedanken sind bis heute für die Preislehre, vor allem im deutschen Sprachraum, bestimmend geblieben. — Stackelbergs Beitrag zur Preislehre ist ein umfassender: Er hat (im Anschluß vor allem an E. Barone, *1*, S. 22 ff.) das „Ertragsgesetz" zur Grundlage der Lehre vom Angebotspreis gemacht. Von den einfachen Grundverhältnissen eines *Ein-Produkt-Unternehmens* bei freier Konkurrenz ist er fortgeschritten zu theoretischen Sätzen über die *verbundene Produktion*, über die Bedingungen der Ertragserzielung beim *Monopol* sowie beim *Oligopol* — wobei Stackelberg besonders die Tradition der Lehre vom Dyopol *(Cournot, Edgeworth, Bowley)* fortgesetzt hat. Schließlich hat Stackelberg mit aller Konsequenz die *Frage nach der Vereinbarkeit der überkommenen Lehre vom „Gleichgewicht" der Märkte mit den wirklichen Verhältnissen der beschränkten Konkurrenz* gestellt.

Wir folgen dem Gedankengange Stackelbergs vor allem im Anschluß an seine beiden frühen Schriften „Grundlagen einer reinen Kostentheorie"[14]

---

[14] *Stackelbergs* Doktorschrift, zunächst abgedruckt in „Zeitschrift für Nationalökonomie", Band 3, Wien 1932, S. 333 ff., 552 ff. Die Wiedergabe des Textes erfolgt hier nach der Buchausgabe, Wien 1932 (*1*).

sowie „Marktform und Gleichgewicht"[15]; wobei wir die etwas eigenwilligen Begriffe namentlich der ersten Schrift — Stackelberg selbst hat sie in seinem späteren Lehrwerk „Grundlagen der theoretischen Volkswirtschaftslehre" (1948) vielfach nicht mehr gebraucht — nur soweit heranziehen, wie dies für das Verständnis der Grundgedanken erforderlich ist.

1. Das Ertragsgesetz

Stackelberg hat jenem „Gesetz" des sinkenden Ertragszuwachses, wonach unter gewissen Voraussetzungen bei steigendem Produktionsaufwand die Grenzerträge (von einem bestimmten Punkt an) sinken, einen festen Platz in der Theorie der Produktion zugewiesen. — Bei der geradezu fundamentalen Bedeutung, die das „Ertragsgesetz" nicht nur in der neueren Preistheorie, sondern auch in der Lehre von der Einkommensverteilung (vgl. „Grenzproduktivitätstheorie"; Band II der „Texte"), ja selbst in der Theorie der Kapitalakkumulation und der fortschreitenden Wirtschaft (vgl. etwa Keynes' Gesetz der „sinkenden Grenzleistungsfähigkeit des Kapitals") erlangt hat, muß es hier ausführlicher behandelt werden.

a) Geschichte des Gesetzes

Das „Ertragsgesetz" ist zunächst für die Landwirtschaft geltend gemacht worden, und zwar in rudimentärer Form schon im 18. Jahrhundert (*Turgot*, 3; *Serra, Steuart, Ortes*). E. *West* (1) und Th. R. *Malthus* (4) haben die Lehre fortgeführt; auf ihr ruht sowohl das Bevölkerungsgesetz von Malthus wie die Grundrententheorie *Ricardos*. Gegen die sozialen Implikationen beider Lehren hat C. *Rodbertus-Jagetzow* beizeiten Widerspruch erhoben (1, S. 66, 167 ff.). In Deutschland hat J. H. v. *Thünen* (1, II. Band, Einleitung, IV, und passim), wie es scheint, selbständig das Gesetz entwickelt; er wurde, wie es P. H. *Douglas* formuliert hat, zum „eigentlichen Entdecker der Grenzproduktivität" (1). Allemal ist der Gedanke: Werden, um den Bodenertrag zu erhöhen, bestimmte Einsatzfaktoren (etwa Arbeit oder „Kapital") vermehrt, ohne daß andere Faktoren (vor allem die Bodenfläche) eine Vermehrung erfahren, dann sinkt nach Überschreiten eines Optimalpunktes der Bodenertrag im Verhältnis zum Aufwand. Eine Tatsache, die unter ihren Voraussetzungen zweifelsfrei ist und die J. v. *Liebig* mit seinen bekannten Kunstdüngerversuchen experimentell bestätigt hat („*Gesetz des Minimums*"). — Von der Landwirtschaft ist das Ertragsgesetz später auf die gewerbliche Erzeugung übertragen und damit verallgemeinert worden. Implizit liegt es schon A. A. *Cournots* Preisbildungslehre zugrunde (1, 1836; siehe unten, S. 296 f.). A. *Marshall* hat ihm breiten Raum in seinen Untersuchungen gewidmet (1), *Jevons* und viele andere haben es für ihre Lehren nutzbar gemacht. Schließlich haben Ph. H. *Wicksteed* (1, 2) und J. B. *Clark* (1, 2) gegen Ende des Jahrhunderts das „Ertragsgesetz" ihrer Grenzproduktivitätstheorie der Verteilung zugrunde gelegt. Bis in die zwanziger Jahre unseres Jahrhunderts hinein galt das Gesetz auch für die nichtlandwirt-

---

[15] Wien und Berlin 1934 (2).

schaftliche Erzeugung als gesichert. Es schien dem Gesetz vom sinkenden Grenznutzen bei den Verbrauchern zu korrespondieren. (Zur Geschichte des Ertragsgesetzes vgl. W. *Weddigen, 1,* S. 90 ff.; sowie *2;* P. H. *Douglas, 1;* F. X. *Weiß, 3.)*

b) *Das Ertragsgesetz bei Stackelberg*

„Wir denken uns, daß der Betrieb seine Produktionsgeschwindigkeit [den Umfang seiner Produktion in der Zeit; W. H.] zu steigern anfängt. Dann steigen auch die Gesamtkosten dieses Betriebes. In welchem Maße steigen sie? Hier müssen wir beachten, daß der Betrieb seine Produktionsgeschwindigkeit nur durch Vermehrung des direkten Aufwandes steigert. Die indirekten Produktionsmittel bleiben voraussetzungsgemäß in ihrem Bestand erhalten. Dies muß im allgemeinen dazu führen, daß von irgend einer Produktionsgeschwindigkeit ab der Betrieb verhältnismäßig unergiebiger wird, d. h. durch jeweils gleiche Gesamtkostenvermehrung nur eine mit steigender Produktionsgeschwindigkeit sinkende Produktvermehrung erzielt werden kann. Diese Konsequenz aus der Unveränderlichkeit der indirekten Produktionsmittel ist nicht zwingend nachzuweisen. Sie ist jedoch in hohem Maße plausibel. Sie leuchtet ein, wenn man folgendes bedenkt: Die indirekten Produktionsmittel bilden eine notwendige Bedingung für die Produzierbarkeit der Produkte. Bleiben sie unverändert, so ändert sich bei steigender Produktionsgeschwindigkeit das Zusammensetzungsverhältnis der Komponenten der Aufwandsvektoren zu Ungunsten der indirekten Produktionsmittel" (*1*, S. 20).

Stackelberg beruft sich hierbei auf das Gesetz des abnehmenden Ertragszuwachses in der Landwirtschaft, das ihm keines weiteren Nachweises zu bedürfen scheint:

„Dieses Gesetz ist nichts anderes als ein Spezialfall unseres oben formulierten Sachverhaltes. Würde dieses Gesetz nicht gelten, so könnte man durch genügenden Aufwand der veränderlichen Produktionsmittel, ohne Steigerung des Kostenzuwachses auf einem begrenzten, ja sogar auf einem beliebig kleinen Landstück jede beliebige Produktmenge erzeugen können [sic], was nach allgemeiner Erfahrung unmöglich ist" (S. 21).

Es wird dabei vernachlässigt, daß auch die kaufkräftige *Nachfrage* nach landwirtschaftlichen Produkten jeweils begrenzt ist. Die einseitig *technische* Fragestellung Stackelbergs entspricht nicht der wirtschaftlichen Wirklichkeit.

Gilt nun aber das Ertragsgesetz auch in der gewerblichen Produktion, wo der Boden keine wichtige Rolle spielt und alle Einsatzfaktoren entsprechend den Produktionsanforderungen vermehrt werden können? Um auch hier das Ertragsgesetz annehmen zu können, greift Stackelberg auf das allgemeine „Prinzip der Knappheit" zurück:

Es bedingt „... das Wachsen der Produktionsgeschwindigkeit eine Vermehrung der Produktionsmittel. Diese sind aber in der Volkswirtschaft nach dem Prinzip der Knappheit fest begrenzt. Folglich kann ihre Vermehrung erstens nicht beliebig weit und zweitens von irgendeinem Punkte ab nur zu steigenden Produktionsmittelpreisen, also bei steigendem Kostenzuwachs, vermehrt werden. Hieraus ergibt sich das oben behauptete Gesetz ganz allgemein" (S. 21).

Auch hier wäre zu vermerken: Bevor eine Ausdehnung der Produktion auf ihre — immer nur *jeweils* gegebenen — *technischen* Grenzen stößt, trifft sie in aller Regel auf die ökonomischen Schranken der Endnachfrage sowie der begrenzten Kapitalbildungs- und Kaufkraft der Unternehmungen selbst. „Das eigentliche Hindernis, gegen das sie [die Unternehmungen; W. H.] ankämpfen, liegt nicht in den Produktionskosten..., sondern in der Schwierigkeit, die größere Produktenmenge abzusetzen, ohne die Preise zu ermäßigen oder steigende Marktaufwendungen in Kauf zu nehmen." (P. *Sraffa, 1,* S. 543. — Diese Umstände betrachtet Stackelberg nur ganz beiläufig; die Begrenztheit der Endnachfrage führt er, zu Unrecht, auf das Gesetz des sinkenden Grenznutzens zurück.) In unserer Epoche vollends ist es offenkundig geworden, daß eine technisch *mögliche* Erweiterung der Produktion häufig an den *Markt*umständen scheitert (Problem der Überkapazität!).

Ebenso unzulänglich ist die Begründung, die Stackelberg in seinem späteren Lehrbuch (*3,* S. 40 f.) für das Ertragsgesetz gegeben hat: Disproportionen im Einsatz der verschiedenen mitwirkenden Produktionselemente müssen entstehen, weil ein wachsender Betrieb immer weniger überschaubar ist und daher die Leistung des Produktionsfaktors „Betriebsführung" nicht Schritt halten kann; und weil mit zunehmender Massierung der Produktion an einem Ort die Transportaufwendungen zunehmen. Beides ist nicht überzeugend: Stackelberg selbst kann von der Möglichkeit, *neue* Betriebseinheiten — evtl. an anderem Ort —, ins Leben zu rufen, nicht ganz absehen.

Es ist angesichts der elementaren Bedeutung, welche das Ertragsgesetz für die ganze Produktionstheorie, vollends bei Stackelberg, hat, erstaunlich, wie mangelhaft es begründet worden ist. Man arbeitet mit ihm, weil man es *braucht!* (Vgl. unten, S. 253 ff.)

Wir werden auf das Ertragsgesetz zurückkommen (S. 246 ff.) und verfolgen hier zunächst die Konsequenz, die Stackelberg aus ihm ableitet.

2. Die Kostenfunktion

a) *Gesamtkosten, Grenzkosten, Durchschnittskosten*

Aus dem Ertragsgesetz können wir „... folgendes (wenn auch nicht allgemeingültiges) Regelbild der Gesamtkostenfunktion ableiten. Lassen wir die Produktionsgeschwindigkeit von Null ab wachsen, so steigen die Gesamtkosten dauernd. Aber sie steigen zunächst in sinkendem Maße, d. h. der Gesamtkostenzuwachs sinkt zunächst, bis die Produktionsgeschwindigkeit eine bestimmte Höhe erreicht hat. Steigt die Produktionsgeschwindigkeit weiter, so setzt von irgendeinem Punkte ab eine Steigerung des Gesamtkostenzuwachses ein, die sich bei weiterem Wachsen der Produktionsgeschwindigkeit vielleicht noch verstärkt" (S. 22).

Es gilt also:

„Die Unternehmung unterliegt für niedrige Produktionsgeschwindigkeiten dem Gesetz des zunehmenden Ertrages. Steigt die Produktionsgeschwindigkeit über ein bestimmtes Maß, so unterliegt die Unternehmung dem Gesetz des abnehmenden Ertrages. Dazwischen gibt es eine Strecke oder auch nur einen Punkt, wo das Gesetz des konstanten Ertrages gilt" (S. 23).

Daneben läßt Stackelberg auch Funktionen gelten, bei denen der Kostenzuwachs ständig *zurück-* oder ständig *konstant* bleibt; jedoch ist für ihn der oben bezeichnete Fall der normale.

Entsprechend dem S-förmigen Verlauf der Gesamtkostenkurve (erst konkav, dann konvex zum Ursprung) verläuft die Kurve der „*Grenzkosten*" (= Kostenzuwachs, d. h. „die Änderung der Gesamtkosten, die sich ergibt, wenn man die Produktionsgeschwindigkeit um irgend einen Betrag vergrößert oder verringert"; S. 23) U-förmig, erst sinkend, dann steigend.

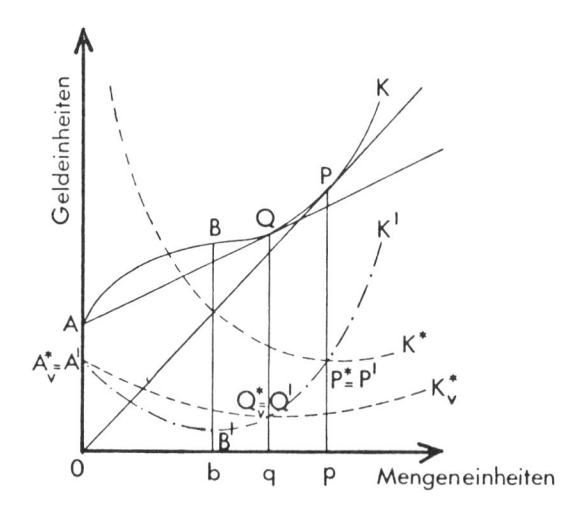

K = Gesamtkostenkurve
E' = Grenzkostenkurve
K^* = Kurve der Durchschnittskosten
K_v^* = Kurve der variablen Durchschnittskosten

Abb. 1: Verlauf der Kostenkurven

Die *Durchschnittskosten* (Stückkosten) erreichen ihren tiefsten Punkt erst bei weiterer Vermehrung der Produktion und werden in diesem Punkt von der Grenzkostenkurve geschnitten. — Dies alles ist mittlerweile Gemeingut der Preistheorie geworden.

b) *Das Betriebsoptimum*

„Die Unternehmung kann verschiedene Produktionsgeschwindigkeiten zu verschiedenen Gesamtkosten realisieren. Wir wollen jetzt untersuchen, welche Produktionsgeschwindigkeit relativ die billigste ist. Wir wollen zunächst genauer formulieren, was darunter zu verstehen ist. Der Preis, der für die Einheit einer in der Zeiteinheit produzierten Produktenmenge gezahlt werden muß, damit durch den Ertrag gerade die zugehörigen Gesamtkosten gedeckt werden, ist den Durchschnittskosten gleich. Denn die Durchschnittskosten, multipliziert mit der Produktionsgeschwindigkeit (also mit der Anzahl der in der Zeiteinheit produzierten Produkteinheiten) ergeben gerade die Gesamtkosten (ex definitione). Diesen Preis wollen wir Kostendeckungspreis nennen. Zu jeder Produktionsgeschwindigkeit gehört ein Kostendeckungspreis. Diejenige Produktionsgeschwindigkeit, welche den niedrigsten Kostendeckungspreis hat, ist offenbar die billigste. ... Wir wollen deshalb diese Produktionsgeschwindigkeit die optimale nennen. Die allgemeine Situation der Unternehmung, wenn sie die optimale Produktionsgeschwindigkeit realisiert, bezeichnen wir als ihr Betriebsoptimum. ... Das Betriebsoptimum ist nur eine durch bestimmte Eigenschaften ausgezeichnete Situation der Unternehmung. Unsere Aufgabe wird es jetzt sein, dieses Betriebsoptimum näher zu bestimmen" (S. 27 f.).

„Welche Produktionsgeschwindigkeit ist die optimale? Nach Definition diejenige, deren Kostendeckungspreis der niedrigste ist. Da der Kostendeckungspreis den Durchschnittskosten gleich ist, so ist also die optimale Produktionsgeschwindigkeit dadurch ausgezeichnet, daß sie die niedrigsten Durchschnittskosten hat. Anders ausgedrückt: die optimale Produktionsgeschwindigkeit hat als Durchschnittskosten das Minimum der Durchschnittskostenfunktion" (S. 28; vgl. Abb. 1, die gegenüber der Darstellung Stackelbergs [1, S. 29] bisweilen etwas vereinfachte Symbole enthält; vgl. dazu auch 3, S. 57 ff.).

Der Punkt der niedrigsten Durchschnittskosten ist aber zugleich der Schnittpunkt der Durchschnittskostenkurve mit der Grenzkostenkurve. Das bedeutet:

„(I) *Im Betriebsoptimum sind die Grenzkosten und die Durchschnittskosten einander gleich.*" (S. 29)

Hier verläuft aber die Gesamtkostenkurve bereits konvex nach oben. Daher gilt:

„(II) *Für das Betriebsoptimum gilt das Gesetz des abnehmenden Ertrages.*" (S 29)

Das bedeutet auch: „Soweit also eine Unternehmung dem Gesetze des zunehmenden oder konstanten Ertrages unterliegt, kann sie kein Betriebsoptimum besitzen. Die relativ billigste Produktionsgeschwindigkeit liegt somit nicht dort, wo der Kostenzuwachs am niedrigsten ist, sondern geht um ein beträchtliches Stück über diesen Punkt hinaus." (S. 29)

Der Verlauf von Durchschnitts- und Grenzkostenkurve unterliegt natürlich der Regel:

„(III) *Ist die Gesamtkostenkurve regulär und regelmäßig, so sind die Durchschnittskosten für alle Produktionsgeschwindigkeiten unterhalb der optimalen größer, für alle Produktionsgeschwindigkeiten oberhalb der optimalen kleiner als die Grenzkosten.*" (S. 29)

Verwendet man die von E. *Schmalenbach (2)* geprägten Begriffe der Kostendegression und Kostenprogression, so kommt man zu den weiteren Bestimmungen:

„(IIIa) *Unterhalb des Betriebsoptimums liegt Kostendegression, oberhalb Kostenprogression vor.*" (S. 30)

„(IIIb) *Unternehmungen, für die das Gesetz des zunehmenden Ertrages gilt, unterliegen der Kostendegression.*" (S. 30)

c) Das Betriebsminimum

„Welches ist der niedrigste Preis, zu welchem die Unternehmung überhaupt noch produzieren könnte, ohne einen größeren Verlust zu erleiden, als wenn sie (für kurze Zeit) die Produktion aufgeben würde? Dieser niedrigste Preis fällt durchaus nicht mit dem niedrigsten Kostendeckungspreis zusammen. Dies zeigt folgende Überlegung: Die konstanten Kosten sind der Betrag, den die Unternehmung unter allen Umständen, also auch wenn der Betrieb stilliegt, tragen muß. Der größte Verlust, den die Unternehmung bei laufender Produktion erleiden kann, ohne ungünstiger dazustehen, als wenn sie stilliegt, ist demnach den konstanten Kosten gleich. Der Preis, den wir hier suchen, braucht deshalb nur die variablen Kosten zu decken. Er ist also den durchschnittlichen variablen Kosten gleich... Die Produktionsgeschwindigkeit, welche die durchschnittlichen variablen Kosten zu einem Minimum macht, bezeichnen wir als die minimale; die entsprechende Situation der Unternehmung nennen wir ‚Betriebsminimum'.

Das Betriebsminimum stimmt mit dem Betriebsoptimum überein, wenn man die konstanten Kosten gleich Null setzt. Es ergeben sich aus dieser Feststellung Sätze, die in genau derselben Weise abzuleiten sind, wie die entsprechenden Sätze für das Betriebsoptimum." (S. 31)

Folgende Bestimmungen lassen sich demnach treffen:

„(IV) *Im Betriebsminimum sind die Grenzkosten und die durchschnittlichen variablen Kosten einander gleich.*" (S. 32)

„(V) *Auch für das Betriebsminimum gilt also das Gesetz des abnehmenden Ertrages.*" (S. 32)

„(VI) *Je kleiner die Produktionsgeschwindigkeit ist, desto weniger unterscheiden sich ihre Grenzkosten und ihre variablen Durchschnittskosten.*" (S. 33)

Das letztere ergibt sich daraus, daß die Kurve der Grenzkosten und die Kurve der variablen Durchschnittskosten den gleichen Ausgangspunkt auf der Ordinatenachse haben.

„Genau so wie für das Betriebsoptimum gilt für das Betriebsminimum der Satz:

(VII) *Ist die Gesamtkostenkurve regulär und regelmäßig, so sind die durchschnittlichen variablen Kosten für alle Produktionsgeschwindigkeiten unterhalb der minimalen größer, für alle Produktionsgeschwindigkeiten oberhalb der minimalen kleiner als die Grenzkosten.*" (S. 33)

„(VIIa) *Die variablen Kosten sind unterhalb des Betriebsminimums degressiv, oberhalb progressiv.*" (S. 33)

„(VIII) *Zwischen dem Betriebsminimum und dem Betriebsoptimum sind die Gesamtkosten degressiv* [sic]*, die variablen Kosten progressiv.*" (S. 34)

„(VIIb) *Unternehmungen, für die das Gesetz des zunehmenden Ertrages gilt, unterliegen der Degression der variablen Kosten.*" (S. 34)

d) Résumé

„Zusammenfassend können wir folgende Eigenschaften der regelmäßigen Gesamtkostenfunktionen feststellen (vgl. Abb. [1]):

1. Bis zum Punkt b fallen die Grenzkosten, von hier ab steigen sie.

2. Bis zum Punkt q fallen die durchschnittlichen variablen Kosten, von hier ab steigen sie. In q sind sie den Grenzkosten gleich, unterhalb sind sie größer, oberhalb kleiner als die Grenzkosten. Unterhalb von q befinden sich die variablen Kosten in Degression, oberhalb in Progression.

3. Bis zum Punkt p fallen die Durchschnittskosten, von hier ab steigen sie. In p sind sie den Grenzkosten gleich, unterhalb von p

sind sie größer, oberhalb kleiner als die Grenzkosten. Unterhalb von p befindet sich die Unternehmung in Kostendegression, oberhalb in Progression. . . .

5. Folgendes Schema gibt uns einen Überblick über das Verhalten der vier Funktionen: Gesamtkosten, Grenzkosten, durchschnittliche variable Kosten und Durchschnittskosten in den einzelnen Abschnitten der Skala der Produktionsgeschwindigkeit:

Intervalle auf der Skala der Produktionsgeschwindigkeiten	Es fällt	Es steigt
(0,b)	$K'; \overset{*}{K_v}; K*$	K
(b,q)	$\overset{*}{K_v}; K*$	$K; K'$
(q,p)	$K*$	$K; K'; \overset{*}{K_v}$
(p,∞)	—	$K; K'; K_v; \overset{*}{K*}$ "

(S. 34)

Alle diese in sich folgerichtigen Ableitungen stehen und fallen mit dem Ertragsgesetz. Darüber unten (S. 246 ff.).

3. Die Bestimmung des Produktionsumfangs

a) Der Grundsachverhalt

Bisher wurde „die Unternehmung als nachfragendes und produzierendes, nicht als anbietendes Glied der Volkswirtschaft" betrachtet und festgestellt, „in welcher Situation sich eine Unternehmung bei gegebenem Produktionsniveau befindet. Wir haben uns jedoch nicht mit der Frage befaßt, wie sich dieses Produktionsniveau ergibt. Um dieses zu bestimmen, müssen wir die Unternehmung als anbietend betrachten. Und zwar müssen wir hier zwei weitere Prinzipien oder vielmehr Gruppen von Prinzipien heranziehen: wir müssen das Motiv der Produktion und ihre Marktposition feststellen." (S. 36)

Motiv der Produktion ist die Gewinnmaximierung. Deren Chancen, und damit die Produktionsentscheidungen der Unternehmungen, hängen von der (erwarteten) Marktlage ab. Es wird im weiteren von Stackelberg unterstellt, daß der Ertrag (Erlös) nur durch die „Produktionsgeschwindigkeit" (die in der Zeiteinheit produzierte Menge) beeinflußt wird und alle anderen Umstände unverändert bleiben. Dann lautet die „Grundfrage der Produktion nach erwerbswirtschaftlichem Prinzip":

„Welche Produktionsgeschwindigkeit muß bei gegebener Marktsituation realisiert werden, um ein Maximum an Gewinn zu erzielen?" (S. 37)

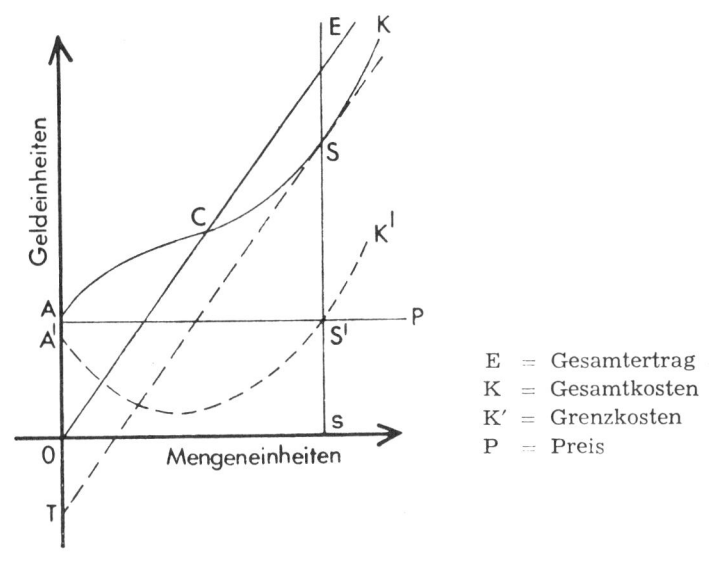

Abb. 2: Das Produktionsoptimum

E = Gesamtertrag
K = Gesamtkosten
K' = Grenzkosten
P = Preis

„Die Antwort ergibt sich aus einer einfachen Überlegung. Wir führen zunächst für die gesuchte Produktionsgeschwindigkeit, die wir als die günstigste bezeichnen wollen, das Symbol s (supply) ein. Die günstigste Produktionsgeschwindigkeit zeichnet sich dadurch aus, daß jede andere Produktionsgeschwindigkeit einen geringeren Gewinn ergibt. Mit anderen Worten: Der Gewinn steigt bei wachsender Produktionsgeschwindigkeit, bis diese den Wert s erreicht hat. Dann fällt er. Bei wachsender Produktionsgeschwindigkeit steigen aber die Gesamtkosten K (x). Der Gewinn steigt also dann, wenn der Ertrag stärker steigt als die Gesamtkosten; er fällt, wenn der Ertrag langsamer steigt als die Gesamtkosten. Die günstigste Produktionsgeschwindigkeit s zeichnet sich dadurch aus, daß hier die Ertragssteigung und die Gesamtkostensteigung einander gleich sind. Bezeichnen wir das Maß der Ertragssteigung in Analogie zu unserer Kostenterminologie und in Übereinstimmung mit dem allgemeinen Sprachgebrauch als Grenzertrag, so erhalten wir den Fundamentalsatz des erwerbswirtschaftlichen Prinzips:

(X) *Die Grenzkosten und der Grenzertrag der günstigsten Produktionsgeschwindigkeit sind einander gleich.*" (S. 37 f., vgl. Abb. 2)

Es begegnet hier das Cournotsche Theorem, das wir noch kennenlernen werden (S. 295 f.). Die Gleichheit von Grenzkosten und Grenzertrag versteht sich, da bei eben dieser „Produktionsgeschwindigkeit" die *Gesamtkostenkurve* am weitesten unter der Gesamtertragskurve liegt, die Differenz zwischen Ertrag und Kosten (der Gewinn) daher am größten ist.

„(XI) *Für Produktionsgeschwindigkeiten, welche kleiner sind als die günstigste* ... *ist der Grenzertrag größer als die Grenzkosten; für Produktionsgeschwindigkeiten, welche größer sind als die günstigste ..., ist der Grenzertrag kleiner als die Grenzkosten."* (S. 39)

„Weicht der Unternehmer von der Produktionsgeschwindigkeit, deren Grenzertrag und Grenzkosten gleich sind, nach unten ab, so gelangt er in eine Situation, in welcher der Ertragszuwachs größer ist als der Kostenzuwachs. Dadurch entgeht ihm ein Gewinn. Weicht er von der genannten Produktionsgeschwindigkeit nach oben ab, so gelangt er in eine Situation, in welcher der Kostenzuwachs größer ist als der Ertragszuwachs. Dadurch entsteht ihm ein Verlust." (S. 40)

Bei der Bestimmung der günstigsten „Produktionsgeschwindigkeit" sind die festen Kosten ohne Bedeutung. Daher ist das Gewinnoptimum allein bezeichnet durch die größte Differenz zwischen dem Ertrag und den variablen Kosten (S. 40 f.).

b) Die Bestimmung des Produktionsumfangs bei freier Konkurrenz

Welche Möglichkeit haben die Unternehmungen, den Optimalpunkt ihrer Produktion zu erreichen? Dies ist nicht unabhängig von der Marktposition, in der sie sich befinden. Stackelberg untersucht zunächst den Fall der freien Konkurrenz. Diese definiert er als ...

„... eine Marktsituation, in welcher der Preis als vom Angebot, also von der Produktionsgeschwindigkeit der Unternehmung, unabhängig betrachtet werden kann. Hier ist also der Ertrag das Produkt aus der beliebig veränderlichen Produktionsgeschwindigkeit und dem konstanten Preis. Er ist eine lineare Funktion der Produktionsgeschwindigkeit und ist dieser proportional. Der Proportionalitätsfaktor ist der Preis.

Der Grenzertrag ist nichts anderes, als der Marktpreis. Es ergibt sich somit auf Grund des Fundamentalsatzes des erwerbswirtschaftlichen Prinzips für das konkurrenzwirtschaftliche Angebot der Satz:

(XVI) *In der Konkurrenzwirtschaft ist die günstigste Produktionsgeschwindigkeit diejenige, deren Grenzkosten dem Preise gleich sind."* (S. 41; vgl. Abb. 2)

„Diese Überlegung zeigt uns, daß wir die günstigste Produktionsgeschwindigkeit oder das jeweilige Angebot der Unternehmung in der Zeiteinheit als Funktion des Preises betrachten können, wenn Konkurrenzwirtschaft vorliegt." (S. 44)

c) Die Bestimmung des Produktionsumfangs bei Angebotsmonopol

„Zum Teil ganz andere Ergebnisse erhalten wir, wenn wir annehmen, daß die Unternehmung auf ihrem Markte eine Monopolstellung besitzt." (S. 45)

Hier „... *ist der realisierte Preis stets größer als die Grenzkosten der günstigsten Produktionsgeschwindigkeit.*

... Der Preis übersteigt die Grenzkosten desto mehr, je geringer die Elastizität der Nachfrage ist. Ist dagegen die Elastizität der Nachfrage sehr groß, so ist der Preis den Grenzkosten fast gleich. Wir haben hier eine Annäherung an die Voraussetzungen der freien Konkurrenz." (S. 47)

Wie schon fast ein Jahrhundert zuvor *Cournot* das Trachten der Unternehmungen nach dem Gewinnmaximum erst im *Monopol* verwirklicht sah, so kommt auch Stackelberg zu der Feststellung,

„... daß eine konkurrenzwirtschaftlich organisierte, erwerbswirtschaftlich eingestellte Produktion nicht immer funktioniert, weil eine günstigste Produktionsgeschwindigkeit, die den Gewinn zu einem Maximum macht und somit das zu relasierende Produktionsniveau bestimmt, unter den konkurrenzwirtschaftlichen Voraussetzungen nicht immer existiert. Wir fragen uns jetzt, ob es im Falle des Monopols stets eine günstigste Produktionsgeschwindigkeit gibt, ob also in diesem Falle die Produktion stets durch die vorausgesetzten regulierenden Prinzipien voll bestimmt wird. Die nachfolgende Überlegung zeigt uns, daß diese Frage zu bejahen ist." (S. 48)

Ergebnis dieser hier nicht zu verfolgenden Überlegung ist:

„(XXII) *Die monopolistisch organisierte erwerbswirtschaftlich orientierte Produktion funktioniert stets.*

... Durch diese Garantie des Funktionierens ergibt sich, daß einige Produktionszweige die Wahl zwischen der konkurrenzwirtschaftlichen und der monopolistischen Organisation haben, während andere nur auf die monopolistische Organisation angewiesen sind, sofern das erwerbswirtschaftliche Prinzip gilt. Ein konkurrenzwirtschaftlich organisierter Produktionszweig muß also zum Monopol übergehen, sobald sich die Produktionsbedingungen entsprechend ändern. Wir können auch den Weg andeuten, auf welchem eine solche Organisationswandlung vor sich geht. Tritt eine Unternehmung in einem Produktionszweig auf, die weitgehend, z. B. für alle Produktionsgeschwindigkeiten, die überhaupt zur Befriedigung der Nachfrage in Frage kommen, dem Gesetz des zunehmenden Ertrages unterliegt, so verdrängt sie durch Ausweitung ihrer Produktion alle anderen Unternehmungen vom Markte und erringt so für sich das Monopol." (S. 48 f.)

Stackelberg bricht seinen Gedanken hier unvermittelt ab, ohne alles zu sagen. Er hätte fortfahren können: Gelangt ein Unternehmen, das unter dem Zwang der Konkurrenz zunächst seine Produktion ausgeweitet hat, an die Zone steigender Grenzkosten, so muß ihm daran gelegen sein, die steigenden Grenzkosten durch Erhöhung seiner Preise wettzumachen oder die Produktion nicht weiter auszudehnen — d. h. sich (nach Niederwerfung seiner Gegner) *monopolistisch* zu verhalten. Denkt man das „Ertragsgesetz" mit seinen Konsequenzen in solcher Weise weiter durch, so entdeckt man schnell, daß es recht geeignet ist, für jene Form monopolistischen Vorgehens auf den Märkten, die vor allem in den zwanziger und dreißiger Jahren sehr häufig war (Hintanhaltung der Produktion zwecks Stabilisierung oder Steigerung der Preise) eine rechtfertigende Begründung zu liefern.

4. Die verbundene Produktion

Was Stackelberg zunächst für das Ein-Produkt-Unternehmen entwickelt hat, gilt mit gewissen Zusätzen auch für die „verbundene Produktion", die in der Wirklichkeit die Regel ist:

„Die einfache Produktion ist ein Spezialfall der verbundenen." (S. 60)

Die „Produktionsgeschwindigkeiten" der einzelnen Erzeugnisse werden hier zusammengefaßt zum „Produktionsvektor", der durchschnittlichen Produktionsgeschwindigkeit. Die Wahl der verschiedenen Erzeugnisse (der „Produktionsrichtungen") erfolgt im günstigsten Falle so, daß jedes Produkt zu den niedrigstmöglichen Gesamtkosten hergestellt wird:

„(XXXIII) *Liegt bei Geltung des erwerbswirtschaftlichen Prinzips verbundene Produktion und freie Konkurrenz vor, so hat jedes Gut im günstigsten Produktionsniveau Grenzkosten, die dem zugehörigen Preise gleich sind.*" (S. 67; vgl. ferner 3, S. 77 f.)

Mit der „verbundenen Produktion" hat Stackelberg eine wichtige Frage der planvollen betrieblichen Produktionsgestaltung zur Sprache gebracht. Um ihre fallweise Lösung ist die heutige Technik der „Operations Research" bemüht.

5. „Marktform und Gleichgewicht"

„Die Gestalt der Kostenkurven ist ein wesentliches regulierendes Moment der Produktion einer Unternehmung; und da die Gesamtheit der Unternehmungen die Produktion der Volkswirtschaft darstellt, so ist die Gestalt der Kostenkurven mitsamt den sich aus ihr ergebenden Gesetzen ein wichtiger Konstruktionsbestandteil des sozialökonomischen Systems." (S. 74 f.)

Das bedeutet auch, daß von der Versuchung, einen Preis zu setzen, der über den Grenzkosten liegt, und hierdurch den Gewinn zu steigern, eine

„Tendenz zum monopolistischen Zusammenschluß der Produktionszweige" ausgeht. Der „horizontalen Konzentration" folgt hierbei oft die „vertikale Kombination" zwischen Unternehmungen verschiedener Produktionsstufen. Zugleich verschiebt der technische Fortschritt das Betriebsoptimum und wirkt auf eine Vergrößerung der Betriebe sowie auf eine Verringerung ihrer Zahl hin:

„Eine weitere Zunahme der Betriebsgröße wird ... zu einer internen Angelegenheit der horizontalen Zusammenschlüsse. Je stärker die Zentralisierung ist, desto eher wird man jeden Produktionszweig als eine einzige Riesenunternehmung betrachten können, die in ihrer betrieblichen Zusammensetzung als ‚parallel geschaltetes Batteriesystem' gekennzeichnet werden kann. Hier ist jeder Elementarbetrieb ein optimaler. Der entscheidende Unterschied gegenüber der Konkurrenzwirtschaft liegt darin, daß das erwerbswirtschaftliche Prinzip nicht mehr die volkswirtschaftliche Produktivität gewährleistet, sondern ihr entgegenwirkt.

Die Tendenz zur strafferen Zentralisierung wird desto stärker, je größer die optimale Betriebsgröße im Laufe der technischen Entwicklung wird und je mehr sie sich von einer vielleicht tatsächlich bestehenden, unter dem Schutze des Kartells rückständig gewordenen Betriebsgröße entfernt. Das Wirtschaftsbündnis wird zur Wirtschaftseinheit. Die letzte Konsequenz eines Wachstums des Betriebsoptimums ist gegeben, wenn die günstigste Ausbringung des optimalen Betriebes die Gesamtausbringung des betreffenden Produktionszweiges erreicht oder überschreitet. Hier ergibt sich auf die Dauer eine Riesenunternehmung, die aus einem einzigen Riesenbetrieb besteht. Diese wird zunächst annähernd ihr Optimum realisieren. Wächst dieses weiter, so gelangt die Unternehmung schließlich in zunehmendem Maße in Kostendegression oder gar in den Bereich des zunehmenden Ertrages.

Führt der technische Fortschritt in allen Produktionszweigen zu einem dauernden Wachstum der optimalen Betriebsgröße, so wird das Ergebnis eine Zusammenballung des ganzen volkswirtschaftlichen Produktionsapparates zu einem Gebilde sein, das nur einem Interesse gehorcht und somit als eine Unternehmung bezeichnet werden kann. Innerhalb dieser Unternehmung gilt ... das Bedarfsdeckungsprinzip.

Diese volkswirtschaftliche Gesamtunternehmung würde eine Zusammenfassung aller Glieder der betreffenden Volkswirtschaft bedeuten, da unter dem Drucke der allgemeinen Monopolisierungstendenz auch übrigbleibende konkurrenzfähige Produktionszweige zur Monopolisierung schreiten würden. Das gilt auch für die Anbieter der Produktionsfaktoren. Diese formal konzipierte Gesamtunternehmung würde in der Realität nichts anderes als eine Funktion des Staates darstellen, der in gleichem Maße in den volkswirtschaftlichen Produktions- und

Verteilungsprozeß eingreifen wird, in welchem sich die Konzentration vollzieht." (S. 92 f.)

Die Vision einer vollständig durchmonopolisierten Wirtschaft (man vgl. R. *Hilferdings* „Generalkartell", 2) geht freilich am Wesen der monopolistischen *Konkurrenz* vorbei. Ein solches Totalmonopol könnte, wie Stackelberg selbst wenig später schreibt, „unmöglich durch private Übereinkunft" zustande kommen (2, S. 100). Realistisch ist vielmehr die Einsicht, die sich in Stackelbergs Dissertation nur andeutet, aber in der Habilitationsschrift von 1934 ausgeführt wird:

„Im Zeitalter der Konzentrationen ist der freie kapitalistische Markt desto weniger stabil, je stärker sich die Rationalisierung aller Wirtschaftsbetätigungen[16] durchsetzt." (2, S. 95)

Je mehr sich die Form der Märkte von der „freien Konkurrenz" entfernt, desto weniger entspricht sie nach Stackelberg den Grundprinzipien der kapitalistischen Ordnung (individuelle Gewinnmaximierung und freie Preisbildung):

„Diese Unverträglichkeit bedeutet praktisch eine Gefährdung und Störung des ganzen volkswirtschaftlichen Apparates, die einer unbegrenzten Steigerung fähig ist. Sie ist zugleich eine Kraft, die auf eine Umformung der Organisation der Volkswirtschaft tendiert." (2, S. 99)

„Die von den Wirtschaftssubjekten selbst errichteten Gleichgewichtssicherungen sind keine Garanten eines reibungslosen Zirkulationsmechanismus, abgesehen davon, daß das erwerbswirtschaftliche Prinzip, das letzten Endes die genannten Maßnahmen bewirkt und trägt, gleichzeitig monopolistische Ausbeutungstendenzen verursacht, damit die volkswirtschaftliche Produktivität mindert und allgemein die Reibungswiderstände des wirtschaftlichen Gesamtprozesses unbegrenzt steigert. Die Gegenwart [der Weltwirtschaftskrise! W. H.] dürfte die Richtigkeit dieser Behauptungen hinreichend belegt haben." (S. 101)

Das „Gleichgewicht", das die Privatwirtschaft von sich aus nicht mehr zu wahren vermag, kann nur noch durch den *Staat*, und zwar durch einen „starken Staat", hergestellt werden:

„Der regellose Interventionismus liberaler Staaten, der meist ein Ergebnis parlamentarischer Kompromisse ist, kann in seiner Wirkung nicht anders gewertet werden als die Gesamtheit der oben angedeuteten privaten marktpolitischen Maßnahmen. Die partielle Eliminierung der durch die Marktform bedingten Gleichgewichtslosigkeit bewirkt häufig eine Erhöhung der Reibungswiderstände dadurch, daß die einzelnen Eingriffe nicht von einer höheren Warte aus aufeinander abgestimmt sind.

---

[16] Im Text wohl irrtümlich: Wirtschaftsbestätigungen.

Anders liegen die Dinge jedoch, wenn ein starker Staat von einer einheitlichen Zielsetzung aus dem Wirtschaftsleben einen ordnenden Willen aufzwingt. Hier besteht die Möglichkeit, den selbsttätigen, unter gewissen Bedingungen jedoch nicht funktionierenden oder nicht konform mit dem staatlichen Willen funktionierenden Wirtschaftsablauf durch Wirtschaftspolitik sinn- und zielgemäß zu ergänzen. ...

Ein interessantes Beispiel für die integrale Marktregulierung durch den Staat zeigt [das faschistische] Italien." (S. 101 f.) Hier werden „entsprechend der Organisationsidee der korporativen Wirtschaft ... alle Märkte in die Form des bilateralen Monopols übergeführt. Hier aber wird die freie Preisbildung aufgehoben und statt dessen ein letzten Endes vom Staat fixierter, jedoch auf der Sachkenntnis und dem Sachinteresse der Beteiligten gegründeter Preis gesetzt. ...

Stellen wir dem — praktisch niemals rein vorhandenen — ‚natürlichen' Gleichgewicht auf einem Markte mit ‚freier Konkurrenz' das ‚konventionelle' Gleichgewicht auf dem der freien Konkurrenz diametral entgegengesetzten bilateral monopolisierten kooperativen Markt gegenüber — ein Gleichgewicht, das durch das dauernde Eingreifen des Staates zustande kommt —, so sehen wir, daß der korporative Markt im Prinzip zu dem gleichen Ergebnis führt, wie die ‚freie Konkurrenz'." (S. 105)

Die Schrift schließt:

„So zeigt es sich, daß die korporative Organisation des Marktes unter anderem gerade diejenigen Strukturänderungen, die zu einer Vernichtung des natürlichen Gleichgewichtes in der freien kapitalistischen Wirtschaft geführt haben, neutralisiert und ein neues Gleichgewicht verwirklicht." (S. 105)

Im gleichen Sinne hat sich Stackelberg auch in seinem Aufsatz „Produktivität und Rentabilität in der Volkswirtschaft" (6, 1935) geäußert:

„Statt Wirtschaftsfreiheit brauchen wir Wirtschaftslenkung. ... Der Staat im Großen und der einzelne Volksgenosse in seinem Wirkungsbereich müssen die private Initiative und das Rentabilitätsprinzip in den Dienst der volkswirtschaftlichen Produktivität stellen." (S. 270)

Sehr abgeschwächt kehrt der Gedanke der staatlichen Politik eines Ersatzgleichgewichtes später in Stackelbergs Lehrbuch „Grundlagen der theoretischen Volkswirtschaftslehre" von 1948 wieder:

Wir sehen, „daß die staatliche Preispolitik nicht immer eine Abweichung vom Normalpreis bezweckt, sondern gerade auch seine Verwirklichung anstreben kann. Sie trifft dann Maßnahmen, die als ergänzende Preisbildungsfaktoren zu den selbständigen Kräften der Wirtschaft hinzutreten. In gewissen Bereichen der Preisbildung ist ein vernünftiger Austausch ohne aktive Hilfestellung des Staates überhaupt nicht möglich." (3, S. 335)

Und: Es hat sich im Verlaufe der Untersuchungen gezeigt, „daß die freie Verkehrswirtschaft als geschlossenes System ineinandergreifender Handlungen theoretisch nur denkbar ist, wenn sie keine gleichgewichtslosen Marktformen aufweist, d. h. nur aus Märkten mit vollständiger Konkurrenz, mit polypolistischer Konkurrenz oder mit isolierten Monopolen zusammengesetzt ist." (3, S. 335)

Verschwunden ist die Lehre von der Tendenz zur Konzentration, die Kritik der monopolistischen Wirtschaft, das Bekenntnis zum Staat des totalen Ersatzgleichgewichts. An die Stelle ist nun, nach dem zweiten Weltkrieg, das naive Lob der freien Konkurrenz getreten. So bezeugt auch Stackelberg jene „Seinsgebundenheit" des Denkens, über die er selbst sich gelegentlich geäußert hat (vgl. 7).

B. Die Korrektur des Ertragsgesetzes: Erich Gutenberg

Die Konstruktion der neueren Preistheorie, deren beredter Vertreter in Deutschland Heinrich von *Stackelberg* gewesen ist, die Lehre vom Optimalpunkt der Produktion, von der „Grenzproduktivität" der verschiedenen Einsatzfaktoren steht und fällt mit dem Ertragsgesetz. Dieses selbst hat in den letzten Jahrzehnten immer wieder lebhafte Erörterungen ausgelöst: So in der britischen theoretischen Zeitschrift „Economic Journal" während der zwanziger Jahre — eine Debatte, an der *Clapham* (1922), A. C. *Pigou* (1922, 1927, 1928), D. H. *Robertson* (1924), P. *Sraffa* (1926), A. A. *Young* (1928), G. F. *Shove* (1928), L. *Robbins* (1928), H. *Hotelling* (1929), R. F. *Harrod* (1930, 1931) und schließlich *Robertson*, *Shove* und *Sraffa* in einem gemeinsamen Artikel (1930) teilnahmen (wobei L. *Robbins* das Gesetz des sinkenden Ertragszuwachses gegen die Kritik von *Pigou*, *Young*, *Robertson*, *Shove* und *Sraffa* u. a. verteidigte).

Die Gültigkeit des „Ertragsgesetzes" wurde später von den Vertretern des „Voll-Kosten-Prinzips" (Full Cost Principle) bestritten. (Vgl. R. L. *Hall* und C. J. *Hitch*, 1, 1939 [Neudruck 1952]; P. W. S. *Andrews*, 1, 1949, sowie die hieran anschließende Debatte im „Economic Journal" 1950 und 1951.)

Gegen Ende der vierziger Jahre entspann sich die Auseinandersetzung zwischen einer Reihe nordamerikanischer Ökonomen in der „American Economic Review" (vgl. vor allem die Aufsätze von H. *Apel* 1948, R. L. *Bishop* 1948, J. *Dean* 1948, H. *Brems* 1952). Das Ergebnis war, daß eine *lineare* Kostenfunktion für die Unternehmungen als typisch anzusehen sei. Schließlich hat das Erscheinen von E. *Gutenbergs* Lehrbuch „Grundlagen der Betriebswirtschaftslehre" (I. Bd.: Die Produktion; in erster Auflage 1951; 1) im Verein mit Gutenbergs viel beachtetem Aufsatz „Über den Verlauf der Kostenkurven und seine Begründung" (1953, 2) die Frage auch im deutschen Sprachraum neu aufgerührt. (Vgl. vor allem die in der „Zeitschrift für Betriebswirtschaft" erschienenen Aufsätze von *Blaschka*, 1 [1957]; K. *Herr*-

mann, 1 [1958]; W. *Weddigen*, 3 [1960]; H. *Jacob*, 1 [1960]; K. *Förstner*, 1 [1962]; R. *Nürck*, 1 [1962]; ferner an anderem Ort J. H. *Müller*, 1; H. *v. Natzmer*, 1; G. *Lassmann*, 1.) Dem Kölner Ökonomen danken wir eine umfassende Prüfung und Kritik des Ertragsgesetzes. Die Grundzüge seines Gedankenganges werden im folgenden nach dem Werke „Grundlagen der Betriebswirtschaftslehre" (I. Band, 8./9. Auflage 1963) wiedergegeben.

Gutenberg fragt zunächst nach den Bedingungen der Faktorkombination, um sodann zu den Konsequenzen für den Verlauf der Kostenkurven überzugehen.

1. Die Kombination der Einsatzfaktoren im Industriebetrieb

„Grundsätzlich lassen sich zwei Arten von Produktionsfunktionen unterscheiden. Eine Produktionsfunktion vom Typ A liegt dann vor, wenn die Faktoreinsatzmengen — wenigstens in gewissen Grenzen — frei variierbar sind. Demgegenüber kennzeichnet sich eine Produktionsfunktion vom Typ B dadurch, daß sich die Faktoreinsatzmengen nicht frei variieren lassen, sondern in einer eindeutigen Beziehung zum Ertrag (zur Ausbringung) stehen.

Mit diesen beiden Produktionsfunktionen haben wir uns nunmehr zu beschäftigen." (S. 195)

1. *Die Produktionsfunktion vom Typ A (variierbare Faktoreinsatzmengen):*
„Die Produktionsfunktion vom Typ A geht davon aus, daß ein bestimmter Ertrag mit Hilfe mehrerer Kombinationen von Faktoreinsatzmengen hergestellt werden kann. Da in diesem Falle die Faktoreinsatzmengen in gewissen Grenzen frei variierbar sein müssen und nicht nur von der Produktmenge abhängen, enthält die Produktionsfunktion vom Typ A nicht nur ein technisches, sondern auch ein ökonomisches Problem. Und zwar insofern, als auch die Faktorpreise die Faktorproportionen mitbestimmen. Damit entsteht zugleich die Aufgabe, ein Kriterium zu entwickeln, das die günstigste Kombination der Faktoreinsatzmengen in eindeutiger Weise zu beschreiben erlaubt.

Bei der Lösung dieses Problems pflegt man so vorzugehen, daß man den Beitrag zu isolieren versucht, den jeder einzelne der zur Kombination gehörenden Faktoren zur Erstellung des Gesamtproduktes leistet. Kennt man diesen Beitrag, dann besteht grundsätzlich die Möglichkeit, diejenigen Proportionen zu bestimmen, in denen die Einsatzmengen der an der Kombination beteiligten Faktoren stehen müssen, wenn die Kombination die betriebswirtschaftlich günstigste sein soll. Damit entsteht eine Art Zurechnungsproblem. Es gilt, denjenigen Beitrag zu bestimmen, den jeder einzelne produktive Faktor zur Erstellung des Gesamtproduktes liefert. Dieses Zurechnungsproblem ist unter der Voraussetzung lösbar, daß die Einsatzmengen der produktiven Faktoren wenigstens in gewissen Grenzen frei variierbar sind. In diesem Falle kann man alle Faktoren bis auf einen konstant setzen und die Ertragszu- oder -abnahme dem variierten Faktor allein zurechnen." (S. 195 f.)

So gelangt man zum sogenannten Ertragsgesetz, das eigentlich ein „Kombinationsgesetz" (S. 197) darstellt und das Gutenberg im weiteren vorführt. Es ist dabei immer zu prüfen, ob die Voraussetzung des Ertragsgesetzes, nämlich die zumindest in Grenzen freie Variierbarkeit der Faktoreinsatzmengen, in der betrieblichen Wirklichkeit zutrifft, wie dies in neuerer Zeit (im Anschluß an *Stackelberg*) E. *Schneider* (2), P. *Samuelson* (2) und viele andere immer noch als selbstverständlich angenommen haben. In Wahrheit ist die Voraussetzung, daß nur einzelne Einsatzfaktoren frei variierbar sind, bei gleichzeitiger Konstanz aller anderen, eine wenig realistische. Die Änderung einer Faktorenmenge macht eine Änderung anderer Einsatzfaktoren notwendig; die Änderung ist „in eindeutiger Weise technisch bestimmt" (Gutenberg, S. 216) und im übrigen in aller Regel auch möglich:

„Aus diesen Überlegungen ergibt sich schlüssig, daß der Mehrertrag bei einer Änderung der Faktoreinsatzmengen nur der Gesamtheit dieser zusätzlichen Faktoreinsatzmengen zugerechnet werden kann. Da diese Mengen aber nicht frei variierbar sind, können für die einzelnen produktiven Faktoren bzw. Verbrauchsgüter [gemeint: Güter des produktiven Verbrauchs; W. H.] keine partiellen Grenzproduktivitäten ermittelt werden. Mit dieser Möglichkeit aber steht und fällt das Ertragsgesetz und mit ihm das Proportionsgesetz, das die Minimalkostenkombination enthält." (S. 217)

„Unsere Untersuchungen haben uns also zu dem Ergebnis geführt, daß die Produktionsfunktion vom Typ A, also das Ertragsgesetz, für die industrielle Produktion nicht als repräsentativ anzusehen ist.

Wir müssen deshalb nach einem anderen Kombinationsgesetz suchen." (S. 217)

2. *Die Produktionsfunktion vom Typ B (nicht variierbare Faktoreinsatzmengen)*: Im Falle der Produktionsfunktion „B" stehen alle Einsatzfaktoren in einem durch den jeweiligen Stand der Technik bedingten proportionalen Verhältnis zueinander; die Produktionskoeffizienten ändern sich nur nach Maßgabe der Ausbringung selbst. (Je nach Ausnutzung der Kapazität bestehender Anlagen z. B. sinkt oder steigt deren Anteil am Gesamtaufwand.)

„Sind die Mengen der verschiedenen Produktivgüter und Dienste, die ein Betriebsmittel verlangt, damit es eine bestimmte Leistung abgeben kann, bekannt, dann wird man, wenigstens dem Prinzip nach, sagen müssen, daß eine freie Variierbarkeit der Verbrauchsmengen, die ein bestimmtes Aggregat zur Hergabe bestimmter Leistungen verlangt, nicht möglich ist. Die Mengen eines Verbrauchsgutes können also nicht konstant gehalten und die anderer Verbrauchsgüter verändert werden (qualitative und dispositive Änderungen im Sinne alternativer Substitution sind ex definitione ausgeschlossen). Dagegen können die Einsatzmengen aller an ein Aggregat gebundenen Verbrauchsgüter vermehrt oder vermindert werden. Und zwar nach Maßgabe der Verbrauchsfunktion, die für jedes einzelne Verbrauchsgut gilt. Folglich ist es auch nicht möglich, für jedes einzelne in dieser Kombination enthaltene produktive Gut isoliert den Beitrag zu ermitteln, den es im Produktionsprozeß leistet. Und jede Vermehrung eines Verbrauchsgutes über die durch die Verbrauchsfunktion angegebene Menge hinaus läßt den Überschußbetrag ohne produktive Wirkung, wenn sie nicht gar den produktiven Effekt des Betriebsmittels herabsetzt. Es lassen sich keine partiellen Grenzproduktivitäten ermitteln." (S. 220 f.; vgl. auch S. 227)

„Die Produktionsfunktion vom Typ B gibt die Gesetzmäßigkeiten wieder, die zwischen Faktorertrag und Faktoreinsatz bestehen. Sie ist als repräsentativ für die industrielle Produktion anzusehen.

Bei gegebener Produktionsfunktion vom Typ B werden also die Proportionen zwischen den Faktoreinsatzmengen allein von den technischen Daten der Produktion bestimmt. Das ist das Gesetz der industriellen Faktorkombination." (S. 228)

2. Der Verlauf der Kostenkurven

„Wir wollen nun den Produktionsprozeß als Kombinationsprozeß unter kostentheoretischen Gesichtspunkten betrachten." (S. 228)

Gutenberg fragt nach den Umständen, die auf die Kostenverhältnisse eines Betriebes Einfluß haben, und kommt zu folgendem Ergebnis:

„Das Kostenniveau eines Betriebes wird ... durch die fünf Hauptkosteneinflußgrößen: Faktorqualität, Faktorpreise, Beschäftigung, Betriebsgröße und Fertigungsprogramm bestimmt. Bei genauerer Betrachtung zeigt sich, daß Änderungen der Kosteneinflußgrößen Beschäftigung, Betriebsgröße und Fertigungsprogramm stets Änderungen in den Faktorqualitäten und/oder den Faktorproportionen auslösen. Man kann deshalb sagen, daß sich grundsätzlich Änderungen im Kostenniveau eines Betriebes auf Änderungen in den Faktorqualitäten, den Faktorproportionen und den Faktorpreisen zurückführen lassen. Bleiben sie konstant, dann kann sich das Kostenniveau eines Betriebes nicht ändern. Diese drei Größen bezeichnen wir als die drei großen ‚Kostendeterminanten'." (S. 231)

Gutenberg untersucht sodann der Reihe nach den Einfluß der verschiedenen „Determinanten" auf den Verlauf der Kostenkurven. Im folgenden soll nur auf die Schwankungen in der Beschäftigungslage der Unternehmungen eingegangen werden. Die Unternehmungen können sich an solche Schwankungen (zunächst: *ohne* Änderung in der *Art* der eingesetzten Kapitalelemente) anpassen: 1. durch intensivere oder weniger intensive *Nutzung* der schon vorhandenen Einsatzelemente — wobei vor allem die fixen (unabhängig von der Produktion gegebenen) Kosten mit zunehmender Nutzung der vorhandenen Einsatzelemente sich aus „Leerkosten" in „Nutzkosten" verwandeln (S. 250 f.); 2. durch Änderung der *Mengen* der eingesetzten Produktionselemente: dies ist die in der Industrie „vorherrschende" Art, sich auf Änderungen im Produktionsumfang einzustellen (S. 261).

„Ein gegebener Betrieb paßt sich quantitativ an sich ändernde Beschäftigungslagen an, wenn er bei rückgängiger Beschäftigung von mehreren gleichartigen betrieblichen Teileinheiten (Maschinen, Öfen, Kessel, Förderbänder) eine oder mehrere stillegt und bei zunehmender Beschäftigung betriebliche Teileinheiten der geschilderten Art zusätzlich zur Produktion heranzieht. Der Kapazitätsabbau kann auf die Weise geschehen, daß die stillgelegten Aggregate entweder verkauft (Fall A) oder in Bereitschaft gehalten werden (Fall B). Die nicht mehr benötigten Arbeitskräfte werden im Falle A entlassen, im Falle B anderweitig beschäftigt.

Die quantitative Anpassung kennzeichnet sich grundsätzlich dadurch, daß die jeweils betrieblich genutzten Teileinheiten während der betriebsgewöhnlichen Arbeitszeit mit Normalleistung arbeiten. Quantitative Anpassung bedeutet also, daß ein Betrieb seine Produktionskapazität jeweils um bestimmte technische Einheiten vermindert oder vermehrt. Diese Tatsache besagt, daß die Ausbringung des Betriebes (der Betriebsabteilungen) nur in Stufen variiert werden kann. Die Breite dieser Stufen wird durch die Ausbringung einer technischen Einheit bei Normalleistung bestimmt. Sie ist z. B. groß, wenn die Kapazität einer maschinellen Anlage im Verhältnis zur Gesamtkapazität des Betriebes groß ist. Man denke an eine Gießerei, die über drei Schmelzöfen verfügt. Wird ein Ofen stillgelegt, so bedeutet das eine Einschränkung des Produktionsvolumens um ein Drittel. Ein anderes Bild zeigt eine Weberei, die über 1000 Webstühle verfügt. Mit der Stillegung eines Webstuhles würde sich das Produktionsvolumen nur um ein Tausendstel vermindern.

In Abb. [1] ist eine Situation dargestellt, die sich dadurch charakterisiert, daß der Betrieb über vier gleichartige Aggregate verfügt. Auf der Abszissenachse ist die Ausbringung x, auf der Ordinatenachse sind die Kosten K abgetragen. Die Menge, die von einem Aggregat bei Normalleistung und normaler Arbeitszeit produziert wird, beträgt m.

Die für den ganzen Kapazitätsbereich geltenden fixen Kosten sind mit Q, die intervallfixen Kosten der Aggregate mit $q_1 \ldots q_4$ bezeichnet. ...

Wir untersuchen nun den Fall A.

Bei Vollbeschäftigung der vier Aggregate stellt der Betrieb die Ausbringung $4\,m$ her. Legt der Betrieb ein Aggregat still und verkauft er es, dann geht die Produktion um m auf $3\,m$ zurück. Wird ein weiteres Aggregat stillgelegt und verkauft, dann wird die Kapazität auf $2\,m$ abgebaut usw.

Bei der Ausbringung $4\,m$ entstehen Kosten in Höhe von $4\,m\,H$. Sie bestehen aus den absolut fixen Kosten Q, den intervallfixen Kosten der vier Aggregate q_1 bis q_4, und den variablen Kosten, die je Erzeugniseinheit k_v betragen. Da es sich gemäß Annahme um gleichartige Aggregate handelt, betragen sie also $4\,m \cdot k_v$.

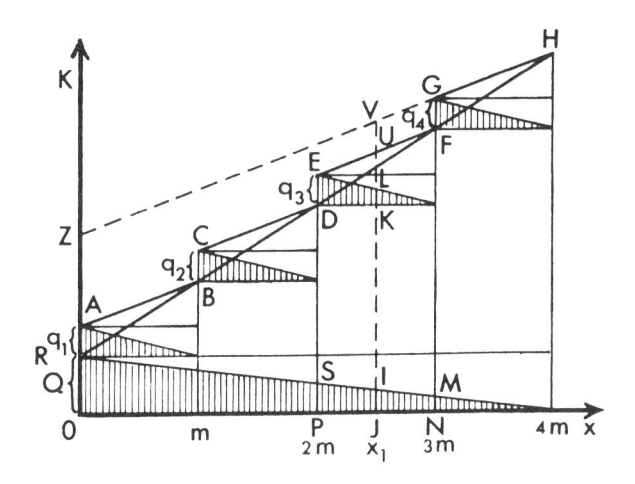

Bei der Ausbringung $3\,m$ betragen die Kosten: Q plus den intervallfixen Kosten der drei verbleibenden Aggregate q_1 bis q_3 und den variablen Kosten in Höhe von $3\,m \cdot k_v$. Wir erhalten also den Punkt F in Abb. [1]. In entsprechender Weise ergeben sich die Punkte D, B und R. Die Verbindungslinien dieser Punkte stellt eine Gerade dar, deren Anstieg durch den Ausdruck

$$(k_v + \frac{q}{m})$$

gegeben ist und deren Gleichung lautet:

$$Q + (k_v + \frac{q}{m})x$$

Diese Gerade charakterisiert den Kostenverlauf bei quantitativer Anpassung in ihrer reinen Form..." (S. 268 ff.; vgl. auch 2, S. 10 ff.)

Charakteristisch ist also ein im ganzen *linearer* Verlauf der Gesamtkostenkurve. Selbst stufenweise Anpassung von größeren unteilbaren Objekten des Anlagevermögens an eine neue Produktionslage ändert demnach im Prinzip nichts daran, daß die Einsatzelemente jeweils *proportional* verändert werden, soweit nicht ein Wechsel der Produktionstechnik selbst eintritt.

Das Ertragsgesetz ist dagegen im Grunde ein Gesetz des *disproportionalen* „Faktor"-Einsatzes. Es unterstellt, daß die Unternehmungsleitungen sich unwirtschaftlich verhalten. Es gibt indessen...

„... keinen verantwortlich denkenden Betriebsleiter, der seine Webestühle mit mehr als 220 Touren laufen läßt, wenn 220 Touren die Normalleistung und damit die wirtschaftlichste und die Maschine am wenigsten beanspruchende Leistung sind. Er wird auch dann nicht so handeln, wenn der Betrieb an der äußersten Grenze seiner technischen Leistungsfähigkeit angekommen ist. Vielmehr wird er verlangen, daß man einen Teil der Aufträge ablehnt oder neue Maschinen anschafft oder alte instand setzt. Das ist der Normalfall der Praxis, von dem wir auszugehen haben.

Ferner ist zu bedenken, daß die zusätzlich eingestellten Arbeitskräfte selbst bei Beschäftigung des Betriebes an der äußersten Kapazitätsgrenze nicht in überhetztem Tempo arbeiten. Im Betrieb wird die Arbeitsgeschwindigkeit weitgehend von den technischen Daten der maschinellen Einrichtungen bestimmt.

Müssen im Zusammenhang mit der Beschäftigungszunahme Personen für Hilfsarbeiten allgemeinerer Art oder für dispositive Tätigkeiten eingestellt werden, dann wird man wiederum zunächst davon ausgehen müssen, daß die Arbeitsweise dieser Personen der Art und Intensität nach der Arbeitsweise entspricht, die unter den betriebsgewöhnlichen Umständen von den Betriebsangehörigen verlangt wird. Jedenfalls bestätigen alle betrieblichen Erfahrungen diese Ansicht. Sollte wirklich die Leistungsfähigkeit der im Betrieb beschäftigten Personen überbeansprucht sein, so daß ihre Leistungen nachlassen, dann wird jeder Betriebsleiter bemüht sein, der Lage durch Neueinstellungen oder Entlastungen anderer Art abzuhelfen.

Unter den geschilderten Umständen aber wird die Gesamtkostenkurve auch in der Progressionszone die Tendenz aufweisen, treppenförmig, bzw. linear zu verlaufen, und die Grenzkosten werden deshalb entgegengesetzt zur herrschenden Lehre in dieser Zone nicht ansteigen, sondern konstant bleiben. Diese Situation hat die betriebswirtschaftliche Kostentheorie bisher gänzlich außer acht gelassen" (2, S. 23).

„Wissenschaftlich korrekt kann man nur sagen: unter der Voraussetzung, daß die Produktionsbedingungen mit zunehmender Beschäftigung bis zur Kapazitätsgrenze ein qualitatives Gefälle aufweisen (alles übrige konstant), steigt die Grenzkostenkurve an.

Weisen die Produktionsbedingungen dagegen die Tendenz zu dem geschilderten Gefälle nicht auf, dann verläuft die Grenzkostenkurve parallel zur Abszissenachse und die Stückkostenkurve steigt nicht an. Wird die Situation durch zunehmende Verbesserung der Produktionseinrichtungen gekennzeichnet, dann werden Grenzkosten- und Stückkostenkurven fallen.

Wir neigen der Auffassung zu, daß durchaus Fälle nachweisbar werden, in denen die Tendenz zu qualitativem Gefälle in den Produktionsbedingungen bei zunehmender Beschäftigung besteht. Daß diese Tendenz der Regelfall sei, das anzunehmen bedarf noch der Erforschung und des Beweises. Selbst wenn das geschilderte qualitative Gefälle besteht, muß damit gerechnet werden, daß der daraus resultierende progressive Einfluß auf den Gesamtkostenverlauf durch parallel laufende Verbesserungen der Produktionsbedingungen (als Folge der allgemeinen Produktionsbeschleunigung, organisatorischen Verbesserungen, Erhöhung der Seriengrößen) ganz oder teilweise ausgeglichen wird.

In dem zuletzt genannten Falle würde die Gesamtkostenkurve einen linearen Verlauf aufweisen und die Stückkosten würden ständig fallen.

Auf keinen Fall aber kann man sagen, daß in der sogenannten Progressionszone unter allen Umständen ein ansteigender Ast der Stückkostenkurve als repräsentativ für Produktionsunternehmungen anzusehen sei. Ganz sicher gibt es viele Betriebe, die (wir halten das sogar fast für den Regelfall) bis zum Erreichen der technischen Maximalkapazität gleichbleibende oder gar sinkende Stückkosten aufweisen." (2, S. 27 f.)

Vorherrschend sind also nach Gutenberg *jeweils* feste „Produktionskoeffizienten" („Leontief-Produktionsfunktion"). Die Gesamtkosten wachsen dann linear; die Stückkosten fallen dauernd; die „Grenzkosten"-Kurve verläuft nicht U-förmig, wie gemeinhin angenommen wird, sondern parallel zur Abszisse, ohne die Stückkostenkurve zu schneiden. Bis zum Erreichen der Vollkapazität (jenseits deren die Gesamt-, Stück- und Grenzkostenkurve steil ansteigen würde) gibt es kein „Betriebsoptimum", und daher vom Kostenverlauf her gesehen keinen Punkt, an dem die Ausdehnung der Produktion vorzeitig zum Stillstand kommen müßte. Erlaubt die *Absatzlage* eine weitere Ausdehnung der Produktion, so werden die Kapitalelemente entsprechend vermehrt oder/und die Produktionsbedingungen geändert, womit sich der im ganzen lineare Verlauf der Kostenkurve auf verändertem Niveau fortsetzt.

Die Ergebnisse von Gutenbergs gründlichen Untersuchungen erlauben es der ökonomischen Theorie nicht länger, mit den Voraussetzungen und Konsequenzen des „Ertragsgesetzes" weiterzuarbeiten. Sie sollte endlich die Folgerungen hieraus ziehen[17]. Gerade von betriebswirtschaftlicher Seite ist das nachgewiesen worden, was zahlreiche Volkswirte seit je gegen das Ertragsgesetz geltend gemacht haben, „um dessen Lebenswahrheit es bedenklich bestellt ist, ganz zu schweigen von den Möglichkeiten, die sich einer immanenten Kritik eröffnen, und den Widersprüchen, die sich anderen Theorien gegenüber (Kapitaltheorie!) herausstellen" (O. *Morgenstern*, 3.)

Wenn dennoch die herrschende Auffassung, den Ergebnissen einer jahrzehntelangen Erörterung zum Trotz, vom „Ertragsgesetz" sich nicht hat trennen wollen, so darf dies vor allem auf zwei Umstände zurückgeführt werden:

1. Mit dem „Ertragsgesetz" steht und fällt das ganze „*Marginalprinzip*", so wie es entwickelt worden ist — mit seinen weitläufigen Konsequenzen bis hin zur Einkommens- und „Wachstums"-Theorie. — Dennoch hat sich (in der außerdeutschen Ökonomie) eine Abkehr von der Marginalrechnung schon seit längerem angebahnt: Die „Theorie der Spiele" (O. *Morgenstern*, J. v. *Neumann*), die „Input-Output-Analysis" (W. *Leontief*), und schließlich das „Linear Programming" (bahnbrechend haben hier seit Beginn der fünfziger Jahre in den USA gewirkt G. B. *Dantzig*, R. *Dorfman*, A. *Charnes*, R. M. *Solow*, u. a.) sind Ausdruck hierfür. (Vgl. dazu auch G. *Lassmann*, 1, S. 155 ff.) Die Verhältnisse der ökonomischen Wirklichkeit sind auf die Dauer stärker als die Doktrinen. Auch über den „Marginalismus", der in seiner „*objektivistischen*" Gestalt heute durch die Betriebswirtschaftslehre in ähnlicher Weise desavouiert wird wie einst in seiner „*subjektivistischen*" Gestalt („Grenznutzenlehre") durch die *Psychologie*, schickt die lehrgeschichtliche Entwicklung sich an hinwegzuschreiten.

2. Das immer noch mit höchst unzureichender Begründung weitergeschleppte „Ertragsgesetz" ist geeignet, ein bestimmtes *Preis- und Produktionsverhalten der Unternehmungen*, das in der Epoche der beschränkten Konkurrenz nicht selten geworden ist, zu *rechtfertigen*: Wenn es einen Optimalpunkt der Produktion gibt, nach dessen Überschreitung die Kosten unverhältnismäßig steigen, so ergeben sich wahlweise zwei Folgerungen:

a) Man kann es den Unternehmungen nicht verübeln, wenn sie ihre Produktion von einem bestimmten Punkt an (unter sonst gleichbleibenden Umständen, namentlich bei unveränderten Märkten) nicht mehr ausdehnen. — Oder aber:

---

[17] Das betrifft nicht zuletzt die ohnehin obsolet gewordene „Grenzproduktivitätstheorie".

b) Steigt die Nachfrage nach bestimmten Erzeugnissen, so „müssen" die Unternehmungen die Preise erhöhen, um nicht Nachteile daraus zu haben, daß sie mit Rücksicht auf die Nachfrager ihre Produktion über den Optimalpunkt hinaus erweitert haben.

Beides liefert natürlich eine bequeme Formel für typisch monopolistisches (bzw. oligopolistisches) Verhalten. — So erklärt sich auch das betonte Interesse, das etwa *Stackelberg* an der Geltung des von ihm selbst einfach als plausibel angenommenen Ertragsgesetzes bezeugt hat:

„(XVII) *Eine erwerbswirtschaftlich eingestellte Konkurrenzwirtschaft und eine Produktion, die dem Gesetz des zunehmenden oder konstanten Ertrages unterliegt, sind miteinander unvereinbar.*" (1, S. 42)

Und:

„(XVIII) *Soll eine Unternehmung bei jedem Preisstand in der erwerbswirtschaftlich eingestellten Konkurrenzwirtschaft funktionieren, so müssen [!] ihre Grenzkosten mit wachsender Produktionsgeschwindigkeit über alle Grenzen zunehmen*" (1, S. 43).

Das *Bedürfnis* nach dem Theorem ersetzt hier den Beweis. Es folgt, daß erst eine Erhöhung des Preises (und, wie *Stackelberg* meint, der hierfür erforderliche Übergang von der freien Konkurrenz zur monopolistischen) bestimmte Produktionsmöglichkeiten erschließen wird:

„Aus diesen Sätzen ergibt sich folgende Einsicht. Eine erwerbswirtschaftlich eingestellte Konkurrenzwirtschaft kann latente Produktionsmöglichkeiten besitzen, die dem Gesetz des zunehmenden oder konstanten Ertrages unterliegen und nur deshalb latent sind, weil die zugehörigen Grenzkostenfunktionen für alle Produktionsgeschwindigkeiten den Preis übersteigen. Steigt aber der Preis, so kann ein Zustand eintreten, in dem die latenten Produktionsmöglichkeiten nicht mehr latent bleiben können. Für diese Produktionsmöglichkeiten muß dann die konkurrenzwirtschaftliche Organisationsform der sozialen Produktion einer anderen Organisationsform weichen." (1, S. 43)

So zeigt die neuere Lehre vom „Ertragsgesetz", wie sehr die Preistheorie selbst da, wo sie *nicht* erklärtermaßen als Lehre von der Preisbildung unter den Bedingungen der regulierten Konkurrenz auftritt, den gegebenen Verhältnissen der Machtpreisbildung sich nicht entziehen kann.

Vierter Abschnitt

Die Lehre vom Preiszusammenhang

Die bis hierhin behandelte neuere Preislehre hat nur den *Einzelpreis* betrachtet. So verfährt auch die Betriebswirtschaftslehre. Die eigentlich *volkswirtschaftliche* Fragestellung setzt freilich erst da ein, wo nach dem *Zusammenhang* der Preise gefragt wird. Das *Gleichgewichtssystem* der Preise gilt es zu bestimmen: Nicht etwa, weil dieses System in der wirklichen Wirtschaft hergestellt wäre oder — unter unseren Verhältnissen der regulierten Konkurrenz, des privaten und öffentlichen Preisdirigismus, der Subventionen, der schleichenden Inflation — auch nur angenähert werden könnte. Sondern vielmehr, weil nur aus der Kenntnis der Bedingungen, welche „Gleichgewicht", besser: „Proportion", zwischen den Preisen bewirken, darauf geschlossen werden kann, wie weit diese Bedingungen tatsächlich *fehlen*. — Es versteht sich, daß die Frage nach den „Gleichgewichts"-Kräften im Wirtschaftssystem von elementarer Bedeutung ist für das Verständnis volkswirtschaftlicher *Bewegungs*vorgänge wie etwa die wechselnde Proportionierung der Produktivkräfte in der „wachsenden" Wirtschaft, die konjunkturelle und strukturelle Entwicklung der Gesamtwirtschaft, die Verteilung der Produktivkräfte zwischen den Wirtschaftsnationen.

Einem Einzelpreis sieht man es nicht an, ob er jeweils ein „Gleichgewichtspreis" ist oder nicht. Die Tatsache, daß er irgendwie „den Markt räumt", oder daß er für längere Zeit sich im Verhältnis zu anderen Preisen nicht ändert, besagt für sich allein nichts (vgl. O. v. *Zwiedineck-Südenhorst*, 2, S. 6). Das Kriterium ist vielmehr im Wesen unserer Wirtschaftsordnung selbst zu suchen: Alle beteiligten Einzelwirtschafter müssen hier nach ihrem höchstmöglichen Gewinn trachten und daher ihr Kapital immer wieder umgruppieren, wenn es in einem Anwendungszweig „zu wenig" Gewinn oder gar Verlust bringt. In dem so bewirkten „*Ausgleich der Profitraten*" hat schon die Klassik (und später *Marx*) die Bedingung eines allgemeinen Marktgleichgewichtes gesehen: Die Preise befinden sich dann im „Gleichgewicht", das heißt in „richtiger" Proportion zueinander, wenn sie überall den *gleichen Kapitalgewinn* erbringen (vgl. oben, S. 70 f., 95 ff.). Das ist das eigentliche Kriterium des Markt- und Entwicklungsgleichgewichts innerhalb einer erwerbswirtschaftlichen Ordnung. — Ein solches Gleichgewicht war eigentlich schon in den Zeiten der freien Konkurrenz nur der *Tendenz* nach angenähert. Es ist unter unseren Bedingungen der beschränkten Konkurrenz unerreichbar geworden. Die theoretische Bestimmung des Gleichgewichts-Preissystems dient uns daher nur noch als Prüfstein dafür, wie sehr in Wahrheit das *Ungleichgewicht* herrscht, das denn auch allenthalben so sehr nach Korrektur durch die öffentliche *Wirtschaftspolitik* verlangt.

Es ist eigenartig, daß in der neueren Lehrgeschichte die Frage nach dem allgemeinen Preisgleichgewicht zu einer Zeit gestellt worden ist, in welcher die Möglichkeiten eines solchen Gleichgewichtes schon im Schwinden begriffen waren. Unter diesen Umständen konnte die Bestimmung des Gleichgewichts-Preissystems nur sehr formal ausfallen und eigentlich nur das Bedingungsgefüge der Märkte bezeichnen. Dennoch ist der allgemeine Gedanke der *Interdependenz der Märkte* wichtig und fruchtbar geblieben. Hier *vollendet* sich jene *funktionalistische* Sicht des Preisgeschehens, die auch in der neueren subjektivistischen (und vermeintlich kausal vorgehenden) Preislehre seit Anbeginn angelegt war. Es war daher ein wichtiger Schritt zur Funktionalisierung des Systems, als F. Y. *Edgeworth* (wie später I. *Fisher*) feststellte: Der „Grenznutzen", den eine Ware für den Einzelverbraucher hat, hängt von dem Bestande an *allen* anderen Erzeugnissen ab, welche der einzelne kauft oder schon im Besitz hat (vgl. ferner *Jevons, 1*, S. 177 f.). Die Lehre von der Interdependenz der Märkte, die hier vorgezeichnet war, ersetzte schließlich jenen fatalen *regressus ad infinitum*, zu dem jede konsequent *kausale* Betrachtung — auf der Ebene der reinen Preislehre — gezwungen ist.

Zugleich vollzieht sich nun die katallaktische *Überwindung* der subjektivistisch begründeten Preislehre. So entspricht es einer gewissen lehrgeschichtlichen Folgerichtigkeit, daß gerade einer der großen „Subjektivisten", Léon *Walras*, den Schritt zu einem System gemacht hat, worin die Preise einander im Grunde wechselseitig erklären und die „Seltenheit" nur noch gefällige theoretische Drapierung ist. Und es ist charakteristisch, daß ein so erklärter Gegner des subjektivistischen „Umwegs" in der Preislehre wie Gustav *Cassel* hier unmittelbar hat weiterarbeiten können.

A. Das Gleichgewichts-Preissystem von Léon Walras

Die Lehre Walras' vom Zusammenhang der Märkte — und damit auch der Produktionssphären — steht in jener bedeutenden Lehrtradition, die mit *Cournot* einsetzt (vgl. *Cournot, 1*, 9. Kapitel, § 74) und im Werke *Paretos* später ihre Fortführung findet. *Pareto* hat die Leistung seines Vorgängers zu würdigen gewußt: „Léon Walras ist der erste, der die wirtschaftlichen Erscheinungen im Zusammenhang betrachtet und das System von Gleichungen aufgestellt hat, das unter der Voraussetzung der freien Konkurrenz diesen Zusammenhang darstellt und bestimmt. Dem System dieser Gleichung gebührt der Name ‚Walrassche Gleichungen'" (*Pareto, 7*, S. 1098).

Den Ansatz des Walrasschen Gleichgewichtssystems haben wir schon in jenem Theorem gefunden, wonach „jeder im Verhältnis zu dem empfangen muß, was er gibt, und geben im Verhältnis zu dem, was er empfängt" (vgl. oben, S. 179). Walras selbst sagt im Anschluß hieran:

„Die Hauptaufgabe der Theorie des Volkswohlstandes ist es, diesen Gedanken zu verallgemeinern und zu zeigen, daß er sich auf den Austausch mehrerer Waren ebenso bezieht wie auf den wechselseitigen Austausch zweier Waren, und daß er bei freier Konkurrenz ebenso für die Produktion wie für den Austausch gilt. Die Hauptaufgabe der Lehre von der Erzeugung des gesellschaftlichen Reichtums ist es, hieraus die Folgerungen zu ziehen und darzulegen, wie daraus die Regel für die Organisation des Gewerbefleißes in Landwirtschaft, Industrie und Handel entspringt. So kann man sagen, daß hierin die ganze reine und angewandte politische Ökonomie beschlossen liegt." (*1*, § 99, S. 99 f.; vgl. auch *2*, S. 15 f.)

In der Tat hat Walras mit seinem Gleichgewichtssystem „den ökonomischen Mechanismus in seiner Gesamtheit umfassen" wollen: Nicht nur die *Märkte*, sondern auch die *Produktion* und die *Kapitalakkumulation* sollten darin eingeschlossen sein.

1. Das Gleichgewicht der Produktenmärkte

Mit der Untersuchung der Regeln des Austauschs von zwei Waren hat Walras begonnen (vgl. oben, S. 175 ff.). Nun geht er zu mehrseitigen Tauschverhältnissen über. Da Walras hierbei an der Voraussetzung eines naturalen Zug-um-Zug-Tauschs festhält, muß er, genau wie *Jevons* (vgl. oben, S. 165 f.), den jeweiligen Gesamtmarkt einer Ware je nach der Art der Gegenware in lauter Teilmärkte zerlegt denken (vgl. *1*, § 111, S. 115). Die Lehre vom Zwei-Güter-Tausch steht also auch für das Bild der Gesamtmärkte Modell.

„Bezeichnen wir im weiteren mit $D_{a,b}$ die effektive Nachfrage nach Ware (A) in Einheiten von (B), mit $D_{b,a}$ die effektive Nachfrage nach (B) in Einheiten von (A), mit $p_{a,b}$ den Preis von (A) in Einheiten von (B), mit $p_{b,a}$ den Preis von (B) in (A). Dann erhalten wir zwischen den vier Unbekannten $D_{a,b}$, $D_{b,a}$, $p_{a,b}$, $p_{b,a}$ die beiden Gleichungen der effektiven Nachfrage:

$$D_{a,b} = F_{a,b}(p_{a,b}),$$
$$D_{b,a} = F_{b,a}(p_{b,a}),$$

sowie die beiden Gleichungen der Gleichheit von effektiver Nachfrage und effektivem Angebot:

$$D_{b,a} = D_{a,b}\, p_{a,b},$$
$$D_{a,b} = D_{b,a}\, p_{b,a}." \quad (1. \S 104, \text{S. } 109 \text{ f.})$$

Von diesem Zwei-Güter-Markt geht Walras über den Drei- zum Viel-Güter-Markt über:

„Es seien nun m Waren (A), (B), (C), (D)... auf einem Markte vorhanden. Es versteht sich, daß wir aus denselben Gründen, die im Falle von zwei und drei Waren angegeben worden sind..., m — 1 Gleichungen für die effektive Nachfrage nach (B), (C), (D)... in Einheiten von (A) aufstellen können:

$$D_{b,a} = F_{b,a}(p_{b,a}, p_{c,a}, p_{d,a} \ldots),$$
$$D_{c,a} = F_{c,a}(p_{b,a}, p_{c,a}, p_{d,a} \ldots),$$
$$D_{d,a} = F_{d,a}(p_{b,a}, p_{c,a}, p_{d,a} \ldots),$$
$$\ldots\ldots\ldots\ldots\ldots\ldots\ldots\ldots\ldots\ldots\ldots$$

Ferner m — 1 Gleichungen für die effektive Nachfrage nach (A), (C), (D)... in Einheiten von (B):

$$D_{a,b} = F_{a,b}(p_{a,b}, p_{c,b}, p_{d,b} \ldots),$$
$$D_{c,b} = F_{c,b}(p_{a,b}, p_{c,b}, p_{d,b} \ldots),$$
$$D_{d,b} = F_{d,b}(p_{a,b}, p_{c,b}, p_{d,b} \ldots),$$
$$\ldots\ldots\ldots\ldots\ldots\ldots\ldots\ldots\ldots\ldots\ldots$$

Desgleichen m — 1 Gleichungen für die effektive Nachfrage nach (A), (B), (D)... in Einheiten von (C):

$$D_{a,c} = F_{a,c}(p_{a,c}, p_{b,c}, p_{d,c} \ldots),$$
$$D_{b,c} = F_{b,c}(p_{a,c}, p_{b,c}, p_{d,c} \ldots),$$
$$D_{d,c} = F_{d,c}(p_{a,c}, p_{b,c}, p_{d,c} \ldots),$$
$$\ldots\ldots\ldots\ldots\ldots\ldots\ldots\ldots\ldots\ldots\ldots$$

Schließlich m — 1 Gleichungen für die effektive Nachfrage nach (A), (B), (C)... in Einheiten von (D):

$$D_{a,d} = F_{a,d}(p_{a,d}, p_{b,d}, p_{c,d} \ldots),$$
$$D_{b,d} = F_{b,d}(p_{a,d}, p_{b,d}, p_{c,d} \ldots),$$
$$D_{c,d} = F_{c,d}(p_{a,d}, p_{b,d}, p_{c,d} \ldots),$$
$$\ldots\ldots\ldots\ldots\ldots\ldots\ldots\ldots\ldots\ldots\ldots$$

Und so fort; im ganzen also m (m — 1) Gleichungen." (1, § 108, S. 112 f.).

Die Nachfrage nach einer Ware ist also eine Funktion nicht nur des Preises dieser Ware, sondern auch der Preise aller übrigen Waren.

Es leuchtet ein, daß die Zahl der Simultangleichungen sehr schnell ins Uferlose wächst, wenn man dabei nicht nur Produktgattungen (Schuhe, Bücher), sondern Spezialwaren mit ihren besonderen Märkten betrachtet. Ferner müssen die Austauschrelationen zwischen diesen zahllosen Waren als ständig sich ändernde gesehen werden. Das Schema kann also den allgemeinen Zusammenhang der Preise nur veranschaulichen, nicht etwa rechenbar machen. Es bezeichnet auch nicht den Grad des loseren oder festeren Zusammenhangs, der jeweils zwischen verschiedenen Märkten besteht.

Um nun die verwickelten Verhältnisse des allgemeinen Paar-Tausches zu vereinfachen und gleichzeitig doch die Voraussetzungen des reinen Naturaltauschs zu wahren, erhebt Walras eine Ware zum allgemeinen Wertmesser (numéraire), so daß in ihren Einheiten sich die Preise aller anderen Waren ausdrücken. (Man vergleiche in diesem Zusammenhang die „allgemeine Äquivalentform" bei *Marx, 1,* Bd. I, S. 79 ff.)

„Die Verwendung einer Ware als allgemeines Wertmaß erlaubt die Bestimmung der laufenden Preise im allgemeinen Gleichgewicht zu vereinfachen, indem man bis zu einem gewissen Punkt den Austausch mehrerer Waren auf den Fall des Zwei-Waren-Tausches zurückführt" *(1,* § 151, S. 157).

Da nun allerdings die aufgestellten Gleichungen des Preiszusammenhangs von sich aus noch nichts darüber aussagen, ob jeweils „Gleichgewicht" besteht, muß wiederum auf die „Seltenheiten" (Grenznutzen) und auf das Prinzip der allgemeinen Nutzenmaximierung zurückgegriffen werden, das dafür sorgen soll, daß die Proportionen der Grenznutzen überall den Proportionen der Preise entsprechen:

„Beim Austausch beliebig vieler Waren wie beim Austausch zweier Waren allein sind die Gleichungen der wirksamen Teilnachfrage mathematisch bestimmt durch die Bedingung der maximalen Bedürfnisbefriedigung. Welcher Art ist diese Bedingung? Es ist immer die, daß das Verhältnis der Seltenheiten zweier Waren dem Preise der einen in Einheiten der anderen gleich ist ..." *(1,* § 117, S. 122)

Walras' Gleichung der *satisfaction maximum* entspricht der Tauschgleichung von *Jevons.* Sie bezeichnet das neue *Äquivalenzprinzip* auf der Grundlage der subjektivistischen Theorie. Allerdings ersetzt hierbei, wie auch im folgenden, das Axiom den Beweis:

„Der Austausch mehrerer Waren auf einem Markte der freien Konkurrenz ist ein Vorgang, durch den alle Warenträger ... die größte Befriedigung ihrer Wünsche erlangen können, welche sich mit der Bedingung verträgt, daß zwei Waren sich nicht nur gegeneinander im gleichen Verhältnis tauschen, sondern auch gegen eine dritte in jeweils einem Verhältnis, das dem ersten gleich ist." (§ 131, S. 134 f.)

Natürlich ist der Gleichgewichtszustand in der Wirklichkeit nie hergestellt; er wird immer nur angenähert, und zwar durch das „Tasten" der Marktteilnehmer und durch die korrigierende Änderung der Tauschrelationen (Preise):

„Wenn die Nachfrage das Angebot übersteigt, so erhöht man den Preis der Ware [ausgedrückt] in Einheiten der als Maßstab dienenden Ware (numéraire). Wenn das Angebot die Nachfrage übertrifft, so senkt man den Preis. Was muß also bewiesen werden, um festzustellen, daß die theoretische Lösung und die Lösung, die der Markt trifft, identisch sind? Einfach, daß Erhöhung und Senkung [des Preises] eine Weise darstellen, das Gleichungssystem, das die Übereinstimmung von Angebot und Nachfrage ausdrückt, durch Tasten (par tâtonnement) zu verwirklichen." (§ 125, S. 129 f.)

Die unverkennbare Schwäche der Beweisführung, die jäh in die Kinderfibel von Angebot und Nachfrage abfällt, liegt darin, daß Walras das Gleichgewicht als ein subjektives (Ausgleich der Grenznutzen) bestimmen will und dafür doch nur auf das „objektive" Zeugnis der Märkte selbst zurückgreifen kann. So kommt es, daß die Behauptung sich immer wieder aus ihren Prämissen selbst beweisen muß. Die ältere Theorie hingegen hatte sehr wohl gewußt, daß in einer Wirtschaft des privaten Erwerbs nicht das vorgestellte Gleichgewicht der Käufer, sondern vielmehr das Gleichgewicht der *Kapitalverwertung* entscheidet; und daß es durch den Ausgleich der Renditen bezeichnet ist. Da sich nun freilich die neuere Wirtschaftstheorie seit der Grenznutzenlehre von einer solchen Sicht gelöst hat[18], kann das Gleichgewicht nur noch auf den Märkten selbst aufgesucht werden — womit sich die Kriterien unvermeidlich formalisieren, die Märkte einander wechselseitig erklären müssen. Das wird auch bei Walras deutlich:

„Sind mehrere Waren gegeben, die sich gegeneinander nach einem allgemeinen Wertmaß tauschen, so besteht ein Marktgleichgewicht, oder ein unveränderter Preis (prix stationnaire), [ausgedrückt] in Einheiten des allgemeinen Wertmaßes, zwischen ihnen allen, unter der notwendigen und hinreichenden Bedingung, daß zu diesen Preisen die effektive Nachfrage nach jeder Ware deren effektivem Angebot gleich ist. Besteht diese Gleichheit nicht, so ist, damit es zum Gleichgewichtspreis kommt, eine Erhöhung des Preises der Waren erforderlich, deren effektive Nachfrage das effektive Angebot übersteigt, und eine Senkung des Preises der Waren, deren effektives Angebot die effektive Nachfrage übertrifft" (1, § 130, S. 133, H.; vgl. auch 2, S. 37).

2. Das Gleichgewicht auf den Märkten der produktiven „Dienste"

Bisher wurde vernachlässigt, daß die Waren *Produkte* sind, an deren Gewinnung verschiedene produktive „Dienste" — die der „persönlichen Kapitalien" (capitaux personnels), der „Grundkapitalien" (capitaux fonciers) und der „beweglichen Kapitalien" (capitaux mobiliers; vgl. S. 185) — mitgewirkt haben, die ihrerseits einen Preis haben. Dieser Umstand muß nun berücksichtigt werden:

„Die Lösung der Frage des Tausches hat uns zu der wissenschaftlichen Formel des *Gesetzes von Angebot und Nachfrage* geführt. Die

---
[18] Bei *Walras* erscheinen noch die Ausgleichsbewegungen der Kapitalien (vgl. unten, S. 262); aber nun im Dienste der Proportionierung der „Seltenheiten", der Tauschnutzen für die Beteiligten.

Lösung der Frage der Produktion wird uns zu der wissenschaftlichen Formel für das *Gesetz der Produktionskosten* oder des *Herstellungspreises* gelangen lassen. So werde ich die beiden großen Gesetze der politischen Ökonomie wieder aufgefunden haben. Statt sie aber miteinander in Konkurrenz und Gegensatz bei der Preisbestimmung zu bringen, werde ich einem jeden seinen Anteil hieran lassen, indem ich auf das erste die Bestimmung des Produktenpreises gründe und auf das zweite die Bestimmung des Preises der produktiven Dienste (services producteurs)" *(1, § 165, S. 175 f.; vgl. 2, S. 41).*

„Der Gleichgewichtszustand der Produktion, welcher den Gleichgewichtszustand des Austausches implicite einschließt, ist ... einmal dann gegeben, wenn effektives Angebot und effektive Nachfrage bei den produktiven Diensten einander gleich sind, und wenn der Marktpreis der Dienste ein stationärer ist. Er ist ferner dann gegeben, wenn effektives Angebot und effektive Nachfrage bei den Produkten einander gleich sind, und wenn der Marktpreis der Produkte ein stationärer ist. Er ist schließlich dann hergestellt, wenn der Verkaufspreis der Produkte ihrem Herstellungspreis [ausgedrückt] in produktiven Diensten gleich ist. Die beiden ersten Bedingungen beziehen sich auf das Gleichgewicht des Tausches; die dritte bezieht sich auf das Gleichgewicht der Produktion" *(1, § 188, S. 193 f.).*

Zu diesem ideellen Gleichgewicht, das allerdings nie vollständig verwirklicht ist, drängen die Marktkräfte hin. Dies gilt vor allem für das Unternehmenskapital, das immer aus den Bereichen des Verlustes in solche des Gewinnes strebt. Das alte Gesetz vom Profitratenausgleich findet sich hier in neuer Form abermals; wobei Walras allerdings vermerkt, daß ein einzelner Unternehmer auch durch Einschränkung oder Ausdehnung seiner Produktion zum Ausgleich von Gewinn und Verlust kommen kann (S. 194). Im Gleichgewichtszustand sind aber nicht mehr, wie bei den Klassikern, alle Gewinne einander gleich, sondern vielmehr alle Gewinne gleich Null:

„Im Gleichgewichtszustand der Produktion machen die Unternehmer weder Gewinn noch Verlust" (S. 195).

Diese Auffassung wird der ganzen neueren Theorie eigen bleiben. Sie beruht auf dem Kunststück, „daß der ‚normale Profit' (der Profit, den der Unternehmer in anderen Wirtschaftszweigen erlangen könnte) in die Kosten eingerechnet wird". (*Hicks, 1,* S. 345; im gleichen Sinne auch G. *Cassel, 3,* S. 154 [4. Aufl., 1927]; E. *Preiser, 1,* S. 97.)

In derselben Weise wie die Gleichgewichtspreise der Produkte werden nun auch die der produktiven „Dienste" abgeleitet. Das Ergebnis ist,

„... daß die Verkaufspreise der Produkte gleich den Herstellungspreisen [ausgedrückt] in produktiven Diensten sind" (§ 203, S. 212).

Walras fällt hier in den Irrtum von A. *Smith* zurück (vgl. oben, S. 50): Der Preis der Produkte löst sich *nicht* nur in Einkommen der Produktionsagenten auf; er enthält auch den Preis der *Sachmittel*, deren Produktion in *früheren* Perioden zu Einkommen geführt hat. — Außerdem vernachlässigt Walras weitere Umstände:

1. Jeder Träger produktiver Leistungen kann zur Produktion sehr *verschiedener* Waren dienen. Das macht das Problem der „Zurechnung" aus, um das sich vor allem die Österreicher bemüht haben. (Walras hat sogar in der vierten Auflage seines Hauptwerkes [1900] von dieser Frage keine Notiz genommen.)

2. Der Preis der Erzeugnisse hängt nicht nur vom Preis der Dienste ab, die in das Erzeugnis eingegangen sind, sondern auch von deren mehr oder weniger produktiver *Kombination* im Betrieb (vgl. unten bei *Cassel*, S. 271 f.).

Bewußt vereinfacht Walras sein Produktionsmodell im weiteren auch durch folgende Annahmen:

1. Die Produktion braucht keine *Zeit* („statische" Sichtweise).
2. Es gibt keine Änderung der Lagervorräte.
3. Die Produktionskoeffizienten (coefficients de fabrication), das heißt „die jeweiligen Mengen eines jeden der produktiven Dienste, die in die Herstellung einer Einheit jedes Produktes eingehen" (S. 211), bleiben unverändert. Es findet also auch kein technischer Fortschritt statt.

Unter diesen Voraussetzungen gilt:

„Sind mehrere Dienste gegeben, mit denen man verschiedene Produkte herstellen kann und die sich gegen diese Produkte unter Zuhilfenahme eines allgemeinen Wertmaßstabs tauschen, so besteht Marktgleichgewicht oder stationärer Preis aller Dienste und aller Produkte [ausgedrückt] im allgemeinen Wertmaß unter den beiden notwendigen und hinreichenden Bedingungen: 1. Zu diesen Preisen ist die effektive Nachfrage nach jedem der Dienste und nach jedem der Produkte gleich ihrem effektiven Angebot. 2. Der Verkaufspreis der Produkte ist ihrem Herstellungspreis in Einheiten der Dienste gleich. Besteht diese doppelte Gleichheit nicht, so erfordert die Herstellung der ersten eine Erhöhung des Preises der Dienste oder der Produkte, wonach die effektive Nachfrage das effektive Angebot übersteigt, und eine Senkung des Preises derjenigen Dienste oder Produkte, deren effektives Angebot die effektive Nachfrage übertrifft. Um aber zum zweiten Ausgleich zu kommen, ist eine Vermehrung der Menge der Erzeugnisse notwendig, deren Verkaufspreis über dem Herstellungspreis liegt, und eine Verminderung der Menge derjenigen Erzeugnisse, deren Herstellungspreis über dem Verkaufspreis liegt (H.).

Dies ist das *Gesetz der Bildung der Gleichgewichtspreise* der Produktion. Indem wir ihm nun im weiteren das *Gesetz der Änderung der Gleichgewichtspreise* in seiner hinreichend verallgemeinerten Form zur Seite stellen, werden wir über die wissenschaftliche Formel für das doppelte *Gesetz von Angebot und Nachfrage und von den Herstellungspreisen* verfügen" (*1*, § 220, S. 230; vgl. auch *2*, S. 61).

Wieder erscheint auch hierbei die These von der bestmöglichen Bedürfnisbefriedigung, die in der ganzen Beweisführung schon angelegt ist:

„Die Produktion ist unter den Bedingungen eines Marktes der freien Konkurrenz ein Vorgang, durch den sich die Dienste in den Produkten in solcher Art und Menge verbinden lassen, daß sie die größtmögliche Bedürfnisbefriedigung innerhalb der Grenzen der doppelten Bedingung gewähren, daß jeder Dienst und jedes Produkt nur einen Marktpreis hat, und zwar den, zu dem Angebot und Nachfrage einander gleich sind; und daß der Verkaufspreis der Produkte gleich ihrem Herstellungspreis in Dienstleistungen ist" (§ 221, S. 231).

Allerdings sichert die freie Konkurrenz Walras zufolge maximale Befriedigung nur der individuellen Bedürfnisse, nicht etwa der kollektiven. Der öffentliche Bedarf kann daher nicht nach der Maxime des *Laissez-faire* gewährleistet werden (S. 233 f.). Auch sichert die Gleichheit des Tausches nicht die Gleichheit des *Tauschvorteils*, etwa zwischen einem reichen und einem armen Tauschpartner. Die Frage der sozialen „Gerechtigkeit" bleibt also im Marktgeschehen außer Betracht. (Vgl. hierzu andere Schriften von Walras, namentlich *4*; siehe ferner auch F. *Oules, 1*, S. 188 ff.)

Es ist unvermeidlich, daß die Beziehung zwischen den Märkten der Endprodukte und denen der produktiven Leistungen auch bei Walras nur sehr allgemein bezeichnet werden kann. Die hieraus abgeleiteten Regeln des Preiszusammenhangs verstehen sich von selbst: Unter sonst gleichbleibenden Umständen ändert sich der Preis eines Produkts im gleichen Sinne wie seine Nützlichkeit und im umgekehrten Verhältnis zu seiner Menge; dasselbe gilt auch für die Preise der produktiven Dienste, die in das Enderzeugnis eingehen. Ändern sich die Nützlichkeiten oder Mengen mehrerer Produkte so, daß ihre „Seltenheiten" nicht berührt sind, so ändern sich auch die Preise nicht (vgl. Walras, S. 236 f.).

3. Das Gleichgewicht der Wirtschaftserweiterung

Es ist anzuerkennen, daß Walras, als einziger unter den älteren Grenznutzentheoretikern, den Versuch unternommen hat, das „Gleichgewichts-Preissystem" zu „dynamisieren" und es hierdurch mit der Theorie des Wirtschaftsprozesses zu verbinden. Freilich ist dieser Versuch im ersten Anlauf steckengeblieben.

Um, wie Walras es sich vorgenommen hat, zu den „Gesetzen des Preiswechsels in einer fortschreitenden Gesellschaft" zu gelangen, muß man — neben anderen! — die bisherige Voraussetzung unveränderter Fabrikationskoeffizienten fallen lassen; der technische Fortschritt ist zu berücksichtigen. Er führt dazu, daß die Träger der verschiedenen „Dienste" miteinander in verschiedenartige Verbindung treten: Vor allem wird „Kapital" (im Sinne von „Kapitalgütern") an die Stelle von Boden, aber auch von menschlichen Arbeitskräften, gesetzt. Die beständige Substitution eines knappen durch ein reichlicher verfügbares Element macht es möglich, die Produktion ohne Grenzen auszudehnen:

„Der Fortschritt, der darin besteht, daß trotz der Vermehrung der Menschenzahl die Seltenheit der Produkte abnimmt, ist auch bei Unvermehrbarkeit der Böden dank der Erweiterung der Kapitalien im engeren Sinn möglich. Dies allerdings unter der zwingenden Bedingung, daß die Vermehrung dieser Kapitalien derjenigen der Menschenzahl vorausgeht und sie übertrifft" (1, § 327, S. 377 f.; *H.*).

Zugleich sorgt die wechselseitige Substituierbarkeit der Träger der produktiven Dienste dafür, daß sowohl die Preise dieser Dienste als auch die Preise der mit ihrer Hilfe hergestellten Erzeugnisse miteinander ins rechte Verhältnis gesetzt werden — und zwar auf dem jeweils niedrigstmöglichen Niveau:

„Es gilt: 1. Die freie Konkurrenz führt zum niedrigsten Herstellungspreis.

2. Im Gleichgewichtszustand, wenn die Herstellkosten und die Verkaufspreise einander gleich sind, sind die Preise der Dienste proportional den [auf sie entfallenden] Teilergebnissen der Produktionsfunktion, d. h. den Grenzproduktivitäten *(H.)*.

Dieses doppelte Theorem macht die *Lehre von der Grenzproduktivität* aus — eine Lehre von fundamentaler Bedeutung in der reinen politischen Ökonomie ...: Sie liefert den Erklärungsgrund für die Nachfrage nach Diensten und das Angebot von Produkten seitens der Unternehmer; ganz so, wie die *Theorie des Grenznutzens* den Schlüssel zur Nachfrage nach Produkten und zum Angebot von Diensten seitens der Grundbesitzer, Arbeiter und Kapitalisten liefert ... (§ 326, S. 375 f.).

Im Vorbeigehen sei hier die unverkennbare Affinität von Grenznutzenlehre und Grenzproduktivitätstheorie vermerkt; sie begegnet auch sonst in der Lehrgeschichte (vgl. schon oben, S. 171).

Das hier wiedergegebene Theorem von Walras, das wieder auf ganz „statischer" Sicht beruht, hält sich im Rahmen des allgemeinen Gleichgewichts-Bekenntnisses unseres Autors; es entspricht hierin der Tradition des klassischen Liberalismus.

Das gilt auch für die Behandlung der Frage, ob das Preisniveau mit fortschreitender Technik langfristig sinke oder nicht:

„Was in einer fortschreitenden Gesellschaft notwendigerweise sinkt, sind die Seltenheiten. Die Preise, d. h. die Verhältnisse dieser Seltenheiten zu denen des allgemeinen Vergleichsprodukts (produit numéraire), können unverändert bleiben, wenn (wie man durchaus annehmen darf) zugleich mit den Seltenheiten aller anderen Erzeugnisse auch die des Vergleichsprodukts im selben Verhältnis sinkt. Die Preise fallen nur, wenn die Seltenheiten des Vergleichsprodukts unverändert bleiben. Nur unter diesem Vorbehalt, daß die Seltenheiten der allgemeinen Vergleichsware konstant bleiben, kann man sagen, daß *der Preis der Produkte in einer fortschreitenden Gesellschaft sinkt*" (§ 330, S. 380).

Man sieht, daß der Übergang vom ruhenden zum Bewegungsbild der Märkte Walras unter den von ihm gewählten Voraussetzungen doch erhebliche Mühe macht.

4. Würdigung

1. Walras hat, als einziger unter den Begründern der subjektivistisch fundierten Preislehre, vom Phänomen der Einzelpreise zu den großen volkswirtschaftlichen Fragen des *Marktzusammenhangs* und des ökonomischen Gesamtprozesses vorzudringen getrachtet. Die Interdependenz der Preise ist natürlich von größter Bedeutung für die *Konjunkturtheorie* (vgl. etwa W. C. *Mitchell*, 1, S. 107 f.). Walras hat für diese — freilich nur noch empirisch zu bewältigenden — Verhältnisse zwar nicht ein Modell von unmittelbarem Anwendungswert geliefert, aber doch das Verständnis gefördert.

2. Einzelwirtschaftlich betrachtet liefern die Gleichungen von Walras „die exakteste Version, die je über das Element der ‚*opportunity costs*' ... gegeben worden ist" (J. R. *Hicks*, 1, S. 344; H. durch mich, W. H.).

3. Walras hat den (von *Cournot* überkommenen) *Funktionenkalkül* in der Wirtschaftslehre heimisch gemacht. Für und wider die „*Mathematik*" in der Wirtschaftstheorie wird sich hinfort das Feldgeschrei erheben.

4. *Wirklichkeitsnähe* hat Walras angestrebt. Freilich leidet seine Konstruktion an vielen *unrealistischen Voraussetzungen:*

a) Walras löst das Marktgeschehen der modernen Erwerbswirtschaft in lauter Naturaltausch-Vorgänge auf, ohne Zwischenkunft des *Geldes*, das für ihn nur als ein Element des „zirkulierenden Kapitals" existiert (vgl. hierzu A. *Marget*, 1).

b) Er verkennt das Wesen des Kapitals; sein vom Vater Auguste *Walras* entlehnter Kapitalbegriff ist schlechterdings „bizarr" (G. *Pirou*, 2, S. 228; zur Kritik an Walras' Kapitalbegriff vgl. auch K. *Wicksell*, 2, S. 70).

c) Hiermit steht im Zusammenhang, daß Walras für den „Gleichgewichts"-Zustand keinen *Unternehmensgewinn* gelten läßt, so daß in diesem Zustand auch keinerlei Kapitalbildung erfolgen kann — es sei denn aus dem „Zins" oder aus höchst persönlichen Ersparnissen der Unternehmer aus ihrem „Unternehmerlohn" (vgl. hierzu R. E. *Kuenne*, 1, S. 343 f., 345 ff.).

Sieht man von diesen beiden verbleibenden Rinnsalen einer Kapitalbildung ab, so zeigt sich, daß das Konzept der „Gleichgewichtspreise" nicht nur ein statisches ist, sondern auch eine *stationäre* Wirtschaft zur Grundlage hat. Eine stationäre Konkurrenz- und Erwerbswirtschaft aber gibt es nicht. Wenn im übrigen ein Gewinn im Normalfall überhaupt nicht vorkommt, so fragt man sich *worum* in der — vorausgesetzten — „Konkurrenzwirtschaft" eigentlich noch der Konkurrenzkampf gehen sollte, und warum nicht das gewinnlose Unternehmenskapital samt und sonders in immerhin zinstragendes Leihkapital verwandelt würde.

d) Besondere Kritik hat die Bestimmung des Gleichgewichts zwischen den Produktenmärkten und den *Märkten der produktiven „Dienste"* gefunden: „Die Produktion erfordert *Zeit*, und die Veräußerer der produktiven Dienste werden im allgemeinen nicht das Fertigstellen der Waren abwarten können oder wollen, um aus deren Erlös ihr Entgelt zu gewinnen: sie erhalten letzteres aus dem Erlös schon abgeschlossener Produktionsperioden. Die Produktion wird daher in der Wirklichkeit niemals das Bild des einfachen Gütermarktes aufweisen; sie besteht vielmehr in einer Reihe zeitlich verschiedener Tauschakte, die zusammen den ganzen Zeitraum vom Beginne der Produktion bis zum Absatz des betreffenden Gutes umspannen" (*Wicksell*, 2, S. 67 f.). Es ist „nicht wahr, daß die Bodenbesitzer und noch weniger die Arbeiter durch den Erlös der unter ihrer Mitwirkung verfertigten Produkte entschädigt werden; sie erhalten vielmehr ihre Bezahlung *vorschußweise*. Wenn dem nicht so wäre, könnte man ja ‚en fin de compte' auch von der Rolle des Kapitals in der Produktion ganz absehen — denn die verschiedenen Kapitalstücke, Maschinen, Gebäude u. s. f. sind ja in letzter Instanz selbst Produkte von Arbeit und Bodenkräften — so daß die Produktion schließlich als ganz und gar kapitallos zu betrachten wäre" (a.a.O., S. 70; vgl. auch G. *Pirou*, 2, S. 246).

e) Es wird unterstellt, daß die Kontrahenten *vollkommene Marktübersicht* haben, gleichzeitig aber doch täglich neu und „voraussetzungslos" zu Markte schreiten, ohne sich um die bisherigen oder für die Zukunft zu erwartenden Preise zu kümmern; daß alle Anpassungsvorgänge sich unverzüglich vollziehen, die Reaktionsgeschwindigkeit der Beteiligten also unendlich groß ist, usw. Diese Annahmen sind unzutreffend. Auch ist die Voraussetzung vollständiger Marktübersicht mit der Vorstellung von freier „atomistischer" Konkurrenz geradezu unverträglich: „Die Prämisse der vollkommenen Markttransparenz muß... infolge der allgemeinen Interdependenz der Preise in der Volkswirtschaft zu einem *universellen Oligopol* mit der notwendigen Folge der theoretischen *Indeterminiertheit des gesamten volkswirtschaftlichen Preissystems* führen. Der Grenzfall der atomistisch-homogenen Konkurrenz, den die älteren Vertreter der Grenznutzenschule in den Mittelpunkt ihrer Betrachtung stellten, ist daher unter präzise formulierten statischen Voraussetzungen *nicht einmal denkbar*. Das bedeutet, daß gerade die Annahme, mit der man die statische Theorie retten wollte, zu ihrer sicheren Auflösung führt..." Damit aber ergibt sich „die Notwendigkeit einer *dynamischen* Analyse *aller* ökonomischen Tatbestände" (H. *Albert*, 1, S. 60).

So wird gerade bei Walras schmerzlich spürbar, wie die Größe des Entwurfs, die Kühnheit der Zielsetzung sich an jenen Schranken des Denkens bricht, welche die überkommene liberalistische Ordnungsfiktion gesetzt hat. Die Sichtweise bleibt „mehr formalistisch als realistisch" (H. *Guitton, 1*, S. 60). „Sind einmal die Prämissen gesetzt, so läuft die Kette der Deduktionen ohne auch nur flüchtige Konfrontation mit der Wirklichkeit ab" (*Guitton*, S. 38). Das „Gleichgewichts"-Konzept einer Wirtschaft der freien Konkurrenz, der die Wirklichkeit aufgehört hat zu entsprechen, bewegt sich in seinen eigenen starren Geleisen. Die Harmonie der mathematischen Gleichungen vikariiert für die fehlende Stimmigkeit der Marktwelt selbst.

Um eine „dynamische" Gleichgewichtskonstruktion hat sich, im Anschluß an Walras, der italienische Nationalökonom E. *Barone* (1859—1924) bemüht (*3*, 1894; vgl. hierzu ferner O. *Kühne, 1*, vor allem S. 131 ff.). Die eigentliche „Dynamisierung" des Preissystems, unter Verzicht schließlich auf die „Gleichgewichts"-Konstruktion, blieb einer späteren Zeit vorbehalten (vgl. unten, S. 287 f.).

B. Das Gleichgewichtssystem Gustav Cassels

Den zweiten bedeutenden Versuch in der neueren Zeit, zu einem Bild des allgemeinen Gleichgewichts der Märkte zu gelangen, hat der schwedische Ökonom Gustav Cassel (1866—1945) unternommen. Cassels System fußt (mehr, als er selbst zu erkennen gegeben hat) auf dem von *Walras*; doch ist Cassel in mehrfacher Hinsicht über diesen hinausgegangen:

1. Tritt schon bei Walras die Frage nach dem „letzten" *Grund* des Preisgeschehens hinter der anderen nach der *wechselweisen* Bestimmung der Preise selbst zurück, so wird der Aufbau einer streng katallaktischen Preislehre bei Cassel nun geradezu Programm. Anders als A. *Marshall* in England, der die unterschiedlichen Richtungen der Preislehre seiner Zeit zu verbinden suchte (vgl. oben, S. 174), hat Cassel jeden werttheoretischen Umweg zur Preislehre überhaupt verworfen: Sowohl der Theorie des objektiven wie der des subjektiven Wertes hat er den Kampf angesagt. Die Grenznutzenlehre scheint ihm ungeeignet, der Lehre vom objektiven Werte wirksam zu begegnen; ihr Streit gegen die Kostentheoretiker ist ein „Scheinstreit" (*1*, S. 81; ähnlich später J. *Åkerman, 1*, S. 45 f.). Auch der wirklichkeitsfremde Psychologismus der Grenznutzenlehre muß überwunden werden: „Diese rein formelle Theorie, die in keiner Weise unsere Kenntnis der realen Vorgänge erweitert, ist für die Theorie der Preisbildung jedenfalls überflüssig" (*3*, S. 70; vgl. auch Cassels Kritik an der Inhaltslosigkeit der These von der Maximierung der Verbraucherbefriedigung, *2*, S. 402 ff., besonders 431; zur Kritik der Grenznutzenlehre ferner *4*, S. 22 ff., sowie oben, S. 181). Die Preistatsache findet für Cassel eine befriedigende Erklärung in dem allgemeinen Umstand der *Güterknappheit*. Eigentlicher Gegenstand der Preislehre ist ihm die *Interdependenz* der Markterscheinungen.

In dem Appell an die zeitgenössische Ökonomie, die Zersplitterung der werttheoretischen Meinungen zu überwinden und sich im Zeichen der reinen Preislehre zu sammeln (vgl. 4, S. 24), hat sich Cassel mit zahlreichen anderen Denkern getroffen. Um die Jahrhundertwende hebt auch Heinrich *Dietzel* (1857—1935) hervor, daß moderne Grenznutzenlehre und klassische Produktionskostentheorie sich zur Lehre von den *Marktpreisen* verbinden lassen; er hat damit die letztliche *Markt*orientierung schon der frühen Produktionskostenlehre richtig eingeschätzt (vgl. oben, S. 74). „Ohne daß das Wort ‚Wert‘ fällt, gelangt man zur Preis- wie zur Bodenrenten- und Lohntheorie (1, S. 28). Allerdings gelte dies nicht für die Wertlehre von *Marx* und die daraus abgeleitete Verteilungstheorie. Von ihr soll das Erbe der Klassiker entlastet werden. Eine Wertlehre, die mehr sein will als Preisbildungslehre, liefert Früchte „gelehrten Müßigganges" (vgl. ferner *Dietzel*, 2, 3, 4 [S. 203 ff.]). — Zu gleicher Zeit eifert auch F. *v. Gottl-Ottlilienfeld* gegen alle Varianten einer „Wert"-Theorie, die ihm bloßes „Dogma" ist, das auf „Herrschaft des Wortes" beruht, und verflüchtigt er den Wert zur bloßen „wirtschaftlichen Dimension" (vgl. *Gottl*, 1, 2, 3; zur Forderung einer „wert"freien Preislehre siehe auch oben, S. 184 f.).

2. Cassel gibt die *Naturaltausch-Fiktion* des Systems von *Walras*, und damit die Vorstellung einer überzeitlichen Wirtschaft, preis: „Unser Geldsystem ist ... mit unserem Tauschsystem pari passu entwickelt worden. ... Es hat sicher nie in der Geschichte eine geldlose Wirtschaft gegeben, in der der Tausch eine normale Erscheinung war" (Cassel, 4, S. 28 f.).

3. Walras hat die Warenpreise einfach als Summe der Marktpreise der mitwirkenden produktiven „Dienste" aufgefaßt. Cassel berücksichtigt auch die Wirkung der *Produktionsbedingungen,* der Rationalisierung usw. auf die Erzeugerkosten („Supplementäre" Umstände der Preisbildung; vgl. unten, S. 271 f.).

Die folgende Darstellung des Gleichgewichtspreissystems von Gustav Cassel schließt sich an dessen Lehrbuch „Theoretische Sozialökonomie" an[19], das längere Zeit hindurch vor allem in Deutschland als „eines der positivsten Werke" auf seinem Gebiet (H. *v. Stackelberg*, 4, S. 456) große Verbreitung gefunden hat (vgl. zu Cassel besonders Adolf *Weber*, 1, S. 50, 262 f. und passim).

1. Allgemeine Bedingungen der Preisbildung

a) Das „Knappheitsprinzip"

„Zweck jeder Wirtschaft ist Befriedigung menschlicher Bedürfnisse" (S. 1).

Allgemeine Grundtatsache ist dabei, daß ...

„... die Mittel der Bedürfnisbefriedigung im Verhältnis zu den Bedürfnissen in der Regel *knapp* sind" (S. 3).

---

[19] Hier wiedergegeben nach der letzten (fünften) Auflage, Leipzig 1932 (1. Aufl. 1918). Eine frühe Fassung der *Cassel*schen Preislehre findet sich in 2 (1899), eine geraffte Darstellung in 4 (1926, S. 44 ff.).

Dieses „Prinzip der Knappheit", aus dem die allgemeinen Regeln des Wirtschaftens abgeleitet werden (z. B. das „Prinzip der Gleichmäßigkeit der Bedürfnisbefriedigung", das „Prinzip des kleinsten Mittels"), ist ein hinreichender Grund für die Erklärung der Preistatsache:

„Die Preisbildung hat nach dem Prinzip der Knappheit die Aufgabe, die Nachfrage so zu beschränken, daß sie mit dem zur Verfügung stehenden Gütervorrat befriedigt werden kann" (S. 74).

Dies ist der Ausgangspunkt der Casselschen Preislehre. Auf ihn hat sich denn auch die besondere Aufmerksamkeit der ökonomischen Literatur gerichtet:

(1) Es ist vermerkt worden: Indem Cassel der Preisbildung die „Aufgabe" zuweist, die Nachfrage zu beschränken, verläßt er bereits die Ebene der reinen Tatsachenforschung, die er für sich in Anspruch nimmt, und trifft er eine *normative* Aussage (A. *Amonn, 2,* S. 20 f. und passim). Er geht von einem „prästabilierten Zweck der Preisbildung" aus (H. *Mayer, 3,* S. 233).

(2) „Knapp sind die Güter im Verhältnis zum Begehr, zu den Bedürfnissen der Menschen, nicht aber im Verhältnis zur effektiven Nachfrage" (E. *Carell, 1,* S. 10). „Die effektive Nachfrage ist ... genau so ‚knapp' wie die angebotenen Gütermengen" (S. 11).

(3) „Nicht ‚weil es die Aufgabe der Preisbildung ist, die Nachfrage so zu beschränken, daß das Angebot für die Versorgung der Nachfrage hinreicht', muß die Gesamtnachfrage bei Gleichgewicht das Gesamtangebot decken, sondern weil anders ein Gleichgewicht nicht denkbar ist, *weil dies im Begriff des ‚Gleichgewichts'* liegt, das Wesen des ‚Gleichgewichts' ausmacht" (*Amonn, 2,* S. 28).

(4) Ist die „Nachfrage" auf den Umfang des verfügbaren Angebots zurückgebracht, „dann bedeutet Übereinstimmung von Angebot und Nachfrage Aufhören der Knappheit, dann hat die Produktion keinen Anlaß, anders oder mehr zu produzieren, denn der Ansporn für die weitere Produktion, die Knappheit, fehlt" (R. *Streller, 1,* S. 120; vgl. auch *Schams, 1,* S. 396).

(5) Eigentlich vertritt Cassels „Prinzip der Knappheit" nur die Stelle des von ihm abgelehnten „Prinzips des Grenznutzens": „... Knappheit und Grenznutzen sind, im Grunde genommen, ganz dieselbe Sache — wie schon *Walras* wußte, denn das Wort rareté, das er anwendet ... bedeutet ja nicht nur *Seltenheit,* sondern auch *Knappheit*" (K. *Wicksell, 4,* S. 773 f.). So ist denn auch in der „Wert"-freien Wirtschaft Cassels das *Geld* ein Mittel, die Skala der „*Bedeutungen*" verschiedener Güter für ihren Erwerber wiederzugeben (*Cassel, 2,* S. 397).

Das allgemeine „Prinzip der Knappheit" (das Cassel auch auf die Lehre vom Geldwert anwendet: vgl. etwa *4,* S. 67 ff.) reguliert nun Cassel zufolge auch die Preisbildung der „Produktionsmittel" aller Art (worunter Cassel auch die menschliche Arbeitskraft rechnet):

„Die Nachfrage nach fertigen Produkten ist indirekt eine Nachfrage nach Produktionsmitteln. Diese Nachfrage sucht die Produktionsmittel zur einen oder anderen Verwendung heranzuziehen, sie ist ein Streit der Konsumenten um die Produktionsmittel, ein Streit, der in der Tauschwirtschaft nur dadurch geschlichtet werden kann, daß auf die Produktionsmittel hinreichend hohe Preise gesetzt werden, um die Nachfrage in Übereinstimmung mit den zur Verfügung stehenden Mengen der Produktionsmittel zu bringen" (S. 80).

Wenden wir diese Auffassung etwa auf den Preis des „Produktionsmittels" *Arbeitskraft* an, also auf den Lohn, so erscheint sie etwas sonderbar. Der Lohn ist dann gleichfalls ein Preis, der gezahlt wird, weil das Angebot an Arbeitskräften gegenüber der eigentlich grenzenlosen Nachfrage nach diesen „knapp" ist. Allerdings sind hohe Lohneinkommen die Hauptquelle der Endnachfrage, so daß man ebensogut hohe Löhne auf eine hohe Verbrauchernachfrage wie eine hohe Verbrauchernachfrage (cet. paribus) auf hohe Löhne zurückführen kann. Hohe Löhne *beschränken* nicht die Endnachfrage, sondern *bedingen* sie.

Die Preise der „Produktionsmittel" sind natürlich die Kosten der Fertigerzeugnisse. Indem Cassel nun alle Bestandteile des Produktenpreises den zugehörigen „Produktionsmitteln" zuweist, werden, wie bei *Walras*, die Preise (im Gleichgewichtszustand) den Kosten gleich. Der *Gewinn* wird wiederum gleich Null:

„Sobald eine Preisbildung für die Produktionsmittel durchgeführt ist, wird man für jedes fertige Produkt einen Preis berechnen, der dem Gesamtpreis aller für seine Herstellung in Anspruch genommenen Produktionsmittel entspricht. ... Wir nennen diesen Preis die *Kosten* des fertigen Produkts" (S. 81 f.).

„Der hier geschilderte Preisbildungsprozeß hat die Bedeutung, daß jedes fertige Gut einen Preis bekommt, der seinen Produktionskosten entspricht oder allgemeiner, daß jede Nachfrage die vollen Kosten ihrer Befriedigung tragen soll. Wir können diesen Satz als das ‚*Kostenprinzip*' bezeichnen" (S. 83).

b) „Supplementäre Prinzipien der Preisbildung"

Obwohl Kosten nichts anderes sind als die Preise, welche die Unternehmungen an Dritte zahlen müssen, ist — wie Cassel, der hierin über *Walras* hinausgeht, richtig sieht — die *relative* Höhe der Kosten nicht nur von den Märkten, sondern auch von den unterschiedlichen *Produktions*bedingungen der Unternehmungen mitbestimmt:

„Dies bedeutet, daß das Prinzip der Knappheit nicht allein ausreicht, um die Preisbildung zu bestimmen, sondern durch gewisse supplementäre Prinzipien, welche neue Bedingungen der Preisbildung darstellen und die Unbestimmtheit des Problems aufheben, ergänzt werden muß" (S. 89).

Cassel kennt die folgenden „supplementären" Bedingungen:

1. Nach dem „*Differentialprinzip*" muß bei Unternehmungen, die — wie dies regelmäßig der Fall ist — unterschiedliche Erzeugungskosten aufweisen,

„... für jedes Produkt ein Preis berechnet werden, welcher die Produktionskosten desjenigen Betriebes deckt, der unter den zur Deckung der Nachfrage noch in Anspruch zu nehmenden Betrieben die höchsten Produktionskosten hat" (S. 90).

2. Gemäß dem Prinzip der „*Durchschnittskosten*" sind bei rationellerer und daher billigerer Erzeugung einer bestimmten Ware im Einzelbetrieb die (dann sinkenden) mittleren oder Durchschnittskosten der Ware für die Preisbildung maßgeblich (S. 91 ff.; Kritik hieran durch *Wicksell*, 4, S. 783 f.).

3. Dem „*Substitutionsprinzip*" zufolge gelten für die Preisbildung diejenigen Kosten, die der optimalen Verbindung der „Produktionsmittel" entsprechen (S. 95 ff.).

Diese drei Regeln (zu denen noch das „*Prinzip der Preisbildung verbundener Produkte*" kommt) kann man so zusammenfassen: Nach Maßgabe des Wirtschaftlichkeitsprinzips bestimmen sich die Preise nach den *Durchschnittskosten* des „letzten" Unternehmens im *Optimalpunkt* seiner Produktion. (Die dabei entstehenden *Differentialrenten* der günstiger produzierenden Unternehmungen bleiben allerdings im folgenden „Gleichgewichtssystem" der Preise unberücksichtigt.)

2. Das System der Gleichgewichtspreise

Im „Kostenprinzip" ist schon die *allgemeine* Bedingung des Gleichgewichts enthalten, nämlich die *Gleichheit von Preisen und Produktionskosten:*

Die „Preisbildung nach dem Kostenprinzip" bezeichnet „im großen die Gleichgewichtslage, um welche die tatsächlichen Preise schwanken" (S. 116).

Bemerkenswert ist, daß die Wahrung dieses „Normalzustandes der Tauschwirtschaft" (S. 116 f.) von Cassel nicht mehr abhängig gemacht wird vom Bestehen freier Konkurrenz, die tatsächlich weithin nicht mehr gegeben sei. (S. 115; auf S. 159 f. meint Cassel allerdings wieder, das Kostenprinzip sei „in idealer Weise" nur verwirklicht, wenn es keinerlei Monopolgewinne gebe.)

Mit der These von der Übereinstimmung der Preise mit den Produktionskosten ist das Grundtheorem der Casselschen Gleichgewichtslehre von Anfang an fertig; es wird im weiteren nur noch durchgeführt. Daß die Summe der Kosten und die Summe der Preise sich bei „statischer" Sicht in einer Volkswirtschaft decken, ergibt sich dabei schon aus der Definition und versteht sich von selbst, wenn man auch die „normalen" Gewinne (das, was die Klassiker den „Durchschnittsprofit" nannten) unter die „Kosten" der Waren rechnet. Allerdings läßt Cassel ungeklärt, wie er die auch von ihm erwähnten *Differential- und Monopolgewinne* in dem Satze von der allgemeinen Gleichheit der Kosten (bzw. Einkommen) mit den Preisen unterbringen will. Auch wenn man etwa *Monopolgewinne* als nicht vorhanden oder als kompensiert durch entsprechende Einkommenseinbußen anderer Wirtschaftsbeteiligter betrachtet, bleibt immer noch die Frage der *Differential*renten offen. Zutreffend müßte überhaupt, statt von einer Gleichheit der Preise mit den Kosten — eine im Grunde auf das Einzelunternehmen zugeschnittene „Gleichgewichts"-Definition — von einer Übereinstimmung des *Sozialprodukts* (der Summe der neugeschaffenen Warenwerte) mit dem *Volkseinkommen* gesprochen werden. So setzen sich denn auch bei Cassel die Kosten der Produkte (= die Preise der „Produktionsmittel") aus den Einkommen derer zusammen, welche die notwendigen „Produktionsmittel" zur Verfügung gestellt haben (S. 85 f.).

Das Theorem der Gleichheit von Kosten und Preisen innerhalb einer Volkswirtschaft stößt nun aber, wie Cassel sieht, auf die Schwierigkeit, daß alle Produktion *Zeit* erfordert; so daß die Bereitstellung von „Produktionsmitteln" mit der Bereitstellung der Waren, die mit ihrer Hilfe hervorgebracht werden, zeitlich nicht zusammenfällt:

„Die Produktionsmittel, die heute vorhanden sind und nachgefragt werden, dienen ... meistens nicht der heutigen Bedürfnisbefriedigung, sondern einer künftigen. Der Zusammenhang zwischen den Preisen der heute fertigen Güter und den Preisen der heutigen Produktionsmittel ist also kein direkter ..." (S. 83 f.).

Diese Schwierigkeit vermeidet Cassel zunächst, indem er von einer stationären Wirtschaft ausgeht, um sich sodann den Verhältnissen einer „gleichmäßig fortschreitenden Wirtschaft" zuzuwenden. Die rigorosen Voraussetzungen, die dabei zunächst zu treffen sind, läßt Cassel in der Folge Schritt für Schritt fallen.

a) Das Marktgleichgewicht in der „stationären Wirtschaft"

1. *Begriff der stationären Wirtschaft:* „In der stationären Wirtschaft bleibt die Nachfrage unverändert und wird auch immer in demselben Grade durch die konstanten Preise der fertigen Güter begrenzt." Es wird angenommen, „daß ein stetiger Strom von elementaren Produktionsmitteln der Produktion zugeführt wird, und daß anderseits

mit Hilfe derselben die Produktion einen stetigen Strom von fertigen Gütern an die Konsumenten abliefert, und daß dieser ganze Prozeß im Umfang konstant bleibt. Auf die elementaren Produktionsmittel werden gleichförmige Preise gesetzt. Diese Preise bleiben unverändert. Auf Grund derselben werden die Preise der fertigen Güter berechnet. Diese Preise, welche auch konstant bleiben, bestimmen die Nachfrage nach fertigen Gütern, und diese Nachfrage bleibt dann ebenfalls unverändert. Die fortdauernde Produktion dieser Güter erfordert eine stetige Zufuhr von elementaren Produktionsmitteln in bestimmten Mengen, welche mit den tatsächlich zur Verfügung stehenden übereinstimmen müssen. Diese Bedingungen genügen, um die Preise sowohl der Produktionsmittel wie der fertigen Güter zu bestimmen" (S. 84).

„In der stationären Tauschwirtschaft, in der im ganzen kein Sparen vorkommt, wird das von den Preisen der Produktionsmittel bestimmte Einkommen ausschließlich zum Kauf der in der Einkommensperiode der Konsumtion überlieferten fertigen Güter verwendet. Der Gesamtwert der Produktionsmittel, die in der Periode dem Produktionsprozeß zugeführt worden sind, ist auch gleich dem Gesamtwert der in derselben Periode fertiggestellten Güter. Die für den Kauf von fertigen Gütern in jeder Einheitsperiode bestimmte Geldsumme bleibt in der stationären Wirtschaft konstant" (S. 87).

Die stationäre Wirtschaft befindet sich also schon ex definitione im Gleichgewicht; es bleibt nur noch zu zeigen, wie sich dieses Gesamtgleichgewicht aus den Einzelmärkten aufbaut. Cassel betrachtet hierbei zunächst die Märkte der Verbrauchernachfrage.

2. *Das Gleichgewichtspreissystem auf den Verbrauchermärkten:* „Anfänglich wollen wir den einfachen ... Fall betrachten, daß der Einfluß der Produktion nicht in Frage kommt, daß also die Mengen der in einer bestimmten Periode den Konsumenten zur Verfügung stehenden Güter gegeben sind, eine Voraussetzung, die damit gleichbedeutend ist, daß die Produktion unveränderlich und ein- für allemal festgelegt ist. Diese Mengen werden wir das Angebot der betreffenden Güter nennen und mit $A_1 A_2 ... A_n$ bezeichnen, wo n die Zahl der betreffenden Güterarten ist.

Die Konsumenten stellen wir uns als andere Personen als die Produzenten vor. ...

Wir denken uns nun zunächst, daß die Geldsumme, die jeder Konsument in der betrachteten Periode für seine Bedürfnisbefriedigung ausgibt, im voraus fixiert ist. Unter solchen Umständen ist offenbar die Nachfrage eines jeden Konsumenten nach den verschiedenen

Gütern in der Periode bestimmt, sobald die Preise derselben gegeben sind" (S. 122 f.).

Dies letztere ist unzutreffend: „Hundert verschiedene Subjekte können bei gleichem Einkommen und bei gleichen gegebenen Preisen hundert verschiedenartige Nachfragen nach den einzelnen Gütern entwickeln und ebenso können ihre Nachfragen in ganz verschiedener Weise auf die Veränderung der Preise reagieren" (H. *Mayer, 3,* S. 234). Es muß dann unterstellt werden, daß nicht nur die Einkommensverteilung zwischen den Konsumenten, sondern auch die Aufteilung des Einkommens, die jeder einzelne auf die Waren seiner *Wahl* vornimmt, genau bekannt ist. Hier zeigt sich:

a) Cassel widerspricht mit seiner Preislehre eigentlich nicht den Vorstellungen, welche die von ihm befehdete Grenznutzenschule von den persönlichen Präferenzen gehegt hat; er impliziert diese vielmehr stillschweigend. „Der Unterschied zwischen ihm und den Vertretern der subjektiven Werttheorie besteht ... im wesentlichen nur darin, daß er sich begnügt, auf die ‚subjektive Schätzung' als preisbestimmenden Faktor hinzuweisen, während diese sich bemühen, auch die Bedingtheit der Gestaltung dieser subjektiven Schätzung aufzuzeigen" (A. *Amonn, 2,* S. 47; vgl. auch a.a.O., S. 358 ff.) Auch H. *v. Stackelberg* hat vermerkt, daß zwischen Cassel und der Grenznutzenlehre „keineswegs ein kontradiktatorischer Gegensatz besteht" (4, S. 459; vgl. ferner Th. *Surányi-Unger, 1,* S. 69; H. *Mayer, 3,* S. 219, 225).

b) Die *Voraussetzungen* des Gleichgewichtssystems von Cassel enthalten schon alle seine Bestimmungen, sie sind mit dessen *Ergebnis* identisch. Die folgenden *Simultangleichungen* Cassels sind also nur eine Form der *Darstellung* eines von vornherein vorausgesetzten Gleichgewichtssystems, das seinen Beweis in der Annahme selbst trägt. Der Satz, wonach „bei Gleichgewicht der Tauschwirtschaft die Nachfrage jedes einzelnen Gutes mit dem Angebot desselben übereinstimmen" muß, ist eine bare Tautologie. „Diese Tautologie ist nun das Fundament der Casselschen Preistheorie" (E. *Schams, 1,* S. 392; vgl. auch O. *Spann, 1,* S. 171; H. *Mayer, 3,* S. 234, 238). Seine Gleichungen sind reine *Indentitätsgleichungen;* sie erlauben kein eigentliches Weiterschreiten von den gesetzten Bedingungen zu neuen Relationen: „Diese mangelnde Unterscheidung zwischen allgemeinen Bedingungsurteilen und den notwendigen positiven Bestimmungsurteilen ist der verhängnisvollste Fehler der Casselschen Preistheorie" (*Schams, 1,* S. 393).

So sind die anschließenden Bemerkungen Cassels über das Verhalten der Verbraucher nicht als *Folgerung* aus dem System, sondern vielmehr als eine Vervollständigung seiner *Bedingungen* anzusehen:

„Der Zusammenhang zwischen Nachfrage und Preis eines Gutes wird am zweckmäßigsten so dargestellt, daß der Preis des Gutes als unabhängige Veränderliche gewählt wird. Läßt man dann den Preis variieren, so kann man feststellen, wieviel vom betrachteten Gute die betreffende Person zu jedem besonderen Preise kaufen will, also wie die individuelle Nachfrage mit dem Preise variiert." Man kann also „... die individuelle Nachfrage ... als Funktion des Preises auffassen, wobei die Form dieser Funktion die subjektive Schätzung [!] kennzeichnet.

Der Vorteil einer solchen Darstellung der individuellen Nachfrage macht sich besonders geltend, wenn man die Nachfrage mehrerer Personen zusammenfassen will. Man hat dann eine gemeinsame unabhängige Variable, den Preis, und für jeden Wert dieser Variablen kennt man die Nachfrage jedes einzelnen Konsumenten. Jede solche Nachfrage wird durch eine Zahl dargestellt, welche ausdrückt, wie viele Einheiten des Gutes der betreffende Konsument zu kaufen wünscht. Folglich lassen sich diese Zahlen summieren. So gelangt man zum Begriff der Gesamtnachfrage nach dem betreffenden Gute" (S. 123).

Da das Einkommen jedes Verbrauchers sich natürlich auf *viele* Waren verteilt, so konkurrieren nun alle diese Waren um die Verbraucherkaufkraft und treten hierdurch auch in wechselseitigen Preiszusammenhang. („Knapp" ist hier offensichtlich nicht bloß das Angebot gegenüber der Nachfrage, sondern vielmehr ebenso die Nachfrage gegenüber dem Angebot):

„Untersuchen wir aber die Nachfragefunktion etwas näher, so werden wir finden, daß sie auch die Preise aller übrigen Güter als Variable enthält. Die Nachfrage eines individuellen Konsumenten nach einem bestimmten Gut ist nämlich ... nicht bestimmt, bevor die Preise aller Güter, die überhaupt Gegenstand seiner Nachfrage sein können, gegeben sind. Erst wenn dies der Fall ist, sind alle Daten vorhanden, die ihn in der Regulierung seiner Konsumtion innerhalb der Grenzen seiner Geldmittel bestimmen, erst dann ist er imstande, seine Nachfrage nach jedem einzelnen Gute zu fixieren.

Mit den Preisen der n Güter ist also die Nachfrage jedes einzelnen Konsumenten und somit auch die Gesamtnachfrage sämtlicher Konsumenten nach jedem einzelnen Gute bestimmt. Bezeichnen wir die Gesamtnachfrage nach den n Gütern in der betrachteten Periode mit $N_1, N_2 \ldots N_n$, können wir folglich diese Größen als Funktionen von den n Preisen darstellen, also

(1)
$$N_1 = F_1 (p_1 \ldots p_n)$$
$$N_2 = F_2 (p_1 \ldots p_n)$$
$$\ldots\ldots\ldots\ldots\ldots\ldots$$
$$N_n = F_n (p_1 \ldots p_n)$$

setzen, wo $p_1 \ldots p_n$ die Preise der n Güter sind" (S. 123 f.).

Ebenso sind natürlich, wie hier zu ergänzen ist, die Preise selbst eine Funktion der nach ihnen ausgeübten Nachfrage. — Cassel fährt fort:

„Nun muß bei Gleichgewicht der Tauschwirtschaft die Nachfrage jedes einzelnen Gutes mit dem Angebot desselben übereinstimmen, da die Preisbildung nach dem Prinzip der Knappheit eben die Aufgabe hat, die Nachfrage so weit zu beschränken, daß sie mit den zur Verfügung stehenden Gütermengen befriedigt werden kann. Folglich ist:

$$N_1 = A_1, N_2 = A_2, \ldots N_n = A_n$$

und somit nach (1)

(2)
$$F_1 (p_1 \ldots p_n) = A_1$$
$$F_2 (p_1 \ldots p_n) = A_2$$
$$\ldots\ldots\ldots\ldots\ldots\ldots$$
$$F_n (p_1 \ldots p_n) = A_n\text{" (S. 124).}$$

Auch hier gilt: Das Angebot bestimmt nicht nur über die Preise die Nachfrage, sondern den Voraussetzungen nach bestimmt die Nachfrage über die Preise auch das Angebot.

„Um das Preisbildungsproblem für den hier betrachteten einfachen Fall zu lösen, brauchen wir also nur die n Preise als die Unbekannten des Problems zu betrachten und dieselben nach der gewöhnlichen mathematischen Methode vorläufig als gegeben anzunehmen. Dann sind wir in der Lage, die Nachfrage nach den n Gütern in diesen Preisen dem Gleichungssystem (1) gemäß auszudrücken, wonach das Gleichungssystem (2) als Konsequenz des Prinzips der Knappheit folgt. Dieses System enthält zur Bestimmung der n unbekannten Preise n Gleichungen, was ja im allgemeinen genügt, um die n Unbekannten zu bestimmen. Im jetzt behandelten Falle, wo die Geldausgaben der Konsumenten als gegeben vorausgesetzt werden, sind die Preise offenbar auch in ihrer absoluten Höhe bestimmt. Sobald aber die Preise bekannt sind, kann man die Nachfrage jedes einzelnen Konsumenten, sowie auch die Gesamtnachfrage nach jedem einzelnen Gute berechnen. Da die Nachfrage bei den so berechneten Preisen auch befriedigt wird, ist also das ganze Problem der Verteilung der den Konsumenten zur Verfügung stehenden Güter gelöst" (S. 124).

Das trifft nur unter der oben erwähnten Voraussetzung zu, daß auch die Verteilung der Einkommen auf alle Verbraucher sowie deren Einkommensverwendung im einzelnen schon bekannt ist. Dann gibt es allerdings nichts mehr zu „berechnen".

Das System der Simultangleichungen entspricht also der allgemeinen Interdependenz, zunächst der Verbrauchermärkte:

„Daß das Problem der Preisbildung nicht isoliert für jedes Gut für sich behandelt werden kann, beruht, wie man sieht, darauf, daß die Nachfrage nach einem Gute nicht nur von dem Preise dieses Gutes, sondern im allgemeinen von den Preisen sämtlicher Güter abhängt. Dieser Umstand ist es, der die Darstellung des Preisbildungsprozesses durch ein System simultaner Gleichungen, wie unser System (2), notwendig macht. Der innere Zusammenhang der Preisbildung kann in keiner anderen Weise adäquat wiedergegeben werden" (S. 124 f.).

3. *Das Gleichgewichtspreissystem auf den Märkten der „Produktionsmittel"*: „Wir haben hier angenommen, daß das Angebot gegeben ist, daß also die Güter während der betreffenden Periode in unveränderlichen, im voraus bestimmten Mengen zur Verfügung stehen oder durch die Produktion fertiggestellt werden. Lassen wir jetzt diese Voraussetzung fallen und ziehen wir die ganze Produktion auch mit in das Preisbildungsproblem hinein!" (S. 125)

Dabei werden folgende Vereinfachungen getroffen: a) Die Produktionskosten jedes Gutes sind durch die Preise der Produktionsmittel eindeutig bestimmt. (Die „supplementären" Bedingungen der Preisbildung sind also unverändert, und es fehlen Monopol- und Differentialrenten.) — b) Zwar sind die in einer Produktionsperiode wirksam gewordenen „Produktionsmittel" ihrerseits in ganz verschiedenen früheren Perioden bereitgestellt worden; doch kann dies vernachlässigt werden, da in der „stationären Wirtschaft" diese Produktionsmittel in jeder Periode stets in gleichem Umfang neu zur Verfügung gestellt werden. — Unter diesen Voraussetzungen (die Cassel im weiteren schrittweise fallen läßt) kann das allgemeine „Prinzip der Knappheit" auf die Preisbildung der „Produktionsmittel" in derselben Weise angewendet werden wie auf die der Verbrauchsgüter:

„Die Begrenzung der Herstellung von neuen Gütern liegt ... in der Knappheit der Produktionsmittel. Durch die Produktion wird die Knappheit der Bedürfnisbefriedigung nur auf die Knappheit der Produktionsmittel zurückgeführt. ... Als Typen derselben können wir, um unserer Vorstellung eine konkrete Unterlage zu geben, die Arbeitsleistungen, die von der Natur dargebotenen Rohstoffe und die Dienstleistungen schon vorhandener dauerhafter Güter betrachten. ... Es sei also r die Zahl dieser Produktionsmittel und $R_1, R_2 \ldots R_r$ die Mengen derselben, die in einer gegebenen Periode zur Verfügung stehen. Diese Periode, die wir auch als ‚Einkommenperiode' oder, wenn wir eine Zeiteinheit dafür wählen, als ‚Einheitsperiode' bezeichnen können, kann, wenn der Produktionsprozeß nur genügend gleichförmig ist, beliebig kurz gewählt werden, kann also, je nach der Natur des zu behandelnden Problems, z. B. einen Tag, eine Woche oder ein Jahr repräsentieren.

Mit Hilfe dieser Produktionsmittel werden nun fertige Güter von n verschiedenen Arten hergestellt. Um die Einheitsmenge des Gutes 1 herzustellen, mögen die Mengen $a_{11} \ldots a_{1r}$ der Produktionsmittel erforderlich sein, für die Einheitsmenge des Gutes 2 seien die Mengen

$a_{21} \ldots a_{2r}$ derselben Produktionsmittel erforderlich usw.; endlich für die Einheitsmenge des Gutes n die Menge $a_{n1} \ldots a_{nr}$. Diese Größen können wir als ‚technische Koeffizienten' bezeichnen. Sie stellen die technischen Bedingungen der Produktion dar. Da wir hier diese Bedingungen als fest angenommen haben, sind die technischen Koeffizienten als gegebene Größen des Problems zu betrachten. Selbstverständlich können mehrere a gleich Null sein, da nicht alle Produktionsmittel zur Produktion eines jedes Gutes nötig sind" (S. 125 f.).

„Nach dem Prinzip der Knappheit soll nun die nötige Begrenzung der Nachfrage durch eine einheitliche Preisbildung erfolgen, d. h. es soll für jedes einzelne Poduktionsmittel sowohl wie für jedes fertige Gut nur ein Preis bestehen. Die Preise der verschiedenen Produktionsmittel wählen wir jetzt als die Unbekannten des Preisbildungsproblems. Denken wir uns diese Unbekannten für den Augenblick als gegeben und bezeichnen wir sie mit $q_1 \ldots q_r$. Es läßt sich dann der Preis jedes der n fertigen Güter berechnen; und zwar hat man, wenn diese Preise mit $p_1 \ldots p_n$ bezeichnet werden:

$$(3) \quad \begin{aligned} a_{11}q_1 + a_{12}q_2 + \ldots + a_{1r}q_r &= p_1 \\ a_{21}q_1 + a_{22}q_2 + \ldots + a_{2r}q_r &= p_2 \\ &\ldots\ldots\ldots \\ a_{n1}q_1 + a_{n2}q_2 + \ldots \quad a_{nr}q_r &= p_n. \end{aligned}$$

Sobald aber die Preise der fertigen Güter bekannt sind, ist nach dem vorher Gesagten die Gesamtnachfrage nach jedem einzelnen Gute in jeder Einheitsperiode bekannt und läßt sich mit Hilfe des Gleichungssystems

$$(4) \quad \begin{aligned} N_1 &= F_1(p_1 \ldots p_n) \\ N_2 &= F_2(p_1 \ldots p_n) \\ &\ldots\ldots\ldots \\ N_n &= F_n(p_1 \ldots p_n) \end{aligned}$$

berechnen. Nach dem Prinzip der Knappheit muß bei Gleichgewichtspreisen jede Nachfrage durch das Angebot befriedigt werden können, und man hat also:

$$(5) \quad N_1 = A_1, \ N_2 = A_2, \ \ldots \ N_n = A_n,$$

wo A_1, A_2, A_n die Mengen bedeuten, die von jedem der einzelnen Güter innerhalb einer Einheitsperiode produziert werden.

Man kennt also nunmehr die Mengen der einzelnen Güter, die in jeder Einheitsperiode fertiggestellt werden sollen. Daraus lassen sich die Ansprüche, die an die Produktionsmittel einer bestimmten Einheitsperiode, sagen wir der gegenwärtigen, gestellt werden, folgendermaßen berechnen. Um dauernd in jeder Einheitsperiode eine Einheit des Gutes 1 herzustellen, braucht man von diesen Produktionsmitteln die Mengen $a_{11} \ldots a_{1r}$. Für die Menge A_1 braucht man also von den verschiedenen Produktionsmitteln die Mengen $a_{11}A_1 \ldots a_{1r}A_1$. Ähnlich verhält es sich in bezug auf die übrigen Produkte. In Summa braucht man demnach zur fortdauernden Produktion der Mengen

(6) $A_1 \ldots A_n$

vom Produktionsmittel 1 die Menge $a_{11}A_1 + a_{21}A_2 + \ldots + a_{n1}A_n$

vom Produktionsmittel 2 die Menge $a_{12}A_1 + a_{22}A_2 + \ldots + a_{n2}A_n$

. . . .

vom Produktionsmittel r die Menge $a_{1r}A_1 + a_{2r}A_2 + \ldots + a_{nr}A_n$

Diese Mengen stellen also in der fortdauernden stationären Wirtschaft die indirekte Nachfrage der Konsumtion nach dem in jeder Einheitsperiode gebrauchten Produktionsmittel dar. Nach dem Prinzip der Knappheit muß diese Nachfrage für jedes Produktionsmittel gleich der von diesem Produktionsmittel innerhalb der betrachteten Einheitsperiode zur Verfügung stehenden Menge sein, da es doch die Aufgabe der Preisbildung ist, die Nachfrage genau so weit zu beschränken, wie es für diesen Zweck nötig ist. Folglich ist:

(7) $\quad R_1 = a_{11}A_1 + a_{21}A_2 + \ldots + a_{n1}A_n$

$R_2 = a_{12}A_1 + a_{22}A_2 + \ldots + a_{n2}A_n$

. . . .

$R_r = a_{1r}A_1 + a_{2r}A_2 + \ldots + a_{nr}A_n$

Die A sind hier den Gleichungssystemen (5) und (4) gemäß Funktionen der p und somit nach dem Gleichungssystem (3) Funktionen der q. Das Gleichungssystem (7) enthält also als Unbekannte die r Preise der Produktionsmittel. Es hat auch r Gleichungen und genügt somit im allgemeinen zur Bestimmung der Unbekannten. Sobald die Preise der Produktionsmittel bekannt sind, lassen sich dem Gleichungssystem (3) gemäß die Preise der fertigen Güter berechnen. Damit ist dann auch die Nachfrage in jeder Einheitsperiode nach jedem der fertigen Güter durch das Gleichungssystem (4) bestimmt. Folglich kann man die Ansprüche, die an die Produktion gestellt werden, berechnen. Die Gleichungen (5) zeigen, wieviel von jedem einzelnen Gute in jeder Einheitsperiode fertiggestellt werden soll, womit die Verteilung der Produktionsmittel auf die verschiedenen Produktionszweige bestimmt ist. Die Ansprüche, welche die fortdauernde, durch diese Preisbildung geregelte Nachfrage an die verschiedenen in einer bestimmten Einheitsperiode vorhandenen Produktionsmittel stellt, sind nach den Formeln (6) zu berechnen. Die Übereinstimmung dieser Ansprüche mit den zur Verfügung stehenden Mengen der Produktionsmittel ist durch das Gleichungssystem (7) gewährleistet. Das Preisbildungsproblem ist also für den hier betrachteten Fall vollständig gelöst" (S. 126 ff.).

Man lasse sich allerdings durch den suggestiven Eindruck einer *Berechenbarkeit* der Marktpreise (und Mengen) mit Hilfe der Simultangleichungen nicht darüber täuschen, daß diese Gleichungen nur einen Zusammenhang *demonstrieren*, nicht aber beziffern können. In der Tat kommt die scheinbare Berechenbarkeit der Unbekannten in den Gleichungen nur dadurch zustande, daß wechselweise alle anderen in Wirklichkeit ebenso unbekannten Glieder als gegeben angenommen werden.

Cassel faßt nun seine Überlegungen zusammen, die mit der Preisbildung für die Produktionsmittel zugleich die *Einkommensbildung* für die Träger dieser „Produktionsmittel" einschließen. Er kommt dabei wieder auf die These zurück, die Preisbildung habe die notwendige Aufgabe, die Nachfrage (gemeint: die Bedürfnisse) auf den Umfang des verfügbaren Angebots zurückzuschneiden:

„Unsere Gleichungen zeigen die wahre Natur der Preisbildung, und der Preisbildungsprozeß kann in keiner einfacheren Weise exakt wiedergegeben werden. Die Nachfrage nach einem fertigen Gute stellt ein Streben dar, gewisse Produktionsmittel zu einer bestimmten Verwendung zu ziehen. Diesem Streben stehen jedoch ähnliche Bestrebungen gegenüber seitens der Nachfrage nach den übrigen fertigen Gütern. Es entsteht in dieser Weise ein Kampf um die knappen Produktionsmittel, welcher in der Tauschwirtschaft dadurch entschieden wird, daß auf die Produktionsmittel gleichförmige Preise gesetzt werden, die ihrerseits die Preise der Produkte bestimmen und somit ein Mittel zur nötigen Beschränkung der Nachfrage bilden. Die von der fortlaufenden Nachfrage nach jedem einzelnen Produkt herrührende Nachfrage nach einem bestimmten Produktionsmittel sammelt sich für jede Einheitsperiode zu einer Gesamtnachfrage nach diesem Produktionsmittel, die von den rechten Seiten unseres Gleichungssystems (7) dargestellt wird, und die bei Gleichgewicht gleich der gegebenen Menge des Produktionsmittels sein muß. Eine solche Gleichung muß für jedes Produktionsmittel gelten" (S. 128 f.).

Mit alledem erledigt sich für Cassel jene Frage nach den *Bestimmungsgründen* der Preise, die in der Lehrgeschichte so viel Verwirrung gestiftet habe:

„Es ist sehr viel darüber gestritten worden, welche die Bestimmungsgründe der Preise sind. Diese Frage läßt sich jetzt beantworten. Die Bestimmungsgründe der Preise sind die verschiedenen gegebenen Koeffizienten unserer Gleichungen. Diese Koeffizienten können in zwei Hauptgruppen eingeteilt werden, die wir als die objektiven und die subjektiven Bestimmungsgründe der Preise bezeichnen können. Die objektiven Bestimmungsgründe sind teils die Mengen der Produktionsmittel (R), teils die sogenannten technischen Koeffizienten (a). Die subjektiven Bestimmungsgründe sind die Koeffizienten der Gleichungen (4), die die Abhängigkeit der Nachfrage von den Preisen darstellen. Alle diese Faktoren sind für die Bestimmung der Preise wesentlich. Eine „objektive" oder „subjektive" Wertlehre, im Sinne einer Theorie, die die Preise auf objektive oder subjektive Bestimmungsgründe allein zurückführen will, ist deshalb Unsinn, und der ganze Streit zwischen diesen Wertlehren, der in der Literatur einen so unverhältnismäßig großen Platz eingenommen hat, ist nur verlorene Mühe.

Das Gleichungssystem (7) drückt aus, daß die indirekte Nachfrage der fortlaufenden Konsumtion nach den verschiedenen Produktionsmitteln in jeder Periode durch die in derselben zur Verfügung stehenden Mengen dieser Produktionsmittel gedeckt sein muß, und daß die Preise so hoch stehen müssen, daß die Nachfrage in Übereinstimmung mit dieser Bedingung geregelt wird. Man kann also sagen, daß die Preise bestimmt werden durch die Knappheit der Produktionsmittel im Verhältnis zur indirekten Nachfrage der Konsumenten nach denselben. Dabei ist die Knappheit der Produktionsmittel nach unseren Voraussetzungen ein gegebener Faktor des Problems. Die Nachfrage dagegen ist selbst eine Funktion der Preise der fertigen Güter und somit auch nach dem Gleichungssystem (3) eine Funktion der Preise der Produktionsmittel und kann also nicht als Bestimmungsgrund derselben gelten: was auf dieser Seite als gegebener Faktor des Problems die Preise bestimmt, ist die Art, in welcher die Nachfragefunktionen von den Preisen der Produktionsmittel abhängen, also die Form dieser Funktionen oder die Gesamtheit ihrer Koeffizienten, welche die Beschaffenheit der Nachfrage nach den Produktionsmitteln kennzeichnen. Wenn man in dieser Weise die Knappheit der Produktionsmittel und die Beschaffenheit der Nachfrage nach denselben als die beiden preisbestimmenden Faktoren aufstellt, wird es gleich klar, daß von einem Vorrang des einen oder des anderen Faktors gar nicht die Rede sein kann. Es sind beide im absoluten Sinne des Wortes wesentliche Bestimmungsgründe der Preise" (S. 129).

In diesem System wechselseitiger Bedingtheit ist auch der „Grenznutzen", wie Cassel zutreffend ausführt, kein *Kausal*faktor der Preisbildung; er muß vielmehr selbst erst aus dem System bestimmt werden:

„Wie weit jede einzelne Nachfrage sowohl nach den Produktionsmitteln wie nach den fertigen Produkten befriedigt werden kann und welcher also der Grenzkäufer oder welches das zuletzt befriedigte Bedürfnis ist, somit auch welche Höhe der ‚Grenznutzen' hat, das sind alles Fragen, die erst im Zusammenhang mit der Bestimmung der Preise durch unsere Gleichungssysteme beantwortet werden können. Der sogenannte Grenznutzen — wenn man nun überhaupt diesen Begriff einführen will — nimmt also ganz dieselbe Stellung als Unbekannte des Problems wie der Preis ein, weshalb es offenbar sinnlos ist, den ‚Grenznutzen' als Erklärungsgrund des Preises anzuführen" (S. 130).

4. *Die Interdependenz von Preisen und Einkommen:* Der Zusammenhang zwischen den Märkten der „Produktionsmittel", deren Kosten zugleich die Einkommen ihrer Träger bilden, zeigt etwas weiteres an: Die Lehre vom Wechselverhältnis der Märkte ist unvollständig, solange sie nicht auch die Einkommensbildung umfaßt:

„Wir haben ... zunächst vorausgesetzt, daß die Geldsumme, die jeder Konsument in der Einheitsperiode für seine Bedürfnisbefriedigung ausgibt, im voraus fixiert ist" (S. 132). Diese Voraussetzung „müssen wir aber jetzt fallen lassen. Die Geldausgaben eines Konsumenten sind wesentlich von seinem Einkommen bestimmt". Sieht man vom Konsumentensparen einerseits, vom Konsumentenkredit andererseits ab, so darf man annehmen, „... daß der Betrag der Gesamtausgaben jedes einzelnen Konsumenten ebensowohl wie deren Verteilung auf die verschiedenen Güterarten durch das Einkommen der Konsumenten bestimmt ist. Für die ganze stationäre Wirtschaft sind diese Ausgaben konstant und, da in dieser Wirtschaft im ganzen kein Sparen vorkommt, auch gleich dem Einkommen. Der Einfachheit halber können wir dann dasselbe mit Bezug auf jede Einzelwirtschaft annehmen.

Das Einkommen des einzelnen ist aber von den Preisen der Produktionsmittel, die er im Laufe des Produktionsprozesses verkauft, bestimmt. Die verschiedenen Einkommen der Mitglieder der Tauschwirtschaft werden also erst durch den Preisbildungsprozeß bestimmt, und weder diese Einkommen noch die dadurch bedingten Ausgaben dürfen deshalb als im voraus gegebene Größen des Preisbildungsproblems betrachtet werden. Erst, wenn wir auch das Einkommen als eine der Unbekannten des Preisbildungsproblems auffassen, gelangen wir zu einer Behandlung des Preisbildungsproblems, welche die Tauschwirtschaft genau widerspiegelt, die Konsumenten gleichzeitig als Produzenten erscheinen läßt und zeigt, wieviel von den produzierten Gütern der einzelne Produzent für seine produktiven Leistungen einzutauschen imstande ist. Das so verallgemeinerte Preisbildungsproblem schließt in sich das Problem der wirtschaftlichen Verteilung ein. Das Verteilungsproblem ist also nicht etwa ein freistehendes Problem der ökonomischen Wissenschaft, sondern ist wesentlich als eine besondere Seite des allgemeinen Preisbildungsproblems zu betrachten. Die Lösung des Verteilungsproblems ist von diesem Gesichtspunkt ebenfalls in unserem System simultaner Gleichungen mit einbegriffen. ... Das Wesen der wirtschaftlichen Verteilung liegt immer in der durch unser Gleichungssystem bestimmten Preisbildung für die im gesellschaftlichen Produktionsprozeß mitwirkenden Produktionsmittel, und die Anteile der verschiedenen Wirtschaftssubjekte am gesellschaftlichen Produktionsergebnis sind demgemäß wesentlich von der relativen Knappheit derjenigen Produktionsmittel, über welche sie verfügen, bestimmt. Erst die Untersuchung einer in dieser Allgemeinheit aufgefaßten Preisbildung kann uns ein vollständiges und zusammenhängendes Bild der Vorgänge innerhalb der Tauschwirtschaft geben" (S. 133 f.).

Am Rande sei hier vermerkt: Die sogenannten Kontrakteinkommen (Lohn, Darlehenszins, Pachtzins, Mietzins, ausbedungene Renten, usw.) werden natürlich in ihrer *Höhe* durch die Märkte bestimmt. Aber damit ist noch gar nichts darüber gesagt, wie es zum Lohn, Zins usw. *kommt,* und warum ein „Preis" für die Bereitstellung bestimmter Kapitalelemente nicht nur gefordert, sondern auch *gezahlt* werden kann. Die sogenannten Residualeinkommen („normaler" Unternehmensgewinn, Differential- und Monopolrenten) vollends sind zwar Einkommen *auf Grund* der Preisbildung, nicht aber selbst Preise, auf welche daher die Regeln von Angebot und Nachfrage Anwendung finden könnten. Cassels reine *Marktpreistheorie* der Einkommensbildung bleibt also unzureichend. Cassel selbst kann sie für die Differential- und Monopolrenten nicht durchhalten. (Vgl. hierzu auch H. *Peter,* 1, S. 58; 2, S. 185, 199.)

b) Das Marktgleichgewicht in der „gleichmäßig fortschreitenden Wirtschaft"

„Bisher haben wir unsere Analyse unter der Voraussetzung einer stationären Wirtschaft durchgeführt. Jetzt haben wir auch die gleichmäßig fortschreitende Wirtschaft in Betracht zu ziehen. Da befinden sich die Produktionsmittelmengen, die in jeder Einheitsperiode zur Verfügung stehen, also unsere $R_1 \ldots R_r$ in gleichmäßigem Zuwachs. Den festen Prozentsatz, welcher diesen Zuwachs und überhaupt den gleichmäßigen Fortschritt der Wirtschaft kennzeichnet, wollen wir mit c bezeichnen. Denken wir uns die Preise der Produktionsmittel vorläufig als gegeben, so sind die Geldeinkommen, welche durch den Verkauf dieser Produktionsmittel erhalten werden, und welche also auch mit dem Prozentsatz c wachsen, bestimmt. Von diesem Einkommen wird ein Teil gespart, der Rest zum Kauf von fertigen Gütern verwendet. In der gleichmäßig fortschreitenden Wirtschaft ist aber der Spargrad konstant und die Geldsummen, welche in jeder Periode der Konsumtion zur Verfügung stehen, wachsen dann ebenfalls mit dem Prozentsatz c. Mit Hilfe der technischen Koeffizienten a werden die Preise der fertigen Güter nach den Gleichungen (3) in derselben

Weise wie im vorigen Falle bestimmt. Da diese Preise konstant bleiben, kann die Nachfrage mit ihrer stetig wachsenden Kaufkraft in steigendem Umfang befriedigt werden. In der gleichmäßig fortschreitenden Wirtschaft dürfen wir deshalb voraussetzen, daß unsere $N_1 \ldots N_n$ sämtlich ebenfalls mit dem festen Prozentsatz c wachsen. Dasselbe muß dann von unserem $A_1 \ldots A_n$ gelten" (S. 134 f.).

Wie groß der hierbei „gesparte" (richtiger: zur Neubildung von Kapital verwandte) Einkommensteil und damit der „Fortschritts-Prozentsatz" c ist, wird auch durch die Höhe des Bankzinses bestimmt. (Vgl. Cassels Konjunkturtheorie, Band III der „Texte".)

Die Gleichgewichtsbestimmung, die Cassel für die „stationäre" Wirtschaft getroffen hat, läßt sich also ohne große Änderung auch auf die „gleichmäßig fortschreitende Wirtschaft" übertragen.

c) „Dynamische Probleme" der Preisbildung

Die anfangs gemachten Annahmen müssen nun aufgegeben werden: Die technischen Koeffizienten dürfen nicht länger als konstant betrachtet werden, sie verwandeln sich damit in Unbekannte des Systems (vgl. S. 137 f.). Die „unmittelbaren Bestimmungsgründe" der Preise (die Nachfrage, die ihrerseits von den Preisen nicht unabhängig ist; das Angebot, das seinerseits durch die „technischen Bedingungen der Produktion" sowie durch die Mengen der verfügbaren „Produktionsmittel" bestimmt wird; schließlich die „supplementären Prinzipien" der Preisbildung) sind selbst wieder in Abhängigkeit von Umständen zu sehen, welche auf sie einwirken: etwa Veränderung der Volkszahl, der Konsumgewohnheiten, der Bedingungen des Angebots von „Produktionsmitteln", usw. (S. 141 ff.).

Auch bei solcher „Dynamisierung" des Marktgeschehens bleibt es aber dabei,

„... daß die drei angegebenen Gruppen von Bestimmungsgründen der Preisbildung, also die Nachfrage der Konsumenten, die Technik der Produktion und das Angebot von Produktionsmitteln, sämtlich wesentliche Bedeutung für den Preisbildungsprozeß des wirklichen Wirtschaftslebens haben, daß also keine von ihnen bei der Aufstellung einer auch noch so elementaren und vereinfachten Theorie der Preisbildung ausgelassen werden kann. Wenn aber alle drei Gruppen von Bestimmungsgründen mit berücksichtigt werden müssen, ist die Theorie der Preisbildung wesentlich in unserer Lösung des Problems enthalten, und es kann neben dieser Lösung keine andere, die wirklichen Vorgänge einer Tauschwirtschaft schildernde und erklärende Preisbildungstheorie geben" (S. 148).

3. Würdigung

Betrachtet man die Marktpreise allein, so ist es folgerichtig, diese nur noch in *wechselseitiger* Abhängigkeit voneinander zu sehen. Gegenüber der

Grenznutzenlehre, die sich heillos in die von vornherein unlösbare Frage nach der *Quantität* des Nutzens und Grenznutzens verstrickt hatte, wirkt die Nüchternheit Cassels erfrischend. Mit der Lehre vom Preiszusammenhang war auch endlich die enge einzelwirtschaftliche Sicht in der Preislehre verlassen und ein wirklich volkswirtschaftlicher Sachverhalt wenigstens bezeichnet. Die Lehre vom Wechselverhältnis der Märkte und Preise wird später die Technik des „Linear Programming" befruchten (vgl. dazu besonders R. *Dorfman*, P. A. *Samuelson* und R. M. *Solow, 1,* S. 351 ff.).

Kritisch bleibt dabei zu vermerken: 1. Die Simultangleichungen Cassels können nur gedachte *Ergebnisse* abgeschlossener Preisbildungsvorgänge *veranschaulichen.* Sie verhelfen nicht zur *Erklärung* dieser Vorgänge selbst. „Cassel legt uns dar, daß sich für den Gleichgewichtsfall Gleichungen aufstellen lassen ..., er sagt uns aber *nichts* über den *Ansatz* der Gleichungen. ... Zur *Erklärung* eines Zusammenhanges zwischen a und b gehört nicht nur, daß man weiß, a ist von b bzw. b ist von a in einer gewissen Weise abhängig oder das Eine ist eine Funktion des Andern, sondern auch, zu wissen, *wie,* in *welcher Weise* das Eine vom Andern abhängig ist. ... Wir wollen etwas wissen über die *‚Art, in welcher die Nachfragefunktionen von den Preisen abhängen,* also die *Form* dieser Funktionen ... die *Beschaffenheit der Nachfrage'.* Und *darüber* sagt uns *Cassel* gar nichts. Er erklärt uns also eigentlich nichts." (A. *Amonn, 2,* S. 41 f.). — So läßt sich denn auch mit Hilfe der Casselschen Formeln nicht sagen, wann und in welchem Maße in der Wirklichkeit jeweils Teil- oder Gesamtgleichgewichte bestehen, oder ob ein Mißverhältnis auf den Märkten (etwa in Gestalt brachliegender oder überbeanspruchter Produktivkräfte, zu großer oder zu kleiner Lagervorräte, usw.) jeweils als *Abweichung* von einem „Gleichgewicht" oder als *Annäherung* an ein anderes „Gleichgewicht" zu deuten ist.

So wird das Modell in seiner Allgemeinheit zur Folie für den unerschütterlichen Gleichgewichts-Quietismus des modernen Dennoch-Liberalisten, dessen Ohr, das der Harmonie der Sphären lauscht, von den Mißklängen der Wirklichkeit nur aus weiter Ferne störend erreicht wird.

3. Auch das Gleichgewichtssystem von Cassel beruht (wie das im wesentlichen schon für die Konstruktion von *Walras* gilt) auf der unrealistischen Annahme einer „stationären" Wirtschaft ohne Kapitalbildung, ohne Veränderung der „Produktionskoeffizienten", so daß die Entwicklung der Produktionsbedingungen nur von „supplementärer" Bedeutung für die Preisbildung ist. Eben da aber, wo Cassel diese unrealistischen Annahmen fallen lassen will, wo also die wirkliche „dynamische" Wirtschaft ihr Recht fordert, verliert sein System jede Bestimmtheit, und die Frage nach den Preisbildungs*prozessen* läßt alles wieder offen. Da, wo die *Bewegungs*vorgänge der Preisbildung, und damit deren Beziehung zum *Konjunkturgeschehen,* auszuweisen wäre, bricht das System von Cassel ab.

4. Das Scheitern an der Wirklichkeit der *expandierenden* Wirtschaft entspricht freilich den Voraussetzungen des Systems: Wie bei *Walras,* so hat auch bei Cassel die *Kapitalakkumulation* keinen Platz. Die Annahme, daß im „Gleichgewicht" der Kapitalgewinn gleich Null ist, läßt für die Realität einer kapitalistischen „wachsenden" Wirtschaft keinen Raum. Nicht nur das

„Sparen" (d. h. die Geldkapitalbildung) wird hier vernachlässigt (vgl. dazu *Wicksell, 4,* S. 777 f.), sondern auch der Zwischenhandel, das Geld- und Kreditgeschäft — also die mitwirkenden Bedingungen des Kapitalumschlages (E. *Schams, 1,* S. 391).

5. Cassel sieht ab von der *Marktverfassung* (vgl. *Stackelberg, 4,* S. 467). Das „Prinzip der Knappheit" ist ihm für *jede* Wirtschaft tauglich, ja es kann geradezu als das angewandte Prinzip des *Monopolismus* betrachtet werden. Auch die Grundformel des „Gleichgewichts"-Systems, wonach die Preise der Produkte gleich sind den Preisen der „Produktionsmittel" und damit den Einkommen, besagt in ihrer Allgemeinheit eigentlich nur, daß alle Märkte irgendwie aufgehen können, da das Angebot auch die kaufkräftige Nachfrage vorfinde. Und das ist freilich nichts anderes als das alte *Saysche Theorem.*

4. Weiterentwicklung der „Gleichgewichts"-Konzeption

Die beiden großen Versuche in der neueren Lehrgeschichte, das Gesamtgleichgewicht der Märkte zu bestimmen, haben vor der wirklichen Wirtschaft haltgemacht. Sollte das Gleichgewichtskonzept irgend etwas über die realen Marktprozesse aussagen, so war es offenbar notwendig, die *Bewegungsvorgänge* der Preise einzubeziehen. Den späteren Autoren geht es denn auch vor allem um „Dynamisierung" des Gleichgewichtsbildes: Neben das streng „statische" tritt das „komparativ-statische" oder „kinetische", schließlich das „dynamische" Modell. Das *Zeitmoment,* die Rolle der Erwartung *künftiger* Preise, die *Änderung* der Preise, die hierbei etwa eintretenden „*time-lags*" werden berücksichtigt. Im Widerspruch zu G. Cassel und im Anschluß an K. *Wicksells* Lehre von den kumulativen Konjunkturprozessen (5; 6) hat hier vor allem die „*Schwedische Schule*" weitergearbeitet. (G. *Myrdal, 2, 3;* E. *Lundberg, 1;* B. *Ohlin, 1;* E. *Lindahl, 1.*) Hatte Cassel die Nachfrage allgemein als eine Funktion der Preise dargestellt, so hat vor allem G. *Myrdal* geltend gemacht, daß nicht nur die gegenwärtigen, sondern auch die für die nächste Zukunft *erwarteten* Preise diese Nachfrage bestimmen. E. *Lindahl* hat diesen Gedanken weitergeführt, indem er neben die gegebenen Preise die in den Perioden 1, 2, 3 ... erwarteten Preise setzte, sowie Zinssatz und Geldkapitalbildung berücksichtigte. Das „Gleichgewicht" kann dann kurzfristiger oder langfristiger Natur sein. (Bei *Hicks* erscheint wenig später der Unterschied von „temporary equilibrium" und „equilibrium over time"; *3.*) Die Wirtschaftseinheiten (unter Einschluß der Verbraucherhaushalte) machen ihre Wirtschaftspläne; sie vergleichen periodisch die *ex-post-Ergebnisse* ihrer Tätigkeit mit den *ex-ante-Erwartungen* und revidieren unter Umständen ihre ursprünglichen längerfristigen Absichten *(Myrdal).* Dem Prozeß der ständigen Planrevision auf Grund wechselnder Erfahrung sucht die *Verlaufs- oder Sequenzanalyse* nachzuspüren.

Der Gleichgewichtsbegriff ist damit teilweise zur „*Wachstums*"-Lehre hin verschoben; das Preissystem gewinnt Bedeutung für die *Konjunktur*theorie.

In der Tat bestimmt das wechselnde Verhältnis zwischen denjenigen Preisen, die in die Erlöse, und denen, die in die Kosten der Unternehmungen eingehen — im Verein mit der Wirtschaftlichkeit des innerbetrieblichen Mitteleinsatzes — die Schwankungen der Gewinne und damit den Verlauf der Konjunktur.

In der Folgezeit wird die Betrachtung der Interdependenz der Märkte immer mehr zu einer Angelegenheit des empirischen Forschers. Die *Leontief-Matritzen*, die *Input-Output-Tabellen* treten in den Dienst nicht zuletzt öffentlicher Einwirkung auf die Wirtschaftstätigkeit.

Während einerseits die Verflechtungsanalysen sich instrumentalisieren und für die wirtschaftspolitische Praxis nutzbar gemacht werden, erfährt andererseits der Begriff des gesamtökonomischen „Gleichgewichts" eine gewisse Dehnung ins Allgemeine. Das Wort „Gleichgewicht" erhält Bekenntnis-Charakter, während es an inhaltlicher Bestimmtheit verliert. „Equilibrium is just equilibrium." (L. *Robbins*, 2, S. 143.) Bei K. E. *Boulding* wird — mit einem leichten Unterton von Resignation — nur noch die Aufgabe als solche bezeichnet: „Das letztliche Problem der Gleichgewichtstheorie ist es, die Konsistenz der Gleichgewichtspositionen der verschiedenen Organismen innerhalb des Systems zu untersuchen." (1; hier nach der 3. Aufl. von 1955, S. 704.) Da aber nach der heute überwiegenden Auffassung bei den „Organismen" selbst — unmittelbar im Falle von monopolistischem oder oligopolistischem Wettbewerb, mittelbar auch bei den übrigen Unternehmungen, die hiervon ja nicht unberührt bleiben — das Arbeiten mit Partial-Gleichgewichten nicht mehr möglich ist, so muß natürlich auch die Anwendbarkeit eines hierauf sich aufbauenden Konzepts vom Gleichgewicht der Gesamtmärkte zweifelhaft werden. Was bleibt, ist der Gedanke einer allgemeinen *Interdependenz* der wirtschaftlichen Größen. So wird die Nationalökonomie schlechthin zu einer „Wissenschaft von Beziehungen". „Die Indikatoren der Größenbeziehungen sind ... die Preise." (J. *Åkerman*, 1, S. 31, 29.) „Gleichgewicht" wird schließlich zur magischen Formel allgemeiner *Gesellschaftspolitik*. So behält etwa bei T. *Parsons* und N. J. *Smelser* selbst die Kategorie des ökonomischen Nutzwertes (utility), von der die neuere Preistheorie ihren lehrgeschichtlichen Ausgang genommen hat, nur noch Bedeutung im Dienste an den „Anpassungsproblemen sozialer Systeme" (adaptive problems of social systems, siehe *Parsons*, 2, S. 22); das ökonomische Gleichgewicht als solches erhält Stellenwert im *allgemeinen* „Gleichgewicht" der um ihre Selbstwahrung besorgten Gesellschaft (vgl. auch W. *Hofmann*, 3, S. 125 ff.).

Fünfter Abschnitt

Die Lehre von der Preisbildung bei beschränkter Konkurrenz

Alle Preisvorgänge spielen sich unmittelbar auf *Einzelmärkten* ab. Diesem Sachverhalt entspricht es, daß die neuere Preislehre, um „Wirklichkeitsnähe" bemüht, immer mehr den Sichtwinkel der Einzelbeteiligten übernommen hat: Sie ist zu einer Kunstlehre von der Taktik der Kontrahenten geworden. — Hierbei erscheint es natürlich als notwendig, die Konstellationen näher zu bezeichnen, unter denen die Beteiligten ihre Entschlüsse fassen: die *Marktformen* und *Marktlagen* mußten an Interesse gewinnen; vollends, da in der Wirklichkeit selbst, unverkennbar seit dem Ausgang des 19. Jahrhunderts, die Verhältnisse relativ ungebundener „atomistischer" Konkurrenz immer mehr denen des beschränkten, monopolistischen Wettbewerbs gewichen sind.

Die Lehre von der Preisbildung bei beschränkter Konkurrenz geht zunächst von typischen *Marktkonstellationen* aus: Monopol, Oligopol (beginnend beim Dyopol und sich fortsetzend in den „höheren" Formen des Oligopols: Tripol, Tetrapol usw.), Polypol (viele Anbieter) und schließlich Isopol (eine große Zahl von relativ gleich starken Marktbewerbern; Fall der „reinen" Konkurrenz) auf der Anbieterseite, oder auch entsprechende Marktpositionen der Nachfrager (Monopson usw.) bezeichnen die jeweiligen Rahmenbedingungen und Chancen des Taktierens der Beteiligten.

Für den Stammvater aller Marktlagentheorie des Preises, A. A. *Cournot,* bezeichnen diese verschiedenen Konstellationen — in der Zeit des relativ ungehinderten Wettbewerbs — zunächst bloß *methodische* Durchgangsstufen der theoretischen Überlegung, die vom hypothetischen Fall des völligen Monopols über das Dyopol, das Tripol usw. zu den Verhältnissen der vollständigen Konkurrenz fortschreitet.

In späterer Zeit gewinnen, angesichts des Vordringens von Formen kontraktlich geordneter Konkurrenz, immer mehr die *Mischtypen* zwischen „reiner" Konkurrenz und „reinem" Monopol an Interesse. W. *Euckens* Tabelle von 25 Marktformen, die sich aus der verschiedenartigen Kombination von Verhältnissen der „Konkurrenz", des „Teiloligopols", „Oligopols", „Teilmonopols" und „Monopols" auf der Angebots- und Nachfrageseite ergeben, soll gerade die Fälle, die zwischen den Extremen der „vollständigen Konkurrenz" und des „beiderseitigen Monopols" liegen, besser erfassen (*1*, S. 135). H. *v. Stackelberg* (*2*, S. 3) und E. *Gutenberg* (*1*, II. Band, S. 154) unterscheiden nur neun Konstellationen, die sich aus den drei Grundelementen von atomistischer, oligopolistischer und monopolistischer Konkurrenz aufbauen. Auch hier sind „reine" Konkurrenz und „reines" Monopol nur noch Grenzfälle, während den Mischtypen der in unterschiedlichem Maße beschränkten Konkurrenz das Augenmerk gilt.

Über diese Marktformenlehre ist nun die jüngere Entwicklung in zweifacher Weise hinausgegangen:

1. Die Sicht der Marktformen wird „*dynamisiert*": Die Marktkonstellationen selbst entstehen und ändern sich als Ergebnis der Preistaktik der Beteiligten. Die Bedingungen solchen Taktierens aber werden nun anderswo gesucht, nämlich in den unterschiedlichen — und ihrerseits änderbaren — Verhältnissen der *Preiselastizität von Angebot und Nachfrage*. So ist, wie es L. J. Zimmermann (und vor ihm schon *Triffin*, 1, S. 126 ff.) zum Ausdruck gebracht hat, die Bereitschaft der Anbieter zu monopolistischem Zusammengehen da am größten, wo eine geringe Preiselastizität der Nachfrage (ε_d) sich mit großer Preiselastizität des Angebots (ε_s) trifft: „Die Neigung zur Monopolisierung wächst, wenn ε_d fällt und/oder wenn ε_s steigt" (*1*, S. 47). Da diese beiden Bedingungen nach *Zimmermann* einer allgemeinen Tendenz der Wirtschaft entsprechen, so ergibt sich ein in der Natur der Dinge liegender Zug zur Monopolisierung.

2. Damit war zugleich der Wirklichkeit der Märkte nicht mehr der Raster eines bei aller Verfeinerung doch unvollkommenen Marktformenschemas übergeworfen, sondern ein *fließendes Bild unterschiedlicher Intensität der Konkurrenzverhältnisse* entworfen, (Schon P. *Sraffa* hatte als Merkmal der Unterscheidung von Monopol und Konkurrenz den Grad der Nachfrage-Elastizität angesehen; *1*, S. 545.) — Das Konzept der Marktformen ist in neuerer Zeit aber auch dadurch entwertet worden, daß gerade die monopolistische Konkurrenz nicht mehr als isolierter Wettbewerb auf sauber voneinander unterscheidbaren Teilmärkten, sondern als vielseitige (wenn auch unterschiedlich intensive) Konkurrenz zwischen *verschiedenen* Produkten verstanden wird. Die solcherweise für die Verhältnisse der monopolistischen Konkurrenz nutzbar gemachte Einsicht in die „Interdependenz" der Märkte (vgl. oben) läßt die Begriffe von „Ware" und „Markt" sozusagen porös werden: Einerseits zeigt die Beobachtung, daß sehr oft das Einzelexemplar (oder eine geringe Menge) einer Warengattung schon einen eigenen (etwa auch räumlich gesonderten) Markt hat. Andererseits aber öffnet sich das Verhältnis der Konkurrenz zwischen einander ähnlichen oder substitutiven Erzeugnissen immer mehr in den gesamtwirtschaftlichen Raum hinein: der Kampf geht letztlich um die *allgemeine* Kaufkraft. Es ist daher folgerichtig, wenn R. *Triffin* (*1*, S. 97 ff.) — wie vor ihm tastend schon N. *Kaldor*, *2*, — die Märkte nicht mehr nach der Zahl der beiderseits beteiligten Partner geordnet hat, sondern nach dem Grade der wechselseitigen Abhängigkeit ihrer Marktentscheidungen. Als Kriterium dient hierbei die „Substitutionselastizität", als Maßstab die „Kreuzpreiselastizität" der jeweiligen Waren, d. h. der Einfluß einer Preisänderung bei Ware A auf den Absatz von Ware B. So gelangt *Triffin* zur Unterscheidung von „isoliertem" Einkaufs- und Verkaufsmonopol, von „heterogener" Konkurrenz der verschiedensten Schattierungen und schließlich „homogener" Konkurrenz bei Anbietern und Nachfragern. (Zur Fortbildung der Lehre von den Marktformen vgl. auch A. E. *Ott*, *2*.)

Je mehr freilich gerade die vordringenden Großgebilde auf den Märkten den Zusammenhang letztlich *aller* Märkte erfahren, desto höher werden die Anforderungen an eine Preislehre, deren großenHoffnung es ist, „dem Praktiker die Wege zur Anwendung der Theorie" zu weisen (W. *Krelle, 1*, Vorwort, S. V), und der gerade die Praxis immer wieder davonläuft. Das Gewebe der Umstände, die in die Einzelentscheidungen hineinwirken, wird immer komplexer; und dies dürfte der weiteren Fortbildung der Preislehre das Gepräge geben: Hat diese an die Stelle eigentlicher *Theorie* immer mehr das *beschreibende Modell* gesetzt, so zwingt sie das Trachten nach möglichster Entsprechung mit der Wirklichkeit der Einzelmärkte zu ständiger Verfeinerung und Spezifizierung der Aussagen. Eine solche Zielsetzung aber muß schließlich zu rein empirischer *Einzelmarktforschung* hindrängen. Die Konstruktion immer raffinierterer Modelle schlägt dann in jenen Praktizismus um, der schon seit langem die heimliche Neigung der Preislehre gewesen ist.

A. Das Monopol als Ausgangspunkt der Preistheorie: A. A. Cournot

Der große französische Gelehrte Augustin Antoine Cournot (1801—1877) ist nicht nur mit ökonomischen, sondern auch mit philosophischen, mathematischen und naturwissenschaftlichen Veröffentlichungen hervorgetreten. Ähnlich wie in der Ökonomie der Ingenieur *Dupuit*, der Mathematiker *Walras*, der Ingenieur *Pareto*, repräsentiert auch Cournot jene „mechanistische" Spielart des positivistischen Denkens, die in Frankreich besonders häufig anzutreffen ist und die schon im französischen Materialismus der Aufklärungszeit vorgeprägt erscheint. — Erst spät hat die zünftige Ökonomie die Bedeutung des originellen und ingeniösen Denkers erkannt, der in mehrfacher Hinsicht der Entwicklung der Preistheorie weit vorausgeeilt ist:

1. Mit seinem ökonomischen Hauptwerk „Recherches sur les principes mathématiques de la théorie des richesses"[20] hat Cournot bereits 1838 eine reine Preislehre vorgelegt, ohne Rückgriff auf werttheoretische Axiome. Seine Preisauffassung ist eine *funktionalistische*; nicht Preisursachen, sondern Preisbeziehungen werden untersucht.

2. Cournot hat die einer solchen Sicht entsprechende *mathematische Darstellungsweise* in Gestalt des *Funktionenkalküls* in die Ökonomie eingebracht. Hierbei ist folgenreich geworden, daß Cournot die mathematischen

---

[20] Im folgenden zitiert nach der deutschen Übersetzung von W. G. *Waffenschmidt*, unter dem Titel „Untersuchungen über die mathematischen Grundlagen der Theorie des Reichtums" herausgegeben in der „Sammlung sozialwissenschaftlicher Meister", Bd. 24, Jena 1924. Der deutsche Text wurde mit der französischen Originalausgabe von 1838 verglichen und gelegentlich durch mich abweichend formuliert. — *Cournot* hat seine Gedanken später noch zweimal in nicht-mathematischer Form vorgetragen; und zwar in den „Principes de la théorie des richesses" (1863; 3) sowie in seiner Schrift „Revue sommaire des doctrines économiques" (1877; 4).

Verfahren keineswegs nur auf das Bezifferbare anwenden wollte, sondern vielmehr auf alles, was „relationistischen" oder „mathetischen" Charakter besitzt, wie man heute sagen würde. (Vgl. hierzu *Cournot, 1,* Vorwort S. XX ff., sowie S. 39. — Zur Geschichte der mathematischen Darstellungsweise in der Nationalökonomie siehe G. *Kade, 1;* H. *Reichardt, 1,* S. 67 ff.; R. D. *Theocharis, 1).* Hierdurch hat Cournot der „*Lausanner Schule*" (*Walras, Pareto*), allgemein der beschreibenden, auf die formalen Gleichgewichtsbedingungen gerichteten Ökonomie, vorgearbeitet. Auch hat Cournot als philosophischer Schriftsteller, ähnlich wie später *Jevons*, in Gestalt der *Wahrscheinlichkeitstheorie* jene *Erkenntnisauffassung* geliefert, die der mathematisch-statistischen Verfahrensweise entspricht (2).

3. Die wichtigsten *inhaltlichen* Beiträge Cournots zur Preislehre sind: die Formulierung der *Nachfragefunktion,* die Anwendung des „*Ertragsgesetzes*" auf die Preislehre, der implizite Gebrauch des Begriffs der Grenzkosten und der Grenzerlöse, also die Anwendung der „*Marginalanalyse*"; die exakte Bestimmung des *Gewinnmaximums beim Monopol,* die Fundierung der Lehre vom *Dyopol* und anderen Formen des Oligopols. Mit alledem hat Cournot bereits in der Epoche der Spätklassik die Grundlagen der neueren *katallaktischen* Preisauffassung gelegt.

1. Grundsachverhalte des Preisgeschehens

a) Der Tauschwert

Cournot läßt von allem Anfang an keinen Zweifel daran, daß der „Reichtum" (les richesses), den er — wie der Titel seines ökonomischen Hauptwerkes anzeigt — untersuchen will, nicht als Summe von Nützlichkeiten (für die es keinen festen Maßstab gibt) betrachtet werden kann, sondern nur als Warenmenge, als Tauschwerte (valeurs échangeables; S. 2 f.). So sieht es auch der Einzelkaufmann, für dessen Erfolgsrechnung die Größe seines Umsatzes, nicht die Menge der hierbei bewegten Gütereinheiten wichtig ist. In diesem Sinne kann auch, wie Cournot zutreffend feststellt, die *Vernichtung* von Nutzwerten den Reichtum in der kommerziellen Bedeutung des Wortes mehren (S. 5; vgl. auch *3,* S. 1 ff.). Aber Cournot weiß sehr wohl zwischen nominalem und realem Volkswohlstand zu unterscheiden, und als einer der letzten in der nachklassischen Ökonomie hat er seine Gedanken über die Preisbildung mit denen über das *Sozialprodukt* verbunden.

Der Tauschwert ist selbstverständlich ein *relativer* Wert:

„Genau wie wir die Lage eines Punktes nur durch seine Beziehungen zu anderen Punkten bestimmen können, so können wir den Wert einer Ware [denrée; von Cournot im weitesten Sinne verstanden. W.H.] nur durch Beziehung auf andere Waren bestimmen. In diesem Sinn gibt es nur relative Werte" (*1,* § 8, S. 14).

Und:

„Aber auch die eingetretene Veränderung dieser Beziehungen ist ein relativer Vorgang, er kann und muß sich durch absolute Änderung der in Beziehung gesetzten Größen ausdrücken lassen. Es gibt keine absoluten Werte, wohl aber absolutes Steigen und Sinken in den Werten" (§ 10, S. 18).

b) *Die Nachfrage-Funktion*

Cournot hat richtig empfunden, daß eine reine Preislehre nicht nach „Ursachen" der Preise fragen kann. Daher wendet er sich nicht nur gegen die landläufige Meinung, die Preise seien durch Angebot und Nachfrage „bestimmt" (ebenso wie später J. St. *Mill*), sondern auch gegen die andere, die Preise seien durch die Produktionskosten determiniert. Angebot und Nachfrage sind vielmehr selbst wieder *Funktionen* der Preise; und die Produktionskosten sind teils Ergebnis vorausliegender Märkte, teils Ergebnis der Bedingungen der Produktion:

„Der *Preis* regelt den Verbrauch oder, wie man sagt, die *Nachfrage;* und die Nachfrage ihrerseits regelt die Produktion" (*3,* S. 93).

„Allgemein ausgedrückt ordnet der Verbrauch, die wirkliche Nachfrage, sich dem Preis und nicht der Preis sich der Nachfrage unter" (S. 94).

Cournot formuliert nun sein allgemeines „*Gesetz der Nachfrage*" (la loi du débit):

„Die Nachfrage nach einer Ware ist gewöhnlich um so größer, je billiger die Ware ist. Der Absatz oder die Nachfrage ... wächst im allgemeinen, wenn der Preis sinkt" (*1,* § 20, S. 37).

Mathematisch ausgedrückt: die Nachfrage D nach einer Ware ist „eine spezifische Funktion F (p) des Preises p dieser Ware" (S. 38). — Cournot betrachtet die Nachfragekurve als eine *kontinuierlich* verlaufende Funktion; dies trifft um so eher zu, je umfassender der Markt gedacht wird (S. 40 f.). Dabei kann die Nachfrage bei einem bestimmten Preisfall im gleichen, in einem geringeren oder auch einem größeren Maße zunehmen (*3,* S. 26 f.; vgl. auch *1,* S. 122 f.). Cournot arbeitet also, ohne den Begriff zu gebrauchen, der Sache nach mit dem Konzept der unterschiedlichen *Nachfrage-Elastizität* (vgl. auch *1,* S. 44).

Jeder Einzelwirtschafter trachtet nun danach, seinen Erlös bzw. seinen Gewinn zu einem Maximum zu machen. Die Aussicht hierfür ist am größten im Falle des *Monopols.* Aus diesem Grunde geht Cournot, im Gegensatz zu allen anderen Autoren des 19. Jahrhunderts, von diesem als dem Modellfalle aus, bei dem sich die Absichten der Anbieter am reinsten verwirklichen können, um durch schrittweise Erweiterung des gedachten Anbieterkreises — auf dem Wege über das Dyopol, das „höhere" Oligopol usw. — schließlich zu Aussagen über die Preisbildung bei reiner Konkurrenz zu gelangen.

2. Die Preisbildung bei beschränkter Konkurrenz

a) Der Monopolpreis

„Setzen wir, der einfachen Darstellung halber, voraus, daß ein Mensch im Besitz einer Mineralquelle sei, der man Heilwirkungen zuschreibt, welche keine andere bietet. Er könnte zweifellos den Literpreis dieses Wassers auf 100 Franken festsetzen, aber er würde sehr bald an der geringen Nachfrage merken, daß das nicht der richtige Weg sei, aus seinem Besitz viel herauszuholen. Er wird also den Literpreis nach und nach ermäßigen bis zu dem Betrag, der ihm den größtmöglichen Gewinn bringt. D. h. wenn F (p) das Gesetz der Nachfrage darstellt, so wird er nach verschiedenen Versuchen mit dem Preis p endigen, der das Produkt p · F (p) zum Maximum macht und der bestimmt ist, durch die Gleichung

(1) $\qquad F(p) + p F'(p) = 0.$

Das Produkt

$$p F(p) = \frac{[F(p)]^2}{-F'(p)}$$

wird die jährliche Rente des Eigentümers der Quelle darstellen, und diese Rente wird nur von der Natur der Funktion F abhängen" *(1, § 26, S. 47)*.

Hierbei ist zunächst von den Produktionskosten abgesehen worden. Diese werden nun einbezogen:

„Gehen wir zum Beispiel eines Menschen über, der das Geheimnis besäße, ein künstliches Mineralwasser auf pharmazeutischem Wege herzustellen, wofür Rohstoffe und Arbeitsaufwand bezahlt werden müssen. Hier wird der Hersteller nicht mehr die Funktion p F (p) oder den jährlichen *Bruttoertrag,* sondern den *Nettoertrag* oder die Funktion p F (p) — φ (D) zum *Maximum* bringen, wobei φ (D) die Kosten bezeichnet, welche die Herstellung einer Anzahl von D Liter verursacht.

Da D durch die Beziehung D = F (p) an p geknüpft ist, so kann man die zusammengesetzte Funktion p F (p) — φ (D)[21] als implizite Abhängige der einzigen unabhängigen Veränderlichen p betrachten, obgleich im allgemeinen die Produktionskosten eine explizite Funk-

---

[21] In der deutschen Ausgabe irrtümlich: φ (p).

tion der Produktionsmenge, und nicht des Produktionspreises der Ware sind. Folglich wird der Preis, auf den der Produzent die Waren bringen muß, durch die Gleichung bestimmt sein:

(2) $$D + \frac{dD}{dp}\left[p - \frac{d\varphi(D)}{dD}\right] = 0.\text{" (§ 27, S. 48)}$$

Von hier aus gelangt Cournot zu der Aussage, daß ein Monopolist seine Produktion so weit ausdehnen wird, bis der Zuwachs der hiermit verbundenen Kosten den Zuwachs der Erlöse erreicht:

Es gilt, „... daß notwendigerweise $p > \frac{d \cdot \varphi(D)}{dD}$ ist, denn wenn d D die Zunahme der Produktion bezeichnet, so ist $d \cdot \varphi(D)$ die Zunahme der Kosten und p d D die Zunahme des Bruttoertrages. Und wie groß auch die Ergiebigkeit der Produktionsquelle ist, der Produzent wird immer einhalten, wenn die Kostenzunahme die Zunahme

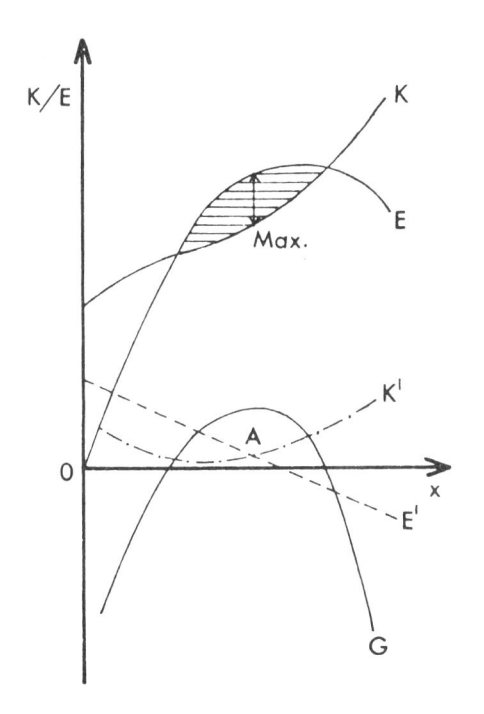

K = Gesamtkosten
E = Gesamterlös
K' = Grenzkosten
E' = Grenzerlös
G = Gewinn
A = „Cournotscher Punkt"

Abb. 1: Der „Cournotsche Punkt" bei Gültigkeit des „Ertragsgesetzes"

des Produkts übersteigt. Das ergibt sich auch zu allem Überfluß aus der Form der Gleichung (2), vorausgesetzt, daß D immer positiv, und $\frac{dD}{dp}$ eine negative Größe ist" (§ 29, S. 50).

Der *Cournotsche Punkt* ist also der Punkt des höchsten Gewinnes, oder anders ausgedrückt: der Schnittpunkt, an dem die Kurve der bisher niedriger liegenden Grenzkosten die Kurve der bisher höher liegenden Grenzerlöse trifft. Die durch diesen Schnittpunkt gehende Parallele zur Preisachse (Ordinate) trifft die Nachfragekurve an einem Punkt, der den Preis und die Menge des für den Monopolisten vorteilhaftesten Angebots bezeichnet. Nur der Monopolist kann, im günstigsten Falle, als „Optionsfixierer" (R. *Frisch*), sowohl seinen Preis wie seine Produktions- und Angebotsmengen selbst bestimmen und den unter gegebenen Umständen höchsten Gewinn erzielen.

Der „Cournotsche Punkt" ist zum bleibenden Gute der Monopolpreislehre geworden. Ohne die Begriffe als solche zu gebrauchen, hat Cournot hierbei — und zwar unabhängig von J. H. v. Thünen, der ihm hierin zeitlich vorausgegangen ist — das *„Marginalprinzip"* in der Preislehre verwandt. Hierbei hat er sich zugleich des „Gesetzes", wonach bei zunehmender Produktion die Grenzkosten erst fallen, dann steigen, bedient. (S. 50 f.; vgl.

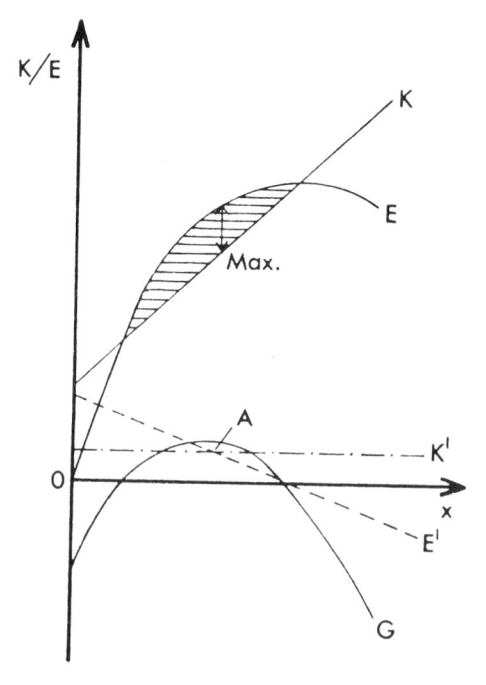

Abb. 2: Der „Cournotsche Punkt" bei linearem Kostenverlauf

Abb. 1: S-förmige Gesamtkosten-, U-förmige Grenzkostenkurve.) Er ist auch hierin der modernen Preisauffassung vorangegangen. Auch wenn man das übliche „Ertragsgesetz" nicht gelten läßt (vgl. oben, S. 246 ff.), so ist doch der „Cournotsche Punkt" auch ohne dieses klar zu bestimmen. (Vgl. Abb. 2: lineare Gesamtkosten- und Grenzkostenkurve.)

b) Die Preisbildung im Dyopol

„Um die abstrakte Erfassung des Monopols deutlich zu machen, haben wir eine Quelle und einen Besitzer angenommen. Jetzt nehmen wir zwei Besitzer und zwei Quellen an, deren Eigenschaften gleich sind und die infolge der Ähnlichkeit ihrer Lage denselben Wettbewerbsmarkt beliefern. Demgemäß ist der Preis für den einen wie den anderen Besitzer der gleiche. Es sei p dieser Preis, $D = F(p)$ der Gesamterlös, D_1 der Erlös aus der Quelle (1), D_2 derjenige aus der Quelle (2), so daß $D_1 + D_2 = D$ ist. Vernachlässigen wir zunächst die Ausbeutungskosten, so werden die Einkünfte der Eigentümer jeweils $p \cdot D_1$ und $p \cdot D_2$ sein; und *ein jeder* wird *sein* Einkommen zum größtmöglichen zu machen suchen.

Wir sagen, *jeder das seine*; und diese Einschränkung ist, wie man sehen wird, sehr wesentlich. Denn wenn sich die Beteiligten, um das größte Einkommen zu erzielen, verständigten, so würde das Ergebnis ganz anders sein; es würde sich für die Verbraucher mit dem des Monopolfalles decken.

Anstatt wie vorhin $D = F(p)$ zu setzen, ist es für uns zweckmäßig, hier die umgekehrte Schreibweise zu verwenden: $p = f(D)$; dann sind die Vergütungen an die Eigentümer (1) und (2) entsprechend ausgedrückt durch

$$D_1 f(D_1 + D_2) \text{ und } D_2 f(D_1 + D_2),$$

d. h. durch Funktionen, in denen jeweils zwei veränderliche D_1 und D_2 vorkommen.

Der Eigentümer (1) kann die Festsetzung von D_2 nicht direkt beeinflussen, er kann nach der Festsetzung des Wertes D_2 durch den Eigentümer (2) lediglich den Wert D_1 so wählen, daß er ihm am zuträglichsten ist. Das wird er durch entsprechende Preisänderung bewerkstelligen können, wenn nicht der Eigentümer (2), der sich gezwungen sieht, diesen Preis und diesen Wert von D_1 seinerseits anzunehmen, einen neuen Wert von D_2 festsetzt, der wieder seinen Interessen günstiger ist als der vorige.

Analytisch heißt das soviel, daß D_1 als Funktion von D_2 bestimmt ist durch die Gleichung

$$\frac{d\,[D_1\,f(D_1+D_2)]}{dD_1}=0,$$

und daß D_2 als Funktion von D_1 bestimmt ist durch die analoge Gleichung

$$\frac{d\,[D_2\,f(D_1+D_2)]}{dD_2}=0,$$

woraus folgt, daß die endgültigen Werte D_1 und D_2 und folglich D und p bestimmt werden durch das Gleichungssystem

(1) $\qquad f(D_1+D_2)+D_1 f'(D_1+D_2)=0.$
(2) $\qquad f(D_1+D_2)+D_2 f'(D_1+D_2)=0.$

Setzen wir voraus, daß die Kurve $m_1\,n_1$ (Abbildung [3]) die Linie der Gleichung (1), und die Kurve $m_2\,n_2$ die Linie der Gleichung (2) sei, wobei die veränderlichen D_1, D_2 dargestellt sind durch rechtwinkelige Koordinaten. Wenn der Eigentümer (1) für D_1 einen durch ox_1 dargestellten Wert festsetzte, so würde der Eigentümer (2) den Wert oy_1 für D_2 annehmen, der ihm für den [von uns] angenommenen Wert D_1 den größten Gewinn bringt. Aber dann wird der Produzent (1) nach derselben Überlegung für D_1 den Wert ox_2 setzen, der den Gewinn zum *Maximum* macht, wenn D_2[22] den Wert oy_1 annimmt. Das würde den Eigentümer (2) veranlassen, auf den Wert oy_2 zurückzugehen, und so fort. Hieraus ersieht man, daß sich das Gleichgewicht nur einstellen kann, wenn die Koordinaten ox, oy am Schnittpunkt i die Werte D_1 und D_2 darstellen ...

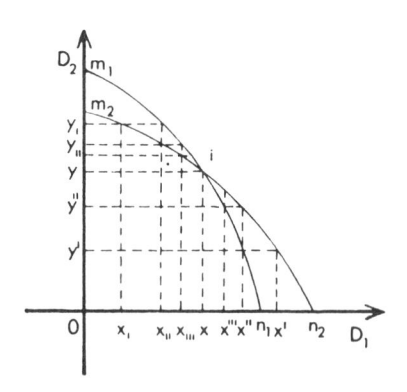

Abb. 3: Preisbestimmung im Dyopol

Die Gleichgewichtslage, die dem System der Werte ox und oy entspricht, ist also *stabil;* d. h. wenn sich der eine oder andere der Produzenten, im Irrtum über seinen eigenen Vorteil, zeitweise davon ent-

---

[22] In der Übersetzung von *Waffenschmidt* irrtümlich: D.

fernt, so wird er zurückgeführt durch die Folge von Gegenwirkungen, deren Schwingungsweite sich ständig verringert, wie sich aus dem stufenförmigen Verlauf der zugehörigen in der Zeichnung punktierten Linie ersehen läßt" (§ 43, S. 68 ff.).

Cournot betrachtet also zwei etwa gleich starke Marktbewerber, von denen ein jeder nachträglich auf das Verhalten des anderen reagiert. Die spätere Dyopol-Lehre hat neben diesen Fall weitere Spielarten dyopolistischen Verhaltens gesetzt: Bei F. Y. *Edgeworth* (3; 1897) paßt sich unter zwei Rivalen von ungleicher Marktstellung der Schwächere dem Verhalten des Stärkeren an. Bei A. L. *Bowley* stellt jeder der Dyopolisten bei seinem eigenen Verhalten schon die vermutliche Reaktion des anderen mit in Rechnung (1; 1924, S. 38 ff.). Hierdurch wurde der Weg frei für eine „dynamische" Sicht der Preisbildung im Dyopol und für die Einordnung des dyopolistischen Verhaltens in eine allgemeine Verhaltensstrategie, wie sie O. *Morgenstern* und J. *von Neumann* in ihrer „Theorie der Spiele" (s. *Morgenstern*, 4, 1944) entworfen haben. (Zur Geschichte der hier nicht weiter verfolgten Dyopoltheorie vgl. H. v. *Stackelberg*, 7; A. E. *Ott*, 1. — Kritisch zu Cournots Dyopoltheorie u. a. *Pareto*, 7; H. v. *Stackelberg*, 2; W. *Fellner*, 1, S. 56 ff.).

Mit Cournot ist der extreme Gegensatz zur klassischen Preislehre erreicht: Hat diese in der freien *Konkurrenz* das Ordnungsprinzip der *Gesamtwirtschaft* gesehen, so wird für Cournot, der die reine Preisbetrachtung konsequent durchführt und vom *Einzelunternehmen* ausgeht, das *Monopol* zu dem typischen Verhältnis, in dem die Hoffnungen aller Einzelwirte sich am reinsten verwirklichen; und die wirklich bestehende *Konkurrenz* ist nun für jeden einzelnen das *störende* Moment bei der Verwirklichung dieser Absicht. Daß die Unternehmensleiter selbst die Dinge so ansehen, sollte sich bald in der Wirklichkeit erweisen.

B. Die monopolistische Konkurrenz als allgemeines Marktverhältnis: Edward H. Chamberlin

Ist für *Cournot* das Monopol zunächst der *hypothetische* Ausgangsfall der Preisuntersuchung gewesen, so hat im zwanzigsten Jahrhundert die *praktische* Anschauungswelt selbst uns das Kolossalgemälde vielfältiger Marktmacht und ihrer Ausübung vorgeführt. Die seit langem beobachtete und ständig fortschreitende Ballung der Kapitalverfügungsmacht, in allen ihren Formen, hat die Märkte der zersplitterten Konkurrenz aufgerollt und das Marktverhalten der Beteiligten so gründlich verändert, daß in England schon beizeiten P. *Sraffa* in einem vielbeachteten Aufsatz (1, 1926, S. 542) der Notwendigkeit Ausdruck verleihen konnte, die Erscheinungen der beschränkten Konkurrenz nicht länger als eine systemfremde Abweichung vom Idealbild der freien Konkurrenz, sondern vielmehr als organischen Bestandteil der Marktwelt zu betrachten. (Im gleichen Sinne später u. a. H. v. *Stackelberg*, 8, S. 130; A. R. *Burns*, 1, S. 3). So haben sich denn auch besonders während und seit der Weltwirtschaftskrise zahlreiche Ökonomen dem Thema der Preisbildung bei beschränkter Konkurrenz zugewandt: etwa F. S. *Zeuthen* (1; 1930), E. *Schneider* (4; 1932), J. *Robinson* (1; 1933), H. v. *Stackelberg* (2; 1934), um nur einige bekanntere Namen zu erwähnen. Auch die Lehre vom Dyopol, von den „höheren" Formen des Oligopols, vom bilateralen und partiellen Monopol erfährt nun eine bedeutende Fortbildung (H. v. *Stackelberg, L. Amoroso, E. H. Chamberlin, A. J. Nichol, R. F. Harrod, R. F. Kahn, A. P. Lerner, P. M. Sweezy* und viele andere). Die Einsicht, daß mehr oder minder *alle* Preise in der Gegenwartswirtschaft, wenngleich in sehr unterschiedlichem Maße, direkt oder indirekt Verhältnissen beschränkter Konkurrenz entspringen, erfordert auch ein Überdenken verschiedener überkommener Auffassungen, nicht nur von der Preisbildung selbst, sondern auch von den Marktformen, von dem Begriff des Marktgleichgewichts, vom Grenzproduktivitätstheorem der Einkommensbildung, von der optimalen Einkommensverteilung überhaupt (*Welfare Economics*), usw.

Ihre adäquate Verarbeitung haben die neuen Verhältnisse vor allem in dem 1933 veröffentlichten Werk des (an der Universität Harvard wirkenden) amerikanischen Nationalökonomen Edward H. Chamberlin „The Theory of Monopolistic Competition" gefunden[23].

Dieses Buch, das Empirie und Theorie vorteilhaft verbindet, ist in mehrfacher Hinsicht wichtig geworden:

1. Die Preislehre wird aus der bisherigen engen Welt morphologisch säuberlich geschiedener „Marktformen" herausgeführt in die weiten Gefilde der *beschränkten* Konkurrenz aller Art.

2. Als Variable der monopolistischen Marktstrategie werden nicht nur die Preise und die Produktmengen, sondern wird auch die gewählte Pro*duktgattung* — neben anderen Mitteln einer nicht unmittelbar pretialen Marktpolitik — betrachtet. So kommt es zum Begriff der „*Produktelastizität*" (vgl. 2, S. 105 ff.).

3. Chamberlin hat die *Verkaufssphäre* in die monopolistische Angebotspolitik mit einbezogen. Das entspricht der wirklichen „Integration" des Handels in die Marktstrategie der Großproduzenten, die seit Jahrzehnten schon beobachtet worden ist.

4. Im Lichte der Lehre von der „monopolistischen Konkurrenz" werden schließlich einige *weitere volkswirtschaftliche Theorien kritisch überprüft*. Das gilt vor allem für die Lehre vom „Gleichgewichtspreis" sowie von der Grenzproduktivität als Bestimmungsgrund der Einkommensverteilung.

1. Die monopolistische Konkurrenz

In betontem Gegensatz besonders zu der immer schon auf die Verhältnisse des freien Wettbewerbs eingeschworenen „*Schule von Chicago*" (F.

---

[23] Im weiteren zitiert nach der 8. Auflage, Cambridge/Mass., 1962. Das Buch ist aus der Dissertation *Chamberlins* und aus der Anschauungswelt schon der zwanziger Jahre hervorgegangen. Es weist — wie auch der Autor selbst nicht müde geworden ist zu betonen — große Unterschiede gegenüber Joan *Robinsons* gleichzeitig erschienenem Werk (1) auf, mit dem es häufig in Vergleich gesetzt worden ist.

H. *Knight*, H. C. *Simons*, M. *Friedman*, G. J. *Stigler;* vgl. dazu auch G. C. *Archibald*, 1) erklärt unser Autor:

„‚Monopolistische Konkurrenz‘ — das ist eine Herausforderung an die herkömmliche Auffassung der Ökonomie, wonach Konkurrenz und Monopol einander ausschließen und die Einzelpreise entweder auf der Grundlage der Konkurrenz oder des Monopols erklärt werden müssen Im Gegensatz hierzu wird behauptet, daß die meisten ökonomischen Situationen eine Mischung aus Monopol und Konkurrenz darstellen, und daß überall dort, wo dem so ist, die Vernachlässigung einer der beiden Kräfte ... zu einer falschen Sichtweise führt" (1, S. 204[24]; vgl. auch 2, S. 296 ff.).

Weder die Lehre von der „reinen" Konkurrenz noch die vom „reinen" Monopol erscheint den Verhältnissen der Beobachtungswelt länger angemessen. Einerseits zerfällt auch der Markt „eines" Erzeugnisses stets in (zumeist schon räumlich) voneinander gesonderte Teilmärkte, sind also die Einzelanbieter in gewisser Weise voneinander geschieden und insofern in der Position eines relativen Monopols (1, S. 69 f.). Andererseits ist auch das „reine" Monopol sehr selten: „Ein Monopol an Diamanten ist nicht ein Monopol an Edelsteinen oder gar an Schmuckwaren" (S. 65). Die Konkurrenz der Substitute bleibt bestehen (sowie die allgemeine Konkurrenz um die begrenzte Kaufkraft der Nachfrage):

„Betrachten wir das Monopol als die Antithese zum Wettbewerb, so ist seine extreme Grenze erst im Falle einer Kontrolle über das Angebot an sämtlichen Wirtschaftsgütern erreicht. Dann erst könnte von einem reinen Monopol gesprochen werden: in dem Sinne, daß alle Konkurrenz von Substituten ex definitione ausgeschlossen ist. Das andere Extrem, die reine Konkurrenz, ist dann gegeben, wenn weite Gütergattungen vollständig standardisiert sind und jeder Verkäufer mit seinem eigenen Erzeugnis einem vollständigen Wettbewerb von Substituten gegenübersteht. Zwischen diesen beiden Extremen gibt es die verschiedensten Abstufungen, aber beide Elemente sind stets am Werke und müssen immer berücksichtigt werden" (S. 63).

Die Lehre von der „monopolistischen Konkurrenz" ist daher allgemeiner als die von der „reinen Konkurrenz", weil sie alle Fälle einschließt, in denen sowohl Elemente von Monopol wie von Konkurrenz aufweisbar sind (2, S. 4, 16, 105). Sie umfaßt Märkte mit einem Marktbewerber, mit wenigen oder auch mit vielen Teilnehmern (2, S. 21, 43 f.).

2. Die Rolle der Produktdifferenzierung

Das Verhältnis der monopolistischen Konkurrenz entspringt aus dem Umstand, daß der zunächst als Einheit betrachtete Markt „homogener"

---
[24] Das Zitat entstammt dem 9. Kap., das dem Werke erst später hinzugefügt worden ist.

Waren tatsächlich in zahlreiche mehr oder minder voneinander gesonderte Einzelmärkte zerfällt:

„Das Wechselverhältnis von monopolistischen und Wettbewerbskräften ... ergibt sich aus dem, was wir die Differenzierung des Produkts nennen werden. ...

Eine größere Produktgattung ist dann differenziert, wenn ein irgendwie belangvoller Umstand es rechtfertigt, die Güter (oder Dienste) eines Anbieters von denen eines anderen zu unterscheiden. Ein solcher Umstand mag tatsächlicher oder vermeintlicher Art sein, wenn er nur für die Käufer von Bedeutung ist und dazu führt, daß die eine Produktart einer anderen vorgezogen wird. Wo eine solche Differenzierung besteht — und sei sie noch so geringfügig —, da werden die Nachfrager den Anbietern nicht durch Zufall und aufs Geratewohl (wie bei der reinen Konkurrenz), sondern entsprechend ihren Präferenzen gegenübertreten *(1,* S. 56; vgl. auch *2,* S. 105 ff.).

Die Beziehung zwischen der (oben ausführlich abgehandelten) Präferenzenlehre in der neueren Preistheorie und der (im weitesten Sinne) „monopolistischen" Marktstrategie der Anbieter wird hier sinnfällig.

Der Autor fährt fort:

„Die Differenzierung kann auf gewissen Eigenheiten des Produktes selbst beruhen, etwa auf Merkmalen, die durch Patente geschützt sind, auf Warenzeichen, Besonderheiten von Qualität, Muster, Farbe, Aufmachung. Sie kann auch auf Besonderheiten der Verkaufsweise beruhen. Im Einzelhandel, um nur ein Beispiel zu wählen, gehören hierzu die Gunst der Verkaufslage, der allgemeine Charakter und Ruf des Unternehmens, der Verkaufsstil, die Zuvorkommenheit und Sorgfalt der Bedienung und alle die persönlichen Bande, welche die Kunden entweder an den Geschäftsmann selbst oder an seine Beschäftigten fesseln. Soweit diese und andere unwägbare Umstände von Anbieter zu Anbieter verschieden sind, ist das „Produkt" jedesmal verschieden, weil die Käufer diese Umstände mehr oder weniger mit in Rücksicht ziehen und sie gewissermaßen mit der Ware erwerben. Betrachtet man diese beiden Aspekte von Differenzierung, so ist klar, daß tatsächlich alle Produkte verschiedenartig sind — zumindest ein wenig —, und daß in weiten Bereichen der Wirtschaftstätigkeit eine solche Differenzierung von erheblicher Bedeutung ist" *(1,* S. 56 f.; vgl. auch *2,* S. 46 ff. Fast ebenso übrigens schon P. *Sraffa, 1,* 1926, S. 544).

Bemerkung: Den Umstand der Marktsonderung haben manche Autoren zum Anlaß genommen, das Verhältnis der *gewollt* („monopolistisch") *beschränkten* Konkurrenz in ein solches der *natürlicherweise unvollkommenen* Konkurrenz umzudeuten. Selbst J. *Robinson* ist dies gelegentlich — geradezu wider bessere Einsicht — unterlaufen: „Jeder einzelne Produzent hat das Monopol an seinem eigenen Erzeugnis... Wir brauchen nur das Wort

Monopol im wörtlichen Sinn zu verstehen: ein einziger Verkäufer, und die Untersuchung des Monopols nimmt sogleich die des Wettbewerbs in sich auf." (J. Robinson, 1, S. 5; vgl. auch F. H. Knight, 2, Vorwort zur Ausgabe von 1933, S. XX.) Auch Chamberlin bleibt — bei aller nimmermüden Polemik gegen Robinsons Arbeitsbegriff der „Imperfect Competition" — hier nicht eindeutig. Ebensowenig macht er den Unterschied zwischen dem von ihm gebrauchten Begriff der „monopolistischen" gegenüber dem (daneben weiterbenützten) Begriff der „oligopolistischen" Konkurrenz deutlich. Immerhin würdigt er Produktdifferenzierung auch als ein Verfahren der Anbieter, ihre Märkte *absichtsvoll* auseinanderzurücken und hierdurch vermeintliche oder tatsächliche Sonderstellungen für die angebotenen spezifischen Waren zu schaffen. (H. Brems, 1, 1951, und andere sind ihm hierin gefolgt.) — Solche bewußte Produktvariation kann übrigens auch planvolle Produkt*verschlechterung* bedeuten. Diese Erscheinung ist nach Auffassung Chamberlins häufig genug, um ihn von einem „*Greshamschen Gesetz der Produkte*" sprechen zu lassen: „*Schlechte Erzeugnisse verdrängen gute Erzeugnisse vom Markte*" *(2, S. 134).*

Die Differenzierung des Angebots hat nun, obwohl sie zunächst eine Form der non-price-competition, des nicht-pretialen Wettbewerbs ist, doch auch Konsequenzen für die Preisbildung.

3. Die Preisbildung unter den Bedingungen der monopolistischen Konkurrenz

a) Allgemeines

Wie die Märkte, so sind auch die Marktpreise mit „monopolistischen" Elementen (immer in dem von Chamberlin gemeinten erweiterten Sinne des Wortes) durchsetzt:

„Reine Konkurrenz und reines Monopol sind Extreme ... Die tatsächlichen Preise tendieren nicht zu einem der beiden, sondern vielmehr zu einer Mittellage, die sich aus der jeweiligen verhältnismäßigen Stärke der beiden Kräfte ergibt" *(1, S. 64).*

„Die Theorie des Monopols ... erweist sich sehr bald als unangemessen. Der Grund ist, daß sie den isolierten Monopolisten betrachtet, wobei die Kurve der Nachfrage nach seinem Produkte gegeben ist. Mag eine solche Theorie auch da von Nutzen sein, wo Substitute recht fern liegen: im allgemeinen erlauben die Querverbindungen zwischen den miteinander rivalisierenden Anbietergruppen es nicht, die Nachfrage nach dem Produkt von irgendeinem unter ihnen als gegeben anzunehmen. Die Nachfragetabelle hängt von der Art und den Preisen der Substitute ab, mit denen das Produkt konkurriert. Innerhalb einer Gruppe miteinander eng verbundener Erzeugnisse (wie sie bei unvollständigem Wettbewerb häufig ist) sind die Nachfrage- und Kostenverhältnisse (und daher der Preis) eines jeden Produkts erst dann bestimmt, wenn die Nachfrage- und Kostenverhältnisse bei allen anderen als gegeben betrachtet werden. Teillösungen dieser Art, wie sie die Theorie des Monopols liefert, steuern zur Lösung des Gesamtproblems nichts bei, da eine jede auf Annahmen hinsichtlich aller anderen beruht. Die Lehre vom monopolistischen Wettbewerb fragt infolgedessen nicht nur nach dem *individuellen* Gleichgewicht (wie die landläufige Monopoltheorie), sondern vielmehr auch nach dem *Gruppengleichgewicht* (d. h. nach der Anpassung der ökonomischen Kräfte innerhalb einer Gruppe miteinander konkurrierender Monopolisten, die gewöhnlich als eine bloße Gruppe von Konkurrenten betrachtet wird). Darin unterscheidet sie [die Lehre vom monopolistischen Wettbewerb; W. H.] sich sowohl von der Theorie der Konkurrenz als auch von der Theorie des Monopols" (S. 68 f.).

So erweitert sich denn auch die herkömmliche Lehre von der Preisbildung im *Oligopol* (unter Einschluß des Dyopols) sehr; und die Ergebnisse fallen je nach den getroffenen Voraussetzungen recht verschieden aus. (Chamberlins Oligopolpreistheorie ist nicht sehr auskunftsreich und soll hier vernachlässigt werden. Als ein Relikt der an den „Marktformen" orientierten Preislehre hat sie innerhalb der Theorie der „monopolistischen" Konkurrenz auch keinen rechten Platz mehr. Siehe *Chamberlin*, 1, S. 30 ff.).

b) *Produktdifferenzierung und Preisbildung*

Überlegene Anbieter können nicht nur ihre Preise und ihre Produktmengen, sondern auch die *Art* ihrer Produkte ins Planspiel der Märkte einbringen. Daher „sollte jedes Element des ‚Produkts' als besondere Variable betrachtet werden" (*1*, S. 73).

„Eine Besonderheit der Variation des ‚Produkts' ist es, daß sie, im Unterschied zur Variation des Preises, Änderungen in der Produktionskostenkurve nach sich zieht. Qualitative Variation im Produkt ändert die Kosten seiner Erzeugung. Sie ändert natürlich auch die Nachfrage nach dem Erzeugnis. Die Aufgabe entsteht nun, das ‚Produkt' zu ermitteln, dessen Kosten und dessen Absatz den größten Gesamtprofit bringen, wenn der Preis gegeben ist.

Eine weitere Besonderheit besteht darin, daß die Variation des ‚Produkts' sehr oft qualitativer und nicht quantitativer Art ist und in diesem Falle nicht auf einer Achse abgetragen und in einem Einzeldiagramm dargestellt werden kann. Man muß daher seine Zuflucht zu einem etwas schwerfälligen Auskunftsmittel nehmen und sich eine ganze Serie von Diagrammen denken, für jede Abart des ‚Produkts' ein besonderes" (S. 78 f.).

Da die variierten Erzeugnisse sich oft nur wenig voneinander unterscheiden und daher große wechselseitige Substituierbarkeit aufweisen, müssen die Einzelmärkte in enger Beziehung miteinander gesehen werden. Chamberlin geht der Preis-Mengen-Strategie der Anbieter nach, die sich aus diesen Umständen ergibt. Das Resultat läßt sich folgendermaßen zusammenfassen:

„Wenn sowohl das ‚Produkt' als auch die Preise variierbar sind, wird sich bei beiden ein Gleichgewicht einspielen, daß sich aus dem Gleichgewicht eines jeden, für sich betrachtet, ergibt. Jeder Anbieter wird, wenn die ‚Produkte' und Preise seiner Konkurrenten gegeben sind, diejenige Preis- und ‚Produkt'-Kombination wählen, die seinen eigenen Profit maximiert. Für jede Abart des ‚Produkts', die ihm zugänglich ist, wird er einen Preis finden, der seinen Gewinn mit Bezug auf dieses ‚Produkt' zu einem größten macht. Von diesen Teilmaxima (relative maxima) wird er wieder das größte wählen. Anpassungen werden notwendig sein, wenn die Konkurrenten das gleiche tun, bis schließlich ein Punkt erreicht ist, wo (wie bei jeder Variablen für sich genommen) niemand seine Position durch eine weitere Änderung verbessern kann. Gleichzeitig werden produktive Mittel (resources) in ein Anlagefeld einströmen, so daß[25] hier Gewinne, die über dem Konkurrenzminimum liegen, beschnitten werden; oder hieraus abwandern, so daß die Gewinne zu diesem Minimum ansteigen. Infolgedessen wird die Zahl der Produzenten, die schließlich das Feld behauptet, derart sein, daß gerade die Kosten eines jeden eingebracht sind, und nichts darüber" (*1*, S. 98; vgl. hierzu auch *2*, S. 56 ff.).

Zunächst fällt hier auf, daß Chamberlin dieselbe Voraussetzung der bei den Konkurrenten „unveränderten Bedingungen" macht, die er zuvor bei der herkömmlichen Monopoltheorie beanstandet hat. Da im übrigen die ganze Beweisführung auf empirische Nachprüfbarkeit angelegt ist, wollen wir auch wissen, *wie* sich die Rivalen aneinander anpassen und *wann* sie wissen, daß niemand mehr seine Position verbessern kann. So viel, wie uns hier gesagt wird, wissen wir schon seit *Cournot*. Schließlich kehrt sogar das klassische Gesetz des „*Ausgleichs der Profitraten*" wieder, dem die Verhältnisse der monopolistischen Konkurrenz schon lange nicht mehr Recht geben.

Und um das Maß des Verwunderlichen voll zu machen, erfahren wir zuerst, daß die über oder unter dem „Konkurrenzminimum" (competitive minimum) stehenden Gewinne sich auf eben dieses Konkurrenzminimum einspielen, um gleich darauf uns sagen zu lassen, daß hierdurch „gerade die Kosten" und nichts darüber eingebracht werde. Das „Konkurrenzminimum" des Profits *ist* aber jedenfalls ein positiver Gewinn, und der Gewinn ist natürlich mehr als die Kosten. Chamberlin stolpert hier über jenen selbstgespannten Fallstrick, den wir schon kennen: Was die Klassik als den „konkurrenz-notwendigen" Durchschnittsgewinn ausgewiesen hat, schlägt die neuere Lehre einfach zu den Kosten!

---

[25] Beim Autor unrichtigerweise: damit (in order to).

Es geht dem Autor nun um den Nachweis: Die monopolistische Konkurrenz führt zu keinen höheren Profiten als die „reine" Konkurrenz, wenn dem höheren Preise gleichzeitig höhere Kosten als Folge der im Vergleich zur reinen Konkurrenz geringeren Produktionsmenge gegenübertreten. Auf den Anbietern, die einer monopolistischen Angebotsstrategie folgen, lastet in der Regel das Gewicht einer *Überkapazität*, „für die es kein von selbst wirkendes Korrektiv gibt" (S. 109).

„Daher ist, obwohl der Gleichgewichtspreis beim monopolistischen Wettbewerb höher steht als bei reiner Konkurrenz, das Ergebnis nicht (wie man erwarten möchte) eine Diskrepanz zwischen Kosten und Preisen" (S. 115; vgl. auch S. 171 f., sowie 2, S. 311).

Auf den Monopolisten fällt insoweit auch nicht der Makel einer „Ausbeutung" (1, S. 218; vgl. ferner 2, S. 311). — Allerdings schließt Chamberlin das fallweise Auftreten von Übergewinnen nicht gänzlich aus. Doch wird gerade unter monopolistischen Bedingungen der Begriff des „Höchstgewinns", nach dem die Unternehmungen der Annahme nach streben, ungewiß; „gute", „vernünftige" (reasonable) Gewinne treten oft an die Stelle (vgl. 2, S. 58).

Bemerkung: Es ist anzuerkennen, daß Chamberlin den Zusammenhang zwischen der gerade in den Vereinigten Staaten nicht nur während, sondern schon vor der Weltwirtschaftskrise weitverbreiteten Überkapazität und „monopolistischer" Marktstrategie gesehen hat. Allerdings entsteht solche Überkapazität ziemlich unabhängig davon, ob hierbei planvolle *Produktdifferenzierung* vorgenommen wird oder nicht. Diese ist vielmehr selbst als ein *Mittel* eingesetzt worden, um den monopolistischen Markt zu *erweitern;* und zwar der Absicht nach um mindestens so viel, daß der durch Produktvariation etwa bedingte Kostennachteil — infolge von Serienverkleinerung, häufigerem Produktwechsel und dergleichen — aufgewogen werde. Selbstverständlich *streben* alle Marktbewerber in Vorzugsstellung nach einem Übergewinn; und „Höchstgewinn" bezeichnet dabei natürlich immer nur den nach den Verhältnissen jeweils höchst*möglichen* Gewinn. Wenn sich ein solcher Übergewinn dennoch — keineswegs für alle! — unter den Bedingungen, die zur Weltwirtschaftskrise führten, oft nicht einstellte, wenn die Kosten für viele im gleichen (oder noch größeren) Maße stiegen wie die Preise, so lag das einerseits daran, daß die Bezugspreise infolge eines entsprechenden Verhaltens auch der Vorlieferanten gesteigert werden konnten; und andererseits daran, daß die Letztnachfrage der Endverbraucher einer *verallgemeinerten* Preisfortwälzung Schranken setzte. (Vgl. W. *Hofmann*, 2, S. 19 ff.; ferner zur Frage der Überkapazität N. *Kaldor*, 1, S. 62 ff.)

Freilich ist die Konjunktur- und „Wachstums"-Politik mittlerweile in der Kunst weit fortgeschritten, auch die Endnachfrage — mit allerdings letztlich *inflationären* Mitteln — ständig auszudehnen und in gewisser Entsprechung zu den steigenden Preisen zu halten. Dies erlaubt den Unternehmungen *heute*, bei weiter anhaltender Aufteilung der Produktionsprogramme ihre Kapazität gleichzeitig besser zu nutzen und so die Vorteile der Großproduktion wahrzunehmen. Das verschafft jedenfalls den leistungsfähigen und gleichzeitig marktstarken Unternehmungen und Wirtschaftszweigen bei steigenden Preisen nicht nur übliche Konkurrenzgewinne (wie Chamberlin angenommen hat), sondern *übernormale* Renditen und eine entsprechende überdurchschnittliche Kapitalbildungskraft.

4. Die veränderte Absatzpolitik und die Rolle der Verkaufskosten

Die „monopolistische" Konkurrenz und das Bemühen, für tatsächlich oder scheinbar neue Produkte die Käuferlust zu beleben, zwingt zu besonderen Anstrengungen im Verkaufswesen:

„Allerdings hängt da, wo die Möglichkeit der Differenzierung besteht, der Absatz von der Geschicklichkeit ab, mit welcher das Produkt gegenüber anderen herausgehoben wird und eine besondere Gruppe von Nachfragern ansprechen soll" (S. 72).

Das läßt die modernen stehenden Heere derer, die an der Absatzfront wirken, immer mehr anwachsen und fördert jene „Verschwendung" (waste) an volkswirtschaftlichen Produktivkräften, die dem Konkurrenzsystem innewohnt (S. 109, 165 und passim). — Die Verkaufskosten schwellen so sehr an, daß auch die Preistheorie sie nicht länger vernachlässigen und einfach den allgemeinen Produktionsaufwendungen zurechnen kann:

„Die Theorie muß nun durch Anerkennung des Umstandes vervollständigt werden, daß die Nachfrageverhältnisse durch die Werbung geändert werden und daß die Geschäftswelt einen erheblichen Teil ihrer Berechnungen dem gewinnbringenden Einsatz der Mittel für diesen Zweck widmet" (S. 117).

„Die Theorie der reinen Konkurrenz nimmt stillschweigend an, daß alle Kosten der vermehrten Güterproduktion dienen und daß diese Güter ohne weitere Anstrengung oder Kosten verkauft werden. Indem sie die Absatzkosten vernachlässigt hat, ist sie offenkundig hinter den Tatsachen des ökonomischen Lebens zurückgeblieben" (S. 127).

Verkaufskosten werden dabei definiert als „... Kosten, die bei dem Versuch entstehen, die Lage oder die Gestalt der Nachfragekurve bei einem Produkte zu ändern" (S. 117).

„Die Absatzkosten vermehren die Nachfrage nach dem Erzeugnis, auf das sie verwandt werden. Die Produktionskosten dagegen vermehren das Angebot" (S. 125 f.).

„Reklame aller Art, die Gehälter der Verkäufer und die Ausgaben der Verkaufsabteilungen, Spannen im Groß- und Einzelhandel zum Zwecke, die Verkaufsbemühungen bei bestimmten Produkten anzuregen, Schaufensterwerbung, Vorführung neuer Produkte usw. schaffen Kosten dieser Art. Unter der Annahme gegebener (d. h. konstanter)

Bedürfnisse und völliger Marktkenntnis der Nachfrager wäre keines dieser Mittel von Vorteil. Fällt aber diese Voraussetzung, so werden sie zu einer wirkungsvollen Waffe, um die Absatzmenge und hierdurch die Preise und Profite zu gestalten" (S. 117).

Es wird hier erkennbar, was die so ungemein verfeinerte neuere Lehre von der Nachfrage (namentlich: der Endverbraucher) unausgesprochen gelassen hat: daß nämlich die weitläufigen Überlegungen (mitsamt der dazugehörigen empirischen Markt-, „Motiv"- und „Verhaltens"-Forschung) hinsichtlich der objektiven und subjektiven Bestimmungsgründe der Nachfrage, der vernünftigen und unvernünftigen Impulse, denen die Verbraucher folgen, der begrenzten Marktübersicht der Konsumenten und daher auch ihrer Täuschbarkeit, hinsichtlich der Gestalt und Gestaltbarkeit der hieraus jeweils entspringenden Nachfragefunktionen *praktischen* Bedürfnissen unserer Welt der *beschränkten* Konkurrenz entsprechen.

Eine bemerkenswerte Untersuchung der ökonomischen Funktion der Verkaufsaufwendungen und besonders der Reklame schließt sich an (S. 130 ff.; vgl. auch 2, S. 149 ff.). Die Werbung dient dem Zwecke, den Bedarf dringlicher und weniger elastisch zu machen. Die Vergrößerung des Marktaufwandes läßt sich hierbei mit der erzielten Ausweitung des Marktes in Vergleich setzen; so wird das „*Ertragsgesetz*" auch auf die *Verkaufssphäre* anwendbar. Da in der Regel die besten Märkte zuerst erschlossen werden und da ferner die beschränkte Nachfrage nur in begrenztem Maße von anderen Märkten abgelenkt werden kann, so ist in aller Regel ein steigender Werbeaufwand schließlich mit sinkendem „Ertragszuwachs" verbunden (S. 135). Auch die vermehrten Verkaufsanstrengungen können daher nur bis zu einem bestimmten Punkte das Problem der höheren Kosten bei verminderter Produktion und dementsprechender Überkapazität bewältigen:

„Überall da, wo der Preiswettbewerb mangelhaft arbeitet, vermindert die Werbung aller Wahrscheinlichkeit nach die Diskrepanz zwischen tatsächlichem und optimalem Produktionsvolumen. Aber die Gesamtkosten und die Preise werden hierdurch höher. Die Verkaufskosten der Wareneinheit übertreffen die Senkung der Produktionskosten. Die Mittel, die zur Erreichung des Zweckes aufgewandt werden, übertreffen daher diejenigen, die das Ergebnis einzusparen erlaubt. Und natürlich bleibt das Gewicht der Überkapazität" (S. 172).

Auch die „*Ökonomie der Werbung*" ist in den letzten dreißig Jahren zu einem geläufigen Gegenstand der Wirtschaftslehre gemacht worden. (Vgl. H. v. *Stackelberg*, F. *Zeuthen*, H. *Möller*, E. *Schneider*; Literaturangaben bei K. *Steinbrück*, 1, S. 51; ferner G. *Eisermann*, 1.)

5. Folgerungen

Chamberlin hat nicht nur einige wichtige neue Überlegungen in die Lehre von der Preisbildung bei beschränkter Konkurrenz eingeführt und diese hierdurch der Wirklichkeit näher gebracht; er hat auch einige Konsequenzen bedacht, welche die neue Sicht des Preisgeschehens für weitere Seiten der überlieferten Theorie haben muß.

a) Monopolistische Preisbildung und „Gleichgewicht"

Der Preis liegt bei monopolistischer Konkurrenz über dem Preis der „reinen" Konkurrenz. Ist er noch ein „Gleichgewichtspreis", in jenem traditionell gewordenen Sinne, den ihm A. *Marshall* gegeben hat? Es zeigt sich, daß nur unter Bedingungen der „reinen" Konkurrenz der „Gleichgewichtspreis" — d. h. der Preis, der sich bei leichten Veränderungen wiederherstellen wird — mit demjenigen übereinstimmt, der Angebot und Nachfrage zum Ausgleich bringt. Monopolistische Anbieter können vielmehr einen *höheren* Punkt auf der Nachfragekurve für ihr Angebot wählen und hierbei doch den entsprechenden Preis als einen echten „Gleichgewichtspreis" für längere Zeit behaupten, ohne daß — im Sinne *Marshalls* — Angebot und Nachfrage zum Ausgleich gebracht sind. „Gleichgewichtspreis" (equilibrium price) und „*ausgleichender Preis*" (equating price) fallen nun offenbar auseinander:

„Der Schnittpunkt der Kurve des Angebots eines Produkts mit der Kurve der Nachfrage nach ihm bezeichnet den Preis, zu dem Angebot und Nachfrage ausgeglichen werden. Aber damit sind wir bar jeder Erklärung darüber, warum der Preis sich an diesem Punkte bilden sollte. Gezeigt wird nur, welche Gutsmengen angeboten und gekauft würden, *wenn* bestimmte Preise gegeben wären" (S. 12).

„Das Gleichgewicht der ökonomischen Kräfte ist zu Unrecht mit einem Gleichgewicht von Angebot und Nachfrage gleichgesetzt worden. Das letztere ist vielmehr nur ein Unterfall des ersteren. Die Kurven von Angebot und Nachfrage verraten weder für sich selbst noch durch ihren Schnittpunkt etwas darüber, welcher Preis zustande kommen wird, solange nicht weitere Bedingungen bekannt sind." Die monopolistische Konkurrenz zeitigt „zumeist Gleichgewichtspreise, die Angebot und Nachfrage nicht zum Ausgleich bringen" (S. 15).

Unbeabsichtigt wird hier die letztlich nur *formale* Natur nicht bloß der herkömmlichen Auffassung vom „Gleichgewichtspreis" überhaupt, sondern auch vom *monopolistischen* „Gleichgewichtspreis" aufgewiesen. Von solcher formalen Art ist allerdings unvermeidlich jeder nur *einzelwirtschaftlich* verstandene Begriff vom Gleichgewichtspreis; er schließt elementares *Ungleichgewicht* der *Gesamtmärkte* der Volkswirtschaft nicht aus und hat insofern keine Beziehung mehr zur Lehre von den Proportionen der Wirtschaftserweiterung und zur Konjunkturtheorie. So vermerkt auch R. *Triffin*, daß im Unterschied zu *Pareto* und auch noch zu *Stackelberg* die Untersuchung von Chamberlin (und auch von Joan *Robinson*) nur noch bis zum „Gleichgewicht" *innerhalb* einer Marktgruppe oder eines Wirtschaftszweiges, nicht bis zum Gleichgewicht *zwischen* diesen vordringt (*Triffin*, 1, S. 67 f., 76 ff.).

b) *Monopolistischer Wettbewerb und Grenzproduktivitätstheorie der Verteilung*

Dem Grenzproduktivitätstheorem unterstellt Chamberlin ohne weiteres Gültigkeit für die Verhältnisse der reinen Konkurrenz. Der Begriff der „Grenzproduktivität" kann sich dabei beziehen a) auf das *physische* Produkt, b) auf dessen *Wert*, c) auf das hierbei hervorgebrachte zusätzliche *Einkommen*, das *marginal revenue product*. Dieses wird allerdings bei reiner Konkurrenz als identisch mit dem Wert des Grenzprodukts betrachtet (S. 179 f.). Anders unter den Bedingungen der monopolistischen Konkurrenz. Hier gilt,

„... daß selbst eine Spur von Monopol notwendigerweise das Entgelt aller Faktoren, die in einem bestimmten Unternehmen eingesetzt werden, unter den Wert ihrer Grenzprodukte herabdrückt" (S. 181).

Dennoch bedeutet dies keine monopolistische „Ausbeutung", wie dies etwa J. *Robinson* (1, S. 281 ff.) angenommen hat:

„Man beachte, daß *alle* Faktoren (und nicht nur einer, etwa die Arbeit) weniger als ihr Grenzprodukt erhalten... Offensichtlich bringt jeder Faktor mehr hervor, als er erhält; und dennoch bleibt nichts übrig, nachdem alle bezahlt worden sind" (S. 182).

Die Erklärung dieser „revolutionären" Entdeckung (2, S. 7) ist darin zu suchen, daß im monopolistischen Wettbewerb die mit einer Hintanhaltung der Produktion verbundenen Kosten die höheren Preise der Produkte überwiegen (vgl. oben, S. 308). Daher ist niemand „ausgebeutet"; oder alle sind es in gleichem Maße (S. 183).

Überhaupt unanwendbar ist die Grenzproduktivitätstheorie der Verteilung, wie Chamberlin zutreffend feststellt, auf diejenigen, die um bloße Ausdehnung des Absatzes der Firmen bemüht sind, ohne dem Werte der Erzeugnisse selbst etwas hinzuzufügen (S. 187). — Es sei hier allerdings bemerkt, daß keineswegs nur das Werbepersonal dem Produkt „nichts hinzufügt", und daß es solche Personen, denen man kein Grenzprodukt zuweisen kann, auch in den Unternehmungen überhaupt nicht erst seit dem Überwiegen der „monopolistischen" Konkurrenz gibt — wenngleich ihre Zahl sehr zugenommen hat. Chamberlin streift hier das alte Problem der „*produktiven Arbeit*", das die neuere Lehre gänzlich aus den Augen verloren hat.

6. Würdigung

Chamberlin ist über die bisherige an feststehenden „Marktformen" orientierte Preislehre hinausgelangt. Wenn — wie dies mittlerweile zur allgemeinen Einsicht geworden ist — „reine" Konkurrenz und „reines" Monopol Extremfälle von nur noch hypothetischer Natur sind und die Wirklichkeit ein fließendes Bild mehr oder minder intensiver und mehr oder minder zweiseitiger Domination auf den Märkten zeigt, dann muß das für die Preislehre die gewichtige Konsequenz haben, daß die Ergebnisse der Preisbildung von Fall zu Fall *unbestimmt* werden. — Damit aber wäre der Punkt erreicht, an dem die katallaktisch und einzelwirtschaftlich orientierte Preislehre, die seit Jahrzehnten den Schauplatz beherrscht, zu einer heilsamen Selbstbesinnung finden und zu der Einsicht gelangen könnte, daß das Idol deskriptiver Exaktheit, dem sie nachgejagt ist, ihr unerreichbar bleibt. Dann wäre wieder Raum für die große *sozialökonomische* Sicht einer wirklichen Preis*theorie*, für welche die Volkswirtschaft mehr ist als eine Art von universellem Kalkulationsbüro der Unternehmungen, und die das Preisgeschehen wieder in Zusammenhang brächte mit anderen wichtigen Seiten des ökonomischen Lebens. Die neuere Preislehre hat überfällige gesamtwirtschaftliche Probleme des Marktgeschehens sträflich vernachlässigt: etwa die Frage des Zusammenhangs der Preise und Gewinne mit den Konjunkturprozessen sowie mit einer Reihe *struktureller* Erscheinungen unserer Wirtschaft; die Frage nach der Wirkung ungleicher Marktmacht auf den Expansionsschritt der einzelnen Wirtschaftszweige; das Problem der Preis- und der hieraus folgenden Einkommens-„Schere" — nicht nur zwischen Landwirtschaft und Gewerbe, sondern auch innerhalb der Gewerbe (und der Landwirtschaft) selbst —; die großen Fragen der schleichenden „säkularen" Inflation, der Beziehung zwischen Machtpreispolitik und den Richtungen der Kapitalneubildung, usw.

Vor diesen Konsequenzen der „monopolistischen" (oder richtiger: oligopolistischen) Konkurrenz ist die herrschende Preislehre bisher zurückgewichen. J. *Robinson*, deren markantes Werk „The Economics of Imperfect Competition" gleichzeitig mit Chamberlins Hauptschrift erschien, hat sich vor der „Welt der Monopole" in den sicheren Port der überkommenen Monopolpreislehre geborgen. Aber auch Chamberlin hat weder in seinem Buch von 1933 noch in seinen späteren Veröffentlichungen die vollen Konsequenzen seines Ansatzes gezogen. Niemals bewegt ihn die Frage, seit *wann* eigentlich „monopolistische Konkurrenz" zum vorwiegenden Merkmal der Märkte geworden ist, oder ob sie es etwa immer gewesen sei. Zu einem höheren *geschichtlichen* Verständnis der bewegenden Kräfte unseres Konkurrenzsystems hat auch Chamberlin nicht gefunden. Selbst sein favorisierter Gedanke, die „Produktdifferenzierung", bleibt etwas unnuanciert: Daß Variation der Produkte auch in *zeitlichem* Wechsel bestehen kann (Beispiel: die Mode, die gerade unter monopolistischen Bedingungen eine besondere ökonomische Funktion gewinnt), daß Produktdifferenzierung ferner in Form planvoller *Teilung der Produktionsprogramme* zwischen Konkurrenten statthaben kann, wie dies allenthalben seit längerem geschieht, wird vernachlässigt. Auch der naheliegende Gedanke, daß Monopolpolitik und Produktdifferenzierung die Art der *Kapitalanlage* beeinflussen (Zurücktreten der bloßen Erweiterungsinvestition gegenüber der Rationalisierungsinvestition), mit allen weitläufigen Konsequenzen, die das — z. B. auf die Arbeitsmärkte — hat, taucht bei Chamberlin erst spät auf (vgl. 2, S. 62 ff.), nachdem *Schumpeter* bereits den Zusammenhang von Monopol und „Innovationen" erschlossen hat (6).

Verwunderlich ist auch, daß Chamberlin, der immerhin die Tendenz zur „Gleichgewichts"-Störung, zu chronischer Überkapazität, zu planvoller Produkt-Verschlechterung feststellt, gänzlich offenläßt, wie er monopolistische Gebilde vom wirtschaftspolitischen Standpunkt aus wertet. Notwendig scheint ihm nur, daß das „Monopol" der organisierten *Unselbständigen* eingeschränkt wird (vgl. 2, S. 250 ff., insbesondere S. 267; siehe auch 3).

C. Die Kooperation der Rivalen: William Fellner

Der säkulare Vorgang zunehmender Regulierung der Konkurrenz hat seine Geschichte, seine Etappen, seine innere Folgerichtigkeit. Dieser Vorgang wird mehr oder minder begleitet von der Fortbildung der neueren Marktpreislehre. Von der Sicht des Einzelmonopols inmitten einer Welt relativ ungehinderten Wettbewerbs tastet die Preislehre sich weiter zu der Anerkennung von Verhältnissen der oligopolistischen Konkurrenz als eines *Regelfalles* der Wirklichkeit. Diese Verhältnisse sind offenbar nicht mehr mit dem Schema der „Marktformen" adäquat zu erfassen. Jeder Markt hat seine eigenen Konstellationen; und allgemein kann nur noch gesagt werden, daß er Verhältnisse des Wettbewerbs zwischen „Wenigen" widerspiegelt.

Der Auflösung der Marktformenlehre entspricht ein Wandel der Lehre von der oligopolistischen Marktstrategie: Sie war zunächst von festumrissenen Maximen des „richtigen" Verhaltens der Beteiligten ausgegangen. Nahm hierbei *Cournot* an, daß die rivalisierenden Marktbewerber ihre Entschlüsse zunächst ohne Rücksicht auf mögliche Reaktionen der anderen fassen, um sich nachträglich diesen Reaktionen anzupassen (vgl. oben, S. 297 f.), so sieht die spätere Oligopolpreislehre immer engere Wechselbeziehungen bei den Partnern am Werk (*Edgeworth, Bowley, Stackelberg*; s. S. 298). Auch hier zeigt sich die charakteristische Peripetie der neueren Preislehre: Je mehr die mannigfaltigen Umstände der Wirklichkeit Berücksichtigung finden, desto unbestimmter werden die *allgemeinen* Verhaltensregeln, die den Beteiligten zunächst unterstellt werden, desto mehr muß das jeweils Besondere offengelassen werden. So vermag R. *Triffin* nur noch zwei allgemeine Bedingungen des im übrigen jeweils spezifischen Marktverhaltens von Konkurrenten zu unterscheiden: Es herrschen — sowohl bei „heterogener" wie bei „homogener" Konkurrenz zwischen den Anbietern oder den Nachfragern; vgl. oben, S. 290 — entweder „atomistische" oder „zirkuläre" Beziehungen zwischen den Unternehmungen; d. h. die Entschlüsse der Beteiligten berühren entweder die Entscheidungen anderer Unternehmungen nicht spürbar, oder sie haben Wirkungen, welche die initiativen Unternehmungen selber in Rücksicht ziehen müssen. Den mannigfachen Beziehungen „zirkulärer" Art sucht schließlich die „*Theorie der Spiele*" (O. *Morgenstern* und J. v. *Neumann*) auf die Spur zu kommen. Die Preislehre hat sich damit von den starren, notwendigerweise statischen und formalen „Gleichgewichts"-Schemata und hierdurch von der durch die Wirklichkeit nicht mehr eingelösten Vorstellung der ökonomischen Harmonie gelöst; sie will eine „dynamische" Erklärung möglicher Preisabläufe und „Verhaltensmodelle" der Beteiligten liefern.

War mit alledem das Einzelunternehmen in seiner Konkurrenzbeziehung nicht nur zu seinesgleichen, sondern zu vielen anderen Gliedern der Gesamtwirtschaft erfaßt und damit das enge Gehäuse der Marktformenlehre als ein Notbehelf der Preislehre preisgegeben, so wurde nun der Blick frei für jene Formen *stillschweigenden* Zusammenwirkens, durch die sich, möglicherweise ganz ohne organisatorische Grundlage, Rivalen aufeinander einstellen können. Das Werk des amerikanischen Nationalökonomen William Fellner (geb. 1905) „*Competion among the Few*"[26] bezeichnet hier einen neuen Schritt der Machtpreislehre. Der auch bei einigen anderen Autoren (E. H. *Chamberlin, 1;* M. *Abramovitz, 1;* G. J. *Stigler, 3,* u. a.) angedeutete Gedanke erfährt hier seine konsequente Durchführung: Sind rivalisierende Unternehmungen auch durch das Verhältnis der Konkurrenz entzweit, so eint sie zugleich doch das gemeinsame Ziel der Gewinnmaximierung. Diesem Ziel aber kann nicht nur wechselseitige *Anpassung*, sondern auch ein von vornherein mehr oder minder *abgestimmtes* Verhalten dienen. Die Gemeinsamkeit des Interesses der „Wenigen" kann über ihren Widerstreit obsiegen: „Stillschweigende Vereinbarungen" (implicit agreements) führen zu Formen der „gemeinsamen Gewinnsteigerung" (joint profit maximization).

1. „Spontane Koordination" als Mittel der „gemeinsamen Profitmaximierung"

„Das Verhältnis von Wenigen (fewness) ist ein wichtiges Merkmal des Wirtschaftsbildes unserer Zeit. Viele Preise und Lohntarife kommen unter Bedingungen zustande, die weder atomistischer noch monopolistischer Art sind; sie werden bestimmt durch das Verhältnis von Wenigen: eine kleine Zahl von initiativen Einheiten entwirft ihre Politik im Hinblick auf die wechselseitige Anpassung der Beteiligten" (*1*, Einleitung S. XI).

Die Konkurrenz der „Wenigen" umfaßt die Verhältnisse des Oligopols (wenige Anbieter), des Oligopson (wenige Käufer), des bilateralen Monopols. In allen diesen Fällen wollen die Beteiligten zwar ihre Gewinne maximieren. Doch hängt dies nicht allein von ihren eigenen Aktionsparametern, sondern auch von denen ihrer Mitspieler ab; das Konzept einer gegebenen Angebots- oder Nachfragefunktion wird unanwendbar. — Dies unterscheidet die erwähnten Marktpositionen nicht nur von denen der freien Konkurrenz, sondern auch von denen des einseitigen Monopols bzw. Monopson: Reagiert hier die jeweils eindeutig unterlegene Seite auf die Entscheidung der anderen, so müssen beim Wettbewerb der „Wenigen" etwa gleich starke Markt-

---

[26] 1. Auflage, New York 1949; hier zitiert nach der Ausgabe von 1960.

bewerber sich in ihren eigenen Entschlüssen auf das erwartete korrespondierende Verhalten der anderen von vornherein einstellen. Das „Wechselverhältnis der Vermutungen" (the conjectural interdependence), das so entsteht, läßt die Entscheidungen der — sei es kontrahierenden, sei es konkurrierenden — Parteien zunächst als weithin unbestimmt erscheinen (S. 13 ff.). Nach wie vor arrangieren sich zwar die Beteiligten irgendwie. Aber es ist ein Unterschied, ob sie hierbei die Lage vertraglich für eine Weile fixieren oder einander ständig lauernd umschleichen:

„Im einen Fall werden ausdrücklich Verhandlungen gepflogen, in deren Verlauf die Kontrahenten unmittelbar herauszufinden suchen, was das günstigste Übereinkommen sein wird, das sie erzielen können. Im anderen Falle sucht jede Partei aus den Reaktionen der Gegenseite zu ermitteln, was die schließlichen Wirkungen ihrer eigenen Entschlüsse sein werden. Und jede Partei will abtasten, welche ihrer Verhaltensalternativen zu solchen wechselseitigen Reaktionen führen wird, daß diese den Charakter einer stillschweigenden Übereinkunft oder Vereinbarung (tacit agreement or convention) erlangen und dabei vom eigenen Interessenstandpunkt günstiger als jedes der Gegenseite gleichfalls willkommene stille Einverständnis sind. Solche Vorgänge können als implizite oder Quasi-Verhandlungen (implicit bargaining or quasi-bargaining) und die Ergebnisse als Quasi-Abmachungen (quasi-agreements) bezeichnet werden. Der Unterschied zwischen „echter" und Quasi-Abmachung besteht darin, daß die erstere direkte Kontakte verlangt, die letztere dagegen nicht" (S. 15 f.).

Was hier hervortritt, liegt in der Tat von Anfang an in der *Doppelnatur* des Konkurrenzverhältnisses zutiefst begründet: Es ist das Streben nach einem gleichen Ziel, das die Einzelbeteiligten zugleich separiert und zusammenhält. Und je nach den Umständen obwiegt das Moment der Trennung oder das der Kohäsion. (So reichen bei J. S. Bain, 1, die Möglichkeiten der oligopolistischen Konkurrenz von der „chaotischen Rivalität" bis zum „wirksamen und streng eingehaltenen Einverständnis [collusion]".) — Die Formen der „spontanen Koordination" können dabei, wie Fellner zutreffend vermerkt, in solche der vertraglichen Abmachung übergehen (S. 16). Und man darf hinzufügen: sie bereiten solche in der Regel vor.

Die stillschweigende Abstimmung der Marktentscheidungen bewirkt nun eine *kollektive* Steigerung der Profite der Beteiligten:

„Auf Märkten von der Art des Oligopols oder des beiderseitigen Monopols besteht eine Tendenz zur gemeinsamen Maximierung der Gewinne[27] der Gruppe und zur Teilung dieser Gewinne" nach bestimmten Regeln des gemeinsamen Interesses (S. 33).

Der Gedanke der „joint profit maximization" klingt schon bei *Chamberlin* an. — Freilich darf damit das Rivalitätsverhältnis nicht einfach als aus-

---

[27] Beim Autor eigentlich: „Maximierung der gemeinsamen Gewinne."

gelöscht betrachtet werden. Fellner selbst ist vorsichtig genug, eine Reihe näherer Bestimmungen und Einschränkungen zu treffen:

„Das ökonomische Verhalten bleibt unter den Bedingungen der geringen Zahl unvollkommen koordiniert; es bleibt in gewissem Sinne konkurrenzwirtschaftlich" (S. 35; teilweise H.; ferner S. 134 ff.).

Die „gemeinsame Profitsteigerung" führt auch nicht zu gleichen Gewinnsätzen zwischen den Beteiligten (S. 217 f.). — Ferner ist „spontane Koordinierung" nur bei bestimmten Konstellationen gesichert, etwa bei Preisführerschaft:

„Jedes Modell der Führerschaft schließt ein Element des Einverständnisses über die Art der ökonomischen Machtverteilung ein. Es impliziert nicht nur, daß auf Grund solchen Einverständnisses bestimmte Unternehmungen Preisführer und andere Preisgefolgschaft sind; es unterstellt vielmehr auch, daß die Führungsrolle in bestimmter Weise (entsprechend gewissen Reaktionsfunktionen) ausgeübt wird und daß die anderen Unternehmungen in bestimmter Weise Folge leisten (d. h. sich an diese Reaktionsfunktionen halten)" (S. 126).

Ferner erstreben die Beteiligten *längerfristig* durchhaltbare Höchstgewinne, auch unter Verzicht auf ein absolutes Tagesmaximum. Die Unternehmungen werden daher ihre Produktion nicht bis zum Schnittpunkt der Grenzerlös- mit der Grenzkostenkurve treiben, sondern schon da innehalten, wo noch der Grenzerlös höher ist als die Grenzkosten (S. 154). Man sucht einen Kompromiß zwischen dem Maximum an Tagesgewinn und der Sicherheit für morgen (S. 154 f., 164). Dazu gehört die Überlegung, wie weit hohe Preise und Gewinne den Eintritt neuer Rivalen in den Wirtschaftszweig begünstigen können; diese Überlegung mag einer oligopolistischen Preispolitik gewisse Grenzen setzen (S. 49).

Neben die Preis- und Mengenstrategie auf den Märkten treten weitere Gegenstände stillschweigender Abstimmung zwischen den Beteiligten. Auch Fellner geht hier ausführlich auf die Rolle der Produktvariation ein (S. 183 ff., S. 191 ff.).

2. Wirtschaftspolitische Folgerungen

Soweit Tendenzen zur Marktbeherrschung bestehen, sollten sie nach Auffassung *Fellners* nicht hingenommen werden:

„Monopolisierung und Einengung der Märkte zu begünstigen kommt den Idealen der westlichen Gesellschaft nicht zugute. Monopolisierung hindert nicht nur die ‚unechten' Formen des Fortschritts, sondern den Fortschritt überhaupt.

Infolge der Unvollständigkeit des Zusammenwirkens zwischen Oligopolisten ist die Unsicherheit [für diese; W. H.] größer als im Falle des Monopols, und bei ausgedehnteren Oligopolen wiederum erheblicher als bei enger begrenzten. Die Gewinnerwartungen des Oligopolisten unterliegen jener Unsicherheit, die schon den Gewinnerwartungen des Monopolisten eigen ist, und dazu der Ungewißheit, die sich aus der Unvollständigkeit des Zusammenwirkens sowie aus dem häufigeren Wechsel der Verhältnisse ergibt. Solche Unsicherheit aber herabzusetzen, indem man das Monopol begünstigt, hieße eine Art von Sicherheit erstreben, die mit dem Fortschritt unvereinbar ist" (S. 288).

Fellner bekennt sich hier, wie ersichtlich, zu jener Auffassung vom ungünstigen Einfluß ökonomischer Machtgebilde auf Kapitalakkumulation und „Wirtschaftswachstum", die bis zum Erscheinen von *Schumpeters* Buch von 1942 (6) die allgemein vorherrschende gewesen ist. (Vgl. dazu auch Fellner, 2, S. 376 ff.).

Ist auch das Verhältnis „reiner" Konkurrenz nicht zu verwirklichen, so sollte doch das angestrebt werden, was J. M. *Clark (1)* und H. S. *Ellis (1)* als *„Workable Competition"* bezeichnet haben — und was allerdings von *Chamberlin* schon als eine Form der *„monopolistischen"* Konkurrenz verstanden wird (2, S. 19):

„Der Neueintritt von Unternehmungen mit niedrigeren Kosten könnte wirksam unterstützt und hierdurch ein oligopolistischer Markt verbreitert werden. Selbst wo solcher Neueintritt nicht stattfindet, würde ein drohendes Auftauchen von potentiellen Rivalen mit Selbstkostenpreisen einer Ausnutzung oligopolistischer Macht engere Grenzen ziehen. Die Wirksamkeit einer hierauf gerichteten Politik könnte durch die Befugnis verstärkt werden, größere Fusionen sowie die Angliederung neuer Unternehmungen — soweit nicht aus Gründen der Kostensenkung zu rechtfertigen — zu unterbinden" (S. 310).

Die Schwierigkeiten einer solchen Politik verkennt Fellner nicht; auch richten sich die von ihm vorgeschlagenen Maßnahmen mehr gegen die geläufigen Erscheinungen von Konzentration als gegen die von Fellner selbst hervorgehobenen und schwer zu fassenden Arten eines *stillschweigend* konzertierten Verhaltens.

In der Tat zeigen die heutigen Formen der Marktbeherrschung eine Tendenz zur *Verfestigung* und *Konsolidierung:* Die spontane Koordination im Oligopol bereitet immer wieder einer *planvollen* Koordination der Interessenten den Weg. Die wichtigste Art solchen Zusammenwirkens ist heute die *Aufteilung der Produktionsprogramme* zwischen den Unternehmungen („Spezialisierungskartelle"): Sie erlaubt nicht nur rationelle Erzeugung im Großen, sondern ist auch geeignet, in der Sphäre der Produktion selbst (und nicht erst in dem immer gefährdeten Bereich der Märkte) solide neue Alleinstellungen zu schaffen. Solche durchaus *vereinbarte* Abstimmung hat seit längerem nicht nur innerhalb der Nationalwirtschaften, sondern auch über deren Grenzen hinaus immer mehr Platz gegriffen (vgl. W. *Hofmann*, 5, S. 27 ff.).

So schreitet die Konzentration der Wirtschaftsmacht in Wirklichkeit unaufhaltsam fort. Und es wäre an der Zeit, daß die Wirtschaftspolitik sich von einer Illusion trennte, deren Bewahrung geradezu ideologische Funktion erhalten hat: nämlich, diesem elementaren Prozeß — und seinen Folgen für die Preisbildung — ernstlich noch wehren zu können. Die Einsicht sollte reifen, welche die schlichte wissenschaftliche Redlichkeit verlangt: Es gibt ökonomische Probleme, die auf dem Boden der gegebenen und gewollten Ordnung nicht mehr zu lösen sind.

Zur allgemeinen Charakteristik der gegenwärtigen Preislehre

Versucht man, die jüngste Entwicklung der Preislehre zu überschauen, so zeigt sich das durchgehende Streben nach *Verfeinerung* der anfangs oft allzu groben „Modelle". Was hierbei vielfach als „Annahme" um der „Reinheit" der Aussage willen draußen gelassen worden ist, wird nun einbezogen; und dabei zeigt sich nicht selten, daß das bisherige Ergebnis selbst sich hierdurch erheblich ändert.

Diese Verfeinerung und Spezifizierung, die zugleich dem Wunsch nach größerer *Erfahrungsnähe* der Preisaussagen entspringt, steht nicht zuletzt unter dem Anstoß praktischer Bedürfnisse: Man will immer bestimmter wissen, über welche Alternativen die Gegenspieler verfügen. Man will insbesondere immer genauer den verschiedenen Regungen der *Verbraucher* auf die Spur kommen und den Erfolg jener mannigfachen Einflüsterungen abschätzen, denen die Konsumenten ausgesetzt werden. Immer wichtiger wird aber auch eine richtige Bestimmung des betrieblichen Mitteleinsatzes („Operations Research").

Die „theoretische" Arbeit an den Modellen hat unter diesen Umständen einen Grad der Verfeinerung erreicht, der die Preislehre zur esoterischen Angelegenheit eines immer kleineren Kreises eigentlicher Kenner, zu einem komplizierten Gesellschaftsspiel mit exklusiv wirkenden Regeln für wenige Eingeweihte zu machen tendiert.

Die Schwierigkeit einer Preislehre, die *zugleich* die Nähe zur Einzelwirtschaft *und* das „Modell" will, zeigt sich in einer zunehmenden *Spaltung* zwischen ihrem „allgemeinen" und ihrem spezifisch-empirischen Gehalt. Das „*Allgemeine*" der Lehre vom Marktgeschehen ist zu einem ins Anthropologische geweiteten Konzept vom menschlichen „*Verhalten*" schlechthin, vom „Decision-Making", verdampft. Der *empirische* Inhalt der speziellen Preisaussagen drängt immer mehr zur reinen *Markt- und Betriebsforschung* hin.

Eigentlich zehrt die neuere Preislehre dabei seit längerem schon von der Substanz: Sie findet ihre vorläufig noch reiche Betätigung darin, die *Illusionen* abzubauen, die sie sich früher gemacht hat und aus denen sich nach wie vor das akademisch vermittelte Lehrgut speist. Die eigentliche *Fortentwicklung* der Preislehre geht unverkennbar dahin, immer mehr *tabula rasa* mit den Axiomen von einst zu machen. Die tiefempfundene „Krise" der Preislehre, die damit verbunden ist, könnte eine echte *Läuterungskrise* sein: Sie könnte Raum schaffen für eine Rückbesinnung der Preislehre auf jene großen Fragen des volkswirtschaftlichen Gesamtprozesses, von denen sie einst ausgegangen ist.

Dritter Teil

Die Verbindung von Wert- und Preislehre: Das Problem des „angewandten Wertgesetzes" in der sozialistischen Planwirtschaft

Seit *Marx* hat sich die Ökonomie zwiegeteilt. Vollends hat mit dem Übergang zunächst des Sowjetstaates und später weiterer Länder zur Gemeinwirtschaft die Lehre von der sozialistischen Planwirtschaft unmittelbar praktische Bedeutung gewonnen. Sich in die allgemeinen Probleme der „anderen" Wirtschaftsordnung einzudenken ist unter diesen Umständen zur Bildungsaufgabe des heutigen Ökonomen geworden.

Auch innerhalb der uns vertrauten Wirtschaftslehre hat die Frage nach den Möglichkeiten und Prinzipien „rationaler" Preisbildung in einer Gemeinwirtschaft die Geister, vor allem in unserem Jahrhundert, immer wieder beschäftigt. Auf der einen Seite ist hierbei dargetan worden, die Grundbedingungen der Preisbildung seien die gleichen für die Gemeinwirtschaft wie für die Unternehmungswirtschaft; das gelte für das Prinzip der Nutzenabwägung (österreichische Variante der Grenznutzenlehre, insbesondere F. *v. Wieser*, 2, S. 27, 30, 59 f. und passim), für das „Knappheitsprinzip" (G. *Cassel*, 3, S. 112 [4. Aufl. 1927]), für die Bedingungen des ökonomischen Gleichgewichts (E. *Barone*, 2). Freilich sei die *Anwendung* der Regeln einer rationalen Preisbildung in der Gemeinwirtschaft nicht möglich: „Wo der freie Marktverkehr fehlt, gibt es keine Preisbildung; ohne Preisbildung gibt es keine Wirtschaftsrechnung" (L. *v. Mises*, 3, S. 120). Eine sozialistische Wirtschaft sei daher schlechthin ein „planned chaos" (*Mises*, 4; vgl. auch denselben, 5, 6; im selben Sinne F. A. *Hayek* [Ed.], 3). — Auf der anderen Seite sind (außerhalb der planwirtschaftlichen Hemisphäre selbst) vor allem die Theoretiker eines „*Konkurrenzsozialismus*", der Planwillen und Marktspontaneität miteinander verbinden soll, hervorgetreten. (O. *Lange* und F. M. *Taylor*, 2; H. D. *Dickinson*, 1. — Weitere Literatur zum vorliegenden Fragenkreis bei G. *Rittig*, 1; siehe ferner auch N. *Spulber*, 1, Teil IV.)

Innerhalb der dem Marxismus folgenden sozialistischen Welt von heute hat die Frage einer rationalen Wirtschaftsrechnung unmittelbar praktische Bedeutung gewonnen: Es geht um die „bewußte Anwendung des Wertgesetzes" im Dienste der Planwirtschaft. — In der entfalteten kapitalistischen Erwerbswirtschaft, so hatte *Marx* gelehrt, waltet das Wertgesetz (zu dessen Inhalt vgl. oben, S. 82 ff.) als unbegriffene Elementargewalt über den

Märkten; sinnfälliger Ausdruck hierfür ist das Auf und Ab der Konjunkturen. Die von *Marx* gesichtete klassenlose Gesellschaft der Zukunft hingegen wird sich des „Wertgesetzes" bewußt bedienen, um mit seiner Hilfe die verfügbaren produktiven Kräfte am zweckmäßigsten einzusetzen: „Mit der Besitzergreifung der Produktionsmittel durch die Gesellschaft ist die Warenproduktion beseitigt und damit die Herrschaft des Produkts über die Produzenten. Die Anarchie innerhalb der gesellschaftlichen Produktion wird ersetzt durch planmäßige bewußte Organisation. ... Die Gesetze ihres eigenen gesellschaftlichen Tuns, die ihnen bisher als fremde, herrschende Naturgesetze gegenüberstanden, werden dann von den Menschen mit voller Sachkenntnis angewandt und damit beherrscht" (F. *Engels, 1,* S. 264). Die Gesellschaft stellt hierbei zwar ihre Pläne unmittelbar nach ihren güterwirtschaftlichen Bedürfnissen auf; sie bedient sich aber in der arbeitsteiligen *Durchführung* der Pläne noch der kommerziellen Verkehrsformen: Es gibt noch Geld, Preise, Löhne, und ein jeder wird nach seiner Leistung entgolten. Erst im vollendeten Kommunismus soll auch der Austausch verschwinden: In der Konsumsphäre tritt freie Bedürfnisbefriedigung ein, und die Rechnung in Einheiten gleichwertig gewordener Arbeit dient dann als Mittel eines zweckmäßigen Einsatzes der Produktivkräfte, einer rationellen Auswahl der Investitionsalternativen, und schließlich einer (quasinaturalen) Abrechnung der Betriebe über den Produktionserfolg. Allgemein aber gilt für die Wirtschaftsverhältnisse eines „Vereins freier Menschen": „Die gesellschaftlichen Beziehungen der Menschen zu ihren Arbeiten und Arbeitsprodukten bleiben hier durchsichtig einfach in der Produktion sowohl als in der Distribution." (*Marx, 1,* I/1/4, S. 93; vgl. auch oben, S. 90; F. *Engels, 1,* S. 288).

Im frühen *Sowjetstaat* haben einige führende Theoretiker den Gedanken einer bewußten Selbstordnung der sozialistischen Gesellschaft im Sinne eines „Absterbens" der ökonomischen Theorie überhaupt verstanden. So meinte L. *Trotzkij* (1879—1940): „Die politische Ökonomie wird je länger, je mehr nur noch eine geschichtliche Bedeutung erhalten. In den Vordergrund treten die Wissenschaften, die die Natur und die Mittel, sie den Menschen dienstbar zu machen, erforschen" (*1,* S. 122). Im gleichen Sinne hat sich N. *Bucharin* (1888—1936) geäußert: „In einer sozialistischen Gesellschaft wird die Politische Ökonomie ihre Daseinsberechtigung verlieren: es wird nur noch eine ‚Wirtschaftsgeographie' übrigbleiben ..., denn die Beziehungen zwischen den Menschen werden einfach und klar sein, die fetischisierte dingliche Formulierung dieser Beziehungen wird wegfallen, und an Stelle der Gesetzmäßigkeiten des elementarischen Lebens wird die Gesetzmäßigkeit der bewußten Handlungen der Gesellschaft treten" (*1,* S. 53). — In der *Stalinschen* Epoche der sowjetischen Industrialisierung vollends und der Kriegswirtschaft war das Vertrauen in die ordnende Kraft eines von theoretischen Skrupeln freien staatlichen *Fiat* die unausgesprochene Überzeugung der Planbürokratie. Je mehr freilich die frühe Phase einer „extensiven" Industrialisierung der „intensiven" Nutzung der Produktivkräfte wich (vgl. dazu W. *Hofmann, 4, 6*), je wichtiger die Rationalisierung, der technische Fortschritt, die Pflege der *„materiellen Interessiertheit"* sowohl der einzelnen im Betriebe als auch der Betrieb in ihrem Verhältnis zueinander wurde (System der "wirtschaftlichen Rechnungsführung"), desto mehr zeigte sich, daß die Planpraxis selbst theoretische Grundsatzprobleme barg, die schließlich in der einen großen Frage nach der Funktion des „Wertgesetzes" in der Planwirtschaft konvergierten.

Innerhalb der neueren Sowjetwirtschaft hat die Behandlung dieser Frage *drei* markante *Stadien* durchlaufen: Die Debatte entzündete sich zunächst an dem Problem der richtigen Messung des „Nutzeffektes der Investitionen" — eines der meist erörterten Themen in der Wirtschaftsliteratur gegen Ende der vierziger und in der ersten Hälfte der fünfziger Jahre. Die Frage mußte natürlich hinführen zu dem allgemeinen Problem der „richtigen", d. h. an den *Arbeitswerten* orientierten Preise; und die Frage nach der Bedeutung des „Wertgesetzes" für die sozialistische Planung füllte vor allem die Debatte der zweiten Hälfte der fünfziger Jahre. Sie hat ihre Welle auch in andere Länder des sozialistischen Typs geworfen. Wenn hierbei die Erörterung vielfach einen sehr grundsatzhaften Charakter gewann — Frage nach der Natur der Ware-Geld-Beziehungen in einer sozialistischen Wirtschaft, nach der Eigenart des „Wertgesetzes" und der ökonomischen „Gesetze" überhaupt innerhalb einer Ordnung „bewußt handelnder Menschen" — so war doch der Aspekt ein letztlich praktischer. So ist denn auch seit Beginn der sechziger Jahre die Frage schließlich in das Stadium der Nutzanwendung getreten: Im Juli 1960 stellte die Plenartagung des Zentralkomitees der Kommunistischen Partei der Sowjetunion die Aufgabe, bis Anfang 1963 die Großhandelspreise aller Arten von Produktionsmitteln sowie die Transporttarife zu überprüfen. (Über die Durchführung des Programms vgl. M. *Bornstein*, 1). Schon zuvor waren die „Grundfonds" (d. h. die stehenden Anlagen) der Betriebe neu bewertet worden. Das 1961 verabschiedete Parteiprogramm schließlich sieht eine allgemeine Revision des sowjetischen Preissystems vor — eine Aufgabe von ungeheurem Umfang, bei der gewaltigen Zahl von Produktarten und der Notwendigkeit, dem ständigen und raschen Wandel der Produktionsbedingungen zu folgen. Die Erörterungen kreisen nun um die Frage, wie die Wertrechnung zu einem wirksamen Hebel sowohl der Planung als auch der Planverwirklichung und ihrer Kontrolle fortentwickelt werden kann. Daß die Dinge hier noch sehr im argen liegen, hat die Plenartagung des ZK der KPdSU vom November 1962 zum Ausdruck gebracht: „Eine anormale Lage ist bei der Festsetzung der Preise für Industrieerzeugnisse entstanden. Ohne richtige Lösung des Problems der Preisbildung und der Festsetzung wissenschaftlich begründeter Preise ist es unmöglich, viele ernste Mängel in der Planung der Produktion zu beseitigen, die wirtschaftliche Rechnungsführung umfassend zu verwirklichen und die Bedingungen für eine rentable Arbeit der Betriebe zu sichern."

Die Schwierigkeit ist in der Tat groß, und sie ist von durchaus prinzipieller Natur: Vor einer Gesellschaft, die alle ihre ökonomischen Daseinsbedingungen „bewußt" gestalten will, steht die große Aufgabe, auch das *Preissystem* „rational", d. h. objektiv „richtig" im Sinne der Ziele, denen die Preisbildung dient, zu ordnen.

Es ist dabei von fundamentaler Bedeutung, daß solche „Rationalität" des Preissystems für die Gemeinwirtschaft einen *anderen* Inhalt hat als für die Ordnung der Erwerbswirtschaft, weil die mit der Preisbildung verbundenen Zwecke von verschiedener Natur sind: Der richtige *Einzel*preis ist für das *Erwerbs*unternehmen der Preis, der den Gewinn zu maximieren erlaubt; und *gesamt*wirtschaftlich „rational" ist dasjenige Preis*system*, das die Gewinne überall zum *Ausgleich* bringen würde, also das „Gleichgewichtspreissystem", im wirklichen Sinne des Wortes. (Zur Lehrgeschichte des Theorems vom „Profitratenausgleich", vgl. oben, S. 95 f. — Daß einzel- und gesamtwirtschaftliches Kriterium „richtiger" Preisbildung nicht übereinstimmen, sei hier nur beiläufig vermerkt.) Über ein solches Gleichgewichtspreissystem verfügt eine Ordnung der *Verbands*wirtschaft, der regulierten Konkurrenz, in der privat und öffentlich betriebener Preisdirigismus, Subventionen, teilweise oder gänzliche Regulierung von Einfuhr und Ausfuhr auf die Preise und Gewinne nachhaltig einwirken, nicht mehr. Von einer „Rationalität" des Preis*systems* kann unter diesen Umständen in unserer Wirtschaft nicht mehr die Rede sein.

Für die Gemeinwirtschaft ist die Preisbildung nicht Mittel zum Zweck der Gewinnerzielung, sondern „Hebel" bei der Erfüllung letztlich *güterwirtschaftlich* bestimmter Aufgaben. Die Preisbildung liegt daher — jedenfalls innerhalb des gemeinwirtschaftlichen Sektors — nicht (oder nur in ganz engen Grenzen) bei den Betrieben selbst. Unter diesen Umständen bestimmt sich die „Rationalität" der Einzelpreise sowie des Preisgefüges nach ganz anderen Kriterien als in der kommerziellen Erwerbswirtschaft. Die Preisbildung muß nun einer doppelten Anforderung genügen:

1. Sie hat eine *Indizfunktion* für die überbetrieblichen *Planungsorgane*, denen sie einen verläßlichen Maßstab für den realen Aufwand an volkswirtschaftlichen Produktivkräften und für den realen Zuwachs an Gütern liefern soll. Die Preisbildung soll insofern einer „rationalen" Auswahl a) der Produktions*ziele*, b) der Produktions*wege* dienen.

2. Die Preisbildung hat eine *Stimulanzfunktion* für die *Betriebe:* Sie soll deren Entscheidungen (nach dem Prinzip der „wirtschaftlichen Rechnungsführung") auf die Bestimmung des richtigen, d. h. dem Bedarf entsprechenden Feinsortiments ihrer Produktion und auf die wirkungsvollste Kombination der Produktivkräfte im Erzeugungsprozeß hinlenken. So soll der Planwille zur Sache der „materiellen Interessiertheit" der Betriebe selbst werden. (Zu den Aufgaben der Preisbildung vgl. A. J. *Koscheljow*, in „Das Wertgesetz etc." *1*, S. 86 f.).

Diese beiden Hauptfunktionen — zu denen noch die einer planvollen *Einkommensverteilung und -umverteilung vermittels der Preise* zu rechnen wäre — stehen miteinander in keiner notwendigen Übereinstimmung: Über die rein *konstatierende* geht die *wirtschaftspolitische* Funktion der Preisplanung hinaus. Hier muß zwar von den gegebenen Produktionsbedingungen und ihrem Wertausdruck ausgegangen werden; zugleich aber greift der Planwille darüber hinaus: Er stellt neue Produktionsaufgaben, will mit Hilfe der Preise die Proportionen in der Verteilung der Produktivkräfte der Volkswirtschaft *ändern*, neuen Produktionsverfahren zu rascher Verbreitung verhelfen, usw. Der Begriff des wirtschaftlich „richtigen" Preises erhält hierdurch selbst einen doppelten Inhalt, und beide Bedeutungen relativieren einander: Der „richtige" Preis ist einerseits der den *gegebenen* Produktionsbedingungen entsprechende und andererseits derjenige, der die *Möglichkeiten von morgen* einschließt und auf deren Verwirklichung hindrängt. — Dementsprechend wäre der „Gleichgewichtspreis" einer sozialistischen Wirtschaft zunächst derjenige, welcher den Aufwand an persönlichen und sachlichen Produktivkräften „richtig" wiedergibt. Aber dieser „Gleichgewichtspreis" muß nun selbst wieder „dynamisiert", das „Gleichgewicht" der Gegenwart um des „Gleichgewichts" der Zukunft willen verletzt werden.

Die oben bezeichnete Doppelfunktion der Preise in der sozialistischen Planwirtschaft führt zu der praktischen Schwierigkeit: Einerseits soll die Preisbildung von den „Werten" ausgehen; und schon die bloße Ermittlung des *realen* Aufwands an („lebendiger" und „vergegenständlichter") Arbeit kommt den zwölf Mühen des Herakles gleich. Andererseits aber *müssen* die Einzelpreise und die Preisproportionen um der wirtschaftspolitischen — und einkommenspolitischen — Zielsetzungen willen in gewissem Maße planvoll *abweichend* von den „Werten" festgesetzt werden.

Die Lösung dieser Doppelaufgabe ist um so schwieriger, als auch die Werttheorie von *Marx* sie durchaus offengelassen hat: 1. *Marx* hat zwar im Arbeitswert — unter den Bedingungen der kommerziellen Wirtschaft — den „*letzten*" Grund der Preise gesehen. Aber er hat keineswegs die Bildung der *Einzel*preise hiermit erklären wollen, um deren Bestimmung es nun gerade geht. 2. Voraussetzung aller „wert"-orientierten Preisplanung ist die *Rechenbarkeit der Werte*. Marx hat dieser Voraussetzung für seinen theoretischen Ansatz nicht bedurft. Nun aber wird sie zwingend.

Man fragt sich unter diesen Umständen, ob die *Marx*sche Werttheorie hier nicht überfordert wird, und ob der Gedanke einer „bewußten Anwendung des Wertgesetzes" nicht überhaupt einen Widerspruch bezeichnet: Ein „Gesetz" (wie etwa das des freien Falls) kann man zwar *nutzbar machen*, nicht aber als solches *gestalten* und *modeln*. Da aber das „Wertgesetz" nach übereinstimmender Auffassung nicht das letzte Gesetz einer sozialistischen Wirtschaft, sondern vielmehr anderen „Gesetzen" wie dem der Entwicklung zum Güterüberfluß, dem „Gesetz der planmäßigen, proportionierten Entwicklung der Volkswirtschaft" u. a. untergeordnet, gewissermaßen also ein *dienendes* „Gesetz" ist, so fragt es sich, wie weit man überhaupt von einem „Gesetz" sprechen darf. So bezeichnet die Forderung nach „bewußter Anwendung des Wertgesetzes" eigentlich schon in ihrer Formulierung das theoretische Dilemma und den praktischen Balanceakt der Preispolitik zwischen der Spontaneität der Märkte und einer des „Wertgesetzes" sich enthebenden Planräson.

Es ist daher begreiflich, daß die Fragen der „richtigen" Preisplanung in der gegenwärtigen Theorie der sozialistischen Planwirtschaft außerordentlich umstritten sind. Und man darf sagen, daß sie seit der großen Grundsatzdebatte, die in der Sowjetunion während der zwanziger Jahre (etwa von Lenins Tod bis zum Übergang zur Planära) um den kürzesten Weg der Industrialisierung ausgefochten worden ist, die ernsteste ökonomische Frage darstellt, vor der die Länder des marxistisch-sozialistischen Typs heute stehen. In der Epoche des immer mehr mit ökonomischen Mitteln ausgetragenen Ringens um die Meinung der Welt weitet sich die Frage der „richtigen" Preisbildung zu der nach dem Wirtschaftssystem, das die überlegene Ratio auf seiner Seite hat.

A. Wertgesetz und Preisbildung: W. P. Djatschenko

Bei der Akademie der Wissenschaften der UdSSR ist vor kurzem ein „Wissenschaftlicher Rat für Fragen der Preisbildung" ins Leben gerufen worden, der die mit der Überprüfung des sowjetischen Preissystems verbundenen umfangreichen Forschungsarbeiten koordinieren soll. Gleichzeitig ist innerhalb des Instituts für Wirtschaftswissenschaften bei der Akademie eine besondere Abteilung für Preisbildung geschaffen worden. Beide Einrichtungen unterstehen der Leitung von Wassilij Petrowitsch Djatschenko (geb. 1902, Universität Moskau), einem der bekanntesten sowjetischen Ökonomen. Gegen Ende des Jahres 1962 haben die beiden erwähnten Institutionen eine wissenschaftliche Konferenz veranstaltet, auf der Djatschenko das Grundsatzreferat hielt. Ihm entnehmen wir die folgenden Textproben[1].

1. Die Stellung des Wertgesetzes im Sozialismus

„Die Möglichkeit, die Preise planmäßig entsprechend den objektiven Erfordernissen der gesellschaftlichen Entwicklung festzulegen und zu verändern, ist einer der Vorzüge des sozialistischen Wirtschaftssystems gegenüber dem kapitalistischen. Um jedoch diesen Vorzug richtig zu nutzen, muß man wissen, wovon das Niveau, das Wechselverhältnis und die Dynamik der Preise in ihrer Gesamtheit sowie bei den einzelnen Produktionsarten abhängt, welche Faktoren bei der planmäßigen Preisbildung zu beachten sind, und in welcher Weise. Eine Hauptursache für die Mängel in der Preisbildung besteht gerade in der ungenügenden Beachtung des Systems der preisbildenden Faktoren und ihrer Wirksamkeit im einzelnen sowie in ihrem wechselseitigen Zusammenhang" (S. 52 [37]).

„Es versteht sich von selbst, daß das System der preisbildenden Faktoren die Besonderheiten des sozialistischen Wirtschaftssytems wiederzugeben hat und durch solche Grundprinzipien bestimmt wird, wie: Erhaltung und Festigung des gesellschaftlichen sozialistischen Eigen-

---

[1] Der Vortrag wurde unter dem Titel „Sistema cenoobrazujuščich faktorov i osnovy ich klassifikacii", in „Voprosy Ekonomiki" (1963, Heft 2, S. 37 ff.) veröffentlicht. Der von mir mit dem Original verglichene deutsche Text lehnt sich an die Wiedergabe in Heft 33 der „Wirtschaftswissenschaftlichen Informationen" des Instituts für Wirtschaftswissenschaften bei der Deutschen Akademie der Wissenschaften, Berlin, an, betitelt: „Das System der preisbildenden Faktoren und die Grundlagen ihrer Klassifikation." Die Seitenangaben in runder Klammer beziehen sich auf diese deutsche Wiedergabe, die Seitenangaben in eckiger Klammer auf den russischen Text.

tums, Planmäßigkeit, Unterordnung unter die Aufgabe, die sozialistische Produktion zu entwickeln und zu vervollkommen, ständige Erhöhung des materiellen Wohlstandes und des Kulturniveaus der Volksmassen, Festigung des Bündnisses zwischen der Arbeiterklasse und der Bauernschaft u. a." (S. 52 [37 f.]).

Das Wertgesetz ist also nicht das Hauptgesetz der sozialistischen Wirtschaft. Es ist anderen „Gesetzen" (besser spricht man von *Grundsätzen*) untergeordnet. Hierin besteht allgemeine Übereinstimmung bei den sowjetischen Ökonomen. (Vgl. auch N. W. *Hessin*, E. J. *Bregel* in „Das Wertgesetz etc.", *1*, S. 59 bzw. 78.) Es folgt hieraus, daß in der Gemeinwirtschaft kein Anlaß besteht, mit „Produktionspreisen" (im Sinne von *Marx*, bei überall gleichem rechnerischen „Gewinn") zu arbeiten. (A. W. *Batschurin*, in „Das Wertgesetz", *1*, S. 163 f., S. 166).

2. Faktoren der Wertbildung und Wertveränderung

„Der Preis ist der Geldausdruck des Wertes, dessen Größe durch den gesellschaftlich notwendigen Arbeitsaufwand bestimmt ist. Deshalb ist es notwendig, zuerst die Faktoren, die auf die Preise durch die Veränderung des gesellschaftlich notwendigen Arbeitsaufwandes einwirken, von den Faktoren abzugrenzen, die eine Abweichung der Preise vom Wert hervorrufen. Diese Abgrenzung hat prinzipielle Bedeutung" (S. 53 [38]).

Zunächst muß also der Wert selbst festgestellt werden, bevor man an die Frage herangehen kann, wieweit die Preise von den Werten abweichen sollen. — Auf das Problem der Wertermittlung geht Djatschenko nicht ein; er vermerkt nur, daß den Selbstkosten ein gewisses Mehrprodukt (rechnerischer Gewinn) „zugeschlagen" wird. Damit allerdings wird der von Djatschenko hervorgehobene Unterschied zwischen den Faktoren der Wertbildung und denen der Preisbildung sogleich wieder unscharf; ein Element der *Preis*bildungspolitik tritt in die Wertrechnung ein:

„Bekanntlich existiert in unserer Kostenrechnung und Statistik eine Kennziffer wie Wert oder gesellschaftlich notwendiger Arbeitsaufwand nicht. Unser Rechenwesen arbeitet nicht mit dem Wert, sondern mit Wertformen: Selbstkosten, Preis, Gewinn usw. Den Wert können wir nur auf dem Wege besonderer Berechnungen bestimmen. Dabei lassen sich die vorgeschlagenen Methoden der Wertermittlung dahin zusammenfassen, daß zu den Selbstkosten in diesem oder jenem Umfang Mehrprodukt zugeschlagen wird. Ein solches Herangehen an die Wertgröße ist vollauf gerechtfertigt, solange wir es nicht gelernt haben, den gesellschaftlich notwendigen Arbeitsaufwand unmittelbar in Einheiten von Arbeitszeit zu bestimmen" (S. 53 [38]).

Hier — wie auch im weiteren — setzt Djatschenko die Selbstkosten hypothetisch mit „Werten" gleich. Da die Selbstkosten eines Produkts sich aus sehr verschiedenen Arbeitskosten, aus den Preisen aller Vorprodukte sowie aus den Gemeinkosten der stehenden Einrichtungen des Betriebes zusammensetzen, so ist vorausgesetzt, daß die Wertermittlung bei sämtlichen Kostenelementen des Einzelprodukts bereits richtig vollzogen ist. Berücksichtigt man vollends, daß bei der allgemeinen technisch-ökonomischen Verflechtung der Wirtschaftszweige die Erzeugnisse eines Sektors selbst wieder als Vorprodukte in die Rechnung der Lieferanten eingehen können, so wird sinnfällig, daß eine petitio principii vorliegt: Die Aufgabe wird bereits als in den übrigen Wirtschaftszweigen schon gelöst betrachtet.

a) Grundbedingungen

„Bei der Bestimmung der Faktoren, die auf den Preis durch die Veränderung des gesellschaftlich notwendigen Arbeitsaufwands einwirken, ist von folgenden Leitsätzen auszugehen:

1. Der Wert wird durch die lebendige menschliche Arbeit geschaffen.

2. Der Wert kann nicht mit der Arbeit [*trudom;* gemeint wohl: mit dem Arbeits*aufwand;* W. H.] identifiziert werden, da er nur eine spezifische, nur der Warenproduktion eigene Ausdrucks- und Ordnungsform der gesellschaftlichen Produktionskosten ist. Die Warenpreise bringen unmittelbar nicht den Arbeitsaufwand, sondern den Wert zum Ausdruck, der durch den Arbeitsaufwand bestimmt wird.

3. Der Wert jeder Ware umfaßt den auf das neue Produkt übertragenen und den neu geschaffenen Wert. Das Verhältnis zwischen diesen beiden Teilen ist in den einzelnen Produktionszweigen unterschiedlich und unterliegt zeitlichem Wechsel" (S. 54 f. [38 f.]).

„Die Höhe des Aufwandes an lebendiger und vergegenständlichter Arbeit für eine Produkteinheit hängt von der technischen Ausrüstung der Arbeit, der Produktions- und Arbeitsorganisation, der Qualifikation, den Fähigkeiten und dem Geschick der Arbeiter und von den natürlichen Arbeitsbedingungen ab. Mit der Entfaltung der Produktion und ihrer Technik nimmt der Gesamtaufwand an Arbeit für eine Produkteinheit ab; hier wächst der Anteil des übertragenen Werts am Gesamtwert der Arbeitserzeugnisse und vermindert sich der Teil des neu geschaffenen Werts" (S. 55 [39]).

Ähnlich wie *Marx* für die kapitalistische Wirtschaft eine Tendenz zur „höheren organischen Zusammensetzung des Kapitals" angenommen hat, wäre hier also von einer „höheren organischen Zusammensetzung der gesellschaftlichen Fonds" (relatives Zurückbleiben des Fonds zur Entgeltung der „lebenden" Arbeit *plus* „Mehrprodukt" gegenüber dem Fonds zur Bestreitung des Sachaufwandes der Produktion) zu sprechen. Allerdings ist die Meinung, das Nettoprodukt (die gesellschaftliche Neuwertschöpfung) müsse hinter der Entwicklung des Bruttosozialprodukts immer mehr zurückbleiben, sehr anfechtbar: Die Steigerung der Arbeitsproduktivität senkt auch den Wert der eingesetzten Sachmittel, während sie gleichzeitig den produzierten Neuwert vergrößert.

b) Die Bedeutung des gesellschaftlichen Bedarfs für die Wertrechnung

Der Produktionsaufwand der Betriebe ist unterschiedlich groß. Maßgeblich für die Wertrechnung ist der „normale" Produktionsaufwand. Zu Recht betont Djatschenko hierbei, daß die Auswahl der Betriebe, die für die Ermittlung des Durchschnittswertes überhaupt in Betracht kommen, vom Umfang der für erforderlich gehaltenen Produktion im Verhältnis zu den gleichzeitig verfügbaren Ressourcen abhängt:

„Gesellschaftlich notwendig für die Produktion von Erzeugnissen ist die Arbeit, die unter gesellschaftlich normalen Produktionsbedingungen und mit dem für eine bestimmte Zeit gegebenen Durchschnittsgrad an Geschick und Arbeitsintensität aufgewendet wird. Dies gilt nur innerhalb der Grenzen des gesellschaftlichen Bedarfs an einer bestimmten Erzeugnisart. Deshalb muß der Arbeitsaufwand stets im Zusammenhang mit den Proportionen der Produktion betrachtet werden" (S. 55 f. [39]).

Auch hier zeigt sich wieder, daß die Wertrechnung anderen Prinzipien der Planwirtschaft untergeordnet ist: in diesem Falle dem der Planung nach dem güterwirtschaftlichen Bedarf der Gesamtwirtschaft. Dies tritt besonders in der landwirtschaftlichen Urproduktion hervor:

„Mit dem Ausmaß des gesellschaftlichen Bedarfs ist auch der Einfluß der natürlichen Arbeitsbedingungen auf die Wertgröße verbunden. Die Notwendigkeit, den gesellschaftlichen Bedarf mit einer begrenzten Bodenfläche zu befriedigen, macht es erforderlich, auch schlechtere Böden zu nutzen" (S. 56 [39]).

Entsprechend verschieben sich mit den Rahmenbedingungen auch die Durchschnittsbedingungen der Produktion. Der Umfang des zu befriedigenden Bedarfs wirkt also indirekt auf die Wertverhältnisse mit ein.

c) Produktionsleistungen in der Zirkulationssphäre: insbesondere der Transportaufwand

„Der gesellschaftliche Produktionsaufwand ist nicht auf den der Produktionssphäre selbst beschränkt; er umfaßt auch den Aufwand, der mit der Fortsetzung des Produktionsprozesses in der Zirkulationssphäre entsteht. Die Hauptrolle hierbei spielen die Transportkosten.

Der Wert jedes zu transportierenden Erzeugnisses erhöht sich um die Transportaufwendungen, die gesellschaftlich notwendig sind, um die Produkte an den Ort ihres Bedarfs zu bringen (die Konsumgüter bis zum Ort des Absatzes). Hier zeigt sich der Einfluß des geographischen Faktors (der Standortverteilung der Produktion und des Bedarfs bzw. des Absatzes der Produkte) auf die Höhe des gesellschaftlich notwendigen Aufwandes" (S. 57 f. [40]).

Wertorientierte Transportpreise sollen also auch einer „richtigen" Verteilung der Produktion über das Wirtschaftsgebiet dienen. Allerdings wird zu bedenken sein, daß eine korrekte Zurechnung des auf eine bestimmte Produktgattung entfallenden Transportaufwands bei dem außerordentlich hohen Anteil der „Gemeinkosten" im Transportwesen nicht möglich ist.

d) Der Einfluß der Arbeitsproduktivität auf die Wertbildung

„Eine allgemeine Kennziffer zur Ermittlung von Veränderungen des gesellschaftlich notwendigen Arbeitsaufwands könnte die Entwicklung der Arbeitsproduktivität sein, da sie im wesentlichen durch die gleichen Faktoren bestimmt wird wie der gesellschaftlich notwendige Arbeitsaufwand. Allerdings ist bei der Verwendung dieser Kennziffer folgendes zu beachten:

Erstens gehen in die Kennziffer der Arbeitsproduktivität bei der laufenden statistischen Erfassung auch die Veränderungen in der Arbeitsintensität mit ein. Arbeitsproduktivität und Arbeitsintensität beeinflussen hierbei den Umfang des gesellschaftlich notwendigen Arbeitsaufwandes in verschiedener Weise.

Zweitens: Mit der Steigerung der Arbeitsproduktivität erhöht sich die Wertgröße, die auf das neue Produkt während einer bestimmten Arbeitszeit übertragen wird; es verändert sich das Verhältnis zwischen dem neu geschaffenen und dem übertragenen Wert innerhalb des Gesamtwertes des Erzeugnisses. Hieraus folgt: Obwohl das allgemeine Ergebnis einer Steigerung der Arbeitsproduktivität die Senkung des gesellschaftlich notwendigen Arbeitsaufwandes ist, so ist diese Senkung doch nicht umgekehrt proportional der gestiegenen Arbeitsproduktivität. Hinzu kommt, daß sich das Verhältnis zwischen der Entwicklung der Arbeitsproduktivität und derjenigen des Werts der Produkteinheit hinsichtlich der Proportion von lebendiger und vergegenständlichter Arbeit je nach den Produktionszweigen und je nach den Umständen, welche die Steigerung der Arbeitsproduktivität bewirken, unterschiedlich gestaltet.

Drittens: Die Erhöhung der Qualifikation der Arbeiter als ein Faktor der Steigerung der Arbeitsproduktivität kann (besonders im Zusammenhang mit dem technischen Fortschritt) zur Folge haben, daß die

Arbeit komplizierter wird und daß während einer Arbeitszeiteinheit ein größerer Wert geschaffen wird. Dies stört ebenfalls die umgekehrt proportionale Abhängigkeit von Erhöhung der Arbeitsproduktivität und Wertentwicklung bei den einzelnen Produkteinheiten.

Viertens: Die Angaben über die Arbeitsproduktivität stehen in keinem Zusammenhang zum Umfang des gesellschaftlichen Bedarfs an den Produktgattungen. Gesellschaftlich notwendig ist aber nur die Arbeit, die im Rahmen des gesellschaftlichen Bedarfs aufgewendet wurde. Daher ist es möglich, daß die Dynamik der Arbeitsproduktivität, die das Wachstum des physischen Produktionsumfangs wiedergibt, dennoch die Wertbewegung der Erzeugnisse nicht zum Ausdruck bringt.

Um die Entstellungen zu beseitigen, die bei der Änderung des Verhältnisses von übertragenem und neu geschaffenem Wert — infolge einer veränderten Arbeitsproduktivität — entstehen, ist es erforderlich, als Kennziffer diejenige Arbeitsproduktivität zu nehmen, die auf der Grundlage des Reinprodukts (čistoj produkcii) ermittelt wurde. Überflüssig zu bemerken, daß gerade eine solche Kennziffer der Arbeitsproduktivität der marxistischen These am meisten entspricht, wonach der Wert durch die lebendige menschliche Arbeit geschaffen wird.

In der täglichen Preisbildung ist es unbedingt notwendig, die Kennziffer der Arbeitsproduktivität anzuwenden, da sie leicht aus dem laufenden Rechnungswesen ermittelt werden kann. Dabei darf man nicht vergessen, daß diese Kennziffer aus den schon oben angeführten Gründen nur bedingt aussagefähig, nur eine Orientierungsgröße und nur annähernd genau ist. Für die Analyse des bestehenden Preissystems und für dessen periodische Überprüfung ist die Berechnung des gesellschaftlich notwendigen Arbeitsaufwandes erforderlich, auch wenn die Ergebnisse dieser Berechnungen nicht absolut genau sind" (S. 58 ff.) [40 f.]).

Die Bemerkungen über die Wirkungen veränderter Arbeitsproduktivität sind zutreffend. Verwunderlich ist freilich, daß der Autor, obwohl er die Brauchbarkeit der Ziffern über den Arbeitsaufwand zu Recht bezweifelt, diese dennoch der Wertrechnung empfiehlt. Gleichzeitig greift er allerdings auf die fortlaufende Neuberechnung des Arbeitsaufwandes zurück, die er freilich wiederum nicht als exakt bezeichnen kann. Diese Bedenken — zu denen noch weitere kämen, wie etwa das der Unbestimmtheit der relativen „Wertigkeit" der Arbeitsstunden selbst und ihrer in den verschiedenen Tätigkeitszweigen unterschiedlichen Proportionen — halten Djatschenko aber nicht davon ab, auf die Grundforderung zurückzukommen:

„Der gesellschaftlich notwendige Arbeitsaufwand ist die Grundlage der Preisbildung. Hieraus folgt, daß ... die Preise immer genauer den gesellschaftlich notwendigen Arbeitsaufwand widerspiegeln sollen, daß die Faktoren, die über die Wertgröße bzw. über den gesellschaftlich notwendigen Arbeitsaufwand auf den Preis einwirken, die große Linie der Preisentwicklung bestimmen müssen. Hierbei dürfen die anderen Faktoren nur zur Begründung solcher Abweichungen der Preise vom Wert herangezogen werden, die objektiv durch die Bedürfnisse der volkswirtschaftlichen Entwicklung hervorgerufen werden" (S. 60 f. [41]).

3. Faktoren einer nicht wert-konformen Preisbildung

Die Preise sind jedoch nicht nur Recheneinheiten der Planung, sondern auch Instrumente der Planverwirklichung und der Wirtschaftspolitik. Als solche müssen sie, um ihrer *Stimulanzfunktion* willen, auch abweichend von den Werten festgesetzt werden können. Sie behalten eine wirtschafts- und sozialpolitische *Ordnungsaufgabe*, solange die Ware-Geld-Beziehungen fortbestehen:

„Die Möglichkeit einer Abweichung der Preise vom Wert liegt im Preise selbst begründet, da er der Geldausdruck des Wertes, d. h. der indirekte Ausdruck des gesellschaftlich notwendigen Arbeitsaufwands ist. Die Folge dieser Abweichung ist, daß bestimmte Waren einen Teil ihres Werts beim Verkauf anderer Waren realisieren oder überhaupt keinen Preisausdruck erhalten. Es verändert sich die tatsächliche Höhe der Einnahmen der Betriebe und der Bevölkerung, und es entsteht und verstärkt sich, oder es sinkt umgekehrt oder verschwindet völlig das Interesse an der Produktion resp. am Erwerb gewisser Erzeugnisse.

Der Umstand, daß die Gesamtbewegung der Preise in der sozialistischen Wirtschaft sich entsprechend der Entwicklung des gesellschaftlich notwendigen Arbeitsaufwands gestaltet, schließt die Möglichkeit und Notwendigkeit eines Abweichens der Preise vom Wert nicht aus, soweit sie von volkswirtschaftlichen Erfordernissen bestimmt wird. Man darf nicht die Gesetzmäßigkeiten und die Aufgaben der planmäßigen Preisbildung nur auf die Erfassung und genaueste Wiedergabe des gesellschaftlichen Produktionsaufwands, d. h. auf die Meßfunktion des Preises beschränken. Der kommunistische Aufbau erfordert eine vielseitige Nutzung des Preises in allen seinen Funktionen. Die Unterschätzung der Umstände, die mit objektiver Notwendigkeit vom Wert abweichende Preise hervorrufen, kann nur zu negativen Resultaten führen. Die Preisbildung ist nicht nur mit einer geldmäßigen Erfassung des gesellschaftlich notwendigen Arbeitsaufwandes verknüpft, sie hat auch die Entwicklung und Vervollkommnung der Produktion ökonomisch zu stimulieren, ein richtiges Wechselverhältnis zwischen Stadt und Land, zwischen der Arbeiterklasse und der

Bauernschaft zu gewährleisten, den Umfang und die Struktur der Produktion und Konsumtion in die notwendige Übereinstimmung zu bringen, die Verteilung des gesellschaftlichen Produkts und der Geldeinnahmen miteinander abzustimmen; sie ist mit dem Problem des Realeinkommens der Bevölkerung verbunden, usw. Wenn der Wert die gesellschaftlich notwendigen Proportionen in der Verteilung der Arbeit wiedergibt, so haben die Preise darüber hinaus auch als Mittel zur Erreichung dieser Proportionen zu dienen. Folglich ist es erforderlich, das gesamte System der Faktoren zu berücksichtigen, von denen das Niveau und das Verhältnis der Preise untereinander abhängt.

Eine Abweichung der Preise vom Wert kann durch verschiedene Umstände hervorgerufen werden, die man auf folgende Hauptgruppen zurückführen kann:

a) Sicherung eines notwendigen Rentabilitätsniveaus;

b) Berücksichtigung der Gebrauchseigenschaften der Erzeugnisse;

c) Berücksichtigung der sozialen Bedeutung einzelner Erzeugnisse;

d) Ausgleich von Angebot und Nachfrage" (S. 61 f. [42]).

a) Preisbildung und Betriebsgewinn

„Die Festsetzung der Warenpreise in voller Übereinstimmung mit ihrem Wert führt zu großen Rentabilitätsunterschieden bei einzelnen Erzeugnisarten, zwischen den Wirtschaftszweigen und zwischen den einzelnen Betrieben. Dies erklärt sich aus der unterschiedlichen Rate des Mehrprodukts, des Arbeitsaufwands und der Material- und Fondsintensität der Erzeugnisse sowie aus den Unterschieden in der Arbeitsproduktivität und in den Selbstkosten zwischen den einzelnen und innerhalb der einzelnen Wirtschaftszweige. Da die in den Produktionsmitteln vergegenständlichte Arbeit keinen Neuwert schafft, so ergibt sich, daß ein Betrieb, der bei sonst gleichen Bedingungen einen höheren Lohnanteil an den Selbstkosten (höheren Arbeitsaufwand) hat, bei der Produktion eines bestimmten Erzeugnisses bei gleicher Rate des Mehrprodukts ein [absolut] größeres Mehrprodukt schafft. Die Rentabilitätsrate ist dadurch höher. Ein höherer Anteil der Produktionsmittel an den Selbstkosten (höhere Material- und Fondsintensität der Erzeugnisse) vermindert umgekehrt den relativen Umfang des Mehrprodukts und die Rentabilitätsrate. Weiter: da innerhalb eines Wirtschaftszweiges die produktivere Arbeit einen größeren Wert schafft, bedeutet eine Steigerung der Arbeitsproduktivität (unter der Voraussetzung, daß der Arbeitslohn langsamer wächst) eine absolute und relative Erhöhung der Rentabilität. Bei einem für alle Betriebe einheitlichen Preis für das Fertigprodukt scheint es so, als ob sich das

Mehrprodukt zwischen den Betrieben, die das gleiche Produkt erzeugen, proportional der Erzeugnismenge und umgekehrt proportional zu deren Selbstkosten verteilt. Einen großen Einfluß hat hierbei der relative Anteil der Transportkosten. Je höher der Anteil der Transportkosten an den Selbstkosten, desto geringer ist die relative und absolute Rentabilität.

Innerhalb der staatlichen Wirtschaft haben die Niveauunterschiede in der Rentabilität zwischen den einzelnen Wirtschaftszweigen keine wesentliche Bedeutung, da nicht sie die Verteilung der gesellschaftlichen Arbeit auf die Produktionszweige bestimmen. Anders liegen die Dinge hinsichtlich verschiedener Betriebe eines bestimmten Wirtschaftszweiges oder hinsichtlich einzelner Erzeugnsse, die von ein und demselben Betrieb hergestellt werden. Im Interesse der wirtschaftlichen Rechnungsführung ist es hier erforderlich, daß jeder normal arbeitende Betrieb einen bestimmten Gewinn erhält und daß jeder Betrieb an der Produktion eines für die Volkswirtschaft notwendigen Produktionssortiments materiell interessiert ist. In den Kollektivwirtschaften muß die Höhe der Rentabilität ausreichen, um die erweiterte Reproduktion jedes einzelnen Betriebes zu gewährleisten.

Das Rentabilitätsniveau kann mit den objektiven Erfordernissen in Übereinstimmung gebracht werden: 1. über die Veränderung des Niveaus der Selbstkosten, 2. durch die Anwendung von Methoden der direkten Umverteilung der akkumulierten Geldmittel (Gewinnabführungen, Steuern u. a.), und 3. durch die Festlegung von Preisen, die vom Wert abweichen. Im letzteren Fall fungiert die Sicherung einer notwendigen Rentabilität als selbständiger Preisbildungsfaktor.

Das objektiv notwendige Rentabilitätsniveau eines Wirtschaftszweiges, das durch die Erfordernisse der erweiterten sozialistischen Reproduktion geboten ist, wird durch die Festlegung von Industrieabgabepreisen und zonal gestaffelten Erfassungspreisen (Ankaufspreisen für die Kollektivwirtschaften, Lieferpreisen für die Sowjetgüter) erreicht. Um die Rentabilität der Betriebe, die unter schlechteren Bedingungen im Verhältnis zu den durchschnittlichen arbeiten, zu sichern, werden Betriebsabgabepreise festgelegt, die sich mehr oder weniger an die individuellen Produktionskosten anlehnen. Der Einfluß der Transportkosten wird durch die Anwendung des Preissystems Franko-Station des Empfängers neutralisiert" (S. 62 ff. [42 f.]).

Es fällt auf, daß zunächst festgestellt wird, innerhalb der staatlichen Wirtschaft werde die erweiterte Reproduktion der einzelnen Wirtschaftszweige nicht durch die Preise bestimmt, während wenig später doch von einer für die erweiterte Reproduktion „objektiv notwendigen" Rentabilität gesprochen wird. — Die Abweichung von einheitlichen Abgabepreisen der

Betriebe zugunsten solcher Lieferanten, die unter weniger günstigen Bedingungen produzieren, dient dem Zweck, die Preise möglichst von (positiven oder negativen) *Differentialrenten* freizuhalten, soweit diese nicht echte zurechenbare Leistungen der Betriebe zum Ausdruck bringen. Aus der „Rentabilitäs"-Rechnung der Betriebe sollen also „unverdiente" Einkommen (bzw. nicht zurechenbare Produktionsnachteile) eliminiert werden (vgl. dazu W. *Hofmann*, 4, S. 450 ff.). Dies erscheint als notwendig, da ein sozialistischer Betrieb ja auch nicht die Konsequenzen ständig negativer „Gewinne" erleiden und in Konkurs gehen kann. Ob ein Verlustbetrieb für die Deckung des Planbedarfs noch als notwendig anzusehen ist, kann sich nicht nach dem Kriterium seiner Gewinnlage bestimmen. Schon deshalb nicht, weil auch die Preisbildung nicht bei den Betrieben liegt.

b) Die Bedeutung von Substituierbarkeit und Komplementarität der Produkte für die Preisbildung

Ohne weiteres verständlich ist, daß die Preisbildung sich nicht an den Produktionswerten allein orientieren kann, sondern auch auf Umstände Bedacht nehmen muß, die in der Natur der Produkte liegen und daher auf der Bedarfsseite der Volkswirtschaft wirksam werden. Hierzu gehören die Verhältnisse wechselseitiger Austauschbarkeit und Ergänzung zwischen den Produkten:

„Als allgemeines Prinzip bei der Berücksichtigung der Gebrauchseigenschaften der Erzeugnisse in der Preisbildung gilt die Gewährleistung eines einheitlichen Preisniveaus für Produkte mit gleichen Gebrauchseigenschaften, oder anders ausgerückt: eines gleichen Preises bei gleicher Bedürfnisbefriedigung.

Unter Gebrauchseigenschaften der Erzeugnisse, die bei der Preisbildung zu berücksichtigen sind, verstehen wir:

a) die Qualität verschiedener Exemplare der gleichen Erzeugnisart;

b) die Austauschbarkeit verschiedener Erzeugnisse in der produktiven und individuellen Konsumtion;

c) die Verflechtung (Wechselbeziehung) verschiedener Erzeugnisse im Reproduktionsprozeß als Arbeitsmittel, Arbeitsgegenstände und Fertigerzeugnisse.

Die Preisverhältnisse müssen in Übereinstimmung mit der Qualität und der Austauschbarkeit der Erzeugnisse stehen und die Verflechtung der verschiedenen Produkte im Reproduktionsprozeß berücksichtigen. Da zwischen den gesellschaftlichen Produktionskosten verschiedener Erzeugnisse und dem ökonomischen Effekt, der durch ihre Verwendung entsteht, keine völlige Übereinstimmung besteht und auch nicht bestehen kann, wird ein Abweichen der Preise vom Wert notwendig. Somit werden die Gebrauchseigenschaften der Erzeugnisse zu einem preisbildenden Faktor: Die Festsetzung der Preise entsprechend den Gebrauchseigenschaften der Waren ruft die Abweichung der Preise vom Wert und die Umverteilung eines Teils des Werts über das Preissystem hervor. Hierbei hat das Preissystem das Erreichen einer rationellen Produktions- und Verbrauchsstruktur und die Einsparung von Kosten zu stimulieren sowie die durch den technischen Fortschritt bedingten Veränderungen in den Anforderungen an die Gebrauchseigenschaften der Erzeugnisse zu berücksichtigen.

Der Grund für eine Differenzierung der Preise entsprechend der Qualität der Erzeugnisse besteht darin, daß die Erhöhung der Erzeugnisqualität gleichbedeutend ist mit einer Ersparnis an gesellschaftlicher Arbeit, da die Qualität in gewissem Grade Quantität ersetzt. Die Preisdifferenzierung soll die Qualitätserhöhung bei den Produkten anregen, indem sie den Produzenten eine erhöhte Rentabilität und den Konsumenten einen zusätzlichen Vorteil sichert. Um bei der Preisbildung die Qualität der Erzeugnisse berücksichtigen zu können, ist ein wissenschaftlich ausgearbeitetes und in der Praxis überprüftes System von Kennziffern und Kriterien zur Bewertung der Qualität jeder einzelnen Erzeugnisgruppe erforderlich.

Die Substituierbarkeit von Erzeugnissen ist bei der planmäßigen Festlegung von Preisen in der Weise zu berücksichtigen, daß der Grad des ökonomischen Nutzeffekts, der durch die Befriedigung des gleichen Bedarfs mittels verschiedener Erzeugnisse erreicht wird, als Ausgangspunkt genommen wird. Dies läßt eine rationelle Produktions- und Verbrauchsstruktur erreichen und regt dazu an, knappe Erzeugnisse durch ausreichend vorhandene Produkte zu ersetzen sowie die Produktion neuer, ökonomisch günstigerer und besserer Erzeugnisse aufzunehmen. Diesem Faktor kann bei der Preisbildung dadurch Rechnung getragen werden, daß alle austauschbaren Erzeugnisse durch Umrechnung auf eine festgelegte Nützlichkeitseinheit mit dem gleichen Preis versehen werden. Man kann aber auch so vorgehen, daß man die Preise für austauschbare Erzeugnisse ausgehend vom Preis des Haupterzeugnisses bildet. Die Berücksichtigung dieses Faktors bei der Preisbildung macht die Ausarbeitung eines Systems technisch-ökonomischer Kennziffern der Austauschbarkeit sowohl für die produktive wie für die individuelle Konsumtion nach Erzeugnisgruppen erforderlich" (S. 64 ff. [43 f.]).

Auch die sowjetische Planwirtschaft kennt also das Verhältnis einander ergänzender oder vertretender Produkte und sucht es in der Preispolitik zu berücksichtigen.

c) *Die Interdependenz der Glieder des Wirtschaftsprozesses*

„Die Verflechtung der einzelnen Glieder des Reproduktionsprozesses ist die Grundlage für das Wechselverhältnis der Preise. Um die Verflechtung bei der Planpreisbildung zu berücksichtigen, muß man sich auf den gesellschaftlich notwendigen Arbeitsaufwand stützen. Die Abweichungen können durch große Unterschiede im Niveau der Arbeitsproduktivität in denjenigen Betrieben hervorgerufen werden, die sich vorwiegend der Bearbeitung der Ausgangsrohstoffe widmen; sowie auch durch andere Umstände, die sich im Rentabilitätsniveau der Betriebe niederschlagen. Besonders wichtig ist es, die Wechselbeziehungen zwischen den Preisen der für die Landwirtschaft bestimmten Produktionsmittel und den Preisen für die Agrarerzeugnisse richtig zu ermitteln. Als Grundlage für die Bestimmung und Berücksichtigung der Verflechtung haben die [naturalen] Bilanzen der Wirtschaftszweige zu dienen.

Die soziale Bedeutung der Erzeugnisse hängt auch davon ab, welche Bedürfnisse durch sie befriedigt werden. Der sozialistische Staat hat im breiten Maße das Preissystem dazu genutzt, um (durch Einführung herabgesetzter oder in einzelnen Fällen auch erhöhter Preise) bestimmte soziale Ziele zu erreichen wie Unterhalt und Erziehung der heranwachsenden Generation, Gesundheitsschutz, Erhöhung des Kulturniveaus der sowjetischen Bürger, Erleichterung der Hausfrauenarbeit, Einbeziehung der Frauen in das gesellschaftliche Leben usw. Solche sozialen Zielsetzungen können als besonderer Preisbildungsfaktor angesehen werden. In der Periode des entfalteten Aufbaus des Kommunismus entfällt nicht die Notwendigkeit, die Preise in dieser Weise zu differenzieren. In einigen Fällen nimmt sie sogar noch zu, da sich die Rolle der gesellschaftlichen Konsumtionsfonds bei der Schaffung der Vorbedingungen für den Übergang zur unentgeltlichen Verteilung erhöhen wird" (S. 66 f. [44]).

d) *Der Ausgleich von Angebot und Nachfrage*

Schließlich kommt der Preisbildung eine gewisse *Korrektur*funktion zu:

„Das Verhältnis von Angebot und Nachfrage gehört zu jenen Faktoren, die nicht die Wertgröße, sondern die Abweichung der Preise vom Wert bestimmen. In der sozialistischen Wirtschaft wirkt dieser Faktor zweifellos in der Sphäre des Einzelhandels. ... Ein Preissystem, welches das Wechselverhältnis von Angebot und Nachfrage ungenügend berücksichtigt, erhöht künstlich den Mangel an einzelnen Waren, erzeugt die Spekulation mit ihnen und ist eine der Ursachen dafür, daß der Handel gewisse Waren nicht absetzen kann. Dies wirkt sich dann negativ auf die Geldbeziehungen aus. Darüber hinaus beginnt die Bedeutung dieses Faktors auch in der Zirkulationssphäre der Produktionsmittel, vor allem in den Wechselbeziehungen zwischen dem staatlichen und dem kollektiv-wirtschaftlichen Produktionssektor, immer sichtbarer zu werden und zuzunehmen. ...

Es gibt folgende Arten der Nichtübereinstimmung von Angebot und Nachfrage:

a) kurzfristige, verbunden mit einer relativen Selbständigkeit der Veränderungen im Umfang und in der Struktur der Produktion sowie im Umfang und in der Struktur der Bedürfnisse; und langfristige, die von einer Verletzung der Proportionalität zeugen, sei es im Zusammenhang mit der Rekonstruktion der Wirtschaft oder sei es infolge einer falschen oder ungenügenden Berücksichtigung der Bedürfnisse und der Nachfrage;

b) regelmäßig wiederkehrende (beispielsweise saisonbedingte Veränderungen in der Produktion und in der Nachfrage) und sporadische (Veränderungen in der Nachfrage unter dem Einfluß der Mode);

c) allgemeine und lokale (örtliche); wobei die ersteren in der Hauptsache eine Nichtübereinstimmung zwischen dem Umfang und der Struktur der Produktion und Konsumtion, die letzteren Mängel in der Planung und Organisation des Warenumsatzes erkennen lassen.

Der Ausgleich von Angebot und Nachfrage sollte in erster Linie durch Einwirkung auf die Nachfragestruktur erreicht werden, damit diese der für eine bestimmte Zeit gegebenen rationellen Konsumstruktur entspricht, sowie durch die Vergrößerung der Produktion entsprechend dem Wachstum der zahlungsfähigen Nachfrage. In dem Maße, in dem ein Überfluß an Waren und Erzeugnissen geschaffen werden wird, vermindert sich die Notwendigkeit, die Abweichung der Preise vom Wert zum Ausgleich von Angebot und Nachfrage heranzuziehen. Sie wird nur noch dort bestehen bleiben, wo es nicht möglich ist, die Produktion und den Verkauf dieser oder jener Ware unverzüglich so zu erhöhen, daß die Nachfrage nach ihr voll befriedigt wird" (S. 67 f. [44 f.]).

Die Korrekturfunktion der Preise bleibt hierbei aber der allgemeinen Ordnungsfunktion subordiniert:

„Der Preis hat jedoch nicht die Aufgabe, Angebot und Nachfrage mechanisch auszugleichen; vielmehr soll er aktiv auf diese einwirken. Das Preissystem wird auch in Zukunft ein Mittel sein, um die Nachfrage entsprechend den Aufgaben des kommunistischen Aufbaus zu gestalten" (S. 68 [45]).

Auch die sowjetische Planung stellt hierbei die allgemeine *Interdependenz der Märkte,* die unterschiedliche *Preiselastizität* der Endnachfrage sowie Verhältnisse von „*Kreuzpreiselastizität*" in Rechnung:

„Man muß dabei berücksichtigen, daß die Preisdifferenzierung zwecks Einwirkung auf das Verhältnis von Angebot und Nachfrage nur unter bestimmten ökonomischen Voraussetzungen möglich ist, ohne die sie unzweckmäßig wäre.

1. Für eine wirkliche Preissenkung ist ein zusätzlicher Ausstoß an Erzeugnissen erforderlich, der ausreicht, um die gestiegene zahlungsfähige Nachfrage abzudecken.

2. Es muß die Elastizität der Nachfrage berücksichtigt werden, die durch den Charakter der einzelnen Bedürfnisse bedingt ist. Eine Preissenkung für Waren des täglichen, wenig elastischen Bedarfs ruft nur in einem geringen Umfang eine Zunahme der Käufer für diese Waren hervor. Sie setzt im wesentlichen Mittel zur Erhöhung der Nachfrage nach anderen, höherwertigen Waren frei. Wenn die Produktion der letzteren nicht rechtzeitig in genügendem Umfange vergrößert worden ist, so wird ein Mangel an diesen Waren entstehen, mit allen sich hieraus ergebenden Folgen. Die Preissenkung für Waren, nach denen die Nachfrage sehr elastisch ist, führt zu einer schnellen Zunahme des Kaufs gerade dieser Waren, bis zur Sättigung des Bedarfs.

3. Besonders zu berücksichtigen ist die gegenseitige Substituierbarkeit der verschiedenen Erzeugnisse. Eine Senkung der Preise von Waren einer Art ruft eine Verminderung der Nachfrage nach anderen Waren hervor, die durch Austauschbarkeit mit den ersten verbunden sind; dies kann eine unrationelle Verwendung der Waren, die zu herabgesetzten Preisen abgesetzt werden, verursachen oder verstärken.

Um die Nachfrage ihrer Rolle entsprechend zu berücksichtigen und zu gestalten, ist es erforderlich, manche Preise elastisch zu halten. Diesem Ziele dienen die Saisonpreise und das kürzlich eingeführte System zeitweilig erhöhter Preise für neue, dem persönlichen Verbrauch dienende Waren" (S. 68 f. [45 f.]).

4. Grenzen der Abweichung von Wert und Preis die Rolle der Selbstkosten

Die Preise können allerdings nicht unbegrenzt von den Werten abweichen:

„Die unterste Grenze der Preise, die nicht unterschritten werden kann, ohne daß die objektiven Grundlagen der wirtschaftlichen Rechnungsführung angetastet werden, sind die Selbstkosten des Produkts; die obere Grenze wird durch das Niveau der Einnahmen bestimmt und steht im Zusammenhang mit der Substituierbarkeit verschiedener Erzeugnisse. Die Bildung von Preisen unter Selbstkosten ist nur aus besonderen Gründen zulässig und darf nur zeitweilig erfolgen. Übermäßig hohe Preise schränken den Absatz und den Konsum von Gütern ein und sind ebenfalls nur in gewissen Grenzen möglich" (S. 70 [46]).

Wiederum setzt hier Djatschenko die Selbstkosten mit den Produktionswerten gleich. Das wäre nur zutreffend, wenn 1. für alle Kostenelemente das Wertproblem bereits gelöst wäre und wenn 2. die Preise in keinem Falle von den — wie wir unterstellen — richtig ermittelten Werten abwichen.

„Unabhängig von der Bedeutung, welche die Ermittlung der Wertgröße und ihre Modifikation für die Planpreisbildung erlangen wird, werden die Selbstkosten nach wie vor eine sehr wichtige Rolle bei der Preisfestsetzung spielen. Die Planselbstkosten sind das gesellschaftliche Kriterium für den zulässigen Aufwand in den einzelnen Betrieben und für die einzelnen Erzeugnisse sowie die Grundlage für die Bestimmung des Plangewinns. Zugleich vermittelt die Einhaltung der geplanten Selbstkosten ein Bild von der wirtschaftlichen Tätigkeit der Betriebe. Die Mehrzahl der preisbildenden Faktoren beeinflußt über die Selbstkosten die Rentabilität. Daher muß sich die Ermittlung der Wertgröße und ihre Modifikation auf die Selbstkosten stützen, die somit als Ausgangspunkt der Preisbildung dienen. Es ist aus diesem Grunde wichtig, eine genügende Zuverlässigkeit der Kennziffer Selbstkosten zu gewährleisten, da die Preise nur auf ökonomisch begründeten Selbstkosten beruhen dürfen.

Entstellungen in den Selbstkosten, d. h. Abweichungen der ermittelten von den tatsächlichen Selbstkosten, die den gesellschaftlich notwendigen Arbeitsaufwand für die Herstellung der Produkte wiedergeben, können in der Praxis dadurch hervorgerufen werden, daß die in die Selbstkosten eingehenden Preise für Produktionsmittel nicht mit deren wirklichem Wert übereinstimmen, daß die Amortisationssätze vom tatsächlichen Verschleiß der Arbeitsmittel abweichen, das relative Lohnniveau unterschiedlich ist, die Lohnzuschlagsätze für die Sozialversicherung verschieden sind, die Aufgliederung der Gewinnkosten u. ä. falsch ist, daß unterschiedliche Entwicklungskosten anfallen sowie Kosten aus schlechter Wirtschaftsführung (Pönale u. ä.) und einige Elemente des gesellschaftlichen Realeinkommens (z. B. Darlehenszinsen) in die Selbstkosten eingehen.

Um die Selbstkosten als Kennziffer für die Preisbildung zu vervollkommnen, müssen die Kosten so vollständig und genau wie möglich den tatsächlichen Produktionsaufwand wiedergeben und von den Elementen bereinigt werden, die in keiner direkten Beziehung zu diesem stehen. Da als Ausgangspunkt für die Preisbildung nicht die tatsächlichen, sondern die geplanten Selbstkosten fungieren müssen, ist es notwendig, die Plankennziffern (normativnuju bazu) der Selbstkostenrechnung zu vervollkommnen.

Richtunggebend für die Preisbildung sollten die durchschnittlichen Selbstkosten des Wirtschaftszweiges (auf volkswirtschaftlicher oder örtlicher Ebene, je nachdem, welche das gesellschaftlich notwendige Arbeitsniveau bestimmt) sein, und nicht die niedrigsten oder die höchsten Selbstkosten. Die Orientierung auf die durchschnittlichen Selbstkosten der Wirtschaftszweige bedeutet, daß der individuelle Arbeitsaufwand auf den gesellschaftlich notwendigen zurückgebracht wird. Um die stimulierende Rolle der Planselbstkosten zu erhöhen, scheint es zweckmäßig zu sein, bei ihrer Ermittlung die Betriebe mit übermäßig hohen Selbstkosten auszuklammern. (Solche Betriebe sollten in nächster Zeit grundlegend rekonstruiert oder geschlossen werden.) Darüber hinaus müßten die geplanten Selbstkosten durch Richtsätze einer fortschreitenden planmäßigen Senkung der Kosten ergänzt werden. Gerechtfertigt ist es auch, aus der Ermittlung der durchschnittlichen Selbstkosten der Wirtschaftszweige diejenigen Betriebe herauszulassen, deren Selbstkosten auf Grund einmaliger Naturbedingungen besonders niedrig sind" (S. 73 ff. [47 f.]).

Wiederum wird der Gedanke deutlich, die von den Selbstkosten und den Preisen abhängigen „Gewinne" der Betriebe zu einem echten Leistungsindiz werden zu lassen und die nicht zurechenbaren Faktoren zu eliminieren (vgl. auch Djatschenko, S. 76 [49]).

5. Zusammenfassung:
Der Wert als Leitgröße der Preisbildung und das „richtige" Preissystem

„Die Analyse der Umstände, die auf das Niveau und die Entwicklung der Preise einwirken, erlaubt es, die preisbildenden Faktoren folgendermaßen zu klassifizieren.

1. Faktoren, die auf den Preis über die Veränderung seiner Basis, den gesellschaftlich notwendigen Arbeitsaufwand (die Wertgröße), einwirken: technische Ausrüstung der lebendigen Arbeit; Produktions- und Arbeitsorganisation; gesellschaftlicher Bedarf an den Erzeugnissen; Absatzbedingungen der Erzeugnisse, die insbesondere durch die Standortverteilung von Produktion und Verbrauch (bzw. des Absatzes bei Konsumgütern) bestimmt werden. Diese Faktoren haben die Hauptrichtung in der Preisbewegung zu bezeichnen, damit die Preise immer genauer die gesellschaftlichen Produktionskosten wiedergeben können.

2. Faktoren, die eine Abweichung der Preise vom Wert hervorrufen: Sicherung des notwendigen Rentabilitätsniveaus; die Gebrauchseigenschaften der Erzeugnisse; die soziale Bedeutung der Produkte; Angebot und Nachfrage. In diesen Faktoren kommt die aktive Rolle zum Ausdruck, welche die planmäßige Preisbildung bei der materiellen Stimulierung wie auch bei der Verteilung des Nationaleinkommens und des gesellschaftlichen Gesamtprodukts spielt" (S. 75 f. [48 f.]).

„Die Bedeutung der einzelnen preisbildenden Faktoren ist für die jeweiligen Produktionszweige und Erzeugnisse unterschiedlich. So hat ... der natürliche Faktor für die Landwirtschaft und die extraktive Industrie eine besonders große Bedeutung. Eine zunehmende Rolle spielt der geographische Faktor (infolge des höheren Anteils der Transportkosten) für die Erzeugnisse, die transportkostenempfindlich sind. Die Angleichung von Angebot und Nachfrage über die Preise findet für Produktionsmittel nur in engen Grenzen statt. Sie spielt jedoch eine große Rolle bei Konsumgütern. Die soziale Bedeutung der Erzeugnisse bezieht sich ebenfalls in der Regel nur auf die Konsumgüter und gilt dabei auch nur für einen begrenzten Kreis von ihnen. Bei Produktionsmitteln ist die praktische Bedeutung dieses Faktors auf die Bestimmung der Preise für landwirtschaftliche Maschinen und andere Produktionsmittel, die den Kolchosen zur Verfügung gestellt werden, beschränkt" (S. 77 [49 f.]).

Problematisch ist, daß die einzelnen mit der Preisbildung verbundenen Ziele gelegentlich in Kontrast zueinander treten können:

„So kann sich durch die Festlegung niedriger Preise infolge der sozialen Bedeutung eines bestimmten Erzeugnisses die Rentabilität der Produktion vermindern oder in einen Verlust umschlagen. Hieraus ergibt sich die Notwendigkeit, die Rentabilität sowohl direkt (mit Hilfe der Abführung an den Haushalt und an die anderen Fonds) als auch indirekt über den Preisbildungsmechanismus zu regulieren und die Rolle und Konsequenz, die sich aus der Berücksichtigung der Wirkungsweise der einzelnen Faktoren ergibt, genau zu bestimmen" (S. 79 f. [51]).

Wie sollte nun ein „richtiges" Preissystem gewährleistet werden? Allgemein gilt das folgende:

„Den bestimmenden Platz im Preissystem hat der *Großhandelspreis der materiell-technischen Versorgung* [optovaja cena material'no-techničeskogo snabženija] (heute vor allem der Industrieabgabepreis) einzunehmen. Er muß auf dem Wert (dem gesellschaftlich notwendigen Arbeitsaufwand) beruhen, die Abweichungen einschließen, die zur Sicherung der Rentabilität der einzelnen Wirtschaftszweige notwendig sind, die Gebrauchseigenschaften der Erzeugnisse berücksichtigen und damit die sozialistische Wertmodifikation zum Ausdruck bringen. Ausgangspunkt für seine Festlegung müssen die durchschnittlichen Selbstkosten des Wirtschaftszweiges für ein gegebenes Erzeugnis und die Rentabilitätsrate des Wirtschaftszweiges sein, welche die erweiterte Reproduktion des Wirtschaftszweiges und dessen Teilnahme an der Deckung des Gesamtbedarfs sicherstellen. In den Zweigen der extraktiven Industrie kann als Grundlage des Großhandelspreises der materielltechnischen Versorgung das regionale (lokale) Niveau des gesellschaftlich notwendigen Arbeitsaufwandes dienen.

Die Erfassungspreise für landwirtschaftliche Erzeugnisse (einheitlich für Sowchosen und Kolchosen) müssen auf zonalen gesellschaftlichen Produktionskosten beruhen. Die hier bestehenden Abweichungen resultieren aus der Notwendigkeit, die erweiterte Reproduktion in den einzelnen Wirtschaften zu sichern und die Gebrauchseigenschaften der Produkte zur Geltung zu bringen. Die aus der Differenz zwischen den landwirtschaftlichen Abgabepreisen und den Erfassungspreisen [gemeint: Differenz zwischen den zonal höheren und den Grundpreisen der Erfassung] entstehenden Beträge sollten zur Befriedigung gesamtgesellschaftlicher Bedürfnisse und zur Deckung der Zirkulationskosten der Erfassungs- und Absatzorganisationen dienen. Da die Erfassung der Agrarprodukte nach zonal gestaffelten Preisen erfolgt, ihr Absatz jedoch nach einheitlichen Großhandelspreisen, wird die Differenz zwischen den Großhandelspreisen und den Erfassungspreisen eine Einnahme sein, die den Charakter einer Rente trägt.

Die Rentabilität eines normal arbeitenden Betriebes wird durch Betriebsabgabepreise oder Verrechnungspreise gewährleistet. Diese Preise werden dadurch gebildet, daß zu den individuellen Planselbstkosten ein Gewinn geschlagen wird, dessen Höhe ausreicht, die notwendigen Stimulierungsfonds und die laufende erweiterte Reproduktion (Vergrößerung der Umlaufmittel und kleinere Modernisierungsmaßnahmen) sicherzustellen, immer unter Berücksichtigung der Gebrauchseigenschaften der Erzeugnisse. Die Produkte werden an die Absatz- und Versorgungsorganisationen oder an die Absatzorgane der Betriebe selbst zu solchen Preisen abgegeben; diese wiederum setzen die Erzeugnisse zu Industrieabgabepreisen um.

Die Einzelhandelspreise sind ausgehend von den Industrieabgabepreisen zu bilden. Dabei sind die Abweichungen zu berücksichtigen, die sich aus der Abstimmung von Angebot und Nachfrage und aus der sozialen Bedeutung einzelner Erzeugnisse ergeben; ferner sind diejenigen Zirkulationskosten hinzuzurechnen, die den Wert der Produkte erhöhen. Die aus der Abstimmung von Angebot und Nachfrage resultierende Abweichung von den Industrieabgabepreisen sollte zweckmäßigerweise für die Bildung eines besonderen Fonds zur Regulierung der Einzelhandelspreise verwendet werden" (S. 78 f. [50]).

Wie ist ein so beschaffenes Preissystem zu verwirklichen?

„Ein solches Preissystem kann nicht durch einen einmaligen gesetzgeberischen Akt geschaffen werden. Hierzu sind bestimmte materielle und organisatorische Voraussetzungen notwendig: unter anderem die Veränderung der bestehenden Verteilung der gesellschaftlichen Arbeit zwischen den Wirtschaftszweigen, die beschleunigte Erhöhung der Produktion solcher Konsumgüter, deren Angebot den Bedarf nicht deckt, die Vervollständigung des Systems der materiell-technischen Versorgung u. a." (S. 79 [50 f.]).

Erhebliche Aufgaben stellen sich hierbei der wissenschaftlichen Forschung:

„Es ist erforderlich, die Methoden zur Erfassung und Messung des Werts und seiner sozialistischen Modifikation beschleunigt auszuarbeiten und ihre allseitige und genaue Überprüfung zu sichern. Eine große Bedeutung hat auch die Bildung wissenschaftlich begründeter und in der Praxis überprüfter Systeme von Kennziffern und Kriterien zur Bewertung der Qualität und Substituierbarkeit der Erzeugnisse, von Methoden, welche die Verflechtungen in der Preisbildung sichtbar machen und auf dem Zusammenhang der einzelnen Erzeugnisse im Produktionsprozeß beruhen, sowie die Ausarbeitung einer Normativbasis und die Vervollkommnung der Kennziffern der Selbstkosten, damit sie zu einem zuverlässigen Ausgangspunkt für die Planpreisbildung werden können. ...

Die Lösung dieser Aufgaben erfordert eine enge Zusammenarbeit von Wissenschaftern und Praktikern verschiedener Fachrichtungen und die systematische Teilnahme der Forschungsinstitute der verschiedenen Wirtschaftszweige an der Lösung der aufgezeigten Fragen" (S. 80 [51]).

Der Beitrag Djatschenkos, der an der Nahtstelle zwischen Theorie und Praxis der Wertfrage in der Sowjetunion steht, zeigt soviel: Man ist in der Bestimmung dessen, was erforderlich ist, im Laufe der Debatte der vergangenen Jahre sehr vorangekommen. — Zwei unbewältigte Hauptprobleme bleiben freilich bestehen:

1. Die Ermittlung der Wertgrößen und damit der Wertproportionen zwischen den Produkten (und Diensten) selbst macht nach wie vor die ernstesten Schwierigkeiten.

2. Selbst wenn dieses Problem als gelöst betrachtet wird, bleibt immer noch die Aufgabe, den *Umfang*, in dem die Preise *planvoll* von den etwa ermittelten Werten abweichen sollen, zu bestimmen. Es ist zu berücksichtigen, daß die Abweichung etwa von Preisen gewisser Produktionsmittel auch die Wertrechnung sämtlicher nachgeordneten Produktionsstufen in Mitleidenschaft zieht und möglicherweise zu kumulativen „Abweichungen" führt, die schließlich überhaupt außer Kontrolle geraten dürften. Wie kann unter diesen Umständen gesichert werden, daß auch in der sozialistischen Wirtschaft die Summe aller Warenpreise mit der Summe der gesellschaftlichen Werte über-

einstimmt? (Vgl. zu diesem Postulat F. *Behrens, 1*, S. 85; ferner B. *Minc, 1*, S. 404 ff.) Wie kann man auch nur *wissen*, ob oder in welchem Maße dies der Fall ist?

Da ferner die praktische Preisrevision den zwischenzeitlichen und zwischenwirtschaftlichen Zusammenhang der Preise nicht jäh unterbrechen darf, so wird verständlich, daß auch die gegenwärtig laufende Preisüberprüfung in der Sowjetwirtschaft sich bisher in verhältnismäßig engen Grenzen gehalten hat.

So bleibt die Preisbildung im Spannungsfelde sehr verschiedener Zielsetzungen, die sich mit ihr verbinden. Sicher ist es dabei möglich, ein den praktischen Bedürfnissen einigermaßen genügendes „richtiges" Preissystem auf empirischer Grundlage zu entwickeln. Doch scheint es zu den von *Marx* bezeichneten „Muttermalen" der „niederen" Stufe des Kommunismus zu gehören, daß sie mit den Ware-Geld-Beziehungen der Tauschgesellschaft auch deren Problem einer nicht unmittelbar durchzuführenden Wert-Rechnung übernimmt. Die Frage nach dem Verhältnis der Preisbildung zum Wertgesetz muß sich daher mit dem Fortschreiten der Wirtschaftskräfte immer neu stellen — solange nicht eine unmittelbare Umrechnung des Produktionsaufwandes auf einheitliche, gleichwertige Arbeitsstunden als möglich erscheint.

B. Wertgesetz und volkswirtschaftliche Gesamtplanung: Wlodzimierz Brus

Ist schon bei *Djatschenko* die dienende Rolle des „Wertgesetzes" zum Ausdruck gekommen, so wird der Kontrast zwischen dem „Wertgesetz" und den übergeordneten Prinzipien der sozialistischen Planung vollends deutlich bei dem polnischen Ökonomen Włodzimierz Brus, Professor an der Universität Warschau. Schärfer noch als Djatschenko unterscheidet Brus hierbei zwischen der Planungs- und der Stimulanzfunktion der Preisbildung. Die folgende Textprobe entnehmen wir dem Buche des Autors: „Ogólne problemy funkcjonowania gospodarki socjalistycznej" (Warszawa 1961)[2].

1. Die Voraussetzungen des „Wertgesetzes" und die Erfordernisse der sozialistischen Planung

Brus widerspricht zunächst der (auch von einigen sowjetischen Gelehrten gehegten) Auffassung, wonach die Geltung eines „Wertgesetzes" für die sozialistische Planwirtschaft selbstverständlich sei:

„Die Existenz von Ware-Geld-Kategorien bedeutet noch nicht, daß das Wertgesetz wirkt" (S. 170).

Das Marxsche Wertkonzept ist für die kapitalistische Wirtschaft der freien Konkurrenz entworfen worden:

---
[2] Die übersetzten Auszüge sind vom Autor geprüft worden, der allerdings wegen der starken Kürzung des Textes Bedenken hat.

„Wenn hingegen die Kontrolle über die Wirtschaftsmittel einen solchen Grad von Konzentration erreicht, daß diejenigen, welche eine derartige Kontrolle ausüben, auf das ganze System ökonomischer Größen einwirken können, so kann das Vorhandensein von Ware-Geld-Kategorien nicht mehr mit dem Wirken des Wertgesetzes gleichgesetzt werden.... Das gilt für den Monopolkapitalismus, aber auch ... für eine sozialistische Wirtschaft, wo die Kontrolle über die Produktivkräfte zum überwiegenden Teil auf Grund des gesellschaftlichen Eigentums bei der Staatsmacht liegt" (S. 171).

Daher „erhebt sich die Frage: Warum sollte die These, die genau genommen besagt, daß Preise gesetzt werden müssen, die den Markt räumen, als eine Bekundung dafür genommen werden, daß das Wertgesetz den Warenaustausch bestimmt? Offensichtlich kann ein Ausgleich von Angebot und Nachfrage auch zu einem Preise erreicht werden, der vom Wert erheblich abweicht. ... Die Festsetzung von Preisen, die den Markt räumen und hierbei vom Werte abweichen, darf nur dann als Moment der Wirkungsweise des Wertgesetzes betrachtet werden, wenn solche Abweichungen den Prozeß der Anpassung der (den Markt räumenden) Preise und ihrer Relationen zu den Relationen der Werte über eine Veränderung der Produktionsproportionen in Gang setzen" (S. 173 f.).

Das Wertgesetz ist also nur dann im Spiel, wenn ein doppelter Ausgleichsprozeß vollzogen wird, ähnlich jenem, den wir schon bei der *Marx*schen Lehre vom „Produktionspreis" (s. oben S. 92 ff.) kennengelernt haben: Die Marktpreise werden zum Anlaß genommen, die Verteilung der Produktivkräfte und die Proportionen der Produktion zwischen den Wirtschaftsbereichen — und hierdurch letztendlich wiederum die Preise selbst — zu ändern.

Hiermit bezeichnet nun Brus sehr klar die Schwierigkeit der Wertdiskussion, die darin liegt,

„... die These von der Gültigkeit des Wertgesetzes mit der anderen These zu versöhnen, wonach die Proportionen der Produktion im Sozialismus nicht durch das Wertgesetz, sondern durch andere ökonomische Gesetze bestimmt sind. ... ‚Das Wertgesetz ist in Wirkung, aber es reguliert nicht die Produktion': diese Voraussetzung wird ausdrücklich oder stillschweigend in der enormen Zahl von Druckerzeugnissen gemacht, die den Fragen des Wertgesetzes im Sozialismus gewidmet sind. Und doch besagt das Gesetz des Wertes als eines die Produktion bestimmenden Faktors: Die Gesamtmasse der gesellschaftlichen Arbeit muß auf die Erzeugung der verschiedenen Güter so aufgeteilt werden, daß die Produktmengen (in der Tendenz) den Ausgleich von Angebot und Nachfrage zu Preisen möglich machen, deren Relationen denen der Werte entsprechen" (S. 176 f.).

„Ganz allgemein ist zu sagen: Soweit das Wertgesetz wirkt, bestimmt es die Produktion auch im Sozialismus.

Freilich, wie können wir nachweisen, daß das Wertgesetz in einer sozialistischen Wirtschaft am Werke ist?" (S. 178)

Die Antwort ist (wie dies nach dem Vorausgegangenen folgerichtig ist): Die Bedingungen des Wertgesetzes sind erfüllt, wenn zum ersten die Produktion der Nachfrage angepaßt wird, und wenn zweitens die Verteilung der Akkumulationsmittel über die Wirtschaftszweige so geschieht, daß gleiche „Profitraten" entstehen. Diese Bedingungen aber sind mit den Bedürfnissen der sozialistischen Wirtschaft nicht vereinbar: 1. Es besteht hier kein Anlaß, die volkswirtschaftlichen Ressourcen über die Wirtschaftszweige nach dem Gesichtspunkt der Rendite zu verteilen. 2. Der Staat darf auf aktive Preispolitik zur Durchsetzung allgemeiner gesellschaftlicher oder wirtschaftlicher Ziele sowie aus Gründen der planvollen Einwirkung auf die Einkommensverteilung — nicht zuletzt zwischen Stadt und Land — nicht verzichten. Hierin stimmen, wie Brus feststellt, alle sozialistischen Autoren überein (vgl. dazu auch *Djatschenko*, oben, S. 330 ff., 336). Damit ist aber gesagt,

„... daß unter bestimmten Umständen die Proportionen des Austauschs und der Produktion, die vom Standpunkt des allgemeinen Interesses am günstigsten sind, sich nicht mit denen decken, die dem Wertgesetz entsprechen würden" (S. 198).

Das ist von großer Bedeutung für die Frage, nach welchen Kriterien die Entscheidungen über den zweckmäßigsten ökonomischen Gebrauch der gesellschaftlichen Produktivkräfte getroffen werden und welche Rolle das „Wertgesetz" hierbei spielen kann.

2. Wertrechnung und Investitionsentscheid

Von einer vollen Wirksamkeit des Wertgesetzes kann nur gesprochen werden, wenn dieses, wie im Kapitalismus der freien Konkurrenz, sowohl die Bewegungen der Marktpreise als auch die des Kapitals zwischen den Anlagesphären im Sinne eines tendenziellen „Ausgleichs der Profitraten" bestimmt:

„Es ist ... offensichtlich, daß die Tendenz zum Gleichgewicht auf der Grundlage von Preisrelationen, die denen der Werte entsprechen, früher oder später auf unüberwindliche Hindernisse stoßen muß, wenn der Mechanismus des Wertgesetzes nicht auch die Proportionen in der Verteilung der Investitionen erfaßt" (S. 203).

Andererseits aber kann die Verteilung der Produktivkräfte über die Volkswirtschaft in der Gemeinwirtschaft nicht nach dem Prinzip der Rentabilität und daher im Sinne eines „Ausgleichs der Profitraten" erfolgen. Ganz abgesehen davon, daß schon in den Absatz- und Kostenpreisen, auf welchen die Rentabilitätsrechnung fußt, der gestaltende Planwille zum Ausdruck kommt, sind die Gründe vor allem die folgenden:

1. Die Profitrate drückt die Produktionsbedingungen einer abgeschlossenen Periode aus. Investitionen aber ...

„... machen ein System dynamisch, sie ändern die Daten und die Gleichgewichtsbedingungen. Daher liefern die im Augenblick gegebenen Größenbeziehungen auf den Märkten in einer sozialistischen Wirtschaft keine ausreichenden Kriterien für den Entscheid über die Richtungen der Investition" (S. 205).

„Auch der Produktionspreis kann nicht im eigentlichen Sinne verwandt werden, da er die Bindung von Kapital während einer vorausgegangenen Periode wiedergibt" (S. 205).

„Investitionsentscheidungen, die sich auf das Wertgesetz stützen, sind in einer Planwirtschaft richtig, wenn die ökonomisch gerechtfertigten Proportionen der [gewollten] Endstruktur [der Wirtschaft] im wesentlichen mit denen der Ausgangsstruktur übereinstimmen. Wenn dagegen die Endstruktur entschieden von den Ausgangsverhältnissen abweicht, so kann die Investitionsplanung, weit davon entfernt, Äquivalenz auf Grund der Wertrelationen zu erreichen, ihre Aufgabe im Gegenteil darin finden, die bestehenden Proportionen zu durchbrechen und die Bedingungen der Äquivalenz, soweit vorhanden, zu verletzen. Dies gilt insbesondere für Perioden einer raschen Industrialisierung ..." (S. 216 f.).

Solche Verhältnisse sind aber sozialistischen Ländern überhaupt — und keineswegs nur in der Epoche ihrer Industrialisierung — eigen:

„Die Entwicklung von Endstrukturen, die von den Ausgangsverhältnissen erheblich abweichen, kann nicht als Ausnahmefall und als charakteristisch nur für eine frühe Entwicklungsstufe wirtschaftlich unerschlossener sozialistischer Länder angesehen werden. Sie sollte vielmehr als die normale Erscheinung einer sozialistischen Planwirtschaft gelten" (S. 218).

2. Die Investition (besser: die Verteilung *aller*, nicht nur der sachlichen Produktivkräfte, über die Volkswirtschaft) wirkt selbst auf die Wertverhältnisse zurück:

„Als Folge der Verwendung neuer Produktionsaggregate ist eine erhebliche Änderung in den Proportionen der gesellschaftlich notwendigen Arbeit, die auf eine Produkteinheit entfällt, und damit auch in den Rentabilitätsbeziehungen möglich" (S. 206 f.).

3. Die Investitionen sind nicht isoliert voneinander, sondern als Elemente des volkswirtschaftlichen Gesamtplans zu betrachten:

„Wenn — wie dies in einer sozialistischen Wirtschaft unerläßlich ist — jede Investition oder auch die Investitionen in einem bestimmten Produktionssektor als integrierende Teile aller im Wirtschaftsplan enthaltenen Investitionsentscheidungen betrachtet werden, dann weitet sich der Umfang der Änderungen, die bei jedem einzelnen Investitionsplan in Rücksicht zu ziehen sind, erheblich aus; und man kann sagen: der Investitionsplan gewinnt einen neuen Charakter. Wir haben nun nicht mehr nur mit dem Umfang der Kapitalbindung bei einer gegebenen Investition und ihrer Wirkung auf die Produktionsbedingungen eines bestimmten Wirtschaftszweiges zu tun, sondern mit mehr oder weniger tiefgreifenden Änderungen im allgemeinen Niveau der Technik, in der Größe und Struktur der produktiven Kapazitäten des Landes, mit dem Niveau und der Struktur der Einkommen, der Kosten, usw. Wenn — und auch dies sollte als der Regelfall im Sozialismus betrachtet werden — die Investitionsentscheidungen von gesamtwirtschaftlicher Bedeutung innerhalb eines langfristigen Rahmenplanes getroffen werden..., dann leuchtet ein, daß Fragen des Gleichgewichts als solche eines gänzlich neuen Bedingungsgefüges zu betrachten sind; eines Bedingungsgefüges, das keineswegs nur ökonomischer, sondern auch allgemein gesellschaftlich-kultureller Art ist und auf die Struktur der Nachfrage schließlich einwirkt" (S. 207 f.).

„Die sozialistische Planung verwirklicht eine gesellschaftlich-ökonomische Rationalität des Produktions- und Verteilungsprozesses. Dies erfordert die Unterordnung der Zielsetzungen einzelner Wirtschaftssektoren unter die des umfassenden gesamtgesellschaftlichen Vorgangs der Produktion und Verteilung; es erfordert die Integration von Teilzielen in die allgemeinen Ziele, durch die sich die Gesellschaft in ihrer wirtschaftlichen Tätigkeit leiten läßt. Dieses allgemeine Ziel ist natürlich nicht die Summe von autonom gesetzten Einzelzwecken. . . . Wenn daher die marxistischen Ökonomen die Notwendigkeit betonen, die grundlegenden Investitionsentscheidungen zu zentralisieren, so natürlich nicht zu dem Zwecke, die Zentralinstanz — wenn auch in anderer Form — ‚nach dem Vorbild des Marktes' wirken zu lassen, sondern vielmehr um Proportionen sicherzustellen, die überall da, wo das allgemeine gesellschaftliche Interesse dies erheischt, von denen abweichen, die selbst unter den vollkommensten Marktbedingungen sich ergeben würden" (S. 219 f.).

So sehr ein Ausgleich der rechnerischen Gewinne als Mittel der Planverwirklichung erwünscht wäre, so müßte er doch *innerhalb* des auf *andere* Weise bestimmten Entwicklungsrahmens der Volkswirtschaft bleiben:

„Die Planinstanzen können nicht nach konkurrenzwirtschaftlichen Prinzipien die Investitionen bestimmen, von denen die allgemeine Entwicklungsrichtung der Volkswirtschaft abhängt. Ein solches Verhalten würde bedeuten, daß die Richtung der Investition nicht so sehr von der [gewollten] Endstruktur her als vielmehr von den Marktimpulsen bestimmt wird und daher den gegebenen Verhältnissen von Produktion und Austausch, den gegebenen Preisen und Kosten, der gegebenen Struktur von Angebot und Nachfrage folgt. Nach den Regeln der Konkurrenzwirtschaft handeln heißt unter dem Einfluß des Wertgesetzes von heute — und nur mit geringer Rücksicht auf eine überdies nur nahe Zukunft — handeln. Würden die Investitionen diesen Regeln folgen, so würde der Prozeß des wirtschaftlichen Wachstums in seinen Grundzügen und seiner Richtung die charakteristische Eigenart einer kapitalistischen Wirtschaft haben" (S. 211 f.).

„Die Frage einer rationalen Wahl des Investitionstypus ist nicht durch Übernahme einer einfachen Formel zu lösen, nach der Güter, deren Marktpreis höher ist als ihr Wert, mit produktiveren Anlagen hergestellt werden sollten, um so die Preisrelationen mit denen der Werte in Übereinstimmung zu bringen. Die Investitionsplanung verwirft zwar nicht die Kriterien, die das Wertgesetz liefert; aber ... sie ordnet sie höheren Maßstäben ein, d. h. übergeordneten Kriterien, wie sie einer Wirtschaft eigen sind, in der bewußt getroffene Entscheidungen im großen auch die Stellung und Entwicklung der Teilglieder des ökonomischen Prozesses — zumindest in der großen Linie — bestimmen." (S. 219).

3. Zusammenfassung der Wertfrage
Das Kriterium der „Rationalität" der Planung

„Die Frage, ob das Wertgesetz — genau verstanden als das Gesetz der Äquivalenz im Austausch — im Sozialismus gilt, kann leider nicht mit einem einfachen ‚Ja' oder ‚Nein' beantwortet werden" (S. 223).

Das „Wertgesetz" kann *nicht* die volkswirtschaftliche Gesamtplanung bestimmen. Wohl aber sollte es als Hebel der Planverwirklichung bei den Betrieben dienen, also seine *Stimulanzfunktion* zur Geltung bringen:

„Die Wirksamkeit des Wertgesetzes kann nicht von der Kontrolle über die Produktionsproportionen im Sinne einer Angleichung von Angebot und Nachfrage zu Preisen, deren Relationen denen der Werte entsprechen, getrennt werden. Ein Gleichgewicht dieser Art zu erreichen würde erfordern, daß dem Wertgesetz eine entsprechend bestimmende Rolle bei allen Investitionen zugestanden würde. Und wir haben gesehen, daß die Unterordnung der Hauptrichtungen der Investition unter das Wertgesetz für die sozialistische Wirtschaft nicht als eine objektive Notwendigkeit akzeptiert werden kann. Die Investitionspolitik muß in ihren Hauptzügen entsprechend dem Vorrang der gesamtwirtschaftlichen, langfristigen und dynamischen Sicht von den zentralen Instanzen autonom bestimmt werden" (S. 223).

„Der autonome Charakter der Investitionsentscheidungen bedeutet, daß diese nicht einem absoluten Zwang unterliegen, Proportionen zu wahren, die dem Wertgesetz als einem primären Kriterium der Rationalität entsprechen. ... Das Wertgesetz ist also kein absoluter, allgemeiner Bestimmungsgrund der Proportionen von Erzeugung und Austausch. Es behält die regulierende Funktion nur innerhalb der Grenzen, welche die autonomen Entscheidungen der zentralen Planinstanzen ... ihm setzen. Innerhalb dieser Grenzen ist die Verteilung der verfügbaren gesellschaftlichen Arbeit um so rationaler, je besser die Proportionen von Produktion und Austausch den Bedingungen der Äquivalenz genügen" (S. 224).

„Das System der Ware-Geld-Formen, deren wir uns in diesem [sozialistischen] System bei der Verteilung der Produktivkräfte bedienen, hat eine positive Bedeutung: Es trägt dazu bei, die Verwirklichung der Entscheidungen der Zentralinstanzen zu kontrollieren; es liefert ferner Stimuli und erlaubt die Abrechnung über Aufwand und Ertrag" (S. 229).

„Selbst in einer zentralistischen Wirtschaft ... spielt das Geld eine aktive Rolle auf den Arbeits- und Konsumgütermärkten; in dem Sinne, daß wirtschaftliche Größen, in Geldeinheiten ausgedrückt (Löhne, Preise), die Wahlakte der ihre Entscheidungen treffenden Subjekte (Beschäftigte, Verbraucher) beeinflussen" (S. 229 f.).

„Richtige", Angebot und Nachfrage innerhalb der allgemeinen Zielsetzungen des Planes ausgleichende Preise behalten vor allem im Bereiche der persönlichen Wirtschaft — und hierzu gehört in der Volksrepublik Polen nicht zuletzt die Landwirtschaft, wo der gesellschaftliche Sektor im Jahre 1961 erst 13,6 Prozent der Anbaufläche umfaßte — innerhalb der volkswirtschaftlichen Gesamtplanung noch erhebliche Bedeutung. Hier bleibt die Preisbildung ein „elementares Werkzeug aktiver Lenkung des Produktivmitteleinsatzes" (S. 230). Hier besteht denn auch die Alternative für den Staat fort, auf die Entscheidungen der Beteiligten mit Hilfe von wirtschaftspolitischen (indirekten) oder planerischen (direkten) Mitteln einzuwirken (S. 231). Dem Wert-„Gesetz" als einem *dienenden* Prinzip der sozialistischen Planwirtschaft kann also je nach den Umständen mit Hilfe des Marktes oder auch mit Hilfe staatlicher Setzung entsprochen werden:

„Keines dieser Mittel kann von vornherein als der sozialistischen Planwirtschaft prinzipiell angemessen oder unangemessen gewertet werden. Es gibt keinen theoretischen Grund dafür, den Marktmechanismus zum Fetisch zu erheben, als den Inbegriff einer Wirtschaft, die den Bedürfnissen objektiver ökonomischer Gesetze (vor allem des Wertgesetzes) entspricht. Ebensowenig gibt es einen theoretischen Grund dafür, die Möglichkeit einer Verwirklichung objektiver ökonomischer Gesetze durch den Planwillen, oder einer Verwirklichung von Planzielen mit Hilfe des Marktmechanismus zu bestreiten" (S. 243).

Das „Wertgesetz" kann nach alledem nicht das letzte Wort in der Planwirtschaft haben. Gibt es unter diesen Umständen einen *Maßstab* der gesellschaftlich-wirtschaftlichen „Richtigkeit" von Planentscheiden? Im Unterschiede zu O. *Lange* (1, in der polnischen Originalausgabe S. 143 f., 158) zieht Brus dies in Zweifel: Letztlich dient die ganze ökonomische Tätigkeit unter den Bedingungen der Gemeinwirtschaft *gesellschaftlichen*, außerwirtschaftlichen Zwecken. Diese selbst aber sind durchaus qualitativer Natur; sie entziehen sich einer ökonomischen Messung (S. 220). Die Herrschaft der sozialistischen Gesellschaft über ihre Welt bekundet sich darin, daß die materielle Weise ihres Daseins nur noch Mittel ihrer allgemeinen zivilisatorischen und kulturellen Entwicklung ist.

Schluß

Wir haben den nahezu drei Jahrhunderte umspannenden Weg der Wert- und Preistheorie mit großen Schritten durchmessen und wollen uns schließlich nochmals der Kriterien versichern, die wir bei der Prüfung der Einzellehren angelegt haben. — Eine theoretische Aussage ist letztlich nach dem *Erkenntniswert* zu beurteilen, den sie vermittelt. Ihr Erkenntniswert aber liegt in dem Grade ihrer Übereinstimmung mit der *Wirklichkeit*. Nur diese Rückbesinnung auf die Wirklichkeit wird uns zu jener *realistischen Theorie* verhelfen, deren wir heute in der Ökonomie so sehr bedürfen. Nur sie wird auch den fatalen und vielbeklagten Gegensatz von Wirtschafts*theorie* und Wirtschafts*politik* schlichten können — einen Gegensatz, der sich etwa auf dem Gebiete der *Preisbildung* im Widerspruch zwischen dem *Gleichgewichtspreis*-Konzept der ökonomischen Theorie und der tatsächlichen *Disproportionalität* der Preise äußert, von der die öffentliche, überall auf *Korrektur* bedachte Preis- (und Einkommens-)Politik ausgeht.

Die Wirklichkeit ist freilich allemal mehr als die des unmittelbaren, einzelnen Sachverhalts. Auch eine unrichtige Theorie kann in einem tieferen, allgemeineren Sinne Wirklichkeit, *gesellschaftliche* Wirklichkeit bezeichnen. So weist die analytische, deutende Sicht der Entwicklung von Wert- und Preislehre weiter zur Wirklichkeit der Denk*bedürfnisse* — der praktischen wie der ideellen — einer Epoche. Dem kritischen Kopfe sollte auch diese über die reine Sachbeziehung hinausgreifende — freilich immer nur *mit* dem Sachverhalt, nicht gegen diesen zu entdeckende — Dimension der Wirtschaftslehre aufgehen. Dann erschließt sich das ökonomische Denken einer Zeit als ein Teil des allgemeinen gesellschaftlichen Bewußtseins der Epoche. Gerade in unserer Zeit des nüchternsten „Tatsachen"-Positivismus, da, wie der unbefangene Beobachter sich eingestehen muß, eine Verarmung des theoretischen Sinnes schlechthin sich andeutet, wird die eigentliche, weit über alles formale „Modell"-Denken hinausweisende *Bildungsaufgabe* der ökonomischen Wissenschaft nachdrücklich zu betonen und in der Sacharbeit selbst zu bewähren sein.

Verzeichnis der zitierten Literatur

Abkürzungen der Zeitschriftentitel

AE = Annali di economia. — AER = American Economic Review. — ASS = Archiv für Sozialwissenschaft und Sozialpolitik. — CJ = Conrads Jahrbücher. — Ec. = Economica. — Eca. = Econometrica. — EJ = Economic Journal. — GE = Giornale degli Economisti. — HWBSoz. = Handwörterbuch der Sozialwissenschaften. — HWBSt. = Handwörterbuch der Staatswissenschaften. — JNSt. = Jahrbücher für Nationalökonomie und Statistik. — JGVV = Jahrbuch für Gesetzgebung, Verwaltung und Volkswirtschaft im deutschen Reich. — JPE = Journal of Political Economy. — JS = Jahrbuch für Sozialwissenschaft. — OEP = Oxford Economic Papers. — QJE = Quarterly Journal of Economics. — RESt. = The Review of Economic Studies. — Schm. = Schmollers Jahrbuch für Gesetzgebung, Verwaltung und Volkswirtschaft. — SchrVSP = Schriften des Vereins für Sozialpolitik. — SchZ = Schweizerische Zeitschrift für Volkswirtschaft und Statistik. — SSt. = Soviet Studies. — WA = Weltwirtschaftliches Archiv. — ZfB = Zeitschrift für Betriebswirtschaft. — ZgSt. = Zeitschrift für die gesamte Staatswissenschaft. — ZhF = Zeitschrift für handelswissenschaftliche Forschung. — ZN = Zeitschrift für Nationalökonomie. — ZVSV = Zeitschrift für Volkswirtschaft, Sozialpolitik und Verwaltung.

Abramovitz, M.: *1*, Monopolistic Selling in a Changing Economy, QJE 1938.

d'*Addario*, R.: *1*, Ricerche sulla curva dei redditi, GE, N. S. VIII, 1949, S. 91 ff.

Aftalion, A.: *1*, Les crises périodiques de surproduction, Paris 1913.

— *2*, Die Einkommenstheorie des Geldes, in „Die Wirtschaftstheorie der Gegenwart", Bd. 2, Wien 1932.

Åkerman, J.: *1*, Das Problem der sozialökonomischen Synthese, Lund 1938.

Albert, H.: *1*, Ökonomische Ideologie und politische Theorie, Göttingen 1954.

Allen, R. G. D.: *1*, A Reconsideration of the Theory of Value, Ec. I (1934), S. 52 ff., 196 ff. (zusammen mit Hicks).

— *2*, Nachfragefunktionen für Güter mit korreliertem Nutzen, ZN V (1934), S. 486 ff.

Amonn, A.: *1*, Ricardo als Begründer der theoretischen Nationalökonomie, Jena 1924.

— *2*, Cassels System der theoretischen Nationalökonomie, ASS LI (1924), S. 1 ff., 322 ff.

Amoroso, L.: *1*, La meccanica economica, GE, 1924, S. 45 ff.

— *2*, W. S. Jevons e la economia pura, AE, Milano 1926, S. 83 ff.

Andrews, P. W. S.: *1*, Manufacturing Business, London 1949.

Archibald, G. C.: *1*, Chamberlin versus Chicago, RESt., XXIX (1961), S. 2 ff.

Auspitz, R., und *Lieben*, R.: *1*, Untersuchungen über die Theorie des Preises, Leipzig 1889.

Bailey, S. (anonym): *1*, A critical Dissertation on the Nature, Measures and causes of value, chiefly in reference to the writings of Mr. Ricardo and his followers. By the author of essays on the formation and publication of opinions etc., London 1825.

Bain, J. S.: *1*, Price Theory, New York 1952.

— *2*, Price and Production Policies, in „A Survey of Contemporary Economics", Philad./Toronto 1948, S. 129 ff.

Barone, E.: *1*, Principii di economia politica, Roma 1908 (hier zitiert nach der 2. Aufl. der deutschen Übersetzung: Grundzüge der theoretischen Nationalökonomie, Berlin u. Bonn 1935).

— *2*, Il ministerio della produzione nello stato collettivista, GE XXXVII (1908) (übersetzt in F. A. Hayek, Collectivist Economic Planning, London 1938).

— *3*, Sul trattamento di questioni dinamiche, GE 1894, Serie II, S. 407 ff.

Behrens, F.: *1*, Ware, Wert und Wertgesetz, Berlin 1961.

Bentham, J.: *1*, Introduction to the Principles of Morals and Legislation, London 1789 (Neuaufl. Oxford 1876; Neudruck unter dem Titel: A Fragment on Government and an Introduction to the Principles of Morals and Legislation, Oxford 1948).

Bernoulli, D.: *1*, Specimen theoriae novae de mensura sortis, Petersburg 1738 (deutsch: Versuch einer neuen Theorie der Wertbestimmung von Glücksfällen, Leipzig 1896).

Berth, R.: *1*, Wähler- und Verbraucherbeeinflussung, Stuttgart 1963.

Bilimovič, A.: *1*, Wie können unmeßbare psychische Größen in das Gleichungssystem des wirtschaftlichen Gleichgewichts eingeführt werden? ZN V (1934), S. 145 ff.

Blaug, M.: *1*, Ricardian Economics, New Haven 1958.

Blaschka: *1*, Betrachtungen zur industriellen Produktionsfunktion, ZfB 1957.

Böhm-Bawerk, E. v.: *1*, Zum Abschluß des Marxschen Systems, in „Staatswissenschaftliche Arbeiten", Festgabe für K. Knies, herausgegeben von O. v. Boenigk, Berlin 1896.

— *2*, Kapital und Kapitalzins, Bd. I: Geschichte und Kritik der Kapitalzinstheorien, Innsbruck 1884[1] (hier zitiert nach der 2. Aufl. von 1900). — Bd. II: Positive Theorie des Kapitales, Innsbruck 1889[1] (hier zitiert nach der 4. Aufl., Jena 1921) (Nachdruck beider Bände Stuttgart 1961).

— *3*, Zur neuesten Literatur über den Wert, CJ 1891.

— *4*, Rechte und Verhältnisse vom Standpunkt der volkswirtschaftlichen Güterlehre, Innsbruck 1881 (wiederabgedruckt in „Gesammelte Schriften", I. Bd., Wien u. Leipzig 1924).

— *5*, Macht oder ökonomisches Gesetz? ZVSV, Wien XXIII (1914) (hier nach „Gesammelte Schriften", 1924, S. 230 ff).

— *6*, Grundzüge der Theorie des wirtschaftlichen Güterwertes, JNSt. 1886, S. 1 ff.

Boehmert, W.: *1*, W. Stanley Jevons und seine Bedeutung für die Theorie der Volkswirtschaftslehre in England, JGVV, N. F. XV (1891), S. 711 ff.

Boisguillebert, P. le Pesant: *1*, Dissertation de la nature des richesses, de l'argent et des tributs, in „Le détail de la France", Brusselle 1712, II. Teil (anonym).

Bordin, A.: *1*, Di taluni massimi d'utilità collettiva, GE 1949, S. 174 ff.

Bornstein, M.: *1*, The 1963 Soviet Industrial Price Revision, SSt. XV (1963), Nr. 1, S. 43 ff.

Bortkiewicz, L. v.: *1*, Zur Berechtigung der grundlegenden theoretischen Konstruktion von Marx im 3. Band des „Kapital", JNSt. XXXIV (1907), S. 319 ff.

— *2*, Die Grenznutzentheorie als Grundlage einer ultraliberalen Wirtschaftspolitik, JGVV N. F. XXII (1898), S. 1177 ff. Autorenname hier geschrieben: L. v. Bortkewitsch).

Boulding, K. E.: *1*, Economic Analysis, New York 1948^2.

Bouniatian, M.: *1*, Les crises économiques. Essai de morphologie et théorie des crises économiques périodiques, Paris 1922^1, 1930^2.

Bowley, A. L.: *1*, The Mathematical Groundwork of Economics, Oxford 1924.

Bray, J. F.: *1*, Labour's Wrongs and Labour's Remedy, Leeds 1839.

Brems, H.: *1*, Product Equilibrium under Monopolistic Competition, Cambridge/Mass. 1951.

Brentano, L.: *1*, Die Entwicklung der Wertlehre. Sitzungsberichte der Kgl.-Bayer. Ak. der Wiss., Philosophisch-philologische u. hist. Klasse, Jg. 1908, 3. Abhandl.

Briefs, G.: *1*, Untersuchungen zur klassischen Nationalökonomie, mit besonderer Berücksichtigung des Problems der Durchschnittsprofitrate, Jena 1915.

Buchanan, J. M.: *1*, Individual Choice in Voting and the Market, JPE 1954, S. 334 ff.

Bucharin, N.: *1*, Die politische Ökonomie des Rentners, Wien u. Berlin 1926.

Burns, A. R.: *1*, The Decline of Competition, New York 1936.

Carell, E.: *1*, Grundlagen der Preisbildung, Berlin 1952.

Carey, H. Ch.: *1*, Principles of Political Economy, 1. Teil, Philadelphia 1837.

Cassel, G.: *1*, Die Produktionskostentheorie Ricardos und die ersten Aufgaben der theoretischen Volkswirtschaftslehre, ZgSt. LVII (1901), S. 68 ff.

— *2*, Grundriß einer elementaren Preislehre, ZgSt. LV (1899), S. 395 ff.

— *3*, Theoretische Sozialökonomie, Leipzig 1918^1 (hier zitiert nach der 5. Aufl. von 1932).

— *4*, Grundgedanken der theoretischen Ökonomie, 4 Vorlesungen, Leipzig u. Erlangen 1926.

Chamberlin, E. H.: *1*, The Theory of Monopolistic Competition, Cambridge/Mass. 1933^1 (Harv. Univ. Press; hier zit. nach der 8. Aufl. von 1962).

— *2*, Towards a More General Theory of Value, New York 1957.

— *3*, The Economic Analysis of Labor Union Power, Washington, D. C. 1958.

Chapman, S.: *1*, The Utility of Income and Progressive Taxation, EJ 1913.

Child, J.: *1*, A New Discourse of Trade, wherein is Recommended several weighty Points relating to Companies of Merchants, London 1694.

Clark, J. B.: *1*, The Distribution of Wealth, London und New York 1899^1 (Neudruck 1963).

— *2*, The Possibility of a Scientific Law of Wages, in „Publications of the Am. Ec. Ass." 1889, Bd. 4, S. 39 ff.

Clark, J. M.: *1*, Toward a Concept of Workable Competition, AER 1940.

Condillac, E. B. de: *1*, Le commerce et le gouvernement considérés relativement l'un à l'autre, 1776 (Oeuvres complètes de Condillac, vol. IV, Paris 1798).
— *2*, Traité des sensations, London u. Paris 1754.
Cournot, A. A.: *1*, Recherches sur les principes mathématiques de la théorie des richesses, Paris 1838[1] (hier nach der deutschen Übersetzung: Untersuchungen über die mathematischen Grundlagen der Theorie des Reichtums, in „Sammlung sozialwissenschaftlicher Meister", Bd. 24, Jena 1924)
— *2*, Exposition de la théorie des chances et des probabilités, Paris 1843.
— *3*, Principes de la théorie des richesses, Paris 1863.
— *4*, Revue sommaire des doctrines économiques, Paris 1877.

Davenant, Ch.: *1*, An Essay on the East-India Trade, in: The Political and Commercial Works of Ch. Davenant, herausgegeben von Ch. Whitworth, 1. Bd., London 1771.
Dichter, E.: *1*, Strategie im Bereich der Wünsche, Düsseldorf 1961.
Dickinson, H. D.: *1*, Economics of Socialism, Oxford 1939.
Diehl, K.: *1*, David Ricardos Grundgesetze der Volkswirtschaft und Besteuerung, 2. u. 3. Band: Sozialwissenschaftliche Erläuterungen (2 Teile), Leipzig 1903[1] (1921/22[3]) (hier zitiert nach der 2. Aufl. von 1905).
— *2*, Über das Verhältnis von Preis und Wert bei Marx, Festgabe für J. Conrad, Halle a. S. 1898, S. 1 ff.
Dietzel, H.: *1*, Vom Lehrwert der Wertlehre und vom Grundfehler der Marxschen Verteilungslehre, Leipzig u. Erlangen 1921.
— *2*, Die klassische Werttheorie und die Theorie vom Grenznutzen, CJ 1890.
— *3*, Zur klassischen Wert- und Preistheorie, CJ 1891.
— *4*, Theoretische Sozialökonomik, Bd. I, Leipzig 1895.
Dobb, M.: *1*, Political Economy and Capitalism, London 1937 (hier zitiert nach der Ausgabe von 1948).
Dominedò, V.: *1*, Le condizioni del massimo collettivo di ofelimità secondo Pareto, GE 1949, S. 190 ff.
Dorfman, R., *Samuelson*, P. A., *Solow*, R. M.: *1*, Linear Programming and Economic Analysis, New York, Toronto, London 1958.
Douglas, P. H.: *1*, Are there Laws of Production? AER 1948.
Duesenberry, J. S.: *1*, Income, Saving and the Theory of Consumer Behavior, Cambridge/Mass. 1949[1] (hier: 1952[2]).
Dupuit, J.: *1*, De la mesure de l'utilité des travaux publics, Annales des ponts et chaussées 1844 (wiederabgedruckt in: J. Dupuit, De l'utilité et de sa mesure. Ecrits choisis et republiés, Torino 1933, S. 29 ff.).

Edgeworth, F. Y.: *1*, New and Old Methods of Ethics, Oxford u. London 1877.
— *2*, Mathematical Psychics. An Essay on the Application of Mathematics to the Moral Sciences, London 1881 (zitiert nach dem Neudruck von 1932).
— *3*, La teoria pura del monopolio, GE 1897.
Edmonds, T. R.: *1*, Practical Moral and Political Economy, London 1828.
Egner, E.: *1*, Studien über Haushalt und Verbrauch, Berlin 1963.

Eisermann, G.: *1*, Werbung und Wettbewerb, ZgSt. CXVII (1961), S. 258 ff.
— *2*, Vilfredo Pareto als Nationalökonom und Soziologe, Tübingen 1961.
Ellis, H. S.: *1*, Economic Expansion through Competitive Markets, in „Financing American Prosperity", 1945.
Engels, F.: *1*, Herrn Eugen Dührings Umwälzung der Wissenschaft („Anti-Dühring"), Leipzig 1878[1] (hier zitiert nach der 3. Aufl von 1894, wiederabgedruckt in Karl Marx, Friedrich Engels, Werke, Bd. XX, Berlin 1962, S. 1 ff.).
— *2*, Ergänzung und Nachtrag zum III. Band des „Kapital", 1895 (hier zitiert nach Karl Marx, Friedrich Engels. Kleine ökonomische Schriften, Berlin 1955, S. 323 ff.).
Eucken, W.: *1*, Grundlagen der Nationalökonomie, Jena 1940[1], Berlin-Göttingen-Heidelberg 1959[7] (hier nach der 4. Aufl. von 1944).

Fagan, E. B.: *1*, Recent and Contemporary Theories of Progressive Taxation, JPE 1938.
Fechner, G. T.: *1*, Über das Lustprinzip des Handelns, Ztschr. f. Philosophie, N. F., Bd. 19.
— *2*, Elemente der Psychophysik, Leipzig 1860.
Fellner, W.: *1*, Competition among the Few, New York 1949[1] (hier nach der Ausgabe von 1960).
— *2*, Emergence and Content of Modern Economic Analysis, New York, Toronto, London 1960.
Fisher, I.: *1*, Mathematical Investigations in the Theory of Value and Prices (Diss., New Haven 1892), 1925[1] (1926[2], Neudruck 1937).
— *2*, A Statistical Method for Measuring „Marginal Utility" and Testing the Justice of a Progressive Income Tax, in „Essays, Contributed in Honor of John Bates Clark", New York 1927, S. 157 ff.
— *3*, Cournot and Mathematical Economics, QJE 1898, S. 119 ff.
Förstner, K.: *1*, Betriebs- und volkswirtschaftliche Produktionsfunktionen, ZfB 1962, S. 264 ff.
Friedman, M.: *1*, Léon Walras and His Economic System, AER XVL (1955), S. 900 ff.
Frisch, R.: *1*, New Methods of Measuring Marginal Utility, Tübingen 1932.
— *2*, On Welfare Theory and Pareto Regions, Internat. Ec. Papers, No. 9, London u. New York 1959, S. 39 ff.

Gäfgen, G.: *1*, Der ökonomische Behaviorismus, Kölner Zeitschrift für Soziologie und Sozialpsychologie 1957, S. 50 ff.
— *2*, Theorie der wirtschaftlichen Entscheidung, Tübingen 1963.
Galiani, F.: *1*, Della moneta libri cinque, Napoli 1751[1] (Milano 1881[4]).
Gide, Ch., und *Rist*, Ch.: *1*, Cours d'économie politique, Paris 1883[1] (hier zitiert nach der 3. Aufl. der deutschen Übersetzung: Geschichte der volkswirtschaftlichen Lehrmeinungen, Jena 1923 [auf Grund der 4. französischen Auflage]).
Gossen, H. H.: *1*, Entwicklung der Gesetze des menschlichen Verkehrs und der daraus fließenden Regeln für menschliches Handeln, Braunschweig 1854[1] (Berlin 1927[3]).
Gottl-Ottlilienfeld, F. v.: *1*, Der Wertgedanke, ein verhülltes Dogma der Nationalökonomie, Jena 1897.

Gottl-Ottlilienfeld, F. v.: *2*, Die Herrschaft des Wortes. Untersuchungen zur Kritik des nationalökonomischen Denkens, Jena 1901.
— *3*, Die wirtschaftliche Dimension, Jena 1923.
Gray, J.: *1*, Lecture on Human Happiness, Sherwood 1825.
— *2*, The Social System, Edinburgh 1831.
Guitton, H.: *1*, Economie rationelle, économie positive, économie synthétique. De Walras à Moore, Paris 1938.
Gutenberg, E.: *1*, Grundlagen der Betriebswirtschaftslehre. I. Bd.: Die Produktion, Berlin-Göttingen-Heidelberg 1951[1] (hier zitiert nach der 8./9. Aufl. 1963). — II. Bd.: 1955[1] (1963[6]).
— *2*, Über den Verlauf von Kostenkurven und seine Begründung, ZhF V (1953), S. 1 ff.

Haley, B. F.: *1*, Rezension von Hicks' ‚Value and Capital', AER XXIX (1939), S. 557 ff.
Hall, R. L., und *Hitch*, C. J.: *1*, Price Theory and Business Behaviour, OEP 1939 (Neudruck 1952).
Harrod, R. F.: *1*, Rezension von Hicks' ‚Value and Capital', EJ IL (1939), S. 294 ff.
Hasbach, W.: *1*, Die allgemeinen philosophischen Grundlagen der von François Quesnay und Adam Smith begründeten politischen Ökonomie, Leipzig 1890.
Hayek, F. A.: *1*, Geldtheorie und Konjunkturtheorie, Wien u. Leipzig 1929.
— *2*, Preise und Produktion, Wien 1931.
— *3*, Ed.: Collectivist Economic Planning, London 1935 (Neudruck 1947).
Hearn, W. E.: *1*, Plutology, London 1864.
Herrmann, K.: *1*, Zur Interpretation des Ertragsgesetzes, ZfB XXVIII (1958), S. 409 ff., 485 ff.
Hicks, J. R.: *1*, Léon Walras, Eca. II˙ (1934), S. 338 ff.
— *2*, A Reconsideration of the Theory of Value, Ec. I. (1934), S. 52 ff., 196 ff. (zusammen mit R. G. D. Allen).
— *3*, Value and Capital, Oxford 1939[1] (hier nach dem Neudruck 1953 der 2. Aufl. von 1946).
— *4*, A Revision of Demand Theory, Oxford 1956.
Hilferding, R.: *1*, Böhm-Bawerks Marx-Kritik, in: „Marx-Studien", Blätter zur Theorie und Politik des wissenschaftlichen Sozialismus, I (1904), S. 1 ff. (Wien).
— *2*, Das Finanzkapital, Berlin 1910[1] (Neudruck, Berlin 1947).
Hodgskin, Th.: *1*, Labour Defended against the Claims of Capital, 1825.
2, Popular Political Economy, London 1827.
Hofmann, W.: *1*, Ideengeschichte der sozialen Bewegung des 19. und 20. Jahrhunderts, Berlin 1962 (Göschen).
— *2*, Die säkulare Inflation, Berlin 1962.
— *3*, Gesellschaftslehre als Ordnungsmacht, Berlin 1961.
— *4*, Die Arbeitsverfassung der Sowjetunion, Berlin 1956.
— *5*, Europa-Markt und Wettbewerb, Berlin 1959.
— *6*, Wohin steuert die Sowjetwirtschaft? Berlin 1955.
Hollander, J. H.: *1*, The Development of Ricardo's Theory of Value, QJE XVIII (1904), S. 455 ff.

Howey, R. S.: *1*, The Rise of the Marginal Utility School, 1870—1889, Lawrence (Kansas) 1960.

Humboldt, W. v.: *1*, Ideen zu einem Versuch, die Grenzen der Wirksamkeit des Staates zu bestimmen, 1792.

Illy, L.: *1*, Das Gesetz des Grenznutzens, Wien 1948.

Jacob, H.: *1*, Das Ertragsgesetz in der industriellen Produktion, ZfB 1960, S. 455 ff.

Jennings, R.: *1*, Natural Elements of Political Economy, London 1855.

Jevons, W. St.: *1*, The Theory of Political Economy, London 1871[1] (1931[5]) (hier in Anlehnung an die deutsche Übersetzung: Die Theorie der Politischen Ökonomie, Jena 1923 [auf Grund der 4. englischen Auflage]).
— *2*, The Principles of Science. A Treatise on Logic and Scientific Method, 1873[1] (1877[2]; Neudruck New York 1958).
— *3*, The Principles of Economics, London 1905 (posthum).
— *4*, The Future of Political Economy, 1876 (abgedruckt in *3*).
— *5*, Investigations in Currency and Finance, hrsg. v. H. S. Foxwell, London 1884[1] (1909[2]).

Johnson, H. G.: *1*, Art. „Edgeworth", in: HWBSoz, Bd. III, S. 25 f.

Johnson, W. E.: *1*, The Pure Theory of Utility Curves, EJ XXIII (1913), S. 483 ff.

Kade, G.: *1*, Die logischen Grundlagen der mathematischen Wirtschaftstheorie als Methodenproblem der theoretischen Ökonomik, Berlin 1958.

Kaldor, N.: *1*, Essays on Value and Distribution, London 1960.
— *2*, Market Imperfection and Excess Capacity, Ec. 1935 (wiederabgedruckt in *1*, S. 62 ff.).

Kauder, E.: *1*, Genesis of the Marginal Utility Theory, EJ LXIII (1953), S. 638 ff.

Kaulla, R.: *1*, Die geschichtliche Entwicklung der modernen Werttheorien, Tübingen 1906.

Keynes, J. M.: *1*, The General Theory of Employment, Interest and Money, London 1936 (Neudruck 1951; deutsch: Allgemeine Theorie der Beschäftigung, des Zinses und des Geldes, München 1936, Neudruck Berlin 1955).

Knight, F. H.: *1*, Capital, Time, and the Interest Rate, Ec. I (1934), S. 257 ff.
— *2*, Risk, Uncertainty and Profit, Boston und New York 1921[1].

Korner, E.: *1*, Grenznutzentheorie und Preisbestimmung, Schm. LXXVII (1957), S. 1 ff.

Krelle, W.: *1*, Preistheorie, Tübingen-Zürich 1961.

Kühne, O.: *1*, Die mathematische Schule in der Nationalökonomie, Bd. I, 1. Teil: Die italienische Schule (bis 1914). Sozialwissenschaftliche Forschungen, Berlin-Leipzig 1928.

Kuenne, R. E.: *1*, Walras, Leontief, and the Interdependence of Economic Activities, QJE 1954, S. 323 ff.

Lange, F. A.: *1*, Die Arbeiterfrage in ihrer Bedeutung für Gegenwart und Zukunft beleuchtet, Duisburg 1865[1] (1870[2]).

Lange, O.: *1*, Economie politique, I. Bd.: Problèmes généraux, Paris 1962 (aus dem Polnischen, Warschau 1962).
— *2*, On the Economic Theory of Socialism, Minneapolis 1938 (Neudruck 1956) (zusammen mit F. M. Taylor).
Lassalle, F.: *1*, Offenes Antwortschreiben an das Zentralkomitee zur Berufung eines allgemeinen deutschen Arbeiterkongresses zu Leipzig, 1863.
Laßmann, G.: *1*, Die Produktionsfunktion und ihre Bedeutung für die betriebswirtschaftliche Kostentheorie, Köln u. Opladen 1958.
Lauderdale, J. M.: *1*, An Inquiry into the Nature and Origin of Public Wealth, and into the Means and Causes of Its Increase, Edinburgh und London 1804.
Lenin, W. I.: *1*, Der Imperialismus als höchstes Stadium des Kapitalismus, Petrograd 1917 (hier nach der zweibändigen Ausgabe der „Ausgewählten Werke", Bd. I, Moskau 1946, S. 767 ff.).
Leone, E.: *1*, Léon Walras und die hedonistisch-mathematische ‚Schule von Lausanne', ASS 1911, S. 36 ff.
Leslie, C.: *1*, Essays in Political Economy, Dublin 1888 (1. Aufl. unter dem Titel: Essays in Political and Moral Philosophy, 1879).
Lexis, W.: *1*, Art. „Grenznutzen", I. Suppl.-Bd. zur 1. Aufl. des HWBSt., 1895.
Liebknecht, W.: *1*, Zur Geschichte der Werttheorie in England, Jena 1902.
Liefmann, R.: *1*, Grundsätze der Volkswirtschaftslehre, Bd. I: Grundlagen der Wirtschaft, Stuttgart 1917^1 (1923^3). — Bd. II: Grundlagen des Tauschverkehrs, Stuttgart 1919^1 (1922^2).
— *2*, Grundlagen einer ökonomischen Produktivitätstheorie, JNSt. 1912.
Lindahl, E.: *1*, Studies in the Theory of Money and Capital, London 1939.
Lipschitz, E.: *1*, Die theoretischen Grundlagen David Ricardos im Lichte des Briefwechsels, Berlin 1957.
Lloyd, W. F.: *1*, A Lecture on the Notion of Value, London 1834 (wiederabgedruckt in „Economic History", EJ Supplement 1927, S. 170 ff.).
Locke, J.: *1*, Two Treatises of Government, London 1690^1 (hier nach der Ausgabe von 1698).
— *2*, Some Considerations of the Lowering of Interest, and Raising the Value of Money, in: „The Works of John Locke", 3 Bde., hier Bd. II, London 1722^2, S. 1 ff.
Longfield, M.: *1*, Lectures on Political Economy, Dublin 1834.
Loria, A.: *1*, Das übernormale Unterprodukt, in „Die Wirtschaftstheorie der Gegenwart", 2. Bd., Wien 1932, S. 287 ff.
Lundberg, E.: *1*, Studies in the Theory of Economic Expansion, London 1937.

Mahr, A.: *1*, Das Gesetz vom Grenznutzenniveau im Lichte der Kritik, ZN XII (1949), S. 198 ff.
Malthus, Th. R.: *1*, An Essay on the Principle of Population as It Effects the Future Improvement of Society, London 1798^1 (2. Aufl. unter dem Titel: An Essay on the Principle of Population or a View of Its Past and Present Effects on Human Happiness, 1803; Neudruck unter dem Titel: An Essay on Population, London und New York 1933).

Malthus, Th. R.: *2*, Principles of Political Economy, London 1820¹ (1836²; Neudruck New York 1951).
— *3*, The Measure of Value Stated and Illustrated, with an Application of it to the Alterations in the Value of the English Currency since 1790, London 1823.
— *4*, An Inquiry into the Nature and Progress of Rent, London 1815.

Mangoldt, H. v.: *1*, Volkswirtschaftslehre, Stuttgart 1868¹ (1871²).
— *2*, Die Lehre vom Unternehmergewinn, Leipzig 1855.

Marget, A.: *1*, The Monetary Aspects of the Walrasian Theory, JPE 1935, S. 159 ff.

Marshall, A.: *1*, Principles of Economics, London 1890¹ (Cambridge 1961⁹; hier zitiert nach der deutschen Ausgabe: Handbuch der Volkswirtschaftslehre, Stuttgart-Berlin 1905).

Marx, K.: Zitiert wird nach „Karl Marx, Friedrich Engels, Werke", Berlin 1957 ff. (einschließlich der „Theorien über den Mehrwert", Berlin 1956 ff.). Die Angaben in eckigen Klammern beziehen sich auf die von H.-J. Lieber herausgegebene Karl-Marx-Studienausgabe, Stuttgart 1960 ff.
— *1*, Das Kapital: I. Band: Der Produktionsprozeß des Kapitals, Hamburg 1867¹; hier: Werke, Bd. 23, Berlin 1962 [Bd. IV, Stuttgart 1962]. — II. Band: Der Zirkulationsprozeß des Kapitals, Hamburg 1885¹ (posthum, Hrsg. F. Engels); hier: Werke, Bd. 24, Berlin 1963 [Bd. V, Stuttgart 1963]. — III. Band: Der Gesamtprozeß der kapitalistischen Produktion, Hamburg 1894¹ (posthum, Hrsg. F. Engels); hier: Werke, Bd. 25, noch nicht erschienen) [Bd. V, Stuttgart 1963, sowie Bd. VI (noch nicht erschienen)].
— *2*, Theorien über den Mehrwert (3 Bde.), 1905/10 (posthum, Hrsg. K. Kautsky); hier: 1. Teil, Berlin 1956; 2. Teil, Berlin 1959; 3. Teil, Berlin 1962.
— *3*, Kritik des Gothaer Programms (geschrieben 1875), erstmals veröffentlicht 1891; hier: Werke Bd. 19, Berlin 1962, S. 11 ff. [Bd. III/2, S. 1014 ff.].
— *4*, Misère de la philosophie, réponse à la philosophie de la misère de M. Proudhon, Brüssel u. Paris 1847¹. Deutsch: Das Elend der Philosophie, Stuttgart 1885¹. Hier: Werke, Bd. 4, Berlin 1959, S. 63 ff.
— *5*, Zur Kritik der Nationalökonomie. Ökonomisch-philosophische Manuskripte (geschrieben 1844, erstmals veröffentlicht 1932). Hier nach „Karl Marx, F. Engels, Kleine ökonomische Schriften", Berlin 1955, S. 42 ff. [Bd. I, Stuttgart 1962, S. 506 ff.].
— *6*, Zur Kritik der politischen Ökonomie, Berlin 1859¹. Hier: Werke, Bd. 13, Berlin 1961, S. 3 ff.

Masci, G.: *1*, Die wesentlichen Bestimmungsgründe des Tauschwerts, in: „Die Wirtschaftstheorie der Gegenwart", 2. Bd.: Wert, Preis, Produktion, Geld und Kredit, Wien 1932, S. 73 ff.

Mayer, H.: *1*, Untersuchung zu dem Grundgesetz der wirtschaftlichen Wertrechnung, ZN 1956 (erstmals in Ztschr. f. Volkswirtsch. u. Sozialpolitik, N. F., Jg. I—V, 1921—1925).
— *2*, Artikel „Zurechnung", HWBSt., 4. Aufl. VIII, S. 1206 ff.
— *3*, Der Erkenntniswert der funktionellen Preistheorien, in: „Die Wirtschaftstheorie der Gegenwart", 2. Bd.: Wert, Preis, Produktion, Geld und Kredit, Wien 1932, S. 147 ff.
— *4*, Zur Frage der Rechenbarkeit des subjektiven Wertes, SchZ 1953, S. 369 ff.

McCulloch, J. R.: *1*, The Principles of Political Economy, Edinburgh 1825.

Meek, R. L.: *1*, The Decline of Ricardian Economics in England, Ec. N. S. XVII (1950), S. 43 ff.

— *2*, Studies in the Labour Theory of Value, London 1958.

— *3*, Some Notes on the ‚Transformation Problem', EJ 1956.

Menger, A.: *1*, Das Recht auf den vollen Arbeitsertrag in geschichtlicher Darstellung, Stuttgart 1886^1 (1910^4).

Menger, C.: *1*, Grundsätze der Volkswirtschaftslehre, Wien 1871^1; hier nach der 2. Aufl., Wien und Leipzig 1923 (aus dem Nachlaß herausgegeben von K. Menger).

— *2*, Untersuchungen über die Methode der Sozialwissenschaften, und der politischen Ökonomie insbesondere, Leipzig 1883.

Le Mercier de la Rivière, P. F.: *1*, L'ordre naturel et essentiel des sociétés politiques, Londres-Paris 1767 (hier zitiert nach der Ausgabe von 1910).

Mill, J.: *1*, Elements of Political Economy, London 1821^1 (1826^3; Neudruck 1963).

Mill, J. St.: *1*, Principles of Political Economy with Some of Their Applications to Social Philosophy, London 1848^1 (1871^7; Neudruck 1936). Hier nach der deutschen Ausgabe: Grundsätze der politischen Ökonomie mit einigen ihrer Anwendungen auf die Sozialphilosophie, „Sammlung sozialwissenschaftlicher Meister", 1.Bd. in der 2. Aufl., Jena 1924, 2. Bd., Jena 1921 (auf Grund der Ausgabe letzter Hand, d. h. der 7. Aufl. von 1871).

— *2*, Essays on Some Unsettled Questions of Political Economy, London 1844^1 (1872^2; Neudruck 1948).

Minc, B.: *1*, Ekonomia Polityczna Socjalizmu, Warszawa 1963^2.

Mises, L. v.: *1*, Vom Weg der subjektivistischen Wertlehre, in: „Probleme der Wertlehre", herausgegeben v. L. v. Mises und A. Spiethoff, SchrVSP Bd. 183/1, München-Leipzig 1931, S. 73 ff.

— *2*, Theorie des Geldes und der Umlaufmittel, München-Leipzig 1912^1 (1924^2).

— *3*, Die Gemeinwirtschaft, Jena 1922^1 (1932^2).

— *4*, Planned Chaos, New York 1947.

— *5*, Die Wirtschaftsrechnung im sozialistischen Gemeinwesen, ASS 1920.

— *6*, Neue Beiträge zum Problem der sozialistischen Wirtschaftsrechnung, ASS, 1924.

Mishan, E. J.: Theories of Consumer's Behavior: A Cynical View, Ec. N. S. Vol. XXVIII (1961), S. 1 ff.

Mitchell, W. C.: *1*, Business Cycles, Berkeley 1913^1 (New York 1927^2; Neudruck 1950). Hier nach der deutschen Ausgabe: Der Konjunkturzyklus, Leipzig 1931.

— *2*, The Prospects of Economics, in: „The Trend of Economics", New York 1924.

Mohrmann, W.: *1*, Dogmengeschichte der Zurechnungslehre, Jena 1914.

Moore, H. L.: *1*, Economic Cycles: Their Law and Cause, New York 1914.

Morgenstern, O.: *1*, Die drei Grundtypen der Theorie des subjektiven Wertes, in: „Probleme der Wertlehre", hrsg. von L. v. Mises und A. Spiethoff, SchrVSP 183/1, München und Leipzig 1931, S. 1 ff.

— *2*, Das Zeitmoment in der Wertlehre, ZN V (1934), S. 433 ff.

Morgenstern, O.: *3*, Offene Probleme der Kosten- und Ertragstheorie, ZN II (1931), S. 481 ff.
— *4*, Theory of Games and Economic Behavior, Princeton 1944¹ (1953³) (zusammen mit J. v. Neumann).
Morishima, M., und *Seton*, F.: *1*, Aggregation in Leontief Matrices and the Labour Theory of Value, Eca. XXIX (1961), S. 203 ff.
Müller, J. H.: *1*, Zur ökonomischen Problematik des Ertragsgesetzes, ZgSt. CXI (1955), S. 77 ff.
Musgrave, R. A.: *1*, The Theory of Public Finance, New York, Toronto, London 1959.
Myrdal, G.: *1*, Das politische Element in der nationalökonomischen Doktrinbildung, Berlin 1932 (Neudruck 1962).
— *2*, Preisbildningsproblemet och foränderligheten, Upsala 1927.
— *3*, Monetary Equilibrium, a. d. Schwed. Edinburgh 1939.

Natzmer, H. v.: *1*, Traditionelle und moderne Kostenkurven, ZN XXI (1961), S. 37 ff.
Neubauer, J.: *1*, Grenznutzen, Indifferenz, Elastizität, Durchschnittsnutzen, JNSt. CXXXIII (1930), S. 662 ff.
— *2*, Die Gossenschen Gesetze, ZN II (1931), S. 733 ff.
Neumann, J. v., und O. *Morgenstern*: *1*, Theory of Games and Economic Behavior, Princeton 1944¹ (1953³).
Newman, J. W.: *1*, Motivforschung und Absatzlenkung, Frankfurt/M. 1960.
Nogaro, B.: *1*, La position de Léon Walras et de Pareto à l'égard de l'école autrichienne, ZN XII (1949), S. 187 ff.
Norris, R. T.: *1*, The Theory of Consumer's Demand, New Haven 1941¹ (hier zitiert nach der Auflage von 1952).
North, D.: *1*, Discourses upon Trade; principally directed to the Cases of the Interest, Coynage, Clipping, Increase of Money, London 1691 (A Reprint of Econ. Tracts, herausgegeben von J. H. Hollander, Baltimore 1907).
Nürck, R.: *1*, Produktionskosten und Produktionsgeschwindigkeit, ZfB 1962, S. 217 ff.

Ohlin, B.: *1*, Some Notes on the Stockholm Theory of Saving and Investment, EJ 1937.
Oncken, A.: *1*, Adam Smith und Immanuel Kant, Bd. I: Ethik und Politik, Leipzig 1877.
Ott, A. E.: *1*, Preistheorie, JS XIII (1962), S. 1 ff.
— *2*, Marktform und Verhaltensweise, Stuttgart 1959.
Oules, F.: *1*, L'école de Lausanne, Textes choisis de L. Walras et V. Pareto, Paris 1950.
Owen, R.: *1*, A New View of Society, London 1813/14¹ (1818/19⁴; Neudruck, Glencoe 1948).
— *2*, Report to the County of Lanark, Glasgow 1820 (Neudruck 1832).
— *3*, An Explanation of the Causes of the Distress Which Pervades the Civilized Parts of the World and of the Means whereby It May be Removed, London 1823.

Paglin, M.: *1*, Malthus and Lauderdale. The Anti-Ricardian Tradition, New York 1961.
Pareto, V.: *1*, Cours d'économie politique, Lausanne, Paris, Leipzig, 1. Bd., 1896, 2. Bd., 1897.
— *2*, Les systèmes socialistes, 2 Bde., Paris 1902/03^1 (1926^2).
— *3*, Manuale di ecomonia politica, Milano 1906^1 (1921^2) (franz.: Manuel d'économie politique, Paris 1909^1, 1927^2; Neudruck 1963).
— *4*, Trattato di sociologia generale, Firenze 1916^1 (1923^2) (in deutscher Auswahl Tübingen 1955, Stuttgart 1961).
— *5*, Le nuove teorie economiche, GE Serie II, S. 253 ff., Roma 1901.
— *6*, Lettere a Maffeo Pantaleoni, 3 Vol., Roma 1960.
— *7*, Anwendungen der Mathematik auf Nationalökonomie, in: „Enzyklopädie der mathematischen Wissenschaften mit Einschluß ihrer Anwendungen", 1. Bd., 2. Teil, Leipzig 1900—1904, S. 1094 ff.
— *8*, Considerazioni sui principii fondamentali dell'economia politica pura, GE VII (1893).
Parsons, T.: *1*, The Social System, Glencoe/Illinois 1952^2.
— *2*, Economy and Society. A Study in the Integration of Economic and Social Theory, London 1956 (zusammen mit N. J. Smelser).
Peter, H.: *1*, Der Ganzheitsgedanke in Wirtschaft und Wirtschaftswissenschaft, Stuttgart 1934.
— *2*, Einführung in die politische Ökonomie, Stuttgart 1950.
Petty, W.: Es wird zitiert nach: „The Economic Writings of Sir William Petty" (auf Grund sorgfältiger Quellenstudien neu herausgegeben durch Ch. H. Hull, Cambridge 1899, 2 Bde.).
— *1*, A Treatise of Taxes and Contributions, London 1662 (Bd. I, S. 1 ff.).
— *2*, Verbum Sapienti (geschrieben 1664), London 1691 (Bd. I, S. 99 ff.).
— *3*, The Political Anatomy of Ireland (geschrieben 1672), London 1691 (Bd. I, S. 121 ff.).
— *4*, Political Arithmetik (geschrieben 1676), London 1690 (Bd. I, S. 233 ff.).
Pietri-Tonelli, A. de: *1*, Le equazioni generali dell' equilibrio economico di Vilfredo Pareto, GE 1924, S. 55.
Pigou, A. C.: *1*, The Economics of Welfare (ursprünglich: Wealth and Welfare, London 1912; ab 1920 unter dem obigen Titel), 1932^4. Hier nach dem Neudruck von 1960.
Pirou, G,: *1*, L'utilité marginale de C. Menger à J. B. Clark, Paris 1938^2.
— *2*, Les théories de l'équilibre économique. Walras et Pareto Paris 1946^3.
Političeskaja Ekonomia: Učebnik, Moskva 1954^1. (Deutsch: Politische Ökonomie, Lehrbuch, Berlin 1955^1.)
Preiser, E.: *1*, Multiplikatorprozeß und dynamischer Unternehmergewinn. JNSt. CLXVII (1955), S. 89 ff.
Přibram, K.: *1*, Die Entstehung der individualistischen Sozialphilosophie, Leipzig 1912.
Pufendorf, S. v.: *1*, De officio hominis et civis prout ipsi praescribuntur lege naturali, Lund 1673 (deutsch 1682).
— *2*, De iure naturae et gentium, Lund 1672.
Quincey, Th. de: *1*, Dialogues of Three Templars on Political Economy, chiefly in Relation to the Principles of Mr. Ricardo, 1824 (wiederabge-

druckt in der Gesamtausgabe der Werke, Edinburgh 1854, Bd. IV, S. 177 ff.).
— 2, The Logic of Political Economy, Edinburgh und London 1844.

Quittner-Bertolasi, E.: 1, Die Stellung der Lausanner Schule in der Grenznutzenlehre, ASS LXIV (1930), S. 16 ff.

Raumer, R. M.: 1, Samuel Bailey and the Classical Theory of Value, London 1961.

Ravenstone, P.: 1, A Few Doubts as to the Correctness of Some Opinions Generally Entertained on the Subjects of Population and Political Economy, London 1821.

Reichardt, H.: 1, Augustin A. Cournot. Sein Beitrag zur exakten Wirtschaftswissenschaft, Tübingen 1954.

Ricardo, D.: Für den englischen Text ist maßgeblich die von P. Sraffa und M. H. Dobb herausgegebene Standardausgabe: „The Works and Correspondence of David Ricardo", Cambridge 1951 ff. (teilweise mehrfach neugedruckt). 1, On the Principles of Political Economy and Taxation, London 1817 (1821^3), Works Bd. I (1951; Neudruck 1962). Deutsch: Grundsätze der Volkswirtschaft und Besteuerung, „Sammlung sozialwissenschaftlicher Meister", Jena 1923^3 (auf Grund der Ausgabe letzter Hand, d. h. der 3. Aufl. von 1821).
— 2, Absolute Value and Exchangeable Value (verfaßt 1823), Works, Bd. IV (1962), S. 357 ff.
— 3, Letters, Works Bd. VI—IX (1952).

Rittig, G.: 1, Artikel „Wirtschaftsrechnung", HWBSoz., Bd. XII, S. 238 ff.
— 2, Die Indeterminiertheit des Preissystems, JS I (1950), S. 213 ff.; II (1951), S. 62 ff.

Robbins, L.: 1, The Theory of Economic Policy in English Classical Political Economy, London 1952.
— 2, Essay on the Nature and Significance of Economic Science, London (1932^1) 1935^2.

Robertson, D. H.: 1, Utility and All That, London 1952.
— 2, Utility and All What? EJ 1954, S. 665 ff.

Robinson, J.: 1, The Economics of Imperfect Competition, London 1933 (hier nach dem Neudruck von 1954).

Rodbertus-Jagetzow, C. v.: 1, Zur Beleuchtung der sozialen Frage. Teil 1. Unveränderter Abdruck meines zweiten und dritten Sozialen Briefes an v. Kirchmann, Berlin 1875.

Rosdolsky, R.: 1, Der Gebrauchswert bei Karl Marx. Eine Kritik der bisherigen Marx-Interpretation, Kyklos XII (1959), S. 27 ff.

Samuelson, P. A.: 1, A Modern Treatment of the Ricardian Economy, QJE LXXIII (1959), S. 1 ff., 217 ff.
— 2, Economics, New York 1948^1, 1961^5. Deutsch: Volkswirtschaftslehre, Köln-Deutz 1952^1 (1955^2).
— 3, A Note on the Pure Theory of Consumer's Behavior, Ec. 1938, S. 61 ff., 353 ff.
— 4, Social Indifference Curves, QJE 1956, S. 1 ff.

Sax, E.: 1, Grundlegung der theoretischen Staatswirtschaft, Wien 1887.
— 2, Die neuesten Fortschritte der nationalökonomischen Theorie, Leipzig 1889.

Schams, E.: Die Casselschen Gleichungen und die mathematische Wirtschaftstheorie, JNSt. 1927, S. 385 ff.

Schmalenbach, E.: *1*, Kapital, Kredit und Zins in betriebswirtschaftlicher Beleuchtung, Leipzig 1933¹ (1961⁴).

— *2*, Grundlagen der Selbstkostenrechnung und Preispolitik, ZhF 1919; als Buch Leipzig 1929¹, 7. Aufl. unter dem Titel: Kostenrechnung und Preispolitik, Köln u. Opladen 1956; 1963⁸.

Schneider, E.: *1*, Einführung in die Wirtschaftstheorie, Tübingen. I. Bd.: Theorie des Wirtschaftskreislaufes, 1947¹ (1963¹⁰).— II. Bd.: Wirtschaftspläne und wirtschaftliches Gleichgewicht in der Verkehrswirtschaft, 1948¹ (1963⁸). — III. Bd.: Geld, Kredit, Volkseinkommen und Beschäftigung, 1952¹ (1962⁷). — IV. Bd.: Ausgewählte Kapitel der Geschichte der Wirtschaftstheorie, 1. Halbband 1962.

— *2*, Theorie der Produktion, Wien 1934.

— *3*, Artikel „Statik und Dynamik", HWBSoz. Bd. X, S. 23 ff.

— *4*, Reine Theorie monopolistischer Wirtschaftsformen, Tübingen 1932.

Schröder, E. C. F. J.: *1*, The Marginal Utility Theory in the United States of America, Diss. 1947.

Schumpeter, J. A.: *1*, Business Cycles. A Theoretical, Historical and Statistical Analysis of the Capitalist Process, New York und London 1939. Deutsch: Konjunkturzyklen, Göttingen 1961.

— *2*, Carl Menger, Ztschr. f. Vwsch. u. Soz.pol., N. F. 1, 1921, S. 97 ff. Hier zitiert nach J. A. Schumpeter, Dogmenhistorische u. biographische Aufsätze, Tübingen 1954, S. 118 ff.

— *3*, History of Economic Analysis (posthum hrsg. durch E. B. Schumpeter), London 1954. (Dtsch. Übersetzung in Vorbereitung.)

— *4*, Marie Esprit Léon Walras, ZVSV, Wien 1910. (Wiederabgedruckt in Dogmenhist. u. biogr. Aufsätze, Tübingen 1954.)

— *5*, Die Wirtschaftstheorie der Gegenwart in Deutschland, in „Die Wirtschaftstheorie der Gegenwart", Bd. 1, 1927.

— *6*, Capitalism, Socialism and Democracy, New York 1942¹ (1950³). Deutsch: Kapitalismus, Sozialismus und Demokratie, Bern 1946¹ (2. Aufl. Bern und München 1950).

Scitovsky, T. de: *1*, A Reconsideration of the Theory of Tariffs, RESt. 1942, S. 98 ff. (wiederabgedruckt in „Readings in the Theory of International Trade", London 1950¹, S. 358 ff.).

Scott, W. R.: *1*, Werttheorie, in „Die Wirtschaftstheorie der Gegenwart", Bd. II, Wien 1932, S. 39 ff.

Seligman, B. B.: *1*, Main Currents in Modern Economics. Economic Thought since 1870, Glencoe/Illinois 1962.

Senior, N. W.: *1*, An Outline of the Science of Political Economy, London 1836¹ (1872⁶).

Sering, P. (Pseud. für Rich. Löwenthal): *1*, Zu Marshalls neuklassischer Ökonomie, Ztschr. f. Sozialforschung VI (Paris 1937), S. 522 ff.

Seton, F.: *1*, The Transformation Problem, RESt. 1957, S. 149 ff.

Shove, G. F.: *1*, The Place of Marshall's Principles in the Development of Economic Theory, EJ LII (1942).

Slutsky, E. E.: *1*, Sulla teoria del bilancio del consumatore, GE 1915, S. 1 ff.

Smith, A.: *1*, An Inquiry into the Nature and Causes of the Wealth of Nations, London 1776¹. Deutsch: Eine Untersuchung über Natur und

Wesen des Volkswohlstandes (nach der Ausgabe letzter Hand, d. h. der 4. Aufl., 1786), Sammlung sozialwissenschaftlicher Meister, 3 Bde.: 1. Bd. in 3. Aufl., Jena 1923; 2. Bd. in 2. Aufl., Jena 1923; 3. Bd., Jena 1923.
— 2, The Theory of Moral Sentiments, London 1759[1] (1790[6]). In deutscher Bearbeitung: Theorie der ethischen Gefühle, Frankfurt 1949.

Sombart, W.: 1, Studien zur Entwicklungsgeschichte des modernen Kapitalismus, Bd. I: Luxus und Kapitalismus, Bd. II: Krieg und Kapitalismus, München und Leipzig 1913.

Spann, O.: 1, Die Haupttheorien der Volkswirtschaftslehre auf lehrgeschichtlicher Grundlage, Leipzig 1911[1] (Heidelberg 1949[25]). Hier zitiert nach der 16. Aufl. von 1926.

Sperling, H.: 1, Die Ordnung der Berufe nach Arbeitsschwere als systematische Aufgabe, Schm. LXXVII (1957), S. 47 ff.

Spulber, N.: 1, The Soviet Economy. Structure, Principles, Problems, New York 1962.

Sraffa, P.: 1, The Laws of Return under Competitive Conditions, EJ 1926, S. 535 ff.

Stackelberg, H. v.: 1, Grundlagen einer reinen Kostentheorie, Wien 1932 (erweiterter Abdruck aus der ZN, III, 1932).
— 2, Marktform und Gleichgewicht, Wien u. Berlin 1934.
— 3, Grundlagen der theoretischen Volkswirtschaftslehre, Bern 1948[1]. Hier wiedergegeben nach der 2., photomechanisch reproduzierten Auflage, Tübingen u. Zürich 1951.
— 4, Zwei kritische Bemerkungen zur Preistheorie Gustav Cassels, ZN IV (1933), S. 456 ff.
— 5, Die Entwicklungsstufen der Werttheorie, SchZ LXXXIII (1947), S. 1 ff.
— 6, Produktivität und Rentabilität in der Volkswirtschaft, JNSt. 1935, S. 257 ff.
— 7, Der typische Fehlschluß in der Theorie der gleichgewichtslosen Marktformen. Ein Beitrag zum Seinsgebundenheitsproblem der Wissenschaft, ZgSt. 1935, S. 691 ff.
— 8, Probleme der unvollkommenen Konkurrenz, WA 1938 (II.), S. 95 ff.

Steinbrück, K.: 1, Vom unvollkommenen Markt zur heterogenen Konkurrenz, Mainz 1951[1] (1954[2]).

Stephen, L.: 1, History of English Thought in the 18th Century, 2 Bde., London 1876[1] (1927[3]).

Stigler, G. J.: 1, The Ricardian Theory of Value and Distribution, JPE LX (1952), S. 187 ff.
— 2, The Development of Utility Theory, JPE LVIII (1950), S. 307 ff., 373 ff.
— 3, Theory of Price, New York 1946[1] (1953[3]) (1942 unter dem Titel: Theory of Competitive Price).

Stolper, W.: 1, A Method of Constructing Community Indifference Curves, SchZ LXXXVI (1950), S. 150 ff.

Strauss, E.: 1, Sir William Petty. Portrait of a Genius, London 1954.

Streller, R.: 1, Statik und Dynamik in der Nationalökonomie, Leipzig 1926.

Strigl, R. v.: 1, Kapital und Produktion, Wien 1934.

Stuart, C. A. V.: 1, Ricardo en Marx. Eene dogmatische Studie, Den Haag 1890.

Surányi-Unger, Th.: *1*, Die Entwicklung der theoretischen Volkswirtschaftslehre im ersten Viertel des zwanzigsten Jahrhunderts, Jena 1927.

Taussig, F. W.: *1*, Principles of Economics, New York 1911[1] (1939[4]).

Theocharis, R. D.: *1*, Early Developments in Mathematical Economics, 1961.

Thompson, W.: *1*, An Inquiry into the Principles of the Distribution of Wealth Most Conductive to Human Happiness, London 1824 (deutsch: Berlin 1903/04).

Thrall, R. M., *Coombs*, C. H., *Davis*, R. L. (Ed.): *1*, Decision Processes, New York, London 1954[1], 1957[2].

Thünen, J. H. v.: *1*, Der isolierte Staat in Beziehung auf Landwirtschaft und Nationalökonomie, Bd. I, Hamburg 1826; Bd. II/1, Rostock 1850; II/2, Rostock 1863; Bd. III, Rostock 1863. Nach der Ausgabe letzter Hand in „Sammlung sozialwissenschaftlicher Meister", Jena 1930[3].

Torrens, R.: *1*, Strictures on Mr. Ricardo's Doctrine respecting Exchangeable Value, Edinburgh Magazine and Literary Miscellany, Oct. 1818.

Triffin, R.: *1*, Monopolistic Competition and General Equilibrium Theory, Cambridge/Mass. 1940[1] (hier nach der 4. Aufl. von 1949).

Trotzkij, L.: Kommunismus und Terrorismus, Hamburg 1920.

Turgot, A. R. J.: Zugrundegelegt wird die von P.-S. Dupont de Nemours herausgebrachte neunbändige Ausgabe der „Oeuvres", Paris 1807/11.

— *1*, Réflexions sur la formation et la distribution des richesses, Paris 1769/70 (Oeuvres, Bd. 5, S. 1 ff.). Deutsch: Betrachtungen über die Bildung und die Verteilung des Reichtums, Samml. soz. wiss. Meister, Jena 1903[1] (1924[3]).

— *2*, Valeurs et monnaies, Oeuvres, Bd. 3, S. 256 ff.

— *3*, Observations sur un Mémoire de M. de Saint-Peravy, Oeuvres, Bd. 4, S. 312 ff.

Viner, J.: *1*, The Utility Concept in Value Theory and its Critics, JPE XXXIII (1925), S. 369 ff., 638 ff.

Vornberg, K.: *1*, Die Einheitlichkeit der Marxschen Werttheorie, Die neue Zeit, XXI (1903), 2. Bd., S. 357 ff.

Waffenschmidt, W.: *1*, Anschauliche Einführung in die allgemeine und theoretische Nationalökonomie, Meisenheim am Glan 1950.

Walras, A. A.: *1*, De la nature de la richesse et de l'origine de la valeur, Paris 1831.

Walras, M. E. L.: *1*, Eléments d'économie pure, Lausanne-Paris-Basel 1874/77[1] (1900[4]); hier zitiert nach dem Neudruck von 1952.

— *2*, Théorie mathématique de la richesse sociale, 1876. Hier zitiert nach der deutschen Übersetzung: Mathematische Theorie der Preisbestimmung der wirtschaftlichen Güter, Stuttgart 1881.

— *3*, Un économiste inconnu: Hermann-Henri Gossen, Journal des économistes 1885 (wiederabgedruckt in: Walras, Etudes d'économie sociale, Lausanne 1896, S. 351 ff.).

— *4*, L'économie politique et la justice, Paris 1860.

Watkins, G. P.: *1*, Welfare as an Economic Quantity, Boston 1915.

Weber, Ad.: *1*, Allgemeine Volkswirtschaftslehre, Berlin 1958[7] (1929[1]).

Weber, M.: *1*, Wirschaft und Gesellschaft, in „Grundriß der Sozialökonomik", 3. Abt., Tübingen 1922¹ (1956⁴).
— *2*, Die Grenznutzenlehre und das „psycho-physische Grundgesetz", ASS XXVII (1908), wiederabgedruckt in: M. Weber, Gesammelte Aufsätze zur Wissenschaftslehre, Tübingen 1951², S. 384 ff.
Weddigen, W.: *1*, Theoretische Volkswirtschaftslehre, Berlin 1958².
— *2*, Theorie des Ertrags, Jena 1927.
— *3*, Die Ertragstheorie in der Betriebswirtschaftslehre, ZfB XXX (1960), S. 1 ff., 65 ff.
Weinberger, O.: *1*, Die Grenznutzenschule, Halberstadt 1926.
— *2*, Das „Kapital" von Karl Marx und seine Beurteilung durch Vilfredo Pareto, Schm. LXXVI (1956), S. 565 ff.
Weiß, F. X.: *1*, Neuere Ricardo-Kritik, Ztsch. f. Vwsch. u. Soz. pol., N. F. V (1927), S. 1 ff.
— *2*, Zur zweiten Auflage von Carl Mengers „Grundsätzen", Ztschr. f. Vwsch. u. Soz. pol., N. F. IV (1924), S. 134 ff.
— *3*, Artikel „Abnehmender Ertrag" in HWBSt., 4. Aufl., 1. Bd.
Wendt, S.: *1*, Geschichte der Volkswirtschaftslehre, Sammlung Göschen, Berlin 1961.
Das Wertgesetz und seine Rolle im Sozialismus, Berlin 1960 (Zakon stoimosti i ego rol' pri socializme, Moskva 1959).
West, E.: *1*, The Application of Capital to Land, London 1815.
Wicksell, K.: *1*, Zur Verteidigung der Grenznutzenlehre, ZgSt. LVI (1900), S. 577 ff.
— *2*, Über Wert, Kapital und Rente nach den neueren nationalökonomischen Theorien, Jena 1893.
— *3*, Vilfredo Paretos Manuel d'économie politique, ZVSV, Wien, XXII (1913), S. 132 ff.
— *4*, Professor Cassels nationalökonomisches System, Schm. LII (1928), S. 771 ff.
— *5*, Der Bankzins als Regulator der Warenpreise, JNSt. 1897.
— *6*, Geldzins und Güterpreise, Jena 1898.
Wicksteed, Ph. H.: *1*, The Common Sense of Political Economy, London 1910¹ (hier zitiert nach dem Neudruck der Auflage von 1933; 1957).
— *2*, An Essay on the Coordination of the Laws of Distribution, London 1894.
— *3*, Alphabet of Economic Science, London 1888.
Wieser, F. v.: *1*, Über den Ursprung und die Hauptgesetze des wirtschaftlichen Wertes, Wien 1884.
— *2*, Der natürliche Wert, Wien 1889.
— *3*, Theorie der gesellschaftlichen Wirtschaft, in: Grundriß der Sozialökonomik, Tübingen 1914¹ (1924²).
— *4*, Der Geldwert und seine Veränderungen, SchrVSP., Bd. 132 (1909), S. 497 ff.; wiederabgedruckt in „Gesammelte Abhandlungen", Tübingen 1929.
— *5*, Artikel „Geld" in HWBSt., 4. Aufl., Bd. IV.
— *6*, Karl Menger, Neue österreichische Biographie, I. Abt., 1. Bd., Wien 1923, S. 84 ff.
Willeke, F.-U.: *1*, Entwicklung der Markttheorie von der Scholastik bis zur Klassik, Tübingen 1961.

Winternitz, J.: *1*, Values and Prices: A Solution of the So-Called Transformation Problem, EJ LVIII (1948), S. 276 ff.

Wolff, H.: *1*, Das Selbstinteresse bei A. Smith und Kants kategorischer Imperativ, Kant-Festschrift des Arch. f. Rechts- u. Wirtsch. philosophie, Berlin 1924.

Young, A. A.: *1*, Jevons' „Theory of Political Economy", AER 1913, S. 576 ff.

Zeuthen, F. S.: *1*, Problems of Monopoly and Economic Warfare, London 1930.

Zimmermann, L. J.: *1*, The Propensity to Monopolize, Amsterdam 1952.

Zuckerkandl, R.: *1*, Zur Theorie des Preises, mit besonderer Berücksichtigung der geschichtlichen Entwicklung der Lehre, Leipzig 1889.

Zwiedineck-Südenhorst, O. v.: *1*, Die Einkommensgestaltung als Geldwertbestimmungsgrund, Schm. XXXIII (1909).

— *2*, Wirklichkeitsnähe und Gleichgewichtsidee, ZNSt. 1952, S. 1 ff.

Personenregister

Abramowitz, M. 313
Addario, R. d' 202
Aftalion, A. 53, 173
Åkerman, J. 268, 288
Albert, H. 130, 182, 195, 267
Allen, R. G. D. 173, 209
Amonn, A. 59 f., 64, 270, 275, 286
Amoroso, L. 171, 204, 300
Andrew, P. W. S. 246
Apel, H. 246
Archibald, G. C. 301
Aristoteles 116
Atkinson, W. 72
Auspitz, R. 191, 193
Avenarius, R. 119

Bailey, S. 72 f.
Bain, J. S. 227, 314
Barone, E. 204, 230, 268, 319
Batschurin, A. W. 325
Behrens, F. 343
Bentham, J. 39, 117, 149 f., 170, 183
Bernoulli, D. 118
Berth, R. 227
Bilimovič, A. 195
Bishop, R. L. 246
Blanc, L. 81
Blaschka 246
Blaug, M. 72, 78
Böhm-Bawerk, E. v. 50, 105, 107 f., 119, 133, 145, 147, 159, 178
Boehmert, W. 149
Boisguillebert, P. le Pesant 42
Bordin, A. 204
Bornstein, M. 321
Bortkiewicz, L. v. (Bortkewitsch) 109, 119, 206
Boulding, K. E. 123, 229, 288
Bouniatian, M. 118
Bowley, A. L. 230, 299, 312
Bregel, E. J. 325
Brems, H. 246, 303
Brentano, L. 116, 118
Briefs, G. 54, 95
Brus, W. 343—350
Buchanan, J. M. 227
Burns, A. R. 299

Cantillon, R. 30, 71
Carey, H. Ch. 72

Carell, E. 106, 270
Cassel, G. 65, 76, 79, 98, 105, 181, 183, 224, 257, 262 f., 268—287, 319
Chamberlin, E. H. 299—312, 313 f., 316
Chapman, S. 123
Charnes, A. 254
Child, J. 95
Clapham, J. H. 246
Clark, J. B. 106, 121, 173, 231
Clark, J. M. 316
Condillac, E. B. de 44, 116, 118, 175
Coombs, C. H. 227
Cournot, A. A. 120, 154, 174, 230 f., 239, 241, 257, 266, 289, 291—299, 305, 312

Dantzig, G. B. 254
Davanzati, B. 116
Davenant, Ch. 95
Davis, R. L. 227
Dean, J. 246
Dichter, E. 227
Dickinson, H. D. 319
Diehl, K. 59 f., 63, 65, 67, 81, 105, 108
Dietzel, H. 105, 183, 269
Djatschenko, W. P. 324—343, 345
Dobb, M. 160
Dominedò, V. 204
Dorfman, R. 254, 286
Douglas, P. H. 231 f.
Duesenberry, J. S. 226, 228
Dupuit, J. 118, 120, 291

Edgeworth, F. Y. 119, 140, 159, 170, 173, 190 f., 213, 230, 257, 299, 312
Edmonds, T. R. 81
Egner, E. 223, 227
Eisermann, G. 186, 227, 308
Ellis, H. S. 316
Engels, F. 93, 320
Eucken, W. 289

Fagan, E. B. 123
Fechner, G. T. 119
Fellner, W. 299, 312—317
Ferguson, A. 39
Fisher, I. 106, 120 f., 183, 189, 190 f., 195, 209, 226, 257
Förster, K. 247

Fourier, Ch. 81
Friedländer 117
Friedman, M. 180, 301
Frisch, R. 183, 191, 196 f., 226, 296

Gäfgen, G. 227
Galiani, F. 44, 116
Genovesi, A. 116
Gide, Ch. 56, 189
Gossen, H. H. 121—128, 132, 141, 175
Gottl-Ottlilienfeld, F. v. 105, 269
Gray, J. 81
Guitton, H. 268
Gutenberg, E. 246—255, 289

Haberler, G. 39, 148
Haley, B. F. 223
Hall, R. L. 246
Harrod, R. F. 222 f., 246, 300
Hasbach, W. 39, 53
Hayek, F. A. v. 148, 319
Hawtrey, R. J. 106, 174
Helmholtz, H. v. 119
Herrmann, K. 117
Hessin, N. W. 110, 325
Hicks, J. R. 126, 173, 180, 183, 193, 196 f., 208—228, 262, 266, 287
Hildebrand, B. 117
Hilferding, R. 99, 108, 244
Hitch, C. J. 246
Hobbes, Th. 42
Hodgskin, Th. 81
Hofmann, W. 54, 81, 110, 186, 288, 306, 317, 320, 333
Hollander, J. H. 59
Hotelling, H. 246
Howey, R. S. 149
Hufeland, G. 117
Humboldt, W. v. 54
Hume, D. 23, 38 f.
Hutcheson, F. 39

Illy, L. 209

Jacob, H. 247
Jennings, R. 118
Jevons, W. St. 72, 78, 100, 116, 118 ff., 121 f., 125, 140, 147, 148—174, 175 f., 178, 181, 189, 204, 210, 212, 231, 257 f., 260, 292
Johnson, H. G. 173
Johnson, W. E. 208

Kade, G. 149, 292
Kahn, R. F. 300
Kaldor, N. 290, 306
Kant, I. 39
Kauder, E. 118
Kaulla, R. 30, 72, 118
Keynes, J. M. 106, 231

King, G. 118
Knies, K. 117
Knight, F. H. 100, 301, 303
Korner, E. 121
Koscheljow, A. J. 322
Krelle, W. 197, 202, 209, 227, 291
Kuehne, O. 268
Kuenne, R. E. 266

Lange, F. A. 119
Lange, O. 194, 207, 319, 350
Lassalle, F. 54, 81, 85
Laßmann, G. 247, 254
Lauderdale, J. M. 37, 50, 54
Launhardt, W. 120
Le Bon, G. 186
Lenin, W. I. 99, 110, 323
Leone, E. 175
Leontief, W. 227, 254
Lerner, A. P. 300
Leslie, C. 100
Lexis, W. 125
Lieben, R. 191, 193
Liebig, J. v. 231
Liebknecht, W. 72
Liefmann, R. 100, 123, 126, 173
Lindahl, E. 287
Lipschitz, E. 56, 64
Lloyd, W. F. 118
Locke, J. 24—30, 32, 117
Longfield, M. 117 f.
Loria, A. 199
Lotz, J. F. E. 117
Lundberg, E. 287

Mach, E. 119
Machlup, F. 148
Mahr, A. 195
Malthus, R. 36, 54, 57, 71 f., 231
Mandeville, B. de 37
Mangoldt, H. v. 117
Mannheim, K. 185
Marget, A. 266
Marshall, A. 100, 173 f., 180, 189, 225, 229, 231, 268, 309
Marx, K. 17 f., 30, 32 f., 35, 37, 47, 49 f., 55 ff., 64, 71 f., 81—111, 113, 115, 256, 260, 269, 319 f., 323, 325 f., 343 f.
Masci, G. 207
Mayer, H. 145, 148, 154, 179, 190, 193 ff., 206, 270, 275, 291
McCulloch, J. R. 67, 71 f., 96, 116
McLeod, H. C. 96
Meek, R. L. 72, 108
Meinong, A. 119
Menger, A. 81
Menger, C. 72, 117 f., 120 f., 129—147, 148 ff., 159, 172 f., 175, 178, 182
Menger, K. 130

Personenregister

Mercier de la Rivière, P. F. 95
Michels, R. 186
Mill, J. 55, 71 f., 96
Mill, J. St. 17, 39, 74, 96, 99, 149, 170, 207, 293
Mills, Ch. W. 223
Minc, B. 343
Mishan, E. J. 225
Mises, L. v. 130, 148, 319
Mitchell, W. C. 149, 194, 266
Möller, H. 308
Mohrmann, W. 146
Montanari, G. 116
Morgenstern, O. 121, 148, 209, 227, 253 f., 299, 312
Morishima, M. 108
Mosca, G. 186
Müller, J. H. 119, 247
Musgrave, R. A. 197
Myrdal, G. 181, 287

Natzmer, H. v. 247
Neubauer, J. 118, 123, 126, 190, 195
Neumann, J. v. 227, 254, 299, 312
Newman, J. W. 227
Nichol, A. J. 300
Nogaro, B. 179
Norris, R. T. 124, 223 f., 226
North, D. 95
Nürck, R. 247

Ohlin, B. 287
Oncken, A. 39
Ortes, G. 231
Ott, A. E. 290, 299
Oules, F. 264
Owen, R. 54, 81

Paglin, M. 72
Pantaleoni, M. 196
Pareto, V. 120, 124 ff., 140, 170, 173, 175, 178, 181, 183, 185—208, 208 f., 213 ff., 221, 223 ff., 227, 229, 257, 291 f., 299, 309, 334
Parsons, T. 184, 288
Perroux, F. 225
Peter, H. 284
Petty, W. 24, 30—37, 50, 57, 71
Pietri-Tonelli, A. de 204
Pigou, A. C. 100, 174, 225, 246
Pirou, G. 177, 266 f.
Preiser, E. 100, 262
Přibram, K. 39
Pufendorf, S. v. 42

Quincey, Th. de 71
Quittner-Bertolasi, E. 142, 193

Raumer, R. M. 72
Ravenstone, P. 81

Reichardt, H. 292
Ricardo, D. 37, 39, 45, 47 f., 54—74, 75 ff., 81, 87, 95, 97 f., 107, 113, 119, 149, 172, 222, 231
Rittig, G. 195, 211, 222 ff., 319
Robbins, L. 54, 246, 288
Robertson, D. H. 174, 211, 222, 225, 246
Robinson, J. 100, 300, 302, 309 f., 311
Rodbertus-Jagetzow, C. 81, 231
Rosdolsky, R. 106

Saint-Simon, Ch. H. 21
Samuelson, P. A. 72, 100, 173, 196, 211, 248, 286
Sax, E. 119 f.
Say, J. B. 74, 116, 175
Schaeffle, A. 117
Schams, E. 270, 275
Scheler, M. 185
Schiller, F. 39
Schmalenbach, E. 100, 114, 236
Schmoller, G. 120
Schneider, E. 51, 174, 248, 300, 308
Schröder, E. C. F. J. 209
Schumpeter, J. A. 51, 100, 129, 148, 175, 180, 222, 312, 316
Scitovsky, T. de 196, 227
Scott, W. R. 124
Seligman, B. B. 211, 222 f., 225 f.
Senior, N. W. 72, 116, 118
Sering, P. 113, 174
Serra, A. 231
Seton, F. 108
Shaftesbury, A. A. C. 39
Shove, G. F. 174, 246
Sidgwick, H. 173
Simons, H. C. 301
Slutsky, E. E. 123, 208 f.
Smelser, N. J. 288
Smith, A. 17, 25, 37 ff., 39—54, 55 ff., 61 f., 67, 69 f., 71, 73, 74 ff., 93, 95, 98, 116 f., 263
Soden, F. J. H. v. 117
Solow, R. M. 254, 286
Sombart, W. 37
Sorel, G. 186
Spann, O. 275
Spulber, N. 319
Sraffa, P. 233, 246, 290, 299, 302
Stackelberg, H. v. 100, 125, 211, 226 f., 229, 230—246, 248, 254, 255, 269, 275, 287, 289, 299 f., 308 ff., 312
Stein, L. v. 117
Steinbrück, K. 308
Stephen, L. 39
Steuart, J. 231
Stigler, G. J. 60, 118, 209, 301, 313
Stolper, W. 227
Strauss, E. 30, 37

Streller, R. 270
Strigl, R. v. 148
Stuart, C. A. V. 65
Surányi-Unger, Th. 275
Sweezy, P. M. 300

Taylor, F. M. 229, 319
Taussig, F. W. 123, 231
Theocharis, R. D. 292
Thompson, W. 81, 93
Thrall, R. M. 227
Thünen, J. H. v. 119, 296
Torrens, R. 71, 96
Triffin, R. 290, 309, 312
Trotzkij, L. 320
Turgot, A. R. J. 87, 95, 116

Verri, P. 116
Viner, J. 115, 184, 224
Vornberg, K. 108

Waffenschmidt, W. 123
Walras, A. A. 117, 174, 266
Walras, L. 72, 79, 98, 117, 119 f., 121 f., 140, 147, 172, 174—183, 181, 185 f., 188, 202, 204, 206, 211, 257—268, 269 ff., 286, 291 f.

Watkins, G. P. 124
Weber, Ad. 269
Weber, E. H. 119
Weber, M. 35, 90, 119, 180
Weddigen, W. 232, 247
Weinberger, O. 118 f.
Weiß, F. X. 130, 232
Wendt, S. 139
West, E. 72, 231
Whewell, W. 72
Wicksell, K. 159, 181, 207, 266 f., 270, 272, 287
Wicksteed, Ph. H. 121, 173, 189, 231
Wieser, F. v. 119, 121, 129, 145, 147, 173, 319
Willecke, F.-U. 95
Winternitz, J. 108 f.
Wolff, H. 39

Young, A. A. 148 f., 159, 246

Zeuthen, F. S. 300, 308
Zimmermann, L. J. 290
Zuckerkandl, R. 118
Zwiedinek-Südenhorst, O. v. 173, 256

Sachregister

Agio-Theorie 147
Akkumulation des Kapitals 35, 316
Analytische Arbeitsplatzbewertung 87, 107
Angebotslehre 229 ff.
Angebotsmonopol 241 f.
Äquivalententausch 29, 42, 74, 81, 92, 127, 137 ff., 140, 260, 348
Arbeit, produktive 21, 37, 310
— bei Locke 24, 28 ff.
— bei Petty 30 ff., 35.
Arbeitsarten
— bei Petty 34
— bei Ricardo 60
— bei Marx 86 ff.
Arbeitsaufwand, gesellschaftlich notwendiger 325 f., 328 ff., 335, 339 ff., 346
Arbeitsertrag, Recht auf den vollen 72, 81, 85
Arbeitslohn, natürlicher 51
Arbeitsplatzbewertung, analytische 87, 107
Arbeitsproduktivität 23, 48, 60, 327, 335
— und Wertbildung 328 ff., 331
Arbeitsteilung 40 f., 44 f., 128
Arbeitswerttheorie 17, 23, 39, 46, 113, 115 f., 119, 156, 175, 229
— bei Locke 24 ff.
— bei Petty 30 ff.
— bei Smith 43 ff.
— bei Ricardo 58 ff.
— bei Marx 81 ff.
Arbeitswissenschaft 229
Arbeitszeit, gesellschaftlich notwendige 85 ff., 109
Askese, innerweltliche 35
Ausgleich der Profitraten: siehe Profitratenausgleich
Außenhandel 22

Bedürfnis und Wert 133 ff.
Bedürfnisdeckung 130 ff.
Behaviorismus 214, 222, 225
Betriebsminimum 236 f.
Betriebsoptimum 235, 243, 253
Betriebswirtschaftslehre 114 f., 229, 230, 254
Bevölkerungsgesetz 231

Bodeneigentum bei Locke 27 f.
Bodenwert 36
Cournotscher Punkt 239, 295 ff.
Differentialprinzip 272
Differentialrente 272 f., 284, 333, 341
Differenzmethode der Wertzurechnung 145
Durchschnittskosten 233 ff., 272
Dyopol 230, 289, 292, 300

Eigennutz bei Smith 41 ff.
Eigentumsrecht bei Locke 24 ff.
Einkommensbildung der Faktor-Träger 182, 281, 283
Einkommenseffekt einer Preisänderung 218 f., 220 f., 225
Einkommens-Konsumkurve 215 f., 218
Einkommensschere 311
Einkommensverteilung 22, 300
— bei Smith 44, 49 ff.
— bei Marx 92
— bei Menger 129, 143, 146
— bei Jevons 148, 171
— bei Pareto 204, 206
Einkommensverwendung, individuelle bei Jevons 168 ff.
Ertragsgesetz 79, 173, 230 ff., 308
— bei Jevons 171
— bei Stackelberg 232 f., 242
— bei Gutenberg 246 ff., 251, 253 f., 255
— bei Cournot 292, 295, 297
— und Einkommenstheorie 231, 254
— und Preisbildung 230 ff.
Existenzlohn 32, 145, 171
Existenzminimum 49

Freihandel 119
Freihandelslehre 22
Funktionalistische Preislehre 18, 74, 115, 120, 126, 148, 154 f., 182, 257
— bei Cournot 291 ff.
— bei Walras 174 ff.
Funktionenkalkül 174, 266, 291

Gebrauchswert 29, 32, 116, 118, 187
— bei Petty 30
— bei Smith 43 f.
— bei Ricardo 58
— bei Marx 83 f., 86, 105 f.
— bei Menger 134

Geldlehre 22, 33 ff., 47
Geldtheorie 147
Geldwert
— bei Petty 33 ff.
— bei Ricardo 68 f.
— bei Menger 129
— bei Walras 270
Gesetz
— von Angebot und Nachfrage 261
— des Ausgleichs der Grenznutzen 154, 261
— des zunehmenden Ertrages 234, 241
— des abnehmenden Ertrages: s. Ertragsgesetz
— der industriellen Faktorkombination 249
— des sinkenden Grenznutzens 151 ff., 222, 224, 232 f.
— der Grenzpaare 159, 178
— des Minimums 231
— der Nachfrage 212, 220, 293 f.
— der Produktionskosten 262
— der Unterschiedslosigkeit 157 ff.
Gewinneinkommen 21 f.
Gewinnmaximierung 238, 244, 305
— gemeinsame, bei Fellner 313 ff.
— im Monopol 292. 296
Gleichgewichtslehre 43, 184, 214, 226, 287 f., 306, 345. 347 f.
— bei Cassel 268 ff.
— bei Pareto 186, 197 ff., 207
— bei Stackelberg 242 ff.
Gleichgewichtspreis 52 f., 70, 75, 98 f., 176, 179, 309
Gleichgewichtspreissystem
— in der sozialistischen Planwirtschaft 323
— bei Walras 257 ff.
Gossensche Gesetze 118, 123 ff., 135, 153, 169
Grenzkosten 79, 127, 148, 233 ff., 252, 254. 292, 296
Greizleistungsfähigkeit des Kapitals 231
Grenznutzen 117 f., 121, 148, 210 f., 222, 257, 265. 270. 282
Grenznutzenlehre 17 f., 105, 116—183, 185, 189, 190. 209. 213 f., 221, 254, 261, 267, 268 f., 275, 286, 319
Grenznutzenmessung 125, 183 f., 209
Grenzophelimität 188
Grenzprinzip 118
Grenzprodukt 152. 310
Grenzproduktivitätstheorie 145, 148, 171, 173, 231, 246, 248 f., 253, 265, 300. 310
Grenzrate der Substitution 125, 210 ff., 221, 224
— sinkende 212, 222

Grundrente 23, 33, 49, 96, 231
Güter
— komplementäre und substitutive 129 ff., 133, 166 f.
— höherer und niederer Ordnung 131 f., 141 ff., 182
Güterproduktivität 23

Hedonismus 117, 122
Hedonimetrie 173
Hirsch — Biber — Beispiel bei Smith 46
Historische Schule 120, 147

Indifferenzkurven 173, 186, 189 ff., 212, 215 f., 218, 222, 224, 227, 334
— der Verbraucher 191 ff.
— der Produzenten 198 ff.
Industrieabgabepreis in der Sowjetwirtschaft 332, 340 f.
Inflation, schleichende 110, 114, 256, 311
Interdependenz
— der Märkte 257, 268, 290, 337
— der Preise 79, 166, 256 ff., 266
Investition
— Erweiterungs- 229, 311
— Rationalisierungs- 229, 311
Investitionsentscheid und Wertrechnung in der sozialistischen Planwirtschaft 345 ff.

Kapital 129, 133, 141, 146
— bei Smith 49
— bei Ricardo 62 ff.
— bei Marx 85, 95, 326
— bei Jevons 172
— bei Pareto 198
— bei Walras 266
Kapitalbildung 23, 36, 124, 172, 207, 231, 266, 286, 311
Kapitalgewinn 49, 256, 286
Kapitalismus
— Früh- 23
— Hoch- 113
Kapitalumschlag 197 f., 229
Kapitalumschlagszeit 64 ff., 73
Kapitalzins 142 f., 146, 151, 207
Kardinalismus 222, 225
Katallaktik 148, 180
Kingsche Regel 118
Knappheitsprinzip 76, 134, 232 f., 268, 269 ff., 277 ff., 287, 319
Konjunkturtheorie 148, 172, 266
Konkurrenz
— „atomistische" 267, 289
— beschränkte 18, 229 f., 256, 289 ff.
— monopolistische 290, 299 ff., 316
— oligopolistische 312 ff.
Konkurrenzsozialismus 319

Konsumentenrente 225
Konsumtion, Lehre von der 153 ff.
Kontrakteinkommen 287
Koordination, spontane 313 ff.
Koppelproduktion 167 f.
Kostendeckungspreis 235 f.
Kostenfunktion 233 ff., 246, 249 ff.
Kostpreis 96, 101 ff., 109 f.
Kreuzpreiselastizität 196, 290, 337

Laissez-faire 171, 264
Lausanner Schule 121, 174, 185, 292
Leontief-Produktionsfunktion 253
Liberalismus 38, 53 f., 74, 81, 95, 128, 170, 203, 265
Linear Programming 229, 242, 254, 286, 317
Lohn, natürlicher 48, 57, 61, 77
Lohntheorie 171
Ludditenaufstände 54

Machtbildung auf den Märkten 18, 114, 184
Machtpreisbildung 114, 230, 255, 313
Marginalprinzip 119, 148, 183, 254, 292, 296
Marktformenlehre 289 f., 300, 312 f.
Marktform und Gleichgewicht 242 ff.
Marktgleichgewicht 43, 115, 154, 184, 230, 256, 268, 284 f., 287 f.
Marktpreis
— bei Smith 50 ff.
— bei Ricardo 69 ff.
— bei Mill 75, 78
— bei Marx 93, 103 f., 108
Markttheorie 148 ff.
Mathematische Wirtschaftstheorie 149, 159, 174, 266
Mehrprodukt 325, 331 f.
Mehrwert bei Marx 81, 92 f., 96, 97, 109, 113
Merkantilismus 17, 37 f.
Minimalkostenkombination 248
Monopol 230, 243, 289, 300 f., 313 f., 315 ff.
Monopolgewinn 98, 273, 284
Monopolpreistheorie 59, 230, 291, 293 f., 303 f., 309 f., 311

Nachfrage -
— Elastizität 214, 241, 290, 293, 337
— Funktion 293
— Kurven 214 ff., 225
— Lehre 225 ff.
Nationalprodukt 50, 85
Naturaltausch 49, 163 f., 172, 175, 185, 220, 258, 260, 266, 269
Neoklassik 119
Nominalpreis 48

Nutzenlehre
— bei Jevons 151 ff.
— bei Menger 129 ff.
— bei Walras 176 ff.
Nutzungsgüter 141 ff.

Ökonometrie 221
Österreichische Schule 117, 120 f., 147 f., 173, 209, 319
Oligopol 230, 289, 300, 314 f.
Oligopolpreistheorie 304, 312
Operations Research, s. Linear Programming
Ophelimität 125, 187 f., 193, 196, 204, 210
Opportunity Costs 45, 80, 144, 147, 266
Ordnung, natürliche 41, 113

Physiokraten 23, 43, 70, 95, 98
Planwirtschaft, sozialistische 18, 319 ff.
Positivismus in der Preislehre 113, 184, 291, 351
Präferenzen 190 ff., 195 f., 208, 209 ff., 215 f., 225 f., 227, 302, 334
Preis, natürlicher
— bei Petty 33 f.
— bei Smith 50 ff.
— bei Ricardo 69 ff.
Preis, politischer 33
Preis und Wert in der sozialistischen Planwirtschaft 330 f., 333 f., 335 f., 337 ff., 348
Preisbildung
— bei Chamberlin 303 ff.
— bei Cournot 291 ff.
— bei Jevons: s. Tauschrelation
— bei Menger 136 ff.
— bei Pareto 204 ff.
— bei Stackelberg 230 ff.
— bei Walras 175 ff.
— bei monopolistischer Konkurrenz 303 ff.
— beim Dyopol 297 ff.
— in der sozialistischen Planwirtschaft 324 ff., 333 f., 339
Preiselastizität 290, 337
Preis-Konsum-Kurve 216, 218
Preislehre, funktionalistische 18, 74, 115, 120, 126, 148, 154 f., 182, 257
Preislehre, katallaktische 18, 74, 175, 229, 257, 268, 292, 311
Preislehre und Konjunkturtheorie 115, 287, 309
Preislehre und Wachstumstheorie 18, 115
Preistheorie und Einkommenslehre 114, 129
Produktdifferenzierung 301 ff., 311
Produktion, verbundene 242

Produktionsfunktionen 171, 247 f., 248 f., 253
Produktionskostentheorie 17, 39, 59, 65, 69, 73, 142, 174, 269, 293
— bei Mill 74 ff.
Produktionslehre 197, 230
Produktionspreis bei Marx 93, 96, 98, 101 ff., 109, 344
Produktivität (s. auch Arbeitsproduktivität)
— des Bodens 23
— des Kapitals 141 f.
Profit, natürlicher 51
Profitrate 68, 77, 97, 109, 346
Profitratenausgleich 34, 43, 114, 256, 262, 305, 322, 345
— bei Marx 92 ff., 102 f., 110
— bei Mill 78
— bei Ricardo 66, 70 f.
— Geschichte des Theorems 95 f., 100
Psychologie 119, 189, 211, 222, 228, 254
Psychophysik 119, 181, 189

Rente 76, 128, 341
— natürliche 51
Reproduktion, erweiterte 332, 341
Residualeinkommen 248
Ricardian Socialists 72

Say'sches Theorem 171, 287
Schule
— Cambridger 174
— Chicagoer 300
— Historische 120, 147
— Österreichische s. Österreichische Schule
— Schottische 39
— Schwedische 287
Selbstkosten und Wertrechnung in der Sowjetwirtschaft 326, 331 f., 337 f., 340, 342
Seltenheit als Wertursache 58, 76
Seltenheit und Preisbildung 105, 116 ff., 175, 177 f., 260, 265 f.
Sensualismus 24, 39, 116 f., 149
Sequenzanalyse 287
Soziale Frage 54, 81
Sozialismus 319 ff.
— wissenschaftlicher 81, 113
Sozialprodukt 18, 21, 50, 56, 74, 114, 273, 292, 327
Subsidiarität der Staatstätigkeit 54
Subsistenzmittelfonds 172
Substituierbarkeit und Preisbildung 333 f., 337
Substitutionseffekt 218 f., 221, 226
Substitutionselastizität 213 f., 216, 290

Tauschlehre bei Jevons 155 ff.
Tauschrelation 156 ff., 175
Tauschtrieb 40 f.
Tauschwert 21, 116
— bei Smith 43 ff., 48, 50
— bei Ricardo 56, 58 ff., 68 f.
— bei Marx 83 f., 107
— bei Cournot 292 f.
— bei Menger 134
— bei Walras 177, 179
— bei Pareto 205, 208
Theorie der Spiele 299, 312
Time - lags 287
Transformation bei Pareto 297 ff., 207

Überkapazität 233, 306, 308, 312
Unternehmensgewinn, Lehre vom 116, 143 ff., 172
Utilitarismus 39, 74, 148, 170, 173

Verbrauchsgüter 141 ff., 182
Verhaltensforschung 178, 182
Verhaltenslehre bei Hicks 208 ff.
Verkaufskosten 307 f.
Volkseinkommen 21, 92, 108 f., 273
Volkswirtschaftliche Wertschöpfung: s. Wertschöpfung
Vollkostenprinzip 246
Vorklassik 23 ff.

Wahlhandlungen, Lehre von den 126, 185 ff., 191, 197, 227
Wahrscheinlichkeitstheorie 292
Walrassche Gleichung 257
Ware - Geld - Beziehung 321, 330, 343 ff., 349
Warenfetischismus bei Marx 47, 88 ff., 108
Warenproduktion bei Marx
— einfache 82 ff.
— kapitalistische 92 ff.
Welfare Economics 126, 169, 180, 204, 300
Weltwirtschaftskrise 299, 306
Wert
— absoluter 21, 44, 56 f., 59, 66, 68, 71, 73, 76, 107, 222
— objektiver 18, 105, 184
— relativer: s. Tauschwert
— subjektiver 18, 105 (s. auch Wertlehre, subjektivistische)
Wert der Arbeit 33, 48, 61
Wert der Arbeitskraft 33, 49
Wertbildung: s. Arbeitswerttheorie
Wertbildungsfaktoren im Sozialismus 325 ff.
Wertgesetz 38, 82, 87, 94, 110, 114, 120
— angewandtes 106, 319 ff.
Wertgesetz und Preisbildung 324 ff.
Wert - Paradoxon 117, 152

Wertproduktivität 23
Wertlehre, subjektivistische 18, 21, 72, 108, 115 ff., 121, 183, 229
Wertschöpfung, volkswirtschaftliche 17 f., 21, 49, 56, 68, 73 f., 110, 113 f., 207, 230, 327
Wertschöpfungslehre bei Marx, 92, 106, 108 f.
Werttheorie 38, 91, 115, 269
— und Einkommenstheorie 32, 44, 49 f., 73, 81
— und Einzelpreisbildung bei Marx 105, 107 f., 110, 310
— und Steuerlehre 21, 32
Wirtschaftslenkung 245

Zeitspannentheorie des Kapitalzinses 155
Zins 28 f., 96, 198
Zirkulationskosten 341
Zurechnungsproblem 145, 147 f., 182, 247, 263

Mathematik für Volks- und Betriebswirte. Eine Einführung in die mathematische Behandlung der Wirtschaftstheorie. Von R. G. D. Allen. Übersetzt von E. Kosiol. 3. Aufl. XV, 572 S. 1963. Lw. DM 54,—.

Mathematische Wirtschaftstheorie. Von R. G. D. Allen. Aus dem Englischen übersetzt von G. Kade. XXII, 988 S. 1971. Lw. DM 98,—.

Makroökonomische Theorie. Eine mathematische Analyse. Von R. G. D. Allen. Aus dem Englischen übersetzt von E. Fürst und F. Schebeck. XI, 469 S. 1972. Lw. DM 58,—.

Allgemeine Volkswirtschaftslehre. Eine Einführung. Von Adolf Weber. 7. Aufl. XXVII, 738 S. 1958. Lw. DM 44,—.

Einführung in die Konjunkturpolitik. Von W. Vomfelde. 204 S. 1977. DM 48,—.

Theorie der Wirtschaftspolitik. Von F. Voigt. Erster Band. 440 S. 1979. Lw. DM 118,—.

Kompendium der Sozialpolitik. Von A. Burghardt. 516 S. 1979. Lw. DM 96,—.

Der Haushalt. Eine Darstellung seiner volkswirtschaftlichen Gestalt. Von E. Egner. 2., umgearbeitete Aufl. 475 S. 1976. DM 68,—.

Das Gewerbe in der freien Marktwirtschaft. Band I: Das Wesen des Gewerbes und die Eigenart seiner Leistungen. Von A. Gutersohn. 2., überarbeitete Aufl. XX, 388 S. 1977. DM 68,—

Theorie der wirtschaftlichen Entwicklung. Eine Untersuchung über Unternehmergewinn, Kapital, Kredit, Zins und den Konjunkturzyklus. Von J. Schumpeter. 6. Aufl. XXVI, 369 S. 1964. Lw. DM 38,60.

Das Wesen und der Hauptinhalt der theoretischen Nationalökonomie. Von J. Schumpeter. 2., unveränderte Aufl. XXXII, 626 S. 1970. Lw. DM 66,60.

Allgemeine Theorie der Beschäftigung, des Zinses und des Geldes. Von J. M. Keynes. Ins Deutsche übersetzt von F. Waeger. 5. Aufl. XI, 344 S. 1974. Lw. DM 48,—.

Grundfragen der Wirtschaftspolitik. Von R. Büchner. 2., neubearbeitete und erweiterte Aufl. 136 S. 1973. DM 19,60.

Wirtschaftspolitik. Von W. Heinrich. 2., neubearbeitete Aufl. Bd. I: XXIII, 475 S. 1964. Lw. DM 56,60; Bd. II/1: XX, 311 S. 1966. Lw. DM 42,60; Bd. II/2: XIX, 311 S. 1967. Lw. DM 42,60.

Verkehr. Von F. Voigt. 1. Bd.: Die Theorie der Verkehrswirtschaft. 2 Teilbde. XLVI, 983 S. 1973. Lw. zus. DM 176,—; 2. Bd.: Die Entwicklung des Verkehrssystems. 2 Teilbde. XXXV, 1426 S. 1965. Lw. zus. DM 152,—; 3. Bd.: Die Organisation der Verkehrsmittel. In Vorb.; 4. Bd.: Zielsysteme und Werkzeuge der staatlichen Verkehrspolitik. In Vorb.

DUNCKER & HUMBLOT / BERLIN

Geldwirtschaft. Von C. Köhler. 1. Bd.: Geldversorgung und Kreditpolitik. 2., veränderte Aufl. XXIII, 415 S. 1977. Lw. DM 44,—; 2. Bd.: Zahlungsbilanz und Wechselkurs. XVI, 364 S. 1979. Lw. DM 48,—.

Vom Gelde. (A Treatise on Money). Von J. M. Keynes. XX, 635 S. Unveränderter Nachdruck 1955. Ln. DM 66,—.

Geldschöpfung und Wirtschaftskreislauf. Von C. Föhl. 2. Aufl. XVII, 436 S. 1955. Ln. DM 48,—.

Untersuchungen zur Einkommensverteilung im Wirtschaftswachstum. Von G.-A. Küster. 386 S. 1969. DM 69,60.

Volkswirtschaftliche Theorie des Geldes. Von A. Forstmann. Bd. I: Allgemeine Geldtheorie. XVI, 722 S. 1943. DM 88,—. Bd. II: Monetäre Ökonomie. Allgemeine Volkswirtschaftslehre der Geldwirtschaft. XX, 940 S. 1955. Ln. DM 98,—.

Geldfunktionen und Buchgeldschöpfung. Ein Beitrag zur Geldtheorie. Von R. Schilcher. 2. Aufl. VI, 219 S. 1973. DM 36,—.

Geld, Außenhandel und Beschäftigung. Von G. N. Halm. 4., neubearb. Aufl. 368 S. 1966. Ln. DM 38,60.

Probleme der internationalen Geldreform. Von G. N. Halm. 138 S. 1975. DM 28,60.

Beiträge zur Geldtheorie und Geldpolitik. Von H.-G. Johnson. Aus dem Amerikanischen übertr. von H. Rudloff. 342 S. 1969. DM 53,60.

Beiträge zur Geldtheorie und Währungspolitik. Von H.-G. Johnson. Aus dem Amerikanischen übertr. von B. Großeschmidt. 353 S. 1976. DM 68,—

Konjunktur-, Geld- und Entwicklungstheorie. Von F. Korenjak. XXII, 456 S. 1969. Ln. DM 96,—.

Bank Credit, Money and Inflation in Open Economics. Proceedings of the Conference on Bank Credit, Money and Inflation in Open Economies held in Leuven on September 15 - 16, 1974. Ed. by M. Fratianni and K. Tavernier. VII, 624 S. 1976. DM 78,—.

Proceedings of the First Konstanzer Seminar on Monetary Theory and Monetary Policy. Ed. by K. Brunner. 409 S. 1972. DM 68.—.

Geldtheorie und Geldpolitik. Günter Schmölders zum 65. Geburtstag. Hrsg. von C. A. Andreae, K. H. Hansmeyer, G. Scherhorn. XIII, 355 S. 1968. Ln. DM 56,—.

Zur Neuordnung des internationalen Währungssystems. Bericht über den wissenschaftlichen Teil der 36. Mitgliederversammlung der Arbeitsgemeinschaft deutscher wirtschaftswissenschaftlicher Forschungsinstitute 1973. 177 S. 1973. DM 44,60.

Die Monetarismus-Kontroverse. Eine Zwischenbilanz. Hrsg. von W. Ehrlicher und W.-D. Becker. 279 S. 1978. DM 76,—.

DUNCKER & HUMBLOT / BERLIN

Macht und ökonomisches Gesetz. Verhandlungen auf der Jubiläumstagung in Bonn vom 4.-7. September 1972 aus Anlaß des Eisenacher Kongresses von 1872. Hrsg. von H. K. Schneider und Ch. Watrin. 2 Teilbde. I: XII, S. 1-734. 1973. Lw. DM 129,—; X, S. 735-1468. 1973. Lw. DM 129,—.

Stabilisierungspolitik in der Marktwirtschaft. Verhandlungen auf der Tagung des Vereins für Socialpolitik, Gesellschaft für Wirtschafts- und Sozialwissenschaften, in Zürich 1974. Hrsg. von H. K. Schneider, W. Wittmann und H. Würgler unter Mitarbeit von M. Dubois und H. D. Haas. 2 Teilbde. I: XVI, S. 1-690, II: XII, S. 691-1522. 1975. Lw. DM 266,—.

Grundfragen der Infrastrukturplanung für wachsende Wirtschaften. Verhandlungen auf der Tagung des Vereins für Socialpolitik in Innsbruck 1970. Hrsg. von H. Arndt und D. Swatek. XII, 738 S. 1971. DM 88,60.

Theorie und Praxis der Infrastrukturpolitik. Hrsg. von R. Jochimsen und U. E. Simonis. XVI, 846 S. und 22 S. Abb. 1970. Lw. DM 105,60.

Die Bedeutung gesellschaftlicher Veränderungen für die Willensbildung im Unternehmen. Verhandlungen auf der Arbeitstagung der Gesellschaft für Wirtschafts- und Sozialwissenschaften, Verein für Socialpolitik, in Aachen 1975. Hrsg. von H. Albach und D. Sadowski. XII, 939 S. 1976. Lw. DM 158,—.

Soziale Probleme der modernen Industriegesellschaft. Verhandlungen auf der Arbeitstagung des Vereins für Socialpolitik, Gesellschaft für Wirtschafts- und Sozialwissenschaften, in Augsburg 1976. Hrsg. von B. Külp und H.-D. Haas. 2 Halbbde. I: XIII, S. 1-485, II: IX, S. 487-996. 1976. DM 198,—.

Die Konzentration in der Wirtschaft. On Economic Concentration. Hrsg. von H. Arndt unter redaktioneller Mitarbeit von H.-J. Scheler. 2., völlig neu bearbeitete Aufl. 1971. 2 Bde. I: XVIII, 966 S. Lw. DM 89,—; II: VI, 740 S. Lw. DM 78,—.

Recht, Macht und Wirtschaft. Von H. Arndt. The Quinine „Convention" of 1959-1962. A Case of an International Cartel. By J. M. Blair. 210 S. 1968. DM 52,80.

Bibliographie. Konzentration, Konzentrationspolitik, Multinationale Unternehmen 1967-1975. Hrsg. von G. Eichhorst, H. Hölzler, H. Hoffmann und A. Lüder. 330 S. 1976. DM 148,—.

Öffentliche Finanzwirtschaft und Verteilung. I: Hrsg. von W. Albers. 164 S. 1974. DM 36,60; II: Hrsg. von W. Albers. 144 S. 1974. DM 38,—; III: Hrsg. von W. Dreißig. 82 S. 1975. DM 26,60; IV: Hrsg. von W. Dreißig. 150 S. 1976. DM 42,60; V: Hrsg. von W. Dreißig. 202 S. 1977. DM 59,80.

Wettbewerbsprobleme im Kreditgewerbe. Hrsg. von B. Röper. 283 S. 1976. DM 59,80.

Neue Dimensionen der Arbeitsmarktpolitik in der BRD. Hrsg. von H. Lampert. 95 S. 1975. DM 29,60.

Studien zum Inflationsproblem. Hrsg. von Th. Pütz. 174 S. 1975. DM 48,60.

Neue Wege der Wirtschaftspolitik. Hrsg. von E. Dürr. 328 S. 1972. DM 52,80.

DUNCKER & HUMBLOT / BERLIN

Bücher von Werner Hofmann

Die volkswirtschaftliche Gesamtrechnung. Vergr.

„Hofmann stellt den wirtschaftlichen Kreislauf und das Verhältnis seiner güterwirtschaftlichen und geldwirtschaftlichen Vorgänge zueinander in den Mittelpunkt und schildert vor allem die Darstellbarkeit nach den verschiedenen bis heute entwickelten Methoden der nationalen Wirtschaftsrechnung."

Zeitschrift für das gesamte Kreditwesen

Wohin steuert die Sowjetwirtschaft? Zur Deutung der Sowjetgesellschaft von heute. 141 S. 1955. DM 19,80.

„Dieses kleine Buch enthält die bestdokumentierte Analyse der jüngsten Entwicklung in der UdSSR, die der Rezensent kennengelernt hat. Der Autor betont überall das Wesentliche und legt die entscheidenden Beziehungen zwischen den ökonomischen Vorgängen und den übrigen Lebensbereichen der Sowjetgesellschaft bloß."

Soviet Studies

Die Arbeitsverfassung der Sowjetunion. XIX, 542 S. 1956. Ln. DM 48,—.

„Die wertvolle Arbeit, die als Grundlegung ihrer Schlüsse ein umfangreiches Material übersichtlich ausbreitet, wird jedem unentbehrlich sein, der sich, aus welchem Grunde immer, mit der Sowjetunion und den von ihr beherrschten Staaten Ost- und Ostmitteleuropas zu beschäftigen hat."

Das Historisch-Politische Buch

Europamarkt und Wettbewerb. 48 S. 1959. DM 6,80.

„Die Abhandlung regt dank einer Fülle wertvoller und gedankenreicher Hinweise an, die mit einer wirtschaftlichen Integration zusammenhängenden Probleme erneut zu überdenken und manches kritischer zu sehen, als es nach der Tageslektüre möglich ist."

Bundesarbeitsblatt

Gesellschaftslehre als Ordnungsmacht. Die Werturteilsfrage — heute. Vergr.

„Hofmann hat das Problem des ‚Engagement von Wissenschaft' mit besonderer Eindringlichkeit aufgeworfen. Er hat dort Fragen gestellt, wo sie bisher vermieden wurden und damit der Diskussion um das Problem neuen Anstoß gegeben."

Offene Welt

Die säkulare Inflation. Vergr.

„Die Argumente des Verfassers sollten angesichts der umfassenden Bedeutung des von ihm beschriebenen Phänomens von einer möglichst breiten Öffentlichkeit zur Kenntnis genommen werden und zu einer vertieften Diskussion der Möglichkeiten führen, die es für eine Beeinflussung der aufgezeigten Entwicklungsrichtungen gibt."

Zeitschrift für das gesamte Genossenschaftswesen

Kurzgefaßte Volkswirtschaftspolitik. Von *Adolf Weber*, unter Mitwirkung von *Werner Hofmann*. 7., neubearbeitete Auflage. XII, 395 S. 1957. Ln. DM 22,60.

„Die neue Auflage des bekannten Werkes von Adolf Weber ist im wesentlichen von einem Schüler Webers, von Dr. Werner Hofmann, bearbeitet worden ... Das vorliegende Buch zeichnet sich wie auch die sonstigen Werke Webers durch eine leicht verständliche Darstellungsweise aus."

Die Wirtschaftsprüfung

DUNCKER & HUMBLOT / BERLIN